2005年9月16日，温家宝总理在人民大会堂与侯祥麟院士亲切交谈，
并出席侯祥麟院士先进事迹报告会

全体院士会议

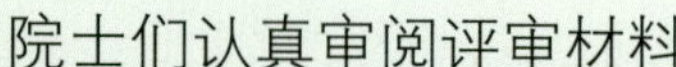

院士们认真审阅评审材料

院士们投票选举新院士

中國工程院

为国家制定“十一五”规划提供咨询

院士们提出“建设节约型社会”的倡议

咨询研究项目组会议

“三峡库区水污染防治”咨询项目在重庆召开研讨会

中國工程院

我院与国家发改委共同组织的企业(行业)技术创新院士行在江西赣州开展技术咨询

由中组部牵头，我院等单位联合开展的“西部院士专家服务”活动在贵州举行院士报告会

我院与天津市政府签署人才与项目合作协议

农业、轻纺与环境工程学部与山东省农科院建立科技合作关系

王永志院士在监控“神六”的运行

中國工程院

工程科技论坛

香山科学会议

中國工程院

医药卫生学部与新疆医科大学举办重大疾病医药专题论坛

专题学术研讨会

两院资深院士联谊会组织召开研讨会

中國工程院

考察调研活动

“东北水资源”项目组在辽宁考察防洪堤坝

院士专家考察株洲硬质合金企业

院士专家考察钢铁企业

院士专家考察造船基地

中國工程院

院士专家考察蔚县水土资源

院士专家考察南宁
高新技术产业园区

院士与技术人员交流

中國工程院

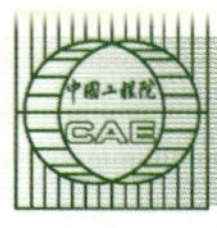

徐匡迪院长与美国工程院院长沃尔夫教授代表两国工程院签署合作备忘录

我院与俄罗斯科学院、俄罗斯工联、俄罗斯建筑科学院和俄罗斯工程院共同举办工程科技研讨会

出席第9届中日韩工程院圆桌会议的代表合影

“传染病与生物安全”国际研讨会报告人合影

中國工程院

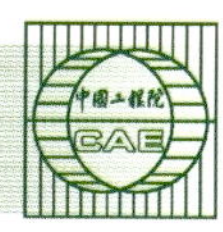

马国馨院士在俄罗斯建筑
科学院作报告

宋健院士访问 ITER
（国际热核试验堆）

钟群鹏院士考察德国慕尼黑
工业大学航空航天学院

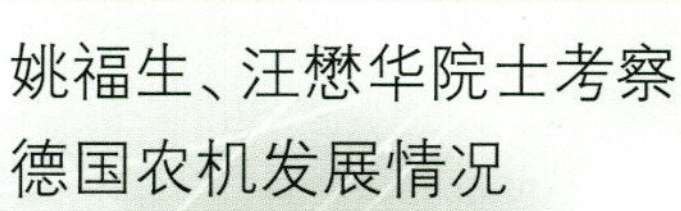

姚福生、汪懋华院士考察
德国农机发展情况

中國工程院

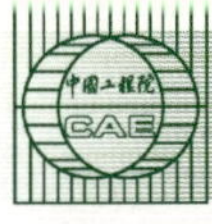

其他活动

中国工程院保持共产党员先进性教育动员大会

院士新春茶话会

我院在郑州市召开《中国工程院院士通讯》特约通讯员会

院机关全体党员

中國工程院

中国工程院年鉴

2005

高等教育出版社

图书在版编目（C I P）数据

中国工程院年鉴. 2005 / 中国工程院办公厅编. —北京：高等教育出版社，2006.8
ISBN 7 - 04 - 020011 - 2

Ⅰ.中... Ⅱ.中... Ⅲ.工程技术 - 研究机构 - 中国 - 2005 - 年鉴 Ⅳ.TB - 242

中国版本图书馆 CIP 数据核字（2006）第 084968 号

策划编辑 刘 英 **责任编辑** 刘 英
封面设计 李卫青 **责任印制** 韩 刚

出版发行 高等教育出版社
社 址 北京市西城区德外大街 4 号
邮政编码 100011
总 机 010 - 58581000

经 销 蓝色畅想图书发行有限公司
印 刷 北京中科印刷有限公司

购书热线 010 - 58581118
免费咨询 800 - 810 - 0598
网 址 http://www.hep.edu.cn
http://www.hep.com.cn
网上订购 http://www.landraco.com
http://www.landraco.com.cn
畅想教育 http://www.widedu.com

开 本 889×1194 1/16
印 张 36.75
字 数 900 000
插 页 6

版 次 2006 年 8 月第 1 版
印 次 2006 年 8 月第 1 次印刷
定 价 120.00 元（含光盘）

物料号 20011－00

编辑说明

《中国工程院年鉴》是记载中国工程院历史的文献资料。该书较为全面、系统地反映工程院当年开展的工作、取得的业绩和各方面情况进展，是一部综合性资料书。

本书为2005年卷，根据2005年的工作内容，全书分14部分，共110万字。主要内容为：1. 重要批示、讲话；2. 重要文件；3. 保持共产党员先进性教育；4. 院士增选；5. 会议纪要；6. 咨询工作；7. 学术活动；8. 国际交流与合作；9. 院地合作；10. 任免事项；11. 其他院发文；12. 出版物介绍；13. 院机关工作；14. 附录。收编的内容和统计数字以2005年1月1日始至12月31日止。

在编辑过程中承蒙院领导及机关各部门同志的大力支持，提供了珍贵的原始资料，在此一并致谢。限于水平，编改中之不足处，恳请读者不吝指正。

编　者

2006年5月

《中国工程院年鉴》编辑委员会

目　录

一、重要批示、讲话

二、重要文件

三、保持共产党员先进性教育

四、院士增选

五、会议纪要

六、咨询工作

【咨询报告】

【院士建议】

七、学术活动

八、国际交流与合作

九、院地合作

十、任免事项

十一、其他院发文

十二、出版物介绍

十三、院机关工作

十四、附 录

重要批示、讲话

温家宝总理谈侯祥麟院士

温家宝

侯老最常讲的两个字是平凡,但是在平凡中有不平凡的事迹。

侯老的可贵之处就是这么多年一贯坚持为国家为人民的理想和信念,一贯坚持献身科学,用自己掌握的科学技术为人民服务。做一时容易,做几十年难,做一辈子更难,他的精神值得我们学习。

国务委员陈至立对中国工程院 2005 年工作的批示

陈至立

2005 年 1 月 16 日

2005 年中国工程院工作卓有成效。特别是围绕我国发展的一些重大问题,为国家也为地方、行业、企业提供了高水平咨询,影响深远。工程院众多专家在《国家中长期科学和技术发展规划纲要》制定中参与了大量工作,作出了重要贡献,谨此再一次表示衷心感谢。祝工程院在新的一年里围绕全国科技大会精神的落实,在推动自主创新中发挥更大作用,取得更大成绩。

大力推进工业企业的自主创新
为建设创新型国家做贡献

徐匡迪

2005 年 2 月

“十一五”开局之年的第一件大事，就是党中央、国务院召开了新世纪第一次全国科技大会。这是一次全面贯彻落实科学发展观，加强自主创新，建设创新型国家的动员大会，并对实施国家中长期科技发展规划纲要作出了重大部署。会议对于紧紧抓住和利用好我国面临的重大战略机遇期，扩大和发展经济建设和改革开放的成果，具有重大而深远的意义。自主创新是全面建设小康社会、落实科学发展观、转变经济增长方式的应有之意，是建设资源节约型、环境友好型社会的重要保证，是国家综合竞争力的核心。大力推进自主创新、建设创新型国家，是极其繁重而艰巨的任务，需要全体人民持之以恒、全力奉献才能完成。

一、自主创新是国家经济持续稳定增长的巨大动力

经过 25 年的改革开放，我国经济发展取得了巨大成绩。根据最新的统计显示，我国 2005 年底 GDP 已达到 18.2 万亿元，人均 GDP 超过 1 400 美元。主要工业产品产量也创下了新高（见表 1）。

表 1　2004 年我国主要工业产品产量统计

	计量单位	产量		计量单位	产量
原煤	万吨	199 232.4	钢材	万吨	31 975.7
天然原油	万吨	17 587.3	氧化铝	万吨	697.9
卷烟	亿支	18 736.3	金属切削机床	万台	48.7
纱	万吨	1 291.3	汽车	万辆	509.1
硫酸（折 100%）	万吨	3 928.9	家用电冰箱	万台	3 007.6
烧碱（折 100%）	万吨	1 041.1	房间空气调节器	万台	6 390.3
纯碱（碳酸钠）	万吨	1 334.7	程控交换机	万线	7 625.2
乙烯	万吨	629.9	电子计算机	万台	9.7
化肥（折纯量）	万吨	4 804.8	微型电子计算机	万台	5 974.9
水泥	万吨	96 682.0	集成电路	亿块	235.5
平板玻璃	万重量箱	37 026.2	彩色电视机	万台	7 431.8
粗钢	万吨	28 291.1	发电量	亿千瓦时	22 033.1

在为取得的成绩欢欣鼓舞的同时,我们更应该清醒地认识到,目前我国经济发展已经到了关键的转型期。经济增长要逐步从以资本投入拉动为主,转向以技术创新推动为主;从依靠廉价要素成本为主,转向依靠科技进步、提高劳动者素质为主;从以市场换技术为主,转向以自主创新为主。历史经验表明,当一个国家的人均生产总值达到1 000~3 000美元时,是国家经济社会的重要转型期,同时也是重要战略机遇期。经历这一发展阶段的国家或地区,要么成功实现转型,如日本、韩国、台湾,以及欧洲的后起之秀芬兰、爱尔兰等;要么陷入停滞不前,如墨西哥、巴西、菲律宾、泰国、马来西亚等。造成这两种截然不同结果的原因,就在于不同国家在转型期是否实现了上述几个转变,经济发展是否实现了质的飞跃,走上了良性发展的轨道。

从国家的经济结构看,在经济全球化大潮中,我们积极加入WTO,融入全球化,充分利用全球技术进步的成果,大规模引进国外先进技术,促进了我国产业技术的更新换代和产业结构的优化升级。随着我国进出口总额占GDP的比重日益扩大(见图1),经济对外依存度不断提高,也出现了重引进、轻消化吸收和再创新的情况,造成了不断重复引进和对国外技术的依赖。随着对外贸易的持续扩大,知识产权矛盾也越来越突出,多数产品的品牌、关键技术和销售渠道仍掌握在跨国公司手里,对我国进一步使用和开发先进技术造成了很大困难。我国目前工业和服务业的很多产业部门中,低附加值产业占很大比重,而部分高附加值产业如信息产业,由于核心技术掌握在跨国公司手中,导致大部分产品和服务的高额利润被外国公司赚取。我国的产业多处在国际分工的低端位置上,导致国外对我国进口产品的“反倾销”纠纷日益增长。为了加快我国产业结构优化升级,提高国际竞争力,我们应在继续引进国外先进技术的同时,坚定不移地把立足点逐步转移到开放性自主创新上来。

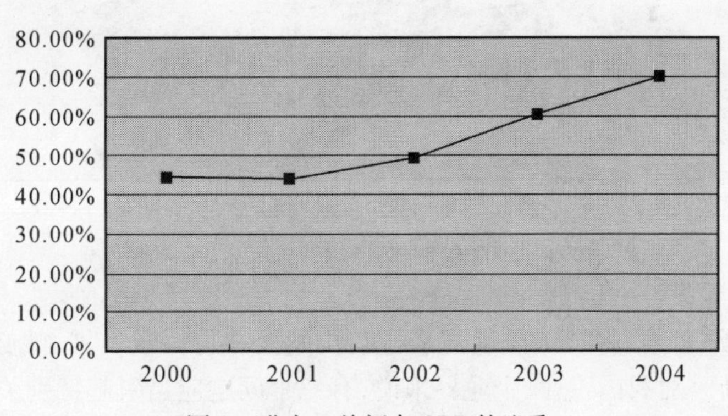

图1 进出口总额占GDP的比重

自主创新是维护国家经济安全的根本大计。世界各国为了保持国家竞争力和产业的领先地位,对我国实行种种的禁运和封锁手段,在国防安全和军事技术方面更是如此。某些国家制造的“中国威胁论”,使他们对中国的戒心日增。因此,我们要清醒地认识到,对于前沿高技术和产业核心技术,是用市场换不来的,也是用金钱买不到的,只有通过我们树立民族自尊心和自信心,大力开展自主创新才能得到。

二、中国特色的自主创新,是解决我国资源与环境瓶颈,走新型工业化道路的唯一途径

中国特色的经济内涵,就是人口多,资源禀赋差(人均少、分布不均、开采难、多元共生——提取难)。我国具有超过世界五分之一的人口,但主要资源的人均拥有量非常有限。人均水资源量为2 304立方米,为世界人均水资源占有量的1/4,我国600多个城市中,有300多个城市缺水,100多个城市严重缺水;人均耕地仅为世界人均水平的40%。20世纪90年代中期以来,我国油气资源和重要矿产资源的缺口已经凸现,人均石油仅为世界人均水平的8.3%,天然气4.1%,铜25.5%,铝9.7%;2003年铁矿石和铝的对外依存度已经超过50%,铜达到71%,钾盐超过80%。测算结果表明:2000—2020年的20年间,我国主要矿产资源的累计缺口,铁矿石为36~42亿吨(成品矿),氧化铝约为1.5~1.8亿吨,均相当于我国目前的储量;金属铜累计缺口约为6 000万吨,超过我国目前储量的3倍。除此之外,我国矿产资源富矿少,分布不均,开采难,而且多元共生,提取难度大。如铜铝铅锌等矿产资源的原料自给率已经逐年下降(见图2)。巨大的资源缺口已成为制约我国经济发展的瓶颈,并对国家经济安全构成潜在的威胁。与此同时,我国的能源利用水平和资源利用效率却很低,从而更加剧了能源、资源的匮乏和紧缺状况。

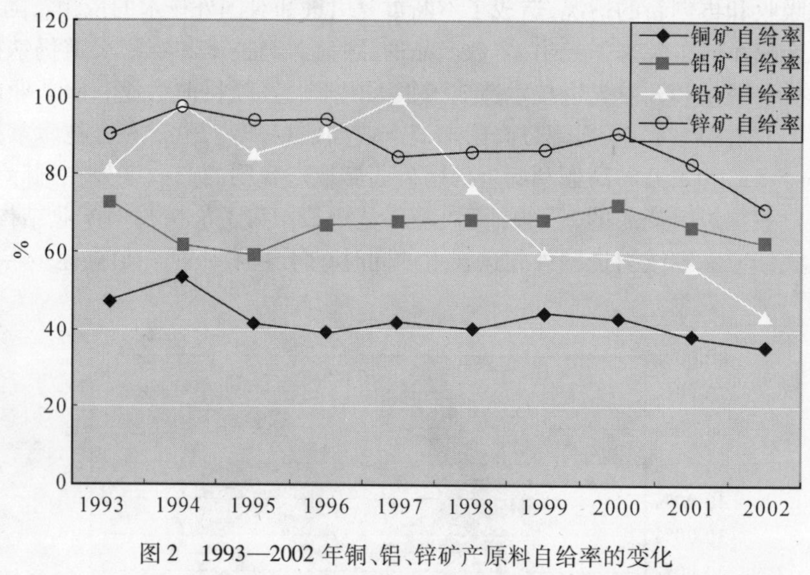

图2 1993—2002年铜、铝、锌矿产原料自给率的变化

要解决这一“瓶颈”问题,保持国民经济平稳较快发展和可持续发展,就必须走新型工业化道路,必须依靠科技创新。对我国工业、企业界来说,有三个问题应当引起特别关注。

第一,大力发展循环经济,是解决资源、环境和发展之间矛盾的理想模式。近年来,循环经济的模式在国内外兴起,它倡导资源节约与高效利用、反复利用,通过工业过程实现资源消耗的“减量化—再利用—再循环”,能够大大地减少资源、能源消耗、环境污染和生态平衡的破坏。在我国大力发展循环经济具有特别重要的意义,不仅能够较大幅度地提高资源的再利用率、再循环利用率,而且能在经济保持较快发展的同时,大大增加生态环境效益和社会效益,解决好经济发展与环境、生态的矛盾,对建设资源节约型和环境友好型社会具有重要的促进作用。目前我国一批大型钢铁企业正在努力发展循环经济,建立“绿色钢材生命周期体系”,涉及钢材生产的全过程,通过采用一系列的先进技术,使制造流程时间缩短,资源利用效率提高,有害气体和废渣排放减少,在绿色的工业生态园内,各种资源物料在内部进行循环,建立了行业共生共存的工业生态链,实现了基本无废弃物的生产新模式。但是从总体来看,我国的循环经济体系还远远没有建立健全。这一方面说明我们任重道远，另一方面也说明在我国发展循环经济还存在巨大的潜力和空间。

第二，转变工业经济的评价标准，是成功实现经济转型的基础。长期以来，对工业经济的评价就是看规模效益，看对GDP贡献度的大小。现在走新型工业化道路，大力推进自主创新，必须从观念上来一个彻底转变。评价工业经济的标准，不仅要看规模效益和对GDP的贡献，还要扩展到是否符合资源节约和环境友好的要求。既要逐步将减量化的理念用于生产实践，最大限度地节约原材料投入和能源消耗，也要贯彻清洁生产的要求，把综合预防的环境策略持续应用于生产过程和产品中，减少对人类及环境的风险。要确定各种资源和污染物的全国控制额度，然后按各地具体情况分配下去，作为各地制定规划的依据。由于各地情况不同，有的地区的某些种类的资源消耗必须实现“负增长”，才能给不发达地区留出“正增长”的余地。控制额度的主体应是各级各类工业企业，要将这一额度落实成具体指标参数，反映到工业企业的评价指标体系中去。一方面从行业指导的角度逐步规范，另一方面也要逐步将工业企业的资源消耗量和对环境的影响作为硬性指标，纳入到准入门槛中来，引导企业把发展和应用节能降耗和保护环境的技术提上日程。

第三，工业产品的竞争，将从单纯的价廉物美提升到包括再利用、再循环而不造成环境污染等多项竞争指标。要把循环经济的理念用于工业产品的生产，做到物质资源在其开发、利用的整个生命周期内贯穿“减量化—再利用—再循环”的理念，以适应未来工业产品竞争和经济社会发展的需要。产品生产应在保证其功能、质量、成本的前提下，综合考虑原材料的种类、可降解性等指标，从设计、制造、使用到报废的整个生命周期中不产生环境污染或污染最小化。将来广大消费者对产品环保的需求也必然会越来越高，要在产品的绿色设计中贯穿“减量化—再利用—再循环”的理念，对生态环境资源进行再开发利用和循环利用。这都需要各行各业组织起来，大力发展循环利用技术，组织开发和示范有重大推广意义的减量技术、替代技术、能量梯级利用技术、延长产业链和相关产业链技术、“零”排放技术、回收处理技术、绿色再制造技术以及降低再利用成本的技术等，为提高工业产品的竞争力提供有力的技术支撑。

三、大力推进以企业为主体的自主创新，是各行业的重要任务

胡锦涛总书记在全国科技大会上提出，加强国家创新体系建设，要重点加强五项工作。其中第一项，就是“要建设以企业为主体、市场为导向、产学研相结合的技术创新体系，使企业真正成为研究开发投入的主体、技术创新活动的主体和创新成果应用的主体，全面提升企业的自主创新能力。”自主创新，就是从增强国家创新能力出发，加强原始创新、集成创新和引进消化吸收再创新。自主创新是国家创新体系各组成部分的核心行为，自主创新能力是国家竞争力的核心。

在市场经济条件下，企业是技术创新任务、项目的提出者，技术创新资金的主要投入者，创新成果产品化商品化的开发者，因此企业是技术创新的主体。市场经济下的产业技术创新是一个包括研究开发、中间实验、示范、产业化、实现市场价值和不断循环反馈的过程。企业直接面对市场，因为本身生存和发展的需要，必须敏锐地感知市场的变化和需求，并采取行动予以适应。因此企业对创新技术的导向是权威的。企业作为自负盈亏的机构，对于技术创新的投入是和收益直接相关联的，因此企业在成为技术创新的决策主体的同时，也成为技术创新投入的主体、利益主体和风险承担主体。企业又是产业技术实现价值的基本载体和转化中枢，研发机构、中介机构和政府主管部门都直接围绕企业的需求进行技术创新的相关活动。近年来，我国已注意促进发挥市场对配置科技资源的基础性作用，企业技术创新的积极性不断增强，在全社会研究开发投入中，企业投入所占比

重已超过60%。但是,当前我国企业的技术创新能力在总体上依然薄弱,必须尽快确立企业作为技术创新主体的地位,促进企业大力开展自主创新。

企业作为技术创新的主体,并不排斥而应促进"产学研"相结合。目前我国的"产学研"相结合,多数存在短期化、临时性的特点,没有建立一种长期稳定和制度化的利益共同体。究其原因,无论是大学、科研院所还是企业,都存在合作动力不足的问题。不少企业长期以来满足于以市场换技术,追求眼前效益和快速回报,对自主创新缺乏紧迫感;高校和科研院所则偏重于研究工作的学术价值,以论文"论英雄",缺乏一种使广大科研人员与生产第一线紧密联系起来的机制,致使科技、教育与经济"两张皮"的问题长期得不到解决。现在中央的精神已经明确,下一步应通过建立和完善知识产权制度,发展科技中介机构,促进企业之间、企业与大学和科研院所之间的知识流动和技术转移;企业与研究院所之间可联合建立技术研究中心,或企业直接通过产权转移,收购已有的应用技术研发机构,提高技术应用的效率。研发机构要转变思路,将研究成果是否能够成功转化成为生产力作为衡量研发人员绩效的重要方面,并且从技术研发方向上进行引导;改变管理机制,将成果转化与科研人员的切身利益挂起钩来;要认识到研发机构的作用不但在于技术创新的实验研究,而且要通过与企业的共同努力,切实提高技术的应用水平和层次,使技术创新成果能够切实服务于产业发展。

2006年是实施"十一五"规划的第一年,也是贯彻落实党中央提出的建设创新型国家宏伟任务的关键年。大力推进自主创新,建设以企业为主体、市场为导向、产学研相结合的技术创新体系,对经济发展和提高国家竞争力具有全局性的重大意义。我们应当乘势而上,勇担重任,为建设创新型国家做出新的贡献!

重 要 文 件

关于印发《中国工程院2005年工作要点》的通知

中工发[2005]20号

各位院士、院机关各部门：

为落实《中国工程院2004—2006年度工作纲要》规定的任务，明确我院今年的工作，现将2005年第一次主席团会议通过的《中国工程院2005年工作要点》印发大家，请遵照执行。

附件：中国工程院2005年工作要点

中 国 工 程 院
二○○五年五月十三日

附件：

中国工程院2005年工作要点

根据院主席团会议审议通过的《中国工程院2004—2006年度工作纲要》，制订《中国工程院2005年工作要点》。

1．做好院士增选工作

2005年是院士增选年。在增选工作中，要严格执行新修订的《中国工程院院士增选工作实施办法》，严把入口关，做好两轮评审会议的各项工作。针对今年8个学部第二轮评审全面实行候选人到会介绍情况和解答提问的作法，要精心准备和组织，会后总结经验。要按照我院投诉信调查处理办法，进一步完善和做好对候选人投诉的处理工作。及时总结《中国工程院院士增选学部专业划分标准》的试行情况。加强院士队伍科学道德建设，要求院士在提名、遴选和评选中公平、公正，严守纪律，自觉抵制各种不良的干扰和影响。

2. 加强决策咨询研究

突出抓好宏观性、前瞻性、战略性、综合性重大专项咨询研究工作。继续做好矿产资源、城市化、下一代网和信息化等咨询项目，今年要重点做好综合交通、中国不同区域农业资源合理配置、农业协调发展生态环境的综合治理等项目的研究工作，做好国家开发银行、通用汽车公司等委托咨询的项目。

与国家发改委合作，开展6~8次技术创新院士行活动。积极稳妥地进行与地方的合作。继续支持有条件的地方成立院士中心等为院士活动提供服务的机构。积极支持院士在空军人才培养、科技发展和重大装备建设等方面发挥作用。

3. 积极开展学术交流活动

充分发挥学术与出版委员会的指导作用，加强学术活动的组织与领导。针对国民经济和社会发展的热点与难点、行业共性技术、国有大中型企业的关键技术和技术难题，办好工程科技论坛等各类学术活动。积极推进工业研究院所研究生教育学术委员会的筹备工作。进一步推动"中国工程院学术著作出版专项资助"制度的建立，支持院士出版学术著作。办好《中国工程科学》杂志和《院士通讯》等刊物。

4. 拓展国际交流渠道，推动实质性合作

围绕我院开展的战略咨询等任务，加强国际交流与合作。积极开展与瑞典等国工程院的双边合作，加强人员交流、合作研究等实质性合作项目。积极参与国际医学组织(IAMP)、国际工程与技术科学院理事会(CAETS)、中日韩(东亚)工程院圆桌会议等国际组织的活动，争取发挥更重要的作用，扩大我国影响。加强并规范我院作为联合国 APCAEM 国内归口点的工作。联合有关部门，共同办好重点国际学术会议，主要是：中俄工程科技研讨会、国际奶业发展研讨会等。进一步加强、规范我院外事工作管理，搞好外宣工作。培养和锻炼一支高素质的外事队伍。

5. 做好新闻宣传工作

与新闻媒体密切合作，向社会广为宣传工程科技在经济社会发展中的重要作用，宣传院士为国家科技进步做出的突出贡献，倡导无私奉献的高尚品德和创新精神。弘扬科学精神，传播科学知识，坚决抵制各种违反科学道德的行为。

6. 加强党的建设和机关队伍建设

认真开展保持共产党员先进性的教育活动，力争通过先进性教育活动，提高党员素质，取得实效。坚持党组中心组学习制度和党内民主生活会制度。加强机关党的思想建设、组织建设和作风建设。弘扬正气，树立服务意识和大局观念，发挥党员的先锋模范作用。加强对机关工、青、妇等群众工作的领导，提高机关党组织的凝聚力和战斗力。加强党的纪检监察工作，落实党风廉政建设责任制。完善机关人事管理的各项制度。加强院机关岗位培训和业务知识培训，提高干部素质。

7. 加强基础设施建设和行政管理

按照工程建设程序及相关规定,做好综合楼的建设及相应的准备工作。推进工程院信息化建设,保障办公网络系统的正常运行,为院士的学术交流提供便捷平台。开发和完善机关办公自动化系统,提高办公效率。贯彻执行国家财政体制改革精神,使我院预算编制、国库集中支付、政府采购工作更加完善和规范。

关于向侯祥麟同志学习的决定

中工发党字[2005]11号

各有关部门:

侯祥麟,1912年出生,中国共产党党员(1938年入党),中国科学院、中国工程院院士,原石油工业部副部长,现任中国石油学会名誉理事长,世界石油大会中国国家委员会荣誉主任。

侯祥麟同志是世界著名的石油化工科学家,是我国石油化工技术的开拓者之一,我国炼油技术的奠基人。他成功领导研制了原子能工业分离铀-235装置急需的油品和导弹所需的高精密仪表油、脂系列产品;指导解决了国产喷气燃料对喷气发动机镍铬合金火焰筒的烧蚀问题;领导研究成功流化催化裂化、催化重整、延迟焦化、尿素脱腊和相关催化剂、添加剂等5个方面重大新技术并实现了工业化;参与历次国家和部门科技发展规划的制定、协调和实施。2003年,他在91岁高龄,还主持了国家重大课题"中国可持续发展油气资源战略研究"的项目研究。侯祥麟同志为我国的科技事业,特别是为我国的石油、石化事业的发展,做出了卓越的贡献。

侯祥麟同志把自己毕生的精力和心血贡献给了祖国的科技进步事业,把自己全部的聪明才智献给了我国石油石化工业,是我国广大干部群众尤其是科技工作者学习的楷模。为此,中国工程院、中国科学院、中国石油天然气集团公司、中国石油化工集团公司党组决定,号召全国科技界、石油、石化系统的全体工作者,广泛深入地开展向侯祥麟同志学习的活动。

学习侯祥麟同志对党、对人民矢志不移、终生不悔的坚定信念。从青少年时代起,他就把个人命运和国家命运、民族命运紧紧地联系在一起。少年时,他就同进步师生一道上街游行抗议英、日帝国主义对中国人民的欺压蹂躏。在北平燕京大学读书期间,积极参加到南京政府请愿、为前线将士募捐等活动。大学毕业后考入中央研究院(上海)化学研究所工作,在那里大量阅读了马列著作(英文版),从英文报刊上了解了中国共产党和红军,坚定了寻找并加入中国共产党的决心。上海沦陷后,他辗转到了长沙,投身抗日救亡活动,1938年春天秘密加入中国共产党。从此,他就把毕生奉献给祖国作为自己人生最高的追求。

抗战期间,他受中共地下党组织的委派,在西南从事煤和植物油炼制液体燃料的工作。抗战胜利前夕,他受党组织委派,参加了自费留美考试,于1944年留学美国,在那里参加、组织了爱国留学生的社团活动,并按照党组织的指示,成功动员了一批留学生回国参加新中国建设。"文革"期间,他饱受生活艰辛,虽历尽坎坷,但政治坚定。改革开放以来,他始终与党中央保持一致,处处践行着一名老共产党员的入党誓言,体现了一名优秀共产党员的崇高品格。

学习侯祥麟同志严谨务实的科学态度。侯祥麟同志一生做人做事严谨务实。20世纪70年代初期,他坚持实事求是的原则,狠抓科研管理,组织领导了多金属重整、提升管催化裂化、渣油催化裂化、减粘、溶剂脱沥青、维生素二步发酵、顺丁橡胶、高档润滑油等新工艺、新技术、新产品的研究开发,取得了多项成果。70年代后期,就如何用好一亿吨石油,组织专家调查研究,向中央提交了《关于用好一亿吨原油的意见》的报告。

学习侯祥麟同志自主创新的奋斗精神。侯祥麟同志一生敬业、勤业。作为我国炼油技术的奠基人,在炼油科技攻关方面发挥了关键作用,成功地突破了国外封锁,推动和促进了我国炼油技术的成长和发展,取得了显著的成果。"五朵金花"、航煤等都是突破国外封锁的成果。20世纪50年代后期至60年代中期,组织科研攻关,解决了国产喷气燃料对镍铬合金火焰筒烧蚀的关键问题,国产航空煤油于1965年获国家新产品成果一等奖。为了满足中国发展原子弹、导弹、卫星和新型喷气飞机的需要,领导研制出多种特殊润滑材料。他还领导了流化催化裂化、催化重整、延迟焦化、尿素脱蜡及有关的催化剂、添加剂等"五朵金花"炼油新技术的成功开发,使中国炼油技术在60年代前期很快接近了当时的世界水平。此后,他一直鼓励进行原始性创新工作。80年代石科院研制了一种新催化剂,用减压馏分油可获得40%烯烃,其中一半是丙烯。他大力支持其开发,终于取得催化裂解新工艺,在国内实现了工业化,技术还有出口。

学习侯祥麟同志高瞻远瞩的战略胸怀。作为战略科学家,侯祥麟同志1955年当选为中国科学院首批学部委员。担任石油工业部领导职务期间,始终为我国的石油、石化工业发展和进步呕心沥血,孜孜以求。在我国现代化建设进程中,他认识到工程科技发挥的重要作用,深感设立工程科技最高咨询学术机构的重要性和紧迫性,和师昌绪、张维、张光斗、王大珩、罗佩霖5位科学家共同发起,给党中央和国务院写报告,建议成立中国工程院。1994年,中国工程院正式成立。他还发起成立了中国石油学会。1983年8月底,侯祥麟以世界石油大会中国国家委员会主任的名义,率领中国代表团赴英国伦敦出席了第十一届世界石油大会。这是中华人民共和国的代表第一次参加世界石油大会。在他的努力下,中国申办第十五届世界石油大会获得成功。侯祥麟同志还关心青年科技人才的成长。目前由侯祥麟主持的有中国科技馆基金和侯祥麟基金等3个专项基金。

学习侯祥麟同志无私奉献的崇高品格。侯祥麟同志淡泊名利,对党、国家和民族无私奉献。2003年5月,受国务院总理温家宝的委托,侯祥麟同志以91岁的高龄,主持启动了"中国可持续发展油气资源战略研究"。2004年4月,他的夫人李秀珍女士不幸身染重病,病情急转直下,6月25日,已处于弥留时刻。这天上午,温家宝总理召开办公会议,听取"中国可持续发展油气资源战略研究"的汇报,侯祥麟同志准时出席了会议,并做了重点发言。就在同一天下午,与侯祥麟同志共同工作、生活了近半个世纪的老伴李秀珍女士不幸与世长辞。消息传出,人们不禁为之动容。

中国工程院、中国科学院、中国石油天然气集团公司、中国石油化工集团公司党组号召全国科技界和石油、石化系统的全体工作者向侯祥麟同志学习,学习侯祥麟同志的"五种精神",求真务实,与时俱进,立足本职,扎实工作,努力开创各项工作的新局面。

中共中国工程院党组
中共中国科学院党组
中共中国石油天然气集团公司党组
中共中国石油化工集团公司党组
二〇〇五年七月一日

侯祥麟同志事迹简介

第一部分:侯祥麟简历

侯祥麟,93岁,中共党员。现任中国石油天然气集团公司高级顾问,中国石油化工集团公司高级顾问,中国石油学会名誉理事长,世界石油大会中国国家委员会荣誉主任,中国科学院、中国工程院院士。

侯祥麟1935年毕业于燕京大学化学系,抗战时期投身抗日救亡活动,1938年加入中国共产党。1944年12月自费留学美国,就读于美国卡乃基理工学院化学工程学系,1948年获博士学位。他1950年回国,历任清华大学化工系教授兼燃料研究室研究员,中国科学院大连石油研究所研究员、代室主任,石油管理总局炼油处主任工程师,石油工业部生产技术司副司长,石油科学研究院副院长、院长,石油化工科学研究院副院长、代院长、代党委书记,石油工业部副部长兼石油化工科学研究院院长,中国石油学会理事长,中国石油化工总公司首席顾问、技术经济顾问委员会副主任,中国石油天然气总公司技术委员会副主任、高级顾问,世界石油大会中国国家委员会主任,全国政协第五、六、七届常委,国务院学位委员会委员,国家科委发明评选委员会副主任,国家自然科学基金委员会委员。

第二部分:侯祥麟事迹

回望过去,我和中国一起走过了20世纪几乎全部的历程,往事历历在目。能够见证历史,以个人微薄的力量参与其中,是我的幸运。作为一个老共产党员,一个科技工作者,我为中国今天取得的巨大进步和欣欣向荣而激动,对更加美好的未来充满信心。

我已年近九旬,站在新世纪的起点,我庆幸自己仍然拥有比较健康的状态,目力、听力和脑力尚好,还能继续做一些力所能及的工作。人生的风风雨雨都已成为过去,我的心境一片明朗和宁静。

——摘自《我与石油有缘——侯祥麟自述》

2004年6月25日上午，国务院总理温家宝在中南海召集国务院办公会议，第二次听取中国工程院主持的“可持续发展油气资源战略研究”咨询项目的汇报。

温总理侧身倾听，把亲切的目光转向一位慈祥的老人，他就是已经92岁高龄的侯祥麟院士。

作为课题主要负责人，侯祥麟院士抖擞精神，支撑起瘦小的身体，字斟句酌，从前瞻性、战略性的高度，实事求是地分析了我国油气可持续发展的历史、现状和未来，受到了温总理和与会者的赞扬。

“可持续发展油气资源战略研究”咨询项目，已经成为我国“十一五”发展计划和我国实现小康社会发展决策的一项重要依据。

然而，人们没有想到，就在同一天下午，与侯祥麟院士共同工作、生活了近半个世纪的老伴李秀珍女士不幸与世长辞。

2004年6月25日成为一个值得纪念的日子。人们不禁又一次把目光转向侯祥麟院士，这位令人尊敬的老人。

自小立下报国志　一生拼搏践誓言

侯祥麟院士算得上一位世纪老人，诞生于那个战乱频仍的旧中国。他的身上，浓缩着我国从积贫积弱的落后国家到繁荣的发展中国家的历史精华。他的一生，见证并亲身谱写了中华民族争取民主与民族独立、争取富强与现代文明的伟大历史进程中最艰难的阶段与最壮丽的篇章。他至今老骥伏枥，志在千里。他的个人命运与祖国和人民的命运始终紧密相联，对共产主义充满必胜的信念。他是被鲁迅先生称为“民族脊梁”的对国家与民族有着强烈责任感和使命感的人民科学家的典型代表。

侯老具有丰富的人生经历。年轻时目睹了祖国和人民遭受的苦难，使他从小立志勤奋学习，为改变国家面貌不懈努力。他在燕京大学学习期间，就渐渐认识到只有马列主义指导下的中国共产党才能救中国，积极向党组织靠拢，于1937年表达了入党愿望，并于1938年正式加入中国共产党，从此他把一生奉献给党，把毕生知识奉献给祖国，并以此作为自己人生目标的最高追求。

侯老是抗战期间留学美国的化工学博士，是我国石油化工事业的奠基人，是石油部的老一辈领导人之一。他曾担任多项学科研究的带头人，为“两弹一星”领导研制了特殊润滑材料，为国家做出了巨大贡献。他是中国科学院第一批学部委员，中国工程院的发起人之一，在科技界享有崇高威望。他热心多种社会公益活动，还组织建立了自己的基金，奖励青年石油科技人员，影响深远。今年，侯老已经93岁了，他思维敏捷、耳聪目明，每天仍坚持工作。老人以自己的身体力行，为我们树立了做人的楷模。

侯老从青少年时代起，就把国家的命运、民族的命运置于个人命运之上。当他还是个少年时，就同进步师生一道上街游行，抗议英、日帝国主义对中国人民的欺压蹂躏。在北平燕京大学读书期间，积极参加了学生会组织的到南京政府请愿以及为前线将士募捐等活动。大学毕业后考入中央研究院（上海）化学研究所工作，在那里大量阅读了马列著作（英文版），从英文报刊上了解了中国共产党和红军，坚定了寻找并加入中国共产党的决心。上海沦陷后，他辗转到长沙，投身抗日救亡活动，1938年春天秘密加入中国共产党。抗战期间，受中共地下党组织的委派，在西南从事煤和植物油炼制液体燃料工作。

抗战胜利前夕，受党组织委派，参加了自费留美考试，于1944年留学美国，在那里参加、组织了爱国留学生的社团活动，并按照党组织的指示，成功动员了一批留学生回国参加建设。

战略眼光看世界　谋篇布局有前瞻

战略科学家匮乏，为当前我国科技界所普遍忧虑。没有战略眼光、不具备前瞻能力，创新的方向就有可能偏离正轨，欲速不达，或陷入简单重复。这样的现象已经屡见不鲜，与提高我国自主创新能力的目标形成巨大反差。认真解读侯祥麟院士的一生，可以了解战略眼光和前瞻能力是如何炼就的，可以解答在培养年轻一代战略科学家的过程中，在教育模式、创新环境等诸多方面又需要遵循怎样的规律。

1950 年秋，侯祥麟回到了祖国。先在清华大学任教，后在燃料工业部石油管理总局从事研究工作。1955 年 7 月 30 日，国务院批准成立了石油工业部，侯祥麟被任命为技术司副司长，从此开始了他长达半个世纪为新中国石油化工事业不懈追求的历程。

1959 年以后，前苏联逐渐减少以至停止了对我国军需油料及发展两弹所需特种润滑材料的出口，而从其他国家进口也绝无可能。于是，如何使石油产品迅速立足于国内生产成为急需解决的大问题。作为我国炼油科技的奠基人，侯祥麟参与了炼油科技立足国内这一方向性决策的制定和实施，发挥了关键作用，成功地突破了国外封锁，推动和促进了我国炼油科技的成长和发展，取得了显著的成果。其中，“五朵金花”、航煤等都是突破国外封锁的代表性成果。这期间，他参加了由国务院组织、600 名科学家参与的《1956—1967 年国家科技发展规划》的制订工作；筹划组织了石油科研机构的建立；组织领导了炼油科研工作等。

20 世纪 50 年代后期至 60 年代中期，他组织科研攻关，解决了国产喷气燃料对镍铬合金火焰筒烧蚀的关键问题，国产航空煤油于 1965 年获国家新产品成果一等奖，其基础研究成果获国家自然科学四等奖。为了满足中国发展原子弹、导弹、卫星和新型喷气飞机的需要，他领导研制出多种特殊润滑材料。他还领导了流化催化裂化、催化重整、延迟焦化、尿素脱蜡及有关的催化剂、添加剂等“五朵金花”炼油新技术的成功开发，使中国炼油技术在 60 年代前期很快接近了当时的世界水平。

70 年代初期，他坚持实事求是的原则，力排干扰，狠抓科研管理，组织领导了多金属重整、提升管催化裂化、渣油催化裂化、减粘、溶剂脱沥青、维生素二步发酵、顺丁橡胶、高档润滑油等新工艺、新技术、新产品的研究开发，取得了多项成果。70 年代后期，就如何用好一亿吨石油，组织专家调查研究，向中央提交了《关于用好一亿吨原油的意见》的报告。

作为全国政协三届常委，他参与了科研体制改革的多项调研和提案准备。80 年代初，他参与了当时国务院领导同志组织的以国企改革为重点的上海高桥会议，那次会议成立了上海高桥石化公司。随后，他又参加了由石油、化工、纺织三部分离出来的石油化工企业重组为中国石油化工总公司的前期调查研究和筹建。1983 年中国石油化工总公司成立时，侯祥麟被聘为技术经济顾问委员会首席顾问，1985 年任常务副主任。1993 年被聘为中国石化总公司高级顾问。1996 年，被聘为中国石油天然气总公司高级顾问。

他还发起成立了中国石油学会。随着我国石油工业的发展，石油科技已成为一门独立性很强的综合性学科。经石油部两位副部长侯祥麟和闵豫积极酝酿，成立了中国石油学会。

他为争取世界石油大会在中国召开作了不懈努力，终于申办和举办成功。1983 年 8 月底，侯祥麟以世界石油大会中国国家委员会主任的名义，率中国代表团赴英国伦敦出席了第十一届世界石油大会。这是中华人民共和国的代表第一次参加世界石油大会。在他的努力下,中国申办第十五届世界石油大会获得成功。1994 年在挪威举行的第十四届大会上,侯祥麟代表中国国家委员会接过了世界石油大会会旗。1997 年,第十五届世界石油大会在北京隆重召开,极大提高了我国在世界上的地位和威望。

侯祥麟于1955 年当选为中国科学院首批学部委员(院士)。在工作实践中,他充分认识到工程科技在我国现代化建设进程中所发挥的重要作用,深感设立工程科技最高咨询学术机构的必要性和紧迫性,于是和师昌绪、张维、张光斗、王大珩、罗佩霖 5 位科学家共同发起,给党中央和国务院写报告,建议成立中国工程院。1994 年 6 月,中国工程院正式成立。

矢志薪火传承　心系祖国未来

一生为祖国石油科技事业呕心沥血,就是为民族的生存与发展寻找可持续的能源基础。这样的追求使侯祥麟院士对年轻人才的奖励与提携变得自然而然;而基金犹如火种,是薪火传承的重要途径。侯祥麟院士心系未来,在基金事业上不遗余力,体现了老一代科学家对民族未来的高度责任感与使命感。

侯祥麟院士是国家自然科学基金会第一届委员;1986 年中国科协成立振华基金会(今中国科技发展基金),他是副理事长之一。

目前,由侯祥麟院士主持的有 3 个专项基金:

一是李成智国际象棋基金。该基金是新加坡华人李成智先生资助中国国际象棋事业的。李成智国际象棋基金的设立,促进了中国国际象棋水平的提高。侯祥麟院士任该基金管理委员会主任委员。

二是中国科技馆发展基金,成立于 1994 年,该基金的设立,对推动全社会关心和支持科普教育和科技馆事业,优化社会科技教育环境起到很好的促进作用。侯祥麟院士任会长。

三是侯祥麟基金。1996 年 10 月 17 日,侯祥麟院士荣获“何梁何利基金科学与技术成就奖”,奖金 100 万港元。侯祥麟院士捐出 50 万元,在中国石油天然气总公司、中国石化总公司和石油化工科学研究院的支持下,设立了“侯祥麟基金”,旨在激励科研院所和高等院校炼油与石化专业的青年高层次人才尽快成长,早日为国家做出贡献。“侯祥麟基金奖”自 1997 年开始,至今已颁发 7 次,共奖励 227 人,其中本科生 118 人、硕士 65 人、博士 25 人、博士后 6 人、青年科技人员 13 人。目前,“侯祥麟基金”已增加到 800 万元。

耄耋之年当大任　再挑重担为国家

在由计划经济向市场经济的转轨过程中,我国学术界也出现了这样那样的问题,学术浮躁现象是其中之一。作为社会公正与社会良知的载体,学术界的这种现象引起社会关注。随波逐流还是坚持操守,每个知识分子都面临价值观与人生观的严峻挑战。侯祥麟院士以 91 岁高龄挂帅“可持续发展油气资源战略研究”,并出色完成了任务,充分体现了老一代科学家的崇高人格与道德风范,为整个学术界树立了学习的典范。

2003 年,侯祥麟院士已经 91 岁高龄。这年 4 月,“非典”在北京城肆虐。5 月 25 日一早,国务院总理温家宝来到两院院士侯祥麟同志家里,给老科学家带来了党中央、国务院的亲切关怀和慰问。

温总理说,国家将要启动“可持续发展油气资源战略研究”,侯老在科技界德高望重,具有公认的权威影响,我十分希望侯老能够参加这一工作,但是考虑到您已逾九十高龄,我又于心不忍。

总理的话让侯老深为感动,他欣然接受了总理的嘱托,并于次日出席了温总理召集的国务院办公会议,中国可持续发展油气资源战略研究在北京正式启动。

作为中国石油和中国石化两大集团公司的高级顾问,多年来侯老一直坚持在工作岗位上。2003 年 5 月以后,侯祥麟院士把精力更多地投入了总理交给的任务。

2004 年 4 月,他的夫人、比他年轻 18 岁的李秀珍女士不幸身染重病,病情急转直下,6 月 25 日,已处于弥留时刻。这天上午,温家宝总理召开办公会议,听取“中国可持续发展油气资源战略研究”的汇报,侯老准时出席了会议,并做了重点发言。谁能想到他正处于人生最大的不幸时刻?就在这天下午,他的夫人因癌症不治去世。

侯老以国家利益为重,他的坚强和崇高的品质,让每个人为之动容。

保持共产党员先进性教育

中国工程院关于开展保持共产党员先进性教育活动实施方案

根据《中共中央关于在全党开展以实践“三个代表”重要思想为主要内容的保持共产党员先进性教育活动的意见》和中央保持共产党员先进性教育活动领导小组《关于印发〈第一批先进性教育活动实施意见〉的通知》要求，结合中国工程院实际，为确保先进性教育活动取得实效，特制订以下实施方案。

一、开展先进性教育活动的重要性和必要性

在全党开展保持共产党员先进性教育活动，是党中央深入研究新时期的形势、任务以及党员队伍状况，审时度势、深思熟虑作出的一项重大决策。党的先进性是党的生命所系、力量所在，事关党的执政地位的巩固和执政使命的完成。开展先进性教育活动，是坚持用“三个代表”重要思想武装全党的重要举措，是提高党的执政能力、巩固党的执政基础、完成党的执政使命的重要举措，是实现全面建设小康社会宏伟目标、推进中国特色社会主义伟大事业的重要举措。特别是把这项活动放在四中全会后进行，把它与提高党的执政能力结合起来，有着特殊的意义。可以说，开展先进性教育活动，是提高党的执政能力的一项基础性工作，也是贯彻落实四中全会精神的一个重要举措。

我们要深入学习领会中央关于开展先进性教育活动的一系列指示精神，进一步深化对搞好先进性教育活动重要性和必要性的认识，把思想统一到中央的重大决策部署上来，坚持高标准、严要求，力争取得实效。

二、开展先进性教育活动的指导思想、目标要求及指导原则

开展先进性教育活动，要以邓小平理论和“三个代表”重要思想为指导，贯彻党的十六大和十六届三中、四中全会精神，树立和落实科学发展观，按照立党为公、执政为民的要求，坚持党要管党、从严治党的方针，紧密联系改革发展稳定工作实际和党员队伍建设现状，以学习实践“三个代表”重要思想为主要内容，引导广大党员学习贯彻党章，坚定理想信念，坚持党的宗旨，增强党的观念，发扬优良传统，认真解决党员和党组织在思想、组织、作风以及工作方面存在的突出问题，不断增强党员队伍和党组织的创造力、凝聚力、战斗力，为实现全面建设小康社会的宏伟目标提供坚强的政治保证和组织保证。

开展先进性教育活动，要达到如下目标要求：一是提高党员素质，二是加强基层组织，三是服务人民群众，四是促进各项工作。

开展先进性教育活动，必须坚持五条指导原则，即：坚持理论联系实际，务求实效；坚持正面教

育为主，认真开展批评与自我批评；坚持发扬党内民主，走群众路线；坚持领导干部带头，发挥表率作用；坚持区别情况，分类指导。

三、我院党组织和党员队伍存在的突出问题

在先进性教育活动准备阶段，院机关党委通过问卷调查和谈心摸底，查找出我院机关党组织建设和党员队伍存在的突出问题，主要是：

（1）党组织建设状况存在的不足。由于局级机构和局级干部的变动，需通过公开招聘、内部竞聘进行补充、调整。一段时间有的局级领导班子配备没到位，致使有的党支部组织不健全，机关党委不能按时换届，对工作有一定影响；有的党支部强调业务工作较忙，党的组织活动安排的比较少；有的党支部缺乏战斗力，开展批评与自我批评不够，存在"好人主义"。

（2）党员教育管理存在的不足。主要是对党员思想教育的深度和广度不够，围绕党员自觉发挥模范带头作用和全心全意为人民服务的宗旨意识教育，有待进一步加强；有的党员理想信念比较淡薄，只埋头业务工作，对政治思想方面问题不够重视；有的党员不能摆正个人与国家、集体的关系，从局部和个人方面考虑问题多，存在"本位主义"和"个人主义"；有的工作中讲原则不够，对有些问题事不关己，高高挂起；有的党员工作中拈轻怕重，感兴趣的愿意干，其他工作干的不够认真等。

四、开展先进性教育活动的总体安排

按照中央部署，从今年1月起，在全党开展以实践"三个代表"重要思想为主要内容的保持共产党员先进性教育活动。我院作为第一批先进性教育活动的参加单位，院党组经认真研究，决定于1月21日召开机关全体党员动员大会，启动集中学习教育活动，于4月底基本结束，巩固和扩大整改成果的工作于7月底结束。

在本次先进性教育活动中，院党组一方面基本与机关同步开展活动，并做好组织、领导工作；另一方面也将根据中央的要求，从领导干部的实际出发，独立地开展一些活动，发挥领导干部的表率、带头作用。

五、集中学习教育活动各阶段的主要任务、目标要求和时间安排

集中学习教育分三个阶段进行。

第一阶段：学习动员。

（1）目标要求

通过广泛深入的思想发动和学习，使机关党员进一步深化对邓小平理论和"三个代表"重要思想的理解，深化对党的十六大和十六届三中、四中全会精神的理解，提高对加强党的执政能力建设的认识，明确新时期保持共产党员先进性的基本要求。在认真学习、提高认识的基础上，结合工程院的实际，明确院机关每个共产党员保持先进性的具体要求。

（2）主要任务

重点抓好三个环节的工作：

① 搞好思想发动。院党组根据中央开展保持共产党员先进性教育活动的要求，结合工程院的实际，做好安排。召开机关全体党员先进性教育动员大会，党组主要负责同志作动员讲话。

② 搞好学习培训。组织党员认真学习中央关于开展先进性教育活动的一系列重要指示精神和《保持共产党员先进性教育读本》,学习胡锦涛同志在新时期保持共产党员先进性专题报告会上的重要讲话和《江泽民论加强和改进执政党建设(专题摘编)》,重点学习党章。机关动员会后,机关党委要培训党支部书记等骨干。1 月 21 至 2 月 4 日期间,每天安排半天进行学习,采取个人自学、专题辅导和讲党课等多种形式,确保学习培训时间不少于 40 小时。

③ 明确新时期共产党员保持先进性的具体要求。在认真学习的基础上,结合工程院实际,各部门开展讨论,明确本部门党员保持先进性的具体要求。

(3) 时间安排

本阶段学习教育活动自 1 月下旬开始,2 月 24 日结束。

第二阶段:分析评议。

(1) 目标要求

通过认真学习、征求意见、对照检查、自我剖析和民主评议,重点检查党组织和党员存在的问题,使党组织和党员明确努力的方向。这一阶段,要解决的重点问题是,通过分析评议,找出党组织和党员自身存在的问题和不足。

(2) 主要任务

重点抓好七个环节的工作:

① 广泛征求意见。院党组、机关党委要采取召开座谈会、个别访谈、设意见箱等方式,广泛征求有关院士及机关同志的意见。各党支部要采取各种方式征求机关党员和群众的意见。

② 开展谈心活动。党组成员之间要开展谈心活动,沟通思想。党组成员还应适当地与所在党支部的党员进行谈心,了解情况,密切关系。机关党员之间要主动开展谈心活动,思想见面,增进团结。

③ 撰写党性分析材料。每个党员都要撰写党性分析材料。根据征求到的意见,对照党章规定的党员义务和党员领导干部的基本条件,总结自己近年来的思想、工作和作风等方面的情况,重点检查存在的问题,从世界观、人生观、价值观上剖析思想根源,领导干部还要从权力观、地位观、利益观方面进行剖析。在此基础上,形成党性分析材料。

④ 开好专题组织生活会。每个党员按照准备好的党性分析材料,在支部专题组织生活会上,逐个进行对照检查、自我批评,党员之间进行相互评议、开展批评。党员要根据评议意见,认真修改好自己的党性分析材料。

⑤ 召开支委会。党组成员所在党支部,根据民主评议的情况、征求到的意见和该党组成员的一贯表现,对其作出客观公正的评价,并征求党组主要领导同志的意见。党支部要根据民主评议的情况、征求到的群众意见和党员的一贯表现,提出对每个党员的评议意见。

⑥ 向党员反馈意见。党组成员所在党支部要将评议意见上报机关党委,由机关党委报院党组。党支部要向每个党员反馈评议意见,指出存在的问题,并要求其认真改正。同时,将评议意见报机关党委。

⑦ 通报评议情况。党支部以一定的方式,在一定范围内向群众通报民主评议党员的情况。

(3) 时间安排

本阶段学习教育活动自 2 月 25 日开始,3 月底结束。

第三阶段：整改提高。

(1) 目标要求

针对存在的问题制定整改措施,明确整改重点,落实整改责任并抓紧实施,切实解决存在的一些突出问题努力改进和推动工作。

(2) 主要任务

重点抓好三个环节的工作:

① 制定整改方案。针对征求意见、自我剖析中查找出的问题和民主评议中反映的问题,认真制定整改措施,明确整改重点,落实整改责任,并按照党章的要求切实进行整改。党员个人、党支部、机关党委和院党组,都要制定整改措施。

② 认真进行整改。党员干部要为机关党员做表率。要体现边整边改的原则。对那些需要解决而又能够解决的突出问题,要集中一段时间进行整改。结合整改,要做好建章立制的工作,建立党员教育管理的长效机制。

③ 向群众公布整改情况。院党组、机关党委、各党支部及党员个人制定整改措施和进行整改的情况,要在有关院士和机关范围内公布,充分听取群众意见,自觉接受群众监督。

(3) 时间安排

本阶段学习教育活动自4月初开始,4月底结束。

集中学习教育基本结束后,要用三个月的时间,切实做好巩固和扩大整改成果的工作。对整改措施落实不够的方面,要抓紧时间解决;对需要较长时间才能解决的问题,要认真研究,做出安排并向群众讲明情况;对新出现的问题,要研究制定具体措施。总之,要依靠群众,真正把整改措施落到实处。

六、加强对先进性教育活动的领导

开展先进性教育活动,是我院党员政治生活中的头等大事。院机关各部门要高度重视,统筹安排,精心组织,务求实效。

(1) 建立领导责任制。院保持共产党员先进性教育活动在院党组的领导下进行。院成立保持共产党员先进性教育活动领导小组。全国政协副主席、党组书记、院长徐匡迪同志任组长,党组副书记、副院长王淀佐同志任副组长,党组成员、副院长杜祥琬同志以及宋学敏、白玉良、高中琪、钱左生同志为成员。院保持共产党员先进性教育活动领导小组下设办公室,宋学敏同志兼任办公室主任。机关各部门的先进性教育活动,由部门党支部负责,党支部书记为第一责任人。要充分发挥各级党组织的作用,形成一把手负总责、一级抓一级、层层抓落实的工作格局。在开展集中学习教育的三个月内,一般不再安排外出活动,期间组织的集体教育活动一般不要请假。

(2) 建立领导干部联系点制度。院党组成员要以各自所在支部为先进性教育活动联系点,调查研究,加强指导。机关党委委员也要分工负责联系各党支部,加强督促指导,推进整体工作。

(3) 建立群众监督评价制度。在开展先进性教育活动中,要广泛征求群众意见,把事关群众切身利益和群众反映强烈的问题,作为先进性教育活动重点解决的问题。在先进性教育活动结束前,由中央督导组对我院先进性教育活动进行群众满意度测评。院党组、机关党委对各党支部开展先进性教育活动进行群众满意度测评。多数群众不满意的(满意度达不到三分之二),必须及时“补课”。

七、开展先进性教育活动的几点要求

（1）要充分认识开展保持共产党员先进性教育活动的重大意义，把思想统一到中央的精神上来。搞好先进性教育活动，对我们党、对国家、对民族，都具有重要意义。开展先进性教育为我们加强党组织建设和党员队伍建设提供了一个极好的机会，我们要抓住这个机会，进一步解决好党组织建设和党员队伍建设中存在的突出问题，更好地承担起工程院肩负的历史责任。对退休党员，应视其身体情况，采取灵活的方式，组织他们参加先进性教育活动。我们要进一步提高认识，加大工作力度，真正通过这一活动，在思想上、工作上有所收获。

（2）领导干部要履行职责，发挥示范带头作用。这次先进性教育活动不提领导干部是重点，但必须要求领导干部为党员做好表率。要以领导干部的带头表率作用，推动教育活动深入开展。按照一级抓一级、层层抓落实的原则，加强督促检查。院党组主要负责机关党委和局级干部，机关党委主要负责各党支部和处级干部，各党支部主要负责所属支部的党员。党支部书记作为直接责任人要履行具体组织实施的责任。各级领导班子，都要依据本方案精心组织实施，尽职尽责，共同努力，扎实工作，圆满完成这次先进性教育任务。

（3）正确处理开展先进性教育与当前工作的关系，努力做到两不误、两促进。开展先进性教育的根本目的是为了把党组织和党员队伍建设好，也为我院今后的发展提供有力的思想和组织保证。今年我院业务工作非常繁忙，院士增选等需要抓紧做的事情很多。要把开展先进性教育活动同推进当前工作有机地统一起来，既不能脱离中心工作孤立地搞先进性教育活动，也不能因为工作忙而不认真抓先进性教育活动。要以搞好先进性教育活动促进中心工作的完成，妥善安排时间和力量，力争做到学习教育和推动工作两不误、两促进。

徐匡迪院长在院机关开展保持共产党员先进性教育活动会议上的动员讲话

2005 年 1 月 21 日

同志们：

今天，我们召开全院的“开展保持共产党员先进性教育活动动员大会”，我代表中国工程院党组讲以下四个方面的意见。

一、统一思想，深刻认识在全党开展先进性教育活动的重大意义

去年 11 月，中央下发了《中共中央关于在全党开展以实践“三个代表”重要思想为主要内容的

保持共产党员先进性教育活动的意见》(中发〔2004〕20号)。中央决定,从2005年1月开始,用一年半左右的时间,分期分批在全党开展保持共产党员先进性教育活动。按照中央统一部署,我院是第一批,从今天起正式开展这项活动,可以说这是近期我院政治生活中的头等大事。

1999年,江泽民同志、胡锦涛同志就先后指示,要求对在新形势下"如何建设我们党、建设什么样的党"进行认真的调研。党的十六大明确提出了要开展保持共产党员先进性教育的活动。党的十六届四中全会对先进性教育活动进一步提出了明确要求。去年10月14日、21日,胡锦涛同志先后主持中央政治局常务会议和中央政治局会议,专题研究了如何在全党开展先进性教育活动。今年1月14日,锦涛同志在先进性教育专题报告会上强调,先进性是马克思主义政党的根本特征,也是马克思主义政党的生命所系、力量所在。党的先进性建设是马克思主义政党自身建设的根本任务。开展党的先进性建设,就是要使党的理论和路线方针政策顺应时代发展的潮流和我国社会发展进步的要求、反映全国各族人民的利益和愿望,使各级党组织不断提高创造力、凝聚力和战斗力、始终发挥领导核心作用和战斗堡垒作用,使广大党员不断提高自身素质、始终发挥先锋模范作用,使我们党保持与时俱进的品质、始终走在时代前列,不断提高执政能力、巩固执政地位、完成执政使命。

(一)开展先进性教育活动,是我们党面对新形势新任务需要,用"三个代表"重要思想武装全党的一个重大举措。锦涛同志在报告中强调,保持马克思主义政党的先进性,历来是马克思主义建党理论中一个带根本性的重大课题。80多年来,我们党始终高度重视保持党的先进性,总是把党的先进性建设摆在突出位置来抓。以毛泽东同志、邓小平同志和江泽民同志为核心的党的三代中央领导集体关于加强党的先进性建设的理论和实践一脉相承,为我们开展党的先进性建设积累了丰富的实践经验,奠定了坚实的理论基础,提供了科学的思想指南。十六届四中全会《决定》中指出:党的执政地位不是与生俱来的,也不是一劳永逸的。我们不能因为我们的前辈,老一辈无产阶级革命家流血牺牲,以他们的大智慧和解决问题的方法,建成现在这样一个社会主义强国,我们就可以躺在他们的功劳簿上永远执政,这是不可能的。不保持党的指导思想的与时俱进,不保持党的基层组织的战斗力和党员的先进性,政权有可能得而复失。苏联东欧的解体的现实,也使我们看到,关键是党和党员丧失了先进性。国家政权的根基不牢不但对民族、对国家是一种悲剧,对我们这些党员干部来说,也将负有历史的、永久性的责任。在新世纪新阶段,广大党员干部保持先进性关键是要深刻理解和掌握"三个代表"重要思想并自觉付诸实践,把先进的思想理论转化为强大的物质力量,不断推进中国特色社会主义伟大事业。

(二)开展先进性教育活动,是我们党执政为民的具体体现,是全面建设小康社会的重要保证。全面建设小康社会,使命光荣,任务艰巨。特别是我国全面建设小康社会正是人均国民生产总值从1 000美元向3 000美元跨越的关键时期。这个时期既是"发展机遇期",又是"矛盾凸显期",如果政策把握得当,就能推动经济社会协调发展,顺利实现工业化和现代化;反之,就有可能出现经济与社会发展脱节,导致各种社会差距扩大,社会矛盾加剧,经济发展徘徊不前,甚至出现社会动荡和倒退。特别是社会弱势群体包括低收入职工和农民,他们的利益如何得到保障或兼顾。我国现在总体上经济快速发展、人民生活水平普遍提高,但贫富不均的程度已超过了国际公认的警戒线。我们的老百姓是非常好的,体谅党和国家的困难,相信党、相信政府,认为不好的就那么几个人,所以,还没有造成大的麻烦。但我们党员干部都应该居安思危,古今中外分配不公都是产生社会动荡的基础,历朝历代当社会的不满意的群体超过一定比例后,就会爆发社会动荡,甚至造成朝代更替。开展先进性教育活动，就是要促使广大党员进一步牢固树立党员意识，时刻关心群众，代表最广大群众的根本利益，把党员的先锋模范作用具体体现到实现全面建设小康社会的各项工作中去，带领群众共同创造幸福生活和美好未来。

（三）开展先进性教育活动，是我们党加强思想、组织、作风建设的一项基础工程。我们党是由340多万个基层党组织和6 800多万名党员按照民主集中制原则组成的统一整体。锦涛同志强调，加强党的先进性建设，在执政特别是长期执政的条件下任务更加艰巨。必须居安思危，增强忧患意识，永不自满，永不懈怠，不断把马克思主义中国化推向前进，不断把中国特色社会主义事业推向前进。加强党的先进性建设，是加强和改进党的建设的长期任务和永恒课题。从总体来看，我们党的基层组织是有战斗力的，党员队伍的主流是好的。这些年来，广大党员干部中相继涌现出孔繁森、郑培民、任长霞、牛玉儒等一大批好党员、好干部。但是也要看到，在新的形势下，党员队伍中还存在着与保持先进性的要求不相适应、不相符合的问题。庆红同志在讲话中指出：一些党员理想信念动摇，党员意识和执政意识淡薄，带领群众前进的能力不强，先锋模范作用发挥得不好；一些党员干部事业心和责任感不强，思想作风不端正，工作作风不扎实，脱离群众的问题比较突出；一些党员领导干部思想理论水平不高，依法执政能力不强，有的甚至以权谋私、腐化堕落；一些党的基层组织凝聚力、战斗力不强。前一时期，我院机关党委在开展党组织和党员状况调研中大家也反映过：机关有的党员模范作用发挥的不够，工作上不能开拓进取；有的全心全意为人民服务的意识不强，不能摆正个人与集体的关系，遇事从局部从个人方面考虑得多；有的工作讲原则不够，盛行好人主义等。这些问题归纳起来：一个是同新形势、新任务的要求不相适应；一个是同“三个代表”重要思想和全面建设小康社会的要求不相符合。开展先进性教育活动，就是要努力解决党员队伍和基层组织存在的“不适应”和“不符合”的突出问题。

二、正确领会把握开展先进性教育活动的指导思想和目标要求

锦涛同志在报告会上强调，加强党的先进性建设，始终是我们党生存、发展、壮大的根本性建设。抓住了先进性建设，就抓住了党的建设的根本，就抓住了加强党的执政能力建设、巩固党的执政地位的关键。因此，我们要吃透中央的精神，把思想和行动统一到新形势下加强党的执政能力建设、保持党的先进性的要求上来，统一到中央的重大部署上来，把先进性教育活动的各项工作落到实处。

（一）认真领会贯彻先进性教育活动的指导思想和总体要求。这次先进性教育活动的指导思想是：以邓小平理论和“三个代表”重要思想为指导，贯彻党的十六大和十六届三中、四中全会精神，树立和落实科学发展观，按照立党为公、执政为民的要求，坚持党要管党、从严治党的方针，紧密联系改革发展稳定工作实际和党员队伍建设现状，以学习实践“三个代表”重要思想为主要内容，引导广大党员学习贯彻党章，坚定理想信念，坚持党的宗旨，增强党的观念，发扬优良传统，认真解决党员和党组织在思想、组织、作风以及工作方面存在的突出问题，促进影响本单位改革发展稳定、涉及群众切身利益的实际问题的解决，不断增强党员队伍和党组织的创造力、凝聚力和战斗力，为实现全面建设小康社会的宏伟目标提供坚强的政治保证和组织保证。贯彻这一指导思想，关键是要抓住一条主线，把握一个主题，明确一个着眼点，坚持一个方针。即：一是要抓住学习实践“三个代表”重要思想这条主线；二是要把握保持共产党员先进性这个主题；三是要明确提高党的执政能力这个着眼点；四是要坚持党要管党、从严治党这个方针。这“四个一”的总体要求是贯穿于先进

性教育的各个阶段,我们要予以高度重视。

(二)要正确把握这次教育活动的目标要求。这次先进性教育活动要达到的目标是:提高党员素质,加强基层组织,服务人民群众,促进各项工作。这四句话是一个有机的整体,体现了使党员受教育、让群众得利益的精神。在提高党员素质方面,着重于增强学习实践“三个代表”重要思想自觉性,坚定理想信念,强化党员意识和执政意识,自觉与党中央保持一致,充分发挥先锋模范作用。在加强基层组织方面,着重于扩大党的工作覆盖面,增强党组织的凝聚力,巩固党的执政基础,使党的基层组织在成为贯彻“三个代表”重要思想的组织者、推动者和实践者上取得新进步。在服务人民群众方面,着重于增强党员的宗旨意识和为人民服务的本领,把为人民的事业而奋斗作为人生的最大追求,切实改进作风,关心群众疾苦,真正做到为民、务实、清廉,进一步密切党群关系和干群关系。在促进各项工作方面,着重于围绕发展这个党执政兴国的第一要务来开展活动,贯彻落实好党的路线方针政策,树立和落实科学发展观和正确政绩观,明确改革发展思路,使各项工作取得新的进展。

(三)要坚持以正面教育为主。这次先进性教育活动要以正面教育为主,正确运用批评与自我批评这个有力武器,促使党员自我认识问题、自我解决问题,增强自重、自省、自警、自励的意识和自我提高的能力。根据中央的部署,这次先进性教育活动划分为三个阶段,每个阶段都有相应的任务和要求。要严格遵循三个阶段的方法步骤,以保证质量、取得实效为前提,不片面抢时间、赶进度,要坚持时间服从质量。要通过广泛征求意见、开展批评和自我批评等方式,以实事求是的态度查找问题、剖析原因,做到不回避、不避重就轻、不随意夸大。坚持有什么问题就解决什么问题,什么问题突出就着重解决什么问题。各部门要根据问题的性质,区分轻重缓急,认真制定整改措施,明确整改时限,落实整改责任,务求先进性教育活动取得实际效果。

三、认真贯彻中央精神,搞好我院先进性教育活动

为全党搞好先进性教育,锦涛同志在专题报告中提出了六项基本要求,我们要认真学习,深刻领会。根据中央统一部署,我院作为第一批先进性教育活动的参加单位,我们一定要集中精力,重点要抓好以下四个环节:

(一)精心组织,明确领导责任。锦涛同志强调,各级党员领导干部都要以普通党员的身份带头参加先进性教育活动,给广大党员做出示范。要带头学习,带头查摆问题,带头开展批评与自我批评,带头搞好整改。为搞好先进性教育活动,在去年6月份,机关党委就成立了“保持共产党员先进性教育活动”准备工作办公室,先期已经做了一些准备工作;去年11月至今,院党组多次研究保持共产党员先进性教育活动的具体事项;今年初,院保持共产党员先进性教育活动领导小组成立后,立即开展对先进性教育活动进行部署。这次先进性教育活动,不提领导干部是重点,但必须要求领导干部为党员做好表率,各级党员领导干部既要组织好先进性教育活动,又要以普通党员的身份参加所在党支部的活动,带头学习,带头征求和听取群众的意见,带头开展批评与自我批评,带头对存在的问题进行整改。院党组、机关党委主要负责同志和各部门党支部书记分别为院、机关、所在部门先进性教育活动的第一责任人,机关党委和各党支部领导要以高度的政治责任感和足够的精力投身先进性教育工作。

(二)抓好理论学习,把学习提高贯穿始终。这次保持共产党员先进性教育活动,是在新形势、新情况下,对全党进行的一次马列主义、毛泽东思想、邓小平理论和“三个代表”重要思想的再学习

过程,大家要用较多的时间沉下心来搞好理论学习。当前一些领导班子和党员干部在党性方面存在问题,尽管出现和发生问题的原因不尽相同,但都与理论学习不够有直接关系。这次党中央把学习作为先进性教育活动的一个重点,具体规定了学习书目和时间,要重点学好《保持共产党员先进性教育读本》、《江泽民论加强和改进执政党建设〈专题摘编〉》的学习,特别是要学好胡锦涛同志《在新时期保持共产党员先进性专题报告会上的讲话》。院机关的同志平时工作很紧张,很少拿出整段时间来进行系统的理论学习,这次保持共产党员先进性教育活动是一次难得的学习机会。为此,院领导小组制订了专门的学习计划,采用个人自学、集中学习和讨论等方式组织大家进行学习。在学习中,同志们要理论联系实际,结合思想认识和工作的实际进行深入思考,查找自身存在的主要问题,澄清一些模糊认识,努力从世界观、人生观、价值观上对照、剖析自己,使先进性教育活动具有坚实的思想基础。

(三)充分发扬民主,走群众路线。开展保持共产党员先进性教育活动要真正找准问题,就要贯彻边学习边整改的要求。要把发扬民主和走群众路线贯穿到先进性教育活动的每一个阶段。要吸收群众参与,广泛征求和听取群众的意见,及时向群众公布有关情况,主动接受群众监督。当然,这些工作要有组织按计划地进行,防止出现以前政治运动中的“大民主”。在这里我代表党组,诚恳地希望大家发扬党的实事求是的优良传统,讲心里话,反映真实情况,党组和机关各级党组织都会认真研究,做到“闻过则喜,闻善则拜”,“有则改之,无则加勉”。希望大家要从讲大局和讲团结的愿望出发,搞好自我剖析,襟怀坦白,形成群众有序参与、监督有力、评价客观的良好局面,切实体现服务群众和让群众满意的要求。

(四)要把先进性教育活动同推动当前工作紧密结合起来,做到两不误、两促进。开展先进性教育活动的根本目的,是为了全面贯彻落实党的十六大和十六届三中、四中全会精神,更好地学习实践邓小平理论和“三个代表”重要思想,保证党的路线方针政策和中央重大决策的贯彻执行。各部门要按照院领导小组的要求,集中时间和精力,防止在思想上麻痹,在行为上走过场,扎实认真地搞好先进性教育活动。要正确处理开展先进性教育活动和做好各项工作的关系,既要集中时间和精力搞好先进性教育活动,又要围绕中心、服务大局、统筹兼顾、合理安排。今年我院院士增选工作任务很重,还有一批重大咨询课题进入结题阶段,大家一定要处理好开展先进性教育活动和做好增选、咨询等各项工作的关系,做到统筹兼顾,合理安排,既不能脱离中心工作孤立地搞先进性教育活动,又不能因为工作忙而不认真抓先进性教育活动,要切实做到两不误、两促进,真正做到以先进性教育活动促进各项工作、以工作成果检验先进性教育活动成效。

四、我院开展先进性教育活动的主要步骤和时间安排

这次在全党开展的先进性教育活动,中央决定分“三个批次、三个阶段”开展。根据中央统一部署,我院参加第一批先进性教育活动,时间半年。党组经研究决定,院机关从1月21日开始至4月底开展三个半月的集中学习教育。巩固和扩大整改成果的工作于6月上旬结束。按照中发〔2004〕20号文件要求和中央领导同志讲话精神,我院的先进性教育活动分为学习动员、分析评议、整改提高三个阶段进行。

学习动员阶段:从1月21日开始至2月24日结束。通过深入的思想发动和学习讨论,深刻认识开展先进性教育活动的重要意义,熟悉要解决的重点问题,把握共产党员先进性的具体要求。

分析评议阶段:从2月25日开始至3月底结束。着重抓好自我剖析、对照检查、征求意见和

民主评议，找出党组织和党员自身存在的问题和不足。

整改提高阶段：从4月初开始至4月底结束。这一阶段的重点是，各级党组织和党员按照保持先进性教育活动的总要求，做好思想整改，制定整改措施，推动各项工作进一步提高。巩固和扩大整改成果到6月上旬结束。

同志们，让我们高举邓小平理论和"三个代表"重要思想伟大旗帜，深入贯彻党的十六届三中、四中全会精神，以高度的政治责任感和良好的精神状态，做好我院的保持共产党员先进性教育活动，为我国的工程科技事业做出更大的贡献。

为了帮助我们搞好这次先进性教育活动，中央派来了以田瑞璋同志为组长的督导组来我院指导工作。我们工程院党组和全院同志热烈欢迎中央督导组的到来，并恳请他们对我院的工作加强指导，对保持共产党员先进性教育活动多提指导意见。

谢谢大家。

杜祥琬副院长在院机关开展保持共产党员先进性教育活动学习动员阶段工作总结

2005年3月14日

同志们：

在中央先进性教育活动领导小组办公室和中央先进性教育活动第49督导组的指导下，在院党组的直接领导下，我院保持共产党员先进性教育活动自1月21日徐匡迪院长做动员报告以来，严格按照中央的要求，认真搞好思想发动、开展学习培训、明确党员先进性的具体要求、坚持边学边改、认真做好"回头看"、进行党员和群众"满意度"测评等各个环节的工作，学习动员阶段已结束。总的来看做到了"开局良好，进展顺利，初见成效"。现将主要情况总结如下：

一、基本情况

我院机关共设有5个党支部、在编党员共46名，其中，副部级以上党员领导干部6名，局级党员干部17名，全部参加了学习活动。另外我院有12名组织关系不在我院的借聘党员和7名要求入党的群众，根据院党组的要求，也都认真参加了机关的先进性教育活动，真正做到了将先进性教育覆盖到全体党员和积极要求入党的所有同志。

在学习动员阶段，我们共组织了10次机关全体党员和部分群众参加的集体学习培训，内容包括听动员报告、听党课、听院士事迹报告、听辅导报告、看党员先进事迹录像、交流学习体会等；以各支部为单位，共组织了12个半天的集体学习、讨论。保证了人员、学习内容、学习培训时间的三落实。

二、主要做法

根据中央先进性教育活动领导小组《关于做好第一批先进性教育活动学习动员阶段工作的通知》要求，我院重点抓好以下五个方面的工作：

（一）认真搞好思想动员，提高对开展先进性教育活动重要性、必要性和现实意义的认识。院党组高度重视开展先进性教育活动的思想发动工作，把提高思想认识，打牢思想基础，放在先进性教育活动的重要位置。**一是党组带头先学一步，加强对机关各部门领导干部的培训、动员工作。**我院在集中开展先进性教育活动之前，党组即两次召开扩大会议，组织机关局级干部认真学习、讨论《中共中央关于在全党开展以实践"三个代表"重要思想为主要内容的保持共产党员先进性教育活动的意见》（中发〔2004〕20 号），胡锦涛同志《在新时期保持共产党员先进性专题报告会上的讲话》，曾庆红、贺国强同志在保持共产党员先进性教育活动工作会议上的讲话，深刻领会在全党开展先进性教育活动的重大意义、重要性和必要性。**二是召开机关党员大会进行思想动员。**在院机关开展保持共产党员先进性教育活动动员大会上，党组书记徐匡迪同志从统一思想，深刻认识在全党开展先进性教育活动的重大意义；正确领会把握开展先进性教育活动的指导思想和目标要求；贯彻中央精神，搞好我院先进性教育活动；开展先进性教育活动的主要步骤和时间安排等四个方面作了动员报告，对党员、群众进行思想动员。**三是认真组织好学习讨论，深化对开展先进性教育活动的思想认识。**党组要求各党支部认真组织学习中发〔2004〕20 号、先组发［2004］2 号、先组发［2005］3 号文件，胡锦涛同志等中央领导同志讲话精神；还将院先进性教育工作方案和实施方案、徐匡迪同志讲话、中央先进性教育活动第 49 督导组组长田瑞璋同志的讲话等相关文件、材料印发给党支部，组织大家进行认真学习讨论，进一步提高党员、群众对开展先进性教育活动重要性、必要性的认识。

（二）采取有效措施，深入开展学习培训。院党组始终把深刻领会"三个代表"重要思想作为学习培训的主要内容，制定了周密的第一阶段学习培训计划，并根据中央要求对计划进行及时的补充完善。

在学习培训的人员上：党组要求组织关系不在我院的借聘党员与在编党员共同参加学习培训，将先进性教育覆盖到院机关全体党员。政策研究室党支部和国际合作局党支部还邀请非党同志参加学习讨论，体现了党组织的心中有群众，群众的心中有党组织。在学习讨论中，大家对保持共产党员的先进性的发言有理论依据，有活生生的先进事迹，也有反面事例；不讲套话，讲心里话，讲真实感受，真正加深了对中央文件、中央领导讲话和《党章》的理解。

在学习时间的安排上：根据中央要求学习培训时间一般不少于 40 个小时，及中央先进性教育活动领导小组要求学习动员阶段在原安排基础上延长 10 天左右时间的通知，为确保学习培训效果，我院将第一阶段活动又延长了近 20 天，学习培训时间已达 70 多个小时。在整个学习培训期间，各党支部按院先进性教育领导小组的要求，基本没有安排党员外出，把计划在院外开的会议移到院内开，集中精力参加学习培训。党员也没有因事、因病影响学习培训。

在学习培训的内容上：以中央关于开展先进性教育一系列重要文件，胡锦涛同志、曾庆红同志讲话，《保持共产党员先进性教育读本》（以党章为重点）、江泽民《论加强和改进执政党建设（专题摘编）》为主，配合观看党员英雄模范人物事迹录像片、听党课，听辅导报告等进行。

在学习培训的方法上：一是精心组织全机关的集体学习。如组织机关全体党员和群众观看《牛玉儒同志先进事迹报告会》录像片，听取院党组成员、副院长邬贺铨同志讲的题为“新时期共产党员的先进性”的党课，请空间技术专家戚发轫院士做“两弹一星”精神事迹报告，观看中科院纪检组长、党建专家王庭大做的《新时期如何保持党的先进性》专题辅导报告录像，观看反映任长霞、史来贺等6位模范共产党员《“立党为公，执政为民”先进事迹报告会》录像片和《中科院赴东南亚海啸灾区救援队党员事迹报告会》录像片。**二是由各党支部组织集中学习。**各支部重点围绕开展先进性教育活动的重要性和必要性、新时期共产党员保持先进性的基本要求、本单位党员先进性的具体要求等问题进行了5次学习讨论。党员发言有提纲，谈学习体会能结合社会问题和自身思想、工作实际进行。**三是组织好专题讨论和退休党员的学习交流。**通过组织专题讨论，不断深化学习培训的效果，使广大党员在思想上有新的收获和提高。针对退休党员学习培训中所遇到的情况，我们组织退休党员观看《“立党为公，执政为民”先进事迹报告会》录像片等，向退休党员通报院机关开展先进性教育活动的具体情况，同大家一起学习、讨论。退休党员表示：退休只是在行政领导职位上退下来了，但共产党员的党性和品格不能变，在新的历史条件下，要经得起各种风险的考验，正确看待社会主义初级阶段中所出现的问题；要不断学习党的路线、方针、政策，坚持党员标准，始终做一名合格的共产党员。**四是春节长假期间安排自学。**党组提倡党员利用春节长假期间对规定学习内容进行不间断的学习。

（三）结合本职工作实际，明确新时期保持共产党员先进性的具体要求。院党组高度重视先进性教育学习培训要与我院的实际相结合，在党员中开展保持共产党员先进性的具体要求的讨论。以便通过讨论，在广大党员中形成共识，便于在分析评议时有具体的标尺，在整改提高时有明确方向，在日常工作生活中有行为准则，从而树立共产党员的良好形象。具体做法：**一是组织党员开展新时期党员保持先进性具体要求的讨论。**各党支部在认真组织党员学习领会党章党员必须履行的8条义务、中发〔2004〕20号文件中的4条要求，和胡锦涛同志提出的新时期共产党员保持先进性的6条基本要求的基础上，结合工程院的职能和本部门的工作职责，组织党员开展新时期保持共产党员先进性具体要求的大讨论。大家畅所欲言，开展了热烈的讨论，提出了不同岗位保持共产党员先进性的各种具体要求。**二是对新时期党员保持先进性的具体要求进行概括提炼。**各党支部通过集思广益，初步提炼出既符合党章和中央要求，又体现时代精神和本部门工作实际的保持共产党员先进性的具体要求。如办公厅党支部针对本部门“工作繁琐”、“政策性强”等特点，把对党员先进性要求归纳成6条具体要求。学部工作局结合“两高一低”工作特点对党员先进性的要求，归纳了5条总体要求和4条具体要求。国际合作局针对“外事工作无小事”的特点，从“实现人生价值舞台”的高度，邀请非党同志参加了党员先进性的讨论，归纳了10个方面的具体要求。政策研究室结合“三个服务”归纳了8个方面的具体要求。（如：办公厅党支部的具体要求是6句话72个字，简明易记：坚定理想信念，坚持“两个务必”；自觉遵纪守法，勤政廉洁奉公；勤于学习思考，提高素质能力；围绕中心工作，主动高效服务；坚持求真务实，加强规范管理；团结开拓进取，争创一流业绩）。

（四）关心群众生活，注重解决实际问题。学习培训一开始，党组要求各级组织和党员个人要联系过去机关调查摸底中查找的突出问题和院的工作实际，进行边学习，边思考，边改进。为此，院党组、机关党委从关心群众生活，注重解决实际问题入手，主要做了两方面的工作：**一是关心院士、离退休老同志和家中生活有困难同志的生活。**春节前夕，为使广大党员、群众过一个幸福、欢乐、祥和的春节，全国政协副主席、工程院院长、党组书记徐匡迪同志，党组副书记、副院长王淀佐同志及各位副院长分别走访慰问了部分资深院士和生病的侯祥麟、师昌绪等院士共16人；院机关党委组织有关同志专门探望了退休党员和群众，并对机关生活有困难的同志发放了生活补助，使他们度过一个幸福、欢乐、祥和的节日。**二是从群众希望解决、通过努力能够办好的事情做起。**为了让党员、群众切实感受到先进性教育活动的实际效果，增强搞好先进性教育活动的信心，针对我院部分聘用人员待遇和加强院财务审计等问题进行了讨论，已经提出了解决问题的办法。

（五）认真进行“回头看”。为确保我院先进性教育活动不走过场，根据中央的要求，我院认真组织了“回头看”工作。在各党支部分别组织进行“回头看”工作的基础上，3月2日，全机关组织了先进性教育学习动员阶段“回头看”。院党组副书记、副院长王淀佐同志，党组成员、副院长杜祥琬同志，中央先进性教育活动第49督导组的同志，听取了机关各党支部对学习动员阶段“回头看”情况的汇报。各支部在汇报中指出，通过开展先进性教育活动，广大党员对开展先进性教育活动重要性和必要性的认识有了显著的提高，参加先进性教育活动的积极性进一步增强；对“三个代表”重要思想的时代背景、实践基础、科学内涵、精神实质和历史地位的认识更加深化；各处室对党员保持先进性的具体要求进一步明确；对一些具备整改条件的问题已经和正在着力整改，为扎实开展分析评议阶段的工作打好了基础。

三、初步成效

我院先进性教育学习动员阶段取得了一些成效，主要体现在以下三个方面。

（一）践行“三个代表”重要思想的自觉性进一步增强。大家通过学习培训，进一步明确了中国共产党的先进性是由党的纲领、路线、方针政策和党在长期的革命、建设、改革中的地位和实际发挥的作用决定的；明确了新时期党的先进性面临的新考验，继续保持先进性是我们党在建设中一项带根本性的长期的任务；明确了在全党开展保持共产党员先进性教育活动的重要性和必要性。开展先进性教育活动，就是要进一步认真学习实践邓小平理论和“三个代表”重要思想，坚定共产主义理想信念，坚持为人民服务的宗旨，增强党的组织、纪律观念，加强思想、作风建设，始终保持党员的先进性，为推动中国工程科技事业的发展做出新的贡献，真正践行“三个代表”。

（二）机关全体党员党性意识增强了。通过学习，大家进一步认识到，要增强政治敏锐性和政治鉴别力，把思想认识进一步统一到中央对当前国内外形势的判断上来，不断增强贯彻执行党的方针政策的自觉性和坚定性；自觉加强党性修养，牢固树立正确的世界观、人生观、价值观，自觉抵制各种错误思潮和腐朽思想的影响和侵蚀，保持共产党员的先进性。国际合作局党支部书记钱左生同志在汇报本支部学习情况时说，“大家对先进性教育学习的自觉性和积极性是逐步提高的，从‘要我学’变成‘我要学’”。办公厅谢冰玉同志说，“共产党员应当具有的先进性，既是一种品质，又是一种能力，还是一种行为，是品质、能力、行为三者的统一”。学部工作局高中琪同志认为，“在新世纪新阶段，要提高实践‘三个代表’重要思想的本领，就必须对马克思列宁主义、毛泽东思想、邓小平理论和‘三个代表’重要思想真信、真学、真用”。政策研究室王元晶同志认为，“入党的目的不是为追求个人名利，作为一名普通党员，要时刻保持共产党员的先进性，就要在工作中经常自重、自省、自警、自励，把所负责的工作做好，要处处起模范带头作用”。许多党员都表示，要不辜负党和人民的重托，不忘共产党员的理想信念，在任何情况下都要树立起党员这面旗帜；坚持为人民服务的宗旨，要通过自身的努力，踏踏实实做好本职工作，今后要更好地为院士服务。

（三）机关工作作风有明显改进。通过开展先进性教育活动，广大党员能够自觉地从我做起，用更高的标准严格要求自己，在工作作风方面有明显改进。如机关各部门、各处室在加强学习、开展工作方面比过去更加主动、积极；在相互支持、协同配合方面做的更加周到、默契；为了做到两不误，这一时期大家经常加班加点工作，但都不辞辛苦，毫无怨言，默默奉献；这一时期大家的组织性、纪律性有新的起色，上、下班严格遵守作息时间，日常活动自觉服从统一安排；又如在2月27日（星期日）我院举办的“建设节约型社会”院士座谈会，是一次内容丰富、涉及几十位院士参加的会议，机关几个部门，准备工作充分，资料符合要求，座谈实施配合默契，报道及时到位，充分展现了机关同志的新作风。

四、取得的经验

回顾我院第一阶段开展先进性教育活动的情况，主要经验有以下几点：

（一）中央督导组的有力指导和帮助，是我院顺利开展先进性教育的重要保证。我院先进性教育活动，自始至终都得到了以田瑞璋同志为组长的中央先进性教育活动第49督导组同志们的有力指导和及时帮助。每当先进性教育遇到新的情况、进入抓新的环节和新的阶段，田瑞璋组长都及时向我院传达中央的指示，听取我院的情况汇报，提出督导组的具体指导意见，及时推动我院先进性教育活动的健康发展；督导组的其他几位同志，始终同我院机关各党支部保持联系，一起学习讨论，进行具体的督查和指导，适时传达中央精神，提出具体要求。在督导组的指导下，我们制定了切实可行的实施方案和阶段学习培训计划，编印了10期《简报》，有督导组的指导，我们感到思路清晰，标准明确，保证了活动的顺利开展。

（二）院党组在加强领导的同时，以普通党员身份参加先进性教育活动，为大家做表率。院党组高度重视搞好先进性教育活动，成立了以全国政协副主席、院长、党组书记徐匡迪同志为组长的院先进性教育领导小组。严格按中央要求，制定了院先进性教育的实施方案和工作方案，并做出了一系列具体可操作的安排。徐院长亲自为全院开展先进性教育活动做动员，认真参加政策研究室支部的学习讨论，并作重要发言。他从新时期党员如何保持先进性、保持先进性的重要性和必要性等四个方面，比较系统地谈了参加学习培训的体会；王副院长、杜副院长多次主持院机关的集体学习培训活动，听取机关和各支部的汇报，对如何搞好各环节、各时期的先进性教育活动做出具体指示。邬副院长在百忙中，给机关的党员和群众讲了一堂内容丰富、生动感人，具有专业水平的党课，大家反映很好，听后深受教育。王副院长、杜副院长、沈副院长都参加了各党支部的学习讨论，并多次作比较系统的重要发言，使大家很受教育，很受启发。白玉良副秘书长、副局级巡视员郗小林等同志偶尔因会议未能参加学习，之后主动找先进性教育办公室的同志借录像片和讲话录音，进行及时补课，体现了各级党员干部主动学习的积极性，为大家做出了表率。

（三）各党支部严密组织，全体党员、群众在思想上高度重视，积极参与。各支部按党组和院先进性教育办公室的要求，创造性地开展工作，在完成上级“规定动作”的同时，还完成“自选动作”；全体党员和部分群众从加强和巩固党的执政地位的高度，充分认识全党开展先进性活动的重大意义，积极参加机关的集体教育活动和本支部的学习与讨论，正确处理学习培训与工作的关系，确保两不误，实现两促进。

这里，我还要讲一下院先进性教育活动领导小组办公室的同志们，他们为搞好院先进性教育活动，克服了很多困难，加班加点，做了大量工作，应予以表扬。

在院先进性教育活动第一阶段即将结束时，我们在机关党员和群众中进行满意度测评工作，基本满意以上达98.03%。

五、存在的不足

从先进性教育第一阶段的情况来看，院机关主要存在以下不足：一是由于规定的学习书目、文件、讲话等内容丰富，有的虽然读完了，但读的不够细，有待进一步深入思考，需要在下一阶段继续加强学习。二是由于有的退休干部年老体弱或家有老人、爱人生重病需要照顾等，集中学习讨论参加较少，对学习效果有一定影响。三是本阶段我们进行的整改还是初步的，需要在第二、三阶段进一步加大力度，取得更大的成效。

同志们，以上我对工程院开展先进性教育活动学习动员阶段的情况就总结到这里，关于如何开展分析评议阶段的工作，王副院长将在动员报告中进行全面的部署。以上总结有不妥之处，请同志们提出宝贵的意见。

王淀佐副院长在院机关开展保持共产党员先进性教育活动第二阶段动员大会上的讲话

2005年3月14日

同志们：

在院党组的正确领导下，在中央第49督导组的帮助下，通过院各级党组织、院先进性教育活动领导小组办公室、全体党员群众的共同努力，中国工程院先进性教育活动第一阶段已经结束。刚才祥琬同志代表院先进性教育活动领导小组做了全面系统的总结，下面我就如何做好分析评议阶段的工作谈几点意见。

一、要提高对搞好分析评议阶段工作重要性的认识

这次先进性教育活动，按中央的要求，集中学习教育分三个阶段进行：第一阶段是学习动员，第二阶段是分析评议，第三阶段是整改提高。认真搞好分析评议阶段的工作，是确保先进性教育活动取得实效的关键。

最近，胡锦涛同志在贵州考察时，从加强党的执政能力建设、巩固党的执政地位、完成党的执政使命的战略高度，对搞好先进性教育活动提出了明确要求，他指出，“开展先进性教育活动，关键是要取得实效”，在开展先进性教育活动的过程中，认真落实“提高认识、端正态度，摆正位置、自觉投入，找准问题、认真整改，完善制度、健全机制”四项要求。胡锦涛同志的讲话，具有很强的思想性、

指导性，我们要认真学习贯彻、深刻领会，紧密结合工程院的实际，扎扎实实地搞好先进性教育活动。前些天中央第49督导组召开中科院、自然基金会、工程院三家先进性教育活动领导小组和办公室负责人会议，传达了贺国强等中央领导同志的讲话精神，这对我们回顾总结第一阶段的工作、安排部署好第二阶段的工作，起了十分重要的指导作用。徐院长在听取院先进性教育活动领导小组办公室的工作汇报时指出，我们一定要不折不扣地按照中央的要求开展我院的先进性教育，我们一定要认真接受中央督导组的指导，主动向督导组汇报工作，把我院的先进性教育活动搞得更好，把工程院的事情办得更好。

在分析评议阶段，我们每个党员都要听取意见，自我剖析，接受评议，认真开展批评与自我批评；每个党支部都要采取有效方式广泛征求群众意见，提出对每个党员的评议意见。这一阶段的工作政策性强，党员关心，群众关注。能否找准党员、党组织和本部门存在的突出问题，深刻分析原因、明确整改方向，对于确保先进性教育活动取得实效，至关重要。院机关各党支部一定要充分认识搞好这一阶段工作的重要性，采取有力措施，把各项工作抓紧抓实抓好。

二、要重点做好七个环节的工作

1. 广泛征求意见。院党组、机关党委、各党支部要充分发扬民主，坚持走群众路线，根据院和各部门的具体情况，合理确定征求意见的范围，采取召开座谈会、发放征求意见表、个别访谈、设意见箱等形式，广泛征求有关院士及机关同志的意见。党员个人也要主动征求群众意见。党员领导干部还要主动征求分管部门或处室的意见。院先进性教育活动领导小组办公室对征求到的意见要认真汇总、梳理，分别整理出对党员个人、党组织和各部门的意见。对党员的意见，由党支部负责同志反馈。对各党支部及其负责人的意见由机关党委负责同志反馈。对院领导班子成员的意见，由党组主要负责同志征求督导组组长意见后反馈。对院领导班子集体和党组主要负责同志的意见由督导组组长在与中央先进性教育活动领导小组办公室沟通后反馈。

2. 开展谈心活动。院党组、机关党委和各党支部要根据实际情况，确定开展谈心的范围。院领导班子成员之间、各局级领导班子成员之间，院、局领导干部与所分管的局、处室负责人之间，党员和党员之间、党员和群众之间要普遍谈心。谈心活动中要认真开展批评与自我批评，做到与人为善，敞开思想，坦诚相见，以利于沟通思想，增进团结，找准问题，改进工作。提倡尽可能多地在谈心活动中解决思想认识问题，形成共识，也为专题组织生活会和民主生活会的召开打下良好的基础。

3. 撰写党性分析材料。院党组、机关党委和各党支部要组织党员对照《党章》、新时期保持共产党员先进性的基本要求和本部门保持共产党员先进性的具体要求，结合征求到的意见，撰写个人党性分析材料，重点检查在理想信念、宗旨、作风、遵守纪律和立足本职发挥作用等方面存在的问题，从世界观、人生观、价值观上剖析思想根源。领导干部还要从坚持科学发展观和正确政绩观以及权力观、地位观、利益观等方面进行分析。党支部负责同志要审阅本支部党员的党性分析材料。党组主要负责同志要审阅党组成员的党性分析材料。党组成员要审阅所联系部门主要负责同志的党性分析材料。党性分析材料联系个人实际不够、问题找得不准，剖析不深不透的，要认真进行修改。

4. 开好专题组织生活会、民主生活会。党支部要在党员进一步搞好学习、广泛开展谈心活动、认真撰写党性分析材料的基础上，组织开好专题组织生活会。会上每个党员都要按照准备好的材料进行党性分析，逐个评议，开展批评和自我批评。党组成员既要以普通党员身份参加所在党支部的专题组织生活会，又要参加党组专题民主生活会。党组专题民主生活会，按照中央纪委、中央组织部《关于开好2005年度县以上党和国家机关党员领导干部民主生活会的通知》（组通字〔2005〕13号）要求召开。机关党委委员既要参加所在党支部的专题组织生活会，也要参加在此期间机关党委组织的专题组织生活会。党员和党员领导干部要根据专题组织生活会和专题民主生活会的情况，认真修改党性分析材料，进一步明确努力方向。

5. 提出评议意见。专题组织生活会后，党支部要召开支委会，根据党员个人讲评、党员互评、群众参评的情况以及征求到的群众意见和党员的一贯表现，进行综合分析，实事求是、客观公正地对每个党员提出评议意见。

6. 反馈评议意见。对每个党员的评议意见，党支部要以书面形式如实向党员本人反馈，肯定成绩，指出问题，提出整改方向。党组成员所在党支部可将对党组成员评议意见报机关党委，由机关党委报院党组。

7. 通报评议情况。民主评议告一段落后，党组织要采取适当方式、在一定范围内向群众通报民主评议党员情况。通报的主要内容包括：专题组织生活会的基本情况，党员对存在问题的认识和整改意见以及努力方向，党支部的评议结果。党组专题民主生活会后，党组要采取适当方式，在一定范围内向有关院士、机关党员和群众通报情况。通报的主要内容包括：专题民主生活会的基本情况，党组班子存在的突出问题及其整改措施，其他需要说明的问题。专题民主生活会情况要报中共中央组织部，抄报中央先进性教育活动领导小组。

三、要注意把握的几个问题

在分析评议阶段，要全面贯彻中发〔2004〕20号文件提出的开展先进性教育活动的五条指导原则，即：坚持理论联系实际，务求实效；坚持正面教育为主，认真开展批评与自我批评；坚持发扬党内民主，走群众路线；坚持领导干部带头，发挥表率作用；坚持区别情况，分类指导。同时，特别要注意把握好以下几个问题：

1. 巩固和运用好第一阶段的成果。在前一阶段学习培训的基础上，紧密结合党员的思想实际和分析评议阶段的工作要求，组织党员有针对性地深入学习党章和胡锦涛总书记《在新时期保持共产党员先进性专题报告会上的讲话》，以及在贵州考察时就保持共产党员先进性教育活动所做的重要讲话精神，进一步引导党员提高认识、端正态度，摆正位置、自觉投入，增强从世界观、人生观、价值观等方面进行自我剖析的自觉性，增强学习实践“三个代表”重要思想的坚定性。要运用好在学习讨论基础上各个局级部门提出的保持共产党员先进性的具体要求，组织党员进行对照检查和分析评议；要坚持理论联系实际，继续改进思想作风、工作作风，关心群众，进一步密切党群、干群关系。

2. 找准党员和党组织存在的突出问题。要把查找问题作为分析评议阶段的重要一环，继续采取有效措施，找准党员和党组织存在的突出问题。要对照《保持共产党员先进性教育读本》中，胡锦涛同志《在全党大力弘扬求真务实精神，大兴求真务实之风》讲话中列举的党员干部队伍中存在的亟待解决的10个突出问题，检查我们的思想和工作。党员在查找问题时，要摒弃私心杂念，诚心诚意听取群众意见，从维护党和人民的利益出发，勇于正视和深刻剖析存在的问题，实事求是地认识自己、估价自己。对查找出的问题，要从思想认识上分析原因。党组织和领导班子要从党员存在的突出问题中查找自身存在的问题。

3. 正确开展批评与自我批评。开展批评与自我批评，要坚持原则，讲究方式方法，不回避矛盾，不纠缠细枝末节，不搞无原则纠纷。党员自我批评的要求是：能够认真查摆自己在保持先进性方面存在的突出问题；对党组织指出的问题和党员、群众提出的意见，要有正确的态度，作出实事求是的回答；对存在问题的原因剖析深刻，真正做到思想上有所触动，认识上有所提高；能够针对存在的突出问题，认真总结经验教训，提出具体的整改措施。党员之间开展批评的要求是：坚持实事求是的原则和“惩前毖后，治病救人”的方针，从团结的愿望出发，本着对同志对事业高度负责的态度，敞开思想，畅所欲言，触及问题，帮助分析原因，明确努力方向。

4. 坚持边议边改。要引导党员把保持先进性的要求同履行岗位职责结合起来，做好本职工作，发挥先锋模范作用。对我院和机关各部门存在的突出问题，要抓紧整改，具备整改条件的要马上就改。对个别履行党员义务较差、党员条件欠缺的同志，党组织要多做教育工作，促使他们尽快转化为合格的共产党员。通过解决问题，让群众感受到党组织和党员在先进性教育活动中发生的新变化。

5. 充分发挥党员领导干部的表率作用。党员领导干部要带头征求党员、群众的意见，带头开展谈心活动，带头进行自我剖析，带头开展批评与自我批评，带头边议边改，以实际行动为广大党员做出表率。

6. 正确处理开展先进性教育与当前工作的关系，努力做到两不误、两促进。随着院士增选工作的临近，机关各部门需要做的工作很多。大家要妥善安排好工作，要把开展先进性教育活动同推进当前工作有机地统一起来，以搞好先进性教育活动促进中心工作的完成，力争做到学习教育和推动工作两不误、两促进。

四、分析评议阶段活动的时间安排

根据中央关于“分析评议阶段的时间原则上不少于 1 个月”的精神和院先进性教育实施方案的安排，我院先进性教育活动分析评议阶段的时间，自 3 月 14 日，也就是今天开始，到 4 月 15 日结束。院先进性教育活动领导小组办公室已经制定了第二阶段活动的具体安排表，在这里我把主要情况再强调一下：

3 月 14 日，召开院先进性教育活动的转段动员大会；本周，机关各党支部召开座谈会，征求对本部门业务工作和党支部工作及党员的意见；3 月中下旬，党员广泛开展谈心活动。在此期间，请杜副院长结合工程院的实际，给全体党员和群众讲党课。请杨贵同志（河南林县原县委书记）作关于红旗渠精神的报告；3 月下旬，党员个人撰写党性分析材料；3 月底至 4 月初，各党支部、机关党委分别召开专题组织生活会，院党组召开专题民主生活会；4 月上旬，各党支部召开支委会，提出对每个党员的评议意见，并向党员反馈意见。之后，各党支部以一定的方式，在本部门向群众通报民主评议党员的情况；4 月中旬，在各党支部组织“回头看”的基础上，院先进性教育活动领导小组组织“回头看”。需要说明的是，以上时间安排在进行的过程中，还将根据中央的精神和督导组的要求，适时调整。

同志们，我院先进性教育活动，一直得到了以田瑞璋同志为组长的中央第 49 督导组同志们的大力指导和帮助，我们第一阶段所取得的成果与他们的指导帮助分不开。在此，我代表院党组和院先进性教育活动领导小组对他们表示衷心的感谢！

杜祥琬副院长在院机关开展保持共产党员先进性教育活动分析评议阶段工作总结

2005 年 5 月 16 日

同志们：

在中央先进性教育活动第 49 督导组和中央先进性教育活动领导小组办公室的指导下，在院党组的直接领导下，自 3 月 14 日，院党组副书记、副院长王淀佐同志作了转段动员报告后，我院严格按照中发〔2004〕20 号文件和中央先进性教育领导小组印发的《关于做好第一批先进性教育活动分析评议阶段工作的通知》（先组发〔2005〕9 号）要求开展工作，在院各级党组织、院先进性教育活动领导小组办公室、全体党员和群众的共同努力下，我院较圆满地完成了分析评议阶段的各项工作，现将主要情况总结如下：

一、主要工作

认真做好分析评议阶段的工作，是巩固和扩大学习动员阶段成果，打牢整改提高工作基础，确保先进性教育活动取得实效的关键。这一阶段的工作政策性强，党员关心，群众关注，我院认真抓好了以下七个环节的工作。

（一）广泛征求意见。在先进性教育活动第一阶段后期，按照党组的要求，院先进性教育活动领导小组办公室会同学部工作局，向院主席团成员，各学部主任、副主任，各学部常委等 130 位院士印发了征求意见和建议表，征求院士们对院领导班子和成员、机关各部门和机关工作人员的意见和建议。共征得意见和建议 27 条，其中对院领导班子和成员及院有关工作的意见和建议 19 条，对院机关各部门的意见和建议 3 条，对院机关工作人员的意见和建议 5 条。院先进性教育活动领导小组办公室还向机关职工印发征求意见和建议表 48 份。共征得意见和建议 53 条，其中对院领导班子和成员及院里工作的意见和建议 15 条，对院机关各部门的意见和建议 22 条，对院机关工作人员的意见和建议 16 条。3 月 25 日，院召开主席团会议，徐匡迪院长代表院党组又进一步向主席团成员征求意见、建议。办公厅和学部工作局党支部还通过自己编印的“党员意见测评表”，结合党员的平时表现给每位党员打分，征求对党员个人的意见。

（二）开展谈心活动。这次先进性教育中，谈心工作也开展的比较好，做到了院领导班子成员之间、各局级领导班子成员之间，院、局领导干部与所分管的局、处室负责人之间，党员和党员之间、党员和群众之间都普遍开展了谈心。全国政协副主席、院党组书记、院长徐匡迪同志在广泛征求意见和建议的基础上，逐个找党组成员认真谈话，还同机关各部门主要负责同志逐个谈心。党组成员之间、党组成员与机关党员干部之间通过谈心活动，沟通了思想，形成了共识。尽管机关工作很忙，但大家谈心的积极性很高，有的党员谈心达13人次；有的党员上班没时间，就利用业余时间谈心。据不完全统计，机关党员谈心数超过180人次。通过谈心，同志们感到深受启发，很有收获。不仅找到了自己的不足，更密切了同志间的关系，加强了理解与沟通。

（三）撰写党性分析材料。根据中央文件和督导组的要求，参照试点单位经验，我院党组、院先进性教育活动领导小组办公室和各党支部组织党员对照《党章》、新时期保持共产党员先进性的基本要求和本部门保持共产党员先进性的具体要求，结合征求到的意见，认真撰写个人党性分析材料，重点检查在理想信念、宗旨、作风、遵守纪律和立足本职发挥作用等方面存在的问题，从世界观、人生观、价值观上剖析思想根源。学部工作局党支部专门召开了务虚会，研究如何撰写党性分析材料，并以书面形式给每位党员发了通知，提出3点具体要求。3月30日，督导组田行长召集三部门会议，传达了中央先进性教育活动领导小组办公室的要求后，4月4日，院党组专门召开会议，认真落实督导组会议精神，严格按照中发〔2004〕20号文件和先组发〔2005〕9号文件的要求，进一步修改、充实了党性分析材料，为开好专题民主生活会做好准备。党组书记徐匡迪同志认真审阅了每位党组成员的党性分析材料，王副院长和杜副院长逐一审阅局级干部的党性分析材料；各党支部书记认真审阅本支部党员的党性分析材料，并提出修改意见。从各支部汇报情况看，大部分党员撰写党性分析材料都非常认真，写得很全面、深刻，有的分析材料字数达6 000多字。对个别党员的党性分析材料联系个人实际不够，问题找得不够准，剖析不够深刻的，各党支部都要求进行了认真补充、修改。

（四）开好专题组织生活会、民主生活会。在进一步搞好学习、广泛开展谈心活动、认真撰写党性分析材料的基础上，院机关各党支部分别召开了专题组织生活会。会上每个党员都按照准备好的材料进行党性分析，大家逐个评议，开展批评和自我批评。徐匡迪院长和其他几位副院长都认真参加了所在党支部专题组织生活会，带头进行党性分析，与大家交心，听取大家的意见。同时也帮助大家深刻分析存在问题的思想根源，有针对性地提出改进措施。4月17日，院党组召开专题民主生活会。会前，按照中央纪委、中央组织部《关于开好2005年度县以上党和国家机关党员领导干部民主生活会的通知》（组通字〔2005〕13号）的要求，党组成员进行了认真的准备。会上，党组书记徐匡迪同志和各位党组成员，分别认真进行了个人党性剖析，开展了思想交流和集体谈心。田行长代表督导组作了重要讲话，既肯定院党组取得的成绩，也明确提出了需进一步整改的努力方向。在中央督导组的指导下，党组专题民主生活会开得很成功。4月21日，院机关党委就进一步加强党性、作风、纪律问题召开了专题组织生活会，杜祥琬副院长到会作了重要讲话，并对机关党委提出了三点要求。

机关四个党支部为开好专题民主生活会，确保“两不误”，都精心做了一些安排。如学部工作局党支部为营造民主生活会的氛围，在会前专门学习了中组部《组工通讯》11期“坚决克服好人主义”这篇文章。各党支部民主生活会会风好，主题明确，气氛热烈，心情舒畅。不论是对领导、对同志，都态度诚恳，畅所欲言，做到了“知无不言，言无不尽”，“有则改之，无则加勉”。同志们普遍反应这次专题组织生活会开的很好，达到了预期的目标。

（五）对党员提出评议意见并向本人反馈意见。院党组民主生活会和机关各党支部专题组织生活会结束后，各党支部都及时召开了支委会进行认真研究，并根据党员个人党性分析材料、党员互评及征求到的群众意见和党员的一贯表现，经过综合分析，比较客观地对每个党员（包括党组成员）写出了肯定成绩，指出存在的问题，提出整改方向的评议意见，并以书面形式向本人进行了反馈。国际合作局党支部为做好党员评议工作，专门召开支委扩大会研究部署这项工作。党组成员所在党支部已将对党组成员评议意见报机关党委，由机关党委报院党组。

（六）通报评议情况。5 月 8 日至 11 日，机关各党支部都召开了本部门全体党员和群众大会，向大家通报了专题组织生活会的有关情况。5 月 12 日，由党组副书记、副院长王淀佐同志主持，党组成员、副院长杜祥琬同志向机关先进性教育活动领导小组成员、各党支部书记、局级干部、机关党委委员和办公室成员，通报了我院党组搞好评议、开好专题民主生活会的有关情况。政策研究室党支部为使群众对教育活动有很好的认可度，自先进性教育活动开始以来，始终吸收要求入党的积极分子和群众参加支部的学习教育活动。

（七）对分析评议阶段工作进行“回头看”。5 月 11 日之前，院机关先以党支部为单位对分析评议阶段的工作进行了“回头看”。5 月 12 日，全机关组织了分析评议阶段的“回头看”。院党组副书记、副院长王淀佐同志，党组成员、副院长杜祥琬同志，中央先进性教育活动第 49 督导组张恒副局长、马德龙处长，听取了各党支部对分析评议阶段“回头看”情况的汇报。大家普遍认为：在先进性教育第二阶段，我院认真贯彻中央精神，对七个环节的工作都注重保证质量、取得实效。在刚转段时就制定了详细的教育活动计划，明确了工作重点，对每个环节的工作不抢时间，不赶进度，根据教育活动中出现的新情况、新问题及时进行调整，确保各项活动不走过场。比如谈心工作开展的广泛、深入，通过谈心活动，大家沟通了思想、开展了互助、增加了理解，拉近了同志之间的距离；党性分析材料写的认真，贴近个人实际，问题找的比较准，措施定的比较实；民主生活会思想统一，准备工作充分，开展批评与自我批评的态度端正，会风正、气氛好；党性评议材料，对每个党员评价比较客观，党员个人认同，各级组织比较满意。

二、主要经验与体会

回顾我院分析评议阶段开展先进性教育活动的情况，主要的经验与体会有以下几点：

（一）督导组同志的及时指导，是搞好教育活动十分重要的保证。田行长和督导组的同志，在教育活动开展的关键时刻，都及时对我院的工作给予指导，如第一阶段结束前分别找院领导和机关的同志谈话，帮助院党组和机关查找问题。第二阶段进入撰写党性剖析材料时，及时传达中央的要求，对撰写党性分析材料当中应注意的问题，及时提出指导性意见。还认真审阅党组成员的党性分析材料，提出修改、充实意见和建议。在参加党组专题民主生活会时，田行长发表了重要讲话，既肯定了党组的工作成绩，也提出了希望和要求。平时我们在开展教育活动当中遇到什么问题，督导组都及时耐心地帮助解决。

（二）各级领导高度重视、发挥模范带头作用，是搞好先进性教育活动的关键。党组书记徐匡迪同志公务十分繁忙，但坚持在广泛征求意见和建议的基础上，逐个找党组成员认真谈话，同机关各部门主要负责同志谈心。徐院长和几位副院长在亲自写好党性分析材料后，又都利用双休日和晚上休息时间对个人党性分析材料再次进行修改、充实，为机关党员作出了榜样。尽管院领导的工作很忙，但都妥善安排工作，想方设法参加所在支部的民主生活会，带头进行思想剖析，征求党员意见。院领导还都从加强机关队伍建设、关心干部成长的角度，认真听取同志们的发言，语重心长地给大家指出不足，帮助党员分析问题、提高认识，指出整改方向。各党支部书记认真审阅本部门党员同志的党性剖析材料，带头查找问题，给支部的同志作出榜样。对有的撰写党性分析材料不符合中央要求的，支部书记耐心细致地做思想工作，帮助其提高认识。办公厅和国际合作局党支部，充分发挥支委作用，经常在一起研究措施，部署工作，认真抓好各个环节的工作。

（三）认真贯彻中央精神，坚持把学习贯穿教育活动的始终。为贯彻中央关于把学习贯穿于先进性教育活动始终的精神，3月18日，我院组织了“发扬红旗渠精神，保持共产党员先进性”的报告会，请当年带领群众苦干十年，硬是在太行山的悬崖峭壁上修建起1 500公里的大型水利工程的原河南省林县县委书记杨贵同志作报告。3月22日，院党组成员杜祥琬副院长为机关全体同志讲了题为“做民族的脊梁”的党课。在讲课中，他运用丰富详实的资料，紧扣保持共产党员先进性“做民族的脊梁”这一主题，阐述了中国工程院的历史使命和如何保持共产党员的先进性。同志们反映，这两个报告主题鲜明，事迹感人，发人深省，催人奋进。办公厅党支部在完成规定动作的同时，还组织全体党员、群众，到唐山参观地震遗址进行坚定社会主义道路信念教育，到冀东监狱进行廉洁从政警示教育，收到了比较好的教育效果。政策研究室党支部加强了对要求入党积极分子的培养，“五一”前，一位要求入党的同志向党支部递交了一篇“参加共产党员先进性教育活动系列活动后的体会”，从三个方面汇报了个人对党员先进性的理解，并查找了思想认识和工作能力上的不足，表达了盼望能成为一名合格共产党员的心愿。

（四）认真贯彻边议边改精神，不断取得新的实效。对院士和机关同志提出的意见和建议，院党组予以高度重视，认真进行梳理、研究整改意见，提出：一要加强理论武装工作；二要进一步采取措施，加强院士队伍建设；三要通过开展多种形式的活动，组织和吸纳更多的院士为经济建设服务，推动国内外的学术交流，提高自主创新能力和国际竞争力；四要认真搞好院机关队伍建设等四点初步的整改意见。机关各党支部也都重视边议边改，反映较多的一些问题也引起大家的高度重视。比如：机关加强了各种会议秩序的整顿，大家反映近段时间有大的改进；机关职工住房补贴等比较难做的事情，最近都在抓紧解决；还有机关部门之间和处室之间，在加强沟通与协调等方面也都有明显的改进。机关群众反映：通过先进性教育活动的开展，机关党员的党性意识增强了，工作作风有很大的转变，服务意识、责任意识有所加强，机关工作效率有了进一步的提高。

三、存在的不足

从第二阶段开展先进性教育活动的情况看，院机关主要存在以下不足：一是有个别党员因业务工作忙，时间安排的不够科学，谈心开展不够普遍。二是本阶段我们进行的整改还是初步的，有的同志提出的整改意见还比较原则，缺乏操作性，需要在第三阶段进一步加大整改力度，确保取得实效。三是由于有的退休干部家有老人、爱人生重病需要照顾等问题，组织退休党员集中学习讨论有一定困难，对学习有一定影响。

王淀佐副院长在院机关开展保持共产党员先进性教育活动第三阶段动员大会上的讲话

2005年5月16日

同志们：

在院党组的正确领导下，在中央第49督导组的帮助下，通过院各级党组织、院先进性教育活动领导小组办公室、全体党员和群众的共同努力，我院顺利地完成了先进性教育第二阶段各项工作，今天将转入第三阶段。刚才祥琬同志代表院先进性教育活动领导小组，对第二阶段的工作做了比较全面的总结，下面我就如何做好第三阶段，即整改提高阶段的工作谈几点意见：

一、充分认识做好整改提高阶段工作的重要性

这次先进性教育活动，按中央的要求，集中学习教育分三个阶段进行：第一阶段是学习动员，第二阶段是分析评议，第三阶段是整改提高。整改提高阶段是在前两个阶段工作的基础上，集中时间、集中精力解决问题，抓落实、见实效的阶段。在这一阶段，能不能在解决党员和党组织思想、工作和作风等方面的突出问题，解决涉及群众切身利益的实际问题上取得新的进展，是衡量先进性教育活动有没有取得实效的重要标准。院各级党组织和全体党员一定要充分认识做好这一阶段工作的重要性，要坚持高标准、严要求，防止出现厌倦情绪和松劲思想。要以饱满的政治热情，良好的精神状态，求真务实的作风，针对查找出的突出问题，扎实搞好集中整改，确保先进性教育活动取得实效，真正成为群众满意工程。要把整改提高与促进各项工作紧密结合起来，通过整改进一步促进党员素质的提高，促进机关作风的转变，促进各项制度的建立和落实。

二、着重抓好三个环节的工作

我们要坚持把学习实践“三个代表”重要思想作为主线贯穿始终，树立和落实科学发展观，扎扎实实地做好整改提高阶段的各项工作。按照中央的部署，结合我院实际，重点抓好三个环节的工作：

1. 制定整改措施和整改方案。在分析评议阶段工作的基础上，每个党员都要对照党性分析材料，结合党组织的评议意见和民主评议中提出的问题，作深入反思，进一步明确整改方向，制定整改措施。党组成员的整改措施由党组主要负责同志审核，督导组配合。局级干部的整改措施由党组有关领导审核，其他党员的整改措施由其所在党支部委员会审核，没设支委会部门的党员个人的整改措施，由所在党支部党员大会审核。

院党组、机关党委及各党支部要分别制定整改方案。整改方案要结合各自的工作实际，按照"提高党员素质、加强基层组织、服务人民群众、促进各项工作"的目标要求，针对党员和党组织自身存在的突出问题，群众反映强烈的突出问题，涉及群众切身利益的突出问题，影响本部门发展的突出问题来认真制定。整改方案的制定要充分考虑问题的轻重缓急和难易程度，既有近期目标，又有中长期安排；既要考虑解决问题的必要性，又要考虑解决问题的可行性，尽力而为，量力而行，不提过高的目标和不切实际的口号。要把群众意见最大、最不满意的事情，群众最希望办、当前能够办好的事情作为整改工作的重点。机关各党支部的整改方案要报机关党委备案。机关党委的整改方案要报中央国家机关工委备案。

在分析评议阶段，院党组根据部分院士和机关同志提出的意见和建议，经研究已初步提出了《中国工程院领导班子存在的主要问题及整改的初步意见》。在第三阶段，党组将根据中央先进性教育领导小组的要求，进一步充实这个整改方案，并认真加以整改。党组的整改方案，要注意吸收党组成员个人的整改措施，注意听取下级和群众的意见，由党组集体研究决定，并听取督导组的意见。整改方案形成后，要通过一定形式、在一定范围内向群众公布，接受群众监督，吸收群众的合理意见，进行必要的修订。

各党支部的整改方案也要通过一定形式，听取群众意见，做些必要的修改。

2. 认真进行整改。能否切实解决存在的突出问题，是衡量这次先进性教育活动成效大小的重要标志。每个党员要按照经审核的整改措施扎扎实实进行整改。党员干部要为机关党员作出表率。党组织要教育引导党员把解决突出问题、落实保持共产党员先进性的要求与履行岗位职责结合起来，在各自岗位上发挥先锋模范作用。

院党组、机关党委和各党支部要将各自的整改任务进行分解，明确责任部门和完成时间，落实具体责任人，并对整改情况认真进行督查。对具备整改条件的问题，要马上整改；对通过努力能够解决的问题，要限期整改；对那些应该解决但由于受客观条件限制一时解决不了的问题，要向群众说明情况，积极采取措施逐步解决；对情况复杂、涉及面大，单靠一个部门和单位难以解决的问题，院党组、机关党委要加强协调，采取综合治理措施加以解决。

3. 向群众公布整改情况。集中整改阶段工作基本结束后，院党组整改情况，要在一定范围内向院士和机关党员、群众公布，听取群众意见，接受群众监督。各党支部整改情况，要在本部门全体人员大会上公布，听取群众意见，接受群众监督。多数群众不满意的，要及时"补课"。各党支部要在适当时候召开一次专题组织生活会，交流党员个人整改情况，肯定成绩，找出差距，进一步推动整改。

三、需要把握的几个问题

为做好整改提高阶段的工作，要把握好以下几点：

1. 紧密结合改革发展稳定的实际抓整改。院各级党组织要切实加强形势教育，引导党员和群众进一步增强政治意识和大局意识，充分认识我国改革发展稳定的大好局面来之不易，切实将思想统一到中央的要求上来，与党中央保持高度一致。每个共产党员都要认清自己肩负的责任和使命，强化组织观念、纪律观念，团结带领广大群众，以实际行动维护改革发展稳定的局面。要继续做好改进作风、服务院士、服务群众的工作。通过扎扎实实地抓整改、办实事、解难题、促发展，让群众进一步感受到党组织和党员在先进性教育活动中的新变化。

2. 发挥党员领导干部的带头作用。俗话说：火车跑得快，全凭车头带。要取得先进性教育的实效，关键是党员领导干部要发挥表率作用。党员领导干部要带头落实整改措施，自觉接受群众监督，要求党员做到的，党员领导干部首先做好；通过党员领导干部带头整改，发挥表率作用，推动整改提高阶段工作的扎实开展。

3. 正确掌握政策。整改提高阶段要认真研究并正确掌握有关政策。这次先进性教育活动不单独搞一个组织处理阶段。对个别履行党员义务不够的党员，党组织要区别情况，做好教育转化工作。通过做好思想政治工作，引导和帮助他们提高思想认识，正视存在的问题，增强改正问题的信心和决心；注意从政治上、工作上、生活上关心他们，激发他们的内在动力，促使他们尽快转化为合格党员。

4. 着手研究健全和完善保持党员先进性的长效机制。我院成立10年多了，在制度建设方面取得一些成效，但还有待进一步完善。机关党委和各党支部要把抓好整改与建章立制工作紧密结合起来，把开展先进性教育活动与抓好经常性的党员教育管理工作紧密结合起来，按照“让党员受教育，使群众得利益”的要求，组织力量，着手研究健全和完善本部门保持党员先进性的长效机制问题，争取在整改提高阶段拿出一个初步方案。

5. 切实加强组织领导。各级党组织要加强对整改提高阶段工作的领导，落实领导责任和工作责任。对每项整改任务，都要认真抓落实并进行督查。院先进性教育活动领导小组及其办公室要加强工作指导，掌握整改提高阶段工作的进展情况，及时发现问题，认真研究解决，使整改提高阶段工作扎实开展，保证先进性教育活动取得实效。各党支部要切实加强自身建设，充分发挥作用，认真组织党员扎扎实实地进行整改。党支部书记要切实履行直接责任人的职责，在整改工作中为其他党员做出表率。

6. 正确处理开展先进性教育与当前业务工作的关系。开展先进性教育活动的目的在于提高党员素质，增强党组织的战斗力，促进各项工作的开展。各部门要正确处理先进性教育活动与业务工作的关系。当前院士增选工作已经开始，增选会议逐步临近，机关各部门需要做的工作很多，人手很紧。各部门要统筹兼顾，合理安排，处理好抓整改和完成业务工作的关系，用先进性教育促进业务工作，用业务工作的成果检验先进性教育的效果，切实做到两不误、两促进。

四、整改提高阶段活动的时间安排

根据中央关于“整改提高阶段的时间原则上为1个月左右”的精神和院先进性教育实施方案的安排，我院先进性教育活动整改提高阶段的时间自5月16日，也就是今天开始，到6月20日前结束。院先进性教育活动领导小组办公室已经制定了第三阶段活动的具体安排表，这里我把主要情况概括讲一下：

5月16日，召开院先进性教育活动的转段动员大会；本周党员个人制定整改措施；5月下旬，院党组、机关党委、各党支部分别制定整改方案，组织退休党员座谈；5月底至6月上旬，认真进行整改；6月中旬，向群众公布整改情况，各党支部组织专题组织生活会、研究健全和完善保持党员先进性的长效机制。需要说明的是，以上时间安排在进行的过程中，还将根据中央的精神和督导组的要求，适时调整。

整改提高阶段工作结束时，随即进行群众满意度测评工作。群众满意度测评工作结束后，各党支部要对先进性教育活动三个阶段的情况进行总结，并报机关党委。院先进性教育领导小组要对先进性教育活动进行总结，完成向中央的上报工作，还要对巩固和扩大整改成果工作作出安排。

同志们，我院先进性教育活动，一直得到了以田瑞璋同志为组长的中央第49督导组同志们的大力指导和帮助，我们第一、第二阶段所取得的成果与他们的指导帮助分不开。在此，我代表院党组和院先进性教育活动领导小组对他们表示衷心的感谢！

院党组保持共产党员先进性教育活动整改方案

在开展先进性教育过程中，我院始终认真贯彻《中共中央关于在全党开展以实践“三个代表”重要思想为主要内容的保持共产党员先进性教育活动的意见》（中发〔2004〕20号文件）要求，扎扎实实地搞好先进性教育各个阶段的工作。为了制定好院党组的整改方案，在先进性教育的第一阶段，院党组即向院主席团全体成员，各学部主任、副主任和各学部常委等院士，以及院机关全体工作人员广泛征求了对院领导班子和成员及院里工作的意见和建议；在第二阶段，党组在做好充分准备的基础上，认真开好专题民主生活会，党组成员分别进行了严格的自我党性剖析和集体谈心，听取了中央第49督导组对党组工作的意见和建议，制定了党组初步整改方案；第三阶段根据先组发〔2005〕11号文件精神，党组又进一步听取了有关院士和机关同志的意见，认真听取了中央第49督导组的重要意见。在此基础上，党组经过认真分析、研究，制定了整改方案。

一、需要重点解决的突出问题

根据院士、机关全体同志和中央第49督导组提出的意见和建议，以及党组对近年来的工作进行认真剖析、总结，党组认为，工程院的整改工作要重点解决以下四个方面的突出问题：

1. 要进一步加强中国工程院对国家重要工程科学技术问题开展战略性研究，提供决策咨询，更好地为国民经济的持续发展服务。

2. 加强院士队伍的科学道德与学风建设和实现院士队伍结构的合理化，进一步发挥院士的群体作用。

3. 要进一步强化管理，加强院机关干部队伍建设，加强党的思想政治工作和组织纪律建设，大力提高干部素质，充分发挥党员的先锋模范作用。

4. 要全面落实科学发展观，按照“科教兴国，创新为民”的要求，积极主动地为国家工程技术发展做出更大贡献。

二、具体整改方案

针对存在的突出问题，院党组提出以下具体整改方案：

1. 加强政治理论学习，坚持以邓小平理论和“三个代表”重要思想为指导，深入学习领会中央关于坚持以人为本、全面协调可持续的科学发展观和科教兴国、人才强国战略等，用中央的精神统一思想，明确中国工程院的历史使命。

近期目标：

(1) 利用今年两轮院士增选会议和主席团会议，组织院士学习和领会中央关于以人为本、全面协调可持续发展战略等重要思想，用中央的精神统一认识。

责任单位：党组分管领导和各学部主任负责，学部工作局协助。

整改时限：2005 年 11 月底完成。

(2) 通过新闻媒体和《院士通讯》，宣传党的科学发展观、科教兴国、人才强国等方面的重要思想和方针、政策，提高全体院士和机关同志的思想认识水平，进一步增强责任感、使命感。

责任单位：党组分管领导负责，机关各厅、局、室具体承办。

整改时限：从 2005 年 6 月开始执行。

中长期安排：

(1) 坚持以邓小平理论和“三个代表”重要思想为指导，深入学习领会中央关于坚持以人为本、全面协调可持续的科学发展观和科教兴国、人才强国战略等，用中央的精神统一思想。

责任单位：党组领导负责，机关党委协助。

整改时限：从 2005 年 6 月开始实行。

(2) 坚持党组中心组学习制度。每月至少安排 1 次学习，重点学习领会党中央和国务院重要决定和重要方针、政策，认真贯彻落实党中央和国务院领导重要讲话、批示等，及时以中央的要求指导全院的工作。

责任单位：党组领导负责，机关党委协助。

整改时限：从 2005 年 6 月执行。

(3) 坚持机关时事政治学习会制度，原则上每个月组织机关全体同志集中学习一次。

责任单位：机关党委负责。

整改时限：从 2005 年 6 月起开始实行。

(4) 利用院士参加的各种会议和有关活动如院士大会、主席团会议、咨询活动等，组织学习和宣传中央的精神，使院士们自觉地在本职岗位上努力工作，在各项业务活动中，贯彻中央的精神，为实现中央的宏观战略做贡献。

责任单位：党组负责，机关各厅、局、室协助完成。

整改时限：从 2005 年 6 月开始执行。

2. 进一步加强院士队伍建设，重视发现和选拔优秀的年轻人才，优化院士队伍结构，提高院士队伍科学道德水平。

近期目标：

(1) 在今年的院士增选中，严格按照院士候选人上报的要求和条件，做好院士候选人的资格审查，提出院士有效候选人名单。

责任单位：党组分管领导负责，学部工作局具体承办。

整改时限：2005 年 5 月底已完成。

(2) 为使院士增选工作更科学、更严谨，抓紧制定和修定《院士增选评审、选举程序规定》、《院士增选候选人材料验收及汇总的有关规定》、《院士增选投诉信处理办法》等，在今年的院士增选中执行。

责任单位：院党组分管领导负责，学部工作局、政策研究室具体承办。

整改时限：2005年6月底完成三个规定、办法的制定和修定后，即印发今年两轮院士增选中执行。

（3）在今年的院士增选中，认真抓好增选过程中各重要环节的工作，试行《中国工程院院士增选学部专业划分标准》。

责任单位：院党组分管领导负责，学部工作局、政策研究室协助。

整改时限：2005年6月下旬试行。

（4）会同中宣部、中国石油天燃气集团公司等，通过媒体大力宣传侯祥麟等院士典型事迹，弘扬科学精神，提倡对祖国、党和人民无私奉献的品德和为工程科技事业追求创新精神。

责任单位：院科学道德建设委员会负责，政策研究室、学部工作局协助。

整改时限：从2005年5月下旬开始筹备，10月前完成侯老的宣传工作。

（5）加快《高层次工程技术人才成长规律课题研究》，为优化院士队伍结构、培养年轻人才探索规律，促进工作的深入开展。

责任单位：党组分管领导负责，学部工作局、办公厅协助。

整改时限：2005年10月完成。

中长期安排：

（1）开展院士队伍建设中的总名额和动态发展规律的定量研究，以利于院士年龄、地区、部门、学科的合理结构。

责任单位：院增选政策委员会负责，学部工作局、政策研究室协助。

整改时限：2006年5月完成。

（2）加强院士队伍科学道德建设与学风建设。严格执行中国工程院《院士科学道德行为准则》、《院士增选工作中院士行为规范》和《院士科学道德行为准则若干自律规定》。

责任单位：院科学道德建设委员会负责，学部工作局协助。

整改时限：从2005年6月开始严格执行。

（3）重视社会监督，实事求是，认真处理好对院士和院士候选人的投诉信件，做到公正规范地处理。

责任单位：院增选政策委员会和科学道德建设委员会负责，学部工作局协助。

（4）为弘扬楷模，拟编写出版《院士风范》一书。

责任单位：党组分管领导负责，机关各厅、局、室协助。

整改时限：2005年完成初稿。

整改时限：根据日常发现的问题及时进行处理。

3. 通过开展多种形式的活动，组织更多的院士和有关专家，参与咨询活动，选好咨询领域，抓好题目立项，围绕中心，服务大局，为国家经济建设服务。推动国内外的学术交流，提高自主创新能力和国际竞争力。

近期目标：

（1）根据国家的急需，做好重大项目咨询研究工作。今年重点抓好建设节约型社会、矿产资源、城市化、东北水资源、综合交通等咨询项目。

责任单位：院咨询工作委员会、党组分管领导负责，学部工作局、政策研究室协助。

整改时限：2005 年 12 月底完成。

(2) 开展“技术创新院士行”活动。围绕国家的战略部署，与中组部、发改委合作，每年完成 6～8 次技术创新院士行活动，加强与产业界的联系，为企业发展做贡献。

责任单位：院咨询工作委员会、产业工程科技委员会负责，学部工作局、办公厅、政策研究室协助。

整改时限：2005 年年底完成今年的任务，以后每年完成规定的任务。

(3) 开展《专家决策咨询开展方式及相关程序研究》，促进咨询工作程序化、规范化。

责任单位：院咨询工作委员会负责，学部工作局、办公厅具体承办。

整改时限：2005 年 9 月底完成。

(4) 成立工程研究院所研究生教育学术委员会，促进工程教育事业的发展。

责任单位：院工程教育委员会、党组分管领导负责，学部工作局协助。

整改时限：2005 年年底完成。

中长期安排：

(1) 加强决策咨询研究。突出抓好国家下达或关注的具有宏观性、前瞻性、战略性的重大专项咨询工作，也要做好有关部门和地区委托咨询的项目。

责任单位：院咨询工作委员会、党组分管领导负责，学部工作局、政策研究室协助。

整改时限：从 2005 年 6 月开始执行。

(2) 推进与山东省、深圳市等省市及空军的合作，贯彻西部大开发战略和振兴东北老工业基地战略等精神，充分发挥院士的群体作用，为促进区域经济发展服务。

责任单位：党组分管领导负责，学部工作局、政策研究室、办公厅协助。

(3) 开展学术交流活动。在认真办好工程科技论坛、工程科技前沿研讨会的基础上，每年再主办 1～2 次高层次的学术会议；另外每年举办 5～10 次专业性的学术会议；与中国科协合作，开展有针对性的科普活动。

责任单位：党组分管领导负责，学部工作局、政策研究室协助。

整改时限：2005 年年底完成今年的任务。

(4) 进一步拓展国际交流渠道，积极参与国际工程与技术科学院理事会、国际医学组织、中日韩（东亚）工程院圆桌会议等国际组织的活动，推动实质性国际合作。

责任单位：党组分管领导负责，国际合作局协助。

整改时限：从 2005 年 6 月起，更积极地开展国际交流与合作。

(5) 在全国工程师制度改革协调小组的领导下，负责做好“制度研究工作组”的工作，提出制度改革的思路、框架和初步方案。

责任单位：学部工作局、政策研究室负责。

整改时限：2005 年 7 月起动，2007 年完成。

4. 加强党的建设和机关队伍建设。

近期目标：

(1) 严格按照中央《党政领导干部选拔任用工作条例》的要求，指导机关党委和人事部门，本着公平、公正、公开的原则，面向社会完成今年招聘机关工作人员任务。

责任单位：党组分管领导负责，办公厅及有关局、室承办。

整改时限：2005 年 12 月完成。

（2）加强对机关人员的管理工作，制定《中国工程院关于对编制外人员的管理办法》。

责任单位：机关人事部门负责。

整改时限：2005 年 6 月底完成。

（3）为了规范机关工作人员在院士增选中的行为，特制定印发《院士增选中机关工作人员的有关规定（试行）》。

责任单位：学部工作局负责。

整改时限：2005 年 6 月底完成。

（4）针对咨询工作经费使用中存在的突出问题，抓紧制定《中国工程院咨询项目经费管理办法》。

责任单位：办公厅、学部工作局负责。

整改时限：2005 年 7 月完成。

（5）举办机关干部英语培训班，提高机关干部的英语水平。

责任单位：办公厅、国际合作局负责。

整改时限：2005 年 6 月开班。

（6）举办新调入人员培训班，进行院情、服务精神和工作技能等方面的培训。

责任单位：办公厅负责，各局、室配合。

整改时限：2005 年 6 月办完第一期，10 月前办完第二期。

（7）狠抓遵守纪律，特别是严格遵守上下班作息时间和各种会议的按时出席。

责任单位：机关办公会议负责，各厅、局、室协助。

整改时限：在先进性教育中，作为边整边改工作已抓出成效。

（8）加快机关职工住房补贴工作的办理

责任单位：办公厅负责。

整改时限：在先进性教育中已边整边改，目前已公布二榜，因最近政策有变化，需在下半年完成。

中长期安排：

（1）加强党组自身建设，严格执行已制定的《中国工程院党组工作规则》。认真履行党组的职责，坚持开好党组民主生活会和参加双重组织活动，健全和完善民主集中制，密切联系院士和机关群众。

责任单位：党组主要领导负责，机关党委做好有关服务工作。

（2）党组重视和加强对院机关党委开展思想建设、组织建设、作风建设和能力建设的指导，不断提高机关各级党组织的凝聚力和战斗力。党组每年不少于一次较系统地听取机关党委工作汇报。

责任单位：党组分管领导负责，机关党委做好相关工作。

（3）要建立机关干部教育培训制度。把举办各种培训制度化，在能力建设方面要重点加强机关人员的服务意识、写作能力和工作协调能力的培养；加大集体观念和团队意识的教育力度。

责任单位：办公厅负责，各局、室协助。

整改时限：从2005年6开始实施。

(4) 加强基层组织建设。每年举办一次党支部书记培训探索新形势下加强机关的思想政治工作的方式、方法；发挥党支部的战斗堡垒作用和党员先锋模范作用，建立保持共产党员先进性的长效机制。

责任单位：机关党委负责，各党支部协助。

整改时限：从2005年7月开始实施。

(5) 加快筹备成立工会、妇委会组织，完成团支部的换届，加强对工青妇工作的领导。

责任单位：机关党委负责，党委办公室协助。

整改时限：2005年下半年完成。

三、落实整改方案的有关要求

1. 要建立落实整改方案责任制。各级党组织主要负责同志是本单位落实整改任务的第一责任人，自觉发挥表率作用，在党组统一领导下，坚持高标准，严要求，扎扎实实地开展工作，确保各项整改任务按时完成。

2. 机关各部门要根据分配的任务，结合本部门工作特点，研究落实工作方案。对近期需要解决的问题，要抓紧时间落实解决；对中长期安排解决的工作，也要及时做出安排，促进问题早日解决。

3. 要重视在日常具体工作中抓落实，党组将按照整改方案确定的责任单位和完成时间进行督促检查，届时将在全院讲评各单位整改落实情况；各部门在整改过程中如出现新情况，需对原方案做个别调整，要及时向党组报告情况，经同意后，方可按新方案进行整改。

徐匡迪院长在院机关开展保持共产党员先进性教育活动总结会议上的讲话

2005年6月22日

同志们：

根据《中共中央关于在全党开展以实践“三个代表”重要思想为主要内容的保持共产党员先进性教育活动的意见》(中发〔2004〕20号)要求，在中央的统一安排下，我院从今年1月21日至6月22日，认真开展了保持共产党员先进性教育活动。半年来，在中央先进性教育活动领导小组的统一领导部署下，在中央第49督导组的热情指导、帮助下，通过院党组和机关各级党组织的精心组织，在全体党员和群众的共同努力下，圆满完成了先进性教育活动的各项工作。今天，我们在这里召开全体党员和群众大会，主要是回顾总结我院开展先进性教育活动的情况及取得的成果，落实各项整改措施，探索在新时期建立先进性教育的长效机制，推动我院各项工作。下面，我代表院党组对我院开展先进性教育活动总结如下：

一、开展先进性教育活动的基本做法

按照中央的统一安排，我院先进性教育活动，扎扎实实开展了学习动员、分析评议和整改提高三个阶段的工作，基本达到了中央提出的“提高党员素质、加强基层组织、服务人民群众、促进各项工作”的要求。我们的基本做法与特点主要体现在以下四个方面。

（一）各级领导高度重视，精心组织。年初以来，我院就把开展先进性教育活动当作今年政治生活中的头等大事来抓。**一是认真搞好思想动员，提高对开展先进性教育活动重要性、必要性和现实意义的认识。**在开展先进性教育活动之前，党组曾两次召开扩大会议，组织局以上干部认真学习、讨论《中共中央关于在全党开展以实践“三个代表”重要思想为主要内容的保持共产党员先进性教育活动的意见》（中发〔2004〕20号），锦涛同志《在新时期保持共产党员先进性专题报告会上的讲话》，庆红、国强同志在保持共产党员先进性教育活动工作会议上的讲话，要求大家深刻领会在全党开展先进性教育活动的重大意义、重要性和必要性。在院开展保持共产党员先进性教育活动动员大会上，党组书记徐匡迪同志从统一思想，深刻认识在全党开展先进性教育活动的重大意义等四个方面，对党员群众进行了思想动员，反复强调要正确领会和把握中央提出开展先进性教育活动的指导思想、目标要求，还明确了本次教育活动的主要步骤和时间安排。在第一阶段和第二阶段转段时，党组副书记王淀佐同志又都进行了思想再动员，提高党员群众对开展先进性教育活动各阶段重要性的认识。各党支部也都结合本部门工作实际进行了再动员，贯彻好中央和院党组的精神，搞好我院各阶段的教育活动。**二是严格贯彻中央指示精神不走样。**在整个教育活动中，我们认真贯彻中央关于开展先进性教育活动的指导思想、基本原则和目标要求，对中央先进性教育活动领导小组及督导组下发的《通知》和指导性意见，我们都原原本本地学习传达，认真贯彻落实。如在参加教育活动的人员上，我院机关5个党支部，在编的46名党员和12名组织关系不在我院的借聘党员，以及7名要求入党的群众，都按院党组的要求，参加了教育活动，符合中央关于将先进性教育覆盖到全体党员的要求，并扩大到积极要求入党的同志。在学习时间的安排上，根据中央要求第一阶段学习培训时间在40小时基础上再延长一段时间的要求，为确保学习培训效果，我院将第一阶段的时间延长了近20天，达70多小时。在整个先进性教育活动期间，机关各党支部都按中央和院教育活动领导小组的要求，尽量不安排党员外出，集中精力参加教育活动。我们还坚持结合院工作实际开展教育活动，及时向督导组汇报情况，听取督导组的意见。在每个阶段结束前，我们都组织开展了自下而上的“回头看”，保证了中央指示精神的落实。**三是健全组织机构，加强对教育活动的指导和检查。**教育活动开始前，院党组就及时成立了院先进性教育活动领导小组和办公室，党组书记徐匡迪同志亲自任组长，担任全院先进性教育的第一责任人。领导小组精心组织教育工作，多次开会听取汇报、研究部署，督促抓好中央精神的落实。院党组各位成员分别参加了所在党支部的集中学习，并带头交流学习体会。各厅、局、室的主要负责同志坚持对本部门教育活动负总责，统筹安排教育活动与日常工作，保证教育与工作“两不误、两促进”。领导小组办公室日常做了大量具体组织、协调和宣传工作，编发了20期《简报》，撰写通讯20多篇。

（二）深入开展学习培训，注重思想认识的提高。为贯彻中央关于把学习贯穿先进性教育始终的精神，我们主要抓了三个方面的工作。**一是抓好必读书目和相关文件的学习。**在学习内容的安排上，重点学习了党章和锦涛同志在专题报告会上的讲话、在贵州和山东考察时的讲话，中央关于开展先进性教育一系列重要文件，《保持共产党员先进性教育读本》、江泽民《论加强和改进执政党建设(专题摘编)》。**二是组织党员和群众听党课。**开展先进性教育活动以来，院党组成员、副院长邬贺铨同志和杜祥琬同志分别为党员群众讲了题为"新时期共产党员的先进性"和"做民族的脊梁"的党课，同志们反映：党课内容丰富，主题鲜明，事迹感人，发人深省，催人奋进，促进了教育活动的开展。**三是利用多种形式进行学习教育。**在学习动员阶段，院里还组织党员和群众观看了《牛玉儒同志先进事迹报告会》等英雄模范人物事迹的录像片，观看了原中组部党建所所长王庭大同志做的《新时期如何保持党的先进性》专题辅导报告，组织大家到中华世纪坛参观"北京市反腐倡廉警示展"，组织机关各支部进行学习成果交流等。办公厅党支部还组织党员群众到唐山参观地震遗址，进行坚定社会主义道路信念教育，到冀东监狱进行廉洁从政警示教育，收到了比较好的教育效果。

(三)找准突出问题，认真搞好党性分析。为了找准我院各级领导班子、领导干部和党员存在的突出问题，我们主要做了三方面工作。**一是广泛征求意见，深入开展谈心活动。**在先进性教育第一阶段后期，党组即向院主席团成员，各学部主任、副主任，各学部常委等130位院士印发了《征求意见和建议表》，共征得意见和建议27条。院里还向机关全体职工印发征求意见和建议表48份。共征得意见和建议53条。3月25日，院召开主席团会议，徐院长代表院党组又进一步向主席团成员征求意见、建议。在这次先进性教育活动中，院里谈心工作开展的比较好，做到了院领导班子成员之间、各局级领导班子成员之间，院、局领导干部与所分管的局、处室负责人之间，党员和党员之间、党员和群众之间都普遍开展了谈心。尽管机关工作很忙，但大家谈心的积极性很高，有的党员谈心达13人次；有的党员上班没时间，就利用业余时间谈心。据不完全统计，机关党员谈心数近200人次。**二是严格要求，认真撰写党性分析材料。**根据中央文件和督导组的要求，院党组、院先进性教育活动领导小组办公室和各党支部组织党员，对照党章、新时期保持共产党员先进性的基本要求和本部门保持共产党员先进性的具体要求，结合征求到的意见，认真撰写个人党性分析材料，重点检查在理想信念、宗旨、作风、遵守纪律和立足本职发挥作用等方面存在的问题，从世界观、人生观、价值观上剖析思想根源。党组书记徐匡迪同志认真审阅了每位党组成员的党性分析材料，王副院长和杜副院长逐一审阅局级干部的党性分析材料；各党支部书记审阅本支部党员的党性分析材料，并提出修改意见。学部工作局党支部专门召开了务虚会，研究如何撰写党性分析材料，并以书面形式给每位党员发了通知，提出3点具体要求。我院绝大部分党员撰写党性分析材料非常认真，写得很全面、深刻，有的分析材料达6 000多字。对个别党员问题找得不够准，剖析不够深刻的，各党支部都要求进行了认真补充、修改。**三是开好专题组织生活会、民主生活会。**在广泛征求意见、深入开展谈心、认真撰写党性分析材料的基础上，各党支部分别召开了专题组织生活会，进行党性分析，并逐个进行评议，开展批评与自我批评。徐院长和其他几位副院长都认真参加了所在党支部专题组织生活会，带头进行党性分析，与大家交心，听取大家的意见。同时也帮助大家深刻分析存在问题的思想根源，有针对性地提出改进措施。4月17日，院党组召开专题民主生活会。会前，按照中央纪委、中央组织部《关于开好2005年度县以上党和国家机关党员领导干部民主生活会的通知》(组通字〔2005〕13号)文件的要求，党组成员进行了认真的准备。会上，党组书记徐匡迪同志和各位党组成员，分别认真进行了个人党性剖析，开展了思想交流和集体谈心。田行长代表督导组作了重要讲话，既肯定院党组取得的成绩，也明确提出了需进一步整改的努力方向。在中央督导组的指导下，党组专题民主生活会开得很成功。4 月 21 日，院机关党委就进一步加强党性、作风、纪律问题召开了专题组织生活会，党组成员、副院长杜祥琬同志到会作了重要讲话，并对机关党委提出了三点要求。

（四）认真进行整改，务求群众满意。锦涛同志反复强调，开展先进性教育活动"关键是要取得实效"，"真正成为群众满意工程"。党组要求各级组织和党员个人要联系过去机关调查摸底和先进性教育中查找的突出问题，主要做了以下三方面工作。**一是研究制定整改方案。**党组结合征求的院士和机关同志的意见以及对近年来工作的总结分析，制定了具体可行的整改方案，内容涉及到加强政治理论学习、加强对国家重要工程科学技术问题开展战略性研究、搞好院士队伍的科学道德建设和实现院士队伍结构的合理化、加强党的建设和机关队伍建设等工作；各党支部结合本部门加强思想建设、组织建设、作风建设和能力建设制定了整改方案，明确了整改内容、责任单位与责任人、整改时限与要求等。党员个人结合自身党性分析和民主生活会上查摆出的不足，也都制定了整改措施。**二是狠抓整改方案的落实。**党组要求各部门、各级党组织主要负责同志是本单位落实整改任务的第一责任人，建立落实整改措施责任制，自觉发挥表率作用，在党组统一领导下，坚持高标准，严要求，根据分配的任务，结合本部门工作特点，研究落实工作方案。对近期需要解决的问题，要抓紧时间落实解决；对中长期安排解决的工作，也要及时做出安排，促进查找出的问题早日解决。**三是向群众公布整改情况，接受群众监督。**6 月 17 日，院党组副书记王淀佐同志主持召开全院机关处以上干部、党员和群众代表、民主党派代表会议，公布《中国工程院党组保持共产党员先进性教育活动整改方案》和《中国工程院关于建立保持共产党员先进性长效机制的初步意见》，征求大家的意见，并对我院开展先进性教育情况进行了"群众满意度测评"。在此之前，机关各党支部都以适当的方式，向本部门党员、群众通报了本部门制定整改方案和进行整改的情况，征求了党员群众的意见。党组委托先进性教育活动领导小组办公室主任宋学敏同志，适时向退休党员通报院开展先进性教育活动有关情况，组织退休党员学习文件、观看录像、征求意见、进行思想交流。

我院先进性教育活动结束前，党组严格按照中央关于广泛组织党内外群众代表参加群众满意度测评的要求，进行了满意度测评，测评结果是，"对院先进性教育活动总体情况的评价"，满意度达 100%。

二、开展先进性教育活动的主要收获

（一）进一步增强了学习、实践"三个代表"重要思想的自觉性。先进性教育活动的开展，使全院党员进一步认识到，以实践"三个代表"重要思想为主要内容的保持共产党员先进性教育活动，是贯彻落实党的十六大和十六届三中、四中全会精神的一项重大举措，是我们党在落实科学发展观和构建社会主义和谐社会中加强党的执政能力建设的一项重大基础工程。通过学习培训，大家进一步明确了中国共产党的先进性，是由党的纲领、路线、方针政策和党在长期的革命、建设、改革中的地位、作用决定的；明确了新时期党的先进性面临的新考验，继续保持先进性是我们党在建设中一项带根本性的长期的任务；明确了在全党开展保持共产党员先进性教育活动的重要性和必要性。开展先进性教育活动，就是要进一步认真学习实践邓小平理论和"三个代表"重要思想，坚定共产主义理想信念，坚持为人民服务的宗旨，增强党的组织、纪律观念，加强思想、作风建设，始终保持党员的先进性。通过学习，党员的党性意识进一步增强，大家认识到，要增强政治敏锐性和政治鉴别力，把思想认识进一步统一到中央对当前国内外形势的判断上来，不断增强贯彻执行党的方针政策的自觉性和坚定性；自觉加强党性修养，牢固树立正确的世界观、人生观、价值观，自觉抵制各种错误思潮和腐朽思想的影响，始终坚持科学发展观，为推动中国工程科技事业的发展做出新的贡献。

（二）进一步明确了新时期党员先进性的具体要求。院各级党组织在认真组织党员学习《党章》和锦涛同志关于新时期党员先进性的6条基本要求的基础上，结合工程院的职能和本部门的工作职责，组织党员开展新时期保持共产党员先进性具体要求的大讨论。各党支部通过集思广益，初步凝炼出既符合党章和中央要求，又体现本部门工作实际的保持共产党员先进性的具体要求。办公厅党支部针对本部门"工作繁琐"、"政策性强"的工作特点，把对党员先进性要求归纳成6条具体要求；学部工作局结合"两高一低"的工作特点，对党员的先进性具体归纳成5项总体要求和4条具体要求；国际合作局针对"外事工作无小事"的工作特点，归纳了10个方面的具体要求；政策研究室结合要做好"三个服务"的工作特点，归纳了8个方面的具体要求。

（三）进一步增强了责任感，机关工作作风有了明显改进。通过开展先进性教育活动，党员干部的事业心、责任感进一步增强。大家能够自觉地从我做起，用更高的标准严格要求自己，在工作作风方面有明显改进。如机关各部门、各处室在加强学习、开展工作方面比过去更加主动、积极；在相互支持、加强沟通、协同配合方面做的更加周到、默契；为了做到两不误，半年来大家经常加班加点工作，但都不辞辛劳，毫无怨言，默默奉献；机关的组织性、纪律性有新的起色，上、下班严格遵守作息时间，日常活动自觉服从统一安排，展现了机关同志的新风貌。

（四）进一步增强了办实事、重实效的自觉性。开展先进性教育以来，院各级组织注重在解决实际问题上下功夫，把边学边改、边议边改和边整边改贯彻落实教育活动的始终。努力实现"让党员受教育，使群众得利益"的要求。春节前，党组书记徐匡迪同志，党组副书记王淀佐同志及各位党组成员、副院长分别走访了部分资深院士，看望、慰问了生病的侯祥麟、师昌绪等院士；院机关党委组织有关同志专门探望了退休党员和群众，并对机关生活困难的同志发放了生活补助。针对过去干部培训工作做的不够，在先进性教育中，机关及时开办了英语培训班，为新调入人员举办了入院上岗培训班。针对机关部分聘用人员的管理和院咨询项目经费使用中的问题，院职能部门已抓紧制定和补充有关规定、办法。机关职工住房补贴和金家村住宅小区房产证等，一些比较难做的事情，最近正在抓紧解决之中。

三、开展先进性教育活动的主要体会

（一）中央督导组的有力指导和帮助，是我院开展先进性教育的重要保证。我院先进性教育活动，自始至终都得到了以田瑞璋同志为组长的中央先进性教育活动第49督导组同志们的有力指导和及时帮助。每当先进性教育遇到新情况、进入新的环节和新的阶段，田瑞璋组长都及时向我院传达中央的指示，听取我院的情况汇报，提出督导组的具体指导意见，推动我院先进性教育活动的健康发展。督导组的其他几位同志，始终同我院先进性教育领导小组办公室和机关各党支部保持密切联系，及时给予具体指导。在参加党组专题民主生活会时，田行长发表了重要讲话，既肯定了党组的成绩，也提出了中肯的希望和要求。在督导组的指导下，我们制定了切实可行的实施方案、阶段学习培训计划和党组整改方案等。有督导组的指导，我们感到先进性教育，思路清晰，标准明确，保证了教育活动的顺利开展。

在这里，我代表院党组和机关全体同志，向田行长和督导组的全体同志，表示衷心的感谢！

（二）领导发挥模范带头作用，是搞好先进性教育活动的关键。党组高度重视先进性教育活动，成立了以党组书记徐匡迪同志为组长的院先进性教育活动领导小组，党组成员在加强教育活动领导的同时，以普通党员身份参加教育活动。徐院长公务十分繁忙，但坚持在广泛征求意见和建议的基础上，逐个找党组成员认真谈话，同机关各部门主要负责同志谈心。党组各位领导在亲自写好党性分析材料后，又利用双休日和晚上休息时间多次进行修改、充实，为机关党员作出了榜样。尽管院领导的工作很忙，但都妥善安排工作，想方设法参加所在支部的生活会，带头进行思想剖析，征求党员意见。院领导还从加强机关队伍建设、关心干部成长的角度，认真听取同志们的发言，语重心长地给大家指出不足，帮助党员提高认识，指出整改方向。各党支部书记带头查找问题，给本支部的党员作出榜样。办公厅、国际合作局党支部，充分发挥支委会一班人的作用，经常在一起研究措施，部署工作，确保了认真抓好各个环节的工作。

（三）坚持把学习培训贯穿教育活动的始终，收到较好的效果。在教育活动过程中，党组在组织学好中央规定的学习书目及相关文件、听两位副院长讲党课以外，还组织党员群众，听取空间技术专家戚发轫院士作“两弹一星”精神事迹报告，观看反映任长霞、史来贺等6位模范共产党员《“立党为公，执政为民”先进事迹报告会》录像片和“中科院赴东南亚海啸灾区救援队党员事迹报告会”录像片等。还组织了“发扬红旗渠精神，保持共产党员先进性”的报告会，请带领群众苦干十年，在太行山的悬崖峭壁上修建大型水利工程的原河南省林县县委书记杨贵同志作报告。通过学习培训，不少党员和群众思想深处受到触动，“五一”前，政策研究室一位要求入党的同志向党支部递交了一篇“参加共产党员先进性教育活动系列活动后的体会”，表达了盼望能成为一名合格共产党员的心愿。

我们在总结收获，肯定成绩的同时，也清醒地认识到，我院先进性教育活动还存在一些不足：一是理论学习还有待进一步深化，由于教育活动时间有限，阅读材料数量较多，有些书目读的不够细致，需继续加强学习、深入领会。二是个别同志制定的整改措施内容比较一般化，缺乏个性特点和可操作性。三是由于有的退休干部家有老人、爱人生重病需要照顾等情况，集中学习讨论参加较少，对学习效果有一定影响。四是在新的历史时期，如何不断改进和加强党的建设，建立先进性教育的长效机制，需要进一步探索规律。这些问题，我们要高度重视，逐步给予解决。

四、进一步加强我院党的先进性建设的几点意见

我院先进性教育活动即将结束，但始终保持党的先进性，是摆在执政党面前的一个永恒课题。希望同志们以这次先进性教育为契机，巩固和扩大先进性教育活动取得的成果，推动我院各项工作的开展。借这个机会，我代表院党组提出以下几点要求。

（一）要切实做好巩固和扩大整改成果的工作。巩固和扩大整改成果，是先进性教育一项十分重要的任务。各级党组织和全体党员同志都要高度重视，狠抓整改措施的落实。院党组在整改方案中确定的4个方面37个问题，要在前一阶段集中整改的基础上，对我院的整改情况按照分工，由相关责任人和责任单位研究落实。党组成员和各单位的主要负责同志，要带头抓好所承担的整改任务的落实，为全院党员群众做出榜样。各厅、局、室要落实领导责任及整改时限，做到事事有人抓，件件有落实。党组织要经常向党员群众通报整改情况，主动接受监督，对暂时解决不了的问题，要向党员群众作出说明。党员个人要把落实整改措施，作为提高党性修养、加强党性锻炼的有利时机，机关党委要加强对各单位整改措施落实情况的督促检查。

（二）要把先进性教育成果转化为促进我院中心工作的动力。近年来，我院咨询与学术工作越来越繁重，全体党员要把先进性教育活动的成果，充分体现在立足岗位、做好本职工作上。**一是要加强政治理论学习。**坚持以邓小平理论和"三个代表"重要思想为指导，深入学习领会中央关于坚持以人为本、全面协调可持续的科学发展观和科教兴国、人才强国战略等，用中央的精神统一思想。重点学习领会党中央和国务院重要决定和重要方针、政策，认真贯彻落实党中央和国务院领导重要讲话、批示等，及时以中央的要求指导全院的工作。**二是进一步加强院士队伍建设，重视发现和选拔优秀的年轻人才，优化院士队伍结构，提高院士队伍科学道德水平。**在今年的院士增选中，为使院士增选工作更科学、更严谨，抓紧制定和修定《院士增选评审、选举程序规定》、《院士增选候选人材料验收及汇总的有关规定》、《院士增选投诉信处理办法》等，在今年的院士增选中执行。试行《中国工程院院士增选学部专业划分标准》；加快《高层次工程技术人才成长规律课题研究》，为优化院士队伍结构、培养年轻人才探索规律，促进工作的深入开展。开展院士队伍建设中的总名额和动态发展规律的定量研究，以利于院士年龄、地区、部门、学科的合理结构；加强院士队伍科学道德建设与学风建设，严格执行中国工程院《院士科学道德行为准则》、《院士增选工作中院士行为规范》和《院士科学道德行为准则若干自律规定》。会同中宣部、中国石油天燃气集团公司等，通过媒体大力宣传侯祥麟等院士典型事迹，弘扬科学精神，倡导对祖国、党和人民无私奉献的高尚品德和为工程科技事业不断创新的精神。**三是通过开展多种形式的活动，组织更多的院士和有关专家，参与咨询活动，选好咨询领域，抓好题目立项，围绕中心，服务大局，为国家经济建设服务。推动国内外的学术交流，提高自主创新能力和国际竞争力。**根据国家的急需，做好国家重大项目咨询研究工作，今年重点抓好矿产资源、城市化、东北水资源、综合交通系统等咨询项目；开展"技术创新院士行"活动，围绕国家的战略部署，与中组部、发改委合作，每年完成6～8次技术创新院士行活动，为企业发展做贡献；推进与山东省、深圳市等省市及空军的合作，贯彻西部大开发战略和振兴东北老工业基地战略等精神，充分发挥院士的群体作用，为促进区域经济发展服务；开展学术交流活动，在认真办好工程科技论坛、工程科技前沿研讨会的基础上，每年再主办1～2次高层次的学术会议。另外每年举办5～10次专业性的学术会议。与中国科协合作，开展有针对性的科普活动；进一步拓展国际交流渠道，积极参与国际工程与技术科学院理事会、国际医学组织、中日韩（东亚）工程院圆桌会议等国际组织的活动，推动实质性国际合作。

（三）要常抓不懈健全党员教育管理的长效机制。保持党的先进性，是党自身建设的根本任务和永恒课题。要按照中央要求，结合我院的实际，建立保证党员"长期受教育、永葆先进性"的长效机制。逐步使党员教育经常化、制度化，管理规范化。**一是完善学习与会议制度。**坚持院党组中心组学习制度，一般每个月安排一次学习；机关党委要建立学习制度，一般每季度安排党委委员集中学习一次；各党支部每年适当安排集中学习；继续坚持机关学习会制度，原则上每个月由机关党委组织全体同志集中学习一次；按照中央和国家机关有关规定，定期选送处以上党员干部脱产到中央党校和中央党校中央国家机关分校培训；建立学习考评及奖励制度。党组会议原则上每半个月召开一次，根据工作需要，召开党组扩大会；机关党委会根据需要不定期召开，每年年初召开党员大会，总结上年工作部署新一年的工作；党支部委员会，每月至少召开一次会议，支部党员大会，每两个月至少召开一次。**二是严格党的生活制度，加强党的组织建设。**坚持按期换届改选制度和民主生活会制度，党组和机关党委每年召开一次民主生活会，各党支部每年召开两次民主生活会，各局级部门领导班子一般每年至少召开一次民主生活会，局级以上党员领导干部要过好双重组织生活；

坚持抓好党支部建设，创建学习型党支部，开展“创先争优”活动，把工作重点放在充分发挥党支部战斗堡垒作用和党员先锋模范作用上；按照《党章》和有关规定的要求及程序进行党员发展工作。**三是加强和改进机关思想政治工作。**机关党委要围绕院的中心工作，针对机关工作人员的思想状况，强调“内强素质，外树形象”，通过多种形式，做好深入细致的思想政治工作；各级党员领导干部都应带头讲党课，坚持开展谈心活动，通过谈心，加强沟通理解，密切与群众的联系，增强党组织凝聚力，建设和谐机关；加强对工青妇组织的统一领导，支持工青妇组织根据各自的特点开展工作；关心群众生活，解决实际问题，更好地发挥工青妇组织的桥梁和纽带作用。**四是加强能力建设。**采取多种形式，大力开展干部培训工作，建设高素质的干部队伍，在加强政治理论学习的同时，要注重业务知识，特别是工程科技知识的学习；要结合院的工作实际，每年确定专题，适当组织集中的业务技能学习讲座，机关各部门也要根据需要，适当组织业务学习；党员个人也应立足本职，加强业务学习；积极创造条件，有计划、有重点地选送符合条件的业务骨干进行国内外学习培训，不断增强为院士服务的本领。**五是强化党内民主和监督。**健全和完善民主集中制，各级党组织和党员领导干部要严格执行党的民主集中制，重大问题要集体讨论，充分发扬民主，广泛听取意见；严格按照《中国共产党党内监督条例(试行)》和《中国共产党纪律处分条例》的规定，加强党内监督，严肃党的纪律，教育党员遵纪守法，按照“八个坚持、八个反对”的要求，加强机关作风建设；进一步落实党风廉政建设和反腐败斗争的有关规定，防微杜渐，警钟长鸣。

同志们，我院集中开展先进性教育活动暂告一段落，但加强党的建设是一项长期任务。让我们高举邓小平理论和“三个代表”重要思想伟大旗帜，紧密团结在以胡锦涛同志为总书记的党中央周围，牢固树立和落实科学发展观，进一步推动中国工程院党的建设，永葆共产党员的先进性。

最后，希望督导组的同志不管今后在哪里工作，继续关心支持我院的工作与建设，关心中国工程科技事业的进步与发展。对督导组的大力指导和热情帮助，我们再次表示衷心的感谢！

院党组保持共产党员先进性教育活动巩固和扩大整改成果及“回头看”自查情况的报告

中央先进性教育活动领导小组：

根据中央保持共产党员先进性教育活动领导小组下发的《关于认真做好第一批先进性教育活动巩固和扩大整改成果工作并进行“回头看”的通知》的要求，我院按照《中国工程院党组保持共产党员先进性教育活动整改方案》中确定的任务，深入开展了巩固和扩大整改成果及“回头看”工作。现将我院的有关情况报告如下。

一、认真制定整改方案，明确整改期限和责任

我院先进性教育活动后期，党组结合征求院士和机关同志的意见，并对近年来的工作进行总结

分析，制定了针对我院实际的整改方案。重点是加强政治理论学习、加强对国家重要工程科学技术问题开展战略性研究、搞好院士队伍的科学道德建设和实现院士队伍结构的合理化及加强党的建设和机关队伍建设等四个方面的工作；方案明确了整改目标、责任单位与责任人、整改时限与要求等。党组要求各部门、各级党组织，在党组统一领导下，落实整改措施责任制，主要负责同志是本单位落实整改任务的第一责任人，自觉发挥表率作用，坚持高标准、严要求，根据分配的任务，结合本部门工作特点，研究落实工作方案。对近期需要解决的问题，要抓紧时间落实解决；对中长期安排解决的工作，也要及时做出安排，促进查找出的问题早日解决。党组副书记王淀佐同志在全院机关处以上干部、党员和群众代表、民主党派代表会议上，公布过《中国工程院党组保持共产党员先进性教育活动整改方案》进行整改的情况，征求大家的意见；党组还委托先进性教育活动领导小组办公室向其他党员群众和退休党员通报了院党组制定整改方案和进行整改的情况，接受党员、群众的监督。

二、集中精力，注重解决重点突出问题

为确保先进性教育活动取得实效，我院党组认真贯彻先组发〔2005〕17 号文件精神的要求，从今年 6 月下旬集中学习教育基本结束后，对照党组整改方案，以积极务实的科学态度，努力做好巩固和扩大整改成果的各项工作，从思想建设、组织建设、作风建设、业务建设等方面，继续抓整改措施的落实。

（一）坚持以邓小平理论和“三个代表”重要思想为指导，深入学习领会中央关于坚持以人为本、全面协调可持续的科学发展观和科教兴国、人才强国战略等，用中央的精神统一思想。党组坚持中心组学习制度。每月安排一次学习，重点学习领会党中央和国务院重要决定和重要方针、政策，认真贯彻落实党中央和国务院领导重要讲话、批示等。及时以中央的要求指导全院的工作。今年六月下旬，院党组利用召开第一轮院士增选会议和主席团会议，组织院士学习和领会中央关于以人为本、全面协调可持续发展战略等重要思想，用中央的精神统一认识。还通过新闻媒体和《院士通讯》，宣传党的科学发展观、科教兴国、人才强国等方面的重要思想和方针、政策，提高全体院士和机关同志的思想认识水平，进一步增强责任感、使命感，使院士们自觉地在本职岗位上努力工作，在各项业务活动中，贯彻中央的精神，为实现中央的宏观战略做贡献。

（二）加强院士队伍建设，重视发现和选拔优秀的年轻人才，优化院士队伍结构，提高院士队伍科学道德水平。为使院士增选工作更科学、更严谨，在今年的院士增选中，院党组组织有关院士和机关工作人员，制定和修定了《院士增选评审、选举程序规定》、《院士增选候选人材料验收及汇总的有关规定》、《院士增选投诉信处理办法》等。严格按照院士候选人上报的要求和条件，进行了院士候选人的资格审查，提出了院士有效候选人名单。开始试行《中国工程院院士增选学部专业划分标准》。开展了院士队伍建设中的总名额和动态发展规律的定量研究。强化了院士队伍科学道德建设与学风建设，科学道德建设委员会进一步重申了中国工程院《院士科学道德行为准则》、《院士增选工作中院士行为规范》和《院士科学道德行为准则若干自律规定》。重视社会监督，实事求是，认真处理对院士和院士候选人的投诉信件，做到公正规范地处理。会同中宣部与中国科学院、中国石油天燃气集团公司和中国石油化工集团公司党组，作出了关于向侯祥麟同志学习的决定，通过媒体大力宣传侯祥麟院士典型事迹，弘扬科学精神，提倡对祖国、党和人民无私奉献的品德和为工程科技事业追求创新精神。

（三）组织院士和有关专家参与咨询活动，为国家经济建设服务，推动国内外的学术交流，提高自主创新能力和国际竞争力。今年下半年，重点抓了建设节约型社会、矿产资源、城市化、东北水资源、综合交通等咨询项目。围绕国家的战略部署，今年我院继续与中组部、发改委合作，开展了五次“技术创新院士行”活动，加强与产业界的联系，为企业发展做贡献。进行的咨询项目有《我国装备制造业自主创新能力建设研究》、《高技术促进循环经济发展研究》、《建设资源节约型社会研究》、《农业机械化发展研究》、《预防煤矿瓦斯灾害研究》、《农业资源合理配置、环境综合治理和农业协调发展研究》、《三峡库区水污染防治战略研究》等重大咨询项目。认真贯彻西部大开发战略和振兴东北老工业基地战略等精神，充分发挥院士的群体作用，为促进区域经济发展服务。进一步拓展国际交流渠道，积极参与国际工程与技术科学院理事会、国际医学组织、中日韩（东亚）工程院圆桌会议等国际组织的活动，推动实质性国际合作。

（四）加强党的建设和机关队伍建设。党组严格执行已制定的《中国工程院党组工作规则》，认真履行党组的职责，坚持开好党组民主生活会和参加双重组织活动，密切联系院士和机关群众。党组重视和加强对院机关党委开展思想建设、组织建设、作风建设和能力建设的指导，不断提高机关各级党组织的凝聚力和战斗力。严格按照中央《党政领导干部选拔任用工作条例》的要求，指导机关党委本着公平、公正、公开的原则，面向社会完成了今年招聘部分机关工作人员的任务。为规范机关工作人员在院士增选中的行为，制定并印发了《院士增选中机关工作人员的有关规定（试行）》。加强对机关人员的管理工作，如针对咨询工作经费使用中存在的问题，制定并开始实行《中国工程院咨询项目经费管理办法》。通过开展先进性教育活动和学习侯祥麟院士的先进事迹，增强了党员干部对党、对人民矢志不渝的坚定信念，立足本职工作，在平凡的岗位上干出不平凡事业来的工作热情，党员干部的精神面貌发生了较大的变化，以更加饱满的精神状态投入到工作中，在实际工作中和各自的岗位上体现了先进性。

（五）着力解决关系群众切身利益的问题。党组强调，能否为职工解决实际困难和问题，是先进性教育取得实效的关键。今年6月份以来，党组按照国家的相关规定指导机关党委理顺了职工的有关待遇，如对住房不够标准和新调入同志进行了住房的分配和调整；进一步完善借、聘人员的管理办法，为长期聘用职工上“三险”，保证职工的合法权益；为职工进行了体检，打流感、乙肝疫苗和购买人身交通保险等；从关心职工工作和生活出发，按照国家的有关规定，在不影响机关工作的前提下，暑期组织安排职工进行了休假等。

三、明确重点，建立健全保持党员先进性的长效机制

为巩固保持共产党员先进性教育活动的成果，进一步加强院各级党组织建设，不断提高党员素质，经深入研究讨论，我院制定了《中国工程院关于建立保持共产党员先进性长效机制的初步意见》，进一步完善了各种制度。

（一）完善了学习与会议制度。在学习制度方面，坚持院党组（党委）学习制度，每月安排一次学习；机关党委每季度安排集中学习一次；党员个人也结合实际，制定自学计划，认真完成学习任务；按照中央和国家机关有关规定，定期选送处以上党员干部脱产到中央党校和中央党校中央国家机关分校进行培训。在会议制度方面，党组会议一般每半个月召开一次，机关党委会根据需要不定期召开；各党支部委员会，每月至少召开一次。支部党员大会，每两个月至少召开一次。

（二）加强了组织建设，严格党的生活制度。在民主生活会制度方面，要求在集中开展先进性

教育活动以后，各党支部根据党组的要求，召开了民主生活会，开展批评与自我批评。党组成员和局级党员领导干部，始终按规定过双重组织生活。在抓党支部建设方面，指导和帮助党支部选好支部书记，选、配好班子，并加强对党支部书记和委员的培训，提高他们的政治思想水平和做党务工作的能力。党组指导机关党委注重把工作重点放在充分发挥支部战斗堡垒作用和党员先锋模范作用上，通过各支部委员会的精心组织，各支部逐步形成和建立多样化的学习机制。机关党委也加强了检查督促各党支部按照《党章》和《中国共产党发展党员工作细则（试行）》规定的要求和程序进行党员发展工作，对要求入党的积极分子严格把好质量关，注意做好预备党员的教育、管理、考察、转正等工作，确保了党组织的先进性和纯洁性。

（三）加强和改进了机关思想政治工作。党组针对机关工作人员的思想状况，提出要加强机关各部门领导班子和领导干部的思想政治建设。指导党委通过多种形式，做好深入细致的思想政治工作，努力按照"内强素质，外树形象"的要求，各级党员领导干部带头谈心，加强沟通理解，一级带一级，密切与群众的联系，增强党组织的凝聚力，建设和谐机关。支持工青妇组织根据各自的特点开展工作，积极筹备和参加中央国家机关组织的第二届职工运动会。定期开展丰富多彩的文化体育活动，更好地发挥了工青妇组织的桥梁和纽带作用。

（四）加强了党员干部的能力建设。院党组提出，党员干部必须在加强政治理论学习的同时，注重业务知识，特别是工程科技知识的学习，不断扩大知识面，充实提高自己。培养机关干部爱岗敬业、钻研业务的主人翁责任感，讲求工作方法，改进工作作风，注重工作效率，提高组织协调能力，不断增强为院士服务的本领。自6月份以来，机关举办了干部英语培训班，提高机关干部的英语水平；举办了新调入人员培训班，对新调入的同志进行上岗培训，进行院情、服务精神和工作能力等方面的培训。今年下半年，党组和机关党委还选派符合条件的局、处级干部到中央党校和中央国家机关工委组织的学习和培训。

（五）强化了党内民主和监督。党组严格按照中央颁布的《中国共产党党内监督条例（试行）》和《中国共产党纪律处分条例》的规定，加强党内监督，严肃党的纪律，教育党员遵纪守法。院机关按照"八个坚持、八个反对"的要求，加强机关作风建设，制定了我院举办国际会议的报批程序，完善了外事接待报批程序和外事接待预算工作。在全机关加大反腐倡廉的宣传力度，注重教育，强化监督。进一步落实党风廉政建设和反腐败斗争的有关规定，坚持领导干部收入申报、礼品登记和报告个人重大事项等制度，始终做到警钟长鸣。

四、认真做好与先进性教育活动相关的其他工作

在全党开展先进性教育活动中，院党组为了加强党员的理想信念教育，大力弘扬院士们为国家和民族事业甘于奉献、不懈进取的精神，考虑到93岁高龄的侯祥麟院士，把自己毕生的精力和心血献给了祖国的科技事业，把自己的聪明才智献给了我国石油工业。今年7月在我院党组的倡导下，中国工程院党组、中国科学院党组、中国石油天然气集团公司党组、中国石油化工集团公司党组作出《关于向侯祥麟同志学习的决定》，号召全国工程科技界和石油石化系统的全体工作者，学习侯祥麟院士对党和人民的事业矢志不移、终生不悔的坚定信念，严谨务实的科学态度，自主创新的奋斗精神，高瞻远瞩的战略胸怀和无私奉献的崇高品格。此事党中央、国务院也予以高度重视。按照宣传侯祥麟同志先进事迹领导小组与中宣部新闻局、宣教局的批示，作为全国重大宣传典型，中央新闻媒体连续集中报道了侯祥麟院士的先进事迹，并在人民大会堂成功举办了侯祥麟同志先进事

迹报告会，温家宝等党和国家领导人接见了侯祥麟院士及报告团成员并出席报告会。侯祥麟院士先进事迹在工程科技界和社会各界引起强烈反响，为科技界树立了榜样，成为新的时代先锋。

在侯祥麟先进事迹宣传过程中，我院机关的同志也深受教育，大家学习畅谈侯祥麟院士的感人事迹和社会影响。入党积极分子韩雪博士在接受中央电视台采访时表达了向侯祥麟院士学习的决心。今年7月，院机关还及时吸收了符合党员条件的积极分子加入了党组织，使机关党组织增添了新鲜血液。

按照院党组整改方案确定的目标，目前还有的工作正处于整改之中，如做好迁入新办公大楼的前期准备工作，完善相关的制度和规定，做好各种资料的收集、整理等工作，为居住在金家村的职工办理住宅房产证工作，建立健全有关群众组织，进一步加强干部的培训工作等。我院将继续按照中央先进性教育领导小组的要求，把整改工作落实好，巩固和扩大整改成果。

中共中国工程院党组

二〇〇五年九月二十六日

院　士　增　选

〔院领导讲话〕

在 2005 年院士增选第一轮评审会议上的讲话

徐匡迪

2005 年 6 月 24 日

各位院士，同志们：

中国工程院 2005 年院士增选第一轮评审工作今天开始了。时下正值酷暑季节，各位院士从全国各地来到北京，特别是 39 位年事已高的资深院士不辞辛劳前来参加会议，为院士队伍增添新鲜血液辛勤工作。在这里，我代表中国工程院主席团，向大家表示热烈的欢迎和衷心的感谢。

下面，我想讲三个问题，供大家参考。

一、当前我国工程科技发展面临的形势和任务

中国工程院院士是我国工程科技界的杰出代表，大都奋战在工程科技第一线，直接承担着科技创新和发展的任务。目前我国科技工作的中心环节是提高自主创新能力，促进我国经济结构优化升级和提高产业竞争力。最近，在纪念中国科学院学部成立 50 周年座谈会上，胡锦涛同志又对科技工作提出了三点要求：一是要进一步确立自主创新的战略目标，二是要进一步加强国家自主创新体系建设，三是要进一步造就自主创新的人才队伍。这是新形势下我国科技发展的指导思想和努力方向。

近几年来，在党中央、国务院的正确领导下，通过全面贯彻落实科学发展观，我国经济社会正朝着协调、健康的方向发展，GDP 连年保持高度增长，粮食产量实现恢复性增长。随着工业化进程的加快，我国工程科技自主创新也呈现加速起飞的势头，特别是在装备制造业和高技术产业领域，成就尤为显著。我国钢铁和石化生产设备、大型发电和输变电设备、数控机床和大型、精密成型设备等传统工业领域实现了一批重大的自主制造，技术水平和国产化的比率迅速提高，在高技术领域也取得若干新的突破，形势令人鼓舞。在经济持续发展的同时，各项社会事业取得新的进步。公共卫生防疫体系得到加强。

另一方面，我们也要清醒地认识到，我国还是一个正处于工业化中期的发展中国家，工程科学技术的整体水平、特别是在高端制造业和高技术产业领域，离世界先进水平还有很大的差距，核心技术和关键零部件、关键设备还依赖进口，受制于人；同时，社会上乃至科技界还存在一种对我们自

己的创新能力缺乏信心的情绪，这种状况亟待改变。

今天，一千多万中国工程科技人员肩负着提高我国科技自主创新能力的历史重任。

为实现我国经济社会的全面、协调、可持续发展，建设资源节约、环境友好型社会，我们必须走科技含量高、经济效益好、资源消耗低、环境污染少、人力资源优势得到充分发挥的新型工业化道路，大力推进工程科技自主创新，为实现工业化和现代化提供强大的支撑。各位院士在自己长期的职业生涯中，艰苦奋斗，勇攀高峰，为实现自己的事业追求，为工程科技和产业的发展，为祖国的繁荣富强，做出了杰出的贡献。

我相信，我们的院士一定能够在推进我国工程科技自主创新、赶超世界先进水平的新征程上，振作精神，奋发有为，创造出新的辉煌业绩。

二、一年多来我院的主要工作

去年院士大会以来，我院全面贯彻落实党中央提出的以人为本，全面、协调、可持续的科学发展观，各项工作全面推进。特别是今年以来，我院党组根据党中央关于开展保持共产党员先进性教育的部署和要求，紧密联系我国工程科技发展和我院工作的实际，制订了一系列整改措施，通过认真学习，抓紧落实，有力地促进了各项工作。目前虽然保持共产党员先进性教育工作告一段落了，但我们的整改工作还将继续开展下去，务求取得实效。

2004 年是我院历史上咨询工作最为繁忙、也是收获最大的一年。我们充分发挥院士队伍跨学科、跨部门、跨地区、高水平的群体优势，围绕国家经济社会发展和产业发展的重大问题，开展了一批重大的宏观性、战略性、前瞻性、综合性的决策咨询工作，共有院士 500 多人次和专家 1000 多人次参加。国家支持我院咨询工作的专项经费比 2003 年增加了 75%，咨询研究工作取得了丰硕的成果。

由侯祥麟院士主持的《中国可持续发展油气资源战略研究》，有 31 位院士和 120 多位专家参加，温家宝总理三次听取汇报，并对研究成果给予了高度评价；由王淀佐副院长主持的《中国可持续发展矿产资源战略研究》，有 28 位院士和 270 多位专家参加，课题成果也向温家宝总理做了汇报。这两项重大的可持续发展战略咨询研究提出的意见和建议，已经成为国家进行相关决策的重要依据。

我院积极参加了《国家中长期科技发展规划战略研究》的咨询工作，其中《制造业发展科技问题研究》专题由我院组织实施，共有 46 名院士和 260 多名专家参加。我院还组织了 163 名院士和 107 位专家，对《国家中长期科技发展规划战略研究》的 20 个专题报告进行了咨询评议。去年 6 月院士大会期间，又将 20 个专题报告分送给全体院士进一步征求意见，圆满地完成了国家中长期科技规划领导小组交办的任务。

去年，我院组织 40 多名院士和 200 多位专家，完成了国家发改委委托的《“十一五” 规划中若干重大问题的战略研究》，还受国家发改委委托，牵头并会同中国科学院，组织了 117 名院士和 344 名专家开展了《高技术产业若干重点领域“十一五”发展研究》，研究报告本月底可以报送发改委。此外，我院去年还组织开展了《我国城市化进程中的可持续发展战略研究》、《构建我国综合交通运输体系的战略研究》、《东北水土资源配置、生态环境建设和可持续发展战略研究》、《我国信息化发展战略研究》等一批重大的发展战略咨询研究。今年以来，我院在国家和有关政府部门的支持下，密切配合国家发展中的重大战略问题，开展了和即将开展《我国装备制造业自主创新能力建设研究》、《高技术促进循环经济发展研究》、《建设资源节约型社会研究》、《预防煤矿瓦斯灾害研究》、《农业机械化发展研究》、《农业资源合理配置、环境综合治理和农业协调发展研究》、《三峡库区水污染防治战略研究》等重大咨询项目。在过去的一年中，各学部咨询课题的工作效率明显提高，结题情况比过去有显著改进。

在开展国家级的重大咨询研究的同时，我院还承担了一批委托咨询研究，为五矿集团公司、中国船舶工业集团公司、上海通用汽车公司、国家开发银行等企业的技术创新和科学决策出谋划策。我院开展的“技术创新院士行”活动已经有6年多了，在过去的一年半中，我院组织了66位院士和80位专家，开展了9次活动，我院与各地方和部门的合作也在不断发展。围绕国家经济社会和工程科技发展中的重大问题，我院举办了12场工程科技论坛，有30多位院士和80多位专家作了学术报告，还举办了两次香山会议和20场其他学术活动。这些活动促进了工程科技及相关产业的发展，也为中青年工程科技人才提供了展现才华和学习、交流、提高的平台。

我院高度重视工程科技队伍建设，参加了由人事部为组长单位的全国工程师制度改革协调小组，并承担了牵头研究全国工程师制度的框架设计任务。另外，为了促进我国工程教育事业的发展，强化国家级工业科研机构的人才培养，我院与教育部、国务院学位办等部门协商，成立由我院领导、国家教育主管部门指导的“中国工程院工程研究院所研究生教育学术委员会”，对工程研究院所的硕士和博士学位研究生教育进行学术性指导和协调。我们还组织召开了工程教育研讨会，促进工程教育的交流和发展。一年多来，我院国际交流与合作的规模和水平日益提高，在国际上的影响力不断加强。

特别需要指出的是，各位院士在积极投入工程院建设和发展的同时，也在各自岗位上为国家的建设和发展做出了贡献。93岁高龄的侯祥麟院士，把自己毕生的精力和心血献给了祖国的科技进步事业，把自己全部的聪明才智献给了我国石油石化工业。中国工程院党组、中国科学院党组、中国石油天然气集团公司党组、中国石油化工集团公司党组决定，在全国工程科技界、石油、石化系统启动学习侯祥麟院士的活动，学习他对党和人民的事业矢志不移、终生不悔的坚定信念，严谨务实的科学态度，自主创新的奋斗精神，高瞻远瞩的战略胸怀和无私奉献的崇高品格。张立同院士、黄伯云院士在新材料领域取得了创新性成果，填补了国内空白，双双荣获国家技术发明一等奖。袁隆平院士由于在杂交水稻上的卓越成就，获得了世界粮食基金会授予的2004年度世界粮食奖。徐滨士院士由于在热处理和表面工程上的卓越成就，被国际热处理与表面工程联合会授予“最高学术成就奖”。像这样的事例有很多，不胜枚举。院士们不仅推动了工程科技事业的发展，而且以求真务实的科学精神不断创造新的精神财富。我代表中国工程院，对院士们的辛勤劳动和取得的卓越成就表示由衷的钦佩和祝贺！

上次院士大会以来，我院许文思、何凤生、朱之悌、李国豪等院士由于年事已高，因病去世。他们为我国工程科技事业的发展做出了重要贡献。让我们在这里向他们表示深切的怀念和敬意。

三、认真做好这次院士增选工作

我院是中国工程科技领域的最高荣誉性、咨询性学术机构，院士队伍是我们做好一切工作的主体和力量所在，做好院士增选工作关系重大。本次院士增选的前期工作在院增选委员会的领导下和院机关学部工作局同志们的辛勤努力下，已经准备就绪。沈国舫副院长下面还要就有关增选事项提出具体要求，我在这里讲几点对院士增选的意见和希望。

第一，选举新院士既是每个院士神圣而光荣的权利，也是院士们所承担的重大责任和义务。为了把好院士入口关，希望大家发扬认真负责的精神，坚持公开、公正、公平的原则，创造畅所欲言的良好氛围，遵守我院关于院士增选的有关规定和纪律，全面、准确、严格地遵循《章程》规定的院士标准和条件，确保院士队伍的质量。

第二，我院院士队伍目前的平均年龄为 71 岁，总体上偏高。这几年，我国工程科技取得了不少成就，涌现出一批优秀中青年人才。我希望通过这次增选，能把符合条件的优秀年轻工程科技人才选入院士队伍，使我们的院士队伍更加朝气蓬勃。

第三，我院院士队伍目前的一级学科覆盖率达到 100%，而二级学科的覆盖率仅为 74%，有待进一步提高。我希望，大家对那些符合院士条件、并属于空白学科的院士候选人，特别是高技术前沿学科和交叉边缘学科的候选人给予更多的关注，通过增选使我院院士队伍的学科分布更加全面，更加合理。

第四，目前全国绝大多数省级行政区都已拥有院士，但一些科技和经济发展水平还不高的地区院士很少。在候选人条件相同的情况下，我们对长期奋斗在艰苦的国防建设和西部地区第一线的候选人应予以更多的考虑。

这次增选会议期间，还要对外籍院士候选人征求意见。我希望大家认真做好这项工作，注意在国别和专业上的分布，提出一批高水平、有影响的外籍院士候选人。

在进行增选工作的同时，我还想提请大家关注一下“光华工程科技奖”的提名工作。由中国工程院管理和承办的“光华工程科技奖” 第六届候选人的提名工作现已开始，自 1996 年首届颁奖以来，已有 76 位工程科技领域的专家获奖，希望各位院士积极提名候选人，我们期待着更多工程科技专家获得此项殊荣。

借此机会，我还向院士们通报一下大家关心的我院新建综合楼的情况。一年多来，负责和参加这项工作的同志们克服了种种困难，保证了基建工作的顺利进行，内部装修方案已开始征求意见，我们希望明年在院士大会时能够使用新的办公大楼。

同志们，院士增选工作责任重大，任务艰巨，非常辛苦，很多院士年事已高，我希望大家在辛勤工作之余，一定要注意休息，保重身体。祝各位院士身体健康，心情愉快，并预祝增选会议圆满成功。

谢谢大家！

在2005年院士增选第一轮评审会上的讲话

沈国舫

2005年6月27日

各位院士：

受院常务会议委托，我向大家通报候选人提名、遴选情况，并就第一论评审工作讲几点意见。

一、候选人基本情况

1. 候选人的学部及年龄分布

学　　部	候选人数	60岁以下(含)人数	60岁以下人数比例%
机械与运载工程学部	61	21	34.43
信息与电子工程学部	68	26	38.24
化工、冶金材料工程学部	75	27	36.00
能源与矿业工程学部	56	23	41.07
土木、水利与建筑工程学部	68	26	38.24
农业、轻纺与环境工程学部	80	27	33.75
医药卫生工程学部	76	39	51.13
工程管理学部	42	14	33.59
总计	526	203	38.59

由于今年我们对各渠道报送候选人的名额做了进一步的限制，所以候选人总数比前5次增选有明显减少(2003年628位)。

在526名候选人中，有312位是过去历次增选中曾经被提名过的，占候选人总数的59%。

在526名候选人中，有34位年龄超过了70岁，有12位为连续第四次被提名，按照规定这些候选人都是通过6位以上院士提名成为有效候选人的。

526位候选人的平均年龄为60.91岁；60岁以下候选人比例为38.59%，是历次增选中比例最高的；年龄最大75岁，最小36岁；50岁以下候选人88位。

2. 各渠道提名遴选情况

提名遴选渠道	提名、遴选人数
院士	193(63 位与其他渠道重复)
国务院各部委、直属机构	228
各省、自治区、直辖市	121
中国科协系统	48(28 位与其他渠道重复)
部队系统	34
合计	624(91 位多渠道提名)

院士提名的候选人中,香港特别行政区 4 人,台湾省 1 人。

3. 候选人工作性质分布

工 程 性 质	候选人人数	比例%
研究院所	222	42
高等院校	216	41
厂矿企业	58	11
管理机关	30	6

4. 候选人专业技术职务分布

职 称	人数	比例%
教授	207	39
研究员	173	33
高级工程师	131	25
主任医师	15	3

5. 外籍院士候选人提名情况及征求意见安排

外籍院士候选人提名截止时间为 5 月 30 日。有效候选人共 13 位,国籍分属美国(4)、日本(2)、俄罗斯(1)、英国(1)、德国(1)、澳大利亚(1)、印度(1)、丹麦(1)和波兰(1)。其中,机械与运载领域 2 人,信息与电子领域 4 人,化工、冶金与材料领域 1 人,能源与矿业领域 1 人,土木、水利与建筑领域 4 人,医药卫生领域 1 人。第二论评审会议上,将由全体院士选举产生第六批外籍院士,学部工作局已向各位院士发出审阅外籍院士候选人材料和征求意见的通知,请大家在 6 月 30 日前将征求意见表返回到各学部办公室。各学部常委会在第一论会议结束前要提出本学部专业领域候选人的排序,并对其他领域的候选人提出评价意见。

二、有关情况和问题的说明

1. 关于遴选渠道有疑义候选人资格的确定程序。在各渠道报送的候选人中,院机关经形式审查,发现有 3 位候选人的遴选渠道有疑义。根据增选实施办法的规定,院常务会议研究决定,就是否同意这 3 位候选人为有效候选人,以通信方式提交主席团成员进行审议。为此,院机关向 34 位主席团成员发出了"关于提请审议有疑义候选人身份的通知"和 3 位候选人的相关情况说明,请主席团成员发表意见。34 位主席团成员,有 24 位提交了"同意作为有效候选人"或"不同意作为有效候选人”的审查意见，两位弃权，另外 8 位因出国、出差在外等原因，未返回意见。统计结果，同意作为有效候选人的均超过半数。根据主席团 1/2 多数通过的议事规程，确认这 3 位候选人为有效候选人。

2. 关于增选文件的修改。经过 5 次院士增选，我院根据《中国工程院章程》，先后制订了有关院士增选的办法、程序和规定等 8 个文件，学部工作局已将其汇编成册，全体院士和工作人员人手一册，以便于大家在评审和选举中随时查阅。其中“中国工程院院士增选评审、选举的程序规定”和“中国工程院院士增选投诉信处理办法（试行）”两个文件，经增选政策委员会讨论，院常务会议审议，主要做了以下几点修订。

一是明确规定了两轮评审中，院士因故不能全程出席评审会议时，必须出席学部大会介绍这一环节，方能参加确定进入第二轮候选人、正式候选人和选举的投票。

二是第一轮评审中，将联名提议经投票未进入学部大会介绍的候选人列入大会介绍名单的院士人数，由 5 位增加为 6 位。管理学部候选人直接进入大会介绍。

三是将候选人到会介绍情况确定为第二轮评审的必需环节。去年，有 6 个学部对此进行了试点，效果普遍较好，所以经主席团讨论通过，将“进入第二轮评审的候选人，必须到会介绍情况、回答问题”作为第二轮评审中的必需环节，在文件中加以规定。同时，对候选人自我介绍的内容、院士的提问范围以及候选人因故不能到会等问题都做了明确规定。

四是将原“第一轮评审中不处理、不讨论对候选人的投诉”修订为“第一轮评审中一般不处理、不讨论对候选人的投诉”。这主要是考虑到在第一轮评审之前对个别候选人可能有较大问题的反映，如果不做一些调查和了解而进入第二轮，在社会和科技界会造成较大的负面影响。会前，学部工作局已将收到的投诉信分送各学部，请学部领导或常务会做一些分析，如果发现有多人联名投诉、涉及问题具体并严重的，要照此原则进行必要的处理。

请院士们认真阅读有关文件，特别要注意新修订的内容。

3. 关于各学部进入第二轮评审名额的掌握。今年增选的总名额不超过 60 名，这是院主席团在征求全体院士意见和建议的基础上，认真分析我院院士队伍的发展和后备人才的状况后确定的，对外公布后，各方面反映是积极的，说明主席团的决策得到了各方面的肯定。在总名额不超过 60 名的前提下，各学部的当选名额应在 7～8 位。所以第一轮评审，各学部可按照 8 个名额的基数来确定进入第二轮评审的候选人数量。具体的名额分配待第一轮评审后再根据情况研究确定。

4. 关于《中国工程院院士增选学部专业划分标准》试行中产生问题的处理。经过各学部和院士们认真研究产生的《中国工程院院士增选学部专业划分标准》，从今年增选开始试行，由于《标准》中对交叉学科明确了不同学部各自的侧重，造成个别现有院士的专业专长与其所在学部不再完全对应，为此，有院士提出本人是否可考虑调整学部。院常务会议研究认为，这是属于学部专业划分标准进一步明确带来的问题，涉及院士较少，应根据本人意愿，按照院士调整学部的规定办理。同时，鉴于“专业划分标准”今年是第一次试行，难免还会根据今年试行中出现的问题进行进一步的修订，所以，建议相关院士是否可暂缓办理学部调整，以免因“标准”的修订而出现反复。当然，何时调整，还是应尊重院士的意愿和相关学部的意见。

在2005年院士增选第二轮评审会议上的讲话

徐匡迪

2005年10月24日

各位院士:

中国工程院2005年第二轮院士增选会议今天开始了。我代表院主席团向来自全国各地的各位院士表示热烈欢迎。

党中央最近召开了十六届五中全会,审议通过了党中央关于制定“十一五”规划的建议。这个建议坚持以科学发展观统领经济社会发展全局,并把“提高自主创新能力”作为“十一五”期间要坚持的六个必须之一。中国工程院作为中国工程科技界的最高荣誉性、咨询性学术机构,我们全体院士都要认真学习和领会全会精神,为推动我国工程科技自主创新、加快产业技术进步,积极履行自己所肩负的光荣而艰巨的历史责任。

下面,我想就中国工程院的建设和院士增选问题谈三点意见。

一、院士制度对推动科教兴国、促进经济社会发展起了重大作用

我国实行院士制度说起来也有50多年的历史。改革开放以后院士制度不断得到健全和完善。在十一年前成立了中国工程院,专门推选出工程院院士。多年的实践证明,党中央、国务院关于建立院士制度、成立中国工程院的重大决策是完全正确的,对推动我国工程科技的发展,对科教兴国和促进经济社会发展起了重大作用。院士们成为国家不断走向强盛的功臣,成为引导年轻科技工作者不断成长的导师,成为全社会尊崇的道德学问楷模。“院士”这一最高学术称号也成为激励年轻人不断为事业奋斗和创新的动力。中国工程院经过十多年的发展,已经成为中国工程科技发展的重要促进者和国家重大经济社会发展决策的重要智囊机构。

院士制度也是国际通行的制度。自世界上第一个科学院于1660年在英国诞生以来,院士制度在世界上已经有三百多年的历史。在我国,科学院已经成立56年了,工程院也建院11年了,两院都拥有一大批杰出的院士。他们是我国一千多万工程科技人员中最杰出的人才群体,在过去的几十年中,为我国工程科学技术进步、国家经济社会发展和国防建设做出了重大贡献,赢得了人民的尊敬。近年来,四届国家科技进步大奖的获奖人都是两院院士,包括我院的王选、袁隆平、金怡濂和王永志院士,他们是中国工程院和全国人民的骄傲。在举世瞩目的三峡工程等重大工程建设中,在载人航天和战胜非典等国家经济社会发展的各条战线取得的伟大成就里,都包含着院士们的辛劳和智慧。

我院的600多名院士由于为中国工程科技发展做出的重大贡献而获得了院士这一终身荣誉，但大家并未终止于过去的辉煌，而是抱着强烈的事业心和责任感，仍然工作在国家工程科技和经济社会发展的第一线。也有一些德高望重的院士年事已高，不再从事一线的工作，但仍在用自己毕生的经验和智慧，以各种方式继续为国家工程科技发展献计献策，培养和提携年轻的工程科技人才。最近党中央和国务院决定广泛宣传和学习的侯祥麟院士就是突出的代表。他1955年就当选为中国科学院院士，后来又与其他5位院士一道建议成立中国工程院。他为我国石油化工科学技术和石油化学工业发展做出过重大贡献，在91岁高龄时，还忘我地奉献，成功地领导了温家宝总理委托的我国可持续发展油气资源战略研究，令人肃然起敬。

二、要维护和珍惜“院士”称号的崇高荣誉

中国工程院是由院士组成的，而院士由于所具有的独特社会地位，已经成为全国工程科技界、乃至全社会高度关注的公众人物，其一言一行都会对自己和中国工程院产生正面或负面的影响。我们的院士都是经过自己长期的努力拼搏和艰苦奋斗，在工程科学技术领域做出了杰出贡献，从而获得“院士”这一工程科技领域最高的终身荣誉称号，来之不易，应当格外珍惜。中国工程院在社会上的形象是通过我们600多位院士的一言一行来塑造的。每个院士取得的成就都在为中国工程院增光添彩，而院士的不合适行为也会对自己和中国工程院的形象造成损害。

我院比较早地就开始关注院士的道德建设。1998年制定了《中国工程院院士科学道德行为准则》，这是我国第一个关于院士科学道德的规定。它提出院士除应积极开展工程科技研究、发展和应用活动外，在科学道德方面也应该成为工程科技界的楷模和起表率作用。2001年又在《行为准则》的基础上制定了《若干自律规定》，围绕尊重别人劳动成果、慎重对待鉴定评奖等工作、发扬学术民主和努力培育新人、抵制炒作、兼职、接受社会监督、反对封建迷信和伪科学等7个方面，对院士的科学道德行为提出了进一步的规定。

针对社会上很多企业、社会团体、新闻媒介等搞这样或那样的炒作、包装一类活动，我在两年多前提出了“五个不希望”：一是不希望院士参加与自己学科专业无关的鉴定、评审和评奖活动，出现什么都参加的社会活动院士；二是不希望院士为了使成果的层次更高一些，为了论文能在更高一级的杂志上发表而在别人的成果上挂名，院士更应该尊重别人的科研成果；三是不希望院士压制不同的学术观点，轻率否定别人的科研成果，不应以祖师爷自居而压制别人，应该提倡学术自由民主；四是不希望院士参加一些商业炒作和商业包装活动；五是不希望或就是明确反对院士参加伪科学和封建迷信活动。现在，我还想重申这“五个不希望”，提醒大家注意，即使在与自己学科专业相关的鉴定、评审和评奖活动中，也要谨言慎行，坚持实事求是的科学态度，不因接受邀请方的请客和馈赠而做出与事实不符的结论。

我希望院士们一方面要积极地为国家的工程科学技术事业和经济社会的发展奉献自己的聪明才智，另一方面要能够继续淡薄名利，耐得住清闲和寂寞，不要参与各种炒作和包装活动，不要为金钱和物质利益诱惑所动，自觉地维护自己和中国工程院的形象和声誉。

三、认真做好这次院士增选工作

院士是我们的立院之本。经过11年来的5次增选，院士队伍已经由建院初期的96人，增加到目前的656人，我们这次第二轮增选将从158名候选人中再选出60名新院士。

通过增选不断补充新鲜血液进入院士队伍，是中国工程院实现健康发展的一项极为重要的工作。由于中国工程院院士在社会上享有很高的荣誉和地位，我们每次增选工作都受到全国工程科技界和社会各界的普遍和密切的关注，我们也一向欢迎公众的监督。通观全世界，我们是唯一向全社会公示候选人情况、接受公众监督的工程院，我们的院士选举在世界上是最透明的，这是我们中国的特色。

我希望，我们每一位院士作为所在学科的代表人物，在评选新院士时，应牢记自己肩负的重要责任，如履薄冰，始终严格按照《中国工程院院士增选工作中院士行为规范》等文件的要求，客观和公正地发表意见和做出决定。

除此之外，我想特别强调两点：第一，要进一步重视发现和选拔优秀的年轻工程科技人才进入院士队伍，这是关系我院院士队伍可持续发展的大事。经过过去的几轮增选，我们国家文革前大学毕业的大部分有突出成就的杰出工程科技人才已经进入院士队伍，这次进入第二轮的院士候选人中开始有相当一部分人是文革后进校的大学生，他们功底扎实，了解世界工程科技发展的前沿动态，思想活跃，勇于创新，并在多年的工作中取得了突出的成就。对于这样一批已经成长起来的优秀工程科技人才，我们应以平静的心态正确看待，应有奖掖后进、提携年轻人成就事业的宽广胸怀，而摈弃诸如鲁迅笔下的“九斤老太”那样的情结。第二，为了中国工程科技事业的兴旺发达，我们在院士增选工作中，应有不怕得罪人、勇于坚持正确意见的中国知识分子的风范。我希望各位院士在这次第二轮增选中，能够实事求是，独立思考，不随波逐流，排除各种干扰，把真正符合院士标准和条件的优秀工程科技人才选入院士队伍，无愧于自己，无愧于中国工程院，无愧于社会对我们的热切期盼。

今天，我国经济社会正处于日新月异的高速发展阶段，在今后十几年的工业化和信息化进程中，我国工程科学技术水平将迅速提升，自主创新能力将持续增强，将会有越来越多的年轻、优秀的工程科技人才大量涌现出来，这将为我们院士队伍的发展壮大提供一个日益雄厚的人才基础。中国工程院的未来和我们祖国的未来一样，将是远大而光明的。

最后，我希望各位院士注意劳逸结合，保重身体，并祝第二轮增选会议圆满成功。

在2005年院士增选
第二轮评审院士大会上的讲话

沈国舫

2005年10月24日

各位院士：

大家好！受主席团和院常务会议的委托，我向大会报告这次院士增选工作的有关情况和安排，以及就如何做好增选工作谈几点意见。

一、院士增选是对院士队伍的考验

院士增选受到社会的广泛关注，当选名单在媒体公布后，科技界对我们的评审结果会进行评价，进而对院士队伍进行评价。院士队伍评审候选人的同时，自己也在接受着考验。增选结果是工程院向社会交的一份答卷。

在经济体制转型时期，在科技体制改革的过程中，存在着急功近利、浮躁浮夸等不良风气；重人情、拉关系、本位主义等现象在评价活动中时有发生。由于院士称号与个人利益、单位利益挂钩，一些个人、单位想方设法使自己、本单位的候选人当选，甚至定出规划，寻找切入点、突破点。我们全体院士能否不受干扰，公正无私地进行评审？

候选人来自全国各个地区、部门，各个行业、各科技领域，实际情况各不相同，我们能否深入了解、客观评价他们的成就贡献？

候选人可能就是我们院士的同事和朋友，在他们急切打听评审信息时，我们能否严格遵守增选纪律，以维护良好的评审环境？

如何能够经受住考验，交出一份合格的答卷？我们只能依靠高素质的院士队伍，依靠科学规范的评审程序和严格的增选工作纪律。

1. 提高认识，认真履行院士的权利与义务

我们必须认识到，每次院士增选结果是一张答卷，但它又不像考试一样获得一次成绩就完事了，它还会长期起作用。院士队伍质量是工程院能否保证最高荣誉性、咨询性学术机构地位的决定性因素。如果新当选的院士质量不高，由他们再去选院士，增选工作必然会受到影响，随着组成人员的变化、时间的推移，院士队伍的质量就会随之下降。工程院就难以承担起国家和人民赋予的推动我国工程科学技术发展的历史重任。工程院最高荣誉性、咨询性学术机构的地位也就会名存实亡。

来自各方面的干扰是不可避免的，但增选评审的权利是由每位院士把握的。对于工程院向社会交出的答卷，每位院士都是答卷的参与者，都是影响答卷水平的因子。你的每一次发言，每一次投票，都与院士队伍建设密切相关。每位院士都必须从国家利益出发，认真履行院士的权利与义务，珍惜和维护工程院的声誉。每个学部常委会都必须组织好本学部的评审选举。如果一位不合格的候选人在某个学部当选了，那么这个学部就有难以推卸的责任。

2. 准确把握院士的标准和条件

首先要努力做到客观公正的评价候选人的成果贡献。

有一位老院士在《光明日报》上发表文章，认为“过去十余年来，院士选举基本上是公正的，也选出了一批优秀的、在我国科学界享有声誉的科学家充实了院士队伍。但是，毋庸讳言，也有极少数当选者并不符合院士条件。这主要是因为在院士当中，与候选人专业接近而能够判断该候选人水平的只是少数，大多数人在院士选举时，只能听取其他院士的意见，因此有时可能会做出错误判断”。我认为他的观点很有道理。如何使院士对候选人的成果贡献做出比较正确的判断呢？提四点具体要求：

（1）认真审阅每位候选人的材料，加强独立分析思考。充分利用时间，避免急躁情绪。

（2）认真组织好候选人到会自我介绍，避免临场的片面效应。候选人到会自我介绍有利的方面是院士们可以直接对候选人进行考查，问题可由本人做回答。不利的一面是口才不好的可能吃

亏。要善于鉴别，全面分析，不能光看他讲得漂亮，就认为一定水平高。院士更不能有意当托儿。专业组在分析候选人材料的基础上，围绕重点问题准备提问的作法，值得提倡。

(3) 在全部候选人自我介绍后，专业组评议应根据候选人提名材料，自我介绍、回答问题的具体情况进行评价，拿出意见向学部介绍。不能简单化处理，仅给出排序是不够的，应为院士正确判断、投票创造条件。

(4) 院士个人发表评议意见时，要力求全面客观，不应抱有片面成见和过分的倾向性，避免不实事求是地吹捧或贬低等。更不能在即将投票前，不负责任地发表片面意见，有意影响投票结果。

在认真审阅材料，充分评议的基础上，再用院士的标准去衡量候选人有无重大的、创造性的成就和贡献。首先要看有无重要的创新，看创新点在工程技术方面的应用，看成果的产业化和社会经济效益。同时要搞清候选人在这些成果中实际做出的贡献份额，以及他的学术水平在本学科领域内是否得到国内同行的公认。

第二，要把科学道德与学风放在较突出的位置。

社会上的一些不正之风在科技界的影响是不容忽视的。

有少数单位对院士候选人的包装时有发生，有的甚至将本单位的大多数科研成果都用来包装一位候选人。有些候选人也根据院士评审的需要刻意包装，论文请人写，著作组织人来编，科技进步奖也通过包装取得……。甚至还对投诉者加以劝阻，施加压力。

有的候选人系单位领导，巧立名目，利用多种方式聘请评审学部院士去该单位进行学科发展“评议”、博士生“答辩”、学术“咨询”等，场面隆重，规格极高，甚至付高额报酬。有的动员各种“资源”，运用各种手段“攻关”，对增选施加影响。这些现象影响很坏，引起了社会和广大院士的极大反感。如何把握咨询评议等业务工作与院士增选的潜在联系，应引起院士及院机关的重视。

有的候选人霸气十足，听不得不同意见；也有的候选人武大郎开店，容不下比自己有才能的人；还有个别候选人存在剽窃他人学术论文、成果的行为或说不清的经济问题。

如果这些人当选，会在社会上造成很恶劣的影响，也会严重损害工程院的声誉。

在道德建设委员会的会议上，院士们对当前科学道德与学风所面临的严峻挑战和科技界的浮躁心态深表担忧。认为对其严重性和危害性应有充分的认识，要从战略和文化的高度给予足够的重视，强调工程院的科学道德建设要坚持从源头抓起，把好院士增选的入口关，增选中一定要把学风道德问题放在十分重要的位置来考查。要避免把作风浮躁，爱做表面文章的人选进来，对于善于拉关系的、学风道德没有把握的候选人不能选。在增选过程中，每位院士都要旗帜鲜明地抵制不正之风，倡导热爱科学、淡薄名利的良好文化风尚。

总结第一、二点需要强调的是，我们选的应该是贡献突出的、学术水平高的、学风道德好的优秀科技工作者，不是选没有什么大问题的。不能在以上任何一方面降低院士标准。

第三，在保证质量的前提下，优化院士队伍结构。

注意学科结构。2005 年增选中，我们试行了《中国工程院院士增选学部专业划分标准》。按我院新制定的标准，院士分布已经覆盖了全部的一级学科。在有的二级学科院士比较集中。当然有的二级学科比较重要，但也确实存在马太效应，近亲繁殖的现象。要注意到还有 25% 的二级学科没有院士，有的重要的二级学科如新能源、农业的一些重要作物领域还没有院士。交叉学科对新的工程技术的发展、新产业的形成会产生巨大的作用，我们也应予以关注。

注意年龄结构。现有 654 位院士中，平均年龄 72. 5 岁，其中有 88 位是资深院士，非资深院士平均70.3岁。今后4年内,将约有90位转为资深,6年内将有176位转为资深。如果保持每次增选60名,6年后,非资深院士人数与现在基本持平。进入第二轮的候选人中,60岁以下(含60)的占1/3略多一点。《增选实施办法》规定,在增选的各个阶段,候选人名单中60岁以下的应不少于三分之一,提请各学部注意这一要求。对于超过70岁以上的候选人,除非近期有新的重大贡献,原则上不再选。

我们应该特别关注长期工作在工程科技第一线、有突出贡献的专家,以鼓励更多的优秀人才长期投身于工程科技实践。对于担任过领导岗位的候选人,不能因为是领导就选他,也不能因为是领导就不选他,关键在于他是否符合当选院士的条件。从事过宏观管理或研究工作的、行政组织能力强的候选人当选,会更有利工程院工作的开展,但这必须以不降低院士标准为前提。

总之,我们要切实坚持质量标准,注意合理协调平衡,以有利于优化院士队伍的学科结构、年龄结构及单位、部门结构。

3. 自觉严格遵守评审纪律,营造良好的评审环境

现在我们已经形成了一套基本科学、规范、合理的评审程序。例如,广泛接受社会监督、候选人材料公示、候选人自我介绍等等。我们仍需要及时总结经验,做更细的工作,使评审程序更加完善。但是程序和纪律是要人去执行和遵守的。这里要再次强调每位院士必须自觉严格地遵守评审纪律,因为评审环境直接影响评审质量。

在评审中由于认识不同,院士之间有不同意见,甚至发生争议是正常的。只有形成一个宽松和谐的气氛和环境,才能便于讨论问题。讲话的同志没有后顾之忧,大家才能畅所欲言,充分发表意见,这样才能有利于对候选人得出公正、客观和符合事实的判断,才能使评审选举质量得到保证。但是如果有个别院士将讨论中的具体情况泄露出去,就必然会影响院士和候选人之间的团结,引起院士之间的互相猜测,损害评审环境,因而也就客观上破坏了增选质量的保证条件。现在有的院士反映,评议讨论中感到不能畅所欲言,难以发表不同意见(无论是正面的和反面的)。这说明我们还需要进一步营造良好的评审环境,每位院士都应该自觉保护环境,而不能破坏环境。

有的院士认为,我没有泄露讨论评议的具体情况,只不过是将排序结果,进没进大会介绍告诉了候选人,候选人打电话询问不好拒绝。这种做法干扰了评审工作,如不及时制止,任其发展下去会产生很坏的后果。如果候选人纷纷与院士开通热线联系,再向你提出种种要求,增选评审会就会受到严重干扰,很难有公平性而言。

除了向社会公布的增选结果,院士个人没有权利公布其他情况。我们要求全体院士及有关工作人员会上会下都要自觉遵守增选纪律。

学部常委会如果发现了违反纪律的现象,要及时提醒院士,严重的要给予警告,直至上报院科学道德委员会给予纪律处分。

增选院士质量是对现有院士队伍质量的考验。大家都要出于公心,维护工程院的声誉。用我们的实际行动来证明院士队伍是以国家利益为重,学术水平高,遵守纪律,维护科技界团结的队伍,在科技界起到表率作用。

二、投诉信处理情况及注意事项

1. 候选人受投诉及处理统计分析

2005 年增选二轮候选人被投诉及受理统计

统计项目＼学部	机械	信息	化工	能源	土木	农业	医药	工管	合计
候选人总数	61	68	75	56	68	80	76	42	526
二轮候选人数	21	20	20	20	20	25	24	8	158
被署名(同时有匿名)投诉人数	4(1)	4(2)	7(3)	3(1)	3(1)	7(3)	7(6)	1	36(17)
被匿名投诉人数	2	6	2	4	2	7	4	2	29
被投诉人数合计	6	10	9	7	5	14	11	3	65
被投诉比例%	28.6%	50%	45%	35%	25%	56%	45.8%	37.5%	41.1%
受理调查人数	6	8	8	7	5	12	11	3	60
由院士调查人数	6	4	8	7	5	11	1	1	43
向组织发函	4	4	6	7	5	2	10	1	39

投诉问题分类。投诉问题涉及四个方面,65 位候选人被投诉的问题累计有 120 个。有 43 位候选人的学术水平、成果效益被投诉者质疑,占投诉问题的 36%;投诉者对候选人在成果中发挥的作用、所做的贡献提出争议有 34 人,占 28%;被投诉学风道德问题的有 28 人,占 23%;被投诉经济、生活作风问题的有 15 人,占 13%,大部分投诉还是集中在学术贡献方面。

对投诉信的处理方式。有 5 人投诉由于无实质内容被不作为投诉信处理,实际被进行调查核实的有 60 位候选人。向组织发函核实的有 39 人,请提名院士进行说明的有 20 人。由院士直接进行调查的 43 人,参与调查核实工作的院士有 123 人次。

署名与匿名投诉的真实性分析。经过调查发现,的确有少数候选人存在的问题比较大,也有不少是事出有因,查无实据。各种情况比较复杂,很难精确分类,准确统计。但我们认为还是需要做一些必要的统计,以便大家对投诉信的处理工作有一个定性的认识。粗略统计结果如下:在被调查的 60 人中,投诉问题经调查基本或部分属实的有 20 人,占 33.3%;基本不属实的有 36 人,占 60%;暂无结论的有 4 人,占 6.7%。60 人中 36 人被署名投诉,24 人被匿名投诉。被署名投诉的 36 人中(被署名投诉的人中有 17 人既有署名又有匿名的投诉信,统计时未再细区分两者分别调查核实的情况),投诉问题经调查基本或部分属实的有 14 人,占 38.9%;基本不属实的 19 人,占 52.8%;暂无结论的 3 人,占 8.3%。被匿名投诉的 24 人中,投诉问题经调查基本或部分属实的有 6 人,占 25.0%;基本不属实的 17 人,占 70.8%;暂无结论的 1 人,占 4.1%。

各学部常委会都按照《院士增选投诉信处理办法》,对本学部的投诉信进行了认真的研究处理。根据投诉问题的分类,选择不同的调查方式,必要的组成调查组,明确负责院士。每个调查组又进行专题研究,分析抓住需调查核实的关键问题,确定调查提纲,认真扎实地完成了调查工作。有 100 多位院士参与了投诉信调查,他们本着对工程院增选工作负责的精神,花了不少精力,贡献了智慧,我代表院领导向他们表示感谢。许多单位也给予了积极的支持配合。我们在较短的时间内完成了投诉信处理工作,基本搞清楚了被投诉的候选人的问题,为第二轮评审提供了条件,做好了准备。

投诉信的处理起到了监督作用,有助于提高增选工作的质量。

2. 认真总结经验,继续做好投诉信处理工作

根据《院士增选投诉信处理办法》,认真负责地处理投诉信,使增选工作得到了科技界的广泛

监督。有利于对候选人全面深入地了解,提高增选院士的质量。

院士在百忙中,抽时间参与投诉信的处理,出主意想办法,也积累了宝贵经验。例如,有的学部为了考查某位候选人的学术水平是否得到国内同行的公认,通过信息搜索统计,确定调查范围,向同行发放调查问卷。这种调查结果比较客观、有说服力。同时我们也要总结不足,由于在调查核实工作方面缺乏经验,个别情况下注意保密不够,使候选人事先知道有关情况,找相关人员打招呼,做了相应准备,影响对真实情况的了解。

通过调查,我们也了解到个别候选人所在单位人事关系复杂,一部分干部、群众对候选人当选院士有强烈的抵触情绪。在这种情况下,我们认为应该避免将争议大、反映强烈,贡献不是很突出的候选人选进来,使工程院成为争议的焦点。有时,人们对事物的认识、对问题的争议,交给时间去解决可能会更好一些。真正水平高、淡薄名利的候选人是会经得起时间考验的。

增选政策委员会、各学部常委会需要及时总结投诉信处理方面的宝贵经验,在今后增选中,把这项工作做得更好。

三、进入第二轮评审候选人的基本情况

1. 各学部进入第二轮评审候选人人数及比例

进入第二轮评审候选人人数及比例统计表

统计类别		机械学部	信息学部	化工学部	能源学部	土木学部	农业学部	医药学部	工程管理学部	总计
候选人总数		61	68	75	56	68	80	76	42	526
二轮人数		21	20	20	20	20	25	24	8	158
工程管理	候选人	8	9	6	8	7	3	1		42
	分配名额	4	4	3	4	3	1	1		20
	二轮人数	2	1	2	1	2				8

2. 年龄、性别统计

进入第二轮评审候选人年龄、性别分布统计表

统计类别	机械学部	信息学部	化工学部	能源学部	土木学部	农业学部	医药学部	工管学部	总计
总人数	21	20	20	20	20	25	24	8	158
男(人数)	21	20	19	19	19	24	20	7	149
女(人数)			1	1	1	1	4	1	9
平均年龄	64.81	57.65	62.65	61.90	65.20	61.68	58.96	64.00	61.89
最大年龄	75	69	74	70	73	72	72	68	75
最小年龄	42	42	44	46	46	42	40	62	40
50 岁以下	2	6	2	3	1	3	5		22
51~60 岁	2	3	5	3	4	7	9		33
61~70 岁	14	11	11	14	13	14	9	8	94
71 岁以上	3		2		2	1	1		9

注:计算年龄的参照时间为 2005 年 6 月 30 日。

平均年龄 61.89 岁,60 岁以下 55 人,占 34.8%,略多于 1/3,70 岁以上的 9 人(最后一次被提名)。

3. 候选人组织系统分布

系统分布统计

系统分类	人数	比例(%)
教育部	45	28.48
中国科学院	7	4.43
军队	22	13.92
国资委管理大型企业	29	18.35
国务院所属其他部委	28	17.72
省、市、自治区	25	15.82
香港	2	1.27
合计	158	100

4. 候选人被提名次数统计

提名次数统计

被提名次数	人数	比例(%)
第一次	35	22.15
第二次	48	30.38
第三次	39	24.68
第四次	28	17.72
第五次(未连续)	8	5.06
合计	158	100

除候选人在工程院增选中被提名的次数外,我们还需要注意他在科学院被提名的次数,全面了解相关情况。

四、各学部增选名额分配

第一轮评审会前,主席团决定各学部可按照增选 8 名的数额确定进入第二轮的候选人人数。10 月 18 日主席团会议决定,鉴于工程管理学部进入第二论的候选人已减少到 8 人,所以分配给他们 4 个增选名额。剩余 56 个名额简单化处理,每个学部分配 8 名,学部间不再微调。2005 年增选,各学部候选人人数、增选名额及所占比例列表如下:

	机械	信息	化工	能源	土木	农业	医药	工管	合计
候选人数	61	68	75	56	68	80	76	42	526
分配名额	8	8	8	8	8	8	8	4	60
比例(%)	13.1	11.8	10.7	14.3	11.8	10.0	10.5	9.5	11.4

与候选人的总体情况相比,各学部名额不少。目前,院士增选选到了两代人年龄的交界面。由于文化大革命造成的科技人才断档的影响,候选人中“文革”之前大学毕业的老专家中,有突出贡

献的不多。年轻人中成果贡献、学风道德都过硬,得到公认的也不多。有的学部候选人受到投诉的比例比较高。与2003年相比,名额也不少。2003年规定了70个名额,但只选了58名。院士质量是工程院的生命线,我们要继续坚持宁缺毋滥的原则,确保增选质量。

希望各位院士在评审选举紧张工作的同时,保持身体健康。

预祝2005年院士增选工作圆满成功!谢谢大家!

关于2005年外籍院士候选人提名和确定正式候选人情况的报告

王淀佐

2005年10月24日

各位院士:

增选外籍院士是我院院士增选工作的一项重要内容,在国内外都有一定影响。根据《中国工程院章程》规定,中国工程院外籍院士增选每两年一次。本年度外籍院士增选从1月1日启动,按照《外籍院士增选办法》,经院士提名、征求各位院士意见、各学部常委酝酿排序、主席团会议审议投票等程序,共产生了6位外籍院士正式候选人。现将有关情况报告如下:

一、外籍院士候选人提名情况

2004年12月下旬,我院向全体院士印发了提名外籍院士候选人的通知,截止2005年5月30日,共提名13位外籍院士候选人,69位院士参与了推荐提名工作。

提名的13名候选人按学科分,机械与运载学部领域2人,信息与电子学部领域4人,化工、冶金与材料学部领域1人,能源与矿业学部领域1人,土木、水利与建筑学部领域4人,医药卫生学部领域1人。按国籍分:美国4人,日本2人,俄罗斯、英国、波兰,德国、澳大利亚、印度、丹麦各1人。年龄最长者为74岁,最年轻的为42岁。

二、征求全体院士和各学部常委会意见情况

在今年第一轮院士增选评审会上,学部工作局向与会的559位院士印发了13位外籍院士候选人简表及提名书汇总,并印发了征求意见表。会后,共有435位院士返回了征求意见表,占发出总数的77.8%,返回率比较高。征求意见表中,有“符合条件”、“基本符合条件”和“不符合条件”三栏,反馈意见表明,“符合条件”和“基本符合条件”得票数超过三分之二的候选人有9人,说明院士们对多数候选人的认可度还是比较高的。在此基础上,有2位以上候选人的学部常委会,经过酝酿

讨论提出了排序意见。

三、主席团选举产生外籍院士正式候选人情况

10 月 18 日，徐匡迪院长主持召开了第三届主席团第十六次会议。会议首先听取了提名院士代表对 13 位外籍院士候选人的情况介绍，各学部主任对所在学部外籍院士候选人的酝酿排序情况做了简要说明，会议经过认真讨论，最后以无记名投票方式对 13 位外籍院士候选人进行了投票表决。

出席会议的主席团成员有 27 位，超过主席团现有人数（34 位）的三分之二，符合投票选举要求。结果有 6 位候选人获得三分之二以上票数，成为正式候选人。名单如下（按学部序列，学部内按姓氏字母排序）：

1. 机械与运载学部领域：华迪斯乌瓦夫·霍信斯基（波兰）；
2. 信息与电子学部领域：亚历克·布鲁斯（英国）；
3. 信息与电子学部领域：威廉·沃尔夫（美国）；
4. 信息与电子学部领域：尤里·古里亚耶夫（俄罗斯）；
5. 化工、冶金和材料学部领域：刘锦川（美国）；
6. 医药卫生学部领域：大村智（日本）。

需要说明的是，主席团会议在确定正式候选人的评审中，认真分析了向全体院士征求意见的统计结果；听取了各学部常委会对相关领域候选人的酝酿情况和候选人排序意见；充分讨论了候选人在国际和所在国工程科技界的影响以及对中国工程科技发展的贡献；同时也考虑到国籍分布、年龄、对中国是否友好等多方面的因素。

各位院士，1996 年至今，我院已进行了 5 次外籍院士选举，共有 29 位外籍专家被授予中国工程院外籍院士称号。各位外籍院士在促进所在国与我国工程科技的合作交流、推动我国工程科技事业发展和提高中国工程院的国际影响等方面做出了重要贡献。通过这次选举，外籍院士又会有新的增加，希望各位院士、各学部和院机关，今后要进一步加强与外籍院士的联系，使外籍院士在促进我院国际科技交流、推动我国工程技术进步和培养年轻人才等方面发挥更为积极的作用。

谢谢！

〔评审办法、规定〕

中国工程院院士增选工作实施办法

（根据《中国工程院 2003 年增选工作实施办法》修订，
2004 年 11 月 2 日主席团会议审议通过）

为了规范中国工程院院士增选工作的组织实施，根据《中国工程院章程》，制定本办法。

一、院士的标准和条件

（一）中国工程院院士（以下简称院士）是国家设立的工程科学技术方面的最高学术称号，为终身荣誉。

（二）在工程科学技术方面作出重大的、创造性的成就和贡献，热爱祖国，学风正派，具有中国国籍的高级工程师、研究员、教授或具有同等职称的专家，可被提名并当选为院士。

“在工程科学技术方面作出重大的、创造性的成就和贡献”主要是指：在某工程科技领域有重大发明创造和取得重要研究成果，并有显著应用成效；或在重大工程设计、研制、建造、运行、管理及工程技术应用中，创造性地解决关键科学技术问题有重大贡献；或为某重要工程科技领域的奠基者和开拓者。以上各项中都包括其在培养工程科技人才方面作出的成就和贡献。

“重大工程管理”的内容主要是指：重大工程建设中的管理（包括规划、论证、勘设、施工、运行管理等）；重要、复杂的新型产品、设备、装备在开发、制造、生产过程中的管理；重大技术革新、改造、转型、转轨、与国际接轨方面的管理；产业、工程、重大科技布局和战略发展研究、管理。

在工程管理领域作出“重大贡献”主要是指：被提名人在上述领域具体组织、参加工程项目的实践，并在实践中以先进的管理理论为指导，创造性地发挥管理科学的作用，促使工程项目优质、高效实施，取得众所公认的成就，或在工程管理理论上有重大建树，并通过实践取得具体业绩。

“学风正派”主要是指院士应具备的职业道德、科学态度和献身精神等。

“高级工程师”是指等同于教授或研究员职称的高级工程师。

二、增选名额及对院士候选人的有关要求

（一）院士增选每两年（奇数年）进行一次，每次增选总名额及各学部的名额分配，由主席团决定。

（二）院士候选人（以下简称候选人）的年龄原则上不超过 70 周岁（以增选当年 6 月 30 日为

计算的截止日期)。

(三) 候选人专业范围包括工程科学技术(含农、医)的各专业学科。各学部所涵盖的专业领域,按照《中国工程院院士增选学部专业划分标准(试行)》确定。

(四) 根据中国科学院院士和中国工程院院士可依据各自的标准和程序交叉当选的原则,符合中国工程院院士标准的中国科学院院士,可被提名为候选人。

三、增选的主要程序

院士增选工作分四个步骤:提名候选人、归口部门遴选、院士评审和院士选举。

(一) 提名候选人

1. 提名渠道

院士候选人一律按以下规定的两种渠道提名,不受理个人申请。

(1) 院士提名

每次增选每位院士至多可提2名候选人,院士可单独或联名提名。候选人获得不少于3位院士提名,且其中有3位院士所在学部与候选人专业所属学部相同,提名方为有效。提名工程管理学部候选人,至少要有2位是工程管理学部的院士,另有1位所在学部与候选人工程科技背景所属学部相同。

居住在香港、澳门特别行政区和台湾省以及侨居他国的中国籍专家,只能由院士提名。

年龄超过70周岁的候选人,须经其专业所属学部至少6位院士提名,方为有效。工程管理学部候选人,至少要有4位工程管理学部院士提名,另有2位提名院士所在学部与候选人工程科技背景所属学部相同。这样的提名对候选人仅限1次。

(2) 单位提名

中央、国务院各有关部委、直属机构、直属事业单位、中国人民解放军系统和各省、自治区、直辖市,所属范围和地区内的设计、研究、建造、运行单位、高等院校、企业等可按组织系统提名候选人。

中国科协所属的有关全国性学会可按学术团体组织系统提名候选人。

2. 有关要求

(1) 各单位提名候选人要做到公开透明。对拟提名的候选人,应在本单位范围内征求意见,特别是同行专家的意见。

(2) 各渠道提名候选人,应特别注意对长期工作在工程技术第一线并作出重大成就和贡献的工程科技专家,尤其是优秀中青年工程科技专家的提名。

(3) 凡已连续3次被提名的有效候选人,停止1次候选人资格。其中近期确有突出贡献者,须经其专业所属学部至少6位院士提名,方可成为有效候选人。工程管理学部候选人,至少要有4位工程管理学部院士提名,另有2位提名院士所在学部与候选人工程科技背景所属学部相同。经6位院士按上述方式提名仍未当选者,必须停止1次被提名资格。

(4) 提名候选人时,必须按规定填写《中国工程院院士候选人提名书》(以下简称《提名书》)和《中国工程院院士候选人简表》(以下简称《简表》),并附有被提名者有代表性的成果、著作和论文(包括重大工程勘探、规划、设计、施工、运行方面的重要报告和总结)等,每人不超过10篇、册,以及重要奖项获奖证书和发明专利证书的复印件等证明材料。

(5) 院士提名的候选人《提名书》和《简表》及有关材料,按当年增选通知规定,直接寄送中国工程院。若被提名人为居住在香港、澳门特别行政区、台湾省以及侨居他国的中国籍专家,须提交其中国籍身份证明。

(6) 各单位提名的候选人《提名书》和《简表》及有关材料,必须报送归口部门进行遴选。

(二) 归口部门遴选

1. 中央、国务院各有关部委、直属机构、直属事业单位分别对其所属范围的单位提名的候选人,负责组织遴选。

各省、自治区、直辖市人民政府对其所属范围和地区内的单位(不含中央、国家有关部委、直属机构在地方的单位)提名的候选人,负责组织遴选。

中国人民解放军系统各单位提名的候选人,由总政治部负责组织遴选。

中国科协所属的有关全国性学会提名的候选人,由中国科协负责组织遴选。

上述负责组织遴选的部门为候选人归口遴选部门。

2. 中国工程院委托有关归口遴选部门负责对中央管理企业提名的候选人组织遴选。具体归口方案以当年增选通知为准。

3. 为了保证遴选工作的质量,控制候选人的数量,中国工程院可根据每次院士增选的名额,对归口遴选部门报送候选人的名额做出规定。

4. 有双重领导的单位提名的候选人,由其主管的一方负责组织遴选,非主管部门报送的候选人无效。

5. 各归口遴选部门应组成遴选委员会,对所属范围和地区内单位提名的候选人进行遴选。遴选委员会的组成应不少于9人,其中院士和现从事专业技术工作的正高级专家应不少于80%。委员会以无记名投票方式,产生遴选结果。委员会成员名单、投票结果应如实填入候选人《提名书》,并须有遴选委员会负责人的签名或盖章。

6. 在规定的报送名额之内,获得赞成票超过投票人数二分之一的候选人方可报送中国工程院。各归口遴选部门报送的候选人年龄不得超过70岁,60岁以下(含60岁)的应不少于三分之一。归口遴选部门应在《提名书》中填写"推荐意见",按当年增选通知要求,将《提名书》、《简表》及有关材料报送中国工程院。

7. 中国工程院学部工作局对候选人的材料进行形式审查,合格者报主席团审议通过后为有效候选人。

8. 中国工程院在工程院网站和有关报刊上公布全部有效候选人名单(姓名、工作单位),同时经归口遴选部门通知候选人所在单位(包括院士、中国科协提名的有效候选人),候选人有关材料须在其所在单位张贴公布(保密材料除外)。公布内容:《简表》全部内容和《提名书》中被提名人所确认的全部内容;公布范围:高等院校在"系",科研机构在"研究院"或"研究所",大、中型企业在总部或有关分厂、分公司;公布时间:按通知规定的时间起,保证两周的公示期。有关单位要将公布方式和反馈意见在规定时间内寄送中国工程院。

(三) 院士评审

1. 评审原则

(1) 参加评审的院士必须准确把握院士的标准和条件,从国家科技事业的全局出发,超脱本部门、本地区、本专业的局限;遵循实事求是的原则,全面客观分析候选人的工作及获奖等情况;发扬民主,充分讨论,科学评价候选人的工程科技成就和贡献。

(2) 在坚持院士标准条件的前提下,要始终注意候选人的年龄结构,在各个阶段的候选人名单中,60岁以下(含60岁)的应不少于三分之一;应特别注意长期工作在第一线的工程技术专家;加强对交叉、边缘学科以及尚无院士的学科、地区、部门的候选人的了解和重视。

(3) 评审中实行回避制度。凡与候选人有直系亲属或主要旁系亲属关系的院士(如:父母、夫妻、子女、岳父母、婿媳、兄弟、姊妹、叔侄、甥舅等),评审时应回避。回避的办法是:当小组和大会介绍、讨论某候选人情况时,凡属与该候选人有以上关系的院士,应暂时离席,待对该候选人介绍、讨论完毕,再进入会场参加对其他候选人的评审,投票时不回避。

(4) 评审过程中发表的意见及讨论情况,对外必须严格保密。与会人员必须严格遵守《中国工程院院士增选评审和选举保密规定》。

(5) 对候选人的投诉按《中国工程院院士增选投诉信处理办法》处理。受理投诉信的截止日期为增选年的8月15日。

2. 评审程序

各学部常委会负责组织本学部院士对属于本学部专业学科范围内的全部有效候选人进行评审。

学部常委会组织各专业组和学部全体会议,采取审阅材料、介绍情况、酝酿讨论和无记名投票表决等方式,对候选人进行两轮评审,分别产生本学部进入第二轮评审和正式候选人的名单。

对工程管理学部候选人的第一轮评审,按其专业背景在相关学部进行。

第一、二轮评审会议一般安排在增选年6月份的最后一周,11月份的第二周进行。

第一轮评审

本轮评审的任务是从全部有效候选人中,产生进入第二轮评审的候选人名单。

(1) 审阅材料:候选人的材料是评审的基本依据,与会院士除重点审阅本专业组候选人材料外,还应认真审阅本学部其他候选人的材料。

(2) 专业组评审:专业组对本组候选人充分讨论评议,投票产生进入学部评审会介绍的候选人名单,各组进入学部评审的名额由学部常委会决定。

(3) 学部评审:学部召开全体会议,介绍各专业组进入学部评审的候选人情况,充分讨论评议。

(4) 产生第二轮候选人:学部投票,产生进入第二轮评审的候选人名单。进入第二轮评审的限额为学部增选名额的2~3倍,具体人数由学部常委会研究决定。

(5) 第一轮评审是否采用通信评审方式,由学部常委会研究确定,报主席团备案。

(6) 第一轮评审会后,中国工程院在工程院网站和有关报刊上公布进入第二轮评审的候选人名单,并通知本人。学部常委会对第二轮候选人中受到投诉以及有疑点的问题,组织调查核实。

第二轮评审

通过本轮评审,从进入第二轮评审的候选人中,产生正式候选人名单。为了对候选人更直接地考察了解,第二轮评审增加候选人自我介绍、回答问题的程序。除此之外,评审程序和办法与第一轮评审基本相同,但须注意以下几点:

(1) 为便于评审时学部之间的交流,第二轮评审会由全院组织,集中统一进行。

(2) 进入第二轮评审的候选人在评审会上进行自我介绍,围绕提名书主要成就贡献的范围,实事求是地介绍本人在完成重要工程项目中所发挥的作用、解决的工程技术难点、创新之处等。候选人应严格按通知时间准时到会，及时离会。

（3）对被投诉候选人的有关调查核实材料连同其投诉信，一并提交评审会参考。在对被投诉人评审时，有关院士应根据常委会研究意见，将有关调查核实结果向会议进行说明。

（4）学部评审会要对进入第二轮评审的全部候选人逐一评议。经学部评审会认真、全面评议后，进行无记名投票，按增选名额120%的比例，依得分顺序，产生正式候选人名单。

（5）工程管理学部多为跨学部院士，由学部常委会统筹安排适当时间，组织本学部院士集中评审。

（四）院士选举

1. 各学部对正式候选人实行差额无记名投票，差额比例为20%。

2. 参加选举的院士必须不少于本学部应投票院士人数的三分之二，选举方为有效。

3. 获得赞同票超过投票人数二分之一的候选人，按学部增选名额，根据获得票数依次当选，满额为止，不足额时空缺。

4. 选举结果经主席团会议审定报国务院备案。中国工程院向新当选院士和归口遴选部门发出通知，并以书面形式向全体院士通报。

四、增选工作行为规范

在增选的全过程中，院士、被提名人、提名单位和归口遴选部门都必须坚持实事求是的科学态度，高度重视道德和学风问题。

1. 院士要严格遵守《中国工程院院士增选工作中院士行为规范》。院士提名候选人时，必须对所提名的候选人的工程科学技术成就和科学道德等方面情况有确切的了解，要对所提供的候选人材料负责，并有责任在评审会中答复提问和对有关投诉信件作出回答与澄清。

2. 被提名人必须向提名人或提名单位实事求是地提供本人的有关情况，并对提名书中签名确认的内容负责。如发生材料不实，视为学风问题对待。

3. 提名单位报送的候选人材料，特别是对候选人成就、贡献的介绍和评价，必须依据充分，如实说明该候选人所起的实际作用。如有材料不实、评价过头，甚至有虚假等情况发生，由提名单位负责。

4. 各归口遴选部门在组织对候选人遴选时，应保证遴选的公正性、客观性，切实根据工程院院士的标准和条件严格把关。

5. 任何单位和个人不得通过不正当方式为被提名人当选院士进行活动，若有发生，有关学部常委会将视其情节作出严肃处理，直至报院主席团或院常务会议批准，终止对该候选人的评审。

五、根据《中国工程院章程》第三十二条规定，本办法由中国工程院主席团批准实施，解释权在工程院主席团。

关于印发《中国工程院院士增选评审、选举程序规定》的通知

中工发[2005]25号

各学部、各位院士：

《中国工程院院士增选评审、选举程序规定》在2005年4月10日院增选政策委员会讨论修订的基础上，2005年5月13日院常务会议审议通过。现印发给你们，请遵照执行。

附件：中国工程院院士增选评审、选举程序规定

中　国　工　程　院
二〇〇五年五月三十一日

附件：

中国工程院院士增选评审、选举程序规定

（2005年5月13日院常务会议审议通过）

为保证院士增选评审、选举程序的公正、规范和严谨，根据《中国工程院院士增选工作实施办法》制定本规定。

各学部常委会根据《中国工程院院士增选工作实施办法》及本规定，负责组织本学部的评审、选举工作。

一、评审、选举工作的三个主要阶段

1. 第一轮评审。各学部经审阅材料、专业组评审、学部大会评审，对全部有效候选人投票，选出进入第二轮评审的候选人。进入第二轮评审的候选人数一般为增选名额的2~3倍。

2. 第二轮评审。各学部经审阅材料、候选人到会介绍、专业组评审、学部大会评审，对进入第二轮评审的候选人投票，选出正式候选人。正式候选人人数为增选名额的120%。

3. 选举。各学部对正式候选人投票，选出本学部新院士。

二、评审、选举投票的有关规定

评审中实行回避制度。回避范围为直系亲属和主要旁系亲属，如夫妻、父母、子女、岳父母、公婆、兄弟、姐妹、婿媳等。具体办法是在专业组评审讨论和学部大会介绍、讨论需回避的候选人情况时，请相关院士离席。投票不回避。

评审和选举中均采用无记名投票。对于全学部的正式投票，参加投票的院士人数达到或超过本学部应投票院士人数的三分之二，投票结果方为有效。因故不能出席评审会议的院士，如对候选人有书面意见，可提交学部常委会，或委托与会院士在会上代为宣读，但不可投票。

院士因故不能全程出席评审会议时，必须出席学部大会介绍，方能参加确定进入第二轮候选人、正式候选人和选举的投票。

资深院士可自愿参加评审会议并发表评议意见，但无投票权。不能出席评审会议的资深院士，如对候选人有书面意见，可提交学部常委会，或委托与会院士在会上代为宣读。

在增选年度内将转为资深院士者，如果在本年度增选工作正式启动时未满80岁，享有本年度院士增选的提名权与选举权。

选票由学部工作局统一格式，各学部分别印制。两轮评审中，选票均采用对候选人分档计分的格式，圈选栏分A、B、C三档，分值分别为3、1、0，投票结果依候选人得分多少排序。

选举投票时，选票的圈选栏分为同意、不同意、弃权三种选择。选票首页应有明确的圈选说明。选票须加盖本学部印章。计票工作一般由计算机自动计票系统完成。

每次投票前，评审会主持人须公布监票人及协助工作人员名单，并经与会院士通过。监票人由2~3位院士担任，负责检查、监督本学部的投票、计票过程。开箱验票、计票必须在监票人监督下进行。计票结果须由监票人签字确认。全部选票交学部工作局存档。

三、评审会前准备

各学部办公室按《中国工程院院士增选候选人材料审查验收及汇总的有关规定》准备候选人材料，将候选人的基本情况分析汇总，向学部常委会汇报。

常委会对院士和候选人的专业分组进行审定，确定各专业组召集人、第一轮评审各专业组进入学部大会介绍的名额以及进入第二轮评审的候选人人数。

工程管理学部候选人按其工程技术背景，分别委托相关学部进行第一轮评审。工程管理学部常委会应确定本学部进入第二轮的候选人名额，并根据本学部候选人第一轮评审在相关学部的分布情况，按比例分配各相关学部进入工程管理学部第二轮评审的候选人名额。

四、第一轮评审

1. 审阅材料。候选人材料是评审的基本依据，与会院士除重点审阅本专业组候选人材料外，还应认真审阅本学部其他专业组候选人的材料。

若候选人材料属于机密、绝密，由各组召集人指定专人负责审阅。

2. 专业组评审。专业组评审是评审、选举工作的基础，要加大专业组评审力度，为不同专业组的院士提供准确参考。专业组大小的划分，以便于院士充分发表意见为原则。

各专业组召集人主持专业组评审。专业组内院士应做出分工，每位候选人由2～3位院士重点负责审阅介绍。院士在各自审阅材料的基础上，准备相应候选人的介绍材料。介绍人原则上应由与候选人非同一基层工作单位的学科相近的院士担任。

专业组在对本组的全部候选人逐一进行介绍、评议、充分酝酿分析比较后，投票产生在学部大会介绍的候选人。

经投票未进入学部大会介绍的候选人，若有本学部6位以上(含6位)与会院士分别或联合提名，报学部主任会议审定后，可列入学部大会介绍名单。工程管理学部候选人直接进入大会介绍。

各专业组投票结果印发学部全体与会院士。

3. 大会介绍材料的准备。院士按分工代表其专业组，依据候选人提名书、附件准备介绍材料。介绍内容应包括候选人的主要成就贡献，本专业组对其学术水平和贡献的评价意见及对相关材料的审查意见，如是否实事求是等。介绍材料用统一稿纸填写，负责重点审阅介绍的院士签字，学部办公室存档。

4. 学部大会评审。学部大会评审由学部主任、副主任主持。由负责介绍的院士，分别对候选人逐一介绍、评议。每位候选人介绍和评议的时间，一般掌握在10～15分钟。介绍和评议结束后，可根据需要安排总体回顾。

5. 投票产生进入第二轮的候选人。各学部经预投票和正式投票，产生进入第二轮评审的候选人。

预投票：在学部评审基础上，对全部候选人(含未列入学部大会介绍的候选人)进行一次预测性投票，投票结果通报本学部与会院士。根据预投票结果，可组织必要的综合分析。

正式投票：以预投票的相同方式进行，根据规定名额，按得分顺序产生进入第二轮评审的候选人名单。

工程管理学部非跨学部院士参加相关专业背景学部的第一轮评审，具体办法由背景学部常委会确定。工程管理学部非跨学部院士在背景学部享有对工程管理学部候选人的投票权。

工程管理学部候选人的选票单独印制，投票与背景学部同时进行。候选人实际得分应为：

$$\text{工程管理学部候选人实际得分} = \text{候选人得分} \times \frac{M}{M+N}$$

其中，M表示背景学部院士投票人数，N表示工程管理学部非跨学部院士投票人数。工程管理学部候选人实际得分不低于背景学部进入第二轮候选人的最低分数者，按分配名额依得分顺序确定进入第二轮候选人名单。

进入第二轮评审的候选人名单印发本学部与会院士。经主席团确认后，以适当方式公布。

6. 投诉信和有关问题的调查处理。第一轮评审会后，各学部常委会可对进入第二轮评审的候选人中有疑点以及受到投诉的问题,组织有关院士专门调查研究。院士也可将对候选人的书面意见提交学部常委或学部办公室,书面意见本人应署名,学部要为其严格保密。提供书面意见的时间应在第一轮评审会结束后的一个月内。书面意见的处理,原则上参照投诉信的处理办法进行。

7. 候选人有关材料的补充。第一轮评审会后,除新获得的国家三大奖证书外,不再接收其他补送材料。如遇有特殊情况学部办公室应向常委会汇报,由常委会做出处理决定。补充材料需经遴选部门或提名院士递交。

六、第二轮评审

1. 审阅材料。每位院士应认真审阅本学部进入第二轮评审所有候选人的材料。审阅过程中,应注意对学部间交叉学科候选人的全面了解,根据需要可邀请其他学部的相关院士到会介绍情况。审阅材料同时各学部准备对候选人提问。

2. 候选人到会介绍情况。进入第二轮评审的所有候选人,在第二轮评审会议期间须到会介绍情况、回答问题。第一论评审后,各学部常委会应确定候选人到会介绍的具体安排,并尽快通知候选人本人。

候选人应在本人提名书所涉及的主要成就贡献范围内进行自我介绍,重点说明本人负责的主要工作、解决的工程技术难点、有哪些创新之处,以及创新点的学术水平、产生的经济与社会效益等。院士可围绕候选人主要成就、报告内容、提名书和附件材料中不清楚的问题进行提问。主持人应按照本学部的安排,严格掌握每位候选人的介绍时间。

候选人不得在评审会址安排住宿,介绍完毕即应离会。候选人如遇特殊情况不能到会,须及时向所在学部说明原因。学部可要求其对院士提出的问题给予书面答复,但不再提供到会介绍的机会。

各学部应根据候选人的需求,准备相关设备。

3. 专业组评审。在第一轮评审和听取候选人情况介绍的基础上,专业组对本组的全部候选人逐一进行评议,更深入地分析候选人的成就、成果,对有异议、尚不明确的问题以及投诉调查情况等进行认真审议。

专业组投票,产生本组候选人的计分排序。投票结果印发本学部与会院士。

4. 学部大会评审。学部评审会议由学部主任、副主任主持。对进入第二轮评审的候选人逐一进行介绍和充分的评议。介绍的内容应侧重专业组对候选人学术水平和贡献的评价意见、投诉调查情况和其他有关意见。评议之后,可根据需要组织总体回顾、综合比较。

5. 产生正式候选人。各学部经投票选出正式候选人。是否需要预投票由各学部常委会决定。

预投票:如常委会决定进行预投票,则在学部评审的基础上,对进入第二轮评审的全部候选人进行一次预测性投票。预投票结果印发本学部全体与会院士。

正式投票:各学部进行正式投票,按照增选名额120%的限额,按得分顺序,依次产生正式候选人。正式投票结果印发本学部与会院士。

七、选举

1. 本学部有选举权的与会院士,对正式候选人实行差额无记名投票,选出本学部新院士。

2. 获赞同票数超过投票院士人数二分之一的候选人,根据得票多少依次当选,额满为止;未满额时不补选。如遇有候选人得票数相同而不能全部当选时，则对票数相同者再次投票表决，得票数多者当选。

3. 各学部的选举结果，分别由学部常委会检查确认，经学部主任签署报告，报主席团审议。

八、评审选举工作是一项政策性强，程序严谨的工作

各学部在评审、选举过程中，如做法与《中国工程院增选工作实施办法》和本规定有出入，或遇有新情况、新问题，应及时向分管院领导请示，经同意后方可实行。

本规定由中国工程院增选政策委员会负责解释。

中国工程院院士增选中机关工作人员的有关规定（试行）

院士是国家设立的工程技术方面的最高学术称号。院士增选是中国工程院院士队伍建设的基础性工作。院机关是院士增选工作的直接组织实施和服务管理部门，为保证院士增选工作的公平、客观、公正和顺利进行，特制定本规定。

一、全体工作人员，必须充分认识院士增选工作的严肃性和重要性，严格按照中国工程院院士增选的有关文件、办法、规定，认真作好院士增选的相关服务工作，确保增选工作的顺利进行。

二、工作人员不得以任何方式对院士评审施加影响。参加评审会议的工作人员不得对评审讨论内容进行记录，不得以任何方式向任何单位和个人泄露评审和选举过程中对候选人的讨论、评价、表决等方面的情况。评审会议期间，工作人员必须坚守岗位，未经许可其他无关人员不得进入评审会场。

三、工作人员不得利用院士增选之机，收授院士候选人或其所在单位的礼金、礼品、纪念品等。评审期间和评审、选举结束后，均不得私自向候选人及其所在部门透露评审选举情况以及有关候选人的投诉及其调查结果，尤其是对候选人的讨论、评价、表决等方面的情况。

四、工作人员如遇与自己有亲属关系的候选人，应如实向候选人所在学部说明情况，并在评审会议中采取必要的回避，回避的范围和办法可参照院士在评审中的回避规定。评审会议期间，各学部办公室一般不应从有本学部候选人的同一基层单位借用会议服务人员。

五、以上规定，如有违反，将视情况进行纪律处理。影响特别严重的，要追究相关人员的责任，并做出相应的组织处理。

〔提　名〕

关于提名和遴选中国工程院院士候选人的通知

中工发[2004]94 号

国务院各有关部委、直属机构、直属事业单位、中国人民解放军四总部、各省、自治区、直辖市人民政府、中国科协：

根据《中国工程院章程》的有关规定，中国工程院 2005 年院士增选工作自 2005 年 1 月 1 日起开始进行。现将《中国工程院院士增选工作实施办法》(以下简称《增选办法》，附件 1) 及有关文件印发给你们，请认真作好 2005 年中国工程院院士候选人的提名和遴选工作。有关事项通知如下：

一、2005 年院士增选总名额不超过 60 名。工程院现设 8 个学部，即：机械与运载工程学部，信息与电子工程学部，化工、冶金与材料工程学部，能源与矿业工程学部，土木、水利与建筑工程学部，农业、轻纺与环境工程学部，医药卫生工程学部，工程管理学部。本次提名院士候选人包括上述 8 个学部所涵盖的工程科学技术的各学科专业范围。

负责多学科候选人遴选的综合部门：中国科协、中国科学院、教育部、国有资产管理委员会、中国人民解放军系统，向工程院报送候选人的名额为每个学部不超过 6 名；少数具有行业管理职能的部委，如信息产业部、卫生部、农业部等在与其行业相对应的学部报送候选人名额不超过 6 名，其他学部不超过 3 名；其余部委及省、自治区、直辖市报送候选人名额为各学部不超过 3 名。

二、从 2005 年起正式使用《中国工程院院士增选学部专业划分标准(试行)》(附件 6)，请提名单位与被提名的候选人严格按照这一标准，确定拟提名的学部及候选人的专业学科。

三、被提名候选人的年龄不得超过 70 岁，即为 1935 年 7 月 1 日(含)以后出生。

四、凡 1999 年、2001 年、2003 年已连续 3 次被提名的工程院有效候选人，2005 年停止一次候选人资格。

五、中央管理的企业提名的候选人，工程院委托有关部委、国家局负责组织遴选。归口原则及具体归口划分详见《中国工程院关于 2005 年院士增选企业提名、遴选渠道归口的通知》(附件 3)。

六、有双重领导的单位提名的候选人，由其主管的一方负责组织遴选，非主管部门报送的候选人无效。

七、中国工程院向归口遴选部门和每位院士寄发《中国工程院院士提名系统》的光盘及使用说明书(附件 7)，也可从中国工程院网站上下载这一软件(网址是 www. cae. cn)。《中国工程院院士候选人提名书》(以下简称《提名书》,附件5)和《中国工程院院士候选人简表》(以下简称《简表》,附件4)的全部内容,必须使用专用软件逐项录入。具体录入方法,详见专用软件使用说明书。

八、请归口遴选部门在2005年4月30日前(如邮寄以当地邮戳为准),将通过遴选的候选人材料报送工程院学部工作局。报送候选人材料,需要注意如下事项:

1. 遴选部门需向工程院提交《关于报送候选人名单及其材料的函》一式2份。函中请按学部顺序列出全部候选人名单,并加盖遴选部门公章。随函应附:遴选委员会委员名单和遴选投票结果(总票数、候选人得票数及排序),并须有遴选委员会负责人签字。

2. 提供每位候选人的《提名书》、《简表》一式3份,并附软盘。《提名书》必须是有签名、盖章的原件。《提名书》和《简表》务必按通知附件5、4的样式印制(A4纸),字迹要清晰。

3. 提供每位候选人有代表性的成果,著作和论文(包括重大工程勘探、规划、设计、施工、运行方面的重要报告和总结)等1套(不超过10篇、册),以及重要获奖证书、证明(复印件)等一式1套。不同渠道报送的同一候选人的论著、证明材料等只需报送一套。材料一般不退还,特殊需要退还的请注明。

4. 提名材料原则上应不涉及国家机密,《提名书》和《简表》不应有密级要求。如确有保密材料需要报送,须对相应材料注明保密等级,并出具公函对涉密人员的条件及审阅材料范围予以说明。

九、工程院对报送的候选人材料进行形式审查,审查合格的候选人经院常务会议审议确认后,方为有效候选人。有效候选人名单将通知归口遴选部门,并由遴选部门通知候选人所在单位,按照要求公布候选人有关材料。

提名和遴选过程中有何问题和建议,请及时联系。

通信地址:北京市3847信箱　中国工程院学部工作局
邮政编码:100038
传　　真:(010)68519566(中国工程院学部工作局综合处)
　　　　　(010)68522662(中国工程院办公厅值班室)
学部工作局联系人:王爱红　阮宝君
联系电话:(010)68570322,(010)68571384

附件:1.《中国工程院院士增选工作实施办法》(略)
2.《中国工程院院士增选工作中院士行为规范》(略)
3.《中国工程院关于2005年院士增选企业提名遴选渠道归口的通知》
4.《中国工程院院士候选人简表》(略)
5.《中国工程院院士候选人提名书》(略)
6.《中国工程院院士增选学部专业划分标准(试行)》(略)
7.《中国工程院院士候选人提名系统》光盘及使用说明书(略)

二〇〇四年十二月六日

附件3：

中国工程院关于2005年院士增选企业候选人提名、遴选渠道归口的通知

国务院各部委，各省、自治区、直辖市人民政府，各中央管理企业：

根据《中国工程院章程》的规定，中国工程院院士增选每两年进行一次。2005年院士增选工作自2005年1月1日开始启动。

中国工程院决定2005年院士增选工作企业候选人的提名、遴选渠道归口如下：

一、中央管理企业的提名、遴选工作归口

1. 过去历次增选直接向工程院报送候选人的5个集团公司，仍由各集团公司组织提名、遴选，并将候选人材料直接报送中国工程院。包括：

（1）中国石油天然气集团公司

（2）中国石油化工集团公司

（3）中国海洋石油总公司

（4）中国建筑工程总公司

（5）中国长江三峡工程开发总公司

2. 企业原隶属的部委或国家局建制仍存在的，由原所属部门负责组织企业院士候选人的提名、遴选工作。

3. 企业原隶属部委或国家局建制已撤消的，曾由国家经贸委统一负责组织的相关企业院士候选人的提名、遴选工作改由国有资产管理委员会归口负责。

4. 军工系统的10个集团公司以及广东核电集团按行业范围组成核工业、航空、航天、船舶、兵器等5个遴选委员会，每个遴选委员会按规定候选人名额（每个学部3名）进行遴选，给出统一排序。各军工企业应顾全大局，发扬团结协作的优良传统，共同保证遴选工作的质量。通过遴选的候选人材料由各集团公司分别报送工程院。

二、属地化管理的企业院士候选人提名、遴选工作归口

除中央管理的186家大型企业之外的企业，由所在省、自治区、直辖市负责提名、遴选工作。

三、需要说明的有关问题

1. 各归口、遴选部门收到此通知后，请向归口企业转发此通知和有关增选文件，按照《中国工程院院士增选工作实施办法》的规定进行提名、遴选，并报送有关材料。

2. 院士增选工作涉及面广，政策性强，需要有关部门大力配合。受委托部门要对归口企业热情服务，各有关企业也要主动配合受委托部门工作，共同完成2005年候选人的提名、遴选。

3. 中国工程院对归口遴选部门报送的候选人材料进行形式审查。经形式审查合格的有效候

选人，由工程院通知归口遴选部门，再由其通知候选人所在企业，按照要求公布候选人有关材料。企业须将公布材料的执行情况及群众意见，在规定时间内，报归口遴选部门，反馈工程院。

有关企业的具体归口遴选部门，请详见《中央管理企业院士候选人遴选归口表》。未列入表的企业如有候选人提名要求，请有关遴选部门或企业及时与工程院学部工作局联系。

中央管理企业院士候选人遴选归口表

一、以企业为单位进行遴选的公司

1. 中国石油天然气集团公司
2. 中国石油化工集团公司
3. 中国海洋石油总公司
4. 中国建筑工程总公司
5. 中国长江三峡工程开发总公司

二、由原行政主管部门归口遴选的企业

信息产业部：

1. 中国电信集团公司
2. 中国联合通信有限公司
3. 中国移动通信集团公司
4. 中国电子信息产业集团公司
5. 中国电子科技集团
6. 中国网络通信集团公司
7. 中国普天信息产业集团公司
8. 中国邮电器材总公司
9. 中国长城计算机集团公司
10. 彩虹集团公司
11. 中国卫星通信集团公司
12. 电信科学技术研究院
13. 中国电子工程设计院
14. 中国华录集团有限公司
15. 上海贝尔有限公司
16. 武汉邮电科学研究院
17. 中讯邮电咨询设计院
18. 中国铁通集团有限公司

水利部：

1. 中国水利电力对外公司
2. 中国水利投资公司

铁道部：

1. 中国北方机车车辆工业集团公司
2. 中国南方机车车辆工业集团公司
3. 中国铁路通信信号集团公司
4. 中国铁路工程总公司
5. 中国铁道建筑总公司

交通部：

1. 中国远洋运输(集团)总公司
2. 中国海运(集团)总公司
3. 中国港湾建设(集团)总公司
4. 中国路桥(集团)总公司
5. 长江口航道建设有限公司
6. 中国长江航运(集团)总公司
7. 上海船舶运输科学研究所

国土资源部：

1. 中国地质工程集团公司

卫生部：

1. 中国生物技术集团公司

科技部：

1. 中国国际技术智力合作公司

公安部：

1. 中国寰岛(集团)公司

农业部：

1. 中国农业发展集团总公司
2. 中国农垦(集团)总公司
3. 中国种子集团公司

建设部：

1. 中国建筑设计研究院
2. 中国房地产开发集团公司
3. 中国建筑科学研究院

国家林业局：

1. 中国林业国际合作集团公司
2. 中国福马林业机械集团有限公司

中国民航总局：

1. 中国航空集团公司

2. 中国东方航空集团公司
3. 中国南方航空集团公司
4. 中国民航信息集团公司
5. 中国航空油料集团公司
6. 中国航空器材进出口集团公司

国家发展和改革委员会：

1. 神华集团有限责任公司
2. 中国国际工程咨询公司

三、由国有资产管理委员会归口遴选的企业（共77家企业）

机械行业：

1. 哈尔滨电站设备集团公司
2. 中国汽车工业总公司
3. 中国机械装备(集团)公司
4. 机械科学研究院
5. 中国农业机械化科学研究院
6. 中国第一汽车集团公司
7. 东风汽车公司
8. 中国东方电气集团公司
9. 中国第一重型机械集团公司
10. 中国第二重型机械集团公司
11. 中机国际工程咨询设计总院
12. 中国包装总公司
13. 中国进口汽车贸易中心
14. 中国通用技术(集团)控股有限责任公司
15. 西安电力机械制造公司
16. 中国新时代控股(集团)公司
17. 中国海洋航空集团公司
18. 新兴铸管集团有限公司

冶金行业：

1. 鞍山钢铁集团公司
2. 上海宝钢集团公司
3. 武汉钢铁(集团)公司
4. 钢铁研究总院
5. 冶金自动化研究院
6. 攀枝花钢铁(集团)公司
7. 邯邢冶金矿山管理局
8. 鲁中冶金矿山公司

9. 长沙矿冶研究院
10. 中国冶金地质勘查工程总局
11. 中国中钢集团公司
12. 中国冶金建设集团公司

有色行业：

1. 中国铝业公司
2. 中国有色矿业建设集团有限公司
3. 北京有色金属研究总院
4. 北京矿冶研究总院
5. 中国有色工程设计研究总院

电力行业：

1. 国家电网公司
2. 中国南方电网有限责任公司
3. 中国华能公司
4. 中国大唐集团公司
5. 中国华电集团公司
6. 中国国电集团公司
7. 中国电力投资公司
8. 中国电力工程顾问集团公司
9. 中国水电工程顾问集团公司
10. 中国水利水电建设集团公司
11. 中国葛洲坝集团公司

煤炭行业：

1. 中国中煤能源集团公司
2. 煤炭科学研究总院
3. 中煤国际工程设计研究总院
4. 中国煤炭地质总局

化工行业：

1. 中国中化集团公司
2. 中国化工集团公司
3. 中国化学工程总公司
4. 中国化工供销(集团)总公司
5. 中国化工建设总公司
6. 中国寰球工程公司
7. 中国乐凯胶片集团公司
8. 沈阳化工研究院

建材行业：

1. 中国建筑材料集团公司

2. 中国建筑材料科学研究院
3. 中国材料工业科工集团公司
4. 天津水泥工业设计研究院

纺织行业：

1. 华诚投资管理有限公司
2. 华联发展集团有限公司
3. 中国恒天集团公司
4. 中国纺织物资(集团)总公司
5. 中国纺织科学研究院
6. 中国纺织工业设计院
7. 中国华源集团有限公司

轻工行业：

1. 中国轻工集团公司
2. 中国轻工业对外经济技术合作公司
3. 中国轻工业机械总公司
4. 中国盐业总公司
5. 中国海诚国际工程投资总院

医药行业：

1. 中国医药集团总公司
2. 上海医药工业研究院
3. 三九企业集团

四、军工系统及广核集团公司遴选分组

核工业组：

1. 中国核工业集团公司
2. 中国核工业建设集团公司
3. 中国广东核电集团有限公司

航天组：

1. 中国航天科技集团公司
2. 中国航天科工集团公司

航空组：

1. 中国航空工业第一集团公司
2. 中国航空工业第二集团公司

船舶组：

1. 中国船舶工业集团公司
2. 中国船舶重工集团公司

兵器组：

1. 中国兵器工业集团公司

2. 中国兵器装备集团公司

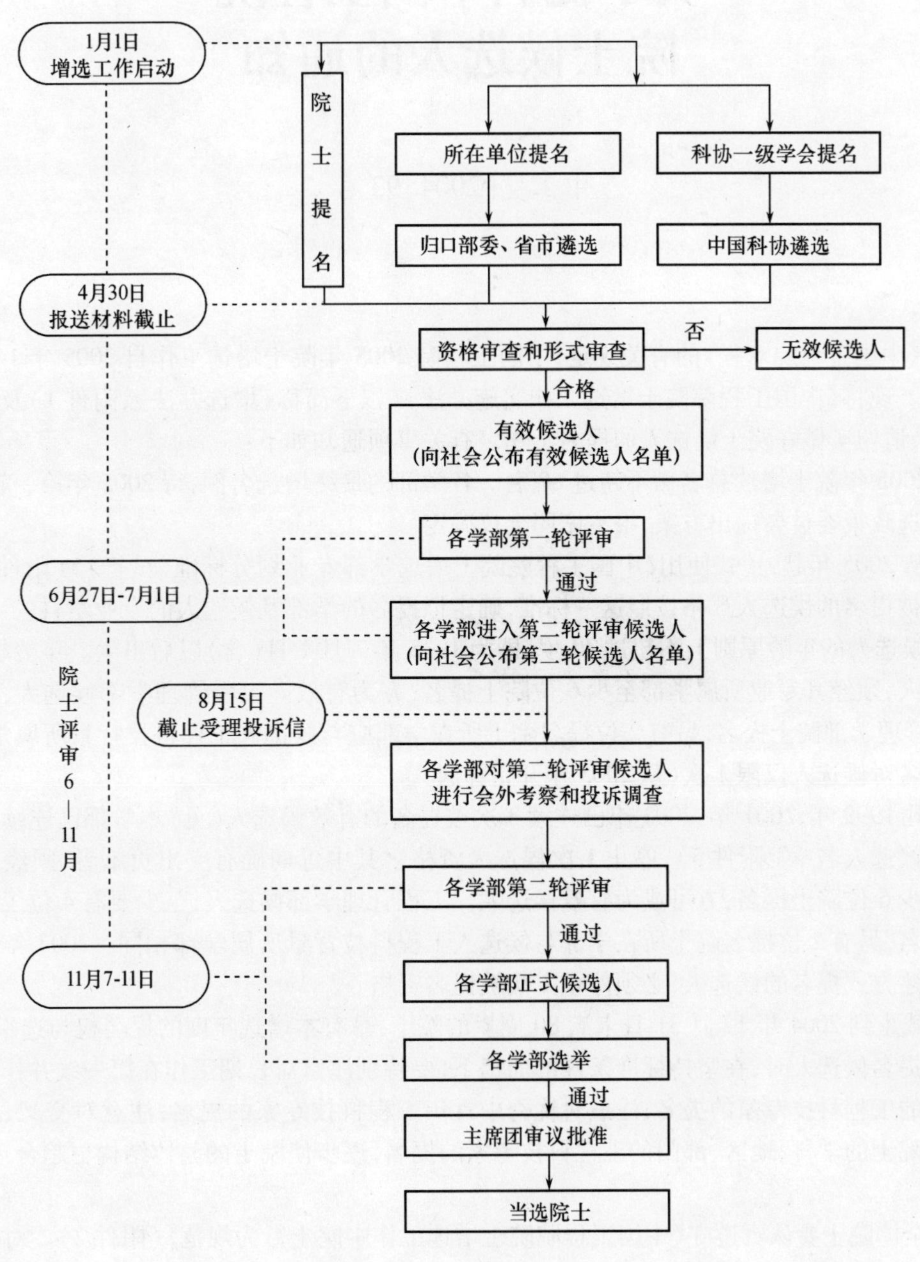

关于提名中国工程院院士候选人的通知

中工发[2004]93号

各位院士：

根据《中国工程院章程》的有关规定，中国工程院2005年院士增选工作自2005年1月1日起开始进行。现将《中国工程院院士增选工作实施办法》（以下简称《增选办法》，附件1）及有关文件寄送给您，请切实做好院士候选人的提名工作。有关事项通知如下：

一、2005年院士增选总名额不超过60名。各学部的最终增选名额，待2005年第一轮评审后，由院士增选政策委员会提出方案，报主席团会议确定。

二、从2005年起，正式使用《中国工程院院士增选学部专业划分标准（试行）》（附件6），请提名院士与被提名的候选人严格按照这一标准，确定拟提名的学部及候选人的专业学科。

三、候选人的年龄原则上不超过70岁，即为1935年7月1日（含）以后出生。年龄超过70周岁的候选人，须经其专业所属学部至少6位院士提名，方为有效。工程管理学部候选人，至少要有4位工程管理学部院士提名，另有2位提名院士所在学部应与候选人工程科技背景所属学部相同。这样的提名对候选人仅限1次（从2005年开始算起）。

四、凡1999年、2001年、2003年已连续3次被提名的有效候选人（见"本学部已连续三次被提名的有效候选人名单" 附件5），停止1次候选人资格。其中近期确有突出贡献者，须经其专业所属学部至少6位院士提名，方可成为有效候选人。工程管理学部候选人，至少要有4位工程管理学部院士提名，另有2位提名院士所在学部与候选人工程科技背景所属学部相同。2003年已经6位院士按上述方式提名的候选人，必须停止1次被提名资格。

五、截止到2004年12月31日未满80周岁的院士，享有本增选年度的提名权与选举权。

院士提名候选人时，在坚持标准条件的前提下，要特别注意对长期工作在第一线并作出重大成就和贡献的工程科技专家的提名；注意对优秀中青年工程科技专家的提名；注意对交叉、边缘学科以及尚无院士的学科、地区、部门的工程科技专家的提名，逐步使院士的整体结构更趋合理，更具有广泛性。

六、全体院士要认真遵守《中国工程院院士增选工作中院士行为规范》（附件2）。对来自各方面的不正常影响和干预，应予以解释和抵制，情况严重的要向有关学部常委会如实反映，并记录在案，在评审时一并研究处理。

七、对报送候选人材料的要求

1. 院士提名候选人时,如需了解和索取被提名人的有关材料,可直接请被提名人所在单位提供,必要时也可通过其他途径(包括向被提名人)了解和索取。提名院士应对提名书中工程科技方面的主要成就和贡献、论文和著作等内容,进行认真审核,并请被提名人签字确认。

2.《中国工程院院士候选人提名书(院士提名用)》(以下简称《提名书》,附件3)和《中国工程院院士候选人简表》(以下简称《简表》,附件4)的全部内容,必须使用专用软件逐项录入。随本通知寄送《中国工程院院士候选人提名系统》的光盘及使用说明书(附件7),也可从中国工程院网站下载这一软件(网址是 www. cae. cn)。

3. 报送的候选人《提名书》和《简表》需一式 3 份,并附软盘。《提名书》必须是有院士签名或盖章的原件,《提名书》和《简表》务必按本通知附件 3、4 的样式印制(A4 纸),字迹要清晰。

4. 请附送候选人有代表性的成果,著作和论文(包括重大工程勘探、规划、设计、施工、运行方面的重要报告和总结)等 1 套(不超过 10 篇、册),以及重要获奖证书、证明(复印件)等一式 1 套。如院士提名的候选人与其他渠道重复,则可不附送此类材料。材料一般不退还,特殊需要退还的请注明。

如果被提名人是居住在香港、澳门特别行政区的中国籍专家,还须提交特别行政区政府入境事务处提供的国籍证明复印件。

5. 提名材料原则上应不涉及国家机密,《提名书》和《简表》不应有密级要求。如确有保密材料需要报送,须请候选人所在单位对相应材料注明保密等级,并出具公函对涉密人员的条件及审阅材料范围予以说明。

6. 院士提名候选人的截止时间为 2005 年 4 月 30 日,邮寄材料以当地邮戳为准。材料寄出后,请及时通知候选人所报学部办公室,以利查收,避免丢失或遗漏。

各位院士在提名过程中有何问题和建议,请及时联系。

通信地址:北京市 3847 信箱　中国工程院学部工作局
邮政编码:100038

附件: 1.《中国工程院院士增选工作实施办法》(略)
2.《中国工程院院士增选工作中院士行为规范》(略)
3.《中国工程院院士候选人提名书》(略)
4.《中国工程院院士候选人简表》(略)
5. 本学部已连续三次被提名(包括三次提名后又经 6 位院士提名)的有效候选人名单(略)
6.《中国工程院院士增选学部专业划分标准(试行)》(略)
7.《中国工程院院士候选人提名系统》光盘及使用说明书(略)

二〇〇四年十二月六日

关于提名中国工程院外籍院士候选人的通知

中工发[2004]92号

各位院士：

根据《中国工程院章程》的有关规定，中国工程院外籍院士增选每两年进行一次。从2001年开始，中国工程院外籍院士增选工作与同年的中国籍院士增选同期进行。2005年的外籍院士增选工作从2005年1月1日启动，现将《中国工程院外籍院士增选工作实施办法》（见附件1）印发各位院士，请遵照执行。

为了做好此次增选工作，请注意如下事项：

一、提名候选人时，要特别注意从我国科技、经济、社会发展的实际和全局出发，在严格坚持标准的前提下，注意候选人的广泛性、代表性（如不同国别、民族、专业等）。附历届当选外籍院士名单（见附件2）供参考。

二、提名人应本着客观、实事求是的原则，逐项详细填写《中国工程院外籍院士候选人提名书》（见附件3）和《中国工程院外籍院士候选人简表》（见附件4）的各项内容。如情况掌握不详、不全时，可通过有关途径（包括向被提名人本人）了解和索要资料，但注意不要多头对外。在和本人联系时，要注意方式得当，以免候选人不能当选时，形成被动。

三、报送材料要求：①有院士亲笔签名的《提名书》和《简表》一式3份。②录有用Word软件编辑的，与《提名书》和《简表》内容相同的文件的软盘一个。③于2005年5月30日（以当地邮戳为准）前寄中国工程院学部工作局。

通讯地址：北京市3847信箱
　　　　　中国工程院学部工作局
邮政编码：100038
联 系 人：王爱红　阮宝君
电　　话：(010)68570322，(010)68571384
传　　真：(010)68519566

附件：1.《中国工程院外籍院士增选工作实施办法》（略）

2. 中国工程院历届当选外籍院士名单（略）

3.《中国工程院外籍院士候选人提名书》2 份(略)
4.《中国工程院外籍院士候选人简表》2 份(略)

二〇〇四年十二月六日

〔增选情况〕

关于中国工程院 2005 年院士增选情况的报告

中工发[2005]55 号

国务院:

根据《中国工程院章程》的规定,我院院士增选每两年进行一次。2005 年增选工作已于 11 月 28 日结束,8 个学部共评选出 50 名新院士,中国工程院主席团会议已经审议通过。现将有关情况报告如下:

一、基本情况

经中国工程院主席团确定,今年增选名额不超过 60 名。经国务院有关部委、直属机构、解放军四总部、各省(自治区、直辖市)、中国科协等渠道遴选以及院士推荐,共产生 526 名有效候选人,经两轮评审和最终选举产生了 50 名新院士。这次增选后,我院院士总数达到 704 人,学科覆盖更趋全面,地区分布更加广泛,这将更有利于发挥院士的群体作用,有利于推动我国工程技术发展和激励优秀人才成长。

二、选举结果分析

50 名新当选院士分布在 24 个国务院有关部委、直属机构、全国性公司、解放军四总部和 5 个省市以及香港特别行政区的 46 个工程技术研究、教学、设计、建造、运行、生产、管理单位。

新当选院士平均年龄为 62 岁,其中 65 岁以下的 27 人,占新当选人数的 54 %;60 岁以下的 16 人,占新当选人数的 32%;50 岁以下的 5 人,占新当选人数的 10%;年龄最小的 40 岁。工作在产业系统的 16 人,占当选人数的 32%,有 6 人是工作在厂矿、企业第一线的工程技术专家。

院士增选工作受到了党中央、国务院的关心,得到了国务院各部门、各省(自治区、直辖市)和解放军四总部的大力支持。提名、遴选工作在以往的基础上进一步增加了透明度,评审方式也有所改进。评审和选举始终强调坚持公平公正的原则,坚持院士的标准和条件,注重候选人的学风道德。

外籍院士增选,通过院士提名、主席团投票产生正式候选人和全体院士选举等程序产生了 6 名新的外籍院士。

现将今年当选院士及外籍院士名单报上，请审阅备案。

附件：1. 中国工程院2005年当选院士名单
　　　2. 中国工程院2005年当选外籍院士名单

二〇〇五年十二月一日

附件1：

中国工程院2005年当选院士名单

（按姓氏笔画排序，共50人）

机械与运载工程学部　7人
信息与电子工程学部　5人
化工、冶金与材料工程学部　6人
能源与矿业工程学部　8人
土木、水利与建筑工程学部　7人
农业、轻纺与环境工程学部　7人
医药卫生工程学部　7人
工程管理学部　3人

机械与运载工程学部(7人)

姓　名	年龄	工 作 单 位
尹泽勇	60	中国航空工业第二集团公司六〇八所
卢秉恒	60	西安交通大学
苏哲子	69	中国兵器工业集团哈尔滨北方特种车辆制造有限公司
陈予恕	74	天津大学
范本尧	69	中国航天科技集团公司第五研究院
钟志华	42	湖南大学
徐德民	67	西北工业大学

信息与电子工程学部(5人)

姓　名	年龄	工作单位
方滨兴	44	国家计算机网络与信息安全管理中心
刘韵洁	62	中国联合通信有限公司
陈　鲸	64	总参谋部第五十七研究所
黄培康	69	中国航天科工集团公司第二研究院
戴　浩	59	总参谋部第六十一研究所

化工、冶金与材料工程学部(6人)

姓　名	年龄	工作单位
王一德	66	太原钢铁(集团)有限公司
王国栋	62	东北大学
吴以成	58	中国科学院理化技术研究所
陈丙珍(女)	69	清华大学
赵振业	67	中国航空工业第一集团公司北京航空材料研究院
徐南平	44	南京工业大学

能源与矿业工程学部(8人)

姓　名	年龄	工作单位
安继刚	67	清华大学
余贻鑫	68	天津大学
张信威	67	北京应用物理与计算数学研究所
陈念念	63	中国核工业集团公司理化工程研究院
闻雪友	64	中国船舶重工集团公司第七〇三研究所
袁士义	48	中国石油勘探开发研究院
康玉柱	69	中国石油化工股份有限公司西部新区勘探指挥部
童晓光	70	中国石油天然气勘探开发公司

土木、水利与建筑工程学部(7人)

姓　名	年龄	工作单位
王　浩	51	中国水利水电科学研究院
许其凤	69	解放军信息工程大学
孙　伟(女)	69	东南大学
沈祖炎	70	同济大学
林元培	69	上海市政工程设计研究院
梁文灏	63	铁道第一勘察设计院
程泰宁	69	中联程泰宁建筑设计研究院

农业、轻纺与环境工程学部(7人)

姓　名	年龄	工 作 单 位
丁一汇	66	国家气候中心
尹伟伦	59	北京林业大学
朱英国	65	武汉大学
刘秀梵	64	扬州大学
郝吉明	58	清华大学
程顺和	65	江苏省农业科学院里下河地区农科所
雷霁霖	70	中国水产科学研究院黄海水产研究所

医药卫生工程学部(7人)

姓　名	年龄	工 作 单 位
王红阳(女)	53	第二军医大学
李兰娟(女)	57	浙江大学医学院附属第一医院
张伯礼	57	天津中医学院
陈君石	70	中国疾病预防控制中心营养与食品安全所
范上达	53	香港大学
周宏灏	66	中南大学
曹雪涛	40	第二军医大学

工程管理学部(3人)

姓　名	年龄	工 作 单 位
王基铭	63	中国石油化工股份有限公司
孙永福	64	铁道部
沈荣骏	68	总装备部

附件2:

中国工程院2005年当选外籍院士名单

姓　名	国籍	年龄	学科专业	工作单位
华迪斯乌夫·霍信斯基 W. Wlosinski	波兰	73	机械工程	波兰科学院、波兰华沙理工大学
亚历克·布鲁斯 Alec N Broers	英国	66	电子学	英国皇家工程院
威廉·沃尔夫 Wm. A. Wulf	美国	65	计算机	美国国家工程院
尤里·古里亚耶夫 Yuri V. Gulyaev	俄罗斯	69	信息与电子	俄罗斯科学院、俄罗斯工程科学院
刘锦川 Chain Tsuan Liu	美国	67	材料科学与工程	美国橡树岭国家研究院金属与陶瓷部
大村智 SATOSHI OMURA	日本	69	药学	北里大学北里生命科学研究所

会 议 纪 要

〔主席团会议纪要〕

主席团会议纪要(十三)

2005年3月25日,徐匡迪执行主席、王淀佐副院长分别主持召开第三届主席团第十三次会议,通报工程院保持共产党员先进性教育的情况、通报院士增选工作的进展情况、审议中国工程院“工业研究院所研究生教育学术委员会”组织机构方案、审定《中国工程院2005年工作要点》等。

白玉良副秘书长首先通报出席会议的人员情况。主席团应到成员34人,实到28人,超过应到人数的2/3,符合对重大问题作出表决的法定人数,会议的各项表决有效。

朱光亚、刘鸿亮、金国藩、秦伯益、顾健人、顾诵芬6位主席团成员因事请假。

会议开始时,徐匡迪院长简要通报了今年全国人大和全国政协会议的有关情况。徐院长说,“两会”开的非常圆满,在以胡锦涛同志为总书记的党中央领导下,新一届政府做了大量卓有成效的工作,得到全国人民的认可。工程院要认真贯彻会议精神,落实会议的任务,做好工程院的各项工作。

一、通报工程院保持共产党员先进性教育的情况

杜祥琬副院长将我院开展党员先进性教育活动的情况做了通报。按照中央的部署,我院从今年元月份开始进行党员先进性教育活动,1月21日徐匡迪院长做了动员讲话。目前,学习培训阶段已经结束,已取得初步成效,正处在分析评议阶段,初步确定在今年6月底完成。

院里还就先进性教育向全体主席团成员,各学部主任、副主任、常委等130多位院士寄发了征求意见和建议表。根据收回的院士反馈意见表(含书面意见),整理出27条意见和建议。院里将认真研究,虚心接受,以利改进工作。

二、通报院士增选工作的进展情况及需要审议的问题

沈国舫副院长就以下7个方面的情况做了通报。

1. 候选人推荐、遴选工作进度比往年有所推迟。虽然我院于2004年12月10日就发出了提名和遴选通知,但各部门、省市和中国科协需要统一安排两院的候选人提名、遴选工作,而中科院2005年1月10日才发遴选通知。受此影响,各遴选部门安排提名工作比往年推迟了近一个月。目前各渠道的遴选工作正在进行中,院士提名材料也在陆续寄来,整体进展是顺利的。

2. 个别遴选部门曾提出候选人名额偏少,希望给本系统增加名额的意见。院常务会议对此进行了研究,认为从2005年我院增选总名额考虑,不宜专门增加名额。此外还有院士提名或中国科协提名渠道。所以决定仍按增选通知的规定执行,院机关及时复函做了解释和说明。

3. 关于高级工程师职称问题。如何认定候选人的职称是教授或研究员级高工,是历次增选中经常提出的问题。过去曾要求遴选部门出具相关证明,但由于没有经过正式的评定程序,遴选部门的证明也缺乏合法依据。鉴于此,院常务会议研究确定,只要是各遴选部门遴选通过的高级工程师候选人,院机关在形式审查时,即对其职称资格予以认可。

4. 关于《中国工程院院士增选学部专业划分标准》试行中产生的问题。由于从今年开始试行的《学部专业划分标准》对交叉学科明确了不同学部各自的侧重,使个别现有院士的专业专长与其所在学部不完全对应,因此个别院士提出本人是否可考虑调整学部。院常务会议研究认为,这是属于学部专业标准的划分带来的问题,涉及的院士较少,应根据院士本人意愿,按照调整学部的规定程序办理。同时,鉴于《学部专业划分标准》尚在试行中,何时调整,应尊重院士的意愿和相关学部的意见。

5. 对70岁以上候选人提名规定和部分企业遴选名额问题收到一些反映。个别专家反映,找6位院士提名比较困难。有的部门对原属企业候选人占用他们的名额提出意见。

6. 关于媒体对院士增选工作的反映。《科学时报》载文《刹住申报院士中的不正之风》反映了一些现象和问题,院常务会议希望院士和院机关在开展咨询评议等业务活动中引起注意,建议将这篇报道在《院士通讯》上转载,以引起大家的重视。

7. 关于第一轮评审各学部名额的掌握。今年增选总名额不超过60名。第一轮评审时,各学部可按照8个名额的基数来确定进入第二轮评审的候选人数量。具体的名额数待第一轮评审后再根据情况研究确定。

沈国舫副院长就“工程管理学部的非跨学部院士提名其工程技术背景学部候选人的问题”进行了汇报。据汇报,有的院士提出,鉴于工程管理学部院士对本人专业背景领域的专家情况比较了解,而对工程管理学部非本人专业背景领域的专家情况缺乏了解,按目前规定,可提名的候选人非常有限,可否允许工程管理学部的非跨学部院士(共8位)提名其工程技术背景学部候选人。院常务会议经研究后建议提请主席团会议审议确定。

对此问题,会议进行了广泛、深入地讨论,各位主席团成员从不同角度分别陈述了赞成和不赞成的理由。会议经充分讨论后,进行了举手表决,结果为:赞成这8位院士可以提名其背景学部候选人的有6位,不赞成的有21位,弃权1位。会议决定,工程管理学部的非跨学部8位院士在本次增选中不能提名其背景学部的候选人。

会议认为,作出这样的决定并不是反对这8位院士提名自己背景学部的候选人,主要是因为今年的增选通知已经对外发出,临时改变容易引起争议。会议建议请院士增选政策委员会根据会上的意见,进一步研究改进院士增选的办法。

三、审议中国工程院“工业研究院所研究生教育学术委员会”组织机构方案

杜祥琬副院长作了汇报。据汇报,为指导和协调工业研究院所研究生教育方面的工作,帮助呼吁和解决他们面临的共性问题,经与教育部、国务院学位办等部门多次协商,拟在我院设立工业研究院所研究生教育学术委员会,以促进国家工程教育事业的发展。

该机构由工程院领导,国家教育主管部门指导,对工业研究院所硕士、博士研究生培养教育做学术性指导、协调和评估工作。

机构分三层,即:工业研究院所研究生教育学术委员会、专业委员会和学术委员会分会。各委

员会每4年换届一次。

学术委员会的组成：主任由工程院院领导担任；委员由机械、信息、化工、能源、土木、农业六个学部的主任或副主任、国务院学位办领导、有关大型工业研究院所领导等组成。

专业委员会以工程院现有的六个学部为基础成立，即机械与运载专业委员会，信息与电子专业委员会，化工、冶金与材料专业委员会，能源与矿业专业委员会，土木、水利与建筑工程专业委员会，农业、轻纺与环境专业委员会（主要是轻纺）。

专业委员会的主任、副主任、成员由相关学部的主任、副主任、常委、院士、有关工业研究院所领导等组成。

学术委员会分会由符合学术委员会标准的科研院所研究生教育机构按专业组成。对各培养单位行使指导培养计划、培养质量及学位点评估等监控职能，定期向学术委员会及各专业委员会汇报有关情况。各层委员会下设办公室或联络组负责具体工作。

会议对此进行了广泛、深入的讨论。会议一致认为，在工程院成立这样一个学术机构是十分重要的，能够促进国家级科研机构的人才培养，使之充分发挥骨干和引领作用，会议同意设立这一机构。关于机构名称，会议认为，定为“工程研究院所研究生教育学术委员会”，适用范围更为合适。

关于机构的主要工作，会议认为，第一阶段先开展一些学术指导和协调工作，为工程研究院所这支重要科研力量、人才培养基地服务，代表他们的利益反映问题。第二阶段在自愿的基础上再根据情况开展一些评估工作，评估的力量除工程院以外，还可以请一些专家，包括专业学会，以及这些院所的科研人员，开展相互评估也是一个学习机会。机构设立前，要制定《章程》，有些问题还要细化，如参加的院所应本着自愿的原则，开始时还要有个限度等。

四、通报中国工程院2004年的主要工作

王淀佐副院长将我院2004年开展的主要工作，分别从院士队伍建设、院士咨询工作、建院十周年活动和第七次院士大会、国际交流与合作、全面加强机关建设等方面作了详细通报。

五、审定《中国工程院2005年工作要点》

杜祥琬副院长作了汇报。据汇报，根据主席团会议通过的《中国工程院2004—2006年度工作纲要》，院机关起草了《中国工程院2005年工作要点》，提请会议审议。内容主要包括：（一）做好院士增选工作；（二）加强决策咨询研究；（三）积极开展学术交流活动；（四）拓展国际交流渠道，推动实质性合作；（五）做好新闻宣传工作；（六）加强党的建设和机关队伍建设；（七）加强基础设施建设和行政管理等。

会议就我院今后应开展的工作展开了讨论，提出了以下几方面建议。

（一）我院开展的“综合交通运输体系的研究”对国家编制“十一五”计划具有重要参考价值，这是一个十分重大的问题，我们提出的一些新观点，应进一步研究整理，向国务院汇报。对于这样一个多种运输方式综合考虑的问题，由工程院提出意见，更能发挥我院宏观性、综合性的作用。

（二）就国家如何能够更好地形成自主创新氛围，更多地创造民族品牌问题，开展咨询研究、院士论坛等。建议由院里组织一个专题研究组，综合考虑国家的政治、行政体制等因素，研究怎样能突破现有的困难，把自主创新落到实处。对阻碍自主创新的原作一些调查研究，提出若干措施、建议，无论是技术上的、政策上的甚至政治上的，也包括财政、金融、税收等，提出几条。总结做得好的

领域的一些经验,同时在宣传、鼓励、倡导自主创新方面做些舆论上的准备工作。

(三)关于我国工程技术现状的评估。也就是我们的技术水平发展到什么程度,应在每个时间点上有一个评价或描述。比如到今年年底,哪些领域能够达到什么水平,哪些领域能够发展到什么程度等。另外,应启动工程技术史的基础性研究工作。

(四)关于现有工作的改进方面。如组织院士参加咨询、院士行、论坛等活动,目前京内院士参加的比例比较大,京外院士参加的比例小一些,应尽可能使有条件的院士都能参加。再有院士建议的审核上报的程序需进一步完善,时效性需进一步提高。咨询工作的目的性要易于政府决策,不要怕得罪谁。出版工作的面可适当放宽一点,比如说回忆录系列,某领域的综述性报告等,只要是能体现院士特点的内容即可。

会议议定,请院咨询工作委员会根据主席团会议提出的意见,认真研究我院开展的咨询项目,提出落实措施。请院机关根据会议提出的意见对《工作要点》做相应修改后印发全体院士。

六、通报综合办公楼建设的进展情况

邬贺铨副院长作了通报。据通报,在办完前期各项审批手续后,2005 年 1 月 18 日综合楼正式开工。陈至立国务委员、北京市、建设部的领导等出席了开工奠基仪式。目前,施工进展基本顺利,还有 9 大项(27 个小项)工程需要进行二次招标。为使我院综合楼建设保质保量,节能环保,在有关院士的大力支持下,我院先后与首都钢铁公司、唐山钢铁公司、秦皇岛耀华玻璃集团等几家公司联系,订购到质量较好的新型材料,为我院综合楼的建设提供了基本保障。

会议认为,综合楼建设是百年大计,应把质量放在第一位,进度放在第二位。基础、结构等方面如果出了问题,将带来难以弥补的损失。要防止施工单位偷工减料或者降低成本等行为,要特别注意施工质量。

主　持:徐匡迪执行主席
出　席:马国馨　王思敬　王淀佐　石玉林　宋　健　朱高峰　邬贺铨　刘德培　关　桥
杜祥琬　李大东　李国杰　沈国舫　张寿荣　张彦仲　陈厚群　陈毓川　陈肇元
周　廉　赵　铠　侯云德　钱绍钧　殷瑞钰　龚惠兴　傅志寰　管华诗　潘家铮
请　假:朱光亚　刘鸿亮　金国藩　秦伯益　顾健人　顾诵芬
列　席:白玉良　石立英
记　录:徐　进

主席团会议纪要(十四)

2005 年 6 月 26 日,徐匡迪执行主席主持召开第三届主席团第十四次会议,审议院士增选第一

轮评审会议的日程安排及徐匡迪院长、沈国舫副院长讲话稿。

白玉良副秘书长首先通报出席会议的人员情况。主席团应到成员34人,实到29人,超过应到人数的2/3,符合对重大问题作出表决的法定人数,会议的各项表决有效。

朱光亚、马国馨、殷瑞钰、傅志寰、管华诗5位主席团成员因事请假。工程管理学部主任殷瑞钰院士委托学部副主任王礼恒院士参加。

一、审议院士增选第一轮评审会议日程安排

白玉良副秘书长将评审会议每天的内容及安排作了汇报,会议一致通过。

二、审议院士增选会议上徐匡迪院长讲话

石立英副秘书长作了汇报。据汇报,院机关起草的讲话内容包括三个方面:一、当前我国工程科技发展面临的形势和任务;二、一年来我院的主要工作;三、认真做好这次院士增选工作。另外,简要提了外籍院士增选、光华工程科技奖的提名和综合办公楼建设等方面的内容。

会议经审议,原则同意以上各项内容。建议在反映我国工程科技成就方面,增加农业和医药卫生方面的内容;提出要在我国工程科技队伍中树立自主创新的信心等。会议议定,院长讲话后,收集院士们的意见,再做修改后刊登在《院士通讯》上。

三、审议院士增选会议上沈国舫副院长讲话

沈国舫副院长做了汇报。据汇报,由院机关起草的讲话内容主要包括三个方面:一、候选人基本情况(学部、年龄、推荐渠道、工作性质、职称的分布情况、外籍院士候选人提名等);二、有关情况和问题的说明;三、对评审工作的几点意见(候选人学风道德、会议保密、投诉信处理、第二轮评审相关准备等)。

会议经审议,原则同意各部分内容,对个别文字、数字修改核实后,在评审会上印发全体院士。

会议还讨论了对候选人的投诉、候选人获奖,以及院士和机关工作人员做好保密工作等方面的内容。

主　持:徐匡迪执行主席

出　席:王思敬　王淀佐　石玉林　朱高峰　邬贺铨　刘鸿亮　刘德培　关　桥　杜祥琬　李大东　李国杰　沈国舫　宋　健　张寿荣　张彦仲　陈厚群　陈毓川　陈肇元　金国藩　周　廉　赵　铠　侯云德　秦伯益　顾诵芬　顾健人　钱绍钧　龚惠兴　潘家铮　王礼恒

请　假:马国馨　朱光亚　殷瑞钰　傅志寰　管华诗

列　席:白玉良　石立英

记　录:徐　进

主席团会议纪要(十五)

2005年7月1日,徐匡迪执行主席主持召开第三届主席团第十五次会议,听取各学部关于院士增选情况的汇报,审议进入第二轮的院士候选人名单。

白玉良副秘书长首先通报出席会议的人员情况。主席团应到成员34人,实到29人,超过应到人数的2/3,符合对重大问题作出表决的法定人数,会议的各项表决有效。

朱光亚、邬贺铨、刘鸿亮、李国杰、顾诵芬5位主席团成员因事请假。李国杰院士委托信息与电子学部副主任毛二可院士参加。

一、听取各学部院士增选情况汇报

张彦仲、毛二可、周廉、陈毓川、陈肇元、石玉林、赵铠、殷瑞钰院士分别汇报了机械与运载,信息与电子,化工、冶金与材料,能源与矿业,土木、水利与建筑,农业、轻纺与环境,医药卫生和工程管理学部的评审情况。其中信息与电子学部因学部名额所限,按排名分数的对应原则,使工程管理学部两位排名靠前的候选人不够进入第二轮的分数。该学部提出,请主席团研究决定这两位候选人能否进入第二轮。会议经讨论后一致认为,应按照院士增选的规定办法执行,不够相应分数,不能进入第二轮。

会议还就院士增选制度、规定的改进,未来院士队伍发展的原则等问题进行了广泛的讨论。会议议定,请院士增选政策委员会进行专题研究,提出建议意见。

二、审议进入第二轮评审的候选人名单

沈国舫副院长汇报了各学部评出的进入第二轮候选人名单、候选人总体情况及第二轮评审的相关安排。

(一) 进入第二轮评审的候选人名单(158位,名单略)

(二) 进入第二轮评审的候选人总体情况

学部	进入第二轮候选人数	60岁以下(含)人数	60岁以下人数比例(%)
机械与运载	21	4	19.04
信息与电子	20	9	45
化工、冶金与材料	20	7	35
能源与矿业	20	6	30
土木、水利与建筑	20	5	25

（续表）

学部	进入第二轮候选人数	60 岁以下(含)人数	60 岁以下人数比例(%)
农业、轻纺与环境	25	10	40
医药卫生	24	14	58.34
工程管理	8	0	0
总　计	158	55	34.8

进入第二轮评审的候选人占有效候选人的30%；平均年龄为61.89岁，年龄最大75岁，最小40岁；香港特别行政区2人。

（三）关于第二轮评审和选举的准备工作

1. 公布进入第二轮评审的候选人名单。主席团会议审议通过的各学部进入第二轮评审的候选人名单，会后将在《科技日报》、《科学时报》两家报纸和中国工程院网页上公布。

2. 8月上旬召开院士增选政策委员会扩大会议，一是研究讨论投诉信处理问题，提出更为具体的指导意见；二是就“院士增选学科划分标准”在今年试行中的问题进行研究。

3. 投诉信处理工作。各学部常委会在8月15日投诉信受理结束后要专门开会研究一次，做出具体安排。8月15日以后收到的投诉，一般问题不再处理，但有具体、实质内容的投诉还要进行调查处理。此次常委会，各学部还应就候选人到会介绍这一环节做出具体安排，并提早通知候选人。

4. 外籍院士征求意见工作在本次会议上已经完成，在此基础上各学部常委会要讨论研究，提出本学部领域的候选人的排序，并明确介绍人，为下次主席团会议做好准备。

5. 第二轮评审会议定于11月7－11日举行。

会议原则同意以上各项内容和安排。

会议经审议，通过了158位进入第二轮评审的候选人名单，主席团会议后予以对外公布。

主　持：徐匡迪执行主席

出　席：马国馨　王思敬　王淀佐　石玉林　朱高峰　刘德培　关　桥　杜祥琬　李大东
沈国舫　宋　健　张寿荣　张彦仲　陈厚群　陈毓川　陈肇元　金国藩　周　廉
赵　铠　侯云德　秦伯益　顾健人　钱绍钧　徐匡迪　殷瑞钰　龚惠兴　傅志寰
管华诗　潘家铮　毛二可

请　假：朱光亚　邬贺铨　刘鸿亮　李国杰　顾诵芬

列　席：白玉良　石立英

记　录：徐　进

主席团会议纪要(十六)

2005年10月18日,徐匡迪执行主席主持召开第三届主席团第十六次会议,评审和选举外籍院士正式候选人,研究院士增选的各有关事项,审议关于设立中国工程院学术与出版委员会的决议等。

白玉良副秘书长首先通报了出席会议的人员情况。主席团应到成员34人,实到27人,超过应到人数的2/3,符合对重大问题作出表决的法定人数,本次会议的各项表决有效。

朱光亚、王思敬、马国馨、顾健人、刘鸿亮、潘家铮、傅志寰7位主席团成员因事请假。信息与电子学部李国杰主任因下午有会,委托毛二可副主任代表他参加下午的会议。化工、冶金与材料学部周廉主任因下午有会,委托干勇副主任代表他参加下午的会议。另外,外籍院士推荐人徐滨士、谢友柏、蔡鹤皋、黄伯云、江亿、李道增、韩其为、姚新生8位院士列席今天的会议。

一、传达学习中共中央十六届五中全会精神

徐匡迪院长传达了十六届五中全会精神及起草《中共中央关于制定国民经济和社会发展第十一个五年规划的建议》中有关问题的讨论情况。

通过讨论发言,大家体会到,五中全会提出的坚持以科学发展观统领经济社会发展全局,坚持以人为本,全面、协调可持续发展,构建社会主义和谐社会,着力自主创新,建设资源节约型、环境友好型社会等观点,对于国家未来五年经济社会的健康发展具有重要的意义,也是工程院今后开展各项工作的重要指导方针。今后还要继续深入学习,在下一步工作中认真贯彻。

二、评审和选举外籍院士正式候选人

此议题由沈国舫副院长主持。会议首先听取了杜祥琬副院长关于外籍院士候选人提名和初步征求意见情况的汇报。据汇报,今年外籍院士候选人的提名工作从1月1日起到5月30日止,共收到69位院士的提名,候选人共13人。经资格审查,全部有效。其中,机械与运载学部2人,信息与电子学部4人,化工、冶金和材料学部1人,能源与矿业学部1人,土木、水利与建筑学部4人,医药卫生学部1人。按国籍分:美国4人,日本2人,俄罗斯、英国、波兰、德国、澳大利亚、印度、丹麦各1人。年龄最大74岁,最小42岁,平均年龄为65岁。

根据外籍院士评审和选举办法的规定,院机关将13位外籍院士候选人的提名书及简表送发院士审阅。共收到435位院士的返回意见。在此基础上,相关学部常委会经讨论,对本学部专业领域的候选人提出了排序意见。

徐滨士、谢友柏、宋健、邬贺铨、杜祥琬、蔡鹤皋、黄伯云、陈毓川、陈肇元、江亿、李道增、韩其为、姚新生13位院士分别代表推荐人向会议介绍了13位候选人的有关情况。各有关学部汇报了对候

选人酝酿讨论的情况。会议对13位候选人进行了无记名投票，并通过了由钱绍钧、陈肇元院士作为监票人。

投票结果（按姓氏、字母顺序），霍信斯基（波兰）、布鲁斯（英国）、沃尔夫（美国）、古里亚耶夫（俄罗斯）、刘锦川（美国）、大村智（日本）6位候选人成为正式候选人，将提交全体院士选举。

三、审定院士增选第二轮评审会议日程安排

白玉良副秘书长作了汇报。据汇报，院士增选第二轮评审会议将于10月24－28日在北京京丰宾馆和空军招待所举行。工程管理学部提前于22日开始评审。24日的全体院士会议安排选举外籍院士和院领导讲话，随后2天各学部听取各位候选人自我介绍、回答问题。最后2天各学部、各专业组进行评审投票选举。

会议一致通过第二轮评审会议的有关安排。会议决定，评审会议后2～3周内召开主席团会议。

四、审定各学部增选名额

沈国舫副院长将1999年、2001年和2003年院士增选的名额分配情况作了说明。

会议进行了充分的讨论，确定今年按60个增选名额进行选举的原则不变。考虑到工程管理学部进入第二论的候选人已减少到8人，决定该学部按4个增选名额选举。其他7个学部均按8个名额选举，由各学部在选举中要从严掌握，宁缺毋滥。

五、研究院士增选会议上院领导讲话的主要内容

沈国舫副院长作了汇报。据汇报，根据目前掌握的各类情况，为使全体院士高度重视院士增选工作，深刻认识到院士增选对工程院未来发展的影响，严格把好入口关，选出符合标准和条件的新院士，院领导在第二轮评审全体会议上的讲话拟包括以下主要方面：提高认识，坚持标准、确保增选质量；介绍进入第二轮评审候选人的基本情况；汇报投诉信处理情况；各学部增选名额的分配说明。

会议经讨论，原则同意以上各部分内容。

六、通报投诉信的调查处理情况

沈国舫副院长汇报了候选人被投诉的总体情况，各学部主任汇报了本学部调查处理投诉信的工作情况。据汇报，在进入第二轮的158位候选人中，有36人受到署名投诉，29人受到匿名投诉。投诉的主要内容包括：对候选人学术水平、成果效益提出质疑；对候选人在成果中发挥作用、所做贡献提出争议；学风道德问题；经济、生活作风问题等，大部分投诉主要集中在学术贡献方面。

各学部对此十分重视，做了认真研究，通过向组织发函和由院士直接调查等方式，对投诉信做了大量细致的调查核实工作，发挥了社会监督的作用。调查核实的初步情况是：署名投诉中属实或基本属实的占38.9%，不属实的占52.8%，暂无结论的占8.3%；匿名投诉中属实或基本属实的占25.0%，不属实的占70.8%，暂无结论的占4.1%。以上情况将在大会讲话中向全体院士介绍。

七、审议关于设立学术与出版委员会的决定及其《章程》

刘德培副院长作了汇报。据汇报,为加强对我院学术与出版工作的组织指导,促进国内外学术交流活动的开展,推进学术出版和科学普及工作,经研究,拟在原中国工程院出版委员会的基础上,设立中国工程院学术与出版委员会,统筹规划和指导中国工程院的学术与出版工作。

会议经审议,同意设立该委员会,原则通过委员会的《章程》和组成人员名单。该委员会成立后,原中国工程院出版委员会同时撤消。委员会组成人员如下:

顾　问:侯云德

主　任:刘德培

副主任:邬贺铨　金国藩　汪旭光　柳百成

委　员:(26 人)

刘德培　邬贺铨　金国藩　汪旭光　柳百成　李椿萱　毛二可　沈德忠　陈毓川　张宗祜
梁应辰　张锦秋　石玉林　金鉴明　王正国　肖培根　郭重庆　何继善　徐滨士　许祖彦
汪燮卿　阮可强　马国馨　许健民　沈倍奋　刘志鹏

主　持:徐匡迪执行主席

出　席:王淀佐　石玉林　朱高峰　邬贺铨　刘德培　关　桥　杜祥琬　李大东　李国杰
沈国舫　宋　健　张寿荣　张彦仲　陈厚群　陈毓川　陈肇元　金国藩　周　廉
赵　铠　侯云德　秦伯益　顾诵芬　钱绍钧　徐匡迪　殷瑞钰　龚惠兴　管华诗
毛二可(下午)　干　勇(下午)

请　假:马国馨　王思敬　朱光亚　刘鸿亮　顾健人　傅志寰　潘家铮

列　席:白玉良　石立英

记　录:徐　进

主席团会议纪要(十七)

2005 年 11 月 28 日,徐匡迪执行主席主持召开第三届主席团第十七次会议。议题是:审议批准新当选院士名单,研究院士增选中的若干问题。

白玉良副秘书长首先通报了出席会议的人员情况。主席团应到成员 34 人,实到 27 人,超过应到人数的 2/3,符合对重大问题作出表决的法定人数,本次会议的各项表决有效。

朱光亚、王思敬、马国馨、邬贺铨、刘鸿亮、陈毓川、管华诗 7 位主席团成员因事请假。能源与矿业学部陈毓川主任委托杨奇逊副主任代表他出席会议。

一、审议2005年新当选院士名单

沈国舫副院长汇报了新当选院士的总体情况。经过第二轮评审和选举，各学部共产生51位新院士。其中：机械与运载学部7人，信息与电子学部5人，化工、冶金与材料学部6人，能源与矿业学部8人，土木、水利与建筑学部7人，农业、轻纺与环境学部8人，医药卫生学部7人，工程管理学部3人。新院士平均年龄62.3岁，最大74岁，最小41岁。60岁以下有17人，占33.3%，50岁以下有5人，女院士4人。

张彦仲、李国杰、周廉、杨奇逊、陈肇元、石玉林、赵铠、殷瑞钰院士分别汇报了本学部第二轮评审和选举的有关情况。

第二轮评审结束后，院里收到了对相关学部选举产生的5位同志的投诉。院机关进行了调查核实，各学部常委会专门召开会议进行研究。11月20日院常务会议又进行了研究，认为其中1位同志（医药卫生学部）没有实质性的问题；另1位（能源与矿业学部），将投诉信调查结果向投诉人反馈后，该投诉人不再提出异议。院常务会议建议将其余3位同志（信息与电子，农业、轻纺与环境，医药卫生三个学部各1位）的情况提交主席团会议审议。

李国杰主任汇报了信息与电子学部常委会对方滨兴同志投诉信的处理意见。据汇报，针对方滨兴同志有关经济问题的投诉，中纪委第一纪检监察室的答复意见是："方滨兴同志对反映安全中心的有些问题负有一定领导责任。考虑其能主动配合工作并承担一定的领导责任，经领导批准，拟对方滨兴同志作批评教育处理"。学部经调查核实后认为，反映的问题是2002年该中心员工个人集资办公司的问题，违反了中央关于党员处级以上干部不准入股办公司的规定，此事是经中心党委书记主持党委会研究决定的。方滨兴同志当时作为中心副主任兼总工程师对此负有一定的领导责任，但方滨兴同志在此过程中并没有贪污受贿的行为。方滨兴同志在担任国家网络与信息安全中心主任后，已于2004年审计前主动进行了整改，将全部股份收回到中心工会和服务中心。基于以上情况，学部常委会经研究后一致认为，维持学部投票选举结果，同意方滨兴同志当选院士。

石玉林主任汇报了农业、轻纺与环境学部常委会对李嘉禄同志投诉的处理意见。据汇报，今年10月27日，有院士反映天津工业大学的校领导及李嘉禄教授本人为当选院士有过度的不当行为，两位当事院士也提供出相关的文字材料确认。对此院机关派专人到天津工业大学进行了调查核实。校方对此事做了解释，并递交了"关于中国工程院来我校调查院士候选人李嘉禄教授有关事宜的情况报告"。学部常委会对上述调查结果进行了认真分析讨论，充分发表意见后认为，天津工大给工程院的报告基本不符合事实，其做法有明显的助选等过分的行为，有些过程李嘉禄同志也在场，应进行严肃处理。会议经无记名投票表决，13为院士出席会议，12位院士同意取消李嘉禄教授本次院士当选资格，1位院士不同意取消。根据表决结果，学部常委会认为天津工业大学及李嘉禄教授在本年度院士增选期间存在过度不当行为，建议取消李嘉禄教授2005年度当选院士资格。

赵铠主任汇报了医药卫生学部对李兰娟同志投诉的处理意见。据汇报，11月11日，院里收到对李兰娟同志的投诉信，署名为浙江大学医学院部分教授，反映学术水平、学风方面、工作和经济等6个问题。11月9日调查组和医药卫生学部主席团成员（院领导参加），11月17日学部常委会（院领导参加）对此先后进行了专门研究，认为所反映的问题在今年投诉信调查中都进行了核实，这些问题在第二轮评审会议期间，学部全体院士均进行了充分的研究和讨论，投诉的许多问题缺乏事实依据。经学部常委会研究，同意李兰娟同志当选院士。

上述 3 个学部的其他主席团成员也分别介绍了有关情况。

主席团经充分讨论认为,必须执行《中国工程院章程》等规定,严格坚持院士的标准和条件。会议一致同意上述 3 个学部对 3 位同志投诉的处理意见,同意方滨兴同志、李兰娟同志当选院士;取消李嘉禄同志本次当选院士的资格,不影响今后被提名。

会议批准了各学部选举产生的 50 位候选人当选为新院士,待向国务院备案后向社会公布。

二、讨论院士增选中的若干问题

杜祥琬副院长针对进一步做好院士增选工作,提出了需要研究和探索的若干问题。主要包括:一、每次增选的名额问题;二、增选间隔年限问题;三、是否还保留 6 名院士提名三次未当选的候选人问题;四、如何进一步改进投诉信的处理问题;五、新形势下,如何进一步加强院士科学道德建设问题等。

会议主要对增选周期和连续提名两个问题进行了讨论,认为这些问题十分重要,对指导工程院今后的院士增选工作具有重要意义。有的院士认为三年或四年增选一次,有的院士认为要控制增选名额,有的院士认为取消连续 3 次后由 6 名院士提名的作法,有的院士认为取消对 70 岁以上候选人 6 名院士提名的作法,等等。会议提议,请院士增选政策委员会和科学道德建设委员会进行调查研究,提出可操作性的措施和建议,提交下一次主席团会议审议。

主　持:徐匡迪执行主席

出　席:王淀佐　石玉林　朱高峰　刘德培　关　桥　杜祥琬　李大东　李国杰　沈国舫
宋　健　张寿荣　张彦仲　陈厚群　陈肇元　金国藩　周　廉　赵　铠　侯云德
秦伯益　顾诵芬　顾健人　钱绍钧　徐匡迪　殷瑞钰　龚惠兴　傅志寰　潘家铮
杨奇逊

请　假:马国馨　王思敬　朱光亚　邬贺铨　刘鸿亮　陈毓川　管华诗

列　席:白玉良　石立英

记　录:徐　进

〔院常务会议纪要〕

院常务会议纪要(五十二)

2005年1月21日,徐匡迪院长主持召开2005年第1次院常务会议,主要议题有:研究我院出席今年CAETS大会的有关事宜;审定2005年院士新春茶话会的有关安排;听取院机关年终总结情况、审定院机关总结会的有关安排等。

一、研究我院出席今年CAETS大会的有关事宜

康金城同志作了汇报。据汇报,CAETS第16届大会定于今年7月10-14日在澳大利亚举行。其中7月11-13日召开CAETS大会“海洋与世界未来”国际研讨会,7月14日召开CAETS理事会年会。根据国际研讨会的安排,我院推荐唐启升院士为第2节会议“海洋与食物资源”的报告人;金翔龙院士为第3节会议“海洋与非生命资源”的报告人;袁业立院士作为第5节会议“海洋与气候”的小组讨论主持人,作5分钟致辞并和与会者互动讨论。建议我院代表团除作报告的院士外,由一位院领导带队,代表我院参加CAETS及理事会的有关活动。

会议商定,尽快确定唐启生等3位院士参会事宜,并做好学术报告的各项准备工作;关于带队的院领导,请国际合作局征求侯云德院士的意见。

二、审定2005年院士新春茶话会的有关安排

谢冰玉同志将京津冀地区院士新春茶话会的有关安排作了汇报。会议原则同意会议的议程和安排。由王淀佐副院长主持茶话会,徐匡迪院长致辞。茶话会给院士的慰问品要保证食用安全和质量。

三、听取院机关年终总结情况、审定全院总结会的有关安排

宋学敏主任作了汇报。据汇报,院机关各部门已分别进行了2004年工作总结。按院有关文件的规定和要求,经各部门考评,全机关没有不合格等次的人员。各部门评出了在编和长期借聘的优秀人员。经院机关办公会议研究,同意各部门评出的优秀等次人员,其中在编人员7名,长期借聘人员5名。具体人员如下:

办　公　厅:谷　珏　杨　丽　黄振忠　肖　芬
学部工作局:安耀辉　左家和　王爱红　康延清
国际合作局:田　琦　赵利华
政策研究室:王元晶　张银花

经机关办公会研究，拟在已评出的7位优秀等次在编人员中，进行机关先进工作者的评选。评选办法是：评选名额不超过2名，各部门提供7位同志不超过300字的简介，在编人员中进行无记名投票产生，同意票超过2/3者，按得票数选前两位为机关先进工作者。达不到以上要求，宁缺毋滥。

机关2004年工作总结交流会拟于2月4日上午在科技会堂多功能厅召开，各部门负责同志作不超过15分钟的总结汇报，请院领导到会做指示。

会议同意以上各项安排。会议认为，要做好2004年度的总结工作。要加强院机关文件的管理工作，特别是咨询项目的各类文件，许多涉及国家秘密的安全，要做好项目人员和文件的保密管理工作。另外，要尽快制定借聘人员管理办法，随着机关正式人员的不断补充，要减少借聘人员。有些特定岗位必须用正式工作人员。

四、商议确定院领导看望老院士、老领导的安排

高中琪同志作了汇报。据汇报，学部工作局作了初步统计，8个学部在京资深院士、有病或住院的老院士、老领导共28位，拟安排春节前院领导看望。其中未能参加新春茶话会的老院士、老领导，将分别安排院领导专程看望。

会议同意以上安排。各位院领导可按联系的学部确定所看望的院士，请白玉良副秘书长会同学部工作局和办公厅落实。

五、通报其他事项

1. 王淀佐副院长通报了温家宝总理在国务院常务会议的讲话精神。

2. 沈国舫副院长通报了出席瑞士国际会议的有关情况。

3. 邬贺铨副院长通报了出席国务院安全生产和振兴制造业会议的有关情况。

会议议定，春节前再召开一次院常务会议，由学部工作局了解一下各部委、省区市等院士增选提名工作的进展情况，向常务会议汇报。同时将社会各界就院士增选提出的各类问题进行汇总，研究统一的回复口径，提交会议研究确定。办公厅对机关的安全保密进行一次检查，并提出春节期间的各项安排。节前还要召开一次党组会，研究保持党员先进性教育的有关工作。

主 持：徐匡迪

出 席：王淀佐 邬贺铨 刘德培 杜祥琬 沈国舫 白玉良 石立英

列 席：宋学敏 谢冰玉 高中琪 李仁涵 王海荣 钱左生 康金城 董庆九 郗小林

记 录：徐 进

院常务会议纪要(五十三)

2005年2月4日,徐匡迪院长主持召开2005年第2次院常务会议,主要议题有:听取院士增选工作进展情况汇报;研究春节期间的安全检查和工作安排;确定我院参加今年CAETS会议的院领导等,通报相关事项。

一、听取院士增选工作进展情况的汇报

王海荣同志将院士候选人提名、遴选工作的进展情况作了汇报。据汇报,由于各部委、省市都是统一布置两院的候选人提名、遴选工作。中科院2005年1月10日才印发提名文件,因此各遴选部门春节前才能向各提名单位布置增选工作,比往年有所推迟。

关于候选人报送名额问题。收到有的遴选部门来函希望增加候选人报送名额。会议议定,此类问题涉及很多的遴选部门,不宜变动,仍按已下发的增选文件办理,并函告相关单位。

关于是否允许工程管理学部非跨学部院士提名其专业背景学部候选人的问题。工程管理学部有的非跨学部院士提出,由于对本人专业背景领域的人才比较了解,如仅限于提名工程管理学部的候选人,可提名的候选人范围十分有限。是否可提名其专业背景学部候选人。会议认为,应执行《章程》和院士增选文件的规定,工程管理学部非跨学部的院士提名其专业背景学部候选人问题作为个案,提交3月份的主席团会议听取意见后再定。

关于候选人的职称问题。有的部门来电,认为候选人"等同于教授或研究员级高级工程师"的要求与国家规定不符。还有部门询问,如何掌握研究员级高工的标准。这是一个多年提出的问题。会议议定,今年对候选人的形式审查时高级工程师资格予以认可。

关于学部专业划分标准问题。我院试行的《学部专业划分标准》明确了各学部对交叉学科的侧重内容,可能使个别院士对本专业(已划分到其他学部)的候选人失去了提名权。因此有的院士可能提出调转学部问题。会议认为,院士的专业与学部划分不太合适的,按照自愿的原则依据院士转学部的规定程序可办理调转学部手续。

有的单位或个人来电话反映,70岁以上候选人很难找到6位院士提名。也有人来信对候选人的年龄限制提出质疑。会议议定,严格执行增选文件的规定,并给予来电来信的单位或个人明确解答。

关于个别媒体对提名单位、候选人活动的反映。《科学时报》载文《刹住申报院士中的不正之风》,反映了一些候选人活动的问题。如何把握咨询评议、博士生答辩等业务工作与院士增选的潜在联系,应引起重视。会议认为,为避免与院士增选相互干扰,今年上半年除已确定的重大活动外,不再安排到基层单位的活动。《科学时报》的载文在《院士通讯》转载,并建议院士转告所在单位,院机关召开会议进行通报。

二、关于春节期间的安全检查和工作安排

宋学敏同志作了汇报。据汇报，按照今年第 1 次院常务会议的要求，办公厅制定了春节值班和节前安全检查的方案，并经机关办公会议专门研究，已完成和布置了几项工作：

1. 下发了春节放假通知，并印发了节日值班表，局级干部在院带班，局以下干部来院值班。我院节日值班表也送给科技会堂保卫部备案，以便有紧急情况及时联系。

2. 2 月 3 日，已组织机关销毁了部分内部文件、资料，清理了库房，避免院的内部文件、资料散落社会。办公厅还对办公室各楼层的灭火器进行了检查。

3. 针对近两年值班中应注意的问题，对值班人员守则进行了修改完善，特别是对节日接收文件等提出了更明确的要求。节日值班员有 2 位新同志，已请有关部门对新同志提出要求。

4. 将在 2 月 7 日下午，由办公厅领导牵头，各部门综合处负责人参加，对机关各办公室安全情况进行一次检查。

5. 提醒机关职工，节日期间，在家及社会场所，要注意安全，防火、防盗，在规定区域内燃放烟花爆竹。

会议同意以上各项工作安排，并提出安全检查的同时，也要做好保密检查。

三、关于我院参加今年 CAETS 会议的有关情况

康金城同志汇报了第 1 次院常务会议建议请侯云德院士代表我院参加今年 CAETS 会议的联系情况。经联系，侯云德院士今年出访任务较重，不能代表我院参加今年 CAETS 会议。会议议定由沈国舫副院长代表我院出席会议，并请国际合作局做好各项准备工作。

四、关于“国际风险管理理事会全球会议”的有关事宜

康金城同志作了汇报。据汇报，国际风险管理理事会（IRGC）第二次大会将于 2005 年 9 月 20－21 日在北京举行，科技部拟邀请我院作为共同主办单位。预计参会人数 300 人，其中国外代表约 120 人。费用来源：国际旅费、食宿由外方自理，中方承担会场、会务、宴请、参观等费用。大部分会议费用由科技部承担。承办单位是科技部国际交流中心。

会议经研究，请国际合作局进一步了解我国政府关于风险管理的归口、领导部门。我院原则支持科技部主办的学术会议和活动，推荐相关院士参加，是否作为主办单位，了解清楚后再定。

五、关于杭州市政府邀请我院继续作为“西湖博览会”主办单位事宜

徐进同志作了汇报。杭州市政府致函我院，邀请我院继续作为第七届西湖博览会的共同主办单位，并安排一位院领导担任组委会名誉主任。会议议定，同意我院继续作为西湖博览会的主办单位，由杜祥琬副院长担任组委会名誉主任。

六、关于《中国工程科学》的有关情况

董庆九同志作了汇报。据汇报，今年 1 月底，有群众来信反映《中国工程科学》理事会换届的一些问题。按照院领导的批示，刘德培副院长及时与杂志社主编汪旭光院士进行了当面谈话，进一步了解情况。汪院士认为反映的情况属实，也认识到给院士候选人发通知，邀请作为理事会单位的

做法不对，表示立即纠正，以后禁止。

会议认为，今后院里要加强对《中国工程科学》杂志社的领导，理顺管理体制、机制等问题，适时纳入院的管理。会议议定，春节后召开专门会议听取《中国工程科学》杂志社的汇报。

七、通报其他事项

1. 杜祥琬副院长通报了国务院征求政府工作报告会议（科、教、文、卫组）的有关情况。

2. 邬贺铨副院长通报了综合办公楼建设进展情况，主要包括：已完成了与中建三局的技术交底、与西城区协商土地产权过户、与电力公司和自来水公司的临时供电和供水工程等相关工作；协调解决了影响开工和施工的有关问题；组织护坡、降水工程的评标工作；提出了中建三局组织不力、技术力量薄弱等存在的问题；二次招标项目数量多、任务重等困难。建议二次招标部分项目（弱电工程、室外工程等）采取邀标方式进行；大宗材料（钢材）和设备（电梯等）由我方采购。会议认为，基建工作是今年我院的重点工作，一定要按计划组织好综合楼的施工，保证进度和质量，希望2006年院士大会能用上。会议研究同意二次招标部分项目采取邀标方式进行，大宗材料和设备由我方采购的建议。另外，充分利用我院国际合作项目，将节能环保材料和装备用于综合楼的建设。在设计方案允许的前提下，修改完善已有方案，充分体现建筑特色。

3. 程家怡同志通报了“中欧科技政策和战略高层论坛”的有关情况。据汇报，中欧将于2005年5月12－13日在北京举办“中欧科技政策和战略高层论坛”活动，主题为“新世纪科技发展与中欧科技合作”。主办单位为科技部、欧盟科研总司、欧盟主席国卢森堡政府。已邀请的协办单位包括中科院、我院、社科院、基金委等。会议人员约300人，其中中方200人，欧方100人。地点在人民大会堂。我院已同意作为协办单位，并已回复科技部。程家怡同志还通报了访问法国的有关情况。

主　持：徐匡迪
出　席：王淀佐　邬贺铨　刘德培　杜祥琬　沈国舫　白玉良　石立英
列　席：宋学敏　谢冰玉　高中琪　李仁涵　王海荣　钱左生　康金城　程家怡　董庆九　郗小林
记　录：徐　进

院常务会议纪要（五十四）

2005年2月23日，徐匡迪院长主持召开2005年第3次院常务会议，主要议题有：通报联合国贸发会议（UNCTAD）的有关情况；研究《中国工程科学》杂志社的工作；审议《中国工程院2005年工作要点》；研究主席团会议的有关议题等，通报相关事项。

一、听取张彦仲院士关于出席"联合国贸易和发展组织专家会议"的有关情况

张彦仲院士将这次会议的基本情况和他代表工程院在会上所作报告的主要内容作了汇报。据汇报,鉴于国际上研究和发展(R&D)的全球化趋势及对我国未来发展产生的重要影响,建议在2005年底,由中国工程院为主联合商务部和联合国贸易发展组织共同在北京举行一次"研究和发展全球化高级论坛"。讨论研发全球化带来的机遇和挑战,推动我国经济社会的发展。

会议同意举办这一论坛的建议,请张彦仲院士继续给予支持帮助,国际合作局与商务部、科技部联系,具体落实组织方案。

二、研究《中国工程科学》杂志社的工作

杂志社主编汪旭光院士将杂志社创办5年来的主要工作、读者的反映、目前办刊的状况和今后发展的目标等作了详细汇报。

会议对杂志社创办以来的工作和取得的业绩给予了充分肯定。会议认为,要办好体现我院多学科、综合性特点的学术刊物,无论是组稿、编审,还是发行等环节都还有一定的难度,取得目前的成绩来之不易。但作为工程院最高学术机构的刊物,就要办出国际水平,更上一层楼,争取进入SCI和EI。会议强调,要采取措施,聘请英文好、中文好的专家,提高外文编辑质量和水平,进一步降低差错率。要坚持刊物的学术性,不登广告,不拉赞助,保证高雅。会议议定,由政策研究室起草与高等教育出版社的合作协议,提交下次会议讨论。要通过我院与高等教育出版社的联合出版发行,由他们给予经费资助,组织高水平的编审人员,协助在高等院校发行等。另外,为解决办刊场所困难,待院综合楼建成后,给编辑部提供工作用房。

三、审议《中国工程院2005年工作要点》

董庆九同志作了汇报。据汇报,根据我院《2004—2006年度工作纲要》规定的任务,结合今年工作的特点,政策研究室起草了《中国工程院2005年工作要点》,院机关办公会议已作了补充和修改。内容主要包括:(1)做好院士增选工作;(2)加强决策咨询研究;(3)积极开展学术交流活动;(4)拓展国际交流渠道,推动实质性合作;(5)做好新闻宣传工作;(6)加强党的建设和机关队伍建设;(7)加强基础设施建设和行政管理。

会议通过了工作要点,并对有关内容提出了建议,作进一步补充、修改和完善后,提交3月份召开的主席团会议审议。

会议提出,关于为院士出版专著的工作,可请学部常委会帮助推荐、审定,优先帮助资深院士出书。

今年是"世界物理年",会议同意我院作为支持单位,支持为此举办的一系列学术活动。

四、研究主席团会议的有关安排

白玉良副秘书长作了汇报,根据计划安排,拟于3月25日在北京召开2005年第一次主席团会议。主要议题有:(1)通报"两会"概况;(2)报告工程院2004年主要工作;(3)审议《中国工程院2005年工作要点》;(4)通报院士增选工作的进展情况;(5)征求对工程院保持共产党员先进性教育的意见。

会议同意以上安排，并议定：由王淀佐副院长向主席团汇报我院2004年的主要工作；由沈国舫副院长通报“两会”概况，通报院士增选工作的进展情况；由杜祥琬副院长汇报2005年工作要点；徐匡迪院长通报工程院保持共产党员先进性教育的有关事项。会议材料由机关相关部门准备。

五、通报今年CAETS大会的有关事项

康金城同志作了通报。据通报，CAETS主席John Zillman致信徐院长，通报了CAETS近期的工作情况及今年7月在澳大利亚召开的第16届大会上将讨论的有关议题。主要包括：(1)正在草拟中的CAETS战略；(2)吸收CAETS成员问题；(3)与科学院间理事会(IAC)商谈建立合作；(4)“海洋与世界未来”国际研讨会的筹备工作；(5)CAETS理事会讨论的主要事项；(6)CAETS秘书处的设址事宜；(7)关于CAETS对理事国设置不同会费档次事宜。

会议认为，综合考虑各方面的因素，暂不申请CAETS秘书处设址我国。

六、研究审议成立“博鳌科技论坛”筹备组事宜

高中琪同志将成立“博鳌科技论坛”筹备组的有关情况作了汇报。经与中科院多次沟通，中科院已基本同意我院提出的8项意见，并按两院对等原则确定了其参加两院筹备组的有关人员，由李静海副院长担任筹备组组长，中科院国际合作局、院士工作局各一位副局长和一位处长作为筹备组成员。建议我院也提出相应名单，组成筹备组。

会议同意刘德培副院长作为筹备组组长，国际合作局康金城、任洪涛，学部工作局高中琪、阮宝君作为筹备组成员，参加筹备组工作。

七、研究我院参加水利部、中科院关于“中国水土流失与生态安全综合科学考察行动”的有关事宜

李仁涵同志作了汇报。据汇报，为了解和掌握近年来我国水土流失情况和影响生态安全的问题，水利部拟于今年开展“中国水土流失与生态安全综合科学考察行动”，邀请中科院和工程院一起参与主办，考察费用由水利部承担。考察行动成立领导小组：水利部建议由水利部副部长任组长。同时成立专家指导委员会：水利部建议主任为钱正英院士，副主任中有沈国舫副院长，成员主要以两院院士为主，下设领导小组办公室、综合组(主要是写报告)等。考察时间为4月中旬至12月；活动形式为实地考察、公众参与、科技论坛等；考察成果向国务院提出战略报告等；承办单位以水利部和中科院下属研究院所及监测中心为主。

会议同意我院与水利部、中科院共同主办这一活动，由沈国舫副院长担任领导小组副组长和专家指导委员会副主任，学部工作局的有关同志参加。

八、研究关于担任“中国青年女科学家奖”支持单位事宜

徐进同志作了汇报。据汇报，中国科协书记处书记程东红致函王淀佐副院长，希望我院支持“中国青年女科学家奖”的活动，作为该奖的支持单位。据了解，该奖由全国妇联、中国科协、UNESCO中国委员会和欧莱雅公司联合创立，旨在表彰奖励在科学技术领域取得重大科技成果的女性青年科学家(年龄不超过40岁，每次评选不超过4人，每位奖励10万元)。推荐、评选工作由中国科协负责，欧莱雅公司提供评审和奖励的资金。2004年已评选和奖励了一届。

为扩大该奖的影响和作用,联合科技界支持获奖者的工作,该奖组委会拟增加邀请科技部、教育部、中科院、工程院和基金委作为支持单位。

会议经研究,同意我院作为该奖的支持单位。

九、审定《中国工程院年鉴》编委会组成

徐进同志作了汇报。据汇报,《中国工程院年鉴》是全面、系统地记载中国工程院历史的重要文献资料。为进一步做好年鉴的编辑出版工作,使之更加规范,办公厅和院机关办公会议作了研究,参照中国科学院和中国科协的作法,建议组成年鉴编辑出版委员会,负责领导年鉴的编辑出版工作,并由出版社按照正式出版物出版。编委会下设编辑工作组,负责具体的编辑工作。

会议同意刘德培副院长担任编委会主任,白玉良、石立英、宋学敏担任编委会副主任,编委会成员由院机关各部门相关人员组成。

十、通报其他事项

1. 杜祥琬副院长通报了国务院廉政会议的有关情况。

2. 沈国舫副院长通报了国务院各部门负责人及办公厅主任会议精神。主要是要求各部门认真做好"两会"期间的各项工作,维护社会稳定。内容主要有:(1)要求两会代表准时参会,尽可能不出国,不出差。如特殊需要外出的,要提前请假;(2)各部门领导要摆正位置,端正态度,虚心听取代表们的意见;(3)对两会代表关注的热点和敏感问题早做准备;(4)保证人大代表、政协委员开好会;(5)认真做好建议和提案的办理工作。

3. 石立英副秘书长通报了我院举办"建设节约型社会"院士座谈会的有关情况。会议提出,再增加邀请部分相关专业的院士,内容上各有侧重,请各学部办公室与院士沟通并做好会议记录。请政策研究室联系主要新闻媒体,开辟专栏刊登院士的发言。

4. 王海荣同志通报了去年我院与澳大利亚工程院共同举办"可再生能源工程论坛"的有关情况。

主　持:徐匡迪
出　席:王淀佐　邬贺铨　刘德培　杜祥琬　沈国舫　白玉良　石立英
列　席:宋学敏　谢冰玉　高中琪　李仁涵　王海荣　钱左生　康金城　程家怡　董庆九　郗小林
记　录:徐　进

院常务会议纪要(五十五)

2005年3月16日,徐匡迪院长主持召开2005年第4次院常务会议。会议主要议题有:通报三个重大咨询项目研究的初步方案;审议中国工程院"工业研究院所研究生教育学术委员会"组织机构设想方案等;通报相关事项。

一、通报三个重大咨询项目研究的初步方案

1. 石玉林院士汇报了"中国不同地区农业资源合理配置农业协调发展和生态环境的综合治理"项目计划方案。据汇报,该项目由沈国舫副院长担任组长、石玉林院士和农业部张宝文副部长担任副组长,下设6个课题。课题名称分别是:我国农业发展现状和未来、农业资源合理配置与提高综合生产力、农业协调发展与区域化建设、农业生态建设、农业环境系统分析和重点地区的综合治理、农业综合分区和发展。课题组组长分别是:程序教授、石玉林院士、戴景瑞院士、李文华院士、钱易院士和卢良恕院士。项目计划于2007年6月完成。

2. 汪懋华院士汇报了"农业机械化发展战略研究"项目组织方案设想。据汇报,该项目的内容涉及农业和机械两个学部,请沈国舫副院长任组长,汪懋华和张彦仲院士任副组长,下设农机化、农业装备、国际发展、区域、保障5个课题组。项目计划今年3月启动,2006年底完成。

3. 魏复盛院士汇报了"三峡库区水污染防治战略研究"项目的初步设想。据汇报,该项目由魏复盛院士负责,拟分8个专题,分别是三峡库区及其上游主要污染物排放总量;水质动态趋势;源污染现状及控制对策;工业固废及生活垃圾污染防治与对策;水质预测模型;水资源合理开发、利用、调控及对生态环境的影响;水污染防治技术与政策;经济快速增长与污染物排放总量零增长或负增长的可行性研究。预计4月份启动,2006年完成。

会议认为,2004年院咨询工作委员会审议通过的这三个重大咨询项目,与农业、资源、环境和制造密切相关,都是围绕中心、服务大局的咨询项目。要集中全院力量,认真组织,高质量完成,研究结果争取向国务院汇报。在研究过程中,对个别敏感问题要慎重,避免让媒体炒作。咨询工作要和行业主管部门加强联系与沟通,既要保持客观性,又要全面了解问题和掌握实际情况。项目经费已有预算,按我院经费管理的要求,各项目组需提交用款计划,按季申请,分月拨付,及时报账。

二、审议中国工程院"工业研究院所研究生教育学术委员会"组织机构设想方案

李仁涵同志作了汇报。据汇报,根据院领导的意见,学部工作局作了研究,建议将该机构名称定为"工业研究院所研究生教育学术委员会"。该委员会由我院领导,并经国家教育主管部门认可,是对工业研究院所研究生培养的学术性指导和协调机构。

机构分三层,即"学术委员会"、"专业委员会"和"学术委员会分会"。学术委员会的主要任务

是指导各专业委员会工作，确定年度工作内容和计划，主任由院领导担任。专业委员会主要是根据本学部所涉及的专业领域，制定本专业分会的工作计划，指导学术委员会分会工作等，主任由学部领导担任。学术委员会分会由科研院所研究生教育机构按行业组成，对各培养单位行使指导培养计划、培养质量及学位点评估等监控职权。各委员会每4年进行换届，各委员会设办公室或联络组负责具体工作。

会议经讨论议定如下事项：1. 学术委员会的办公地点设在工程院，各专业委员会的办公地点可设在相应的工业院所；2. 学术委员会要制定《章程》；3. 请王淀佐副院长作首届学术委员会主任；4. 建议在今年6月份前举行委员会成立大会，请教育部、国务院学位办会签发文并给予指导。

三、审议向《求是》杂志社推荐“建设节约型社会”稿件事宜

石立英副秘书长作了汇报。据汇报，我院召开“建设节约型社会”院士座谈会后，社会反响很好，《求是》杂志社希望我院推荐一些理论性强，有代表性的文章在该杂志上刊登。

会议议定，根据《求是》杂志的政论性特点，请石立英副秘书长牵头，在“建设节约型社会”座谈会院士发言的基础上形成一篇综合性稿，提交杂志社刊登。另外可与《求是》杂志社协商，能否就节约型社会问题出一期增刊，刊登各位院士文章的全文。

四、审定我院作为CAETS成员的会费档次

康金城同志作了汇报，据汇报，CAETS秘书处来电，就会费档次问题向所有成员国征求意见，会费的三个档次分别为：1 000美元、3 000美元及6 000～7 000美元。CAETS秘书处希望各成员国在今年7月召开理事会前反馈初步意见。从去年CAETS会上了解到，将我院列入6 000～7 000美元档次（目前为3 000美元）。国际合作局经研究认为，虽然我院增加的会费数量不多，但可体现我院在CAETS成员国中持积极态度和负责任的形象，进而有助于提高我院在国际工程科技界的声誉和影响。但对外承诺前，需报财政部和国务院批准。

会议经研究，初步同意我院按6 000～7 000美元会费档次支付会费，请国际合作局向财政部和国务院办理报批手续，办公厅协助列入明年的财政预算。

五、研究拟请世界知识产权组织专家向我院院士介绍知识产权情况的事宜

康金城同志作了汇报。据汇报，世界知识产权组织事务司王彬颖司长得知我院将于今年6月底召开院士增选会，表示愿利用此机会促成世界知识产权组织有关专家向院士们介绍知识产权方面的情况。题目可由我院根据实际需要提出。

国际合作局经研究认为，利用院士增选会议的机会，向院士们介绍知识产权方面的情况，特别是介绍如何保护自身的知识产权，是一件好事。还可以此次活动为契机，加强我院同世界知识产权组织的合作，将来有计划地组织我院院士和部分机关人员参加有关知识产权方面的培训。建议在增选会议期间给予专门安排。特邀主讲外宾的往返旅费由世界知识产权组织负担，在京期间的食宿及市内交通费用由我院负担。

会议经研究同意在第一次院士增选会的最后一天下午安排知识产权讲座，院士自愿参加。

六、审议向国家奖励办推荐自然科学奖海外同行专家事宜

高中琪同志作了汇报。据汇报，国家奖励办向我院发文，希望我院帮助推荐从事基础研究和应用研究的外籍专家或长期旅居海外的华人学者作为国家奖的候选评委，一般不超过65岁。学部工作局通过各学部办公室请相关院士进行了推荐。到目前为止，共提出了5位，其中3位是我院外籍院士。

会议认为，由于推荐的是评委候选人，请学部工作局结合国别、工程技术学科情况再多推荐几位。

七、审议推荐“77国集团科技与创新奖”候选人

高中琪同志作了汇报。据汇报，“77国集团科技与创新奖”是由77国集团与第三世界科学院联合创立，旨在奖励以科技创新造福发展中国家的优秀科技人员，每3年评选一次。外交部致函我院等八个部门要求各推荐一名候选人，由外交部汇总筛选后报出。

会议议定，鉴于王选院士所作出的创新性成就，推荐王选院士为候选人报外交部。

八、审议关于宣传侯祥麟院士事迹事宜

董庆九同志将启动宣传侯祥麟院士事迹的工作设想作了汇报。

会议认为，侯祥麟院士是老党员，一直在工程科技领域辛勤地耕耘，取得了突出成就，作出了重大贡献，事迹很典型，其奋斗精神值得大力弘扬与广泛宣传。要与中石油、中石化等单位联合，汲取充足的素材，请石油、石化领域的专家、侯老的学生等协助提供资料，撰写文章，做好宣传的各项工作。还要向中宣部申请，作为典型人物宣传。

九、通报其他事项

1. 王淀佐副院长通报了中央人才工作协调小组第八次会议的有关情况。

2. 白玉良副秘书长通报了《院士科普书系》申报国家科技进步奖的有关情况。《院士科普书系》共出版了四辑100本，其中我院38本。经院领导研究，同意与中科院共同申报国家科技进步奖，并推荐汪成为院士作为申报奖的代表。由于申报国家科技进步奖需5位专家推荐，经与中科院协商，中科院确定3位推荐专家，我院由邬贺铨、刘德培副院长作为推荐专家。

3. 谢冰玉同志通报了拟为院职工联系购买经济适用房的有关情况。

主　持：徐匡迪
出　席：王淀佐　邬贺铨　刘德培　杜祥琬　沈国舫　白玉良　石立英
列　席：宋学敏　谢冰玉　高中琪　李仁涵　王海荣　钱左生　康金城　程家怡　董庆九　郗小林
记　录：徐　进

院常务会议纪要(五十六)

2005年4月11日,徐匡迪院长主持召开2005年第5次院常务会议。主要议题有:研究设立"预防煤矿瓦斯灾害"和"建立资源节约型社会"咨询项目事宜;通报上海通用公司委托咨询项目的进展情况、审议举办"研究和发展全球化与中国"高级论坛的组织方案、议定购置综合楼电梯事宜等,通报相关事项。

一、研究设立"预防煤矿瓦斯灾害"咨询项目事宜

范维唐院士将拟设立"预防煤矿瓦斯灾害"咨询项目的研究内容作了汇报。范院士分别从控制煤矿瓦斯事故、提高煤炭生产安全性的对策和技术措施、开展预防煤矿瓦斯灾害的基础研究、煤矿瓦斯快速检测技术及长寿命高可靠性传感器的开发等作了阐述。

会议认为,按照国务院领导同志的指示精神,由我院组织各学科的院士专家对煤矿安全、瓦斯及煤层气抽取利用、矿上、矿下预警测报系统等进行系统性的研究。因此,项目应定位于战略性、政策性。研究内容应包括:(1)应急性对策、措施的研究,如在已有技术条件的基础上,提出提高安全性的技术措施建议等;(2)解决煤矿安全问题的对策研究,如设立重大基础研究或专项,可向有关部门建议,本项目要在今年内完成,并向国务院汇报。

会议同意设立这一咨询项目,由杜祥琬副院长、范维唐院士负责,要落实项目组人员,确定方案和进度,提出经费预算,填好项目申请表后,提交咨询委员会评议并按程序立项。

二、研究设立"建立资源节约型社会"咨询项目事宜

张彦仲院士将拟设立"建立资源节约型社会"咨询研究项目的实施方案作了汇报。张院士分别从建设节约型社会的必要性和意义、我国能源和资源未来的供需预测、政策与措施建议等方面进行阐述。在项目的组成与分工方面,提出设立一个总体组和5个课题组共16个专题组的建议。5个课题分别为:(1)能源节约工程,拟由杜祥琬、陈毓川院士负责;(2)资源节约工程,拟由石玉林院士负责;(3)节约型制造,拟由殷瑞钰院士负责;(4)重大节约型产品,拟由傅志寰院士负责;(5)"四再"产业,拟由徐滨士院士负责。

会议经讨论议定如下:

1. 项目的研究内容基本可行,会议原则同意。按照项目立项程序,填好项目申请表后,提交咨询委员会审议后正式立项。

2. 由徐匡迪院长任项目组顾问,王淀佐副院长、张彦仲院士任项目组组长,李仁涵同志为秘书组负责人,张彦仲院士和石立英副秘书长为综合组负责人,成员由各课题组负责人组成。

3. 各专题组负责人由各课题组长根据研究的需要确定。

4. 项目总经费预算1500万元,需向财政部列专项申请。

5. 用一年半的时间全部完成,今年底要提出阶段性研究报告,并向国务院汇报,汇报前先提交主席团会议审议。

6. 研究内容方面,应增加可再生能源的利用、循环经济、减少污染等内容。结合举办奥运,应提出"节约奥运"的呼吁。

7. 项目实施过程中应按照温家宝总理提出的院士专家、企业家和政府部门三结合的方式,加强与政府综合部门的沟通,并与工程院已开展的咨询项目相衔接,充分利用已有研究成果,还可通过开展国际合作,听取国外专家的意见,形成开放式的咨询研究。

三、通报上海通用公司委托咨询项目的进展情况

杜祥琬副院长作了通报。据通报,该项目从去年9月份开始,经过两个阶段的研究,已完成第一阶段的研究报告和第二阶段第一部分的研究报告初稿,并已征求了上海通用方面对初稿的意见,总体时间要求在7月20日前完成。

目前存在的主要问题:一是上海通用提出的一些问题涉及政府是否采纳政策建议以及何时采纳等,比较难于回答;二是关于发展轻量化车型的建议是否保留的问题。

会议认为,我院开展的咨询研究主要是为国家全局的政策提出建议,单独对某一企业不便提出政策性的建议。

四、审议举办"研究和发展全球化与中国"高级论坛的组织方案

康金城同志作了汇报,据汇报,根据上次院常务会议的要求,国际合作局进行了研究,提出如下方案:

1. 会议拟由我院、商务部和联合国贸发会议共同主办;

2. 会议主要议题有:研发全球化对发展中国家、发达国家的挑战和机遇;研发全球化对经济全球化的影响;发展中国家适应研发全球化的对策措施等;

3. 会议时间初步定于2006年5月中上旬召开,会期两天;

4. 会议100~200人,国内外代表各半,约20个大会报告;

5. 拟邀请国务院领导、联合国贸发会议秘书长等出席开幕式并致辞,并拟邀请诺贝尔经济学奖得主等知名人士出席;

6. 会议经费:普通代表食宿自理,主办方负责会场、工作餐、交通、论文集出版等。经费来源主要为申请财政经费、收取注册费及企业赞助等;

7. 适时成立指导委员会、组织委员会等组织机构。

会议原则同意以上方案。大会报告10个即可,应请对全球战略比较清楚的国际知名企业家作报告人。外宾不宜少于100人,特别要邀请日本和韩国工程院参加。请国际合作局落实各项会务工作。

五、议定购置综合楼电梯事宜

白玉良副秘书长将购置综合楼电梯的有关情况作了汇报。据汇报,4月4日到上海三菱电梯厂进行实地调查并经友好协商,达成协议,厂领导表示以最优惠的价格、最好的质量标准为我院综

合楼提供电梯。

我院综合楼规划为3部电梯。根据我院的实际情况，参考了上海三菱电梯厂供应办公楼用户电梯的产品，考虑到方便院士乘用和接待贵宾的需要，初步选择了5个不同的门厅式样和3个不同的内装饰式样，提请会议研究，选定后定购。

会议经研究，门厅式样选定方案4和方案5，内装饰式样选定方案3。

六、研究关于"注册工程师制度"的有关问题

董庆九同志将人事部向国务院提出的关于推进我国工程师制度建设的有关情况作了汇报。人事部在报告中提出，成立全国工程师制度改革协调小组，人事部为组长单位，教育部、建设部、我院和中国科协为副组长单位。协调小组下设两个工作组，其中制度研究工作组，由我院牵头，负责研究全国工程师制度的框架设计。需确定一位院领导负责此项工作，并设立一个咨询项目。

会议经研究，同意就此问题设立一个咨询研究项目，由杜祥琬副院长、朱高峰院士担任项目负责人。先由教育委员会开展调查研究，提出研究报告后，再由教育委员会和产业工程科技委员会及大企业负责人联合研究。项目要按立项程序办理相关手续，项目经费列入明年经费预算。

七、审议关于出版《中国工程院院士自述》第二辑事宜

高中琪同志作了汇报。据汇报，我院1998年编辑并由上海教育出版社出版了《中国工程院院士自述》一书，收录了1999年以前当选的360多位院士的自述，受到社会各界的欢迎。自1999年以来，我院又增加了252位院士，1999年前当选的院士中也有部分院士当时没有提供自述稿。学部工作局经研究，建议编辑出版《中国工程院院士自述》第二辑，使该书形成序列，不仅可宣传院士的成就与科学精神，也为后人留下宝贵的精神财富。

会议同意出版《中国工程院院士自述》第二辑，建议在与上海教育出版社不产生法律纠纷的前提下委托高等教育出版社出版。

八、研究与中高会共同举办高新技术产业化活动事宜

高中琪同志作了汇报。据汇报，中国高技术产业化研究会致函邬贺铨副院长，表示该研究会将开展"促进高新技术成果产业化活动"，希望我院能作为该活动的主办单位，并提出中国工程院具体负责提供项目，研究会负责推广，效益共享等。学部工作局对此进行了研究，考虑到院士成果属于院士所在单位，而院士和院士单位与工程院没有隶属关系，工程院直接介入院士成果的应用推广不妥。为此，建议我院不作为此项活动的主办部门，我院所属部门也不参与共同组织。

会议同意学部工作局的意见，由于我院开展的重大咨询任务很多，院士们很忙，如果需要支持，可采取沟通信息的方式进行。

九、审议设立资深院士联谊会事宜

王海荣同志作了汇报。据汇报，目前两院共有资深院士259人，其中京区166人。不久前，王大珩、师昌绪等院士倡议成立资深院士联谊会。经两院征求资深院士的意见，大家非常关注并普遍赞成。

3月24日，师昌绪院士主持会议，商议筹备成立联谊会事宜，6位院士和两院有关同志参加。

会议初步商定两院资深院士自动成为联谊会会员。联谊会设理事会，每届任期3年，可连选连任。会议建议师昌绪院士担任首届资深院士联谊会会长，师昌绪、王绶琯、徐光宪、张树政、於崇文、柯俊、梁思礼、卢良恕、张金哲、童志鹏院士为理事会理事。联谊会设秘书处，办公地点设在中科院院士学术活动中心，刘春杰、阮宝君为秘书处负责人。

会议责成秘书处起草资深院士联谊会章程，经理事会审议后，提交资深院士联谊会会议通过。

联谊会成立大会初步定于2005年4月下旬在北京香山饭店举行。拟邀请两院领导和全体资深院士参加。今后计划每年安排4～5次多种形式的学术活动。

目前需要我院研究确定的事宜：(1)确定分管此项工作的院领导；(2)我院需支付成立大会的经费约24万元，从2005年院士活动经费中列支；(3)建议今后每年的活动经费列入年度预算。

会议支持设立资深院士联谊会，原则同意上述组织方案和建议。由王淀佐副院长负责，并出席成立大会。秘书处办公地点将来可设在我院综合办公楼。关于邀请外地资深院士前来活动，要量力而行，以保证资深院士健康为前提，并提供保障条件。

十、审议沈阳市邀请我院作为“2005年东北亚科技博览会”主办单位事宜

徐进同志作了汇报。据汇报，沈阳市向我院提出希望支持其举办“2005年东北亚科技博览会”（简称“东博会”）。“东博会”经科技部批准，定于2005年9月21日至24日在沈阳市举行。宗旨是积极推动东北亚地区的科技创新与发展，促进区域经济贸易往来与合作。

拟请科技部、中科院、工程院、中国科协、国家贸促会、东北三省政府作为共同主办单位。沈阳市政府等作为承办单位。与我院有关的活动有：

1. “东博会”开幕式。9月21日上午10时，在沈阳国际会展中心广场举行，请组委会领导出席。

2. 振兴东北老工业基地院士专场报告会。9月22日举行，请国内外著名院士专家围绕老工业基地振兴重大战略问题作报告。东北三省的省市领导及国内重点院校领导、国内外投资商代表、东北三省企业代表参加。

“东博会”组委会领导：

1. 拟请路甬祥副委员长、徐匡迪副主席任组委会名誉主任；

2. 拟请科技部、中科院、工程院、中国科协各一位副省级领导任组委会副主任。

会议同意我院作为东博会的共同主办单位，徐匡迪院长任组委会名誉主任，王淀佐副院长任组委会副主任。李仁涵同志负责协助组织院士论坛活动。

十一、通报其他事项

邬贺铨副院长通报了北京市“十一五”信息化规划咨询的情况。据通报，北京市信息办委托我院对北京市“十一五”信息化规划做战略咨询，提出发展建议和目标等。

会议同意邬贺铨副院长、李国杰院士担任负责人。此项工作纳入我院与北京市的合作工作，信息化建设应大力提倡实用、简洁、便于百姓使用的数字化设施。

主　持：徐匡迪

出　席：王淀佐　邬贺铨　杜祥琬　沈国舫　白玉良　石立英

请　假：刘德培
列　席：宋学敏　谢冰玉　高中琪　李仁涵　王海荣　钱左生　康金城　程家怡　董庆九
　　　　郗小林
记　录：徐　进

院常务会议纪要(五十七)

2005 年 4 月 30 日，受徐匡迪院长委托，由王淀佐副院长主持召开 2005 年第 6 次院常务会议。主要议题有：研究与中国科协共同主办“第八届西部论坛”事宜；研究发改委委托咨询项目；审定 2005 年外事计划等；通报相关事项。

一、研究与中国科协共同主办“第八届西部论坛”事宜

高中琪同志作了汇报。据汇报，由中国科协 1998 年发起组织的“西部科技进步与经济社会发展论坛”(简称西部论坛)，每年举行一届。从 2000 年起改为由中国科协、中国工程院以及举办地的省政府共同主办，轮流在西部 12 个省区市召开，今年的第八届论坛拟于 8 月在兰州召开。我院的主要工作是负责邀请相关院士出席会议并做主题报告。

会议同意我院继续共同主办“西部论坛”，建议以适当方式向中国科协提出一些要求，提高论坛的学术氛围，真正对振兴西部起到促进作用。

二、研究发改委委托咨询项目

白玉良副秘书长作了汇报。据汇报，国家发改委高技术司来函拟委托我院开展“高技术促进循环经济发展”的课题研究，希望研究报告中要包括“十一五”期间依靠高技术促进循环经济发展的重点产品、关键工艺技术和工艺的技术开发、高技术产业化、创新能力建设等内容。要求今年 9 月 15 日前提交研究报告，研究经费由发改委提供。

会议同意承担这项委托咨询任务。会议议定，这一委托咨询项目应充分利用院里现有研究成果，与刚确立的“建设节约型社会”的咨询项目密切结合。近期开一次会，讨论落实项目，确定牵头的院士。

三、审定我院 2005 年外事计划

钱左生同志作了汇报。据汇报，根据我院今年的主要任务和财政部下达的经费预算情况，今年拟安排 25 个出访团组，约 90 人次；主办或参与主办 11 个国际学术会议；筹备明年举办的 3 个学术会议；做好来访接待工作；编辑对外出版物(英文年报、Newsletter)、英文网站以及做好与 APCAEM 有关的外事工作。

会议经讨论，对今年外事计划予以原则通过，届时将根据实际情况做相应微调，请朱高峰或翁史烈院士率工程教育团出访。会议提出，为提高国际交流水平，在组织外事活动时，要加强沟通和协调，做好安排。出版物、英文网站等要进一步提高外语水平，要与国际接轨。

四、研究推荐《"十一五"全国基础研究发展规划》负责人事宜

白玉良副秘书长作了汇报。据汇报，科技部致函我院，拟会同有关部门共同启动《规划》的编制工作。为此，拟成立编制《规划》部际协调领导小组和工作组。请我院一位院领导参加领导小组，局、处级各一位同志参加工作组。

会议议定，由邬贺铨副院长参加领导小组，王海荣、阮宝君同志参加工作组。

五、审定院士增选第一轮评审会议的有关事项

1. 高中琪同志将会议的议程及内容安排作了汇报。关于有效候选人的审定程序问题：根据增选办法的规定，在候选人报送材料汇总后，由主席团会议审定有效候选人，才能公布正式候选人名单，征求意见。6 月 27 日召开第一轮评审会。考虑到 3 月下旬刚开过主席团会议，建议候选人名单经院常务会议审议，书面征求主席团成员意见后，再公布。

关于第一轮评审会的有关安排：按照学部排队顺序，拟安排土水建和农轻纺两个学部在空军招待所，其他 6 个学部在京丰宾馆。建议 27 日上午的全体会议 8:30 召开，会上请徐匡迪院长讲话，沈国舫副院长作候选人情况的汇报和有关问题的说明。

会议同意对有效候选人名单以书面方式征求主席团成员的意见。同意评选会的初步安排，由政策研究室负责起草徐匡迪院长的讲话稿，学部工作局负责起草沈国舫副院长的讲话稿。

2. 谢冰玉同志将会务方面的准备情况作了汇报。关于房价问题：京丰宾馆多次提出，根据水价、能源价格上涨等因素，希望将房价从每间 160 元提到 200 元。此事也涉及空军招待所。关于会议通知：由办公厅负责起草，学部工作局负责寄发并落实到会院士。关于机场接站：拟仍按惯例安排，由国际合作局负责。

会议原则同意以上安排。关于房价调整问题由院机关根据实际情况确定。关于机场接站问题，也可考虑依据院士提出的接站要求接站，其他院士可自行乘出租车前往。

六、通报我院办理"两会"提案的情况

谢冰玉同志作了通报。据通报，今年全国两会交办我院的提案共 4 件，机关办公会议已作了布置。

其中"维护两院院士声誉、杜绝学术腐败"和"关于建立国家级专家队伍、充分利用人力资源"的提案，均由院道德委员会负责，政策研究室协助办理，并回复提案人；"关于中国科学院、工程院应更加关注文物保护技术研究与应用的建议"由学部工作局负责办理，并回复提案人。关于"建立中国工程科学基金委员会的建议"提案，由政策研究室负责，学部工作局协助办理。由办公厅负责向全国人大办公厅和全国政协提案办公室提交工作方案、办理情况报告和办理工作总结等。

会议同意以上安排。会议认为"关于建立中国工程科学基金委员会的建议"并非我院能够回答，应再向全国人大提出，应由国家发改委商财政部办理。

七、关于为外籍院士颁发院士证事宜

康金城同志作了汇报。据汇报,此事由我院外籍院士雅克·康(法国)提出,为便于他每年多次来华进行科技交流,希望得到与国内院士证相应的交通便利条件和礼遇。

会议认为,国内院士证是以民航总局等四部委联合发文作依据的,这种证为外籍院士颁发,能否得到认可,需向民航总局、人事部等部门了解情况后再议。

八、通报其他事项

1. 程家怡同志通报了"中俄工程科技研讨会"的筹备情况。据通报,中俄工程科技研讨会将于5月11-12日在钓鱼台国宾馆(大会)和钓鱼台大酒店(分会)举行。目前各项准备工作正在进行,已落实俄方代表56名,中方报名60人,其中我院院士25位。我院四个学部分别负责四个分会场的活动,国际合作局负责总体协调。会议内容需要翻译成俄语,工作量很大。

2. 宋学敏同志通报了财政部批复我院2005年的预算情况。我院2005年预算总数为12 352.58万元。其中:基建支出5 000万元;科学支出6 113.58万元;外交外事支出1 118万元;其他支出121万元。

3. 康金城同志通报了ESCAP第61届会议的发言要点。据通报,会议将于5月12-18日在泰国曼谷召开,外交部沈国放部长助理率团出席,并请我院派员参加,为此拟就APCAEM的有关问题提出5点发言要点。

会议原则同意。其中由于APCAEM在经费使用中手续十分烦琐,不便于工作,中方(我院)为此给予了积极的配合,但同时要注意遵守财务方面的有关规定。

主　持:王淀佐
出　席:邬贺铨　刘德培　杜祥琬　沈国舫　白玉良　石立英
请　假:徐匡迪
列　席:宋学敏　谢冰玉　高中琪　李仁涵　钱左生　康金城　程家怡　董庆九　郗小林
记　录:徐　进

院常务会议纪要(五十八)

2005年5月13日,徐匡迪院长主持召开2005年第7次院常务会议。主要议题有:审议《院士增选评审、选举操作规程(修定稿)》等4个与院士增选相关的办法规定;审议2005年院士增选有效候选人名单;通报我院正在进行的和拟向财政部申请的重大咨询项目情况。

一、审议《院士增选评审、选举操作规程(修定稿)》

高中琪同志作了汇报。据汇报,根据5月10日院士增选政策委员会对《院士增选评审、选举操作规程》有关内容提出的修改意见,学部工作局进行了研究整理。高中琪同志对拟作修改的各部分内容作了说明。

会议经讨论,原则通过有关的修改内容。具体文字表述,请石立英副秘书长及政策研究室帮助审核,定稿。会议认为,"操作规程"应叫"程序规定",有关内容应简化,不必描述太细。规定的解释权应是院士增选政策委员会。

二、审议《院士增选候选人材料验收及汇总的有关规定(修定稿)》

高中琪同志根据院士增选政策委员会的意见,对拟作修改的各部分内容作了说明。会议经讨论,原则通过有关的修改内容。具体文字表述,请石立英副秘书长及政策研究室帮助审核,定稿。会议认为,涉及港澳台方面的内容,情况比较复杂,应在规定前划定范围,有关事项另作研究。

三、审议《院士增选投诉信处理办法(修定稿)》

高中琪同志根据院士增选政策委员会的意见,对拟作修改的各部分内容作了说明。会议经讨论,原则通过有关的修改内容。具体文字表述,请石立英副秘书长及政策研究室帮助审核,定稿。

四、审议《院士增选中机关工作人员的有关规定(试行)》

高中琪同志作了汇报并对该规定的内容作了说明。据汇报,该规定是机关落实党员先进性教育的具体措施之一,对机关工作人员在院士增选中的行为提出明确要求。

会议经讨论,原则通过。会议议定,要将本规定在机关全体工作人员会上讲一讲,使每位同志都清楚,严格遵守,保守秘密。由于院士增选是工程院最重要的一项工作,为准备院士增选会议,院机关各部门应全力支持此项工作,可抽调机关各部门的同志协助学部工作局工作,原则上不再从外单位临时借调其他人员。另外,除本办法中列出的应杜绝的现象外,还有未列的一些现象也应引起注意。

五、审议2005年院士增选有效候选人名单

王海荣同志将今年对候选人的形式审查、候选人所属系统分布、年龄分布等总体情况作了汇报。据汇报,到规定的提名截止日期为止,共计533位候选人。其中无效候选人7位,遴选渠道有异议的3位,形式审查合格的523位。

遴选渠道有异议的3位候选人都是具有双重领导的单位,并都有其单位的合法证明。他们是否作为有效候选人,提请院常务会议研究。

会议议定,同意按照院士增选实施办法的规定,以函审的方式将3位遴选渠道有异议的候选人提请全体主席团成员审议。赞同人数超过半数的候选人视为有效候选人。待主席团成员反馈意见后,将有效候选人向社会公布。

六、通报我院正在进行的和拟向财政部申请的重大咨询项目情况

李仁涵同志作了通报。据通报，目前我院正在进行的重大咨询项目有 7 项，即：我国城市化进程中的可持续发展战略研究；我国矿产资源可持续发展战略研究；中国可持续发展油气资源战略研究；东北地区水资源配置、生态环境建设和可持续发展战略研究；中国不同区域农业资源合理配置、农业协调发展和生态环境的综合治理研究；农业机械化发展战略研究；三峡库区水污染防治战略咨询。

根据国务院领导的指示，院领导的批示，今年拟向财政部申请"预防煤矿灾害的战略对策研究"经费 500 万元；"建设节约型社会战略咨询研究"经费 800 万元。今后申请重大专项咨询项目原则上要经过院常务会议研究确定。

会议同意以上两个项目报财政部，申请追加经费。会议认为，重大专项咨询研究是我院的重要工作，每年都应开展几项，总经费规模按照当前情况需保持在 3 000 万元左右。除以上两项外，2006 年还应提出关于我国制造业自主创新、重大疾病传染病的防治等几项重大专项战略研究，请咨询工作委员会研究提出意见。另外关于注册工程师制度的研究、我国水电建设问题等也一并提请咨询工作委员会研究。

七、审议关于建立"深圳院士创新基地"的设想

邬贺铨副院长代表深圳院士活动基地将拟在深圳"国家大学科技园"建立"深圳院士创新基地"的设想作了汇报。分别从"院士创新基地"建设的背景及必要性、基地建设方案的初步设想和建设资金的筹措等方面作了说明。刘大响院士作了补充说明。

会议经讨论认为，我院在深圳"国家大学科技园"中建设"院士创新基地"对促进院地合作、推动院士科技成果的转化具有积极的意义，但应注意防止融资企业利用"院士创新基地"的名义，开展与科技创新无关的经营活动，从而影响我院的声誉。会议同意在坚持以上原则的情况下，与有关方面进一步商谈。

主　持：徐匡迪
出　席：王淀佐　邬贺铨　刘德培　沈国舫　白玉良　石立英
请　假：杜祥琬
列　席：刘大响
列　席：宋学敏　谢冰玉　高中琪　李仁涵　王海荣　钱左生　程家怡　董庆九　郗小林
记　录：徐　进

院常务会议纪要(五十九)

2005年5月25日,徐匡迪院长主持召开2005年第8次院常务会议。主要议题有:审议有异议的3位院士候选人和国家海洋局延误报送候选人事宜;研究与山东省共同主办今年淄博国际新材料论坛事宜;审议《CAETS 2006—2010年战略(草案)》回复意见等。

一、审议有异议的3位院士候选人和国家海洋局延误报送候选人事宜

王海荣同志作了汇报。据汇报,按照院常务会议的决定,学部工作局将3位遴选渠道有异议的候选人通过函审方式向全体主席团成员征求意见。共发出征求意见表34份,到截止日期为止,共收回反馈意见表24份,超过主席团总人数的2/3,表决有效。在24份反馈意见表中,同意这3位同志为有效候选人的票数分别为13、15、17票,均超过投票人数的半数(12票)以上,这样,这3位候选人均成为有效候选人。

会议对此予以通过。会议提出,将此次表决情况在第一轮评审会议上,由沈国舫副院长向全体院士通报。会议要求,这3位候选人的公示材料在其双重单位公布。

王海荣同志将国家海洋局延误报送5位候选人材料的有关情况作了通报。会议经研究认为,由于院士增选的每个步骤都有严格的程序和规定,并且形式审查已经完成,无法接收。请学部工作局复函予以说明。

二、研究与山东省共同主办今年淄博国际新材料论坛事宜

高中琪同志作了汇报。据汇报,自2002年以来,由中国工程院和山东省人民政府主办,化工、冶金与材料学部与淄博市政府承办的“中国(淄博)国际新材料论坛系列活动”已连续举办三届。该活动作为我院和山东省全面合作的内容之一,取得了较好的经济和社会效益,也产生了较大的影响。最近,滋博市政府来人来函商请落实今年9月继续举办该活动。

会议经研究认为,按惯例每年举办的新材料博览会,工程院积极支持,对于同期举办院士论坛等活动,会议建议每两年一次比较合适,一方面院士们需要积累一些新的内容,同时也是落实中央关于精简会议的要求。请高中琪同志转达院常务会议的意见,并由学部工作局回函。

会议同意在省院合作框架下举办的已形成品牌的学术活动不必每年审议,但请学部工作局要将我院与山东省共同举办的烟台果会、济南信博会、淄博新材料博览会和济宁专利博览会等与山东省科技厅进行沟通,统筹规划、合理安排,有些活动可以两年搞一次。

三、审议《CAETS 2006—2010年战略(草案)》回复意见

康金城同志作了汇报。据汇报,CAETS秘书处来函,征求我院对《CAETS 2006—2010年战略

(草案)》的意见。国际合作局起草了回复意见,内容包括: 1. 建立与联合国系统的联系;2. 加强CAETS 的力量;3. 促进并支持各院之间的学术活动;4. 各成员国所关注的问题等方面的内容。

会议原则同意所提各项内容。

四、研究参加 2008 年世界地震工程会议组委会成员事宜

徐进同志作了汇报。据汇报,中国地震局致函我院,请我院确定定于 2008 年 10 月在北京举行的第十四届世界地震工程会议的组委会成员。

会议议定,参照中科院参加的人员情况,我院由杜祥琬副院长或白玉良副秘书长作为组委会成员,高中琪同志作为组委会副秘书长。

会议还通报了综合办公楼电梯招标情况、开办费预算、接待瑞典工程院代表团和院地合作的有关情况。

主　持: 徐匡迪
出　席: 王淀佐　邬贺铨　刘德培　杜祥琬　沈国舫　白玉良　石立英
列　席: 宋学敏　谢冰玉　高中琪　李仁涵　王海荣　康金城　程家怡　董庆九　郗小林
记　录: 徐　进

院常务会议纪要(六十)

2005 年 6 月 23 日,徐匡迪院长主持召开 2005 年第 9 次院常务会议。主要议题有: 审议院士增选第一轮评审会议日程安排,审议徐匡迪院长、沈国舫副院长的讲话要点,审议《咨询项目经费管理办法》等。

一、审议院士增选第一轮评审会议日程安排

白玉良副秘书长将评审会议每天的内容及安排作了汇报,会议原则通过,提交主席团会议审定。

二、审议院士增选会议上徐院长讲话

郗小林同志作了汇报。据汇报,政策研究室起草的讲话内容包括三个方面:1. 当前我国工程科技发展面临的形势和任务;2. 一年来我院的主要工作;3. 认真做好这次院士增选工作。另外,简要提了光华工程科技奖的提名和综合办公楼建设等方面的内容。

会议经审议,原则同意以上各项内容,提交主席团会议审议。会议提出,外籍院士增选的工作也应提一下。另外,关于院士取得工程技术成就方面,讲话中提哪些院士更有代表性,需要进一步征求各学部的意见。

三、审议院士增选会议上沈国舫副院长讲话要点

高中琪同志作了汇报。据汇报,由学部工作局起草的讲话内容主要包括三个方面:1.候选人基本情况(学部、年龄、推荐渠道、工作单位性质、职称情况、外籍院士候选人提名等);2.有关情况和问题的说明;3.对评审工作的几点意见(候选人学风道德、会议保密、投诉信处理、第二轮评审相关准备等)。

会议经审议,原则同意各部分内容,提交主席团会议审议,修改后在评审会上印发全体院士。

四、通报科学道德建设委员会会议情况

杜祥琬副院长将6月10日道德委员会会议的情况作了通报。通报内容包括:一、通报道德委员会工作;二、关于科学道德建设的现状与问题;三、关于院士增选工作的建议。以上内容,已写入道德委员会会议纪要。

会议议定,将道德委员会的会议纪要印发全体院士,有些内容纳入沈副院长的讲话中。

五、通报“高技术产业若干重点领域‘十一五’发展研究”项目完成情况

石立英副秘书长将项目的完成过程、报批情况及主要内容作了通报。据通报,该项目由发改委委托两院联合开展,由我院王副院长、邬副院长、中科院李静海副院长牵头。自去年7月开始,两院组成了一个联合项目组,期间征求了110多位院士的意见,研究报告经反复修改后完成。目前上报稿已征求了两院咨询委员会的意见,现已报中科院李静海副院长,拟等李静海副院长审议后即上报发改委。

会议同意研究报告内容,待中科院审议后即上报。

六、研究推荐“十一五”生物产业发展规划领导小组成员事宜

王海荣同志作了汇报。据汇报,按国务院领导的要求,发改委拟研究制定生物产业专项规划,并决定成立领导小组和工作组。请我院推荐1名分管领导参加领导小组的工作,1名业务司局领导和1名参加起草工作的同志参加工作组。

会议议定,由沈国舫副院长参加领导小组工作,学部工作局高中琪、李冬梅同志参加工作组。

七、关于推荐“世博科技行动专家委员会”候选人员事宜

康金城同志作了汇报。据汇报,科技部近日来函,为发挥专家在世博科技行动中的咨询和指导作用,拟成立“世博科技行动专家委员会”,由战略专家和专业专家两部分组成。请我院推荐专家候选人,战略专家推荐1~2名,相关领域专家推荐2名。

会议议定,请白玉良副秘书长与学部工作局根据推荐条件,征求相关院士的意见,提出推荐名单。

八、关于推荐“千年技术奖”候选人事宜

康金城同志作了汇报。据汇报,“千年技术奖励基金会”秘书长给我院来函,邀请推荐候选人。

该奖励基金会主席由芬兰工程院院长兼任,每两年评选一次,金额为100万欧元。奖励对象是在能源与环境、通信与信息、新材料与加工、卫生保健与生命科学四个领域做出重大技术创新的人士。提名截止日期为2005年10月31日,获奖人将于2006年6月公布。

会议议定,将该奖提名通知提交参加评审会的全体院士,由国际合作局与学部工作局汇总后,提交院常务会议研究确定。

九、审议《中国工程院咨询项目经费管理办法》

高中琪同志作了汇报。按照院常务会议的决定,根据国家财政经费使用方面的要求,结合我院咨询工作的特点,学部工作局与办公厅对原有的《中国工程院咨询项目经费管理办法》进行了修订。修订稿已经过机关办公会议多次讨论,共10条。主要包括咨询项目立项的经费审批、经费支出报批程序、开支范围、固定资产购置、结题决算等方面。

会议经研究,通过了此办法。会议认为,咨询项目经费管理办法还应包括咨询劳务费的发放标准,如参加一次会议、一次调研活动的标准,以及最高发放限额等,使咨询劳务费的发放有章可寻,请机关研究确定。

十、审议综合楼开办费预算项目建议

谢冰玉同志作了汇报。据汇报,根据院领导的要求,经机关办公会研究决定,成立了以办公厅牵头,各部门参加的院综合楼开办费工作组,并就家具、办公设备、后勤设备、智能化系统、物业5个方面分别开展调查研究、市场寻价及比选、标准核算等工作。经一个多月的工作,完成了院综合楼开办费预算项目建议初稿。总的经费预算第一方案为6 254.9万元,第二方案为5 130.63万元。

会议原则通过。会议认为,综合办公楼应本着信息化和智能化适当超前、家具和内装修不奢华的原则尽快确定开办费预算方案。

十一、通报宣传侯祥麟院士事宜

董庆九同志将政策研究室前一阶段宣传侯祥麟院士的准备工作和下一阶段的主要工作作了通报。

会议原则同意。考虑到侯老的年龄和身体情况,建议有关方面尽可能减少打扰侯老的次数和时间。

主　持:徐匡迪

出　席:王淀佐　刘德培　杜祥琬　沈国舫　白玉良　石立英

请　假:邬贺铨

列　席:宋学敏　谢冰玉　高中琪　李仁涵　王海荣　康金城　程家怡　董庆九　郗小林

记　录:徐　进

院常务会议纪要(六十一)

2005 年 7 月 19 日,徐匡迪院长主持召开 2005 年第 10 次院常务会议。主要议题有:研究综合楼建设的有关问题,2006 年度咨询项目及经费预算情况汇报等。

一、研究综合楼建设的有关问题

1. 关肇邺院士将 8 家设计公司提出的综合办公楼内装修设计方案逐一作了介绍和简短评述,各个方案都有一些特色,但从体现工程院单位性质及与整个建筑协调而言,这些设计方案都还需要具体化。下一步的工作需要落实到一个设计单位来完成。关院士提出希望选择在北京且对综合办公楼设计思想理解较好的公司,这样可方便沟通,使内装修更能体现内外统一、内部各部分相协调,充分展现工程院学术单位的特点。关院士建议由清华大学工艺美术学院承担内装修设计任务。

会议经研究,为使综合办公楼的设计思想和风格得以贯彻到内装修设计中,内装修设计承担单位的选定和指导设计方案的深化设计,由关院士负责。装修设计方案的选取,以其中一家为主,兼收其他方案中好的设计思想,请关肇邺院士根据要求研究选定。会议提出了内装修的原则,局部装修应有民族特色(如西华厅),但总体上应体现现代风格,简洁、明亮、适用、不求奢华。设计风格上要内外呼应,协调一致,装修的重点在公用空间。现代化主要体现在信息化、自动化、智能化方面,并可超前一些。

2. 关肇邺院士对门厅屋顶的网架设计和外墙砖的选用进行了说明,由于综合办公楼毗邻德胜门,受限高的制约,门厅屋顶的结构支撑只能在屋顶内侧,但又为了避免影响门厅东西两侧房间的采光,而设计了网架结构。外墙选用直接粘贴面砖的方案,为了保证粘贴质量,保温层不宜加在外墙外侧,需要加在外墙内侧。

会议经研究,同意关肇邺院士对门厅屋顶网架设计和外墙使用粘贴面砖的意见。会议认为,请关院士尽快确定外墙砖的型号、规格、颜色,以便与施工进度衔接好。

3. 邬贺铨副院长汇报了综合办公楼建设施工进展情况。据汇报,工程开工半年多来,没有发生生产安全事故,施工质量较好,进度延后了约一个半月,经费使用合理。为作好下一步的工作,拟请北京市建委对工程安全和质量进行一次全面检查,委托国家审计署对资金使用情况进行中期审计。

会议经研究,同意进行安全和质量检查和中期审计。会议强调,这样可为工程竣工验收和工程决算审计奠定良好基础,要组织好、落实好。会议认为,为综合办公楼的施工进展,基建办的同志们付出了辛勤劳动,希望再接再厉,共同努力做好今后的工作。

4. 邬贺铨副院长汇报了综合办公楼空调系统的改进方案。据汇报,现设计为风冷系统,为贯彻节能降耗的要求,请设计单位再次研究空调方案,提出水冷系统、风冷系统、VRV 系统和冰蓄系统四个比较方案,经征求江亿院士意见认为水冷系统比较好,运行节能效果好、初次投资略费用低,虽然设备占地面积稍大，但预备的位置还可以安排。

会议经研究，确定空调制冷采用水冷系统。会议强调，采用水冷系统要尽量利用原设计管道走向预留的孔洞，避免在柱、梁上打孔钻洞，影响主体结构的功能。

5. 邬贺铨副院长汇报了综合楼节能、环保方面的改进措施等。据汇报，根据国家新颁布的建筑节能标准，拟对墙体、外窗和玻璃幕墙等 8 个项目采取保温措施，选用新型节能材料和适当增加厚度。8 项共增加投资 458 万元，预计可能超出发改委批复的预算。

会议经研究，同意采取这 8 项节能措施。会议强调，要尽可能采用现代技术和新材料，如照明尽可能利用太阳光和节能灯，墙体保温要选用挤塑聚苯板材料，外窗要采用中空 LOW－E 玻璃，靠近高架桥一侧的窗户尽可能考虑隔音效果好一些，玻璃幕墙选用先进节能产品和技术。会议认为，要节约控制开支，但也要考虑长远节能降低运行成本，提前向发改委和财政部报告有关情况，申请给予支持。

二、2006 年度咨询项目及经费预算

邬贺铨副院长作了汇报。据汇报，7 月 8 日咨询工作委员会召开了会议，审议了各学部提出的 2006 年新立的 24 项咨询项目。咨询委员会提出我院主动咨询项目选题的基本原则，即充分体现宏观性、战略性、综合性、全局性、前瞻性，围绕国家急需选题；尽量利用已有成果，避免与我院及有关单位已完成或正在进行的咨询项目重复，力求咨询研究有新意；发挥工程院跨学科的优势，项目人员组成注意吸收有关学部的院士和各方面的专家参与。各学部根据院咨询委员会要求，重新对本学部提出的项目内容及经费进行修改和调整。现提出 2006 年重大专项共 8 项（含 2005 年延续项目），申请经费 4 300 万元；学部及有关委员会的咨询项目共 27 项，经费 1 272 万元。两类项目共计 35 项，2006 年度申请经费总共 5 572 万元。

会议经讨论，同意 2006 年度咨询项目经费预算方案，列入向财政部的 2006 年经费预算申请。会议认为，确定咨询项目的经费额度需要有相应的原则规定，要依据项目的不同特点制定经费申请的标准，请学部工作局修改咨询项目经费管理办法，提交院常务会议审议。另外，关于咨询项目研究机制问题，需要深入研究。会议议定，关于咨询项目的有关问题，另外专门召开一次会议，总结已有经验，探讨改进措施，并在院士大会上讲一讲。

三、审议我院与天津市开展人才与项目合作协议

邬贺铨副院长作了汇报。据汇报，经我院与天津市沟通，对方根据我院的实际情况，对上次提出的协议初稿进行了修改，现征求我院意见。协议经双方审定后，适时举行签字仪式。

会议认为，我院主要是开展咨询工作，一些具体的研究项目应由院士单位承担。协议的内容可参考我院与北京市的合作协议确定，协议由学部工作局修改后，请邬贺铨副院长负责审定。

四、研究支持举办第十二届国际油菜大会事宜

沈国舫副院长作了汇报。据汇报，国际油菜大会是国际上规模最大的油菜学术会议，由国际油菜研究咨询委员会主办。通过申办，我国首次获得 2007 年第十二届大会的主办权。会议定于 2007 年 3 月 26－30 日在武汉召开，国务院已批准。本次会议由傅廷栋院士任大会主席，官春云院士任科学委员会主席。拟请中国工程院、农业部、教育部、湖北省人民政府、国家自然科学基金委等

作为大会的支持单位。

会议经研究，同意我院作为支持单位，有关活动列入 2007 年的外事计划，并给予一定的经费资助。

五、关于宣传侯祥麟院士的有关事宜

董庆九同志将宣传侯祥麟院士的前期准备工作和与中宣部沟通的情况作了汇报。据汇报，经与中宣部协商，侯祥麟院士的宣传安排拟在 8 月中下旬开始，9 月份掀起学习宣传高潮，配合党的十六届五中全会的召开和向建国 56 周年献礼。目前需要落实组织工作机构、准备宣传素材、与中组部沟通联系以及落实经费安排等。

会议议定，由杜祥琬副院长担任领导小组成员，政策研究室负责具体组织工作。会议认为，宣传科学家要实事求是，不要不适当拔高。会议提议，与中宣部协商，在“永远的丰碑”典型人物宣传栏目中，考虑推荐部分忠于祖国、终生奉献的院士，请政策研究室与中科院联系，研究后尽快提出一个宣传方案，抓紧落实。

六、审议院士增选第二轮评审会议议程安排

王海荣同志将院士增选第二轮评审会议的日程安排作了汇报。会议原则同意。具体开会时间请学部工作局与中科院院士工作局协商，两院错开会议时间，使两院院士能够参加两院的评审，必要时可考虑我院比中科院提前一周或两周召开。

七、研究与外专局共同举办第七届中美工程技术研讨会事宜

程家怡同志作了汇报。据汇报，国家外专局致函我院，商请共同举办第七届中美工程技术研讨会，会议定于 2006 年在中国举行，同时拟请科技部、信息产业部、中国工程院、国家环保总局作为主办单位。

会议经研究，同意我院作为主办单位之一，徐匡迪院长担任组委会主席，邬贺铨副院长担任组委会成员，国际合作局负责会议有关的准备工作。

八、研究主办国际能源生产、消费和发展研讨会事宜

康金城同志作了汇报。据汇报，翟光明院士近日致信院领导，希望由我院主办“2007 年国际能源生产、消费和发展研讨会”。会议是由 CPC（环太平洋能源与矿产理事会）提议在中国召开的，研讨的主要内容以油气为主，包括煤炭等，但不包括核能。

会议经研究，请国际合作局再征求中石油、中石化两个集团公司的意见，进一步了解相关情况后再商议。

主　持：徐匡迪

出　席：王淀佐　邬贺铨　刘德培　杜祥琬　沈国舫　关肇邺　白玉良　石立英

列　席：宋学敏　谢冰玉　高中琪　李仁涵　王海荣　钱左生　康金城　程家怡　董庆九
　　　　郗小林

记　录：徐　进

院常务会议纪要(六十二)

2005年8月25日,徐匡迪院长主持召开2005年第11次院常务会议。主要议题有:审议我院2006年度专项经费预算,研究院士增选第二轮评审会议的有关事项,审议《学术与出版委员会章程》,研究有关学术活动,通报有关情况等。

一、审议我院2006年度经费预算

张如义同志作了汇报。据汇报,按照财政部关于申报2006年度经费预算的原则要求,院机关各部门根据明年的工作需要,提出了我院明年的专项经费预算方案,院机关办公会议进行了详细研究,专项经费总额15 340.88万元。其中:科学项目支出14 611.88万元(包含院士大会、综合楼开办费等20余项内容);外交外事支出729万元。

会议经审议,原则予以通过。综合楼开办费请白玉良同志与财政部相关领导沟通,说明情况,力争得到财政部的理解与支持。

二、研究院士增选第二轮会议有关事项

1. 沈国舫副院长通报了增选政策委员会第二次会议情况。关于投诉信调查处理问题,增选政策委员会认为,既要重视投诉人的意见,又要依靠组织。调查情况是否与被投诉者本人见面,应视具体情况而定。超过截止日期的投诉信,一般不再受理,如投诉信确有特别重大事件,可由学部常委会提出处理意见,提交主管院长批准。以电子邮件方式提交的投诉信,有信箱地址且署名的应作为书面投诉处理。关于候选人到会介绍、回答问题的工作,增选政策委员会认为,院士提问的目的是要了解候选人做了哪些工作,贡献是什么,不同于研究生学位答辩,因此提问的形式可灵活多样。专业组评议应根据候选人自我介绍、回答问题的具体情况进行评价,给出评价意见,不能仅给出排序。关于各学部增选名额问题,增选政策委员会提出,本次已确定的不超过60名的名额不宜再变动,各学部的分配名额由主席团会议研究审定。关于工程管理学部的简称,师昌绪院士建议称为“工管学部”,而不称“管理学部”,此建议得到大家的认同。增选政策委员会建议第二轮评审会议时院领导在讲话中,要对“不正之风”进行分析,列举实例,讲实讲透。各学部要安排专门时间组织院士认真讨论,统一思想,取得共识,达到从严掌握院士标准的效果。

会议原则同意增选政策委员会提出的各项意见,关于院领导的讲话内容,请沈国舫副院长及学部工作局研究确定内容,起草讲话初稿,提交主席团会议审议。

2. 高中琪同志汇报了第二轮评审会议的初步日程安排。初步计划在10月22－23日工程管理学部进行评审与选举。10月24－28日各学部进行评审和选举。根据今年的实际情况,建议主席团会议在10月中旬召开。

会议经研究，原则同意评审会议的总体安排。由于工程管理学部候选人的数量不多，将其学部的评审与选举时间压缩为一天。

3. 白玉良副秘书长将主席团会议的议程安排作了汇报。主要包括：审议评审会议程；审定各学部的增选名额；通报各学部进行投诉信调查的情况；审议《学术与出版委员会章程》；评审和选举外籍院士正式候选人等。

会议对主席团会议议程予以通过。会议议定，请各学部将投诉信调查处理情况进行分类，提交书面材料在主席团会议上通报。外籍院士候选人的评议材料也书面形式提交给主席团成员，集中安排30分钟的质疑、解答时间，不再逐一介绍。

三、审议《中国工程院学术与出版委员会章程》

高中琪同志将学部工作局起草的《中国工程院学术与出版委员会章程(审议稿)》内容作了汇报。主要包括：基本职能、主要任务、组成原则、工作制度等。

会议经审议，原则予以通过。由学部工作局和政策研究室对个别内容作出修改，经院领导审定后，提交主席团会议审议。

四、听取参加CAETS会议的情况汇报

沈国舫副院长将出席今年CAETS会议的总体情况作了汇报。康金城同志汇报了参会的具体事项。包括CAETS理事会吸收新成员情况、CAETS秘书处选址问题、成员国会费情况、各国工程院关注的问题和我院拟与CAETS共同主办国际学术会议的建议等。程家怡同志就落实与有关国家工程院双边合作事宜作了汇报。包括接待美国工程院、澳大利亚技科院和芬兰工程院的来访；与英国皇家工程院、韩国工程院举办研讨会；与法国技术科学院签署合作协议；出席墨西哥工程院大会等。

会议认为，为体现我国在国际工程科技界的地位，我院应在CAETS中发挥积极作用。会议同意关于近两年内与CAETS共同主办一次国际学术会议的建议。会议经研究一致认为，我院应提高交纳会费的档次，由每年的3 000美元提高到6 000美元，达到与印度等国相等的档次，有关情况请白玉良副秘书长与国际合作局向财政部的有关领导进一步说明。

五、研究“中国管理科学院”招聘“管理院士”事宜

杜祥琬副院长汇报了一个称为“中国管理科学院”的机构，在国内招聘“管理院士”的情况。据了解，“中国管理科学院”注册在香港，但主要经营活动均由其在北京的注册机构开展。该机构除聘部分两院院士为其“管理院士”外，对其他人员提出交3万元就可以成为其“院士”。目前，此事已在社会上产生了很大影响，并引起了国务院领导的关注。这一事件对国家的院士制度(由国务院认定的两院院士)的权威性形成了冲击，其机构的合法性、我院是否要求已列入其中的院士声明退出、是否需在媒体上发表声明等需认真研究。

会议认为，对此事件应引起高度重视。会议议定由学部工作局向民政部门、工商部门等查明其机构的合法性，向德恒律师事务所咨询有关法律问题，与中科院沟通后，研究提出向院士和国务院领导说明的意见，提交下次院常务会议研究。

六、研究与中组部开展“院士行”活动事宜

李仁涵同志作了汇报。据汇报，中组部拟于今年9月份组织院士专家赴宁夏、内蒙、广西、重庆等地区，开展咨询服务活动。其中赴宁夏的活动由我院牵头，内蒙、广西、重庆的活动分别由中科院、社科院和发改委牵头，由我院组织若干名院士参加。中组部领导十分重视此次活动，贺国强部长将在京接见院士和专家并座谈、讲话。

会议议定，宁夏的活动由王淀佐副院长负责。会议认为，搞好这次由中组部等多部委联合开展的活动十分重要，要高度重视，重点把宁夏的活动组织好，如相关院士的活动较多，其他地方的活动应服从于本次活动。由学部工作局具体落实。

七、研究我院与瑞典工程院开展可再生能源合作事宜

程家怡同志作了汇报。据汇报，我院与瑞典皇家工程科学院关于可再生能源与环境的合作项目已正式开展。该项目得到了瑞典国际开发署（SIDA）的资助，分两期共700万瑞典克郎。同时，经我院申请，财政部批准了2005年对该项目支持200万元，作为国际科技合作与交流专项经费管理。该项目将持续到2008年6月，是一个较大的国际合作项目，有必要建立一个相应的执行和管理机制，保证项目的顺利开展。

会议同意关于该项目的组织方案，请杜祥琬副院长负责，同时根据研究内容请相关的院士、专家参加。

八、研究与科技部共同主办“国际风险管理研讨会”事宜

康金城同志作了汇报。据汇报，国际风险管理理事会第二次大会将于2005年9月20－21日在北京举行。主办单位为科技部和国际风险管理理事会，预计参会人数约300人，其中国外代表约120人。近日科技部再次表示希望我院能够作为本次会议的主办单位。

会议认为，本次会议是非政府性组织（NGO）的会议，为支持本次会议，我院请杜祥琬副院长出席，必要时，我院可以宴请与会代表。

九、研究“国家重大科技基础设施建设协调小组”成员事宜

徐进同志作了汇报。据汇报，国家发改委来函，拟设立“国家重大科技基础设施建设协调小组”，负责审议国家重大科技基础设施建设的有关事宜。领导小组组长单位为国家发改委，副组长单位为科技部、财政部，成员单位有教育部、国防科工委、中科院、工程院、基金委、总装备部。领导小组下设办公室，由发改委高技术司、各部门司局级领导参加。请我院派员参加。

会议议定，由邬贺铨副院长参加领导小组工作，李仁涵同志参加领导小组办公室工作，阮宝君同志为联络员。

十、通报其他事项

1. 沈国舫副院长通报了参加今年西部论坛会议的情况。

2. 杜祥琬副院长通报了国家反恐工作会议情况。

3. 康金城同志通报了关于将在马来西亚举办2006年亚洲可持续发展能源国际会议事宜。会

议由东盟工程技术院(AAET)与马来西亚中华工商会共同举办,主办单位请我院和韩国、日本工程院给予支持,并请我院领导出席并作大会发言。

会议同意支持此次大会,并请朱高峰院士在出席(AAET)会议时转达我院的意见。

主　持:徐匡迪
出　席:王淀佐　邬贺铨　刘德培　杜祥琬　沈国舫　白玉良　石立英
列　席:宋学敏　谢冰玉　高中琪　李仁涵　钱左生　康金城　程家怡　郗小林
记　录:徐　进

院常务会议纪要(六十三)

2005 年 8 月 30 日,徐匡迪院长主持召开 2005 年第 12 次院常务会议,审议综合办公楼二次装修方案。

关肇邺院士将清华大学工艺美术学院公司设计的我院综合办公楼各部分二次装修设计方案作了详细介绍和说明。

会议对装修的内容及材料、颜色搭配等逐项进行了审议,原则同意装修方案,并提出了一些装修建议,供关肇邺院士及设计单位结合整体风格考虑。

主　持:徐匡迪
出　席:王淀佐　邬贺铨　刘德培　杜祥琬　关肇邺　白玉良　石立英
请　假:沈国舫
列　席:宋学敏　谢冰玉　高中琪　董庆九　钱左生　康金城　程家怡
记　录:徐　进

院常务会议纪要(六十四)

2005 年 10 月 12 日,徐匡迪院长主持召开 2005 年第 13 次院常务会议,审议召开第 16 次主席团会议和院士增选第二轮评审会议的有关事项。

一、审议主席团会议议程

白玉良副秘书长作了汇报。据汇报,主席团第16次会议将于10月18日召开,会期一天。主要议程有:一、传达中央十六届五中全会精神;二、评审和选举外籍院士正式候选人(由沈副院长主持);三、审定第二轮评审会议日程安排;四、研究确定各学部增选名额;五、研究院士增选会议上院领导讲话的主要内容;六、通报投诉信的调查处理情况;七、审议"关于设立学术与出版委员会的决议及其《章程》"。

其中评审和选举外籍院士正式候选人的议程包括:1. 听取外籍院士候选人提名和初步征求意见情况汇报;2. 逐一介绍各位候选人情况;3. 各有关学部汇报对候选人的酝酿讨论情况;4. 通过监票人;5. 投票选举外籍院士正式候选人等。

会议经审议,通过了主席团会议议程。会议议定,第二轮评审会的全体院士大会由杜祥琬副院长主持,议程有:王淀佐副院长介绍外籍院士正式候选人的提名和主席团选举情况,总监票人主持投票选举,沈国舫副院长作关于院士增选工作的讲话,徐匡迪院长讲话。

二、研究院领导在第二轮评审会议上的讲话

王海荣同志作了汇报。据汇报,根据目前掌握的情况,学部工作局起草了沈国舫副院长在第二轮评审全体会议上的讲话初稿,包括以下主要内容:一、进入第二轮评审候选人的基本情况;二、投诉信处理情况;三、各学部增选名额的分配说明;四、坚持标准,宁缺毋滥,确保评审和选举质量;五、院士增选是对院士队伍的考验等。

会议经审议,原则同意以上各部分内容。会议认为,院士增选质量对工程院的声誉将产生重要影响,为使全体院士加深认识,应调整内容次序,将第五和第四部分放在前面讲,由学部工作局修改后,交沈副院长审定。徐院长的讲话稿由政策研究室负责起草,交徐院长审定。

三、听取调查处理投诉信的情况汇报

王海荣同志作了汇报。据汇报,在进入第二轮的158位候选人中,共有65人受到投诉,其中36人受到署名投诉,29人受到匿名投诉。投诉的主要内容包括:对候选人学术水平、成果效益提出质疑;对候选人在成果中发挥作用、所做贡献提出争议;学风道德问题;经济、生活作风问题等,大部分投诉主要集中在学术贡献方面。

各学部对此十分重视,做了认真研究布置。通过向组织发函和由院士直接调查等方式,对投诉信进行了调查核实。调查核实的初步情况是:署名投诉中属实或基本属实的占38.9%,不属实的占52.8%,暂无结论的占8.3%;匿名投诉中属实或基本属实的占25.0%,不属实的占70.8%,暂无结论的占4.1%。

会议认为,通过认真处理投诉信件,使社会监督发挥了作用,为院士们的评审提供了参考,有关情况经主席团会议审议后在沈副院长的讲话中向全体院士介绍。

四、听取调查中国管理科学院的情况汇报

高中琪同志作了汇报。据汇报,根据8月25日第11次院常务会议的意见,学部工作局安排人员分别走访或电话咨询了北京市工商局、民政部、国务院港澳办、中国管理科学研究院、德恒律师事

务所等单位和部门,目前基本情况已清楚。

“中国管理学院有限公司”于2003年3月在香港注册成立。同年11月,北京市商务局批准在京设立“香港中国管理学院有限公司北京代表处”。针对我院部分院士受聘该机构的情况,提出以下建议:

1. 根据调查的初步结论,可以认定“中国管理科学院”是一个非常不正规的机构,其相关宣传和所从事的聘任“管理院士”的行为带有明显的欺骗性。建议书面向全体院士说明真相,并要求已接受邀请,成为其成员的院士以个人名义声明退出。

2. 中科院领导提出希望两院共同协调处理与此相关的问题,建议以两院名义在媒体上发布公告,澄清影响。

3. 在国内,人们一般认为“院士”特指中国科学院和中国工程院院士,是科学和工程技术领域的最高荣誉称号,但在法律上还没有对这一名称使用的禁止性规定,应提请国家有关部门从立法上给予明确,对这种行为从源头上予以制止。

会议同意以上三条建议,向媒体发布的声明一定要文字严谨,要请律师审核。

五、通报其他事项

1. 杜祥琬副院长通报了全国地质工程会议的有关情况。

2. 高中琪同志通报了与中组部组织“院士行”的情况。据汇报,根据商定的安排,宁夏院士行由我院协助组织,王副院长带队。重庆院士行由发改委协助组织,我院邬副院长带队。

我院先后有26位院士参加了四省市的咨询服务活动。重庆8位,广西5位,内蒙3位,宁夏10位。整体活动进展顺利,效果也比较好。9月16日,中组部召开座谈会,赵洪祝常务副部长主持并讲话,对此次活动给予充分肯定。

主　持:徐匡迪
出　席:王淀佐　刘德培　杜祥琬　沈国舫　白玉良　石立英
请　假:邬贺铨
列　席:宋学敏　谢冰玉　高中琪　王海荣　钱左生　程家怡　郗小林
记　录:徐　进

院常务会议纪要(六十五)

2005年11月20日,徐匡迪院长主持召开2005年第14次院常务会议,研究院士增选的有关事宜,审议向国家开发银行推荐特聘专家等。

一、听取对新当选院士投诉情况的汇报

高中琪同志作了汇报。据汇报，自第二轮评审结束至 11 月 18 日止，我院收到了对 5 位新当选院士的投诉。根据院领导的指示，院机关及时派出工作人员走访有关部委和单位，对投诉中提出的问题进行了调查核实。相关学部召开了在京常委会议，对问题进行了专门分析研究。

会议对投诉的情况逐一进行了研究。会议议定，将其中 3 位被投诉的情况提交主席团会议审议，由相关学部主任负责说明情况，按照《中国工程院章程》和选举办法，由主席团民主决定。

二、审议向国家开发银行推荐的特聘专家名单

高中琪同志作了汇报。据汇报，我院于去年与国家开发银行签署合作协议后，开发行提出了需要聘请院士的范围和领域。根据院领导的批示，学部工作局经征求相关学部主任的意见，提出了 10 个方面的 72 位院士名单，供开发行选择参考。另外，开发行业务部门领导专程来我院进行交流和沟通，认为我院 2004 年完成的一些咨询项目，对开发行的业务工作有重要参考作用，提出由我院向其提供可以公开的相关研究报告，该行给我院若干研究经费。2005 年的合作项目，由开发行根据需要提出后，我院再研究。

会议原则同意以上建议。关于特聘院士专家名单，会议提出，应增加和调整在可再生能源、城市规划和市政设施建设等方面的院士专家。

三、通报出席国际选矿大会理事会会议的有关情况

钱左生同志作了通报。据通报，国际选矿大会（IMPC）理事会会议于今年 10 月 8 – 15 日在土耳其召开。会议研究了第 23 届 IMPC 大会的筹备情况，大会将于 2006 年 9 月 3 – 8 日在伊斯坦布尔召开，我院王淀佐副院长被确定为主旨报告人之一。会上还通报了中国筹备 2008 年在北京召开的第 24 届 IMPC 会议及 2007 年在西安召开的 IMPC 理事会情况。

会议强调，要全力做好国际选矿大会的各项准备工作。

四、研究我院与印度工程院签署合作协议事宜

钱左生同志作了汇报。据汇报，印度工程院希望与我院签订合作协议，并于本月 16 日传来协议文本（草案）。沈国舫副院长将于本月 21 – 26 日率我院代表团赴印度参加 APCAEM 第四次理事会会议，会后拜访印度工程院，商讨双方合作事宜。鉴于时间较仓促，建议代表团在此次访印期间，与印方就该协议进行商议，将达成一致意见的文本带回，经院常务会议讨论通过后再行签署。

会议同意以上建议。

五、研究 Newsletter 新版封面式样

钱左生同志作了汇报。据汇报，根据我院对外交流的需要，对 Newsletter 封面进行了改版设计，并增加页码，现提供两个封面设计式样，提请会议审定。

会议经研究，确定期刊号在右上方的式样方案作为新版封面式样。

六、通报其他事项

1. 杜祥琬副院长通报了我院与瑞典开展合作项目的有关情况。瑞典在生物质能方面有成熟的技术,很多方面值得我国借鉴,我院可在推动实质性合作方面发挥一些作用。会议认为,可将中瑞合作项目作为我院与山东、深圳的合作内容,为山东的秸秆利用、深圳的垃圾处理等开展国际合作牵线搭桥。

2. 沈国舫副院长通报了社科院领导希望与我院开展合作的情况。会议提出,近期拜访社科院领导,进行交流,探讨在技术经济等方面的合作。

会议提出,今年院士增选结束后,要尽快准备明年的院士大会。邀请包括沃尔夫在内的外国工程院领导作学术报告,我院也要准备高水平的学术报告,同时要加强中美在工程科技方面的合作。

主　持:徐匡迪

出　席:王淀佐　刘德培　杜祥琬　沈国舫　白玉良　石立英

请　假:邬贺铨

列　席:宋学敏　高中琪　王海荣　钱左生　程家怡　董庆九　郗小林

记　录:徐　进

院常务会议纪要(六十六)

2005 年 12 月 15 日,徐匡迪院长主持召开 2005 年第 15 次院常务会议,听取关于综合办公楼基建进展情况的汇报,研究“中国管理科学院院士”和有关国际奖等事项。

一、听取关于综合办公楼基建进展情况的汇报

邬贺铨副院长作了汇报。据汇报,我院综合办公楼自今年 1 月 18 日开工建设以来,到目前为止,已完成总施工量的近半。结构工程质量较好,但在墙体方面也有一些小的问题,正在改进之中。目前实际施工进度与预期相比有所滞后,原因涉及很多方面。对此,我院将在施工组织和工期管理方面采取措施,及时研究解决施工过程中出现的各种问题,加快进度。同时家具、多媒体的设计、采购等工作,也应提前做好准备,提前与基建办协调、沟通与衔接。

会议认为,综合楼建设要以安全、质量、预算、工期为原则,在确保工程质量和严格控制预算的前提下,加快工期进度。

二、审定综合办公楼通信系统建设单位

邬贺铨副院长作了汇报。据汇报,11 月 7 日,我院召开了综合办公楼通信系统建设方案评议

会。中国电信公司和中国网通公司提交了各自的方案建议书,两家都承诺免费施工。经过专家和我院相关人员的充分讨论,一致认为:

1. 固定电话应采用虚拟小交换机方案,两家都能实现。

2. 两家的实力相当,以后的资费收取也基本一样,采用哪家应考虑资费让利和服务便捷两个因素。

基于上述共识,又要求中国电信和中国网通重新做了细化的资费和服务承诺,通过对比,两家的主要差别在于:

1. 中国电信德外局毗邻我院新建办公楼,距离很近;而中国网通离我院最近的二级交换局在北太平庄,也比较近。

2. 中国电信固定电话免初装费,中国网通每部电话需收取200元初装费等。

会议经研究确定,选用中国电信公司作为综合办公楼通信系统的建设单位。

三、研究"中国管理科学院院士"的有关问题

高中琪同志作了汇报。据汇报,根据院常务会议的意见,学部工作局在第二轮院士增选会议期间,向已被列入"中国管理科学院"网站名单的42位院士发出了"给有关院士的一封信",说明了"中国管理科学院"的性质和有关情况。

院士们做出了积极的反应。截止11月底,42位院士中,有35位寄回了文字材料,明确表示声明退出,4位院士声明从未加入过该组织。另有3位院士因在国外,尚未联系上。

很多院士希望中国工程院统一采取措施应对此问题,因此建议:

1. 以42位院士名义发表联合声明,已加入的声明退出,未加入的声明与该院没有关系,并保留进一步追究法律责任的权利。

2. 该声明除在我院网站和《院士通讯》上公布外,还要在《科技日报》和《科学时报》上公布。

3. 要求"中国管理学院有限公司"办理院士退出事宜。

会议经研究,同意以上各项建议。刊登的声明稿请石立英副秘书长修改后,再请律师审阅后刊登,与该组织接触时也要请律师参加。

四、研究有关国际奖项的工作

钱左生同志作了汇报。据汇报,按照宋健主席团名誉主席和徐匡迪院长关于作好国际奖项候选人推荐工作的指示,王淀佐副院长召开专门会议,研究落实工作,提出以下建议:办事部门暂由国际合作局咨询调研处和学部工作局综合处共同承担。国际合作局侧重对外的联系,学部工作局侧重对内的组织和联系。待我院迁入新办公楼后,再根据人员配备和机构调整情况另行考虑设立专门机构事宜。工作程序如下:

1. 接案。根据有关单位组织、院领导和有关院士、专家送交的提名书,国际合作局负责与国际奖的颁发单位联系,或通过其他信息渠道,了解申报该奖项的具体要求,并准备好有关提名材料;

2. 将了解到的有关资料报送院领导,由学部工作局牵头,经过院或学部的会议商议决定是否推荐以及推荐哪位院士或专家;

3. 在确定推荐人后,与被推荐人所在单位联系,请该单位协助按照要求准备推荐材料;

4. 在向院常务会议报告后,国际合作局负责将提名材料按要求及时提交国际奖的评审单位;

5. 国际合作局对每一推荐情况都要予以存档。争取收集前些年曾提过名的我院院士的有关材料备用;同时平时注意收集有关国际奖的奖项、提名要求、提名时间等,供领导参考。在适当时候建立相应国际奖项数据库。

会议原则同意以上建议。会议认为,收集、整理国际奖项的工作十分重要,将来要设专门机构开展调研工作,记载和掌握国际奖的有关情况。在新办公楼展厅中要将院士获国际大奖的内容在电子显示装置上展示,并可供查询,同时要在《院士通讯》和工程院网站上报导消息。

五、研究与印度工程院签署合作协议事宜

康金成同志作了汇报。据汇报,沈国舫副院长率我院代表团于2005年11月25日访问了印度工程院,双方就共同感兴趣的合作问题进行了讨论。

根据初步讨论结果,建议在工程教育、工程师资格认证、能源安全、环境、农业工程与机械化、电信等领域开展合作。具体内容待双方领导和院士间进行充分协商并达成一致意见后再确定。印方还希望我院支持其参加东亚工程院圆桌会议。

会议原则同意我院与印方开展合作的内容,同意印方列席东亚工程院圆桌会议,邀请印方出席明年我院第八次院士大会。

六、研究CAETS主席提出的事项

康金成同志作了汇报。据汇报,10月25日,CAETS主席John Zillman致函下届主席比利时的Cauwenberghe教授,并抄送徐院长。他提出了CAETS要积极发展与UNESCO和ICSU等国际科技组织合作的建议。他认为CAETS还应加大宣传力度,多参加重要的国际会议,在国际场合有CAETS的声音等。

会议同意以徐院长名义回复Zillman教授,对他就任CAETS主席以来所做的努力给予高度评价,并强调要加强CAETS成员之间的信息沟通与合作,就共同关心的并对世界工程技术发展有重大意义的问题进行研讨和举办学术会议,以使CAETS的知名度和国际影响进一步得到提高。

七、研究出席明年东盟国际能源大会事宜

康金成同志作了汇报。据汇报,东盟工程技术院举办的“2006国际能源大会”将于2006年11月26-29日在马来西亚召开,我院已回复其“只作支持单位,不作共同主办单位”。现该院长邀请徐院长任此次大会顾问,参加“可持续发展计划院长论坛”,参加该院举办的圆桌会议。

会议认为,保持与该院的联系,同意作支持单位,届时请杜副院长出席会议,回复表述要留有余地。

八、商定近期(春节前)的主要活动安排

白玉良副秘书长作了汇报。主要包括举办京津冀院士新春茶话会、院机关2005年工作总结会和安排院领导春节前看望院士等活动。

会议议定,今年的院士联谊活动可以考虑变换一种形式,如搞一场高雅音乐会,以体现新意、与时俱进。会议请院机关研究落实。

会议同意院机关2005年工作总结会和春节前院领导看望院士的有关安排。机关总结会的时

间定在2006年1月20日下午。院领导看望院士的时间安排在2006年1月24－26日期间,分别安排院长和副院长看望在京的老院士、老领导,由学部工作局负责联系准备,院机关有关人员陪同。

九、通报其他事项

1. 程家怡同志通报了我院接待美国工程院沃尔夫院长一行的安排。沃尔夫院长一行于12月19日下午3:00到访我院,徐院长等院领导会见并座谈,当晚院领导宴请沃尔夫院长一行。20日晚,宋健名誉主席、王淀佐副院长等宴请沃尔夫院长一行。

会议议定,接待沃尔夫院长一行,全体院领导尽量都参加。新当选外籍院士的证书统一在明年院士大会上颁发。

2. 白玉良副秘书长通报了"全国改革与发展"会议的有关情况。会议认为,这次会议的精神应贯彻到我院的咨询工作之中。

3. 高中琪同志通报了河南省发改委致函提出的,河南省要与我院开展全面合作的有关情况。会议认为,与地方的合作仍要坚持依据具体项目开展合作的原则。针对河南的实际,可在某些项目上开展咨询等活动,不宜再进行全面合作,由学部工作局回复。

主　持:徐匡迪
出　席:王淀佐　邬贺铨　杜祥琬　沈国舫　白玉良　石立英
请　假:刘德培
列　席:宋学敏　高中琪　钱左生　康金城　程家怡　郗小林
记　录:徐　进

〔院长办公会议纪要〕

院长办公会议纪要(一)

2005年3月18日,刘德培副院长、白玉良副秘书长主持召开2005年第1次院长办公会议,专题研究《中国工程院2004年年鉴》(以下简称"《年鉴》")的编辑出版工作,审议《年鉴》的初步组稿内容并布置下阶段工作,研究确定出版社。

办公厅刘畅同志汇报了《年鉴》初步组稿的详细内容。据汇报,根据我院去年开展的主要工作,院长办公室已进行了2个多月的组稿工作,并编写了"2004年大事记"。根据目前掌握的情况,按以往编辑惯例,拟将《年鉴》的主要内容分17个部分,即:一、重要讲话;二、重要文件;三、院士大会及院庆十周年;四、会议纪要;五、咨询报告;六、技术创新院士行;七、院士建议;八、学术活动;九、院地合作;十、出访报告、国际合作协议;十一、制度办法;十二、任免事项;十三、其他院发文;十四、出版物介绍;十五、光华工程科技奖;十六、院机关工作;十七、附录。有些部分根据需要又作了细分,尚有部分内容需院机关各部门负责查找、补充。全书预计90万字左右。拟安排8个照片页,选取30张有代表性的照片。

会议认为,院长办公室前期组稿作了大量工作,应给予充分肯定。会议就组稿内容进行了逐项审议,提出了若干修改和调整的意见。

根据我院与高等教育出版社长期合作的情况,会议议定,委托高教出版社负责出版我院的《年鉴》,印制800册书和电子版光盘。为减轻院士的携带困难,《年鉴》印出后直接邮寄给各位院士,不再在院士增选会上分发。

会议认为,《中国工程院年鉴》是记载中国工程院历史的重要文献资料,院机关各部门要高度重视,仔细整理,团结协作,以对工程院历史负责的态度做好《年鉴》的编辑出版工作。

主　持:刘德培　白玉良
出　席:石立英　宋学敏　谢冰玉　董庆九　高中琪　钱左生　徐　进　刘　畅　杨　丽
　　　　刘　静　官　键
请　假:阮宝君
记　录:刘　畅

院长办公会议纪要(二)

2005 年 4 月 19 日,徐匡迪院长主持召开 2005 年第 2 次院长办公会议,专题研究综合办公楼装修设计中的有关事项。

邬贺铨副院长将综合办公楼二次装修设计招标的有关事项逐一作了情况介绍。

会议逐项进行了研究。提出以下原则性意见和建议:

一、装修设计的原则

1. 总体装修设计要符合国家规定的标准;

2. 装修设计要充分体现工程院作为工程科技机构的特色,达到俭朴、大方、适用的效果;

3. 要采用安全、环保、节能的材料,如一些高新技术材料等;

4. 新老院领导办公室按同样的标准装修,外宾接待室符合外事接待标准,并体现中华民族文化的特色;

5. 设计出 2 ~3 个方案征求部分院士和机关的意见,修改后提交院常务会议确定招标方案。

二、对装修设计的具体建议(供设计单位参考)

1. 院领导办公室、各学部会议室地面用硬木地板(实木或实木复合),墙壁为白色乳胶漆;主席团会议室地面用木地板,墙壁用吸音壁布结合木质板材,屋顶用纸面石膏板。报告厅地面用木地板,墙壁根据二次设计使用功能需要选材料,厅顶用纸面石膏板。外宾接待室(西花厅)地面砖加地毯,墙壁用檀木,古式明屋顶。

2. 大厅、北门厅和休息廊的地面、墙面用人造石材或天然大理石或花岗岩;大厅墙面可镶嵌铜材的历史上著名的工程大师肖像(浮雕),如詹天佑、李四光、茅以升等;前厅、走道、资料室等墙壁用白色乳胶漆;屋顶用纸面石膏板,大厅屋顶根据二次设计功能选材。

3. 机关办公室地面用地砖,墙壁用白色乳胶漆,屋顶用纸面石膏板。

三、改动结构设计的建议

大楼北门需要做形象化设计,要有避雨条件。楼顶拟增加汉白玉护栏。待与院士沟通后确定。

主　持:徐匡迪

出　席:王淀佐　邬贺铨　杜祥琬　白玉良

列　席:杨　丽

记　录:徐　进

院长办公会议纪要(三)

2005年4月27日,邬贺铨副院长主持召开2005年第3次院长办公会议,专题研究我院网络建设中的有关事项。

办公厅徐进同志将我院网络的基本概况、下一步的工作设想和需要会议审议的若干问题作了汇报。

会议对我院网络建设中的各项内容逐项进行了研究。议定如下:

网络建设总的原则:第一阶段,在中国科技会堂办公期间,够用就行;第二阶段,搬入新办公楼后,合理规划,增加功能,综合集成,提高水平。

一、关于电子邮件系统建设方面,会议同意新购两台服务器,以提高邮件服务的运行性能,现有的两台老服务器留做备用,以应付意外的风险。此事已有预算,按政府采购的规定购买。要对设备供应商提出与原系统兼容的要求,并对我院网络管理人员进行邮件系统的维护培训,将来出现一般的问题,要能自己维护解决。

二、关于办公自动化系统建设方面,会议提出,要本着针对实际需要,力求简洁实用的原则在院机关推广普及。已开发的功能中可从"每周工作安排"模块的使用起步,要求机关人员通过办公系统查看工作安排。系统中还要开发哪些功能,由机关各部门提出,按实际需要逐步开发。办公厅对机关工作人员进行网络使用方面的培训。

三、关于网络安全和设备更新方面,会议同意根据需要购买网络安全和监控的一些硬、软件,以提高网络监控水平。及时升级网络防病毒系统,并逐步更新部分老化的网络设备等。

四、关于互联网站的建设和维护方面,会议提出,要达到各种上网信息不依赖于代维护单位的协助而由我院自己发布,并自行安排调整的目标。为此可继续请代维护单位开发一些管理功能,以实现我院信息维护人员能够方便、灵活地发布信息,可根据需要增加一些功能开发费用。根据我院的工作性质,不宜多搞网上论坛,如必须开设的专题论坛,要选好论坛版主。

关于各学部办网站问题,会议认为,总的原则是由各学部根据需要自己决定。根据学部的要求,工程院的网站可为有需要的学部开辟专门的网页,但该学部必须负责对上网内容把关。如学部自行建设网站,工程院网站可提供网页链接,但学部网站的建设、上网信息的审核以及建设维护经费等均由各学部自行解决。

关于院士简介内容的更新问题,由于现有院士简介大多依据院士当选时的情况,有些内容早已变动,长期未更新。会议议定,利用每年召开全体院士会议的机会,院士简介由院士本人修改,签字确认。院士简介的更新应成为制度,以保证院士信息的准确性。

网站上可将我院4个局级部门的职能作介绍,可留联系电话,但不必提供工作人员的姓名。

五、关于是否再建一套与Internet网隔绝的内部网络问题。考虑到我院涉密工作业务量不是很多的实际情况，会议同意继续按现有方式解决，即在重点部位设断网的单机处理涉密信息，将来搬入新办公楼中也不在全体工作人员的层面再建一套内网，可按照规定将国务院专网延伸到主要院领导办公室。

六、关于开发若干专用自动化管理系统的工作，会议议定，根据新办公楼的使用需要，同意按国办要求开发建设对外“文件交换智能化收发管理系统”。关于公文传输智能化管理系统的建设需进一步研究后再定。智能化的财务报销管理系统、咨询项目管理系统、档案管理系统、图书资料管理系统、资产管理系统、外事工作管理系统、信访工作管理系统等由各主管部门进行研究，提出是否需要开发的意见，院里综合研究后确定。

主　持：邬贺铨
出　席：白玉良　石立英　谢冰玉　高中琪　董庆九　程家怡　张如义
列　席：刘　畅　黄海涛
记　录：徐　进

〔专门委员会会议纪要〕

咨询工作委员会会议记要

（2005 年第 1 次会议）

2005 年 7 月 8 日，中国工程院咨询工作委员会 2005 年第一次会议在北京召开，会议由王淀佐主任、邬贺铨副主任分别主持。会议的主要议题有：听取有关院士介绍申请 2006 年新立项目情况；研究 2006 年新立咨询研究项目及经费等情况；研究 2006 年我院咨询工作的改进意见等。

会上，咨询委员会委员在听取了 19 位院士分别介绍 2006 年准备申请的 24 项（其中 5 项为申请财政部专项）新立咨询研究项目情况后，首先研究并明确了明年我院咨询工作开展的原则，即**我院咨询研究项目的选题重点应该是：充分体现宏观性、战略性、综合性、全局性、前瞻性，围绕国家急需选题；尽量利用已有成果，避免与我院及有关单位已完成或正在进行的咨询项目重复，力求咨询研究有新意；发挥工程院跨学科的优势，项目人员组成注意吸收有关学部的院士和各方面的专家参与**。基于此原则，委员们对明年新立项的咨询项目、经费申请及明年咨询工作的改进进行了研究。现会议纪要如下：

一、关于已立项的咨询研究项目

会议同意对已立项的咨询研究项目，继续给予支持，并报院常务会议批准后，向财政部提出经费申请。具体情况见附表（略）。

二、关于 2006 年提出申请的重大咨询专项

会议同意《装备制造业自主创新战略研究》、《我国重大传染病预防与控制战略研究》和《中国可再生能源发展战略研究》重大专项咨询研究项目报院常务会议批准后，向财政部提出申请。

对化工学部提出的《我国若干重要工业中温室气体的排放、评估及其对策研究》重大专项咨询研究项目，会议建议化工学部注意发改委、气象局及我国有关全球气候变暖委员会（IPCC）等单位已有的研究成果，就研究目标、内容和专题划分及人员组成进一步完善项目申请书。对农轻环学部提出的《高性能纤维及相关制品国家发展战略与策略研究》重大专项咨询研究项目，会议建议该项目进行专题分解，明确各专题研究内容和人员组成，对其中军用纤维的专题吸收化工材料学部院士和国防材料应用部门的专家参加，并建议农轻环学部根据咨询研究内容估计所需研究经费，注意经费分配符合要求和合理，进一步完善项目申请书。修改后的项目申请书还需书面征求咨询委员会

成员同意和院常务会议批准后，才能向财政部提出申请。鉴于本月20号之前要上报财政部，因此上述两项修改的申请书应不迟于本月16日报院，以免耽误上报。

三、关于各学部常委会提出的院级和学部级新立项的咨询项目

1. 同意《交通运输网络关键问题研究》今年补立项并开展研究。

2. 为了避免重复研究，会议认为：(1)《我国公共信息共享的机制与管理问题研究》需注意与我院正在开展的《中国信息化持续发展的战略研究》的内容不要重复，建议进一步明确研究内容；(2)将《西部风能大规模开发的战略路线研究》纳入到我院将向财政部申请的《中国可再生能源发展战略研究》重大专项中，建议该重大专项吸收《西部风能》项目组的有关院士和专家参与到相关的研究工作中；(3)建议《我国建筑节能的现状调研和建议解决途径》和《运用现代工程技术理念与管理，促进循环经济》项目不单列，建议其研究内容及经费在我院正开展的《建设节约型社会》重大专项咨询研究中安排，希望该重大专项邀请上述两项目组的有关院士和专家参与到相关的研究工作中。

3. 工程院的咨询研究不同于自然科学基金研究、国家863和973计划研究等，目标是向有关部门提供决策咨询，需要体现战略性、宏观性和全局性，目前《脑死亡》与《播存网》项目研究内容偏科研性质，建议重新考虑项目研究定位。

4. 为充分发挥各学部常委会的作用，各学部除了向院推荐重大咨询专项外，今后每个学部在每年咨询经费额度100万元内(可跨年度安排，随着今后财政部划拨我院的切块咨询研究经费的增加，此额度将提高)向院推荐咨询项目。建议在此经费额度内每年推荐的学部重点项目一个，最多不超过两个，院咨询委员会将从中选定需跨学部组织的院级咨询项目。额度内所余经费还可用于安排学部级的咨询项目(原则上学部级项目每项经费不超过20万元)。上述经费可跨学部调剂。财政部划拨我院的切块咨询研究经费中除分配给各学部外所余经费(目前大约100万元)还可用于支持临时急需启动的咨询研究项目。

5. 各学部提出的在总经费额度内的学部级咨询研究项目，院咨询委员会不再讨论审议，只是备案；院咨询委员会将重点讨论和审议重大专项和院级以及学部重点咨询项目。今后重大专项和院级项目以及学部重点项目的申请书需要增加该项目院内外已有研究基础的一栏，需要有明确的专题划分及人员名单，项目经费需要有明细说明。

6. 上述要求适用于2007年及其后申请的项目，但基本精神可应用到现在审议的2006年新上项目。按这一要求，请各学部按照选题的原则对已提出的咨询研究项目分学部重点与学部级项目择优排序，并于7月20日前报院咨询委员会，对原项目申请书内容和经费如有修改请一并重新报送。

7. 院咨询委员会将根据财政部下拨经费和各学部的择优排序提出2006年新上院级和学部重点及学部级咨询项目名单及经费安排建议，报院常务会议审议。

8. 希望各学部，在咨询研究工作中能够吸收更多的院士参与，注意发挥京外院士和参加活动少的院士作用。另外，结题时希望以多种形式征求院士们的意见，力求咨询研究报告的高质量。为扩大我院咨询研究成果的影响，建议咨询项目结题时除按我院咨询管理办法已规定的程序结题外，结合各自有关的专业领域，可以举办向政府或行业部门的汇报会、论坛、新闻报道、出书或其他形式的活动(保密除外)。

9. 今后我院在提出咨询研究项目申请立项之前,尽量征求有关部委或企业的意见,以了解他们的需求后提出下一年度的咨询研究项目。

10. 建议学部工作局按照咨询项目类型制订统一的编号,如统一制订重大专项编号、学部项目编号、委托咨询项目编号等,应用到2005年及今后的项目管理中。并对我院咨询项目的进度检查、评审制度等问题进行研究。根据上述有关改进意见及选题原则,对我院现有的咨询管理办法进行重新修订,提交下次咨询委员会讨论。

出　席:王淀佐　邬贺铨　范维唐　赵忠贤　徐滨士　吴　澄　汪旭光　汪燮卿　潘自强
　　　　崔俊芝　傅熹年　戴景瑞　李泽椿　王澍寰　钱七虎　白玉良
请　假:陈良惠　胡见义　桑国卫　刘大响　李京文
机　关:石立英　李仁涵　王海荣　易　建　安耀辉　宋德雄　王振海　梁晓捷　李东梅
　　　　唐海英　宗玉生等

院士增选政策委员会会议纪要

(第13次会议)

2005年5月10日,沈国舫副院长主持召开了2005年院士增选政策委员会第一次会议,委员会顾问及委员共13位院士出席。会议主要议题有:通报2005年增选提名、遴选阶段有关情况;审议《院士增选评审、选举操作规程(修定稿)》等3个增选有关文件。

一、通报2005年增选提名、遴选阶段有关情况

学部工作局王海荣同志汇报了2005年院士候选人的学部与年龄分布,候选人所在工作单位的组织系统分布等情况。会议通报并重点研究了提名、遴选阶段各方面所反映的有关问题。

1. 工程管理学部院士对专业背景学部候选人的提名问题。会议认为还需进一步做调查研究,以决定今后是否对《院士增选工作实施办法》进行修改。

2. 关于《中国工程院院士增选学部专业划分标准》试行后,个别院士提出转学部的问题。会议同意根据本人意愿,按照院士调整学部的规定办理。同时,鉴于学部"专业划分标准"尚在试行中,请相关院士是否可在"标准"正式使用后再办理学部调整,以免因"标准"的修订而出现反复。何时调整,应尊重院士的意愿和相关学部的意见。

3. 关于香港特别行政区候选人提名渠道问题。会议重点就香港地区的候选人能否由科协下属的全国性学会提名进行了讨论。建议学部工作局向政协、人大了解对类似问题的处理办法,要调

查研究，向港澳办咨询，遵照香港特别行政区基本法，谨慎处理。

4. 关于两院增选工作有关规定的一致性问题。目前两院增选同期进行，但在增选文件中的个别提法与具体规定上略有差异。希望我院学部工作局与科学院院士工作局进行必要的沟通、协商，能统一的尽量统一，以方便遴选部门的工作。

二、审议《院士增选评审、选举操作规程（修定稿）》等3个文件

这3个文件都是长期以来，在增选工作中形成的，基本内容变化不大，学部工作局高中琪副局长对少数需要修改之处做了说明。与会院士对《院士增选候选人材料验收及汇总的有关规定（修定稿）》没有提出不同意见，主要对以下两个文件进行了认真讨论。

1. 审议《院士增选评审、选举操作规程（修定稿）》。与会院士同意参照2003年增选政策委员会《对第二轮评审候选人自我介绍的指导意见》，增加候选人到会自我介绍的有关内容；同意在第一轮评审时，工程管理学部候选人直接进入相关学部的大会介绍；同意增加"院士因故不能全程出席评审会议时，必须出席学部大会介绍这一环节，方能参加确定进入第二轮候选人、正式候选人以及选举的投票"的规定。与会院士就提名材料中有关获奖类别的规定，建议学部工作局对国内影响大的、科技部、国家奖励办认可的奖项做调查，列出目录，供增选评审时参考。会议同时还决定了对其他个别之处的修改。

2. 审议《院士增选投诉信处理办法》。与会院士认为，第一轮评审会前，难以对投诉信进行处理。应在第一轮评审会后，对投诉信认真调查，第二轮评审会时集中精力把好院士当选的入口关。

出　　席：沈国舫　师昌绪　侯云德　陆元九　周干峙　顾国彪　沈昌祥　汪燮卿　朱建士
　　　　　韩其为　方智远　赵　铠　钱七虎　白玉良
请　　假：杜祥琬　陈肇元
记录整理：王海荣

院士增选政策委员会会议纪要

（第14次会议）

2005年8月11日上午，我院院士增选政策委员会召开会议。委员会主任沈国舫副院长主持会议，副主任杜祥琬副院长、顾问、委员以及各学部专业划分课题组组长等13位院士出席了会议，出席会议的还有白玉良副秘书长，学部工作局有关工作人员列席了会议。

会议就2005年增选《院士增选学部专业划分标准》执行情况、投诉信调查处理、第二轮评审会

议的有关工作、各学部增选名额方案等四项议题进行了研究讨论。

一、2005 年增选中,《学部专业划分标准》执行情况

各学部专业标准课题负责院士,就增选中反映出的问题进行了交流。《学部专业划分标准》主要参考了教育部的研究生学科划分,执行情况基本顺利。能源学部有院士建议,设立“公共安全预警防灾分支学科”,还有的学部院士建议本学部某个二级专业学科的名称表述更准确一些等等。医药卫生学部进入二轮的候选人中有 6 位填补了空白学科。增选委员会将在进一步了解情况、研究后再考虑做修订工作。

二、研究讨论投诉信调查处理问题,提出指导意见

与会院士针对投诉信处理中提出的一些问题进行了讨论。会议认为还是应该坚持《工程院院士增选投诉信处理办法》中的有关规定。

调查被投诉的问题,既要重视投诉人的意见,又要依靠组织。调查需要看档案材料,只能通过候选人单位了解。特别是属于政治、经济方面的问题只能依靠组织,否则院士短时间是调查不清的。

至于是否与被投诉者本人见面,与会院士认为一般是针对调查中的问题与本人交换意见,了解本人态度。应该根据具体情况而定,允许与被投诉人见面,但应由常委会决定。院士在调查中要注意保密纪律,要保护投诉人,也要保护被投诉的候选人。

当院士提名的候选人受到投诉时,提名院士应该作出说明,负起提名人的责任。

对于超过截止日期的投诉信,一般不再受理。除非投诉信反映有特殊重大事件的,可由学部常委会提出处理意见,提交院里批准,由院领导决定是否调查。

会议认为,以电子邮件方式寄来的投诉信,有信箱地址且署名的应作为书面投诉处理。

沈副院长最后强调,对投诉信调查要谨慎把好关。总的要求是具体情况具体分析处理。尽管有时调查环境不好,可能会得罪人,但我们仍要鼓励院士勇敢负起责任,否则可能会造成后患。

三、研究第二轮评审会议的有关工作

学部工作局王海荣同志就 2003 年候选人到会自我介绍的试点情况做了简要介绍,建议在 2003 年试点的基础上,能够使有关程序更加规范。

与会院士对候选人到会介绍、回答问题的评审工作,进一步进行了交流。与会院士认为:

1. 候选人自我介绍的范围应严格限制在 2 500 字的内容,请候选人讲清在取得的成就贡献中本人所发挥的作用。

2. 院士提问的目的是要了解候选人做了哪些工作,贡献是什么? 搞清楚问题,不同于研究生学位答辩。提问的具体做法可以是:事先把候选人介绍的内容发给院士,各专业组准备问题。有的院士建议专业组准备的问题,不要提前给候选人,问题可显示在屏幕上,同时允许院士即席提问,也可写条子提出问题,形式可灵活多样。

3. 在全部候选人介绍后,专业组评议应根据候选人自我介绍、回答问题的具体情况进行评价,拿出意见,向学部介绍。仅给出排序是不够的,不能简单化处理。

会议就 2003 年试点工作进行了比较充分的交流,就如何进一步规范化进行了总结探讨。会议

要求,与会院士将会议精神带回各学部常委会,常委会根据本学部的具体情况,负责组织好第二轮评审。

四、关于2005年各学部增选名额方案

学部工作局提出了各学部增选名额建议方案,在进入第二轮参考名额(每学部8名)的基础上做部分微调,工程管理学部增选不超过4名。会议对此进行了讨论,提出了一些不同意见,会议建议对各学部增选名额暂不作出决定,提交主席团会议研究决定。

师昌绪院士建议将“工程管理学部”简称“工管学部”,而不要简称为“管理学部”,此建议得到大家的认同。

杜祥琬副院长传达了院党组的意见,建议第二轮评选要注意“拔优、防水、限额”。拔优就是要从严掌握,选有突出贡献的,学风道德好,得到大家认可的;防水就是防止靠攻关、拉关系的、搞包装的入选,坚持候选人原则上不超过70岁的规定,对没有重大贡献、条件不够的避免投同情票;限额就是各学部要严格限制名额,坚持宁缺毋滥。

与会院士认为,在不超过60名增选名额的前提下,各学部应严格掌握标准条件。会议建议从严掌握要具体化,否则就难以落实。对于超过70岁以上的候选人,除非近期有新的重大贡献的,原则上不再选;对于善于拉关系的、学风道德没有把握的候选人不能选。

会议建议,第二轮评审会议上院领导讲话,要对“不正之风”具体举例,进行分析,讲实讲透。各学部要组织与会院士认真讨论,统一思想,取得共识。

出席人员:沈国舫 杜祥琬 师昌绪 侯云德 陆元九 周干峙 顾国彪 沈昌祥 吴 澄
汪燮卿 何继善 韩其为 方智远 赵 铠 甄永苏 王礼恒 白玉良
列席人员:高中琪 王海荣 易 建 安耀辉 宋德雄 王振海 高战军 梁晓捷 李冬梅
唐海英 阮宝君 王爱红
记录整理:王海荣

科学道德建设委员会会议纪要

(第6次扩大会议)

2005年6月10日,杜祥琬主任委员主持召开了第三届科学道德建设委员会第六次扩大会议,邀请各学部主任一起座谈讨论和研究科学道德与学风建设工作。会议通报了院科学道德建设委员会今年上半年的主要工作;围绕我国科技界科学道德的现状、问题与对策等进行了讨论;就进一步

重视院士增选工作中有关科学道德问题提出了意见和建议。纪要如下：

一、通报道德委员会工作

杜祥琬主任委员简要回顾了今年上半年我国科学道德建设领域所面临的形势，通报了院道德建设委员会的主要工作。他指出，今年上半年，中国科学院、国家自然科学基金委员会等围绕科学道德建设方面开展了一系列的工作，基金委还制定了有关的行为准则，引起学术界的广泛重视。我院科学道德建设委员会的工作主要有以下几个方面：

1. 对全国政协第3534号提案的答复。今年两会后，全国政协转来沈悌等5位全国政协委员提出的关于“维护两院院士声誉，杜绝学术腐败”的提案，提案从维护两院院士声誉的角度指出，两院院士具有崇高的声誉，但在院士增选评审中，各种不正之风盛行，希望两院设立科学道德监督委员会加强监督等。

我院对此进行了专门安排和研究，按照全国政协的要求，及时向提案人进行了答复，并将回复意见抄报全国政协和国务院办公厅。

2. 关于组织出版“院士风采”活动。广大院士严谨治学、科学求实、开拓创新的优良学风和忧国忧民、无私奉献的高尚品德已成为学术界的楷模和广大科技工作者学习的榜样。为在全社会弘扬院士的科学精神和高尚品德，我院拟在《院士通讯》已刊文章的基础上，进一步在院士所在单位和有关人员中征文，达到一定规模后，结集出版“院士风采”一书，近期内将首先重点宣传侯祥麟院士的风采。

3. 关于投诉信的处理。今年上半年的投诉信件较少，有一封匿名投诉，但投诉的内容不属于科学道德范畴，按照有关规定转相关行政主管部门进行了情况核实，核实情况已报告道德委员会。另外，道德委员会责成有关学部对去年的一起公开投诉进行了调查，结果认定投诉内容不实。道德委员会按照有关规定对所有的署名投诉都做了回复，并提请院士们引以为戒，特别是对自己成果、贡献的描述等。

4. 其他有关工作。最近，院机关在开展“保持共产党员先进性教育活动”中，开展了一系列的学习、整改和提高工作，要求机关工作人员根据“内强素质、外树形象”的总体要求，进一步提高服务意识和服务质量。《中国工程院院士增选机关工作人员行为规范》已由院常务会议审议通过。

二、关于科学道德建设的现状与问题

会议围绕当前我国学术界的科学道德现状与问题进行了认真的讨论和分析。会议认为，在我国科技事业蓬勃发展的同时，科技界确实存在着不容忽视的科学道德与学风问题，对其严重性和危害性应有充分的认识，要从文化的、战略的高度给予足够的重视。会议指出，科学道德建设委员会这几年所开展的工作是重要和富有成效的，要持续地加强院士队伍的科学道德与学风建设，使院士队伍真正成为我国科技界维护科学道德和优良学风的中坚力量。会议主要就以下几方面的问题进行了讨论。

1. 关于科技奖励中获奖人的排名问题。目前，在国家三大奖的评审中，对项目成果的审查是比较严格的，但对获奖人及其排名的客观和真实性缺乏严格的审查机制，以至于有些科技奖项获奖人的排名与其在项目中的实际贡献不符，这种情况在科技进步奖中更显突出，应引起重视。希望通过改进国家科技奖的评审机制，重视评价获奖人在科研成果中的实际贡献，科学、实事求是地确定获奖人的排名。

2．关于新闻媒体的有偿报道。目前，有些科技媒体，大版面报道科技人物所取得的科技成果，有些是通过收取高额版面费而报道的，难免有失客观和公平。特别是在院士提名、增选前，有些单位和候选人乐于搞这种带有炒作嫌疑的宣传，更应引起我们的重视。另外，有些媒体打着工程院等各种旗号，要求院士提供材料、交纳版面费，对其进行宣传的情况也时有发生，应引起院士们注意。

3．关于院士候选人的包装问题。近几年，有少数部门和单位对院士候选人的包装时有发生，有的甚至将本单位的大多科研成果都用来包装一位院士候选人。有些候选人也根据院士评审的需要刻意包装，论文请人写，著作组织人来编，科技进步奖也通过包装取得……。这些现象，影响很坏，希望院士们予以高度重视。

4．关于增选中候选人学风道德把关问题。讨论中，院士们对当前科学道德与学风所面临的严峻挑战和科技界的浮躁心态深表担忧。强调工程院的科学道德建设要坚持从源头抓起，把好院士增选的入口关，增选中一定要把学风道德问题放在十分重要的位置来考察。道德委员会抓学风道德建设要变被动为主动，要研究提出院士候选人在学风与科学道德方面的具体要求与条件。要加强学风道德监督，对违反科学道德准则和院士行为规范的，一经查实，要按照有关规定严肃处理，决不手软。对院士候选人、相关单位、有关人员在院士增选中的违规、不良行为，要坚决查处。

5．关于院士多处兼职问题。对院士多处兼职和领取报酬的问题，社会各方面已有反映。会议认为，应该从两方面看待这一问题，一方面，院士适当兼职多做贡献是应该肯定的，根据自己实际工作和贡献领取合理报酬也是正当的。另一方面，院士要根据自己的专业特长、精力、时间等条件慎重选择，同时还要处理好报酬等问题，拒收不适当的过高报酬，以免产生不良影响。

6．关于院士评审中的保密纪律问题。院士评审中的保密工作是大家一直都非常关注的问题，但泄密事件时有发生，评审中一些讨论的内容、细节、对候选人的评价等，很快就会传出去，这不仅破坏评审中的民主评议环境，而且影响工程科技界的团结，更是对院士们民主评议权益的侵犯，对此应引起高度重视。会议提请院士们要严格遵守《中国工程院院士增选工作中院士行为规范》和《中国工程院院士增选中的保密规定》，共同作好院士增选中的保密工作。

7．关于正确对待院士称号问题。讨论中院士们认为，随着市场经济的发展，院士有被人为神化和商品化的倾向。院士不是神，不是什么都精通的全才，应当拒做“花瓶”；院士也不是完人，也不可能不犯错误，应当以正常的心态，看待来自社会的批评和监督。会议认为，我们首先应以科学的态度、实事求是的精神对待院士称号，同时还要引导新闻媒体、社会舆论等正确地评价和对待院士荣誉，这对院士个人和社会都具有重要意义。

三、关于院士增选工作的建议

针对院士评审工作，会议提出，要高度重视对候选人学风与科学道德的评审，严把入口关；要正确对待各种奖励，不唯奖。要客观评价、审议候选人在获奖科技成果中的实际贡献、技术创新及工程应用效果；要实行严格的评审保密制度，对违反规定泄密者，一经查实，必须按照有关规定严肃处理，决不手软；要慎重作好投诉信的处理工作，既要通过投诉信处理，起到应有的监督作用，也要尽量避免不实投诉对增选工作的干扰。建议各学部在第一轮评审后，对投诉信处理做细致认真的安排，包括对第一论评审中出现的一些不清楚问题的调查核实。

出　席：杜祥琬　沈国舫　胡启恒　张彦仲　柳百成　王　越　毛二可　汪燮卿　朱建士
　　　　杨奇逊　杨秀敏　石玉林　张子仪　洪　涛　赵　铠　王礼恒
请　假：潘家铮　干　勇　秦伯益　关　桥
列　席：白玉良　高中琪　王振海

科学道德建设委员会会议纪要

（第7次会议）

2005年12月20日，杜祥琬主任委员主持召开了第三届科学道德建设委员会第七次会议，会议研究了2005年下半年的投诉信处理情况，并就媒体对院士制度的"炒作"和科技界的学术道德等问题进行了讨论。现将会议的主要内容纪要如下：

一、关于投诉信处理

2005年下半年处理的投诉信（包括以前的投诉）涉及6个学部的7位院士。杜祥琬主任委员一一介绍了每件投诉的主要内容、处理经过和处理意见，并提请会议审议；同时，对于尚未处理完的投诉也提请会议讨论，研究提出处理意见。会议同意对已处理投诉信的处理，对尚未处理完的投诉进行了认真的讨论，研究提出了相应的处理原则和负责进一步处理的委员分工。

二、关于当前有关科学道德建设和院士制度的讨论

会议认为，我国科技界的学风道德问题在科技界和整个社会引起普遍关注。院士作为中国科技界的优秀群体，在学风道德方面应该成为科技界和全社会的楷模。中国工程院成立以来，院领导和主席团始终重视院士队伍的建设，重视院士增选工作，严把院士入口关。院科学道德建设委员会认真对待和处理对个别院士的投诉，既有效地接受了社会的监督，又切实地维护了院士的声誉。面对科技界目前的一些问题，工程院的工作首先是把工程院办好，把院士队伍建设好，并进而推动和引导科技界的科学道德建设。

关于如何看待最近一段时间媒体对院士制度的讨论和炒作，会议认为，院士制度的设立是国家发展、社会进步的产物，是党中央、国务院的正确决策，对于提高科学技术和科技人员的社会地位，促进科技进步和国家经济建设起到了积极的作用，也是国家尊重知识、尊重人才、重视科学决策的重要体现。尽管个别院士在学风道德和工作方面存在某些问题，但院士队伍的整体情况是好的，是应该充分肯定的。

会议讨论认为，院士制度如同其他任何制度一样，不可能是百分之百的完善，中国工程院成立

的10年，也是院士制度不断完善的10年，我们欢迎院士和社会各方面对完善院士制度提出意见和建议，与时俱进地改革院士制度。

会议指出，对近来有关院士制度问题的讨论中提出的各种问题和意见需要进行冷静的思考和科学的分析。分析究竟哪些问题是社会的、哪些是院士的、哪些是制度的、哪些是地方的，要区别对待，不能混在一起。这样，才有利于提出积极的建议。

在院士制度的讨论中，比较集中的是院士不退休和待遇问题。实际上，除了院士荣誉称号是"终身"的和国家给每位院士每月200元的补贴外，并不存在"终身制"和特殊的待遇。一些地方和单位为了吸引人才、提高知名度等给予院士较高的待遇，包括经费、住房、用车等，但这些都不是院士制度的问题。

会议建议与中国科学院协调后，联合向国务院报告，希望各地方政府取消给院士的"特殊"待遇，适当提高国家现行的每月200元的统一补贴标准；同时，建议高校和科研院所等取消以院士人数作为单位的考核评价指标。

三、关于院士队伍建设

会议对我院的院士增选工作给予充分肯定。认为院士选举的公正性和透明度都是好的，对学风和科学道德方面的把关是严格的，《致新当选院士的一封信》以及《向当选院士所在部门和单位提出的建议》中提出的希望和建议都很好，这对加强院士队伍建设，特别是学风与科学道德建设将发挥重要的作用。

会议指出，净化学术风气将是一项长期而艰巨的任务。我院在加强宣传院士优良学风和高尚品德、正面引导社会舆论的同时，应主动为净化学术风气采取一系列更加严格的措施，制定更加明确的规定。要求全体院士坚决抵制各种形式的学术不正之风，拒绝过高的、不适当的待遇，加强自律，努力消除各种不良影响，努力为"院士"称号降温，进一步加强对院士科学道德与学风问题的监督，充分发挥院士群体在学风道德建设中的模范带头作用。

会议对下一步工作进行了部署。主要有：(1)对院士基本状况进行调研，了解实际情况，提出对策和建议；(2)建议在2006年院士大会期间进行一次以"科学道德与学风建设"为主题的讨论；(3)对未处理完的投诉信作进一步的处理；(4)抓紧出版《院士风采》一书。

出　席：杜祥琬　沈国舫　徐滨士(代柳百成委员)　王　越　干　勇　杨奇逊(代朱建士委员)　杨秀敏　张子仪　洪　涛

请　假：胡启恒　潘家铮　柳百成　朱建士

列　席：白玉良　石立英　高中琪　王振海

教育委员会会议纪要

（2005 年年会）

2006 年 1 月 20 日，中国工程院教育委员会 2005 年年会在北京香山饭店召开。上午的会议由中国工程院院长、教育委员会主任徐匡迪院士主持，下午的会议由中国工程院副院长、教育委员会副主任杜祥琬院士主持。委员会顾问、委员，教育部高教司有关领导和有关专家等 25 人出席了会议。

会议听取了中国工程院工程研究院所研究生教育学术委员会工作开展情况，工程师制度研究工作进展情况及《实施注册工程师制度和推进中国工程师制度改革的方向与目标思路（讨论稿）》，第四届国际工程教育大会情况，《具有中国特色工程教育培养模式与发展道路研究》、《中德工程教育比较研究》、《高等工程教育人才培养目标多样化的研究》3 个咨询项目进展情况的介绍，会议对上述各项工作的开展进行了讨论，提出了建议。会议最后研究确定了教育委员会 2006 年工作计划。

一、有关工作情况介绍（按介绍顺序排序）

2005 年 6 月，工程院成立了工程研究院所研究生教育学术委员会，由教育部、国务院学位办指导，对工程研究院所硕士、博士学位与研究生教育进行学术性指导、交流、协调和咨询。委员会下设机械与运载，信息与电子，化工、冶金与材料，能源与矿业，土木、水利与建筑，农业、轻纺与环境 6 个专业委员会。2006 年计划开展对国家工程研究院所研究生培养和教育情况的调研和交流，提出国家工程研究院所研究生教育存在的共性问题和初步建议。

2005 年 5 月，人事部印发了《关于成立全国工程师制度改革协调小组的通知》，决定开展全国工程师制度研究工作。协调小组下设国际交流工作组和制度研究工作组，制度研究工作组由工程院牵头。2005 年 8 月，制度研究工作组召开启动会，下设的四个研究组也相继启动。根据工作组总体计划，第二研究组提出了《实施注册工程师制度和推进中国工程师制度改革的方向与目标思路（讨论稿）》，并在工作组第二次会上做了介绍和讨论。2006 年 7 月计划召开制度研究工作组全体会议，介绍和交流四个研究组阶段研究成果。

2005 年 9 月 26 – 29 日，第 4 届 ASEE/AaeE 全球工程教育大会在悉尼举行，中国工程院教育委员会顾问朱高峰院士及院机关工作人员等 3 人出席了会议，会后访问澳大利亚西澳大学。大会由美国工程教育协会和澳大利亚工程教育协会共同主办，围绕工程教育的全球化、大学前的教育、工程学科变化 3 个主题展开。与会人员普遍认为，国际工程教育界要进一步加强交流和合作，工程教育、工程师资质认证和国际互认工作非常重要。会议决定第5届全球工程教育大会在巴西举行。

2005年年初，教育委员会启动了3个咨询项目。《具有中国特色工程教育培养模式与发展道路研究》项目由朱高峰、李未、张彦通等同志负责，主要从分析我国高等工程教育的主要特点，探索我国工程教育发展的道路两个方面开展研究。《中德工程教育比较研究》项目由杜祥琬、余寿文、王孙禺等同志负责，通过对中德工程教育培养模式的研究和比较，提出改进工程师培养模式的可行性对策和建议。《高等工程教育人才培养目标多样化的研究》项目由朱高峰、雷庆等同志负责，主要从国外高等工程教育的理念、现状及发展趋势，当今高等工程教育发展的社会背景，我国高等工程教育人才培养目标的历史演变3个方面开展研究。3个项目前一段研究工作主要有资料的收集、整理和分析，对有关国家和学校进行考察调研，召开研讨会，进展都比较顺利，预计2006年年底结题。

二、委员与专家提出的意见与建议

与会委员与专家围绕上述工作展开了热烈的讨论，主要意见与建议如下：

1. 关于工程研究院所研究生教育学术委员会工作

研究生教育阶段需要打好基础理论知识，现在有相当一部分研究院所缺少学习环境。高等院校有一套比较规范的研究生培养程序和较强的基础课程师资，研究院所有前沿的课题、先进的实验设备。建议建立一种联合培养的机制，研究院所和高等院校互相结合、取长补短，比如研究院所研究生可以到高等院校去学习基础知识，感受校园文化氛围，课题研究则返回本单位。建议研究生教育学术委员会推动院所与大学的合作，共同培养高级人才。

工程研究院所目前存在一个很大的问题，学生的课题不是自己选择的，独立科研能力的培养很难。学生上面有院士、资深研究员、师兄，所有的思路都是一个师傅的模式。建议研究生的培养要结合当前建立创新型国家的要求，通过相关的技术性训练，培养学生今后独立工作所需的创新型素质和理念。建议有关研究院所就这个问题作一些研讨。

2. 关于工程师制度改革工作

工程师制度改革工作的难度很大、矛盾很多，但是这项工作从国家利益上说还是要推进的，既是全球化与国际接轨不能回避的问题，也是我们教育体制改革、人事制度改革遇到新情况。

由于工程师制度改革工作涉及面较广，工程院做不了全部工作。工程院可以针对与国际接轨的若干工程领域必须具备任职资格的要求，设计资格认证步骤、方法和程序方案，从这个角度开展研究，把原则性的东西讲清楚。最后整个执行过程是由人事部去做，工程院可以提建议。

此项工作要分轻重缓急，把必要的和成熟的先做起来，做好了对将来整个工程师制度改革是一个榜样，也能起到推动作用。首先要研究注册工程师制度，对少数关系到国际接轨、国计民生、国家安全的工程领域实施注册工程师制度，2007年前主要做这项工作，将来可以形成一个咨询报告。这样，工作目标比较明确，也是有限目标，可以近期组织来做。在做好注册工程师制度改革工作的基础上，对非注册工程师制度改革工作提出一些原则性的建议。

3. 关于咨询研究工作

工程院的咨询研究工作要发挥自己的特点。教育委员会的咨询研究工作不是代替教育部去做，而是要站在比较超脱的专家角度来找问题。教育部在它的位置上可能没有完全看到这些问题，工程院如果能够比较切中要害地提出意见，可能会对教育部有所帮助。

工程教育当前工作的重点应抓人才培养质量，集中研究大学本科生教育质量。过去几年我们大量扩招，产生了很多问题，需要认真研究。

工程教育研究要注意产学研结合。科研工作可以和主要的工程、企业结合起来，企业可以对研究经费给予支持。搞研究本身不仅是选一些典型的学校，也要选一些有代表性的大企业，这样对做好研究工作更有帮助。

三、研究教育委员会 2006 年工作计划

教育委员会 2006 年工作目标：贯彻全国科技大会的精神，以促进创新型工程技术人才的教育与培养为中心任务。围绕高等院校工程教育、工程研究院所研究生培养、工程师的管理与继续教育，开展调查研究和学术活动。按计划完成研究报告，向政府有关部门提出建议。从高等院校工程教育和工程研究院所研究生教育两方面，促进工程教育的改革，促进工程教育与经济建设的紧密结合。在完成“工程师制度研究”工作的过程中，从工程师资格认证入手，促进工程师培养、使用与继续工程教育的有机结合。主要做好以下工作：

1. 按计划完成“全国工程师制度改革协调小组”交办由工程院牵头承担的工程师制度研究工作，重点研究如何建立注册工程师制度，加快工程师制度与国际接轨的步伐，同时兼顾非注册的工程师制度的改革。2006 年 7 月之前小范围专门研究注册工程师制度问题，7 月份的交流会也专门讨论这个问题，暂时都不涉及非注册工程师制度问题。2006 年年底提交《全国注册工程师制度的框架设计（初稿）》。2007 年结题之前对非注册工程师制度改革的原则问题进行研究。

2. 继续做好工程研究院所研究生教育学术委员会的工作。各专业委员会开展调查研究，工程研究院所研究生教育学术委员会完成总报告，就国家工程研究院所研究生培养和教育存在的共性问题、改进措施、发展规划及培养方式等方面，向教育部提出参考建议。

3. 目前已经开展的 3 个咨询项目要按计划完成。研究工作要围绕我们需要什么样的工程师及如何培养，中国教育目前存在的问题及如何改进等方面开展。《具有中国特色工程教育培养模式与发展道路研究》比较综合，要利用《中德工程教育比较研究》、《高等工程教育人才培养目标多样化的研究》两项目的研究成果。研究报告还要广泛征求有关院士意见。

4. 围绕教育委员会 2006 年的主要任务和咨询项目，开展学术研讨和交流，同时兼顾其他相关的学术活动的开展。初步确定及建议举办的学术会议有：

① 初步定于 2006 年 7 月，召开工程师制度改革阶段成果汇报和交流会。

② 初步定于 2006 年 10 月，召开“面向可持续发展的工程教育 10 年”国际研讨会。由清华大学等单位主办，工程院教育委员会为支持单位。杜祥琬副主任已担任大会组织委员会副主任，请工程院再安排一位同志参加大会工作委员会。

③ 初步定于 2006 年 11 月，与全国科研院所学位与研究生教育工作网年会联合，召开工程研究院所研究生教育情况交流研讨会。

④ 根据咨询项目的阶段研究成果，召开主题为“高等院校工程教育存在问题与改革对策”的研讨会。（时间待定）

⑤ 召开“工程管理教育现状与发展”研讨会，由教育委员会与工程管理学部联合主办。（时间待定）

5. 组织德国及欧洲高等工程教育考察活动。（时间待定）

出　席：徐匡迪　杜祥琬　柯　俊　朱高峰　韦　钰　陈俊亮　陈先霖　汪懋华　钱　易
王众托　沈士团　庄　毅　昝云龙　葛道凯　张彦通　王孙禺　雷　庆　石立英
谢冰玉　李仁涵　王海荣　易　建　何中伟　宗玉生等

请　假：张光斗　翁史烈　左铁镛　周　济　时铭显　樊明武　宁津生　沈世钊　王振义
程天民　曹湘洪　李　未　王　浒　余寿文　刘宝英　洪绂曾　张尧学

工程研究院所研究生教育学术委员会会议纪要

（成立大会）

2005年6月23日，中国工程院工程研究院所研究生教育学术委员会成立大会在中国科技会堂206会议室召开。全国政协副主席、中国工程院院长徐匡迪、中国工程院副院长杜祥琬、教育部副部长吴启迪，首届委员和委员单位代表，委员会办公室及有关人员出席会议。会议由杜祥琬副院长主持。

会上，杜祥琬副院长首先介绍了委员会筹备情况，指出委员会是在国务委员陈至立，全国政协副主席、中国工程院院长徐匡迪，教育部部长周济，教育部副部长吴启迪等国家及有关部委的领导同志直接关心之下成立的。杜副院长还宣布了委员会及办公室成员组成名单（附件）。徐匡迪院长、吴启迪副部长对委员会的成立表示热烈祝贺，并分别发表了讲话。会议还就委员会《章程（试行）》、今后工作等进行了讨论。

徐匡迪院长在讲话中指出，中国工程院工程研究院所研究生教育学术委员会是在我国特定的历史条件和背景下成立的，也是改革进程中的新生事物，具有现实意义和深远的历史意义。

徐院长在谈到委员会的定位时指出，要以工程研究院所研究生培养和教育的发展战略为切入点，从三个方面入手：一是指导，对我国工程研究院所培养研究生的总体规划、学科建设、培养规模、培养方向以及培养方式等进行咨询研究及宏观指导。二是交流，对于如何提高培养质量、加强学科建设等方面组织交流，促进培养质量的提高，并向国务院学位委员会报告各学位点的培养质量情况，推荐博士点授予权建议。三是协调，以相关政策为依据，及时向有关部门反映工程研究院所在研究生培养方面存在的共性问题，提出有关建议，使工程研究院所在培养工程科技人才方面的综合优势得以充分发挥。

徐院长对委员会今后工作提出了四点建议：一是希望委员会下属的各专门委员会能够尽快地成立起来，并根据《章程（试行）》制定工作计划。由于这项工作是一项探索性的工作，因此在制定工作计划时，要根据各专业委员会的特点，积极稳妥、实事求是、循序渐进、由虚至实，同时还要具有可操作性。二是希望委员会的工作继续得到教育部和国务院学位委员会的帮助和支持，同时还可以接受教育部的委托，组织院士专家对重点学科进行评估与考察，提出评估报告，供教育部和国务院学位委员会领导决策参考。为了保证质量，建议每年做几个为妥。三是要在充分发挥院士群体作用的同时，充分依靠工程研究院所的力量，特别是具体工作方面的支持。四是虽然委员会的工作是非赢利性的，但必要的活动经费还是需要的，因此建议工程院与教育部一起，向财政部提出必要的经费申请，以保证委员会工作的顺利开展。

吴启迪副部长就科研机构在学位与研究生教育中的地位和作用、工程研究院所研究生教育学术委员会、科研机构研究生教育的政策和发展方向三个方面发作了讲话。

吴副部长说，科学研究机构在我国目前的研究生教育体系中是一支不可或缺的重要力量，是我国研究生教育的宝贵资源。充分发挥和利用好这一宝贵资源，对于进一步发展我国的研究生教育，提高研究生教育创新能力的培养具有十分重要的作用。

吴副部长说，中国工程院历来关心和支持学位与研究生教育，宋健同志、匡迪同志两任院长都担任国务院学位委员会副主任委员，几乎所有院士都受聘为研究生指导教师，为我国的学位与研究生教育事业做出了巨大的贡献。现在，工程院又专门成立“工程研究院所研究生教育学术委员会”，对转制后没有国家部委作为其主管部门并已有学位授予权的研究院所的研究生工作进行指导和协调，既是学位与研究生教育管理体制的创新，也是科技体制改革的进一步深化；是落实科学发展观、建设和谐社会的有效措施。

会上，与会委员单位代表对委员会的《章程（试行）》进行了讨论，提出了意见与建议。

在讨论中，大家还纷纷表示，委员会的成立可以进一步发挥工程院院士跨学科、跨部门、跨行业的群体作用和充分利用工程研究院所的资源优势，促进优秀工程科技人才的培养，非常必要也非常及时，对委员会的工作将给予大力支持。

会议研究确定了委员会下一步工作：

第一，请委员会办公室根据会议提出的意见与建议对《章程（试行）》作进一步修改。

第二，请各有关学部根据委员会《章程（试行）》的有关规定，在2005年8月1日前完成6个专门委员会的组建工作，并将专业委员会委员名单报委员会备案。

第三，制订委员会近期工作计划。

第四，委员会办公室负责制作委员会委员的聘书，在下次全体会议上颁发。

出　席：徐匡迪　吴启迪　杜祥琬　王亚杰　张彦仲　李国杰　汪燮卿　何继善　陈肇元
周国泰　干　勇　李新亚　陈幼明　赵宪庚　王　俊　赵　强　李仁涵　欧百钢
谭国庆　院机关工作人员

请　假：王淀佐　殷瑞钰

附件： 工程研究院所研究生教育学术委员会委员及办公室成员名单

附件：

工程研究院所研究生教育学术委员会委员及办公室成员名单

一、委员名单

主　任：王淀佐院士

副主任：杜祥琬院士

委　员：

- 各学部推荐：

  张彦仲院士（机械与运载学部主任）

  李国杰院士（信息与电子学部主任）

  汪燮卿院士（化工、冶金与材料学部副主任）

  何继善院士（能源与矿业学部副主任）

  陈肇元院士（土木、水利与建筑学部主任）

  周国泰院士（农业、轻纺与环境学部副主任）

  殷瑞钰院士（工程管理学部主任）

- 教育部推荐：

  王亚杰（国务院学位办副主任）

- 有关研究院：

  机械科学研究院（李新亚院长）

  电信科学技术研究院（魏少军总工）

  钢铁研究总院（干勇院长）

  中国工程物理研究院（赵宪庚副院长）

  中国建筑科学研究院（王俊院长）

  中国纺织科学研究院（赵强院长）

- 工程院教育委员会秘书：

  李仁涵（兼办公室主任）

二、办公室成员名单

主　任：李仁涵（中国工程院教育委员会秘书）

成　员：阮宝君（中国工程院学部工作局综合处处长）

欧百钢（国务院学位办）

宗玉生（中国工程院学部工作局综合处）

谭国庆（钢铁研究总院研究生部副主任）

工程研究院所研究生教育学术委员会章程(试行)

(2005年6月23日通过)

第一章　总　则

第一条　工程研究院所学位与研究生教育是现阶段我国学位与研究生教育体系中的重要组成部分,在我国高级专业工程科技人才的培养中,发挥着不可替代的作用。为加强对工程研究院所研究生教育的指导并充分发挥中国工程院院士的群体作用,经与国家教育部、国务院学位办商定,成立中国工程院工程研究院所研究生教育学术委员会。

第二条　工程研究院所研究生教育学术委员会,是由中国工程院领导,由国家教育部、国务院学位办指导,对工程研究院所硕士、博士学位与研究生教育进行学术性指导、交流、协调和咨询的非赢利机构。

第二章　组织机构

第三条　工程研究院所研究生教育学术委员会机构设置由两层构成。即:工程研究院所研究生教育学术委员会和工程研究院所研究生教育学术委员会专业委员会。

第四条　工程研究院所研究生教育学术委员会设主任委员和副主任委员各1位,由中国工程院院领导担任,并经中国工程院院常务会议批准。委员由工程院相关学部主任或副主任、国务院学位办公室、有关大型工程研究院所领导各1位及学术委员会办公室主任兼任。每4年换届一次。学术委员会委员的变更或增减需经过学术委员会会议提出,并讨论通过,报中国工程院院常务会议备案。

第五条　工程研究院所研究生教育学术委员会下设办公室作为日常办事机构,由中国工程院教育委员会秘书、国务院学位办公室有关人员、学部工作局综合处及有关工程研究院所等有关人员组成。办公室人员的变更或增减,需经学术委员会领导批准同意。

第六条　工程研究院所研究生教育学术委员会下设六个专业委员会,即机械与运载工程专业委员会,信息与电子工程专业委员会,化工、冶金与材料工程专业委员会,能源与矿业工程专业委员会,土木、水利与建筑工程专业委员会,农业、轻纺与环境工程专业委员会。各专业委员会设主任和副主任各1位,主任由工程院相应学部参加工程研究院所研究生教育学术委员会的成员担任,副主任由相应的学部常委会成员担任。委员由相应学部院士(学部常委会讨论确定)、有关工程研究院所科技领导等,原则不超过10位。专业委员会委员的变更或增减,涉及委员中的院士时,需经所在学部常委会讨论确定,由专业委员会讨论通过,报学术委员会备案;涉及委员中的非院士时,需经专业委员会会议提出并讨论通过,报学术委员会备案。

第七条　专业委员会下设办公室,由中国工程院机关相应学部办公室人员、有关工程研究院所人员等组成。办公室成员的变更或增减,需经专业委员会领导批准。

第三章 职 能

第八条 工程研究院所研究生教育学术委员会主要是围绕工程研究院所研究生培养和教育的发展战略开展工作，职能主要有三个方面：

1. 指导。对工程研究院所研究生教育的总体规划、学科建设、培养规模、培养方向以及培养方式等进行咨询研究及宏观指导。

2. 交流。对于如何提高培养质量、加强学科建设等方面组织交流，促进培养质量的提高，向国务院学位办报告有关学位点的培养质量情况。

3. 协调与咨询。以相关政策为依据，及时向有关部门反映工程研究院所在研究生培养方面存在的共性问题，提出有关咨询建议，并提出硕士、博士点授予权建议，使工程研究院所在培养工程科技人才方面的综合优势得以充分发挥。

第九条 工程研究院所研究生教育学术委员会各专业委员会主要职能：

1. 完成工程研究院所研究生教育学术委员会交办的各项任务；根据本学部所涉及的专业领域，制定本专业委员会的工作计划。

2. 根据专业发展规划、专业人才培养动态，提出本专业发展需要解决的主要问题及建议。

3. 根据需要，参与指导本专业培养工作；交流工作情况，向工程研究院所研究生教育学术委员会报告工作情况和提出建议。

第十条 工程研究院所研究生教育学术委员会办公室主要职能：

1. 协助学术委员会做好各项服务和协调（包括日常事务及对外协调）工作，并负责联络各专业委员会办公室；联络有关研究院所。

2. 分析、总结各专业委员会工作情况、工作动态、内外协作情况，提出共性问题及建议。

3. 协调工程研究院所研究生教育学术委员会、各专业委员会及其办公室、有关工程研究院所之间的关系及需要解决的问题等。

第十一条 专业委员会办公室主要职能：

1. 协助专业委员会做好各项服务和协调（包括日常事务及对外协调）工作。

2. 汇报日常工作动态，根据需要，与相关单位联系与协调。

3. 根据实际情况，及时反映工作中存在的问题并提出解决问题的建议等。

第四章 经 费

第十二条 工程研究院所研究生教育学术委员会日常办公经费由中国工程院申请国家财政拨款解决。

第十三条 工程研究院所研究生教育学术委员会接受相关单位、社会团体和个人经费捐助。

第十四条 工程研究院所研究生教育学术委员会的财务工作，由中国工程院办公厅统一管理，定期结算并作出财务工作报告。

第五章 附 则

第十五条 本章程由工程研究院所研究生教育学术委员会审议通过。

第十六条 本章程由工程研究院所研究生教育学术委员会负责解释。

第十七条 本章程于公布之日起施行。

学术与出版委员会会议纪要

根据《中国工程院学术与出版委员会章程》的精神，我院学术与出版委员会于2005年12月13日在第一会议室召开工作会议，研究总结2005年我院的出版工作及对外宣传工作，并对2006年的工作进行讨论和安排。学术与出版委员会主任刘德培副院长主持会议，邬贺铨副院长等部分委员出席会议，学部工作局、国际合作局和政策研究室的有关同志列席会议。

副主任委员金国藩院士介绍了《中国科学技术前沿》的情况，《中国科学技术前沿》是在前副院长师昌旭院士的倡导下编辑出版的，作为中国工程院的重点出版物，目的是展现我国科技成就和科技前沿，至今已经出版了8卷，总体情况是好的。但是也存在一些问题，主要是稿源短缺和稿件内容不太符合要求。希望各学部和各位委员能积极帮助约稿，把《中国科学技术前沿》作为中国工程院的标志性出版物越办越好。稿件的内容上，应该体现中国的科技成就、科技前沿并具有战略高度，同时要通俗易懂，希望稿件的专业性不要太窄、太细。

副主任委员柳百成院士介绍了资助院士专著出版及美国《工程前沿》的出版情况。2005年，共有6位院士提出申请，他们是钟群鹏、邱定藩、吴良镛、陈吉余、石玉林和刘鸿亮院士。10月24日，中国工程院学术著作出版专项资助委员会召开会议，对提出申请学术著作资助出版的6位院士的专著进行了评审。首先请相关学部的委员和院士对他们的专著做了介绍，然后进行了充分的讨论、评议。会议认为，这些著作都是凝聚着院士一生心血的研究成果。有的是紧密联系“节约型社会”、“循环经济”的主题；有的是构建新的综合性学科理论；还有的是对许多当今社会问题的反思，总之都是高水平的优秀著作。同时也分别对著作中存在的一些问题提出了建议，请他们修改、补充。会议经过投票，通过了对6部申请著作给予资助出版。高等教育出版社已经与作者取得联系，6本著作已进入出版程序。

政策研究室董庆九同志通报了与国家自然科学基金委的合作情况。2005年，中国工程院继续与国家自然科学基金委合作，已经召开过一次“交通运输理论”工程前沿研讨会，非常成功；将于12月召开“工程哲学”工程前沿研讨会。美国《工程前沿》的翻译工作仍在进行中。考虑到把两年的美国《工程前沿》合在一起出版在时间上较为滞后，今后准备每年出版一本，并补充一些其他的内容，以增加论文的时效性。

国际合作局钱左生同志通报了我院的对外宣传工作，对《CAE Newsletter》、中国工程院英文版网站和中英文年报《Annual Report》进行了详细说明，并提出了几条建议，希望加强与委员的交流，接受学术与出版委员会的指导，提高中国工程院的外宣工作水平。

经过讨论，会议就以下几个问题达成一致意见：

一、《中国科学技术前沿》

1. 充分肯定了《中国科学技术前沿》的重要性，指出《中国科学技术前沿》应有别于《中国工程科学》，定位在中国的科技成就、科技前沿并具有战略高度。

2. 运行机制上，请各学部重视《中国科学技术前沿》的稿源问题，组织有关院士和专家撰稿。

3. 在《中国科学技术前沿》的风格上，做到文章内容深入浅出，通俗、易懂、生动，扩大读者群。鼓励学术上的“百家争鸣”，对重要的问题，可以刊登不同观点的文章，同时加“编者按”予以说明。

4. 继续为中国科学院院士赠送《中国科学技术前沿》，费用可从其他渠道争取。

二、资助院士专著出版

与高等教育出版社合作资助院士著作出版是一次重要的机遇和战略合作，应鼓励院士多出高水平、高质量，能反映院士学术水平和风采的专著。建议此系列专著有一个统一的名称和封面，并树立为一个品牌，而且定价要适中。

三、工程前沿研讨会

继续推进与国家自然科学基金委的合作，办好工程前沿研讨会，并继续出版工程前沿系列丛书。

四、美国《工程前沿》

美国《工程前沿》可以每年出一本，如果内容太少，可补充美国工程院出版的其他工程前沿类的内容，如《Bridge》上的文章等，版权问题视情况由国际合作局与美国工程院联系（已获美国工程院院长当面允诺）。

五、对外宣传工作

对外宣传是树立中国工程院形象的窗口。近几年来，中国工程院的外宣工作做得越来越好，工作成绩得到了委员们的肯定。学术与出版委员会认为我院对外宣传出版工作的宏观定位准确，提高对外出版物的水平是目前的主要任务。

（一）同意将我院对外宣传出版工作包括《CAE Newsletter》、《Annual Report》、《CAE Website》纳入学术与出版委员会的工作范围。

（二）学术与出版委员会同意国际合作局设立外宣秘书，负责与院士进行联系，及时改进工作，争取使《CAE Newsletter》、网页的学术水平有明显提高，保证院领导提出的提高对外出版物的学术水平的要求落到实处；外宣秘书由国际合作局的有关同志担任。

（三）学术与出版委员会同意国际合作局负责《CAE Newsletter》、网页的同志要经常参加我院组织的学术论坛、有关学术会议、院士行活动、重大咨询课题的有关学术会议，同时要加强对外学术交流；同意《CAE Newsletter》目前的征稿方式，认为《CAE Newsletter》的定位应类似于进展、快报，有关报道院领导活动的内容不宜太多，要有更多的学术内容，可摘要刊登一些学术观点，转载或编译报纸上的文章，可以摘登《Engineering Science》的文章；指出《Annual Report》要符合国际惯例，要刊登财务报告。

（四）中国工程院的英文网站应不同于政府网站，网页应有更多的学术内容。可摘要刊登一些学术观点，只要没有版权问题，也可以转载或编译报纸上的文章。《中国工程科学》英文版上的文章，可以同期刊登目录和摘要，晚一段时间再刊登全文。中文网站也有同样的要求。

（五）《Annual Report》做得非常好，要继续保持下去。

主　持：刘德培

出　席：刘德培　邬贺铨　金国藩　柳百成　李椿萱　许祖彦　梁应辰　李泽椿　许健民　沈倍奋　何继善　董庆九

请　假：毛二可　沈德忠　汪燮卿　陈毓川　张宗祜　阮可强　张锦秋　马国馨　金鉴明　王正国　肖培根　郭重庆　刘志鹏

列　席：钱左生　刘　静　阮宝君　鲁　瑛　冀　星　丁养兵（汪旭光院士和徐滨士院士派代表出席）

记　录：丁养兵

出版工作研讨会会议纪要

根据中国工程院学术与出版委员会工作会议的精神，我院政策研究室邀请中国工程物理研究院和高等教育出版社的有关同志，于2005年12月28日召开中国工程院出版工作研讨会，部署和落实学术与出版委员会的有关决议。中国工程院政策研究室副主任董庆九、出版处处长刘静、院办公厅院长办公室主任徐进，高等教育出版社报刊分社社长王国祥、研究生教育与学术著作分社社长林金安，中国工程物理研究院九所副所长曲彤及其他相关人员出席会议。

会议总结了几年来中国工程院、中国工程物理研究院与高等教育出版社合作的情况，认为出版的《中国工程院院士》画册、《中国科学技术前沿》、“工程前沿系列丛书”、《中国工程院院士文库》系列和《中国工程院年鉴》系列是非常好的，其中《中国工程院院士》画册还获得了“中国图书奖”。

关于2006年的出版工作，经过讨论，会议达成以下意见：

一、《中国工程院院士》画册

1. 2005年新当选的院士名单已经公布，即将开始《中国工程院院士》画册新当选院士的采访拍摄工作。及时发通知给新当选院士，请他们反馈合适的采访时间，以便把工作做的更好。

2. 在院士集中的城市，可以召集院士进行集体采访，同时可开展其他的工作。

3. 根据新当选院士的情况以及采访人员的变动，决定本次新当选院士照片的拍摄任务原则上交给侯艺兵，于2006年底完成。

4. 加强照片的审定工作，力求有创新的拍摄手法，更好地展现院士的风采。

5. 关于外籍院士的采访工作，现在应该纳入工作日程上来，可以先积累外籍院士的资料，等合适时再出版。

6. 根据协议，院士照片拍摄和画册出版的所有费用由高等教育出版社负担，并负责给院士赠书；中国工程院和中国工程物理研究院各出10万元，购买部分画册。

二、《中国工程院院士文库》丛书

1. 资助院士专著出版工作已经展开，有8部院士专著获得资助。第一批《中国工程院院士文库》丛书已经出版，出版质量和水平都得到肯定。

2. 应突出丛书的标题，以扩大丛书的影响和知名度。

3. 请高等教育出版社的编辑与院士交往时，尽量满足院士提出的要求。

4. 丛书出版后，高等教育出版社每部专著赠送中国工程院20本。

5. 第一批资助的院士专著已经出版，可以在中国工程院网站上刊登消息，并介绍专著的内容。

三、《中国科学技术前沿》

《中国科学技术前沿》作为中国工程院的重点出版物，至今已经出版了8卷，充分展现了我国的科技成就和科技前沿。目前第9卷的稿件已经评审完毕交到出版社，可以按时出版，在院士大会时把书交到院士手上。

四、工程前沿系列丛书

“工程前沿系列丛书”的出版得到了高等教育出版社和基金委的支持，已经出版了两本，目前第三本《中国交通运输网络理论研究前沿》在2006年1月底正式出版。

五、美国《工程前沿》

1. 2006年开始，每年出版一本。

2. 图太少，应多配些插图。

六、《中国工程院年鉴》

《年鉴》是首次与高等教育出版社合作，总体情况是好的。有些细节问题，以后可以再加强沟通，做到尽量满意。

主　持：董庆九　王国祥

出　席：王国祥　林金安　曲　同　董庆九　刘　静　徐　进　侯艺兵　张海辰　丁养兵

记　录：丁养兵

咨 询 工 作

〔咨询报告〕

关于呈报《构建我国综合交通运输体系的研究》咨询报告的报告

中工发[2005]15号

国务院：

为从宏观层面对交通发展相关重大问题提供决策咨询，中国工程院于2002年6月确立了《构建我国综合交通运输体系的研究》咨询课题，组织了相关专业的15位院士和23位院外专家，从“我国综合交通运输体系现状”、“运量与运能预测和分析”、“综合交通运输体系建设项目、投融资体制及建设模式评价”、“综合交通运营市场化、货运与枢纽”、“综合交通运输管理体制”、“城市及都市带综合交通”6个方面，对我国综合交通运输体系建设的若干战略问题，进行了系统研究，形成了约50万字的专题研究报告；并吸纳了《“十一五”及2020年我国综合交通网络规划思路》、《国家中长期科学技术规划“交通科技问题战略研究”》等相关研究成果，于2005年3月提出了《构建我国综合交通运输体系的研究》总报告。

报告在研究分析我国交通运输业现状、存在的主要问题、面临的主要形势与挑战的基础上，借鉴国外构建综合交通运输体系的经验，提出了我国综合交通运输体系的构建思路、战略重点、相关政策与措施。

报告认为，改革开放以来，我国交通运输业获得很大发展，但与经济社会发展的需要尚有明显差距，一方面运输能力紧张，另一方面由于缺乏综合协调，铁路、公路、水运、航空、管道等运输方式各自发展，致使运网布局不尽合理，建设资金和交通资源运用效率不高，既有运输潜力没有充分发挥。面对未来大规模的交通基础设施建设任务，我国交通运输的发展应以建立综合交通运输体系为重点，加强统筹规划，通过交通基础设施建设与整合，使各种运输方式既能发挥比较优势，又能实现合理分工、互联互通、顺畅衔接，以迅速提高运输能力、质量和效益。

现将《构建我国综合交通运输体系的研究》报告呈上，供领导及有关部门决策时参考。

附件： 1.《构建我国综合交通运输体系的研究》摘要

2. 课题组成员名单

3.《构建我国综合交通运输体系的研究》总报告(略)

中 国 工 程 院

二〇〇五年五月九日

附件1：

构建我国综合交通运输体系的研究

（摘　要）

改革开放以来，我国交通运输业获得很大发展，运输能力和运输效率不断提升，运输结构得到改善，市场化改革逐步深入，技术与装备水平迅速提高。但与国民经济和社会发展的需要尚有明显差距，主要表现在：运输能力供给不足，运输结构有待优化；城市及都市带交通亟待改善；交通可持续发展问题严峻；技术装备总体水平不高，自主创新能力较弱；管理体制改革滞后，综合交通运输体系建设进展缓慢的问题尤其突出。

中国经济社会的快速发展，对运输能力、效率和质量提出了更高的要求，必须加快建设，大力发展现代运输业，保证人便其行、货畅其流。当前，一方面运输能力紧张，另一方面由于缺乏对各种运输方式的综合协调，既有运输潜力没有充分发挥。我国交通运输正处于大规模建设和发展时期，各种运输方式的统筹规划和协调发展已成为当务之急。本课题重点研究我国综合交通运输体系建设的战略问题，为交通发展提供决策咨询。

在未来十几年中，我国交通运输业的发展目标是，坚持以科学发展观为指导，根据全面建设小康社会的要求，不断提高运输能力和运输质量，要与经济、社会、人口、资源、环境相协调，建设通畅、便捷、安全、经济、高效的综合交通运输体系，为保障国民经济持续健康发展、改善人民生活、促进国土开发和国防现代化建设提供坚实的基础。

所谓综合交通运输体系，是指符合于一个国家或地区的经济地理特征，适应经济和社会发展要求，由铁路、公路、水运、航空和管道等五种运输方式构成，能够实现合理分工、优势互补、有机衔接、高效运行、可持续发展的交通运输系统。

一、我国综合交通运输体系存在的问题

我国构建综合交通运输体系的起步较早，20世纪60年代开始研究，80年代中期决定建设，但进展缓慢，迄今仅基本形成了综合交通运输体系框架雏形。由于缺少统一管理的部门，各种运输方式市场化改革进程不一，以及缺少完整的综合运输法律与政策等原因，导致综合交通运输体系建设问题突出：

一是缺乏统筹规划，各种运输方式各自发展，运网布局不尽合理，建设资金和交通资源的运用效率不高，既有运输潜力有待充分发挥；

二是各种运输方式的比较优势未能充分发挥，没有完全做到“宜路则路、宜水则水、宜空则空”；

三是综合枢纽建设滞后，各种运输方式的基础设施缺乏有机衔接，难以实现联运，更不适应客运“零距离换乘”和货运“无缝衔接”的要求；

四是各种运输方式尚未建立统一的技术标准，实现运输一体化较为困难；

五是各种运输方式的信息化建设自成体系，不同运输方式间信息不能共享，“信息孤岛”问题

突出,难以支持综合交通运输体系的有效运行。

二、我国综合交通运输体系的构建思路

到2020年,我国由五种运输方式构成的交通运输网络总长度将增长到380万公里(为2003年的1.8倍)。面对未来如此大规模的交通基础设施建设任务和日益紧迫的资源与环境约束,以及对运输能力、效率与服务质量的更高要求,必须加强统筹规划,促进协调发展,加快综合交通运输体系建设的推进速度。要力求以较少的资金、土地、能源和环境代价,大幅度提高运输能力和运输质量,降低运输成本,增强可持续发展能力。

规范和推进我国综合交通运输体系的建设,关键应在国家层面上抓好"顶层设计":

一是建立综合运输管理部门,为综合交通运输体系的发展提供组织保障;

二是制定和完善相关法律法规及政策,引导和促进交通运输体系向综合的方向发展;

三是深化运输体制改革,发挥政府和市场的双重作用,使各种交通运输方式按照综合交通运输体系的要求,优化结构,整合资源;

四是研究制定我国综合交通发展战略与规划,指导交通运输体系的建设。

三、我国综合交通运输体系基础设施的建设重点

我国综合交通运输体系的建设,一方面要充分发挥各种运输方式的技术经济优势,实现协调发展、合理分工;另一方面要加快综合交通枢纽和信息网络的建设,促进交通运输系统实现互联互通、顺畅衔接。

(一)着力优化交通运输网络结构

面对运输能力紧张,能源、资源、环境问题日益突出的形势,根据各种运输方式的经济、技术特点,在保持公路和航空运输快速发展势头的同时,要特别注重加快铁路、水运(重点是内河)、管道等运输方式的发展,充分发挥其能力大、能耗小、占地少、污染轻、成本低的比较优势。要利用财税政策、价格杠杆,引导大宗货物向节能环保型运输方式转移。

在未来的交通发展中,要统筹规划,着力建设以公路为基础,铁路为骨干,充分发挥航空、水运、管道等运输方式的比较优势,结构合理、有机衔接、协调发展的现代综合交通运输网络。

同时,改善农村地区的交通运输条件、提高服务水平,是加快农村经济发展步伐、缩小城乡差距的重要措施,也是构建综合交通运输体系的重要一环。农村交通建设应以公路为主,有条件的地区要充分发挥水运的作用。要尽快实现具备条件的行政村通等级公路的目标,形成小区域性的农村交通网。

(二)大力加强运输大通道建设

运输大通道是沟通各大经济区,连接都市带或经济带,由多种运输方式构成的大运能的综合运输走廊,是我国交通运输的主骨架。当前我国运输紧张主要表现在大通道能力不足,加快大通道建设已成为当务之急。要根据国家经济布局,重点加强铁路干线和公路主骨架建设与整合,力争2020年基本完成运输大通道建设。

(三)综合交通枢纽建设

综合交通枢纽是各种运输方式之间、城市交通与城际交通之间相互联系的"结点",是实现一体化运输的关键环节。要对综合交通枢纽进行统一规划,特别是对全国交通乃至国际交通有重大

影响的特大城市、大城市、大型海港城市的综合交通枢纽，应制定战略性、前瞻性、综合性的规划。综合交通枢纽规划应纳入城市总体规划，实现城市内外交通有机衔接。

客运综合枢纽建设应以人为本，向立体化方向发展，实现零距离换乘。货运综合枢纽建设应实现无缝衔接，有条件的应从传统运输节点向物流中心、物流园区方向发展。

（四）城市及都市带综合交通运输体系建设

要按照城市可持续发展的要求，统筹考虑经济、社会、资源、环境等因素，制定科学的城市及都市带综合交通发展规划，指导城市及都市带综合交通运输体系的建设。

在城际主要交通轴线上，要建设由高速公路、轨道交通组成的快速综合运输通道。要加强城市道路、停车和步行设施的系统规划和建设，特大城市要重视发展以轨道交通为骨干的公共交通系统。要制定公共交通优先、引导小汽车合理使用的政策。

（五）综合交通信息化建设

要加快综合交通运输管理和服务信息系统的建设，加强各类运输管理信息系统的综合集成和有机衔接，打破行业壁垒，实现互联互通、资源共享，提升管理、维护、安全等综合效能，提供人性化和社会化的“一站式”综合服务，实现综合交通运输系统的管理现代化和服务现代化。大城市要加快智能交通系统的建设，提高交通运行效率与安全水平。

四、构建我国综合交通运输体系的政策与措施

（一）建立统一的交通运输行业管理机构

国家层面要抓好“顶层设计”，尽快成立统一的交通运输行业行政管理机构（如设立运输部或交通运输委员会），制定综合运输发展战略、政策法规以及统一的交通运输发展规划，协调铁路、公路、水运、航空、管道五种运输方式的发展速度和建设规模，避免多头规划、重复建设，提高投资效益，充分发挥政府在综合交通运输体系建设中的统筹协调和宏观管理作用。

（二）建立健全交通运输法律法规体系

完善交通运输法律法规体系，为综合交通运输体系建设营造良好的法律环境。在研究修订《铁路法》、《公路法》、《民用航空法》等单项法律法规的基础上，要加快制定《综合运输法》，协调各种运输方式的建设，促进交通运输体系向综合方向发展。要强化执法与监督力度，确保有关法律法规得到有效实施。

（三）进一步推进交通运输管理体制改革，加快市场化进程

要进一步推进民航、水运、管道管理体制改革，铁路要尽快实现政企分开。

要加快交通运输市场化进程，建立交通运输市场准入和退出机制。要进一步开放交通基础设施建设、运营市场，继续推进交通基础设施投融资体制改革，实现投资主体多元化。国有运输企业要积极推进股份制改造，加快建立现代企业制度。

要积极稳妥地推进运价市场化改革，建立合理的运价形成机制，引导各种运输方式协调发展。

尽快建立与完善交通运输监管体系，从整合资源、提高效率和规范运作的角度出发，加强对运输市场准入与退出、运输价格、安全等方面的有效监管。

（四）制定配套政策，促进综合交通运输体系建设

通过财政投资、税费、贷款以及土地等政策，促进综合交通运输体系的发展。要按照可持续发展的要求，加大对铁路、水运（尤其是内河航运）、管道运输以及城市和城际公共交通发展的支持，

促进运输结构的优化。要支持新型洁净能源和节能低排放汽车的研发与推广应用;逐步提高机动车燃油经济性标准,尽快开征燃油税,限制大排量汽车的发展与使用。要支持国土开发、国防安全、大型综合枢纽等重点交通基础设施建设项目以及农村交通的建设。对公益性运输和建设,可通过财政补贴、授予投资者用地开发权、资源开发权或延伸服务经营权等措施,吸引社会资本。

(五) 依靠技术进步,加快实现综合交通体系现代化

要围绕构建综合交通运输体系和实现运输一体化的要求,强化应用基础研究,制定统一的技术标准和规范,加强基础设施、运载工具、现代管理等方面关键技术的研究开发与推广应用,不断增强自主创新能力,提高我国交通运输技术装备与管理水平,加快实现综合交通运输体系现代化。

附件 2:

课题组成员名单

课题组顾问:

徐匡迪　全国政协副主席
　　　　中国工程院院长,院士
王淀佐　中国工程院副院长,院士

课题负责人:

殷瑞钰　中国工程院院士
傅志寰　全国人大财经委主任委员
　　　　中国工程院院士

参与院士:

郭重庆　中国工程院院士
钱七虎　中国工程院院士
刘源张　中国工程院院士
李京文　中国工程院院士
王众托　中国工程院院士
陈清泉　中国工程院院士
翟光明　中国工程院院士
沙庆林　中国工程院院士
梁应辰　中国工程院院士
施仲衡　中国工程院院士
刘友梅　中国工程院院士
项海帆　中国工程院院士

专　家:

蔡申夫　铁道部工程设计鉴定中心,原主任,教授级高级工程师
罗庆中　铁道部科学技术信息研究所,副所长,副研究员
祝继常　铁道部科学技术信息研究所,副研究员
王怀相　铁道部科学技术信息研究所,副研究员
常　山　铁道部科学技术信息研究所,助理研究员
贾　进　国家发改委综合运输研究所,副研究员
程铁信　中国科学院数学与系统科学院研究院,博士后
赵秋红　北京航空航天大学经济管理学院,副教授
李　军　中国社会科学院数量经济与技术经济研究所,室主任
王平利　北京工业大学,博士生
肖　翔　北京交通大学经济管理学院,副教授
冯　浩　国家发改委综合运输研究所,副研究员
朱照宏　同济大学交通运输工程学院,教授
石小法　同济大学交通运输工程学院,副教授
董　焰　国家发改委综合运输研究所,所长,研究员
杨文银　交通部规划研究院,副院长
杨英宝　民航总局安全技术中心,副主任
周　南　国家发改委计划司,处长
丁俊发　中国物流与采购联合会,副会长
李　宏　国家发改委综合运输研究所,副研究员
陆锡明　上海市城市综合交通规划研究所,所长
陈荫三　长安大学经济管理学院,教授
王建伟　长安大学经济管理学院,教授

关于报送院士反映“中华之星”高速列车有关情况的签名信

中工发[2005]27 号

国务院办公厅:

2005 年 6 月 26 日,我院为落实胡锦涛总书记和党中央提出“自主创新”的讲话精神,举行了

“提高装备制造业自主创新问题”座谈会。会议围绕如何提高我国装备制造业的核心竞争力和自主创新等问题进行了座谈。会上,大家听到由我国自主研发的“中华之星”高速列车面临的困境,感到这种现象也是当前我国开展“自主创新”面临的问题。为此,部分院士向国务院领导反映这一情况。现呈上我院52名院士的签名信,呈送国务院领导同志。

附件:1. 院士给温总理、黄副总理、曾副总理的信

2. 院士签名名单及名单复印件

中　国　工　程　院

二〇〇五年七月一日

附件1:

院士给温总理、黄副总理、曾副总理的信

尊敬的培炎副总理并转黄菊副总理、家宝总理:

近年来,胡总书记及您们多次强调“自主创新”的重要意义,使我们工程科技界备受鼓舞,我们深深体验到若没有“自主创新”、“自主研发”、“自主品牌”,我国的综合实力就得不到提高,更谈不上国际竞争力及国际地位和尊严。

装备制造业是国家最重要的产业支柱之一,尤其是重大装备制造业涉及国家经济和国防的安全,必须加快自主创新的步伐!今天,我们向您们报告的内容是有关我国高速列车自主创新问题。

在新中国成立以来,我国铁路机车车辆坚持自主发展的路线,已成为我国具有自主研发能力的少数几个产业之一。改革开放以来,通过技术引进与国际合作,自主研发和制造能力得到明显提高。目前,我国铁路上运行的各种机车车辆几乎都是“中华牌”,为铁路运输的发展做出了重大贡献。我们已掌握了时速160~200 km/h的电力机车、内燃机车、动车组和车辆的核心技术和系统集成能力,形成了相当产业规模和科研体系。

在2000年,经专家论证后,由原国家计划委员会以2458号文件批准立项“270 km/h高速列车产业化项目”。这是我国具有完全自主知识产权的高速列车,被命名为“中华之星”。它是中国传统成熟经验与国外先进技术相结合的产品,能满足我国铁路发展的现实需要。2001年4月,铁道部下达了“270km/h高速列车设计任务书”,确定了列车的总参数,由此,拉开了自主研发的序幕。“中华之星”自主解决了高速列车的关键核心技术,从立项到出样车约经历两年,于2002年9月在通过滚动试验台上400 km/h的模拟动力学试验后,“中华之星”在北京环形铁道、秦沈客运专线进行高速综合性能试验,在此期间创造了我国铁路试验速度321.5 km/h的历史最高纪录。又从2003年1月起至2004年12月,累计完成53.6万公里运行考核,这也是目前我国铁路新型机车车辆试

验运行考核里程的历史最高纪录，经受了新产品最严格的试验和考核。目前，“中华之星”已完成了科研程序所要求的“解体拆检”，确认整车和零部件状态良好，说明“中华之星”是安全可靠的，各项技术指标均满足设计任务书要求，已具备了鉴定条件。

中国是铁路大国，发展及产业升级中可以适度引进、借鉴，但不能完全依靠技术引进来解决中国铁路的问题。铁道部最近引进“日、法、加”三国共计140列200 km/h等级电动车组的实践说明，包括设计技术、系统集成技术、交直交变流技术和网络控制技术都难以获得技术转让，中国企业仅分工承担组装制造任务，处于产业链的低端，使国内企业失去了自主创新的机会，使已经培育起来的科研队伍面临人员流失。一旦铁路市场被国外公司垄断，国内企业就很难翻身，使科技人员多年来辛苦取得的成果付诸东流。“中华之星”高速电动车组对我国而言是一项新生事物，它同发达国家开发高速列车一样要经历诞生、成长、成熟过程，而实际上我们的水平已远远超过日、法、德发达国家的开发初期。通过五年的艰苦奋斗，“中华之星”自主研发（包括线路试验）的成功来之不易，是一个自主创新的产物。我们最大的体会是出现问题并不可怕，可通过努力加以解决，但最可怕的是自己看不起自己。

为落实中央提高“自主创新”能力的精神，我们提出以下两条建议：

一、对于自主研发的“中华之星”高速列车，有关部门应尽快组织鉴定，并实现产业化。培育高速列车的民族品牌，可拉动和发展一批相关产业，千万不能让国家立项自主研制的成果不了了之。

二、指定一条客运专线铁路，如北京—天津，全部使用“中华之星”高速列车。这样可以给我国自主创新的高速列车一个平等竞争的市场平台，促进企业不断提高自主创新能力，并可在2008北京奥运会期间显示国力。还可以此压低进口车价格和减少客运成本。

中国工程院院士

二〇〇五年六月三十日

附件2：

院士签名名单

姓 名	学科专业	工作单位
刘友梅	电力机车	中国南车集团株洲电力机车厂
柳百成	铸造工艺与设备	清华大学
沈志云	机车车辆	西南交通大学
钱清泉	铁路电气化工程	西南交通大学
高金吉	设备诊断工程	北京化工大学
钟群鹏	机械装备失效分析预测与预防	北京航空航天大学

（续表）

姓　名	学科专业	工作单位
谢友柏	机械学、摩擦学	上海交通大学
林尚扬	焊接工艺与设备	机械科学研究院哈尔滨焊接研究所
李培根	机械制造	华中科技大学
钟　掘（女）	冶金机械	中南大学
徐滨士	装备维修工程	装甲兵工程学院
饶芳权	电机	上海交通大学
王玉明	流体密封工程	天津新技术产业园区鼎名密封有限公司
阮雪榆	压力加工	上海交通大学
马伟明	电力系统自动化	海军工程大学
顾国彪	电机学	中国科学院电工研究所
戚发轫	航天系统工程及航天器设计	中国航天科技集团公司第五研究院
王兴治	导弹总体	中国兵器工业集团公司第203研究所
张彦仲	航空系统工程、信息处理	中国航空工业第二集团公司
郭孔辉	汽车设计研究	吉林大学
王永志	战略导弹与运载火箭设计	总装备部
关　桥	焊接	北京航空制造工程研究所
关　杰	冶金机械	西安重型机械研究所
黄崇祺	有色金属及其合金压力加工	上海电缆研究所
周勤之	机械制造工艺与设备	上海机床厂
姚福生	动力机械工程	北京航空航天大学
刘人怀	板壳结构分析与应用	暨南大学
刘大响	航空航天推进技术	中国航空工业第一集团公司
潘健生	材料热处理与表面工程	上海交通大学
乐嘉陵	空气动力学	中国空气动力研究与发展中心
朵英贤	轻武器设计	北京理工大学
郭重庆	机械制造工艺与设备	上海同济大学
赵　煦	飞行力学及控制	中国航空武器实验训练靶场
宋　健	控制论、航空技术、人口科学	全国政协
邬贺铨	光纤通信技术	中国工程院、电信科学技术研究院
李国杰	计算机系统机构、并行处理	中国科学院计算技术研究所
刘　玠	计算机过程控制	鞍山钢铁集团公司
李德毅	计算机工程（人工智能）	总参谋部第六十一研究所
李三立	计算机体系结构、并行处理	清华大学
徐匡迪	钢铁冶金	全国政协、中国工程院
王淀佐	矿物加工与冶金	中国工程院、北京有色金属研究总院

（续表）

姓　名	学科专业	工作单位
干　勇	连续铸钢	钢铁研究总院
殷瑞钰	钢铁冶金、工程管理	钢铁研究总院
袁晴棠	石油化学工程	中国石油化工集团公司
杜祥琬	应用物理学	中国工程院、中国工程物理研究院
郑健超	高压电技术	中国广东核电集团公司
蒋洪德	动力工程	中国科学院工程热物理研究所
傅志寰	铁路运输管理、铁路机车车辆工程	铁道部
陆佑楣	河川结构及水力发电	中国长江三峡工程开发总公司
刘源张	管理科学与管理工程	中国科学院数学与系统科学研究院
王礼恒	导弹动力和航天工程管理	中国航天科技集团公司
汪应洛	管理科学与管理工程	西安交通大学

关于报送《关于自主研制我国精密医疗仪器的战略研究》咨询研究报告的报告

中工发[2005]35 号

国务院：

2002 年 4 月，由中国工程院医药卫生工程学部王威琪院士牵头负责，以医药卫生工程学部院士为主的 10 位院士及相关领域的 40 多位专家共同参与，对我国自主研制精密医疗仪器的有关问题进行了研究，历时三年多，完成了咨询研究报告和 7 个专题报告。

项目组按照当时国务院领导的指示精神，从我国医疗仪器产业的基本国情出发，阐述了发展我国精密医疗仪器的重大意义，参考了发达国家医疗器械的发展思路，对我国医疗器械的基本情况进行了深入的分析，提出了自主研制我国精密医疗仪器需要遵循的原则以及 2010 年实现的具体目标，在此基础上提出了 5 条具体的咨询建议。

现将咨询研究报告摘要、报告报上，供领导决策时参考。

附件：1.《关于自主研制我国精密医疗仪器的战略研究》咨询研究报告摘要（略）

2.《关于自主研制我国精密医疗仪器的战略研究》咨询研究专家组成员名单

3.《关于自主研制我国精密医疗仪器的战略研究》咨询研究报告

中　国　工　程　院
二〇〇五年八月十七日

附件2：

《关于自主研制我国精密医疗仪器的战略研究》咨询研究专家组成员名单

顾　问	刘德培	院　士	中国工程院、中国医科院
	王正国	院　士	第三军医大学野战外科研究所
	赵　铠	院　士	北京生物制品研究所
组　长	王威琪	院　士	复旦大学电子工程系
副组长	俞梦孙	院　士	空军航空医学研究所
	庄松林	院　士	上海理工大学上海光学仪器研究所
成　员	金国藩	院　士	清华大学精密仪器系
	郭重庆	院　士	同济大学
	陈亚珠	院　士	上海交通大学生物医学仪器研究所
	刘玉清	院　士	中国医学科学院阜外医院
	方祖祥	教　授	复旦大学生物医学工程研究所
	卜绮成	高　工	国家食品药品监督管理局
	吴祈耀	教　授	北京理工大学
	李仁涵	研究员级高工	中国工程院
	徐智章	教　授	复旦大学中山医院
	郦鸣阳	教　授	上海理工大学医疗器械学院
	白　净	教　授	清华大学生物医学工程系
	郝和平	高　工	国家食品药品监督管理局医疗器械司
	刘吉英	高　工	国家食品药品监督管理局医疗器械审评中心
	范关荣	教　授	上海第二医科大学仁济医院
	顾本广	研究员	北京医疗仪器研究所
	陶笃纯	研究员	深圳安科公司
	徐　航	高　工	深圳迈瑞公司
	梁晓捷	高　工	中国工程院

	李冬梅	副编审	中国工程院

咨询组(下设三个工作组)

工作一组:

组　长	方祖祥	教　授	复旦大学生物医学工程研究所
副组长	朱金龙	主任医师	上海市科委
	潘明荣	高　工	上海医疗器械行业协会
	杨苏鸣	高　工	上海医药集团公司
组　员	王威琪	院　士	复旦大学电子工程系
	顾柏林	高　工	上海医疗器械股份公司
	王璐虹	高　工	上海医疗器械行业协会
	严　樑	高　工	上海市食品药品监督管理局医疗器械产品注册处
	庄天戈	教　授	上海交通大学生物医学工程系
	赵春生	高　工	上海医疗器械集团有限公司
	殷南根	副　研	复旦大学科技处
	余建国	教　授	复旦大学电子工程系
	王志中	教　授	上海交通大学生命科学学院
	胡宗泰	高级译审	中国医疗器械杂志编辑部
	汪源源	教　授	复旦大学电子工程系
	陈思平	研究员	深圳安科公司

工作二组:

组　长	卜绮成	高　工	国家食品药品监督管理局
副组长	杨国忠	研究员	中国医科院情报所
组　员	曲凤宏	研究员	科技部21世纪中心
	王澍仁	高　工	中国生物医学工程学会
	高上凯	教　授	清华大学
	李　宏	处　长	国家发展与改革委员会经济运行局
	陶祖来	研究员	中国科学院力学所
	于　光	处　长	国家科技奖励办
	杨福生	教　授	清华大学
	杨　哲	处　长	科技部农村社会发展司医疗卫生处

工作三组:

组　长	吴祈耀	教　授	北京理工大学
副组长	白　净	教　授	清华大学生物医学工程系
组　员	包尚联	教　授	北京大学
	顾本广	研究员	北京医疗器械研究所
	顾汉卿	教　授	天津医科大学泌尿研究所
	孙辉洲	高　工	万东医疗器械集团
	章宗穆	研究员	广安门医院

牛凤岐	研究员	中科院声学所
梁晓捷	高　工	中国工程院
沈建雷	高　工	中国医疗器械行业协会
王明时	教　授	天津大学
徐　航	高　工	深圳迈瑞公司

附件 3:

《关于自主研制我国精密医疗仪器的战略研究》咨询研究报告

2002 年 4 月,根据当时国务院领导的指示,中国工程院开始启动《关于自主研制我国精密医疗仪器的战略研究》咨询研究工作,当年 6 月由中国工程院正式批准立项。本研究项目由咨询研究报告和 7 个专题报告组成。7 个专题报告分别是: 发展我国精密医疗仪器的体制环境;关于我国医疗器械产业结构及相关问题;加强我国精密医疗仪器的基础研究;关于自主研制我国精密诊断医疗仪器;关于自主研制我国精密治疗医疗仪器;关于我国医学信息化和数字化问题;发展与生理、心理、社会医学模式相适应的医学工程产业——社区医学系统工程。

医疗器械是指单独或者组合使用于人体的仪器、设备、器具、材料或其他物品(包括所需要的软件),其使用旨在达到下列预期目的:(一)对疾病的预防、诊断、治疗、监护、缓解;(二)对损伤或者残疾的诊断、治疗、监护、缓解、补偿;(三)对解剖的替代或者生理调节过程研究;(四)妊娠控制。

精密医疗仪器是医疗器械中发展最快、最具活力的主体部分,也是生物医学工程学原理、方法、技术及其研究成果最集中体现的领域。精密医疗仪器集中了当代的许多高新技术,它在医疗器械中起着领头羊的作用,因此抓住精密医疗仪器的发展可以带动医疗器械行业的振兴和生物医学工程学及临床医学、基础医学的发展。

经过 50 多位院士和专家 3 年的辛勤工作,形成了如下咨询研究报告。

一、发展精密医疗仪器的重要性

1. 是保障人民群众健康的重要物质支柱,具有巨大的社会效益,又是全球经济增长的亮点之一

医疗卫生与人类的生存发展和生活质量休戚相关。当前人类仍面临重大疾病的威胁,发展医疗卫生事业对国家安全、社会稳定乃至民族生存日益显示出战略性的意义。医疗器械作为一种卫生资源,它是现代医疗卫生所必备的工具及手段,也是影响及评估一个国家或地区的社会卫生能力的一个重要内容,具有巨大的社会效益。

2003 年在我国突发 SARS(传染性非典型性肺炎)期间,呼吸机等肺功能辅助装置、血液滤过装置、放射影像设备、多参数监护、非接触式快速测温等精密医疗仪器在诊治和防患 SARS 中起到了

重要作用。在美国,心脏监护、起搏除颤、心脏瓣膜、微创介入器械及相关新技术的应用,使2001年心脏疾病的死亡率比1980年下降了40%。在我国,血液净化技术的早期应用,使多脏器衰竭、急性肝、肾功能衰竭患者的死亡率降低近20%。精密医疗仪器对促进医学进步、促进人类健康和改善生活质量至关重要,对推动人类社会的进步发挥了重要的作用。

据《2004世界卫生报告》和《2004世界发展报告》发表数据:2001年美国医疗费用为GDP的13.9%,英国为7.6%,法国为9.6%。据《2005年我国卫生统计提要》数据:2002年我国卫生总费用为GDP的5.42%,2003年为5.65%,年增0.23%。2004年,我国门诊病人人均医疗费用为117.7元,药品61.8元,检查治疗费为35元(占医疗费用的29.7%),出院病人人均医疗费用为4 283.7元,药品1 872.2元,检查治疗费为1 565.8元(占医疗费用的36.6%)。当前看病难、看病贵已成为影响我国社会稳定的一个潜在因素。大量进口精密医疗仪器进入国内医疗机构是导致医疗费用上涨的重要原因之一,不发展民族产业,无法逆转这种局面。

由于医疗卫生需求具有持续、稳定增长的性质,还具有促使一个国家或地区经济均衡地、稳定地增长的作用,因而医疗卫生产业成为美国等少数几个国家经济发展的亮点,与其他某些高科技产业的萧条形成了鲜明的对照。医疗器械作为产业,在GDP中所占比值虽小于1%(表1),但从20世纪下叶开始,以应用新技术新材料为标志的医疗器械产品,如支架、人工器官、介入手术器具、人工关节、激光手术器械、血管造影技术、起搏器、除颤器、超声诊断仪、MRI(磁共振成像)、CT(计算机断层成像)等,在推动和提高医学临床诊断和治疗水平的作用上和保障医疗保健服务效果上越来越明显。近十多年来医疗器械市场一直呈现持续稳定地增长(表2、图1和表3),是全球经济新增长点之一。

表1 医疗器械产值与GDP的比值(%)

国家(地区)	医疗器械产值/GDP(%)
全球	0.39
美国	0.74
欧洲(15国)	0.57

注:引自EUCOMED及美国医疗器械产业促进会2003年度报告。

表2 近十年全球医疗器械年平均增长率(%)

国家(地区)	1991—1999
美国	10.9
欧共体	11.4
日本	8.9
其他	12.6
全球	10.7

注:引自EUCOMED及美国医疗器械产业促进会2003年度报告。

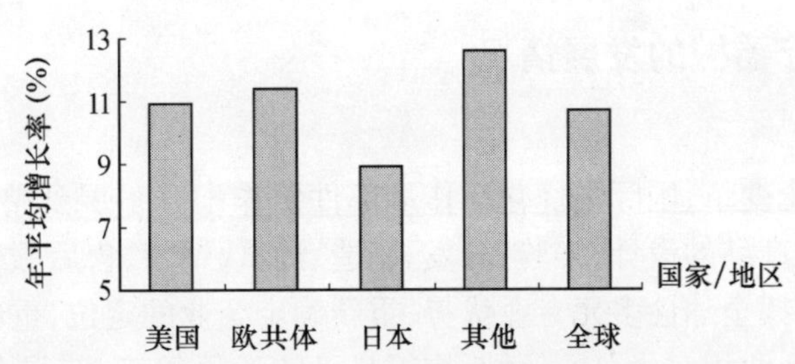

图1　1991—1999年全球医疗器械年平均增长率

注:引自EUCOMED及美国医疗器械产业促进会2003年度报告。

表3　近十年全球医疗器械工业销售额增长情况　　(亿美元或*亿欧元)

国家(地区)	1993	1994	1995	1996	2000	2001	2002
美　国	382	477	510	577	*600	*730	*790
日　本	167	233	211	198	*245	*240	*200
欧共体	266	279	307	370	*390	*470	*548
全球合计	929	1 120	1 200	1 370	*1 600	*1 700	*1 840

注:引自Advanced 2003。

因此,在全面建设小康社会、开创中国特色社会主义事业新局面、实现中华民族伟大复兴的历史进程中,发展自主的医疗器械,特别是发展自主的精密医疗仪器,对促进和保障我国的人民健康、经济繁荣和社会安定,具有特别重要的现实意义。

2. 是医学与多种学科相结合的高新技术产物,又是一个国家或地区科学及工程技术学科发展水平的综合标志

人类对健康和生活质量改善的迫切需要,促使人们把自己每项新技术成果首先探索性地应用于生命健康事业,应用于医疗器械,使精密医疗仪器的技术综合、纳新及时,产品更新迅速。如人工器官,它需要临床医学和生物材料学、生理学、信息科学、机电、化学工程的密切结合,甚至还涉及社会伦理学等。跨度之大是传统学科所没有的,其发展需要多学科的交叉和融合,集中体现了21世纪科技发展的特点,且具有很高的附加值。因此发达国家或地区十分重视医疗器械的发展。它的发展水平已成为一个国家科技发展和国际竞争力的一个重要标志。

3. 是能促进和拉动高新技术相关产业链的行业,又需大力监督、管理和扶植

精密医疗仪器广泛应用了信息、计算机、材料、装备制造等领域的最新技术,使产品更新换代加快,如果不以这些领域的新技术为基础和条件,孤立地去发展精密医疗仪器产业是不可行的。因此,发展我国的精密医疗仪器,不仅仅是一个产业的问题,而是与国家整体科技及工业水平密切相关的问题。它能促进和拉动相关高新技术的发展。

精密医疗仪器的特点是:产品投入大,研制周期长,安全性考查要求严格;临床调查、研究是研发(Research & Development,R&D)的一个重要环节,产品从R&D到临床使用直至退役报废全过程需要医工复合型人才的支持,也更多地需要医学人员和工程技术人员密切配合;售后服务(包括临床使用培训)要求高;经营风险高,投资回收周期长。精密医疗仪器作为一个与人体健康休戚相关的行业,需要加大力度地监督和管理,同样也需要大力扶植。

二、发达国家医疗器械的发展情况

1. 产业发展情况

一是开发和生产理念变革,国际集优化运作从部件协作配套扩展到整个制造链。为追求提高产品质量和降低成本,在产品的设计、实验、开发、制造、测试、销售、售后服务等整个链条中,不是依靠个体优势,而是充分发挥全球性多元专业优势,重新确定企业的定位,重新配置企业的各种资源,将资源集中于最能反映企业相对优势的领域,构筑自己的竞争优势,获得企业持续发展的能力,广泛实施国际集优化协作分工配套模式。一家公司在产品生产过程中,往往拥有三四百家专业化协作企业。它所体现或容纳的是一个群体优势,形成 OEM(大部件整合制造商,部件制造外包)或 ODM(大部件整合制造商,部件设计制造外包)及生产专业化部件和专业化模块产业(包括金属配件、塑料配件、电子配件和增值服务)。如:1998 年底,强生(Johnson & Johnson)公司解雇 5800 名工人,同时新聘 1700 名技术人员时,将公司发展重心放在产品研发,而将大量的制造业务交给外部供应商去完成。2003 年强生公司总销售收入攀升至 419 亿美元,比 1998 年的 237 亿增加了近 200 亿美元,医疗器械销售收入也从当时的 86 亿美元猛增为 2003 年的 149 亿美元。又如,制造心脏手术产品的美敦力(Medtronic)公司也于近几年将自己若干工厂卖给了与自己签有协议的合同制造商,或者停厂关闭,1998 年时它在美国有 16 家工厂,而目前仅剩 8 家,今后可能减少到 3 ~4 家。强生公司和美敦力公司之所以采取这些措施,是在于他们看到了合同制造商具有价格便宜、供货迅速、制造技术甚至超过本公司的优势;同时他们认为产品制造并不是本企业的核心竞争力,而产品研发、设计和市场营销才是本企业核心竞争力之所在。其实这种开发生产中的优势整合理念并不是首先出现在医疗器械工业,汽车、电子和航空工业在这方面已经有相当成熟的经验。有人估计,全球 1 700 多亿美元的医疗器械市场中需要 OEM 厂商支付的货物成本费用大约是 617 亿美元,即占 35% 的比值;这 617 亿美元中,又有约 27% 即 167 亿美元由 OEM 厂商支付给部件制造商(合同制造商)。

二是全球医疗器械产业领域跨国性兼并风起云涌,产品生产经营本地化浪潮加大。20 世纪 90 年代最后几年,医疗器械企业兼并重组连绵不断。如 1998 年以来,美国通用电器(GE)公司兼并了 Elscint 医学仪器公司的 MRI 生产部门和以生产 C 型 X 射线系统闻名的子公司、设计生产核医学仪器和 PET(正电子断层成像)的 Sopha 医学仪器公司。兼并的目的是为扩充专业技术队伍,增加某类产品的技术开发能力或增加相同医学专科成套设备的供应能力。再如飞利浦(Philips)公司兼并先进技术实验室(Advanced Technology Lab, ATL)和安捷伦(Agilent)、马可尼(Maconi)等公司的医疗产品部,就增强了超声显像仪、核医学等医学成像设备仪器的开发能力。美国以心脏起搏器生产闻名于世的美敦力公司先后兼并一些心血管外科仪器及器械公司,增强了心血管外科的成套设备供应能力。另外,加大了产品生产经营本地化,目的在于充分利用发展中国家的市场直销优势和低价劳动力,如世界三大医学影像仪器制造商(GE、Siemens、Philips)都已在中国建立生产经营本地化基地。

2. 技术发展情况

一是医疗器械产品更新换代加快。一般情况下,国际上把最新最高的科研成果首先用于军事和医疗领域。产品更新换代的目标是有利于健康状况的早期甄别和疾病的早期诊断,有利于医疗服务实现人性化;产品更新换代的动力来自人类对健康和生活质量改善的无限追求。

医疗器械和医疗技术相互促进。医疗技术进步推动医疗器械产品更新换代;医疗器械产品更新换代也促进了医疗服务技术提高。如：介入性、微创性、无创性诊疗技术促使医用导管、医学影像设备及治疗器具、材料的快速发展；应用信息、计算机、控制、微电子等高新技术的数字化、网络化、智能化医疗器械产品扩展了医疗功能，提高了诊疗的精度和效果。

医疗器械产品更新换代需要加大对 R&D 投入。近十年来，国家和开发者对医疗器械的 R&D 投入都很大。几个工业发达国家对医疗器械的 R&D 投入都在销售额的6%以上（表4、图2、）。在美国，对医疗器械的 R&D 投入与销售额之比，排在本国各行业的第二位（表5）。美国历年来对医疗器械的 R&D 投入一直是稳中有升（表6、图3、表7）。

表4 发达国家对医疗仪器的研发投入与销售额之比

国　家	研究开发费投入占销售额比（%）
美　国	12.9
法　国	8.3
德　国	8.6
意大利	6.5
英　国	6.7

注：引自美国医疗器械产业促进会2004年度报告。

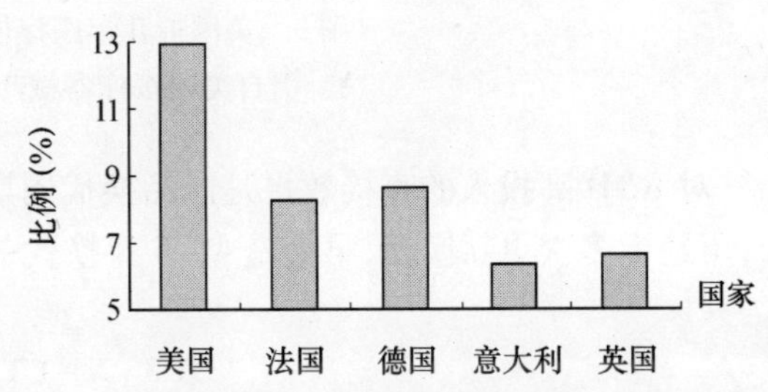

图2 发达国家对医疗仪器的研发投入与销售额之比

表5 2002年美国医疗仪器工业及相关产业的研发投入与销售额之比

制药与医学	12.9%	电气/电子	3.9%
医疗器械	11.4%	宇航/防护	3.1%
办公仪器设备	7.5%	LEISURE	1.1%
通信	5.6%	材料/采矿业	0.8%
自动化	4.1%	造纸/林业	0.5%
平均	3.5%		

注：引自美国医疗器械产业促进会2004年度报告。

表6 美国近几年医疗仪器的研发投入与销售额之比

年份	1990	1991	1992	1993	1994	1995	1996	1997	1998	1999	2000	2001
%	5.4	5.5	6.0	6.8	7.2	8.4	9.6	11.1	12.9	10.1	12.3	11.4

注：引自美国医疗器械产业促进会2004年度报告。

表7 美国近年在不同大类产品的 R&D 投入占销售额之比

品种类别	年度 R&D 投入比（%）		
	1990	1998	2002
医疗电子及电治疗设备	8	13	11
X射线及相关设备	7	9	8
牙科仪器设备	2	3	3
整形外科设备	3	6	5
手术器械及设备	4	14	10
离体诊断仪器设备及试剂	11	23	33

注：引自美国医疗器械产业促进会2004年度报告。

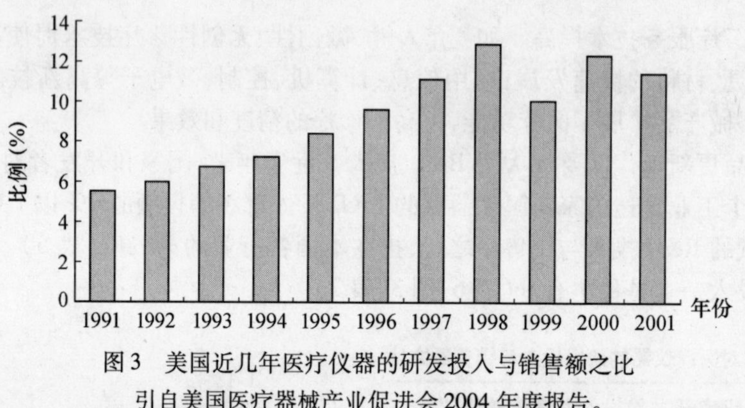

图3 美国近几年医疗仪器的研发投入与销售额之比
引自美国医疗器械产业促进会2004年度报告。

对R&D高投入的直接效果是产品换代周期短,创新产品上市快,如X-CT,从1973年问世至今,历经十多次更新换代,早期是4~5年换代一次,而目前仅2年就实现了换代(表8)。

表8 X-CT更新周期大体情况

CT更新关键	更新周期	CT更新关键	更新周期
笔型探测器CT		双层螺旋型CT	2年
小扇型探测器CT	5年	多层螺旋型CT	2年
大扇型探测器CT	5年	16层螺旋型CT	2年
环型探测器CT	5年	64层螺旋型CT	2年
螺旋型CT	4年		

二是现代医疗卫生事业已从单纯的医院内诊治为主的模式逐步发展为预防为主、院前急救、临床诊治和康复保健结合的城乡医疗、家庭医疗的多元化的现代医疗保障体系。发展小型化、高精度和人性化的新型医疗器械产品是近几年医疗器械产业的新亮点。离体诊断器械及用品、诊断医学影像设备、病人监护仪、整形器械等门类品种有较大增长幅度(表9)。

表9 近年市场增长较快的品种

产品类别	增长率
离体诊断器械用品	280亿美元(2003年) 7% 其中:临床化学仪器为67亿美元,年增长为1%,占全球离体诊断产品市场的24% 床旁检测为68亿美元,年增长为9%,占全球离体诊断产品市场的24% 免疫分析为48亿美元,年增长为10%,占全球离体诊断产品市场的18%
诊断医学影像类	134亿美元(2001年) 9%
PET/PET-CT	4.8亿美元(2002年) 55%
病人监护仪类	70亿美元(2001年) 10%
整形器械	120亿美元(2001年) 12%

注:引自欧洲IVD工业协会2004年度报告及美国Frost公司资料。

三、我国医疗器械的基本情况

中国医疗器械产业在改革开放以后，得到较大的发展。二十多年来，工业总产值增加30多倍，利润总额增加10多倍（表10），取得了明显的成绩，为今后的发展奠定了基础。

表10　中国医疗器械工业近20年概况

年份	统计企业口径（个）	工业总产值（亿元）	员工数（万人）	资本（亿元）	利润总额（亿元）
1980	297	6.2	8.6	6.2	0.95
1985	356	12.3	10.7	6.3	2
1990	388	19.2	9.8	10.3	1.9
1995	420	84.4			
2000					
2001	432	157.7	9.3	53.8	12.1
2002	594	198	10.5	52.5	16.8

注：以上数据来自国家经济管理部门发表的年度统计资料，实际只是整个医疗器械产业的一部分。因为按生产厂家的生产许可证发放资料，1995年生产企业为4500家，2004年底为9000家，年度工业总产值缺乏可靠依据。如上海，2002年国家经济管理部门发表的年度统计资料为销售产值30亿，而上海医疗器械行业统计为38亿。2004年上海医疗器械行业统计销售产值为56亿。因此，估计全国医疗器械工业总产值1995年度为120~150亿元；2004年度为500~550亿元。

1. 有利因素

（1）我国13亿人口的医疗卫生服务需求必然是一个巨大的、不断发展的医疗器械（特别是精密医疗仪器）市场

我国医疗机构的医疗器械装备，近15年来有很大改善。1990年以来，卫生部门综合医院平均每病床占用专用设备金额增长率如表11、图4及图5所示。

表11　卫生部门综合医院平均每病床占用专用设备金额增长率

年度	每床占用金额（元）	增长率（%）
1990	6 464	
1992	11 173	72.8
1994	15 627	39.9
1995	19 573	25.3
1996	24 852	27.0
1997	29 089	17.1
1998	34 848	20
1999	41 131	18
2000	50 508	22.8
2001	58 800	16.4

注：引自历年《中国卫生年鉴》。

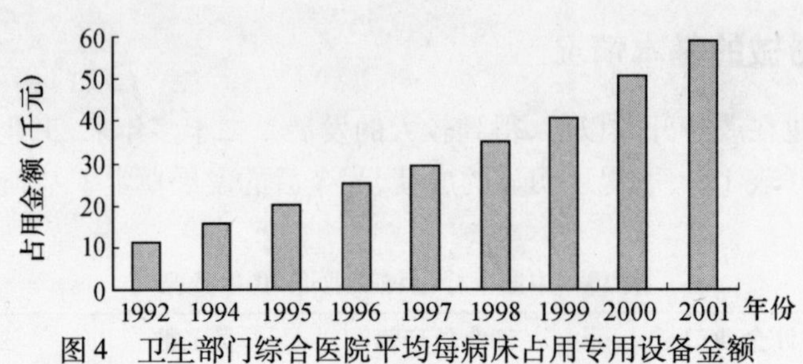

图 4　卫生部门综合医院平均每病床占用专用设备金额

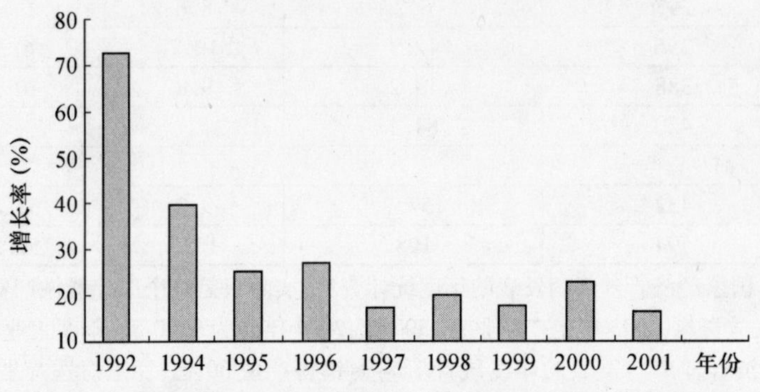

图 5　卫生部门综合医院平均每病床占用专用设备金额增长率

国家卫生部门发布的全国县及县以上医院部分医疗设备装备的统计数字如表 12 所示，从 1995 年起，平均每病床的专用设备占用金额年净增长在 5 000 元左右，增长率为 16% ~20%。

表 12　全国县及县以上医院主要医疗设备台数

设备名称	1996 年	1998 年	2000 年	2001 年	估计近期年需求量
800MA 以下 X 光机	26 551	30 022	30 324	29 767	2 000
800MA 以上 X 光机	2 268	2 748	2 774	3 093	500
黑白超声诊断仪	19 077	21 842	23 911	24 893	2 000
产程监护仪	2 981	3 864	4 742	5 316	1 000
心电图机	35 295	41 230	46 122	48 073	4 000
激光治疗机	11 959	13 703	14 355	14 424	300
电动牙科椅	16 901	20 958	25 205	27 168	4 000
手术显微镜	6 207	7 606	8 983	9 524	1 000
CT	2 549	3 543	4 247	4 760	800
心脏监护仪	19 108	27 580	39 995	47 024	12 000
肾透析仪	3 720	5 390	6 754	7 703	1 500
核磁共振仪	356	512	604	714	200
彩色超声诊断仪	2 455	4 596	5 110	5 926	1 500
超声心动图机	1 424	1 501	1 519	1 567	

统计范围：县及县以上医院 14 155 个。

我国医疗仪器设备市场的特点：一是我国人口多，医疗机构层次丰富。医院分三级，每级又分三等，各个层次都有一定程度差别的医疗仪器设备品种数量需求，不同规格档次的产品都有需求量。二是从大处看我国医疗仪器设备市场可分两大类，即地市及地市级以上医院（三级医院）和县及县以下医疗机构（三级以下医院）所构成的市场，由于经济发展等多种原因，两类市场开发率存在较大差距。中高档医疗装备主要需求分布在934家三级医院，其中600多个三级甲等医院拥有最高标准的医疗仪器设备，它们多数集中在沿海经济发达地区。这部分医疗仪器设备市场已开发或过度开发，而17万多个二级以下医院及20多万个诊所，4.5万个卫生院，它的医疗仪器设备市场并未得到应有的开发。从1997年至2001年，政府农村卫生预算支出占政府卫生预算总支出和全国农民卫生总支出占全国卫生总费用的比重都只在16%以下。换言之，占有80%人口的农民只占用了不足20%的医疗资源和设施。三是我国医疗器械的现时市场需求量居世界第六位，仅次于美国、日本、德国、法国和意大利，目前估计年实际市场容量约650～700亿元人民币。我国医疗器械预计近5～10年内西部及广大农村医疗仪器设备市场逐步转化为实际市场容量，市场容量有望突破1 500亿元人民币，有可能将进入世界前三四位之列，因为：

1）据官方统计数字，我国医疗器械工业销售额在全球医疗器械销售额中仅占1.3%（表13，另据有关方面的估计实际数约在3%左右）。与发达国家相比，我国医疗器械在世界市场中的份额较低，增加到15%左右是正常的。占全球五分之一人口的我国，还有很大的发展空间。

表13　2002年我国和美国医疗器械工业简要对比

项　目	中　国	美　国
GDP（亿美元）	13 880	108 850
总人口（亿人）	13	2.4
医疗器械工业销售额占全球医疗器械市场份额（%）	1.3	44
医疗器械工业销售额（亿美元）	21	770
医疗器械出口额（亿美元）	5	203
医疗器械进口额（亿美元）	19	183

注：美国有关数据引自美国医疗器械促进委员会2002年度报告。

中国有关数据引自：1. 2002年中国医药统计年报医疗器械分册（按独立核算的医疗器械工业企业600家统计），折合美元；2. 中国进出口商会通讯，含卫生材料进出口。

2）国外医疗费用占GDP比例的增长速度要比GDP的增长速度快。美国经济学家R. W. Fogel认为中国GDP在今后的30年里每年增长8%，与医疗器械的配置密切相关的医疗费用占GDP中的比例将至少上升到8.5%，医疗技术产品占医疗保健费用支出也将上升（表14和表15）。

表14　各国医疗保健费用支出和GDP之比

国　　家	GDP（2002）（亿美元）	医疗保健费用支出占GDP（%）	
全球	435 400	2001年	2002年
美国	104 168	14.1	15
欧共体（EU－15）	85 530	7.06	8.6
俄罗斯		1.03	
日本	39 788	7.1（2000年）	
中国	12 371	5.37	

注：引自美国医疗器械促进委员会2002年度报告。

表 15 各国医疗器械采购支出占 GDP 或全部医疗保健费用支出之比(2001)

	EU15 和 EFTA	美国	中国
医疗保健费用支出占 GDP(%)	8.77	14.1	5.37
医疗技术产品占医疗保健费用支出(%)	6.38	5.1	8~9
医疗技术产品占 GDP(%)	0.56	0.71	0.48~0.5
医疗器械采购支出	430 亿美元	780 亿美元	500~650 亿元

注:引自美国医疗器械促进委员会 2002 年度报告。

3) 中国人民生活水平提高、人口渐趋老龄化、城乡人口比例变化,这些因素促使对医疗的需求将会不断增长。此外,R. W. Fogel 认为还有三个因素刺激医疗需求的增长,这三个因素是:教育水平的提高;计算机、互联网使用的增加;中国入世后保险业的发展。

4) 目前沿海和中西部地区的医疗消费还存在地区上的不平衡,但随着开发中西部战略的实现,这些地区对精密医疗仪器的需求将会大幅增长,这种增长难用巨额进口来满足。

(2) 拥有一批水平较高的临床医学专家及为数众多的医疗机构和病种、病例,并构成了发达国家所不及的优异的精密医疗仪器临床应用研究环境

我国有 13 亿人口,28.8 万个医疗机构,其中医院 18 396 所,325 万张床位;有 439 万卫生技术人员,其中执业及助理执业医师 196 万,注册护士 130 万;病种、病例及门诊和住院的绝对数量大,2004 年诊疗人次为 22 亿次,入院人数为 6 669 万人。这为开发精密医疗仪器的临床调查研究和安全性、有效性及可靠性的考查提供了充分的条件。

(3) 有一定的基础

"九五"、"十五"构成的十年,在我国医疗器械产业发展史上所占时空比率不大,但在这十年我国医疗器械产业发生的变化和发展,使我国进行自主研制精密医疗仪器有了一定的基础,同时产业组织结构调整及区域结构调整逐步推进。全国医疗器械生产企业组织结构 80 年代末开始,由原来的单一隶属系统的国有经济加集体经济的固有结构模式演变为开放的多种经济所有制并存结构。粗略统计,目前医疗器械生产企业的具体构成为:国有制企业(含国有资产占大头的股份制企业)占 20%;中外合资企业占 20%;个体或集体企业(含归国人员创办股份制企业和外资独资企业)占 60%(图 6)。骨干企业重新排序,在高技术品种领域,新组建的股份制企业成为产业的主力。

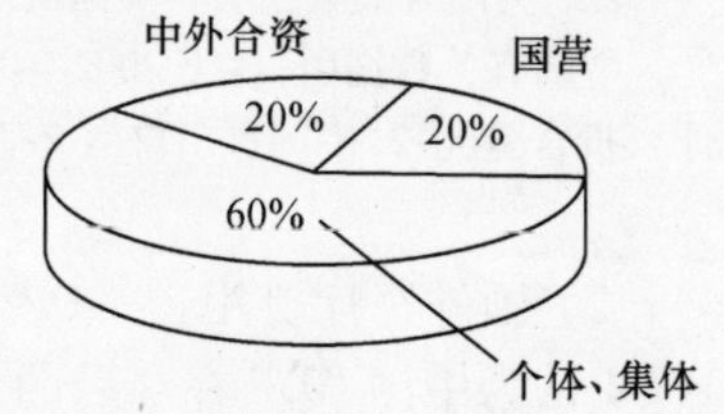

图 6 医疗器械生产企业的构成

在区域结构上,珠江三角洲、长江三角洲及京津环海湾三大区域依靠本地区工业技术,科学技术人才,临床医学基础及政策性优势,成为医疗器械产业的三大产业聚集区。按 2003 年 461 家生产企业的不完全统计资料,三个区域的总产值之和及其销售额之和均占全国总量的 80% 以上(表 16)。它们的共同点是:第一,具有比较雄厚的医疗器械支撑产业基础,电子工业、精密机械装备制造业、化工工业都比较强,利于开展技术协作和产品配套;第二,信息发达、交通方便,具有多个国际级别的海港码头、机场空港和信息化城市,利于开展技术交流和贸易往来;第三,高等教育机构和高科技人才相对集中,有较强的潜在人才资源和技术发展后劲;第四,医学科研和医学临床水平高于其他地区,全国大多数三级医院都集中在该区域,新医疗器械的临床试验研究和临床评估能力强

劲;第五,有强劲的融资渠道,包括国有资本、民间资本和国外资本。

表 16　三个区域的总产值之和及销售额之和占全国总量的百分比(%)

地域	企业	人员	销售额	总产值	出口
长江三角洲	43	46	37	41	39
京津环海湾	22	18	31.9	30	39
珠江三角洲	10	18	12	13	19
三地区占全国	75	82	80	84	97

注:引自 2003 年中国医药统计年报医疗器械分册。

二是培养了一定数量的人才。目前国内有多所高等院校设置了精密医疗仪器相关的院系或专业,国内著名的大学都设有生物医学工程专业,为国家培养了一定数量的学士、硕士和博士,成为本专业领域的技术骨干或学科带头人。还有相当数量出国深造后回国创业者,用其在国内国外学习或访问所得科学技术知识及实践经验,投身于医疗器械事业,从事医疗器械新产品的研究开发,其中还有不少人士自立门户成立专业公司。

三是产品技术结构调整加快,研发和生产了一些技术含量较高的产品,产品质量和售后服务也得到了重视。十多年整个产业的产品技术结构发生较大变化。在治疗设备方面有准分子激光人眼像差矫正系统、高强度超声聚焦治疗系统、旋转伽马刀、中能直线加速器、模拟定位机。在诊断设备方面有中档黑白超声诊断仪、低场强开放式永磁 MRI、睡眠监护系统、数字式 X 射线系统、螺旋扫描 CT 装置。在手术及急救仪器设备方面有多种规格呼吸系统和麻醉系统。在专用零部件方面有高频高压发生器等等,其中高强度超声聚焦治疗系统、准分子激光人眼像差矫正系统、旋转伽马刀等具有自主知识产权。此外病人监护产品、临床实验室仪器设备和微创介入治疗产品也有所发展。

长期以来,我国产品在技术上还不能与国外相提并论,质量上与国外存在差距,是困扰我国医疗器械产业发展的重要内容之一。改革开放以来,大量的国外医疗器械产品进入中国市场,用户不仅仅认识了这些国外医疗器械新产品、新技术,同时也从使用比较中对国产医疗器械产品质量提出新要求。中国医疗器械产业正是在这样的形势下,愈来愈深切地感到产品质量对企业生存的重要性。企业质量的改善,不仅仅表现在产品,也表现在企业售后服务。在现代市场竞争中,制造商和用户之间已不是简单的产品交易的伙伴关系,而必须以用户技术培训和优良的售后服务确保有效持久的合作。售后服务和售后技术培训逐渐得到了广大企业的重视,成为保证产品质量的又一重要组成部分。医疗器械企业都按产品分布,建立地区维修服务站,独立开办用户技术培训班或和临床医生联合开办医疗技术培训班。

四是专业化协作和国际择优配套理念正被更多的生产企业所接受。近十年,产业先后引进一些先进生产工艺技术及装备,更多的生产厂家已采用专业化协作和国际择优配套模式。产业专业化协作和国际择优配套是一种从提高并保证产品质量、降低成本的目标管理出发,充分发挥从设计、实验、开发、部件加工制造、整机组装调试、临床验证、市场销售到售后服务整个产品价值链的多元化优势而采取的新理念新措施。国际间择优协作配套,才确保了产品性能和质量,降低了成本,赢得了用户,发展了本产业,也发展了医疗器械的上游产业。

五是初步建立了医疗器械监督管理体制,初步规范了市场;重视标准,加快了与国际标准接轨的步伐。20 世纪末,政府主管部门着手建立和市场经济相适应的医疗器械监督管理体制。1998 年国务院调整医药产品监督管理的组织体制,随后国务院又颁布医疗器械监督管理条例,医药产品监督管理部门发布一系列管理办法,从而初步建立医疗器械监督管理体制。医疗器械是国际交换最活跃的产品门类之一,而国际交换的前提是产品安全标准和性能标准的同一性,近年来还包括了生产企业的质量保证体系标准的同一性。在发达国家,既有相当数额的出口,也有相当数额的进口。如美国,2002 年出口 203 亿美元,进口 183 亿美元。在我国,标准与国际接轨问题一直是弱项。以往制订医疗器械国家标准及行业标准,往往限于我国工业技术水平或过分强调国情,而低于国际标准。这样一来,既忽略或蔽盖了标准本身的内在联系和合理性,又不能和国际标准统一,对用户满意度及产品出口增加了难度。近十年,逐渐重视参与国际标准化活动,重视等同采用国际标准,包括安全标准,性能标准和质量保证体系标准,加快在与国际标准接轨前提下的标准修订和制订工作。

2. 问题

中国医疗器械工业虽有了较大发展,但和发达国家相比,仍有很大差距,特别是精密医疗仪器产品差距更大。简单地讲,就是中国医疗器械工业缺少具有经济规模、创新能力和品牌效应的领军企业;缺少自主研制和开发的产品;管理不严、产品可靠性差。主要是:

一是我国医疗器械工业组织及员工规模和发达国家相当,但经济规模效益差,产品缺乏市场竞争力,工业销售额在世界市场中的份额很低。几个主要国家及地区的医疗器械工业组织及员工规模和经济规模效益情况比较如表 17 所示。

表 17　几个主要国家及地区的医疗器械工业情况比较

国家	美国	欧洲经济共同体	日本	中国
生产厂家(个)	8 486	9 345	3 000	600
员工总数(人)	344 562	385 000		105 000
大企业所点比例(%)	20	20	15	5
工业销售总额(亿美元)	870	609	222	24

注:1. 美国为 2003 年 advamed 发布的数据,欧共体为 2003 年 eucomed 布的数据,日本为 2000 年数据。
　　2. 中国为 2002 年国家经贸委信息中心发布的以独立核算单位数据。

2003 年全球医疗器械工业销售额为 2044 亿美元(1840 亿欧元),我国医疗器械工业销售额仅占全球工业销售额的 1.3%,占国内医疗器械市场年容量的 60% 左右。精密医疗仪器市场基本由国外或跨国公司占领。走进国内三级甲等医院,是进口医疗器械产品的天下;走进医院的临床检验科、医学影像科室或危重病人监护病房等医疗装备重点部门更是进口产品的天下。据有关专业会议资料,目前境内医疗卫生机构几种中高档医疗仪器设备的装机容量中,进口产品占总装机容量比率如表 18、表 19 所示。

表 18　主要医疗器械中进口产品占总装机容量比率

项　目	进口产品占总装机容量(%)
MRI	50
其中高场强 MRI	100
X-CT	90
其中多层螺旋 CT	100
直线加速器	48
其中高能加速器	100
彩色超声诊断系统	95
PET	95
SPECT	100
伽马刀	25

注:据国家 2020 发展战略资料。

表 19　医用分析仪器设备中进口产品占总装机容量比率

产品类别	进口产品占总装机容量比率(%)
生化分析仪器(单台价格<10 万元)	83
生化分析仪器(单台价格>10 万元)	99
免疫分析仪器(单台价格<10 万元)	76
免疫分析仪器(单台价格>10 万元)	100
血液分析仪器(单台价格<10 万元)	70
血液分析仪器(单台价格 10~20 万元)	95.5
血液分析仪器(单台价格>20 万元)	100

注:引自捷通公司对 527 家医院的不完全统计。

再以医疗机构装备最普及的医疗设备 X 射线诊断系统为例。X 射线诊断系统是我国医疗器械产业相对强势品种,有 40 多年生产历史,生产厂家较多,产品各种规格年产量近万台,市场装机容量大于 50 万台。2001 年,捷通公司对 620 家医疗机构的调查资料显示,医疗服务机构层次越高,进口 X 射线诊断设备产品比率越大(表 20,从 2.5% 上升到 67.6%);X 射线设备规格档次越高,进口产品比率也越大(表 21,从 17.6% 上升到 95.5%)。

表 20　进口 X 射线设备在全国不同层次医疗机构中的拥有量比

医院类别	国产产品(%)	进口产品(%)
500 张以上床位	32.4	67.6
300~500 张床位	64.3	35.7
100~300 张床位	75.9	24.1
100 张床位以下	97.5	2.5

表21 全国不同档次X射线设备拥有量中进口产品比率

产品规格	进口产品(%)
300MA以下	17.6
300~800MA	36.5
800MA以上	95.5
心血管造影X射线系统	100
乳腺摄影X射线系统	100
DSA系统	90
胃肠造影X射线系统	80
CR和DR X射线系统	90

二是产业中R&D投入少,引进技术消化吸收投入不足,较多产品的一些关键技术未曾突破,自主创新产品未成气候。与国外同类产品相比,产品水平有较大差距。

我国医疗器械产业长期以来走的是低R&D投入的仿制模式。仿制模式曾为我国医疗器械产业发展做出过贡献,但自我国加入国际专利组织,中美谅解备忘录生效以后,特别在中国加入WTO以后,仿制模式已无法继续广为沿用。近十几年转向引进技术的模式,提倡以市场换技术,但实践证明以市场换技术并没有收到预期效果,获得的仅是中国加工制造工厂的效果,但许多产品的关键部件、核心技术仍然没有得到和掌握。

另一方面,我国医疗器械开发费投入很少,只有销售额的1%~3%。绝大多数企业科技开发投入只有数十万至数百万元人民币;研发期基础研究不足,缺乏引进技术后的消化吸收再创新投入,自主创新能力更为单薄,核心技术不能掌握,加上后期(生产期)工艺装备和综合管理落后,生产产品档次低、种类少,企业抗风险能力弱。产品技术性能和质量水准不仅落后于国际先进水平,而且难以满足国内临床和科研的需求。

三是人才培养后定向利用率不高,人才流失严重;高水平人才短缺;工程技术人员与从事医疗工作人员的结合不紧。在企业从事研发工作或在医疗机构从事医疗器械技术支持及配合企业研发工作的高水平人员少,相当多的科技人员进入外资企业充当销售人员,或出国。现有工程技术人员与医疗卫生技术人员缺乏建立研发合作关系,医疗卫生技术人员资源没有在医疗器械发展中充分发挥作用。

四是国内医疗器械市场畸形发展影响到产业的正常化运转。医疗卫生资源配置两极分化严重,城乡差别、贫富差别加大。一方面有些城市"超需"诊断、"超需"治疗,资源严重浪费;另一方面广大农村卫生资源严重缺乏,无设备,无专业人员。当前,在省市医疗卫生行政管理部门准许医疗服务在部分医疗设备中实行国内国外产品两种收费标准的政策规定下,有些医院盲目和大量引进国外医疗设备,在一定程度上形成了一个国内外医疗器械产品不平等竞争的环境,严重影响了我国医疗器械产品的发展机遇。近年来,发达国家已开始整合各方面资源,利用资金、技术和管理等方面的优势,吸引我国专业人才、研发适合中国市场的产品,或在我国建立加工制造厂,欲垄断我国市场,致使国内企业发展受到严重制约。造成我国医疗器械与国外医疗器械较大差距的主要原因在于以往缺少明确的政策导向,体制、机制、法制、法规不健全;标准、规范、指南缺乏或不健全;国家科研院所的科研与生产、与市场脱节,基础研究、研究成果转化和科技开发的能力弱、投入少等多方面。在我国当前人民群众普遍关心的看病难、看病贵、因病致贫问题中,大量进口医疗器械(特别是精密医疗仪器）是使人民群众的医疗费用居高不下的主要原因之一。我们应该致力于改善我国人民的就医状况，降低人均就医费用，改善看病难、治病难的现状。以往用市场换技术的策略以及目前出现的世界制造工厂愿望都不可能使我国医疗器械真正摆脱困境，解决问题的出路只有在于自主研制我国医疗器械，特别是精密医疗仪器。目前，绝大多数群众难以承受使用各种进口医疗仪器进行疾病检测的高昂费用，他们会将平时辛苦工作的大部分收入积累下来，以备有病时就医，几乎不考虑日常体检、疾病预防的需求。这样不仅对健康造成不良影响，还严重影响了我国“拉动消费”的经济政策，甚至催生失业增加、通货膨胀等社会不安定的因素。所以，自主研制医疗器械，特别是精密医疗仪器，不仅关系到我国13亿人民的身体健康，而且还关系到我国经济繁荣和社会安定。当然，我们清醒地认识到，要在一朝一夕就能够改变这样的局面是不可能的，但我们需要有一个发展战略和具体措施，保证我们能够逐步做到，为我国的持续发展和构建和谐社会做出应有的贡献。

四、目标

自主研制我国精密医疗仪器，以提高医疗卫生和生活质量为主线，以自主创新为动力，实现精密医疗仪器和经济、社会的协调发展。

自主研制的目的是为了掌握核心技术；增强可持续发展的能力；提供性能稳定、质量优良、价格合理的产品，并提供优质的售后服务。目前的自主研制指我国国民（含法人和自然人）以自主知识产权或全球通行规则的方式（如技术贸易、企业并购、引进人才等）取得并最终拥有成果或技术、知识所有权的技术、研究和制造。自主研制不能闭关自守，应在不违反他人（国）权益（如知识产权）和经济规则的原则下有效地整合和充分利用各方面的有用资源。

要在基础研究、应用研究、技术实现等不同层面上有所创新。自主研制中要注重原始性创新，即在工作原理、设计思想和制造工艺方面有所发现和发明；要在引进国外先进技术基础上，积极促进消化吸收再创新；同时要注重集成创新，有机融合相关技术和跟踪先进技术，形成具有性能独特、价格优势的新产品。

根据医疗器械的自身特点，自主研制我国精密医疗仪器所遵循的原则为：国家导向与市场需求相结合；自主研制和国际合作相结合。发展我国医疗器械产业的近期方向为：优先考虑城乡医疗及家庭医疗中对医疗器械的专门需求；基本满足国内医院临床对常规产品的需求；部分适应国内医学科研、临床、教学对新技术、新品种的需求。要实事求是，坚持有所为有所不为，重点发展医学影像类诊断设备、治疗设备、临床监护设备、医用检验与生化分析仪器，以及社区医疗及家庭医疗所需的特色精密医疗仪器。到2010年实现的具体目标是：建立和完善应用研究、中试开发和产业基地相配套的技术创新链，提高技术创新和成果转化能力，缩短与国际先进水平的差距，突破15～20项关键技术或核心部件，争取3～5个具有完全自主知识产权的重大专利产品进入国内外市场。力争医疗器械工业销售额达1500亿元人民币，国产医疗器械的国内市场占有量达70%以上。

五、建议

胡锦涛总书记在2004年12月29日中央政治局集体学习时指出，要坚持把推动自主创新摆在全部科技工作的突出位置，大力增强自主创新能力，大力增强核心竞争力，在实践中走出一条具有中国特色的科技创新的路子。要加强原始创新能力和集成创新能力。

温家宝总理在2005年3月29日国家科学技术奖励大会上指出，当今世界，科学技术是综合国力竞争的决定性因素，自主创新是支撑一个国家崛起的筋骨。我们要引进和学习世界上先进的科技成果，但更重要的是要立足自主创新，真正的核心技术是买不来的。只有拥有强大的自主创新能力，拥有自主的知识产权，才能提高我国的国际竞争力，才能享有受人尊重的国际地位和尊严。必须把增强自主创新能力作为国家战略，贯彻到现代化建设的各个方面，贯彻到各个产业、行业和地区，努力将我国建设成为具有国际影响力的创新型国家。必须加强原始创新、集成创新和在引进技术基础上的消化吸收，在关键领域掌握更多的自主知识产权，在科学前沿和战略高技术领域占有一席之地。

中央领导的讲话，已把科技自主创新能力的作用提高到推进国家崛起、增强国际竞争力的高度，这是基于当代国际竞争态势以及我国经济社会发展要求做出的战略判断。因此，自主研制我国医疗器械，特别是精密医疗仪器，作为推动我国医疗器械事业的进步、满足我国医疗卫生保健事业发展和13亿人口更高水平的小康社会的需要，已刻不容缓。为此，我们建议：

1. 在振兴我国装备制造业的大旗下，成立相应的国家医疗器械领导机构及专家委员会

当前在振兴装备制造业方面已受到我国政府的极大重视。为此，建议在振兴装备制造业的时候，成立相应的国家医疗器械领导机构，对医疗器械，特别对精密医疗仪器进行通盘考虑，全面规划和推动我国医疗器械的发展；成立由中国工程院、中国科学院及有关方面的专家为主的国家医疗器械专家委员会，就我国医疗器械，特别是精密医疗仪器方面的发展战略和规划等开展咨询及研究（包括重点研究领域和开发项目计划），并在健全体制法规等方面发挥相应的作用。

2. 将自主研制精密医疗仪器列为国家重点发展门类

把自主研制精密医疗仪器列为国家重点发展门类，支持重点开发品种领域，扶持重点企业，鼓励建立产、学、研相结合的产业发展平台。主要有：

（1）设立“自主研制精密医疗仪器”专项，每年拨款5~10亿元人民币。还需形成政府拨款、银行贷款、社会集资、企业投资等多渠道的投资体制，用于重点资助基础研究和共性技术的研发。

（2）对现有的5个国家“医学工程技术中心”进行优化、整合、完善，吸收高校、研究机构参与“中心”的工作，同时筹建重点发展门类的新的国家医学工程研究中心，以支持产业发展和原始创新等基础研究工作，为各省市产、学、研搭建公共服务平台。

（3）促进地域性的生物医学工程产业集群的形成，优化产业布局，形成合理、有效的产业链。

（4）积极支持和推荐企业参与国际标准化组织的活动，组建我国技术标准的研究平台；加强我国检测方法和手段的研究，提高相应的检测水平。

3. 制定相关的鼓励政策

精密医疗仪器产品属国家高新技术的范畴，应制定相关的鼓励政策。主要有：

（1）内资企业与合资、外资企业享受同等税收政策的待遇。对我国生产的精密医疗仪器产品实施所得税减免，将增值税从17%减为13%，实行出口退税政策。对因技术进步而经济效益明显的企业，在3~5年内按一定基数实行包税制。对已列入国家或省市级的科研开发项目，在产品取得生产许可证以后的3年，给予税收减免。

（2）积极开辟技术开发资金来源，允许并鼓励企业在税前按当年销售额10%的比例提取技术开发基金，计入成本，专款滚动使用。

（3）对新研发的精密医疗仪器，在市场准入、产品注册方面给予指导和帮助，鼓励新产品迅速

投产。

4. 完善和落实政府采购法及有关规定

大力提倡民族精神，完善和落实政府采购法，扩大政府采购规模，为我国的医疗仪器产业提供市场空间，抑制盲目采购国外医疗器械的倾向。主要有：

(1) 对购买使用国产医疗仪器的用户给予鼓励政策，如贷款利息低、偿还期限长、简化审批手续等。

(2) 取消在使用进口医疗仪器时不合理的收费标准。

(3) 确定临床使用国产医疗仪器和装备的年限，加速折旧制度，加快固定资产折旧，鼓励用户及时更新国产医疗仪器和装备，刺激企业技术创新和更新工艺装备。同时也要在性能保证的前提下提倡医疗仪器的修复、提升和再利用，以此降低成本。

(4) 进一步加强宏观管理，避免外国产品未经我国权威部门的批准而进入中国市场。

5. 人才培养方面

加快进行生物医学工程教育改革；制定向医疗器械行业倾斜的高端人才政策；在医院中建立临床工程师和医学物理师制度，发挥医疗机构中工程技术人员的作用；加强医务人员的工程技术知识培训，鼓励他们参与医疗器械的革新和创新；鼓励海外归国学者从事生物医学工程特别对精密医疗仪器的创新和研发。

关于呈送《紧急呼吁实施防治禽流感大流行的行动计划》的报告

中工发[2005]48 号

国务院：

根据世界科技界对 1918 年流感病毒全基因组的复原和研究，确认那次流感大流行的病原就是禽流感，而且与现代流行的禽流感病毒 H5N1 有很大的相似性，并认为现在的 H5N1 毒株不需要在自然界再与人流感病毒进行重配就有可能进行变异，越过种属屏障而引起人类的流感大流行，届时有可能造成 500 万到千万人的死亡。而且在今冬明春必须提高警惕，有所准备。联合国、世界卫生组织、美国等都高度重视，相继拨款、成立协调机构或发布防备计划等加以应对。

我国是人口大国，是流感大流行的好发地，预防(禽)流感大流行已经迫在眉睫。为此，中国工程院医药卫生工程学部侯云德、闻玉梅、桑国卫、赵铠、俞永新、庄辉、钟南山等 7 位院士紧急呼吁实施防治禽流感大流行的行动计划，提出尽快成立防治流感大流行办公室，尽快启动 P3 实验室的建议。

现将该行动计划原文呈上,供国务院领导决策参考。

附件:1.《紧急呼吁实施防治禽流感大流行的行动计划》

2.《发展中国家预防流感大流行的策略》(略)

中　国　工　程　院

二○○五年十月二十七日

附件 1:

紧急呼吁实施防治禽流感大流行的行动计划

中国工程院并转国务院:

根据世界科技界对 1918 年流感病毒全基因组的复原和研究,据认为那次流感大流行的病原就是禽流感,而且与现代流行的禽流感病毒 H5N1 有很大的相似性,并认为现在的 H5N1 毒株,不必要在自然界再与人流感病毒进行重配,就有可能进行变异,越过种属屏障,引起人类的流感大流行,有可能造成 500 万到上千万人的死亡。而且在今冬明春,必须提高警惕,有所准备。2005 年 10 月 5－6 日美国国务院在华盛顿召开了"禽流感"国际会议,美国总统拨款 70 亿美元,用于禽流感的防治和研究,联合国以安南为首成立了世界预防流感大流行行动协调机构,世界卫生组织号召世界各国一定要做好流感大流行的准备。尽管我们无法准确预测世界性流感大流行发生的准确时间,但这是不可避免的、即将发生的全球公共卫生事件。

根据世界卫生组织《世卫组织全球流感防备计划》、《世卫组织流感大流行防备计划核对清单》以及最近的《应对禽流感大流行的威胁建议的战略行动》,明确提出世界各国特别是亚洲发展中国家预防(禽)流感大流行已经迫在眉睫。

我国是人口大国,是流感大流行的好发地,我国预防(禽)流感大流行已经迫在眉睫。世界卫生组织(WHO)文件中指出:"疫苗和抗病毒药物是大流行期间减少发病和死亡的两种最重要的医药干预,但却很难获得充足的供应"目前形势十分严峻,为此紧急呼吁:

一、防治禽流感大流行涉及我国多个部门,建议在国务院下设立防治流感大流行办公室,协调卫生部、农业部、科技部、国家质量监督管理局、国家食品药品监督管理局等有关单位,就预防禽流感大流行问题制定对策,组织协作攻关研究,疫苗和药品生产及应急储备。

二、目前全国 P3 实验室,除极少数外,因未能认可,已经闲置 2 年未用,有些仪器早已过保修期,科研人员不能进入工作,世界卫生组织总干事助理曾提出意见:至今不启用 P3 实验室,使我国的禽流感研究落后 2 年。为此,我们紧急呼吁有关部门,在重视生物安全的基础上,按规定尽快验收,合格的就应当尽快批准启用,以免耽误时机。

关于报送《中国工程院关于"十一五"规划工程科技发展的若干建议》的函

中工发[2005]50号

国家发改委:

根据国办发明电[2005]27号通知要求,我院在国家发改委委托承担的国家"十一五"规划若干重大问题和"十一五"高技术产业8个领域的发展重点两项咨询研究的基础上,整理提出了《中国工程院关于"十一五"规划工程科技发展的若干建议》。现将建议报上,供制定"十一五"国民经济和社会发展规划时参考。

中　国　工　程　院
二〇〇五年十月三十一日

中国工程院关于"十一五"规划工程科技发展的若干建议

受国家发改委委托,中国工程院曾就国家"十一五"规划若干重大问题和"十一五"高技术产业8个领域的发展重点进行了咨询研究,现根据两项咨询研究的成果,就国家"十一五"规划中和工程科技相关的问题整理提出如下建议,供制定"十一五"国民经济和社会发展规划时参考。

一、关于若干领域发展思路和重点选择的建议

牢固树立科学发展观,切实转变经济增长方式,加快科技进步与自主技术创新,加速发展高技术产业,走新型工业化道路,以人为本,统筹协调,开创一条全面建设小康社会的持续、快速、协调、健康发展道路。要确保能源、矿产、水、土地等重要资源的可持续发展和有效利用,要从国家长治久

安的高度充分认识三农问题的复杂性、长期性、艰巨性和重要性，采取强有力的措施，保障食物安全，实现农业增效，农民增收。要坚决摒弃单纯追求发展速度的经济运行方式和管理模式，借鉴和吸取发达国家工业化的经验和教训。继续按照有所为有所不为的方针，集中优势力量，提供切实保障，抢占高技术战略制高点，为跨越式发展战略的实施提供有力支撑。

（一）关于能源发展

遵循开源与节流并举方针。现阶段以开源为主，建立安全、经济、高效、环保的多样化能源供应体系，立足国内资源，充分利用国外资源，加强一次能源资源勘查，强化石油战略储备，抓住未来10～15年全球资源供应相对充足的机遇期，最大限度地分享境外资源。重点利用煤炭，优先开发水电，积极发展核电，合理开发利用国内油气资源，提高资源开发利用效率，加强新能源的研究与开发，优化能源结构和产业结构，建立国家能源安全供应预警和快速反应体系，同步建设北煤南运、西电东送、南北互供的战略性能源输送通道。

为保障能源的有效供给，启动十大煤炭基地工程；石油、天然气安全供应及战略储备工程；西部电源基地和西电东送工程；东部负荷中心地区支撑电源及电网配套工程；100万千瓦级核电工程和新能源示范与开发等工程。

为降低能源消耗，应加快产业结构调整，提高综合能源效率，使主要耗能产品的单位能耗赶上国际先进水平，形成先进的能源设计、制造、建设、运营管理体系和供应服务体系。

（二）关于解决三农问题

要通过综合技术措施有效降低农业生产成本，综合利用资源，提高土地产出率，推动农业增效。要加快制度创新，实行经营土地的流转，通过现代机械和工艺的应用，大幅度提高农业劳动生产率，扶持农民参与产业化经营，帮助农民增收。通过农药、化肥等农业生产资料的科学使用，退耕还林还草等重大工程的实施，草场保护与建设以及农村产业结构调整，改善农业生态环境。

应通过完善农业产业化经营方式，保障农民在农产品加工增值中的合理收益。要下决心裁撤乡级财政供养人员，对必要的公务员、教师及其他专业人员队伍，由县级政府直接管理，工资主要靠上级财政转移支付解决，切实减轻农民负担。要加快农村饮水、道路、能源、环境、义务教育和医疗卫生等社会基础设施建设。

为确保发展重点的落实，要实施节水农业体系建设工程；16亿亩基本农田保护和2～3亿亩高标准农田建设工程；农产品加工重大关键技术及加工装备开发工程等。

（三）关于振兴装备制造业

在处理好引进与消化吸收关系和把握重大技术开发方向上采取切实可行措施，实现从引进为主向消化吸收为主和自主创新为主的战略转变，摆脱受制于人的被动局面。努力提高装备制造业竞争力，用高新技术对装备制造业进行改造、嫁接、提升，利用后发优势缩短差距，实现技术的跨越，把信息技术嫁接、融合到传统的装备制造业。大力发展为装备提供零部件、元器件和中间材料的产业。加强成套技术发展，提高成套能力。要克服体制上的障碍，使制造商与用户结合，制造工艺流程与制造装备结合。国家扶持特别是重视发展重大成套装备和高技术产业所需装备，推进重大装备国产化。

重点发展牵涉国家安全、需求量大、辐射面广的装备制造包括电力装备、石油化工装备、重型机械、机床、工程机械、通用机械、轨道交通设备、大型飞机、船舶与海洋工程、电子信息专用装备等。

建议实施“振兴装备制造业专项计划”，制定相应的扶持政策，如为国内制造的重大技术装备确定依托工程实施打捆招标，调整重大技术装备的进出口政策，实行加速折旧政策，扩大政府采购，鼓励企业使用国产装备。

（四）关于自主技术创新

实施开放式自主创新战略。扭转长期以来高技术产业中主导技术依靠国外，企业组织攻关能力差，国内成套技术供给能力差的局面，扶持自主技术创新。加大对基础科学研究和战略高技术研究的投入，构筑科技创新共享平台，扶持企业与研究型大学及科研院所合作，鼓励有实力的大企业与创新活力强的中小企业联合或兼并。强化专利和非专利知识产权的评估、转让和保护。

自主技术创新的重点：在信息领域发展计算机和软件产业、集成电路和新型元器件产业、通信和网络产业，力争取得突破，掌握核心技术，使我国成为全球最重要的电子信息产品制造基地，集成电路设计进入世界前列，成为全球互联网中心节点和软件出口国之一，使信息服务业成为经济发展的推动力量。在生物领域发展医药生物产业和农业生物产业，包括中医药产业现代化。在航天领域进一步发展空天技术和卫星技术，靠应用拉动航天大产业的形成。

（五）关于医疗卫生体系建设

需要建立突发公共卫生事件应急机制、疾病预防控制体系和卫生执法监督体系，在新传染病、人畜共患病、外来生物入侵、食品安全、生态安全、核安全等方面及时应对突发性、灾难性事件。

实施健康工程还要理顺医疗保险、医疗服务、食物和药品监督的管理体制，完善医疗保障体系、公共卫生体系、医疗服务体系、医学科研体系、食物药品监督体系和卫生法制体系，推动卫生事业协调健康快速发展。在城镇居民的医疗保障方面，不仅要健全职工医疗保险制度，还要建立其他居民的政策性商业医疗保险制度，构筑社区医疗卫生服务网络。在农村则应重建以大病统筹为主的新的农村合作医疗体系，健全县、乡、村三级医疗卫生服务网络。

国家应加大对农村卫生和医学研究的投入，建设医学研究基础平台，设立医药研究基金。强化食物和药物的技术标准和质量控制。

（六）关于综合交通网络建设

建立包括铁路、公路、水运、航空在内的综合交通网络体系，改革落后的交通运输管理体制，结束五种交通方式长期分部门规划、建设、管理和运营的状况。按照整体性、综合性和前瞻性的要求，充分发挥各种交通方式的比较优势，形成规模适当、布局合理、有效衔接、协调发展的综合交通网络。以人为本，建设与城市布局和交通网络布局相协调的综合交通枢纽，构成覆盖各种交通方式的集疏换乘站，实现各种交通方式的无缝衔接。建设以信息化、交通运输现代化和综合物流体系为特征的现代物流业。在发展中解决运力不足、能耗污染严重、质量技术水平落后等问题，建立通畅、便捷、安全、经济、可持续发展的综合交通体系。

建设重点应是京沪高速铁路和西部铁路通道，沿海深水港，“东网、中连、西通道”重点公路，空港、火车站与城市、城际轨道交通结合的交通枢纽工程，以及结合三峡工程和南水北调东线工程建设现代化的长江航道和京杭大运河航道。

（七）关于区域经济发展

经济区划应改变偏重地区综合平衡的思路，从机械地反映地区比较优势转向全面综合考虑地区在整个国民经济社会发展体系中的分工要求，改变偏重以行业规划落实地区分工的思路，从行业主导转向注重区域发展内在要求这一空间管理调控机制，综合考虑区位条件、地理环境与自然资源、经济基础和产业结构、社会发展（包括科技、思想文化及其制度等因素），突出区域功能，制定功能区划。

根据各地区功能指标和主要特征,可将全国划分为两个层次6类功能区域,第一层次包括工业化水平较高、老工业振兴、加快工业化和重点支持地区,第二层次包括农牧业主产地区和生态环境重点保护及建设地区。工业化水平较高地区可率先实现现代化,老工业振兴地区应加快产业结构调整,加快工业化地区应解决好三农问题并推进工业化和城镇化,重点支持地区应将国家支持和自力更生结合尽快脱贫致富,农牧业主产区应确保主要农牧产品安全供应,生态环境重点保护及建设地区应把维护国家生态安全放在首位。

(八)关于高技术产业发展

我国高技术产业已经成为国民经济的重要支柱产业,规模不断扩大,各领域发展很不平衡;产业布局呈现集群化发展趋势,集聚效应仍不显著;产业体系基本形成,大而不强的矛盾依然突出;产品结构逐步调整,产业优化升级任重道远;科技创新意识增强,产业核心竞争力依然薄弱;战略需求和市场需求日益扩大,加快发展势在必行;世界高技术产业发展态势咄咄逼人,国际竞争呈现新特点。

为此,"十一五"期间我国高技术产业发展建议坚持"重点突破,自主创新,协同集成,军民结合,引领发展"的指导方针。关于电子信息、生物与医药、航空航天、先进能源、新材料、先进制造、先进环保、流程工业等高技术产业发展思路、发展重点和重大工程建设提出如下建议:

1. 电子信息产业

发展思路:充分利用全球信息产业分工细化和产业转移步伐加快的重大机遇,发挥我国智力资源、市场空间和政策环境等方面的优势,实现信息产业的优化升级,努力提升国际分工地位。在保证信息产业规模持续增长的同时,重点突破核心技术,加快集成电路、软件、关键元器件等核心产业发展。重视利用高技术,降低产品成本,重视低端电子产品的开发和推广应用。实现产业由外延型向内涵型、加工制造为主向产业价值链的高附加值环节延伸的转变,形成以本土企业为主体、自主知识产权为支撑、具有稳固基础装备能力的电子信息产业体系,推动电子信息产业的持续快速健康发展。

发展目标:

(1)产业规模在2005年的基础上再翻一番,在国民经济和对外贸易中的地位进一步提高。2010年电子信息产业销售收入达到5.8万亿元,其中电子信息产品制造业要实现增加值1.2万亿元,销售收入5万亿元,占全球电子信息产品制造业比重为28%;软件和信息服务产业规模将达到8 000亿元,占全球比重为8%;电子信息产品进出口额达到4 500亿美元,其中出口2 200亿美元。

(2)产业层次进一步提升。软件、集成电路和电子专用设备仪器等核心产业的制造能力大幅度提高,涉及国家安全和具有战略意义的重大工程所用的信息电子设备基本可以立足自我配套,计算机、通信、视听等整机产品以及大部分重要元器件产品产销量居世界前列。

(3)技术创新及产业化能力显著增强。要不断涌现对产业发展带动性强并具有国际先进水平的电子科技成果,专利的质量和数量明显提高。软件和集成电路等核心产业的产业规模和技术水平要有较大提高,通信、数字视听等产品技术质量水平和研发能力力争赶上国际先进水平。

(4)产业布局进一步优化。形成若干创新能力较强、产业链条比较完善的信息产业集聚地,形成若干家主要产品领域进入世界前列、具有跨国经营能力的大企业,其中有一两家信息电子制造企业进入世界500强,提高我国在全球电子信息产业链中的地位。

2. 生物与医药产业

发展思路：坚持“科学谋划，及早部署，创新体制，国际合作，重点突破，集聚发展”的方针，加速现代生物产业发展，重点发展生物医药、生物环保等产业和现代生物技术在农业中的应用，加速抢占生物经济制高点，为“十二五”期间的大发展奠定基础。

发展目标：

(1) 生物与医药产业的发展速度要超出我国经济平均增长速度，每年预计按25%的速度增长，2010年生物与医药产业增加产值约达到5 000亿元。在科技对农业经济的贡献率中生物技术约占1/4。到2010年进入亚洲生物与医药产业的前三名，部分领域处于国际领先地位。

(2) 具有足够应付突发性传染病和生物恐怖的生物与医药（包括兽医）产品，尤其是预防接种疫苗的贮备。预防传染病的人用和兽用疫苗接种达到世界卫生组织和世界粮农组织的要求。粮食安全与食品安全达到世界粮农组织的要求。

(3) 得到国家扶持的生物能源技术有所突破。

(4) 建立和完善我国五大生物与医药产业基地：以上海浦东为核心的长三角基地；以北京中关村为核心的京津冀基地；以深圳、广州为核心的珠三角基地；以长春、沈阳为核心的东北基地；以西安为核心的中西部基地。建设20~25个生物与医药产业有关的国家工程研究中心或示范性产业基地。

(5) 建立起有利于我国生物与医药产业快速发展的行政管理体制、组织体系、技术成果转化体系和政策法规体系。

3. 航空航天产业

发展思路：坚持当前利益与长远利益、经济效益与社会效益相统一，自主发展航空航天产业。同时抓住一切机遇开展国际合作，学习先进技术，提升国际竞争力。以市场需求为导向，培育空天高技术产业新的增长点，扩大产业规模，优化产业结构，提高空天产业整体素质，增强产业核心竞争力。加强民机产业的发展，重点发展支线飞机、民用直升机、燃气轮机和干线飞机部件制造。加强和统筹空间资源的开发利用，发展卫星产业，包括卫星制造业、卫星发射服务业、卫星运营服务业和地面设备制造业。

发展目标：

(1) 发展新型涡扇支线飞机，提升我国飞机研制和生产能力。在拥有自主知识产权的前提下，争取商业成功。实现销售支线飞机80~110架，产值130~185亿元。

(2) 以研制6吨级直升机为重点，形成直升机系列化发展，使研制水平达到国际第四代直升机水平。扩大直升机产业产销规模，“十一五”期间实现销售350~400架，产值200亿元。

(3) 燃气轮机重点项目到2015年实现累计产值196亿，拉动相关产业产值225亿元，在2015年前后回收投资。

(4) 干线飞机部件制造方面，争取成为国际知名航空企业主要供应商和风险承包伙伴，成为世界主要的民机部件生产国之一。在2010年达到9亿美元/年的交付水平，形成干线飞机部件制造能力。

(5) 力争2006年第一颗直播卫星发射升空，投入使用。2010年卫星电视直播运营服务收入达到80多亿元。立项研制音频直播卫星系统，预计系统建立后年运营服务收入可超过30亿元。到2010年，我国对导航用户机的需求将达到每年装备5万套左右；民用导航市场的规模将达到

500亿元左右。突破和利用信息资源共享、空间信息标准化和卫星信息资源综合利用等关键技术,初步建成遥感信息地面应用综合服务平台。在卫星数据宽带接入方面,突破超高速卫星通信网络系统优化设计、通信协议设计等关键技术;立项研制并发射专用Ka频段宽带卫星。

(6) 改进现有运载火箭;研制新一代运载火箭;完善运载火箭的研制生产管理体系,建立产业化生产基地。

(7) 加快发展通信广播、导航定位和对地观测卫星系统。重点发展大容量通信卫星、宽带多媒体通信卫星系统、数字音频广播卫星系统,使我国的全球卫星导航定位系统逐步实现全球覆盖,最终可以24小时连续提供全球服务的高精度导航定位系统。发展和完善已有的遥感卫星数据源系统,使其形成长期稳定运行的能力,逐步建成统一的遥感管理体制。

(8) 建立国家安全监测预报体系。利用航天领域的科技成果,面向非军事领域的重大国家安全因素,建立国家安全信息中心平台,搭建安全信息的采集、传输、存贮、分析、评估、处理的完整体系。

4. 先进能源产业

发展思路:以建立经济、清洁的多元化能源结构为目标,发展高技术能源产业。实施"节能优先、供应安全、结构优化、环境友好"的可持续发展能源战略,以煤炭为主体,以电力为中心,积极推进新能源和可再生能源的产业化。优先攻克节能关键技术,提高能源利用效率;重点发展洁净煤高效开发利用、煤基液体燃料等技术,减少环境污染。大力发展核电及核燃料循环、可再生能源大规模生产的技术,提高核能及可再生能源在能源结构中的比重。发展水电、油气资源的勘探开发等高新技术,增加能源供应。

发展目标:

以建立我国可靠、高效、清洁的多元化能源供应系统为目标,通过"十一五"期间先进能源重大工程和专项的实施,争取在洁净煤、核电、能源效率、油气资源勘探开发、运输替代燃料、可再生能源利用及现代电网等领域的高新技术规模应用和产业化方面取得重大进展,为实现我国可持续发展能源战略目标打下坚实的技术基础。

5. 新材料产业

发展思路:按照材料的结构功能复合化、功能材料智能化、材料与器件集成化、制备和使用过程绿色化的发展方向,重点开发超级结构材料、特种功能材料、新一代光电信息材料等新材料。大力发展现代材料设计、评价与表征技术、材料的先进制备与加工技术。建设专业化、规模化产业基地,培育有知名品牌和国际竞争力的龙头企业。建立完整的产业体系,实现材料品种系列化。逐步实现从仿制到自制、从跟踪到自主,大幅度提高产业核心竞争力,加快向材料生产大国和强国迈进的步伐。

发展目标:

(1) 取高技术新材料发展速度在15%以上,力争"十一五"末在材料产业中新材料所占比例达到15%以上,国内自我配套能力达40%以上。新材料的生产规模和制造成本达到国际同类新材料水平,提高国内外市场占有率,带动相关行业的发展。改造传统材料生产工艺装备,使其达到绿色化、低污染、节能降耗的目标。

(2) 在新材料生产企业聚集度高、产业链发展前景好的地区建立若干个新材料产业基地,培育若干个年销售额超过30亿元的新材料企业或大集团公司,初步形成较为完善的新材料产业体系,在国际上占有一席之地。

(3) 通过自主创新和国际合作，积极利用国外的资源、资金，在若干种关键新材料上取得突破，满足国内急需。

6. 先进制造产业

发展思路：按照“分类管理，重点推进；资源节约，环境友好；加强中场，突出成套；接纳转移，自主创新”的方针，以绿色制造为导向，以高性能基础零部件、高性能材料和制造业信息化为重点，通过核心技术自主创新和集成创新，基本解决重大成套装备、高技术装备、关键材料和零部件依赖进口的问题。

发展目标：

(1) 装备制造业经济总量进入世界前三位。工业增加值占国内生产总值的比重在现有基础上再提高 1.5 个百分点，达到 11.5%，其中高技术装备和产品所占比重明显提高。

(2) 能源、交通、冶金、石油化工、制药及农业等领域所需重大装备基本能立足国内供应。信息产业所需装备的满足度有明显提高，初步扭转过度依赖进口的被动局面。

(3) 电力装备、铁路机车车辆、船舶、农业装备等一些领域形成自主创新能力，拥有一大批具有自主知识产权的产品和技术。

(4) 以数控机床为代表的基础装备和基础零部件薄弱的状况基本扭转。

(5) 绿色制造技术在重点行业、重点企业得到推广应用。

7. 先进环保产业

发展思路：针对水、大气、固体废弃物、环境监测等重大问题，发展环保适用技术及设备，形成若干个研究开发与产业化结合的工程技术中心，选择关键技术与产品作为主攻方向，重点支持高新技术和成套设备的开发，突出综合治理和相关技术的集成创新，注重污染物资源化综合利用及产业化，环保产品逐步走向多元化，培育初步具有自主创新能力的，研究、生产、销售、信息、服务一体化的高技术企业集团，带动循环经济发展，改善生态环境。

发展目标：

(1) 力争使我国环保设备产业规模发展能够自给自足，并有部分强项产品参与国际市场竞争，年产值达 2 000 亿元以上，约 10% 产品的品质达到国际水平，部分产品出口创汇。

(2) 力争实现大部分煤烟型大气污染治理设备、机械和机电一体化控制系统由国内设计、制造、安装、调试，对进口成套设备实现国产化率 60% 以上，使我国的煤烟型污染控制技术达到发达国家 90 年代的水平。在机动车尾气净化技术产业化方面，形成年产 2 000 万升以上的系列高效汽车催化剂和 1 000 万套净化器的生产能力，新型燃油添加剂争取占市场份额 30% 以上。

(3) 固体废弃物处理方面，在加速大型机械炉排焚烧炉技术引进和消化，并使之实现国产化的同时，积极发展具有自主知识产权的热解气化熔融焚烧、旋转窑焚烧和流化床焚烧技术并实现产业化，形成焚烧技术产业发展的新格局。

(4) 水处理药剂与材料产业进入良性发展阶段，基本满足国内市场需求。产品质量达到国际先进水平，参与国际市场竞争。

(5) 环境监测仪器产业方面，初步形成先进和替代型产品系列，争取高技术产品市场占有份额达 50% 以上。

(6) 创建年产值 10 亿元以上的特大型环保工程公司 20 余家，年产值 5 000 万元以上的骨干集团企业近百家。形成以大型企业为骨干、大中型企业为主体的环保成套设备产业基地10余处。建立以创新开发为主要目标,以解决实际工程难题为主要任务的产学研结合的专业研究工程中心4~6个。

8. 流程工业

发展思路:瞄准世界科技前沿,以重大战略项目为导向,加强自主创新,努力实现关键领域的技术突破,实现跨越式发展。加强引进技术的消化吸收,结合国情、厂情进行开放式的自主集成创新,从单纯引进生产线过渡为引进关键核心技术或设备,尽快实现引进技术的本土化,促进现有企业的结构调整与优化,形成具有自主知识产权的核心竞争力。对产品结构进行战略性调整,开发具有高附加值的新产品,适应国内外市场需求。

发展目标:

(1) 钢铁工业:自主集成解决长期板带材及其深加工产品的供应不足的矛盾;构建新一代钢铁制造流程,在重要共性技术上取得突破。到2020年,以钢产量翻一番或稍多的规模支持我国GDP翻两番。总体再节能15%~20%,节水50%;钢的利用效率再提高5%~10%。

(2) 化学工业:通过引进消化吸收、集成国内创新技术,实现以天然气为原料、采用热钾碱脱碳工艺的30万吨合成氨技术装备的国产化;实现盐湖资源的高效综合利用,形成农业氯化钾、工业氯化钾和苛性钾三大系列及利用废弃物水氯镁石生产相关产品的产业链;建立异丁烯氧化法生产MMA的10万吨级示范装置。

(3) 建材工业:实现新型干法水泥生产技术和大型关键装备的国产化;发挥水泥生产技术所具有的消纳废弃物的能力和潜力;突破高浮法玻璃生产的关键技术;通过引进无碱玻璃溢流成型技术,建立我国平面显示器基板玻璃生产线。

(4) 石油化工:实现重质油裂解制低碳烯烃技术和30万吨/年聚丙烯技术产业化,技术达到世界先进水平。实施炼油-化工一体化,开发炼厂多产低碳烯烃技术、多产芳烃技术和多产化工轻油技术,提高石化企业的整体经济效益。

(5) 有色金属工业:加速老矿区周边和深部、中国西部重点矿集区地质勘查进度,力争发现较多的资源储量;现有资源采、选综合回收率提高3%~5%;全行业节能5%~10%;新产品产值年均增长20%。

二、关于重大工程建设内容的建议

建议国家在"十一五"期间支持或关心以下重大工程建设:

(一) 高技术产业8个领域重大工程建设

1. 信息与电子产业

重大工程8项:集成电路,高效可信软件及软件规模生产,无线移动通信,下一代网络,高性能计算机及其应用,数字电视与显示技术,信息安全产业,现代信息服务业。重点专项2项:光电子与特种电子元器件,汽车电子。

2. 生物与医药产业

重大工程3项:新型疫苗和生物制药,生物育种,生物制造与生物能源。重点专项4项:中医药,生物检测,生物材料与生物环保,新型饲料酶。

3. 航空航天产业

重点专项8项：涡扇支线飞机，直升机，燃气轮机，干线飞机部件；卫星应用，运载火箭，应用卫星，国家安全监测预报体系。

4. 能源产业

重大工程6项：年产百万吨油规模煤直接液化，油田采收率和低渗透油田经济高效开发，现代电网技术，大型先进压水堆核电机组，大型燃气轮机及联合循环系统，大型风力发电机。重点专项15项：煤炭资源的高效找矿及快速精细勘探，高效安全环境友好的煤炭生产示范工程等。

5. 材料产业

重点专项17项：微电子基础及配套材料，光电子材料和器件，平板显示材料与器件，半导体照明工程，稀土功能材料，功能陶瓷和先进结构陶瓷材料，全固态激光材料与器件，超级钢材料与技术，航空前无航天工程关键材料，高速铁路及汽车用关键材料，新能源材料，核能材料，海水淡化材料，生物医用材料，环境材料与技术，纳米材料和超导材料。

6. 先进制造业

重大工程6项：数控机床及自动化生产线，优质、高效、清洁成型技术与装备，大型清洁火电设备，大型水电设备，轨道交通设备，船舶及海洋工程设备。

7. 环保产业

重点专项5项：水污染控制技术与设备，固体废物焚烧技术设备，环境监测仪器仪表，燃煤锅炉脱硫技术与设备，重化工清洁生产与循环经济示范工程。

8. 流程工业

重大工程9项：年产300万吨级的薄钢板坯连铸－连轧技术示范工程，自主开发冷、热薄板轧机集成技术，大型化肥装置的消化、吸收和再创新，盐湖钾镁锂资源综合利用关键技术集成及产业化，平板显示（FPD）基板玻璃产业化，重质油裂解制低碳烯烃技术产业化，30万吨/年聚丙烯技术产业化，大型矿浆电解槽及成套装备产业化，低铝硅比铝土矿资源化利用技术产业化。

（二）其他领域重大工程建设

1. 南水北调工程；
2. 大江大河分蓄洪区建设工程；
3. 国家粮食主产区基本农田建设工程；
4. 农村小康社会基础设施工程；
5. 西部地区生态环境综合治理工程；
6. 重点江河湖库水污染防治工程；
7. 十大煤炭基地工程；
8. 石油、天然气安全供应及战略储备工程；
9. 西部电源基地和西电东送工程；
10. 东部负荷中心地区支撑电源及电网配套工程；
11. 100万千瓦级核电工程；
12. 新能源示范、开发工程；
13. 客货分线和西部铁路通道工程；
14. 深水港建设工程；
15. 重点公路“东网、中连、西通道”工程；

16. 空港、火车站与城市、城际轨道交通结合的交通枢纽工程；
17. 内河航道工程；
18. 重大技术装备攻关工程。

三、关于重要政策措施的建议

（一）加强自主创新体系建设

进一步促进企业成为创新的主体。国家重大高技术研究开发与产业化专项资金要主要投向企业，形成以市场需求为导向、企业为主体、科研院所为支撑的产业创新体系。鼓励重点产业中具有代表性、有发展潜力的大中型企业和企业集团建立研发机构和技术平台，鼓励企业设立海外研发中心和技术联盟。对高技术企业实行税收优惠，加大对企业研发投入的税收抵扣激励力度。准许企业提取技术开发准备金。对企业高技术项目和技术改造项目购置的固定资产给予增值税优惠。给予高技术企业进口自用科研仪器设备税收优惠。加快对企业用于研发的仪器设备的折旧速度。对企业设立海外研发机构给予外汇管理和对外投资管理政策优惠。对于科技型中小企业，通过创新基金、创业投资、贷款贴息、税收优惠等方式，支持创新活动；不断完善企业孵化的软环境建设，重点办好创业服务中心、大学科技园等各类企业孵化器。建立和完善符合中小型高技术企业特点的知识产权信用担保制度。

加强工程中心和研发机构建设，强化产学研结合。国家和地方工程中心的建设应通过预设定工程中心运行机制，健全向企业开放的共享制度。吸引行业内企业积极投入共性技术研发，推动共性技术研究成果的应用。鼓励企业与研究院所联合建立技术研究中心，或企业通过产权转移，收购研发机构，提高技术应用的效率。国家鼓励建设基于技术产业化的公共信息服务平台和中介机构的发展。

实行激励自主创新的政策。明确国家有关部门，审议重大工程和项目的自主开发、重大采购、技术引进、消化吸收等计划，制定鼓励自主创新、限制重复引进的政策。运用政府采购政策，支持民族产业的发展。对重大创新技术及产品实行政府收购等政策。根据国家战略和产业发展需求，以形成重大发明专利为目标，组织编制必须掌握自主知识产权的重要产品和装备目录。国家对列入目录的给予优先支持，组织联合攻关，并在专利申请、标准制定、国际贸易等方面予以政策支持。建立知识产权联盟，研究部署专利战略。将形成自主技术标准作为国家科技计划的重要目标。

重视引进消化吸收再创新。建立国家引进技术消化吸收再创新基金和重大装备研发基金。研究确定重点领域不同阶段的技术引进和消化吸收重点内容，以及国家限制引进的技术和装备指南，指导地方和企业的技术引进工作。在引进中要做到结合需求适度进行，以复合式技术引进为主。将重大的引进技术消化吸收项目纳入到诸如科技攻关、成果推广等国家科技计划之中。建立产业技术扩散基金，对于成功引进并消化吸收再创新的企业实行奖励，并允许其就成功技术收取技术培训费等形式的技术租金。

（二）完善产业发展政策

对高耗能、高耗材、高耗水以及受资源、环境约束较明显的产业，实行严格限制发展的政策；对于公益性或战略性产业实行有领域限制的鼓励性准入政策；对于有规模要求的产业，实行最小规模准入制，提高产业效率；对于用高新技术改造传统产业的项目，实行技术达标准入制，在高技术相关的服务流通领域，适度放开垄断型服务，建立产品和服务相配套的市场运行法规，推动高技术产业协调发展。

在财政税收方面,对于购入的专利、特许使用权等无形资产,允许按合同价一定比例进入当期增值税的进项税额,减免出让具有自主知识产权的高新技术产品的所得税,切实推行高技术企业出口所得税优惠和高技术企业对高技术的投资和税收抵免、再投资退税等政策;继续扩大高技术企业和科研院所的外贸经营权,采取预警、标准和法规措施应对技术壁垒,运用反倾销、反补贴保护本国高技术,构建以政策性银行为主导、商业金融机构共同参与的出口信贷体系。

(三)建设多元投融资体系

在中央和地方财政大幅度增加科技投入的基础上,调整和优化财政科技投入结构;大幅度提高用于流动性高层次科技人才的经费在项目经费中的比例。对高技术产业的投入应集中在竞争前技术、产业共性技术以及成果的转化等方面,推动产业的启动和形成。对于战略性和公益性强的高技术,应以国家投入为主,掌握自主知识产权,保证产业体系的稳定、自主运行和可持续发展。建立工程科技基金,支持共性技术研究。

加大政策性银行对高技术产业资金支持力度。从政策性贷款中每年划出一定额度专用于支持高技术企业发展,对初创的高技术企业发放低息小额贷款。允许专利技术或可评价的技术等无形资产在银行进行抵押贷款。促进创业投资发展,引导社会资金投向高技术产业。对高技术企业按照创业板规则在深圳中小企业板进行试点,建立创业投资退出机制。优先支持高技术企业在国内上市,并支持经审核符合境外上市资格的企业申请境外上市。鼓励社会力量出资建立研究开发基金。积极探索产业基金发展模式,大力扶持各类风险投资机构的发展。

(四)建立寓军于民、军民结合的工作体制

加快建立国家军民科技结合、军民项目互动、军民投入共建、军民成果共享、军民资源共用的管理体制。扩大军品准入范围,鼓励社会多元化投入。建立军品技术标准的快速反应机制,定期清理和修订落后的军用标准。尽可能采用国际标准和民品标准,为军民两用、军转民和充分利用民品创造条件。最大限度地采用军民两用的基础材料、元器件等,加快部队武器装备的升级换代,同时更加有效和广泛地利用先进的军工技术和生产能力,开发和生产市场需要的民用高技术产品。

(五)改革人才培养和使用机制

改革高等院校工程技术教育,在有关领域全面推行注册工程师制度,改进人才与科技成果的评价标准。结合国家任务和工程项目,培养高层次工程技术和管理人才。加大在全球吸引高层次创新人才的力度通过团队引进、核心人才带动引进、项目开发引进等方式,促进海外留学生、华人华侨回祖国创办高技术企业。逐年增加海(境)外专家来华人员专项基金规模。对创业所需要的资金,安排启动性经费予以支持。在原有的技校、中专的基础上组建一批培养高级技工的高等职业学院。加大高技术企业在职培训力度。

(六)增强政府科技协调能力

确立国家跨部门、跨地区、跨行业的科学技术发展综合协调机构,强化宏观调控功能,形成政策和投入合力。各级科技行政管理部门要与行业主管部门、其他综合部门之间加强协调,共同为科学技术和高技术产业发展做好引导和服务工作。开展常规性、跟踪性科学技术和高技术产业发展战略研究,发挥政府在信息交流、咨询评估、行业自律、知识产权保护、资质认定等方面的作用。

关于呈报《我国高等农林教育发展战略研究》咨询报告的报告

中工发[2005]52号

国务院：

“三农”问题是我国全面建设小康社会和现代化建设必须破解的难题。当前，我国社会已经进入了工业支持和反哺农业、城市辐射和带动农村的发展新阶段，为解决“三农”问题提供了新的历史契机。然而，要从根本上解决“三农”问题，发展现代农业，增加农民收入，繁荣农村经济，建设社会主义新农村，必须依靠农林科学技术，大力发展农林教育，特别是高等农林教育。

为此，我院于2004年3月设立了《我国高等农林教育发展战略研究》咨询项目。组织了13位院士和80余位专家学者，通过对我国高等农林教育的历史回顾与现状调查研究，分析国外高等农林教育发展的走向及启示，总结我国高等农林教育发展的历史经验，阐述了我国高等农林教育的发展态势和对“三农”的突出贡献，剖析了我国高等农林教育面临的形势、任务和存在的问题、困难，提出了“我国高等农林教育振兴战略”及其对策建议。2005年7月完成项目研究，形成《我国高等农林教育发展战略研究》总报告和五个分报告。

报告认为，建国以来，我国高等农林教育取得了很大发展，在培养农业科技人才、推广科技成果、推动农业科技进步等方面发挥了重要作用。随着经济全球化，农业现代化建设对高等农林教育发展提出了全新和更高的要求。当前我国高等农林教育正处于发展的“十字路口”，面临着诸多问题和困难，主要表现在：一是高等农林教育的重要性被忽视，在国家高等教育体系中的地位持续下降。二是高等农林院校优质生源严重不足，“垫底”生源状况未能得到根本改变。三是办学条件与发展需求的矛盾十分突出。四是高等农林教育、农林科研与成果推广机构分离，自成体系的体制性障碍还没有根本消除。五是高等农林教育自身在教育思想观念、教学改革的力度、教学管理水平等方面不适应新形势发展的需要。面对未来的形势与挑战，我国高等农林教育必须通过调整、优化结构和实施重点建设，提升高等农林教育的综合实力和核心竞争力，提高教育教学质量；国家应加大高等教育的投入，政策适度倾斜，着力构建农林科技创新与服务新体系，促进农林教育在农业现代化建设中发挥应有的作用。

现将咨询报告摘要和全文报上，供国务院及有关部门决策时参考。

附件： 1.《我国高等农林教育发展战略研究》（摘要）

2.《我国高等农林教育发展战略研究》咨询项目组院士及成员名单

3.《我国高等农林教育发展战略研究》咨询报告(略)

中　国　工　程　院
二〇〇五年十一月二十四日

附件1:

我国高等农林教育发展战略研究

(摘　要)

“三农”问题是我国全面建设小康社会和现代化建设必须破解的难题。党中央和国务院对此高度重视。发展高等农林教育对解决“三农”问题具有举足轻重的战略意义。为此,中国工程院设立了《我国高等农林教育发展战略研究》咨询项目。研究工作历时一年多。研究从我国高等农林教育的历史回顾与现状调查入手,论述了我国高等农林教育的发展历程,总结了我国高等农林教育发展的历史经验,阐述了我国高等农林教育的发展态势和对“三农”的突出贡献,分析了国外若干国家高等农林教育发展的走向及启示、我国高等农林教育的不同发展模式及选择,剖析了我国高等农林教育面临的形势、任务和存在的问题、困难,提出了“高等农林教育振兴战略”及其对策建议。

一、我国高等农林教育的发展历程和基本经验

我国近代高等农林教育产生于19世纪末。新中国成立后,在经历了院系调整、大跃进、充实提高与相对稳定、文化大革命、恢复与发展等发展阶段,特别是1994年第三次全国普通高等农林教育工作会议和1996年全国普通高等农林教育工作经验交流会(时任国务院副总理李岚清、姜春云出席会议并讲话)后,我国高等农林教育进入了持续发展阶段。从历史来看,我国高等农林教育在国家的经济、社会发展中发挥着举足轻重的作用,具有不可替代的地位。在100多年的发展历程中,我国高等农林教育积累了丰富的办学经验,即必须始终坚持为“三农”服务的办学方向,始终坚持“教学、科研、生产三结合”的办学道路,始终坚持发扬艰苦奋斗的优良传统和锐意创新的精神,始终坚持注重协调发展的全面发展观,始终坚持实行支持性政策并适时调整。

二、我国高等农林教育的发展现状、重要作用和发展模式

近些年来,我国高等农林教育得到了长足发展。我国高等农林教育已经成为培养高素质农林业创新、创业人才的摇篮和农林教育体系的龙头,成为农林领域知识创新、基础研究和关键技术攻坚的主力和农林业高新技术产业孵化的基地,成为农林业现代化建设的生力军,已经并将继续为国家农业现代化、农村繁荣和农民富裕作出巨大贡献。

经过调整、重组，高等农林教育管理体制也发生了很大变化。高等农林院校和非高等农林院校，是当前我国高等农林教育的两种主要发展模式。从学科水平、师资队伍、人才培养、科学研究、社会服务等要素的比较来看，两种发展模式各有优势和特色，要相互借鉴，扬长避短。选择何种发展模式，应根据国家经济、社会发展的需要和学校自身条件，作出慎重的选择。但无论选择何种发展模式，都必须坚定不移地服务于“三农”。从发展趋势看，两种模式总体上在相当长时期内并存，不同阶段有增有减，国家要正确引导。

三、国外高等农林教育的发展及启示

国外高等农林教育最早产生于美、欧发达国家。各国的高等农林教育都走过了规模扩张、层次提升、质量提高的发展道路。目前国外高等农林教育的主要施教主体是综合性大学，其次是农林专科院校、农林大学。不同模式的高等农林教育的竞争力有很大差异：几乎所有的以农命名的大学很难在本国高等教育体系中具有很强的竞争力，而不少设置农林学科或以农林学科为优势的综合性大学竞争力很强。各国高等农林教育发展对本国经济、社会发展做出了重要贡献。传统“农林学院”和“农林学科”的内涵正在变化和拓展，呈现出多样化、多层化、综合化的发展趋势。国外研究启示我们，应优先发展高等农林教育，构建高等农林教育新体系，重视立法和加大经费投入。

四、我国高等农林教育发展面临的形势、任务和问题

当前，我国社会已经进入了工业支持和反哺农业、城市辐射和带动农村的发展新阶段，为解决“三农”问题提供了新的历史契机。然而，要从根本上解决“三农”问题，发展现代农业，增加农民收入，繁荣农村经济，建设社会主义新农村，必须坚定不移地走科教兴农、人才强农之路，必须依靠农林科学技术，大力发展农林教育，特别是高等农林教育。

我国高等农林教育发展的大环境发生了深刻变化，服务领域加速拓展，服务对象的要求日益提高。经济全球化、加入 WTO 和高等教育国际化使我国高等农林教育直面激烈的国际竞争；农业现代化建设，发展生物质产业和生物经济，推进乡村城镇化、宜居城市建设以及高等教育大众化等都对高等农林教育发展提出了全新和更高的要求。当前我国高等农林教育正处于发展的“十字路口”，面临着诸多问题和困难，主要表现在：一是高等农林教育的重要性被忽视，在国家高等教育体系中的地位持续下降。二是高等农林院校优质生源严重不足，“垫底”生源状况未能得到根本改变。三是办学条件与发展需求的矛盾十分突出。四是高等农林教育、农林科研与成果推广机构分离，自成体系的体制性障碍还没有根本消除，行业支持有所削弱、毕业生通往农林业基层的渠道不够畅通等。五是高等农林教育自身在教育思想观念更新的程度、教学改革的力度、教学管理水平等方面不适应新形势发展的需要。

五、我国高等农林教育发展的战略及对策

总结我国高等农林教育发展的历史经验，分析我国高等农林教育的现状、面临的形势和任务，考察国外高等农林教育的特点、基本经验和发展趋势，我们提出高等农林教育的发展战略——“高等农林教育振兴战略”。其基本内容是：

战略定位：在 21 世纪头 20 年重要战略机遇期内，使我国高等农林教育整体水平跻身于中等发达国家之列，优势领域跻身于发达国家之列，在实现全面建设小康社会宏伟目标，特别是农业现

代化、城乡协调发展、生态环境建设、生物经济发展等方面发挥基础性、先导性、关键性作用。

战略目标:努力构建规模适度、结构优化、质量优、效益高、具有中国特色的创新型高等农林教育,为全面建设小康社会提供强有力的智力支持、人才支持、科技支撑和社会服务。主要构建"三个体系"、完善"一个体制":构建以培养知识创新型人才为龙头、培养开发创业型人才为骨干、培养应用技能型人才为主体的高等农林教育人才培养新体系;构建以知识创新为核心、研发为重点、应用为主旨的科技创新体系;构建以项目为纽带、基地为依托、人才为关键、产业化为目标的社会服务新体系;完善中央和地方政府宏观管理、行业部门主动参与和支持、高等学校依法面向社会自主办学的高等农林教育管理体制和运行机制。

战略重点:通过调整、优化结构和实施重点建设,着力提升高等农林教育的综合实力和核心竞争力,着力提高教育教学质量。

实施"高等农林教育振兴战略"的主要对策建议是:

(一)提高认识,落实"两个突出位置"。国家要真正把发展、提升高等农林教育置于解决"三农"问题的突出位置,置于解决高等教育协调发展的突出位置,采取更加有力的措施加快发展高等农林教育。建议:采用适当的机制,加强对全国高等农林教育发展与改革事宜的统筹协调;在有关"三农"和教育改革发展的决定、战略发展规划、重大建设项目安排中,注重考虑高等农林教育;近期适时召开"第四次全国普通高等农林教育工作会议"。

(二)整合资源,构建农林科技创新与服务新体系。整合有关高校、科研院所、农林科研管理与推广部门等方面资源,着眼于提高农业综合生产能力,构建以高校为主导,教学、科研、推广"三位一体",研发、应用推广紧密结合的农林科技创新和社会服务体系。整合高校、国家级农林科研机构、推广机构,组建若干国家农林科研中心,使其成为国家农林科技创新中心、农林科技产业孵化中心、国家农林科技合作交流中心和高层次农林科技创新人才培养基地;整合高校、省级科研机构、推广机构,组建若干省级农林科研中心,服务地方经济社会发展;整合高校、地市农林科研与推广机构,组建若干地市级农林科技开发和推广中心,面向地区开展技术推广和培训服务。国家鼓励并支持开展农林科技创新和社会服务体系的改革试点。

(三)优化结构,促进高等农林教育协调发展。按照我国农业综合区划和优势农产品区域布局,逐步对高等农林教育布局进行调整,促进东部、中部和西部高等农林教育的协调发展;坚持多元发展高等农林教育模式,高等农林院校可根据实际和需要选择发展模式,支持高等农林院校通过独立或合并(包括学校更名)的发展方式,走向多科或综合;引导和鼓励不同类型的涉农林高等院校合理定位,办出特色,办出水平;依据农业现代化、乡村城镇化、发展生物质产业和宜居城市建设的要求,实施"拓展、改造、提升"方略,构建新的高等农林教育学科专业结构体系;继续稳步发展本科教育,积极发展研究生教育,大力发展高等职业教育,培养面向农业现代化、面向农村发展、面向国际竞争的农业科技人才、管理人才和推广人才。

(四)重点支持,加大高等农林教育投入。建议设立"高等农林教育振兴基金",按每年不低于20亿元的额度,连续投入5年,重点建设1~2所以农林学科为优势和特色的世界一流大学和若干世界一流的农林学科;7~8所以农林学科为优势和特色的研究型大学和若干高水平的农林学科;30所左右以农林学科为主体和优势的高水平研究教学型大学;30所左右以农林专业为主体和优势的高水平高等职业技术学院和若干高水平的农林专业。同时,充分利用"绿箱"政策,从免于削减的财政性支出中抽出一定比例,通过项目投入高等农林教育,并辅以实施有效的激励政策,促进高等农林教育在新产品研发推广、人员培训以及主导产业建设等方面发挥应有作用。在“21世纪教育振兴行动计划”、“985工程”、“211工程”、国家重点实验室建设、“高层次创造性人才计划”、“科技创新平台建设”、国家重大科技计划、部门和行业重大计划中,加大对高等农林教育的支持力度。

（五）政策倾斜,提高生源质量和拓宽就业渠道。完善和落实农林学科专业学生减免学杂费的制度,减免部分由国家财政转移支付。建立国家助学贷款与就业挂钩的机制,学生毕业后到农林业基层就业达到一定年限,由政府专项基金负责偿还助学贷款。鼓励和支持行业部门或企业出资设立定向培养基金。培育农林人才市场,实行农林科技人员准入制度,提高农林科技人员待遇,畅通农林人才就业渠道。

（六）依法治教,完善法律和法规保障体系。借鉴国外经验,结合我国实际,构建以《农业教育法》、《高等农业教育法》为主体,辅以其他法规的高等农林教育法制体系;在农业、林业和教育的法律中,应有关于发展高等农林教育的条款;定期或不定期地开展执法检查。

（七）深化改革,提高教育教学质量。制定、实施“高等农林教育教学改革与质量工程”,进一步更新教育思想观念,深化教育教学改革,加强农林学科专业建设与改革,加强高水平师资队伍建设,加强文化素质教育,强化实践教学,加强和改进大学生的思想政治教育,加强就业教育和就业指导,着力培养学生创新思维、创业精神和实践能力,不断提高人才培养质量和核心竞争力,增强人才的社会适应性。

附件2:

《我国高等农林教育发展战略研究》咨询项目组院士及成员名单

项目组:

顾　问　沈国舫(中国工程院院士,副院长)
　　　　石元春(中国科学院院士,中国工程院院士)
组　长　张齐生(中国工程院院士)
　　　　刘大钧(中国工程院院士)
成　员　马建章(中国工程院院士)
　　　　向仲怀(中国工程院院士)
　　　　李振岐(中国工程院院士)
　　　　束怀瑞(中国工程院院士)
　　　　汪懋华(中国工程院院士)
　　　　官春云(中国工程院院士)
　　　　荣廷昭(中国工程院院士)

傅廷栋(中国工程院院士)
蒋亦元(中国工程院院士)

研究工作组:

组　　长　刘贵友(华中农业大学副校长,研究员)
副 组 长　刘志民(南京农业大学研究员)
主要成员　唐海英(中国工程院学部工作局副处长)
程华东(华中农业大学副研究员)
龚祖文(华中农业大学教授)
朱启臻(中国农业大学教授)
张玉龙(沈阳农业大学校长,教授)
赵正洲(华中农业大学教授)
李　勇(北京林业大学副教授)
李国杰(沈阳农业大学教授)
朱永林(东北林业大学教授)
朱　军(浙江大学副校长,教授)
黄成林(南京林业大学处长)

关于呈送《紧急呼吁实施防控(禽)流感可能在人群中引起全球大流行的行动计划》的报告

中工发[2005]59 号

国家防控高致病性禽流感指挥部:

目前,世界各国正面临着高致病性禽流感的威胁,全球确证感染高致病性禽流感病毒的病人已超过 133 人,其中约 50% 以上的人死亡。我国确诊病例 4 例,其中 2 例死亡。我国由于人口稠密,家庭式的养殖家禽(鸡和鸭)和猪的小农经济非常普遍,面临禽流感的威胁,一旦发生疫情将造成巨大经济损失。为做好今年冬季禽流感和 SARS 的防控,中国工程院钟南山、侯云德、闻玉梅等三位院士建议实施相应的防控行动计划(见附件)。

现报上,供领导决策参考。

附件:《紧急呼吁实施防控(禽)流感可能在人群中引起全球大流行的行动计划》

中　国　工　程　院
二〇〇五年十二月十九日

附件:

紧急呼吁实施防控(禽)流感可能在人群中引起全球大流行的行动计划

中国工程院并转国家防控高致病性禽流感指挥部:

根据世界科技界对1918年流感大流行病毒基因组的复原和研究,认为那次使全球约5 000万人丧生的流感大流行病原就是禽流感,不经过重配通过病毒变异而直接适应人类;这与目前流行的禽流感病毒H5N1有相似性。1997年高致病性禽流感直接感染人的事例提示存在全球性流感大流行发生的可能性,特别是自2003年以来高致病性禽流感H5N1疫情已经扩展到全球,并且在越南、泰国、柬埔寨、老挝、马来西亚以及我国发生多人感染和死亡,目前全球确证感染高致病性禽流感病毒的病人已超过133人,其中约50%以上的人死亡。我国确诊病例4例,其中2例死亡。而且高致病性禽流感病毒H5N1在不断地发生变异,宿主范围在不断扩大,致病性在不断增强,种种证据表明,一种由高致病性禽流感病毒H5N1所导致的流感大流行的脚步已越来越近。联合国以安南为首成立了世界预防流感大流行行动协调机构,世界卫生组织号召世界各国一定要做好流感大流行的准备,并认为:尽管我们无法准确预测世界性的流感大流行发生的准确时间,但这是不可避免的即将发生的全球性公共卫生事件。

我国人口稠密,在发展农村经济的过程中,家庭式的养殖家禽(鸡和鸭)和猪的小农经济比较普遍,而且随着经济的快速发展,动物来源食物的需求量也在快速增长,人与禽、猪的接触密切,在这样的生态环境下,出现流感大流行的变异株的可能性也在增加。而且事实上,20世纪有两次全球性的流感大流行是起源于我国。

历史上自1580年以来一直有流感大流行的科学记载,一旦发现有引起流感大流行的亚型发生,一般在6~9个月就遍及全球,无一国家能幸免。现在全球交通发达,世界卫生组织认为,只需3个月就会传播到全球。因此,世界卫生组织的防控流感大流行的计划过于保守,防控措施比较消极。

通过分析历史上世界性流感大流行的经验和我国的具体情况,我们认为,要想尽一切办法不要使禽流感的人群流行首先在我国出现,不然的话将使我国的人民健康和经济建设蒙受巨大灾难;而如果一旦出现,我们也有能力防控流感大流行,作出历史上控制流感流行的奇迹,这是因为:第一,我们有坚强的禽和人流感的疫情监控能力,能在农村第一时间发现人病例;第二,分离病毒能在48小时之内分析出病毒是否发生变异,是否越过种属屏障,是否有能力引起人间有效而持续的大流行;第三,一旦出现新亚种病毒,我们建议在发源地方圆100公里范围内实行彻底地区隔离,采用特异性和非特异性药物对隔离人员进行防控,这样就有可能腾出至少3个月的时间,大力生产疫苗;从而基本上控制疫情的发展,保护国家的安全和经济建设,也是为世界人民的健康作出贡献。

2003年我国出现SARS疫情,2004年由于采取了积极措施,如四早方针(早发现、早报告、早隔离、早治疗)及严格管理野生动物市场,严格实验室管理,我国未再出现SARS疫情。今年冬季,我们也需警惕SARS的防控。为此目的,我们建议:

1. 防控禽流感要以病人为主,要以防控流感新亚种在人群中的扩散为主;加强卫生防控机构的建设,卫生部门一旦发现SARS或人感染禽流感可疑病例,应执行四早方针,在全国范围内建立重症不明原因肺炎(包括禽流感、流感和SARS)监测网络。

2. 信息透明公开,卫生部门一旦证实人感染禽流感病例,应当立即上报,并向世界公布,避免不必要的国际社会的猜疑和压力。

3. 全国上下,全力支持流感疫苗的研究和生产能力的建设;全力支持防控流感药物和措施的研究和生产能力的建设。

以上意见,供领导参考。

此致

敬礼

中国工程院院士

钟南山　侯云德　闻玉梅

2005年12月9日

关于请国务院领导听取“东北水资源”项目研究成果汇报的请示

中工发[2005]54号

国务院:

为响应中共中央、国务院关于振兴东北老工业基地的战略部署,贯彻“坚持以人为本,树立全面、协调、可持续的发展观”和五个“统筹”的思想,经国务院批准,中国工程院在完成《中国可持续发展水资源战略研究》、《西北地区水资源配置、生态环境建设和可持续发展战略研究》后,又成立了由钱正英院士主持的《东北地区有关水土资源配置、生态与环境保护和可持续发展的若干战略问题研究》重大综合性咨询项目。

在国务院有关部委、中国科学院、许多高等院校和有关省、自治区的大力支持下，中国工程院组织了水资源、自然历史、生态环境、农业、林业、城市规划、矿业、能源、防污、水利工程等多领域的30余名院士和近300名院外专家，分设10个课题组，研究东北地区水土资源配置、生态与环境问题的可持续发展战略问题，为中央及有关部门推进东北振兴和发展提供咨询意见。

经过近两年的多层次实地考察及反复研讨，提出了本项目的综合报告，现呈上。恳请国务院领导安排时间听取项目研究成果汇报。

妥否，请批示。

附件：《东北地区有关水土资源配置、生态与环境保护和可持续发展的若干战略问题研究》项目综合报告送审稿

中　国　工　程　院
二〇〇五年十一月二十四日

东北地区有关水土资源配置、生态与环境保护和可持续发展的若干战略问题研究

钱正英

为响应中央关于振兴东北地区等老工业基地的决策，从2004年4月启动《东北地区有关水土资源配置、生态与环境保护和可持续发展的若干战略问题研究》的咨询项目。

在国务院有关部委、中国科学院、许多高等院校、科研院所和有关省、自治区的大力支持下，中国工程院组织了覆盖多种学科的31位院士和近260位院外专家，成立了10个课题组：

1. 东北地区水资源供需发展趋势与合理配置研究（水资源组）
2. 东北地区自然环境历史演化与人类活动的影响研究（自然历史组）
3. 东北地区水与生态环境问题及保护对策研究（生态与环境组）
4. 东北地区土地利用与农业发展战略研究（农业组）
5. 东北地区森林与湿地保育和林业发展战略研究（林业组）
6. 东北地区城市化与资源环境协调发展研究（城市组）
7. 东北地区矿产资源开发用水和可持续发展研究（矿产组）
8. 东北地区能源（石油石化、煤炭、电力）工业用水对策研究（能源组）
9. 东北地区水污染防治对策研究（防污组）

10. 东北地区水资源开发利用重大工程布局研究(水利工程组)

人员组成名单如下:

项目组组长:

钱正英　中国工程院院士

副　组　长:

沈国舫　中国工程院院士,中国工程院副院长

石玉林　中国工程院院士,中国科学院地理科学与资源研究所研究员

顾　　问:

张光斗　两院院士,清华大学教授

王淀佐　两院院士,中国工程院副院长,中国工程院咨询委员会主任

卢良恕　中国工程院院士,中国工程院原副院长

徐乾清　中国工程院院士,水利部原副总工程师

石元春　两院院士,原北京农业大学校长

水资源组:

陈志恺　中国工程院院士,中国水利水电科学研究院水资源所原所长,研究员,组长

王　浩　中国工程院院士,中国水利水电研究院水资源所所长,副组长

自然历史组:

刘东生　中国科学院院士,中国科学院地质与地球物理研究所研究员,组长

刘家麒　中国科学院院士,中国科学院地质与地球物理研究所研究员,副组长

李泽椿　中国工程院院士,国家气候中心原主任,研究员,副组长

生态环境组:

刘昌明　中国科学院院士,中国科学院地理科学与资源研究所研究员,组长

夏　军　中国科学院地理科学与资源研究所研究员,副组长

农　业　组:

石玉林　中国工程院院士,中国科学院地理科学与资源研究所研究员,组长

戴景瑞　中国工程院院士,中国农业大学作物学院院长,副组长

林　业　组:

李文华　中国工程院院士,中国科学院地理科学与资源研究所研究员,组长

周晓峰　东北林业大学教授,副组长

刘兴土　中国科学院东北地理与农业研究所研究员,副组长

城　市　组:

周干峙　两院院士,建设部原副部长,高级顾问,组长

邵益生　中国城市规划设计院副院长,研究员,副组长

卢耀如　中国工程院院士,中国地质科学院研究员,课题组顾问

矿　产　组:

李东英　中国工程院院士,原中国有色金属公司常务董事兼科技部主任,研究员,组长

邱定蕃　中国工程院院士,北京矿冶研究总院副院长,副组长

能　源　组:

胡见义　中国工程院院士，中国石油勘探开发研究院原院长，研究员，组长

谢和平　中国工程院院士，中国矿业大学教授，副组长

苏义脑　中国工程院院士，中国石油勘探开发研究院研究员，副组长

黄其励　中国工程院院士，东北电网公司总工程师，副组长

防　污　组：

钱　易　中国工程院院士，清华大学教授，组长

李圭白　中国工程院院士，哈尔滨工业大学教授，副组长

张　杰　中国工程院院士，中国市政工程东北设计研究院研究员，副组长

水利工程组：

潘家铮　两院院士，中国工程院原副院长，组长

宁　远　国务院南水北调办公室副主任，研究员，副组长

刘　宁　水利部总工程师，研究员，副组长

经过多层次的实地考察及反复研讨，在各课题研究的基础上，提出本项目的综合报告，共10部分：

一、自然与社会经济状况；

二、资源与环境方面的问题及解决途径；

三、水污染防治与水环境保护；

四、湿地保护与荒漠化治理；

五、调整农业结构，提高农业综合生产能力；

六、实施森林科学经营，振兴东北林业；

七、促进城市化健康发展；

八、能源与工矿业用水对策；

九、水土资源配置和工程布局；

十、基本结论与建议。

由于时间关系，我着重汇报第一部分情况、第二部分问题及解决途径和第十部分基本结论与建议，由石玉林、沈国舫、周干峙和钱易四位院士重点补充农业、林业、城市和污染防治，其他同志作即席补充或答问。

一、自然与社会经济状况

（一）自然地理格局与气候演化趋势

本项目研究的东北地区包括：辽宁省、吉林省、黑龙江省和内蒙古自治区的东部地区即赤峰市、通辽市、兴安盟和呼伦贝尔市。

1. 自然地理格局

东北地区西有大兴安岭，东有长白山，北有小兴安岭，中部为松辽平原，东北部为三江平原。全区除西部与蒙古高原接壤，其余都为界江、界河及大海环绕，包括黑龙江、乌苏里江、图们江、鸭绿江、兴凯湖和渤海、黄海。

区域内分布着两大水系：北部是流入黑龙江的松花江水系，南部是流入渤海湾的辽河水系。

这种地质构造格局和地貌景观是自中生代开始营造，经过长期演化，到第四纪末基本定型的。

自距今约200万年前的早更新世时期，嫩江、松花江、第二松花江和东、西辽河都是内陆河，流入以吉林省大安一带为中心的古松辽大湖。

大约10万年前的中更新世末，盆地中部形成分水岭，大湖水系分解成南北两部分。北部形成松花江水系，向东经黑龙江入海；南部形成辽河水系，向南流入渤海。原湖区中心随着地壳的抬升，逐步萎缩干枯，形成星罗棋布的沼泽湿地。以后，盆地西部由于气候变为干冷，湖泊干涸，形成了科尔沁沙地、松嫩沙地和古大湖中心区的盐碱沼泽和盐碱地。

在近一万多年来的全新世时期，科尔沁沙地、松嫩和呼伦贝尔沙地在气候适宜时期发育成草原和森林草原。

2. 气候与植被分区

综合气候、土壤、生物的区域差异，大体上可划分为三个自然地带，即东部和北部湿润的森林地带，中部半湿润的森林草原地带和西部半干旱的草原地带。

湿润森林地带包括大兴安岭、小兴安岭、长白山（含辽东山地）和南部辽东半岛的千山丘陵以及东北部的三江平原，年降水量600～1 000 mm。大、小兴安岭和长白山是我国重要的林区，三江平原是我国重要的商品粮生产基地。

半湿润森林草原地带，位于本区中部，是松辽平原的主体部分，其北部是我国肥沃的黑土带，是玉米带的核心分布区。年降水量400～600 mm。人口密集，城镇众多，经济发达，是我国最重要的能源、重化工基地和粮食主产区。

半干旱草原地带位于本区西部，主要包括西辽河流域、松嫩平原西部和呼伦贝尔高原，分布着我国最好的草原。年降水量300～450 mm，为农牧业交错区与牧区。

3. 气候演化趋势

东北地区近百年的平均气温呈明显的上升趋势，年均增幅1.3℃，高于全国平均幅度。

年降水量在近百年来呈略微减少趋势，从20世纪初到目前约减少20～30 mm。20世纪50年代降水比较丰沛，60～80年代相对较少，70年代比50年代偏少100 mm左右，引起比较严重的干旱。90年代以来，降水量出现明显波动。1998年松花江流域发生严重洪水，1999—2004年大部分地区降水偏少，其中1999—2002年比常年偏少15%～20%，南部和中南部尤为严重。

考虑到全球温室效应增强趋势，预测至2030年，本区仍将增暖，冬季与春季的增暖比较明显，作物生长期可能继续延长。到2020—2030年，年降水量可能有所增加。

（二）水土资源概况

1. 水资源概况

全区多年平均降水深515 mm，降水总量6410亿 m^3。

地表水资源总量1 701亿 m^3，地下水资源总量680亿 m^3，扣除两者重复量394亿 m^3，多年平均水资源总量为1 987亿 m^3。

2003年全地区用水总量547亿 m^3，农业用水占70%，工业用水18%，城镇生活和农村生活用水分别为8%和4%。

灌溉统计用水483m^3/亩，与全国平均值479m^3/亩接近。

单方工业用水增加值产出量58元，全国平均为45元。

单方水GDP产出24元，全国平均水平22元。

2. 土地资源概况

全区土地总面积 124 万 km^2 中，耕地面积 2 506.7 万 hm^2（3.76 亿亩），占土地总面积的 20.2%，人均耕地 0.2 hm^2（3 亩）多，高于全国平均一倍以上。

全区林地约 5 660 万 hm^2，占土地总面积的 45.7%，其中有林地 4 434 万 hm^2，活立木总蓄积量 34 亿 m^3，是我国最大的林区。

全区草地约 2 126 万 hm^2，占土地总面积的 17.1%。其中天然草地 2 060 万 hm^2，占草地总面积的 96.7%。

耕地主要分布在松嫩平原、三江平原和辽河平原，土壤以黑土、黑钙土、暗草甸土和白浆土为主，是世界上三大黑土带之一。耕地中的灌溉地约 541 万 hm^2（8 123 万亩），占耕地面积的 21.6%，低于全国 45% 左右的水平。宜耕的后备土地资源约 148 万 hm^2（2 213 万亩），其中约有 1/3 为不同程度的盐渍地，其他均为可零星整理复垦的土地。

林地中的有林地 4 434 万 hm^2，活立木总蓄积量 34 亿 m^3，是我国最大的林区，而且林地生产力较高，原生的林分质量好，有较高的生态服务功能和较大的生产潜力。

草地中的天然草地 2 060 万 hm^2，占草地总面积的 96.9%，原本草质普遍较好，单位面积载畜量较高，是我国最好的草原，其中呼伦贝尔草原是世界最好的草原之一。

总的来看，林草地是东北地区的重要资源和景观，虽然过去遭受破坏，但林草总面积仍占全区面积的 62.8%，接近 2/3 的水平。这是东北地区极其可贵的自然条件。

（三）社会经济概况

据 2003 年统计：

- 全区人口 1.19 亿人，占全国的 9.2%。
- 城市化率 47%，高于全国平均水平 40.5%。
- 全区 GDP 13 625 亿元，占全国的 11.6%。
- 工业增加值 5 829 亿元，占全国的 11%。
- 粮食产量 7 051 万吨，占全国的 16%。
- 人均 GDP 11 464 元，高于全国人均值 9 101 元。
- 人均粮食占有量为全国的 155%。
- 能源、重工业产品在全国占有重要地位。在全国占 10% 以上的产品有：原油占全国 39%，钢 12.6%，塑料 15%，机床 20%，汽车 21%，原油加工量 29%，造船产量 33%。

二、资源与环境方面的问题及解决途径

近 20 年来，东北经济增长缓慢，部分群众陷入贫困。除了经济体制方面的原因以外，一个重要原因是：长期粗放式的生产经营，严重地浪费资源，损害环境，使原来得天独厚的资源与环境，逐渐陷入难以为继的困境。

（一）部分工农业资源频临衰竭

东部地区的许多煤矿已经或频临衰竭，许多工矿城市都有类似的问题。

由于过伐，可采森林资源枯竭，林分质量下降，森林生态功能严重衰退；由于过牧和滥垦，很多地方的草地资源退化、沙化和盐碱化。

耕地资源的开发已经饱和，有的地方已经过度开发，珍贵的黑土资源侵蚀严重，很多地方土地质量下降。

（二）环境受到严重损害

1. 水质严重污染

由于历史形成的以重化工为主的工业结构、薄弱的城市环保基础设施以及脆弱的自然环境，污染物排放总量大大超过环境自净能力，使河流和部分湖泊、水库受到污染，进而影响地下水，甚至一些地方的土壤以及近海海域。广大农村的水源污染也日趋严重。

2. 土地荒漠化发展

荒漠化的类型包括沙漠化、盐碱化和水土流失。

西部的科尔沁、松嫩和呼伦贝尔三大沙地，总面积约 8 万 km^2。在地质历史时期，这里沉积了几十米以至几百米厚的中、细沙层。距今一万多年来，经历了几次气候适宜时期，沙地被草本植被覆盖并发育形成古土壤。但由于草原的不当开垦和过牧，破坏了地表植被和土壤，导致一些地方沙丘活化和土地沙漠化。实施“三北”防护林工程和退耕退牧还林还草以来，一些地区沙漠化过程逆转，特别是在科尔沁沙地南部整体上有逆转趋势，但大部分地区仍然严重。

松嫩平原盐碱化土地面积约 3.7 万 km^2，其最低洼部分即古松辽大湖的核心（吉林省的大安一带），是苏打盐渍土集中分布地区。近年来由于气候连续干旱，过度放牧踩食，苏打盐渍化有发展加重趋势。

全区水土流失面积约 28 万 km^2，占土地总面积的 22.6%，其中黑土区的水土流失面积占黑土地总面积的 34%，严重威胁东北农业的可持续发展。

3. 河流干涸，地下水超采，湿地大量减少

辽河水系的断流发生在西辽河、东辽河和辽河干流区。1980—2000 年间，辽河水系断流河流多达 16 条，以西辽河最为严重。松花江流域中部在 1980—2000 年间，有 6 条支流断流，最为严重的是嫩江右岸的支流霍林河。

地下水的超采主要发生在城市区，特别是在一些大城市，如哈尔滨、大庆、四平等城市，是东北地区典型的深层承压水超采区，引起不同程度的地质环境问题，以哈尔滨最为严重，造成地面沉降，地下水环境恶化。

由于水土资源的开发，沼泽湿地面积由 20 世纪 50 年代的 11.4 万 km^2 减少到 6.57 万 km^2。三江平原、向海、莫莫格、扎龙等湿地都大大萎缩，那里的自然保护区已处于危急状态。

4. 工矿城市遗留了严重的矿山环境问题

一些资源型城市，由于不合理的开采方式和治理滞后，诱发了一系列矿山环境问题，而且有逐年加重的趋势。主要包括：开采地的地面沉陷、矿山固体废弃物的占地、污染和边坡不稳定以及矿山排水的出路问题。例如抚顺市已形成一个大的沉陷区，面积 18.41 km^2，最大沉陷量 16.4 m。

（三）必须建设资源节约、环境友好型的经济与社会

从以上分析可以看到，东北地区虽然具有相对优越的自然环境和资源条件，但由于长期以来实行粗放的以牺牲资源和环境为代价的发展模式，已经造成深刻的资源和环境危机，原来的经济增长方式已不可能持续。同时也应看到，虽然资源和环境遭受到相当程度的破坏，但就全国范围来看，东北地区的生态与环境状况，仍比较有利，并保持一定的资源条件，如能及时、有效地转变增长方式，还是大有可为的。

因此，振兴东北老工业基地的唯一选择是建设资源节约、环境友好型的经济与社会。应争取到 2030 年或更长一点的时间内，通过调整经济结构、加强基础建设、加强科学管理和科技创新，达到

可更新资源的永续利用；不可再生资源的循环利用。在生态与环境方面，达到整体好转，良性循环。

三、基本结论与建议

综合对各方面的分析，提出以下结论与建议：

（一）东北地区土地利用的总体格局应当是：耕地总量不再增加，林、草、湿地不再减少，城市和工矿用地合理控制

林、草、湿地是东北地区的重要生态屏障，也是东北地区的重要资源，是东北有别于我国其他地区的独特优势，也是振兴老工业基地、创造环境友好型社会的重要条件。东北地区过去的垦荒，实际上是占用了林、草、湿地。目前的生态与环境状况，已到了临界状态。根据当前的现实情况，建议从现在起，立即“刹车”，不再继续扩大耕地。要使东北的广大干部和群众都明确认识到保护和改善现有林、草、湿地的重要性，决不可自毁长城。

（二）开发农业的巨大潜力，建设我国最大的农产品基地

即使耕地总量不再增加，东北地区仍有巨大的农业振兴潜力。这是因为，东北是我国水土资源搭配最好的地区。我国农业发展的一个重要制约因素是水土资源不匹配，南方水多地少、北方水少地多，唯有东北的水土资源比较匹配。通过农业和水利措施，改造中低产田，发展灌溉面积，增加水稻种植面积，提高粮食单位面积的产量，可以建成我国最大的优质商品粮生产基地，为保证我国的粮食安全做出重大贡献。与此同时，还应大力发展畜牧业，建成肉乳生产基地、农畜产品加工基地，将农业做成一个大产业，全面解决“三农”问题。

建议将三江平原和松嫩平原的综合治理以及黑土保护工程，列为建设国家商品粮生产基地的重大措施。

（三）必须进一步采取措施，才能保证东北林业的可持续经营

天然林保护工程实施后，国有林区的木材产量指标虽然有所调减，但近熟林和成过熟林的面积和蓄积比仍呈明显下降趋势，目前每年采伐的木材有70%左右来自中龄林，现行采伐指标仍超过资源承载力，森林资源的龄组结构继续失调。如果再不正视这个危机，东北林区的森林资源有可能彻底丧失恢复的前景。要把龄组结构调整到合理的可持续经营的状态，总体上需要1～2个龄级，即20～40年的时间。

为了使天然林保护工程确实收到预期的效果，并逐步实现林业的可持续经营，必须下决心采取进一步措施，包括：推进政企分离，分流多余职工，增设森林培育资金，延长天保工程的实施年限和范围，削减采伐量等。

（四）促进城镇化健康发展，合理解决城市的水源危机和煤矿城市的地质灾害

东北地区的城镇化率虽然高于全国平均水平近7个百分点，但城镇的质量不高。今后的城镇化率只宜适度增长，更重要的是提高城镇质量。

当前，许多城市的发展瓶颈是水源危机，这些城市的基础设施严重老化，水资源短缺与水环境污染并存，一方面大量浪费水资源，超采地下水，严重污染江河水库，同时又迫切要求修建新的水源工程。应当首先要求完善本身的基础设施，大幅度减少供水管网的漏损，保证污水处理厂的建成和正常运行，并提高污水处理后的回用率。在此基础上，建设地表水源工程，置换超采的地下水资源。

在东北地区，受资源衰竭影响最严重的是煤炭工业。煤矿城市遭受严重地质灾害，煤炭职工大量下岗。除国家已采取的发展后续产业、改造棚户区等各项措施外，建议实施以工代赈性的地质灾

害修复工程,将过去采煤造成的矿坑、沉陷区和排土场等,改造成水库、湖泊、森林、草地和花园等景点,在改造城市环境的同时,为下岗职工创造就业机会。建议以抚顺市为试点,由抚顺市提出规划,经建设部和发改委审批后列入国家项目。

(五) 加强地质勘探,提高资源保证程度

东北矿产资源枯竭的概念是根据在20世纪70年代地质勘探基础上做出的判断,以后的20~30年以来,地质找矿工作基本没有扩大和深入。只要加大地质找矿力度,东北及其周边地区还有很大潜力。要针对区域特点,采用先进的勘探技术和设备,争取实现森林、沼泽、草原、沙漠和表土层厚的地方矿产资源勘探的突破。特别是找好靶区,有针对性地加强一些地区的地质勘探工作。

同时,要充分利用地缘优势,开发利用国外矿产资源,建议国家给予关怀和支持。

(六) 将保护水环境、防治水污染作为振兴老工业基地的重大任务

水环境污染是当前东北地区的最大环境问题,也是过去建设老工业基地中遗留下的重大问题。防治水环境污染已成为东北地区可持续发展的重要条件,如再不抓紧解决,将来可能陷于无水可用的困境。特郑重呼吁:将保护水环境、防治水污染列为振兴东北老工业基地的重大任务。

建议以辽、吉、黑三省的大城市和石油化工、冶金、造纸、酿造、医药等行业作为当前防治污染的重点。总的目标是:确保饮用水和食品安全;限期治理污染最严重的辽河;切实保护好松花江。

(七) 西部地区应节制社会经济用水,保护生态与环境

东北全区中,生态与环境最脆弱的是西部的半干旱草原地带。过去由于过牧和滥垦,很多地方的草地资源退化、沙化和盐碱化。近年来,过牧和滥垦得到初步遏制,但由于工业和城市的发展,以及大量发展农田灌溉,甚至发展水稻,造成河流干涸,地下水位大幅下降,湿地萎缩,沙漠化和盐碱化加重。这种情况如继续发展,将严重威胁到本地区社会经济的可持续发展。

为了保持人与自然的和谐发展,西部地区的农业发展方向必须是农牧结合,以牧为主。对过量用水的农业结构,应进行必要的调整,在缺水地区不宜种植水稻。只要坚持合理的发展方向,西部地区的牧业、农业和社会经济发展仍是大有可为的。

(八) 水资源配置应为人与自然的和谐发展创造条件

东北地区的水资源和我国北方的其他地区相比,是比较丰沛的,但空间分布极不平衡。当前的突出问题是:在西部地区,社会经济用水挤占了生态与环境用水,造成严重的生态与环境危机;在中部地区,工业和城市大量超采地下水,同时又严重污染河流水源,形成恶性循环。

应在充分考虑当地生态与环境需水的前提下,规划当地的社会经济用水。农业发展的模式以至人工植被建设都应与当地的自然环境相协调。跨流域调水必须在当地大力节水防污的基础上进行,不能影响调水区的生态与环境,并要充分注意调水的经济可行性。

在以上原则指导下,建议进行从黑龙江支流呼玛河向嫩江引水、从嫩江向西部平原引水、从鸭绿江支流向辽宁省中部引水、从丰满水库向吉林省中部引水等水资源配置工程。

建议加强对水资源的统一规划和管理,强化流域机构的职能;并加强对自然灾害的监测、预报和防御工作。

以上八项建议,都是将内蒙古的东四盟纳入统一考虑的。鉴于内蒙古东四盟在自然环境和资源条件上与辽、吉、黑三省的密切联系,建议纳入东北地区的老工业基地的振兴规划,给予同等优惠政策。

建设资源节约、环境友好型社会,是我国可持续发展的必然选择,对东北更有现实性和紧迫性。

以上就水土资源配置、生态与环境保护和可持续发展的若干战略问题研究,都属于东北地区建设资源节约、环境友好型社会的一个组成部分。相信在党中央和国务院的领导下,在科学发展观的指导下,东北地区的各级领导和广大干部群众,一定会创造新的成绩,为我国全面建设小康社会再作贡献!

关于呈送《不容忽视的过量和有害饮酒》咨询报告的报告

中工发[2005]60号

卫生部:

由中国工程院医药卫生工程学部相关院士主持、30余位专家参加研究的《不容忽视的过量和有害饮酒》咨询项目组已完成了项目咨询报告,现呈上,供参考。

咨询报告指出,国际上对于有害饮酒非常关注,世界卫生大会早在1979年就曾提出:"酒消费有关问题是现今世界的主要公共卫生问题,对人类健康、幸福和生命构成了严重的危害"。多年来大量的文献研究已经证明,过量和有害饮酒对人身体的许多系统可以产生损害,至少有60种疾病与酒精直接有关;同时引发很多社会问题,如暴力犯罪、意外伤害,特别是道路交通伤害等,还造成巨大的经济损失。据世界卫生组织2005年统计,在2000年,过量饮酒、有害饮酒和酒依赖造成了全球4%的疾病医疗负担。

饮酒所带来的危害已成为发达国家的一个重要的社会问题,西方发达国家已陆续制订了相关的法律、政策,如对饮酒的年龄限制,驾驶时酒浓度的检测,对酒类广告的管理,严格控制酒的供应,对过量和有害饮酒者的短暂干预等。咨询报告中列举了美国旨在减少社会对酒的接受和使用的7项政策,同时列举了世界卫生组织《2002年世界卫生报告:减少风险,延长健康寿命》中提到的十种"最有效的做法"。

咨询报告还对我国酒类生产、消费情况,酒后车祸和犯罪状况,法律和政策规定情况做了分析。以2004年为例,我国酒类产量、消费量都呈现大幅上升趋势,酒后驾驶造成的死亡也比上年同期上升。在法律和政策方面,我国已在所有的宣传媒介中禁止了香烟广告,而且在香烟盒上贴上了"吸烟有害健康"的标签,对香烟销售有高征税政策,而对酒类产品则没有任何的广告限制,没有警示文字,也没有高征税政策,客观上创造了对酒类饮用的宽松环境,使过量和有害饮酒呈不断上升的趋势。

咨询报告引用了国内有关精神卫生研究机构的流行病学调查结果,阐明我国酒依赖的患病率有明显增加的趋势,按绝对数字估计,我国目前酒依赖的患病人数至少有2千万。指出,对过量和有害饮酒进行简短的早期干预有着重要的预防意义,花费少,收效好。西方发达国家已有成熟的做法。

结合我国过量和有害饮酒的状况,提出如下具体建议:

1. 加强酒知识的普及，向公众提供有关健康饮酒量和饮酒方式的信息，预防过量和有害饮酒。

2. 参考发达国家采取的酒类专卖制度，规范酒类产品售卖，减少销售网点，在超市等大型零售企业中专门划分酒类销售区，减少普通人群对酒类的接触；制定最低饮酒年龄限制，禁止商业、餐饮业向青少年售卖；严格审查酒类广告，控制播出时间和频率。

3. 加大对酒后驾车处罚力度，对酒后驾车及车祸的发生情况进行定量分析，为制定干预措施提供科学依据。

4. 对酒类产品增加税收和提高酒类产品销售价格。

5. 在社区、学校、工厂、企业和商业系统进行相关筛查，对筛查出的过量和有害饮酒者进行干预。

6. 对综合医院的医生进行相关培训，对有害饮酒和酒依赖患者及早进行干预和治疗。

7. 开展对“有害饮酒”人群的流行病学调查，扩大干预范围。

以上为咨询报告研究的主要内容，请领导参考。

附近：1.《不容忽视的过量和有害饮酒》咨询报告摘要（略）
2.《不容忽视的过量和有害饮酒》
3.《不容忽视的过量和有害饮酒》咨询项目组成员名单

中　国　工　程　院
二〇〇五年十二月二十日

附件 2：

不容忽视的过量和有害饮酒

该项目于 2002 年立项，由中国工程院医药卫生工程学部沈渔邨院士主持，组织了相关领域的 30 余位专家，历时 3 年，以不同地区和人群为研究范围，以了解过量和有害饮酒的现状为目标，对国内外有关文献进行了研究、对比分析，阐明了过量和有害饮酒对人们健康造成的危害、引发的社会问题、经济损失等，在借鉴国外已有经验的基础上，提出了我国应采取的具体措施，形成如下咨询报告。

改革开放以前，人们的生活水平较低，仅能维持温饱问题，酒类供应紧张，所以人均饮酒量较低。改革开放以后，生活水平迅速提高，酒类供应丰富，各种酒广告铺天盖地。我国目前没有专门的法律规定购买酒精饮料的最低法定年龄，因此任何年龄的人均可以买酒、饮酒，饮酒量增加是必然的。1979 年第 32 届世界卫生大会通过的决议指出：“酒消费有关问题是现今世界的主要公共卫生问题，对人类健康、幸福和生命构成了严重的危害”，由此世界各国陆续制订了各自的酒精政策，采取多种措施控制酒精消费和酒相关问题的发生。

酒精在医学上被定义为精神活性物质的一种,从导致成瘾性和对精神及躯体的损害上看,与鸦片、兴奋剂这些毒品具有类似的作用,一旦形成依赖,戒除相当困难。

目前,我国非常重视毒品的危害,实际上酒精所致问题的发生及造成的损害并不亚于毒品,甚至问题的存在更加严重和普遍,因为酒是合法产品,随手可得。国外的研究也均显示,酒依赖和滥用的人群远远大于毒品依赖和滥用人群。我国现在对过量和有害饮酒所造成的危害还没有应有的重视。

一、国际上对有害饮酒状况的关注

饮酒所带来的危害已成为发达国家的一个重要的社会问题。美国国会1997年的统计表明,西方社会有90%的人在一生的某个时期饮过酒,其中至少有40%的男性和女性因饮酒发生过短暂的与酒相关的损害,如:旷课、旷工、酒后驾车等。这些人在其生命的某一进程中,10%的男性和5%~10%的女性符合酒滥用或酒依赖的诊断标准。就死亡而言,美国1998年有107 800的人死亡与饮酒有关,占全部死亡人口的5%,是继心脏疾病、癌症和脑血管病之后居第四位的死亡原因。

多年来大量的研究已经证明酒精对身体的许多系统可以造成损害,引起多种疾病如心血管疾病、肝脏疾病、癌症等。过量饮酒可以造成伤害、车祸和暴力行为。而且,能够明显地影响到工作效率、人际关系、家庭关系、学习成绩。美国所做的一项对500名男性进行的10年追踪观察显示,大约有四分之一到三分之一的人发生过与酒相关的记忆短暂丧失,三分之一的人有过酒后开车造成伤害的情况,五分之一的人发生过因为醉酒等原因而旷课或旷工。说明过量饮酒与多种损害密切相关。

世界卫生组织(World Health Organization,WHO)估计全世界大约有20亿人饮酒,7 630万人符合"酒精使用障碍"的诊断,从公共卫生角度而言,全球与酒使用相关的负担在世界各地都是相当大的,用死因分析和伤残程度来表示酒精造成的经济负担,酒精的使用造成全球3.2%人的死亡(180万人),其中意外伤害(酒后外伤和伤人)占了酒精所致死亡的三分之一。酒精使用障碍还造成4%(5 830万人)伤残调整生命年的丧失(DALYs),这一损失在很大程度上是由酒精引起的心血管疾病、神经精神障碍和外伤等事件所致(WHO 2005)。

酒精可损害身体内几乎每一个器官和系统,它可对精神产生显著影响,并可使全部脑系统和结构发生改变。酒精的使用与大约60种疾病和伤亡相关,其中包括:各种癌症、肝脏疾病、酒依赖、脑损害、车祸、外伤等慢性和急性健康问题。2002年世界卫生组织的报告指出,酒精的使用是发展中国家首要的疾病负担因素,是发达国家第三位的疾病负担因素(2002年世界卫生报告)。世界总的统计表明,在食道癌、肝癌、肝硬化、杀人、癫痫和车祸中有20%~30%与饮酒有关(WHO 2005)。

研究显示,发达国家过量饮酒和有害饮酒约占10%~15%,酒依赖(酒瘾)5%左右。由此可见,过量及有害饮酒者的人数要远大于酒依赖者。所以,目前世界各国越来越强调加强预防措施,以减少过量和有害饮酒的发生。另外,强调对过量和有害饮酒者进行早期筛查及干预,以减少因此所造成的各种损害,防止由此而发展成酒依赖(酒瘾)。这样做要比仅仅对酒瘾个体进行治疗更为有效,因为一旦发展成瘾,经济投入更多,疗效更差。

1. 过量饮酒、有害饮酒、酒依赖的概念

过量饮酒是指超过"安全饮酒"的剂量。"安全饮酒量"是指饮酒的数量适中,且未造成问题。世界卫生组织规定:男性每日饮酒不超过2瓶啤酒或1两56°白酒(4标准杯,每标准杯=10克纯酒精),女性每日饮酒不超过1瓶啤酒或半两56°白酒(2个标准杯),每周饮酒均不超过5次为安全饮酒量。超过此量就是过量饮酒。

有害饮酒也称酒滥用，是指反复大量的饮酒形式已经造成了躯体、精神和社会的损害，如：由于过量饮酒造成的心血管、消化系统疾病，造成的失眠、焦虑等精神问题以及酒后意外伤害、伤及他人、旷课、旷工等社会问题，但还未达到酒依赖的程度。

酒依赖也称酒瘾，与吸毒成瘾类似，是指长期大量饮酒，影响到重要的社会功能，长期渴望戒掉均不成功，酒量不断增加，喝酒已成为生活中最重要的内容，生活由于饮酒而变得一塌糊涂。

2. 过量和有害饮酒的影响

(1) 对心血管和消化系统的损害

长期过量饮酒是造成心血管疾病如心肌病、心律失常、冠心病、高血压的主要原因。文献资料表明，适量饮酒（每日不超过 30～40 克纯酒精）可以减少心脏病的发生，但是每日饮酒在 5 个标准杯以上可明显增加心血管疾病的几率。研究表明短暂性大量饮酒模式，可能增加而不是减少冠心病的发生。有关过量饮酒与高血压的关系研究最多，因为高血压不仅是心血管疾病的危险因素，而且与脑血管疾病密切相关。对多项研究的总结的结果得出结论（Cushman，1998）：过量及有害饮酒与血压升高密切相关。过量饮酒引起的血压增高是可逆的，减少饮酒量与血压的下降成正比。而且，饮酒频率对血压的影响与饮酒量同样重要。

由于酒精首先进入的是胃肠道，随即又由肝脏代谢，因此消化系统的损害是首当其冲的。美国大约有 90 万人患肝硬化，其中 40%～90% 的肝硬化患者有过量和有害饮酒历史。肝损害的发生是与饮酒量直接相关的，即当饮酒量达到一定程度后，肝损害的危险性陡然增加。

(2) 社会问题

许多研究已经证实，过量饮酒可以引起家庭暴力、犯罪等社会问题。一些研究者（Lipsey etal，1997）总结了从 1950—1994 年 129 个有关酒后暴力行为的研究，发现饮酒量与犯罪和家庭内暴力明显相关，而且暴力事件的发生，在那些饮酒普遍的地区更高。另一些研究结果也表明，社会问题的增加与饮酒量和饮酒频率密切相关。

美国每年约有 1 100 万的暴力犯罪（包括强奸、抢劫、伤人、杀人等），其中四分之一（270 万）是酒后犯罪（Greenfeld 1998），过量饮酒后的控制力下降是导致犯罪的直接原因。关于家庭内暴力的研究显示：酒后丈夫对妻子进行躯体伤害明显增多。与大量饮酒者一起生活的妇女，比其他妇女遭受更多严重的暴力。许多研究已经证实，过量饮酒可以引起暴力、犯罪、对配偶和孩子的虐待、杀人和自杀。世界卫生组织报告指出，非故意和故意伤害造成高达 10% 的全球疾病负担。酒精使用占因非故意伤害（包括酒后驾驶所致伤害等）而丧失的“残疾调整生命年”的 13%，占因故意伤害（如自杀和杀人）而丧失的“残疾调整生命年”的 15%。每次饮酒量的多少是伤害所致危险性和严重性的主要决定因素。

世界卫生组织 2000 年报告指出，在一些发展中国家，“一次性大量饮酒”是一个特点。男子比妇女有更多的与酒精相关的问题。妇女通常是男子饮酒后的直接受害者。证据显示，育龄妇女饮酒可能增加胎儿产前接触酒精的危险（因酒精能通过胎盘），随后发生一系列广泛的出生缺陷和发育异常，包括胎儿酒精综合征（胎儿畸形和智力障碍）。

(3) 意外伤害

研究显示，饮酒量与外伤的发生成正比（Vinson，1995），包括驾车意外、意外摔伤、溺水、操作机器时受伤等。而且饮酒量越大，发生外伤的危险性越大。美国 1999 年的研究表明，38.5% 的非交通意外伤害所致死亡与饮酒有关。最多的意外伤害死亡还是车祸（Smith，1999）。在所有的车祸中,32.8%的车祸与过量饮酒有关。美国1999年的意外死亡大约一半是车祸所致(Hoyert)。显然过量饮酒在意外伤害中起了非常大的作用,这些意外伤害随之造成的是相当大的经济损失。

世界卫生组织2005年的报告指出:除了多年的过量饮酒可造成慢性躯体疾病外,还造成意外所致的残疾和死亡,殃及到了许多年轻的生命。酒精的过量使用是道路交通伤害中最主要的危险因素之一。

(4) 经济损失

在经济花费方面,美国1995年用于酒精所致问题上的花费为1 500亿美元,其中60%用于劳动力的丧失,15%用于治疗酒精引起的疾病,25%用于酒精所致的其他损害。1998年美国在酒依赖、过量和有害饮酒上的经济花费为970.7亿美元,主要是用于由于饮酒导致犯罪进监狱的费用,或者是外伤的费用(不包括继发于过量饮酒所致躯体损害所花的医疗费用和治疗酒依赖疾病的费用),所有这些问题都导致了生产力的丧失,造成了直接或间接的严重经济损失。在2000年,酒精使用障碍造成了全球4.0%的疾病负担(指由于疾病带来的损失,包括经济上的损失、生活质量的恶化和生命年的损失)(WHO 2005)。

3. 相关的法律和政策规定

(1) 年龄限制

在美国21岁以下的人买酒是非法的,有些地方21岁以下的年轻人拥有或消费酒类产品都属非法,除非在家里喝酒而且酒是由父母提供的,即法律已经规定21岁以下的年轻人不能喝酒。澳大利亚规定的年龄是18岁。

(2) 酒浓度的检测

在美国,如果一个司机血中酒精浓度(Blood Alcohol Concentration)高于0.08或0.10克酒精/每分升血,他驾车就是非法的(各州制定的血中酒精浓度的标准不同),即酒后驾车属于非法。

世界卫生组织2004年的报告指出:各国法定血酒精浓度的制定是根据酒精对公共安全所造成的危害而制定的,对驾驶司机酒精浓度的测定是随机的或者是怀疑某人酒后驾驶即可测定。对饮酒驾驶制定的政策是:经常的、随机的酒浓度的检测和相应的处罚措施(Rehn, Room & Edwards, 2001),(Babor et al., 2003)。

(3) 对酒类广告的管理

总体来说,经济学的研究认为,广告虽然没有增加总体酒的消费量但却鼓励了人们去饮某个品牌的酒。同时研究还表明儿童与成人相比,更容易受广告影响而增加饮酒量和饮酒频率。

(4) 控制酒的供应

政府就制定酒的政策而言,主要是控制酒的供应,以减少酒精相关损害和提高公众健康的意识。目前来讲,这些是最有效的策略。简言之,对酒供应的控制措施,能影响酒的消耗量和饮酒习惯,进而可以减少酒精造成的社会和健康问题(WHO, 2002)。最近的证据表明,对酒征税,是中度和高度酒精消费国家对酒精相关疾病负担最具成本效益的公共卫生对策。

(5) 对过量和有害饮酒者的干预

针对过量或有害饮酒者早期干预(5分钟的简短干预)的措施,是一项非常有效的方式(世界卫生组织2000年报告),一项在外伤治疗中心对762名病人所做的早期干预结果表明:对过量和有害饮酒的人进行短暂干预后每周饮酒量下降了22个标准杯,外伤率较干预前下降了47%。有效的治疗干预,可改善受影响的个人及其家庭的健康和生活。干预无需复杂的设备或昂贵的费用,这是一种有效和具有成本效益的战略(Babor,2003)。

在美国,被认为最有效的政策是那些可以影响到整个社会的政策,这些政策能减少社会对酒的接触和使用。这些政策包括:(1)限制销售酒类产品的时间;(2)限制销售网点的数量;(3)限定买酒年龄;(4)通过产品标签和教育来增加消费意识;(5)通过提价(典型的是通过税收)来降低对酒类产品的接触;(6)通过培训酒类产品的销售业主和服务人员来限制酒类产品的销售,即不卖酒给青少年和已经喝醉的顾客;(7)通过规范酒类广告来降低酒类产品的吸引力。这些政策均是面向整个人群的策略。

世界卫生组织《2002 年世界卫生报告:减少风险,延长健康寿命》中指出以下为"最有效的做法":(1)购买酒精的最低法定年龄;(2)政府设零售专卖点,限制销售小时或销售日,限制销售网点的密度;(3)征收酒精税;(4)驾驶清醒度检查,血液酒精浓度的限定,对酒后驾驶行政性暂停执照,对新驾驶员分阶段颁发执照(即在颁发执照时最初限制驾驶权,如血液酒精浓度限定为零);(5)对过量和有害饮酒者采取短暂干预。

近几十年来,酒精消费量的增加几乎都是在发展中国家,原因主要是缺乏对饮酒相关的政策和法规限制,在预防、控制和治疗措施上均比较薄弱。酒精消费量的增加很可能造成酒精所致问题的增加,这不能不引起人们的担心(WHO,2005)。

二、中国目前有对有害饮酒和酒依赖的关注

1. 酒的生产

2004 年酒类产量达 3 258 万吨,截止到 2004 年 9 月,中国酒业累计工业总产值突破 1 000 亿元,达到 1 043.2 亿元,比上年同期增长 15%。啤酒产量从 2000 年的 2 231 万吨上升到 2004 年的约 2 910 万吨,上升了 30%;葡萄酒产量从 20 万吨上升到约 37 万吨,上升了约 85%;酒的总产量从 2 727 万吨上升至 3 258 万吨,上升了约 19%。

由表 1 可见我国酒的总产量逐年上升,啤酒和果酒的产量逐年增长。

表 1　我国酒类产量

指　　标	年　　份	白　　酒	啤　　酒	果　　酒	合　　计
总产量(万吨)	2004	311.70	2 910.05	36.73	3 258.48
	2003	647.49	2 540.48	34.3	3 222.27
	2002	739.57	2 402.7	28.81	3 171.08
	2001	816.72	2 288.93	25.04	3 130.69
	2000	476.11	2 231.32	20.19	2 727.62
人均消费量(农村)(公斤/人)	2003	3.15	3.98	0.05	7.18
	2002	3.6	3.84	0.05	7.49
	2001	3.43	3.62	0.05	7.1
	2000	3.52	3.46	0.04	7.02
人均消费量(城市)(公斤/人)	2003	2.4	6.12	0.29	8.81
	2002	2.4	5.9	0.24	8.54
	2001	2.57	6.29	0.2	9.06
	2000	2.66	6.51	0.18	9.35

注:在总产量中,果酒仅包括葡萄酒。

中国统计年鉴，中国经济统计年鉴，中国城镇居民家庭收支调查统计年鉴。

所有年鉴均为国家统计局编，中国统计出版社出版，以上为2001—2004的年鉴。

日前，在澳大利亚召开的第26届世界葡萄酒大会上，Adelaide大学Kym Anderson教授提出，到2005年，中国葡萄酒的进口量将增加45%，葡萄酒消费量将增加25%。

在我国，几乎任何商场、小卖部、饭馆等均能购买到酒。竞争正在鼓励价格的低廉化。酒类品牌的增多和新品种的出现也增加了酒对年轻人的吸引力。由此势必会造成饮酒问题的增加。

2. 酒后车祸和犯罪

有关酒后车祸和犯罪目前我国尚没有相关研究和报道。

据《中国日报》1996年2月14日报道，1995年一年中近一半的交通事故是因司机酒后驾车造成的。来自公安部的统计显示，2004年5月份酒后驾驶共造成418人死亡。与去年同期相比，酒后驾驶致人死亡的数字上升幅度较大，比去年同期增加103人，上升32.7%。8月份因酒后驾驶导致438人死亡，比7月上升了34.8%。至于有多少人酒后驾车，是否导致撞车或伤害事件，目前尚没有人做有关方面的研究。酒后车祸的增加有可能成为残疾和死亡的一个主要起因，对青年人尤甚，势必会造成严重的经济损失。

据《中国广播周刊》报道(1996年6月17日)，在1996年的青少年犯罪中，与饮酒有关的犯罪占38%。

至于酒精问题造成的家庭内暴力情况和国民经济损失目前尚没有人研究。

3. 法律和政策

我国目前对买酒和饮酒还没有相应的法律规定，任何年龄的人、几乎在任何地方均可以买酒和饮酒，这势必会影响未来的一大批年轻人，使他们对酒的有害性没有丝毫的概念。

我国已经在所有的宣传媒介中禁止了香烟广告，而且也在香烟盒上标上了“吸烟有害健康”的标签，这无疑给青少年起到了一个好的强化作用。而我们对酒则没有任何限制，酒广告在黄金时间、在国家级电视频道不断出现。许多西方国家对待酒广告和烟广告的管理是相同的，酒广告在国家的媒体上同样是被禁止的。

我国对酒的销售同样没有高征税政策(香烟有相应的政策)，多数人买得起酒，因此过量饮酒给人们造成的伤害势必也会相应增多。

表2是我国与其他国家在酒政策方面的比较。

表2 我国与美国、澳大利亚有关酒政策的比较

项 目	中 国	美 国	澳大利亚
限制卖酒时间	无	有	有
限制卖酒地点(设专卖店)	无	有	有
限制专卖店的数目	无	有	有
规定能买酒的年龄(包括买酒和在酒店饮酒的年龄)	无	21岁	18岁
公共交通	不禁止	部分禁止	禁止饮酒
工作场所饮酒	自愿	部分禁止	部分禁止

注：世界卫生组织全球酒政策报告，2004。

4. 我国目前对酒依赖、过量和有害饮酒的研究

1982 年由北京大学精神卫生研究所牵头所做的全国 12 地区“精神疾病”流行病学的调查结果显示，酒依赖的总患病率为 0.16‰，至 1993 年用同样的方法调查的结果显示患病率为 0.68‰，比 1982 年上升了 4.2 倍。1989 年北京大学精神卫生研究所对 9 个城市 4 种不同职业人群（44 926 人）酒依赖发生情况进行的调查结果显示，酒依赖的患病率以重体力劳动者最高，患病率为 6.89%。2000 年北京大学精神卫生研究所对长春一汽某厂 420 名工人和干部进行的调查，约 20% 的人是酒依赖患者。1996 年由湖南医科大学精神卫生研究所牵头，对国内五个地区和城市（四川成都市、吉林延吉市、安徽阜阳市、山东济南市和湖南衡阳市及附近农村），共 24 992 人的饮酒情况进行了专题流行病学调查，结果显示，男性酒依赖患病率为 6.197%、女性 0.044%、总患病率为 3.18%。说明酒依赖在特殊人群（重体力劳动者、男性）和地区患病率更高。

虽然不同地区调查的人群不同、使用的调查工具不同，但所有的调查均表明酒依赖的患病率有明显增加的趋势，按绝对数字估计我国目前酒依赖的患病人数至少 2 千万。

有关过量和有害饮酒目前还没有全国范围的流行病学调查。1996 年由湖南医科大学精神卫生研究所所作的调查显示：酒精使用障碍的患病率男性 9.0%，女性 0.2%，总体患病率 5.1%。

2000 年北京大学精神卫生研究所对长春一汽某厂 420 名重体力劳动工人进行的调查显示，66.90% 是过量和有害饮酒者。所调查的 420 人全部在工作岗位上操纵着机器，有的甚至是在高温炉前工作，他们丝毫没有意识到饮酒会在从事这样的工作时会造成危险。几乎所有人对酒的知识所知甚少，没有一个人知道什么是“安全饮酒量”，几乎没有人知道酒与高血压、心脏病、精神障碍的关系，少数知道的几个人也是因饮酒引起躯体问题后去医院从医生那里得知的。所以我们感觉到有关饮酒知识的健康教育和宣传在社区是多么的需要，这关系到整体健康水平的提高。

这次调查时随即对他们进行了干预教育，一年后进行了随访，结果显示：这些人的平均饮酒量、饮酒频度和狂饮的次数均有明显减少，平均饮酒量从每日 6～8 个标准杯降至每日 4～5 个标准杯，下降了约 2.5 个标准杯（35%），差异与干预前比较均有显著性下降。同时随着饮酒量的下降，酒精所致的各种社会损害如家庭内暴力、酒后驾车和躯体疾病的发生率也明显减少。这些结果与国外报道一致。说明对过量和有害饮酒进行简短的早期干预有着重要的预防意义，特别是对那些高发病人群和地区，如果对这样大的一部分人群进行了干预，不仅可以减少意外伤害的发生，也能提高生产力，预防躯体疾病和酒依赖的发生。而且早期干预的花费少，收效好，这在国外也早已有报道。

2003 年北京大学精神卫生研究所北大精研所对北大第三医院内科门诊调查显示，过量和有害饮酒的比例为 10.76%（3 168 人）。这部分人群均没有意识到自己的疾病是由于过量和有害饮酒所致，从没想到要接受有关酒方面的干预和教育。综合医院的医生也仅仅是对他们进行疾病的治疗而没想到让他们减少饮酒量。设想如果综合医院有 10% 的人是酒精过量和有害使用者，他们仅仅是来治疗躯体疾病而不减少饮酒量，酒精的持续作用会影响到他们疾病的康复，这是一笔多么大的卫生资源的浪费。现在西方国家已经注意到酒精所致躯体损害的普遍性，对综合医院的医生广泛进行了有关“酒精所致问题”筛查和干预方面的培训，对每一个到综合医院就诊的人进行有关酒问题方面的筛查，进而对“问题饮酒者”及时进行早期干预。

以上这些调查表明过量和有害饮酒的人数在中国并不少，潜在的问题可能很多。

三、咨询建议

1. 加强酒知识的普及，向公众提供有关健康饮酒量和饮酒方式的信息，预防过量和有害饮酒。

2. 参考发达国家采取的酒类专卖制度，规范酒类产品售卖，减少销售网点，在超市等大型零售企业中专门划分酒类销售区，减少普通人群对酒类的接触；制定最低饮酒年龄限制，禁止商业、餐饮业向青少年售卖；严格审查酒类广告，控制播出时间和频率。

3. 加大对酒后驾车处罚力度，对酒后驾车及车祸的发生情况进行定量分析，为制定干预措施提供科学依据。

4. 对酒类产品增加税收和提高酒类产品销售价格。

5. 在社区、学校、工厂、企业和商业系统进行相关筛查，对筛查出的过量和有害饮酒者进行干预。

6. 对综合医院的医生进行相关培训，对有害饮酒和酒依赖患者及早进行干预和治疗。

7. 开展对“有害饮酒”人群的流行病学方面调查，扩大干预范围。

附件3：

《不容忽视的过量和有害饮酒》咨询项目组成员名单

组长：

沈渔邨　中国工程院院士，北京大学精神卫生研究所名誉所长

成员：

于　欣　北京大学精神卫生研究所所长，教授
李　冰　北京大学精神卫生研究所教授
张维熙　北京大学精神卫生研究所教授
吕秋云　北京大学精神卫生研究所教授
韦　丰　目前在美国学习
田成华　北京大学精神卫生研究所教授
崔玉华　北京大学精神卫生研究所教授
林三仁　北京大学第三临床医院教授
郝　伟　湖南医科大学教授
郑晓华　长春一汽职工医院主任医师

工作人员：

梁晓捷　原医药卫生工程学部办公室主任，高工

李冬梅　医药卫生工程学部办公室副主任，副编审

成员单位：

北京大学精神卫生研究所

湖南医科大学

北京大学第三临床医院

长春一汽职工医院

中国工程院关于请国务院领导听取"城市化"项目研究成果汇报的请示

中工发［2005］61号

国务院：

为适应我国全面建设小康社会的战略需要，落实以人为本，全面、协调、可持续的科学发展观和五个统筹的思想，根据国务院领导指示精神，结合中国工程院的特点，设立了由全国政协副主席、中国工程院院长徐匡迪院士主持的《我国城市化进程中的可持续发展战略研究》重大综合性咨询项目。项目分为城镇结构、城市经济、资源型城市、循环经济、城市生态、城市文化等6个课题进行研究，有20名院士和近150位专家参加。项目研究得到了国务院有关部委、中国科学院、许多高等院校和有关省、自治区的大力支持。

经过两年多的深入研究、实地考察及反复研讨，提出了本项目的6个专题报告和综合报告。现将综合报告及摘要呈上，恳请国务院领导安排时间听取汇报。

妥否，请批示。

附件： 1.《我国城市化进程中的可持续发展战略研究》摘要

2.《我国城市化进程中的可持续发展战略研究》（略）

中　国　工　程　院

二〇〇五年十二月二十六日

附件 1:

我国城市化进程中的可持续发展战略研究

（摘　要）

我国城市化已进入快速发展和矛盾突出的关键时期。党的十六大提出走中国特色的城镇化道路,对于我国城镇化的健康发展,对于实现工业化和现代化,具有重大意义。中国工程院组织百多位院士和专家研究了这个问题,形成综合报告和6个专题报告,对我国城市化的可持续发展战略提出若干建议。现摘要报告如下。

一、环境与生态

目前我国环境严重污染,生态与环境服务功能普遍下降。发达国家在近百年不同发展阶段出现的生态环境问题,我国在近20年经济的高速发展中集中爆发出来,这是历史上任何国家所不曾遇到过的。突出表现：一是大气污染严重威胁人体健康。在113个大气污染防治重点城市中,66.2%的城市和73.9%的居民生活在空气质量不适合人类居住的条件下。大气污染还导致日趋严重的灰霾现象,遍及华北、中原、华南、华东各个地区,尤其在城市密集地区频繁出现。二是江河、湖泊和近海的有机污染严重。大部分湖泊氮、磷含量严重超过地面水水质标准。沿海海域赤潮出现频率不断加大。流经城市的河段中约90%受到严重污染,城市饮用水安全受到威胁。三是固体废弃物迅速增加,无害化处理率低。全国城市生活垃圾累积堆存量60亿吨,并以年均4.8%的速度增长,已使近2/3的城市陷入垃圾的包围之中。2002年全国城市生活垃圾无害化处理率不足15%。近千座垃圾填埋场中有90%是简易堆放,极易引发水源污染、水质下降、土壤污染等严重问题。四是有毒有害污染物的危害日益凸现。在江河湖泊及土壤中,已经检测出了多达数十种有毒有害污染物,被公认为毒性最大的二恶英类化合物已在水环境及土壤中检出,甚至已经通过食物链危及人体健康。此外,进口的“电子洋垃圾”也是极大的危害。

战略对策是,切实加强区域生态与环境的保护、修复与改善,保障城市生态系统服务功能的可持续性。首先,切实加强区域生态规划,注重城镇发展与资源开发、自然环境的协调。区域生态规划先行,要求生态要素评估、生态功能区划和城乡生态关系规划在编制时序上先导,空间发展上先决,规划实施上先行,资产管理上先理。希望国家有关部门和各省市尽快组织全国性和地区性的生态功能区划和区域生态规划,在此基础上才能科学统筹规划城乡各类建设和非建设用地、自然保护区用地的土地利用和生态功能的保护、修复与改善。其次,城镇建设应首先分析地区资源和环境的承载能力,以此为基础综合考虑经济社会发展水平和城市化的发展水平。尤其是西部生态脆弱地区的城市化,更应采取稳步发展的战略,并高度重视生物多样性和传统民族文化的保护。第三,探索城市密集地区形成区域性大气灰霾和城市热岛现象的机理、西部生态脆弱区适宜的城镇建设规模和速度,以及产业结构调整与江河湖泊污染、煤烟型大气污染等的相关关系,寻找对策。第四,建立有利于城市生态系统管理的行政体制和制度保障。落实各个部门在城市生态方面的职责，确保城市生态的完整性。按照“破坏者补偿、受益者支付”的原则，制定相应的生态保护制度。

二、能源和资源①

我国能源消耗迅速增长，能源短缺已成为国民经济和社会发展的瓶颈。目前我国能源消费总量约为美国的1/3，居世界第二位，占世界能源消费总量的1/10。预测2020年，我国一次能源的需求约为25~33亿吨标准煤，未来能源的供需矛盾将十分突出。我国能耗迅速增长的主要原因是：工业能耗水平高，8个高耗能行业（电力、钢铁、有色金属、石化、建材、化工、轻工、纺织）的单位产品能耗平均比世界先进水平高47%，占工业部门能源消费总量的73%。建筑耗能比重大、效率低，占社会商品能源总消费量的比例已由1978年的10%上升到25%左右，最终可能达到35%，将超越工业、交通等其他领域而居能耗首位。到2000年底，我国能够达到建筑节能设计标准的建筑仅占全部城乡建筑总面积的5%，绝大部分新建、在建项目，尤其是城市公共建筑仍是高能耗型的。机动车石油需求与日俱增，2000年已占到石油总消耗量的1/3，预测表明汽车交通是导致今后我国石油需求激增的主要因素。

水资源短缺，城市土地资源局部粗放使用，矿业城市资源衰竭加快，对经济社会发展构成严重制约。一是城市普遍缺水，华北、西北城市最为突出。生态需水被严重挤占，已导致自然生态系统服务功能降低。地下水开采过量，部分地区出现地面沉降、地下水位下降与海水入侵等问题。用水效率很低，1999年单位耗水量产出的GDP为1.9美元/m^3，即使按购买力平价计算，也仅相当于美国的41.7%、日本的23.4%、德国的20%。工业用水重复利用率约为52%，远低于发达国家80%的水平。农业生产中仍普遍采用原始的漫灌和渠灌方式，比喷灌和滴灌多耗水30%~70%。二是城市土地资源局部粗放使用，集中表现在新开发区圈占土地过多，用地结构不合理，城市土地“征而不用，早征迟用”的现象大量存在，特别是城市边缘区、开发区、乡镇工业园区土地使用效率低。小城镇用地集约程度低、乡村建设过于分散。三是近年来我国矿业城市资源衰竭加快，转型压力集中出现。全国154座矿城中约有10%可供开发的后备矿产资源已经不足，或者即将枯竭，有700多座矿山即将闭坑或面临闭坑的威胁。大多数矿业城市经济结构畸形，抵御风险能力脆弱，环境和地质灾害严重。矿业城市又多处于偏远地区，基础设施差，安全保障弱，重特大事故频繁发生，2004年全国19亿吨煤炭产量的1/3是在没有安全保障的条件下生产出来的。

战略对策是，大力发展循环经济，推进和落实节能节水措施，降低建筑能耗，集约利用土地资源，加快调整矿业城市产业结构。首先，要落实国家关于发展循环经济的战略目标和规划。从中央到地方都要把发展循环经济列入议事日程，调整经济结构，推行清洁生产，建设生态工业园区，加强城市垃圾及工业废弃物的回收利用。尽早制定相关的法律法规，逐步建立健全促进循环经济发展的法律体系。将提高资源利用效率、减少资源消耗和污染纳入各级政府的考核指标。紧密结合国家中长期科技发展战略规划，组织重大科技攻关，发挥科技进步在推进循环经济中的支撑作用，重点关注大幅度提高能源和资源利用效率的关键技术。第二，大力推进节能节水，降低建筑能耗。大力推广节水措施，发展和普及各种节水技术和设备，充分利用再生水、雨水、海水等各种非传统水资源。严格限制耗水量大的项目，新建项目应同时建设污水处理和再生水利用设施，并建设雨水收集

① 能源也是一种资源。为研究方便，这里把能源与其他资源分开论述。

利用设施和雨污分流管线。强制在公共场所安装节水器具。合理调整能源消费结构,加强新能源和清洁能源的研究和使用。特别重视以可再生能源和清洁能源取代石油作为汽车燃料。提高能源的利用效率,严格监控高耗能行业的发展,制定统一的节能标准。尽快形成建筑节能标准体系,制定配套的法规,加强重点技术的研发,提高建筑节能水平。对新建建筑全面强制实施建筑节能设计标准,并对现有建筑有步骤地推行节能改造。第三,集约利用土地资源,充分利用存量用地和地下空间。制定合理的城市发展政策,建设集约型城市。采取大中城市为主体的城市化模式有利于用地的集约化,进一步确定我国城市合理的建设规模与密度。重视和借鉴美英等国学者提出的"精明增长"和"紧凑城市"的理论。对于村镇的规划和建设,也要推行按一定标准来使用各项用地。加速对城市各种不同性质用地进行合理的功能配置和转换,盘活存量土地,优化用地空间布局,提高城市存量土地效率。充分利用城市地下空间,提高城市容量。我国开发利用城市地下空间的时机已逐渐成熟。要尽早确定城市地下空间发展的战略方针、发展目标,研究建立相应的法律体系、开发标准体系,改革管理体制,做到防战、防灾和城市建设相统一。第四,加快矿业城市产业结构调整,不再兴建无依托矿城。各类矿业城市都要制定适合本地情况的可持续发展规划。国家应出台特殊政策对矿城持续发展给予支持。建立矿业城市补偿和发展基金,形成衰退产业援助机制。坚持产业多元发展,加快改变经济结构单一的局面。尽量延长矿山服务年限,为发展替代产业与城市转型赢得时间。矿业城市经济转型不外乎延伸传统产业、发展替代产业以及二者同时并举等三种途径。矿业城市要因地制宜,探索适合自身情况的转型之路。

三、城市管理

城市管理是影响城市化可持续发展的重大问题。城市管理涉及较广泛的领域,这里着重阐述我国城市管理中两个突出的问题:城市交通和城市安全。

大城市交通拥堵,停车困难,汽车尾气和噪声污染严重。大城市交通拥堵呈现加剧的趋势,目前城市中心区的行程车速仅为每小时20公里左右,严重制约城市经济和社会发展。交通结构失衡,混合交通矛盾凸显,道路资源利用不合理。城市交通结构缺乏有效的政策引导和调整手段,呈现向个体机动交通①模式演变的趋势,加剧了道路资源浪费和交通拥堵,也使得汽车尾气和噪声污染呈上升趋势②。城市道路系统设计不合理,导致道路资源低效使用。各大城市停车设施供需矛盾激化。发达国家平均每辆车要1.2~1.5个停车位才能满足需要,我国百辆汽车停车位不足35个,因此占路停车现象严重。轨道交通滞后于城市发展,目前大部分城市单靠地面的机动车交通已不能承担日益扩大的交通需求,必须建设足够规模的城市轨道交通。而城市土地资源有限,可用于道路交通的土地相当紧缺,扩容难度很大。今后20年,高强度、高密度的城市开发模式仍将维持,由此产生的高强度交通需求,会使交通供需矛盾进一步加剧。

战略对策是,大力发展公共交通,引导小汽车合理使用,建立高效、低耗、安全、便捷的交通服务体系。首先,高度重视大城市综合交通问题的系统性研究。我国城市交通发展变化的趋势及其产生的交通矛盾,在国际大都市尚无例可循。建议把大城市综合交通发展战略与关键技术列入国家

① 主要指小汽车和摩托车。

② 据研究,小轿车与公共汽车相比,以出行者个人为单位,占用路面高9倍;能耗高5倍;排放CO高6倍;排放CH高19倍;排放NOx高10倍。

重点项目，进行深入系统的研究和攻关。其次，改善城市交通结构，大力发展公共交通，加快大城市轨道交通的建设，这是解决我国大城市交通拥堵问题的根本出路。同时加强交通需求管理，引导小汽车交通方式向高效、绿色方式转移。三是加大道路交通环境治理力度。逐步提高机动车尾气排放的控制标准和机动车报废标准，鼓励使用低能耗、低排放车辆，积极发展绿色交通工具，以及低噪音材料、设施和低噪音交通工具。建立城市道路空气质量检测和评价系统。制定交通需求管理措施的判定基准，逐步向交通容量和环境容量双重指标过渡。四是加强城市交通枢纽的建设。理顺管理体制，实现航空、铁路、公路等对外交通与城市交通之间的顺畅衔接。改善城市各种交通运输方式之间的接驳、换乘条件，实现不同交通方式之间运营、组织、票制一体化。

我国城市防灾减灾体系脆弱，城市安全面临严峻挑战。城市已日益成为各种灾害防御的中心和重点。飓风、地震、洪涝、火灾、地面沉降、突发性和传染性疾病等灾害，使城市安全受到严重威胁。城市交通以及电力、通讯、燃气、热力、给排水等“生命线工程”保障体系脆弱，极易产生停电、停水、煤气管破裂和流行病蔓延等各种灾害的连锁反应。北京等大城市因建筑、道路占压水气热管线使本已脆弱的城市公用管线雪上加霜，电力系统时常超负荷运行，不得不采取拉闸限电等紧急措施。目前我国化肥和农药用量高出世界平均水平2～3倍，所施用的化肥有40%～60%残留在土壤中。农田污染导致食品中有害成分普遍超标，饮用水中也曾发生有毒有害物质检出，食品安全隐患骤增，威胁人民生命和健康。我国城市防灾减灾体系脆弱，缺乏全民防灾意识和抗灾培训，救灾队伍专业化程度不够，城市灾害预警和减灾通信网络不够健全和统一。

战略对策是，加强城市公共安全设施建设，构建和谐社会的保障体系。首先，加强公共安全设施及生命线工程的建设，建立安全防灾、治安、环保、人防多位一体的城市安全综合指挥中心，落实监测、报警、防御、抢险、救护、修复等功能。扩大资金来源，加大减灾投入。建立洪水、地震等灾害风险基金，发展灾害保险和农村互助基金，提高民众自救和社会保障能力。开展与我国经济实力相适应的优化设防标准研究、城市灾害可能性预测等对策研究。其次，落实减灾规划，推动综合减灾和减灾系统工程的实施。建立完备的社会危机处理机制和综合性的城市灾害应急管理体系，构建城市数字化减灾系统。第三，建立应付突发事件的预警体系。建立防御大灾的应急管理体制，变灾害的抢救为灾害的预防。制定大灾防范规划，作好应急预案，在重点地区制定专门的防灾规划。建立大灾的紧急救援系统及网络，充实城市间、地区间互救能力建设。对国民进行安全教育，普及救灾和自救知识。

四、城市文化

我国城市化进程中存在着轻视文化发展与精神文明建设，经济和社会发展不协调的状况。突出表现：一是片面追求建设规模与形象新奇，忽视城市的整体协调与历史文化特色。结果形成一些著名城市景观雷同、缺乏个性，给人以“千城一面”的印象。一些传统城市、历史地区、文物古迹、风景名胜、自然遗产、非物质遗产等都因急剧的城市化与旅游开展而频遭破坏，或处于毁坏的前夕。一些城市想方设法让城市“面目一新”，甚至在历史文化名城中心开花，大拆大改，简单“克隆”某些外国建筑，失去了城市应有的历史脉络和典型特征。二是急功近利，轻视城市基本的教育功能与基础性的文化服务设施，使城市发展缺乏文化精神支撑。大中城市标志性文化设施正在崛起，但事关长远发展的基础教育、基本生活保障的投资仍然相当短缺，公益性文化设施十分匮乏。各地热衷于“大学城”的建设，却忽视基础教育，特别是村镇中小学的教育设施建设，导致大量农村富余劳动力无法适应城市产业升级换代所需要的知识和技能。而城市中对农民工子女上学的“高门槛”，使得农民工的下一代有沦为新文盲的可能性。

战略对策是，采取综合策略，多方结合，开创中国城市文化新的黄金时代。今天的中国正处在塑造中国特色城市的黄金时代。关键是如何在科学发展观的指导下，把握时机，以创造性行为营造文化氛围，唤起文化自觉、文化自强、文化自新的意识，创造出新的文化辉煌。一是完善城市文化发展的制度建设，特别是文化遗产和自然遗产保护制度，重视重大工程中的文化资源保护。建议建立城市总规划师、总建筑师、总工程师、总经济师等职务，协助领导者统筹考虑城市发展战略。健全和完善城市文化建设的法律法规，注重保护好优秀的文化遗产和自然遗产。大型工程项目立项之时，必须有文化环境影响调查评定，工程进行中实时监控，工程结束后进行反馈与跟踪。二是建立合适的城市文化规划体系。综合考虑城市文化资源的战略性和整体性的运用，建立和完善适合国情的文化规划体系，注重城市设计对城市文化特色塑造的重要作用，营造满足大众需要的、具有文化特色的城市环境。三是探索特殊文化地区的发展道路，推进农村文化建设。拥有特殊文化背景的城市，例如拉萨、香格里拉、丽江等，要探索其特殊规律，拟定不同的发展模式。特别要注重遵循其历史文化脉络和自然生态格局，保护民族文化历史精华。开发要慎重，规划应先行，避免造成不可挽回的损失。四是发展文化事业，开拓文化产业，加强全民人文素质教育。兼顾文化事业和文化产业的共同发展，满足社会广泛的文化需求，维护民族文化的优秀传统，维护文化经典的尊严。加强对市民的素质教育、伦理道德教育、审美教育，形成良好的社会风气，推进城市精神文明建设。

五、城乡协调发展

目前我国城市化发展存在重数量、轻质量，重表面、轻内涵的问题；城乡发展不够协调，农村的经济、社会发展滞后。一是存在片面追求城市规模和发展速度、忽视质量的倾向。各地撤县设市的行政建制调整，在统计上“虚化”扩大了城镇的数量和城镇人口的规模。还有些城市盲目调整行政区范围，把郊区并入城市，而产业并没有得到充分发展和转型。一些地方把城市化变为一种出政绩的“造城”运动，大搞各种“形象工程”。这都导致资源严重浪费，大大增加了城市化的成本。二是城乡差距过大，二元结构矛盾突出。城乡收入和居民消费水平差距扩大，在教育、文化、卫生、社会保障、科技等方面，农村与城市存在更大的差距。三是“准城市化人口”大量存在，城市内部社会二元结构凸现。来自农村的外来人口目前已成为城市人口的一个组成部分。他们在实现职业转化和地域转移的同时，并没有实现身份的转变和自身素质的提升，需要进一步完成非农化和市民化的转变。这些人很难享受到城市提供的医疗、养老、失业保险、教育、经济适用房等社会保障和权利，容易在市民之外形成一个边缘化的社会群体。四是小城镇总体发展水平较低，未能为新型工业化提供有效空间。我国小城镇数量增加很快，规模普遍偏小，功能偏弱，发展空间和辐射区域狭小，对资源的聚集效益偏低，发展的后劲严重不足，难以有效地带动周边农业地区的发展。

战略对策是，构建大中小城市和小城镇协调发展的体系，合理发挥城市密集地区在经济发展中的作用。我国城市化政策的首要原则，是各地应根据发展条件的不同，因地制宜地选择适合自己的发展道路。东部地区要积极构建城市群、城市带，充分发挥中心城市的作用，形成大中小城市功能有机组合、联系紧密的网络型城市体系；中部地区要充分发挥大城市和中等城市的综合带动作用，以产业带动城市化的健康发展；西部地区要更大程度地发挥大城市的核心带动作用，发挥城市的综合效益，促进中等城市的发展。小城镇要有重点地发展，首先发展县城和一部分有发展条件的建制镇,使其融入区域城镇体系。纠正片面强调拉大城镇框架、增加城镇人口数量的误区,严格限制“城不城、乡不乡”的“沿路开发”模式,而代之以“组团式”的沿交通轴线开发。其次,建议国务院设置全国城市化工作协调机构。各省、自治区建立常设城市规划委员会。在跨省区的城市密集地区、都市圈,建立由相关政府和部门组成的协调机构,形成统一协调的区域管理新模式,统一规划区域内大型公共基础设施,特别是快速综合交通运输体系的建设,实现区域交通和其他公共设施共享。城镇的产业发展要结合城镇体系建设合理布局。第三,引导人口合理流动,促进城乡协调发展。政府部门提供需求信息,引导农村富余劳动力在城乡、地区间有序流动。取消对农村劳动力进入城镇就业的不合理限制。加强城镇外来人口管理,创造适宜的居住条件,提供教育培训机会,提高流动人口的素质和法制观念。建立全国城市流动人口信息系统、监测系统、统计制度,责成相关部门跟踪研究,提供决策参考。

六、结论

中国特色的城市化必须以科学发展观为指导,走符合中国国情的、多样化的、可持续发展的道路,必须与经济社会发展水平和模式相适应,采取适度的发展速度,有指导、有控制地进行。

一是城市化发展要与新型工业化密切结合,有利于优化经济结构和转变增长方式,有利于发展循环经济,有利于创造城市就业岗位和优化就业结构。

二是充分考虑我国人口、资源、环境条件,把建设“节约型城市”、“紧凑型城市”、“和谐宜居型城市”、“环境友好型城市”作为我国城市发展的基本目标,促进能源、资源的高效利用,加强生态与环境的保护、修复与改善,建设和谐社会。

三是统筹兼顾城乡发展,实现区域协调和共同发展。根据各地经济社会发展水平、区位特点、资源禀赋和环境基础,合理确定各地城市化的发展目标,因地制宜地制定城市化战略及相关政策措施,实行分类指导。重视城市化质量,使迁移到城市的农民得到更充分的就业和社会保障,提高教育水平和文化素质,使其真正融入城市社会。

四是我国城市化过程中形成的准城市化人口,及其每年“钟摆式”的流动将会长期存在,城市化率在达到一定水平之后将进入缓慢增长阶段,将来农村地区仍会滞留相当部分的农民,发展一定数量的“农业城镇”应是一种战略选择。

五是传承中华民族优秀历史文化传统,保护和合理利用城市的历史文化遗产,创造符合时代需要的新城市文化。城市规划与建设要具有地域性的特色和风格,具有鲜明个性和魅力。

六是完善城市化健康发展的体制和政策。研究制定适合我国国情的政策措施和体制机制,完善就业、教育、医疗、社会保障、住房政策以及户籍制度,逐步消除阻碍城市化发展的体制性障碍。

城市化是一个极其复杂的社会系统工程和长期的历史发展过程,也是几乎所有社会科学的共同研究对象,需要长期跟踪和不停顿地深入研究。本课题只是一个阶段性的研究成果和今后继续研究的基础。

〔院士建议〕

对高超声速飞行器动力研究的思考和建议

刘大响

2005 年 1 月 24 日

一、高超声速飞行器研究具有重大的战略意义

高超声速飞行器被誉为是继螺旋桨和喷气式飞机之后世界航空史上的第三次“革命”,也是 21 世纪航空航天领域的技术制高点。开展高超声速飞行器研究具有前瞻性、战略性和带动性。这一技术的研究和突破,将大大拓展“吸气”式飞行器的飞行包线,加速新一代军用武器和民用航空装备的跨越式发展,为航空航天技术发展带来革命性突破。它对航空、航天、空间运输、材料、制造和电子、信息等科学技术有重大带动作用,对军事、经济和人类社会文明将产生不可估量的深远影响。

军用高超声速飞行器,可以高速冲刺突防并飞离战区,使作战空域显著扩大,安全性大大提高,是用于战略轰炸、远程精确打击、实时侦察、战场信息监视的理想武器平台,对于防御力量很强的潜在对手具有很大的战略威慑作用。目前世界各军事强国均投入巨资,相继实施了许多各类“高超声速科技工程或技术计划”,旨在加强快速到达、高效突防与远程威慑能力。美空军科学咨询委员会认为:高超声速技术将令美国空军脱胎换骨,成为真正的太空军队。美国防部称:有了高超声速巡航导弹,美军就具备“发现即摧毁”的能力;有了高超声速飞机,美军就可以超越领空限制,不需依赖海外基地,在 2 小时内直接打击全球任何地点。

常规起降、可重复使用的高超声速民用飞行器作为洲际客机,可在 2~3 小时内飞达地球上任何地点,将带来一场民用航空运输的革命。同时,在军、民用高超声速飞行器基础上发展的空天飞机和可重复使用的天地往返运输系统,在快速发射和低成本入轨等方面具有明显的优势和广泛的应用前景,将迅速提升航空航天运输能力和空间支持能力。

我国开展高超声速巡航导弹、高超声速飞机等新一代武器和运输装备的研制,将使我军具备突破以战略导弹防御系统为核心的全维防御体系、有效打击其作战部队、海外基地和重要战略目标的威慑和实战能力,并为我国提供全球快速到达、自由进出空间的必要手段。所以,开展高超声速飞行器研究对国家安全、国民经济建设、社会文明进步和科学技术发展,都具有重大的战略意义,应尽快启动,加大投资力度,加快研究步伐,以免将来陷入被动局面。

二、实现高超声速飞行的主要技术关键

动力装置是能否实现高超声速飞行的主要技术关键。为了兼顾安全性、经济性和作战效能的综合要求，高超声速飞行器的飞行包线十分宽广（高度0～40km或更高、飞行M数从0、亚声速、超声速直到高超声速），这就要求其动力装置能在如此宽广的飞行包线内长航程、重复使用中稳定可靠地工作，同时还要满足一定的环保（噪声、排放等）要求。显然，目前还没有任何一种单一的发动机能满足上述要求，必须积极发展组合动力。可以说，没有先进的组合发动机，要研制成功高超声速飞行器是不可能的。

目前，世界航空航天领域已经有了多种成熟的推进装置：如涡轮风扇发动机、涡轮喷气发动机、冲压发动机、超燃冲压发动机、火箭发动机（包括固体和液体）等等，这些不同的推进装置在不同的飞行速度、高度段内都有其最佳的适用范围。如果将这些最佳性能段集成于一种发动机，使其在整个飞行范围内均有最佳表现，就可以达到最优的推进效果。在这种想法的促动下，20世纪50年代以来诞生了各种形式组合发动机的原理方案。

组合发动机是指用两种以上不同类型的发动机组合而成的动力装置，它可使飞行器在宽广的飞行包线范围内工作，是研制高超声速巡航导弹、高超声速军民用飞机、空天飞机和入轨飞行器的关键。目前组合动力可分为两大类型：组合推进系统（Combined Propulsion System）和组合循环推进系统（Combined - Cycle Propulsion System）。在组合推进系统中，各发动机是相互独立的单元，分别安装在飞行器上，两者之间没有功能上和物理上的相互作用与影响，比较有代表性的是用火箭发动机助推的冲压发动机。而在组合循环推进系统中，各发动机单元融为一体，相互补充促进，不论在物理结构上还是在功能上都密不可分，息息相关。这种组合循环推进方式决定了发动机必须在不同的模态下工作，以便更好地匹配发动机推力与飞行条件，而且有利于构造出更简单、更轻便、更灵活和可重复使用的推进系统。组合循环推进系统又可分为三大类型：涡轮基组合动力（TBCC）、火箭基组合动力（RBCC）和脉冲爆震发动机（PDE）基的组合动力（PDEBCC）。其中TBCC和RBCC是目前最有希望获得成功的高超声速飞行器的组合动力。

TBCC是将涡轮发动机和亚/超燃冲压发动机有机地组合起来，又分为并列和串联式两种方案，具有在普通机场水平起降、可重复使用（大于1 000次任务，每年可飞行80～100次）、用途多样、耐久性高、单位推力大、安全性好、可使用普通燃料和润滑剂、经济性好、环境污染低、技术风险小等许多特点，有很好的工程应用前景。以TBCC和火箭（主要用于入轨）组合为载机动力的二级入轨飞行器，可采用现有的飞机地面设备实现进入太空的目标。TBCC在美国、欧洲、日本、俄罗斯和印度得到了广泛的重视和研究，投入了大量的研制经费，仅美国与此相关的“科技工程或技术计划”就达十几项之多。预计在2006年后进行地面试验验证，2009年开始飞行试验，可望在2025—2030年左右投入使用。现在各国普遍认为，TBCC最有希望在近期内首先投入使用。俄罗斯专家认为，采用现有的涡轮发动机和亚燃冲压发动机技术，即可研制出涡轮/冲压组合发动机，只是超燃冲压发动机技术还有待突破。

RBCC是将火箭发动机和亚/超燃冲压发动机有机地组合起来，结构简单紧凑、体小质轻；维护简单、便于重复操作；比冲和推重比较高。起飞时籍助于涵道内火箭发动机的排气引射作用，吸入新鲜空气，并注入燃料补燃加力；在M=2.4～5时用亚燃冲压发动机，在M=5～10用超燃冲压发动机，随后再用一台火箭入轨。在航天发射时使用氢燃料，用于大气层内飞行时则可使用烃类燃

料。这种组合动力充分利用了每种发动机的优点,同时避免它们各自的缺陷和不足,使得推进系统在整个工作过程中具有较高的推重比和比冲,能同时满足飞行器加速和巡航的要求。

PDE 是一种基于爆震燃烧的新概念发动机。爆震燃烧是燃料化学能在短时间内快速、高效转变为机械能的非稳态化学反应过程,它使可爆气体的压力、温度迅速升高(压力可高达 100 个大气压,温度可达 2 000℃)。当爆震频率很高时(80 ~ 100 Hz),就可以产生连续的推力。脉冲爆震发动机(PDE)具有结构简单、适用范围广、成本低和可在零速度下使用等特点。预计 PDE 的推重比可高达 20、M 数范围 0 ~ 10,飞行高度范围 0 ~ 50 km,推力范围 0.5 ~ 50 000 kg,耗油率小于1.0 kg/kg/h,成本将比超声速涡轮发动机低 70% 左右。PDE 可用来作为导弹、靶机、诱饵机、无人战斗机和桨尖喷气旋翼机的动力。而脉冲爆震基组合动力(PDEBCC)则有可能用于军民用飞机、高超声速飞行器甚至太空飞行器的动力,人们普遍认为,PDEBCC 将是 21 世纪最有前途的革命性航空航天动力之一。

可以认为:上述三种组合动力,都可以为高超声速远程空射巡航导弹提供动力装置,为新一代民用高超声速旅客机、运输机以及军用有人驾驶的高超声速战略轰炸机、远程攻击机、侦察机提供动力装置,并为未来研制“空天飞机”,实现二级入轨的天地往返飞行奠定坚实的动力技术基础。

三、几点思考和建议

1. 建议将“高超声速科技工程”或者“高超声速技术计划”列入国家中长期发展规划之中,尽早开展研究工作

在跟踪分析国外技术发展方向的基础上,必须结合我国国情和技术发展的实际水平,选准主攻方向和目标;要注重气动、热力、动力、控制、结构、材料和工艺等一体化设计技术的综合研究,认真搞好顶层设计和总体规划,分解关键技术,逐项予以突破;同时要充分发挥后发优势,避免重复走国外在早期摸索过程中花了大钱而未成功的弯路,重视吸收他们的成功经验和先进技术,争取用较少的资金、在较短的时间内搞出有中国特色的高超声速飞行器来。

尽管近十几年来我国在超燃技术研究方面取得一些成果和进展,但毕竟在高超声速飞行器及其组合动力研究方面还相对落后,基础较差,许多技术离工程应用相距甚远,特别是距型号研制还有很远的路程要走。所以,在实施这个“科技工程或技术计划”时,要特别重视进一步加强基础研究,切实打好技术基础,不宜匆忙进入型号研制。

2. 切实贯彻落实“动力先行”的原则,将组合动力列为高超声速科技工程或技术计划的重点关键技术项目

要加大投资力度,提前开展关键技术研究工作,奠定坚实的技术基础,首先要突破组合动力这个技术“瓶颈”。动力问题不解决,任何高超声速飞行器都只能是空中楼阁。

根据目前我国的工业水平和技术基础,选择以 RBCC 作动力的高超声速远程巡航导弹为突破口是适宜的,与此同时,积极开展超声速飞机所需的 TBCC 和 PDEBCC 组合动力研究也是必需的。

我们认为,以相对成熟的亚燃冲压发动机技术为基础,尽早起步开展涡轮/冲压组合发动机(TBCC)火箭/冲压组合发动机(RBCC)和脉冲爆震基组合动力(PDEBCC)研究工作,只要投入足够的经费,实事求是地确定其总体方案和技术指标,通过综合集成和试验研究,我国在高超声速飞行器研究方面,完全可以较快地取得技术上的突破。

对于 TBCC,主要针对军民用有人驾驶、可重复使用的超声速飞行器(如超声速攻击机、战略轰

炸机和无人机、超声速民航机和运输机)对动力装置的需求,以航空煤油为燃料,飞行范围以 M 数 0 ~4、飞行高度 0 ~40 km 为宜;对于 RBCC,主要针对亚高超声速巡航导弹的需求,飞行速度以 M 数 6 ~7、飞行高度 0 ~25 km 为宜。

对于 PDEBCC 应首先突破和掌握 PDE 技术,并以高超声速巡航导弹和提高涡扇发动机性能为需求背景,再开展相关的研究工作。

3. 继续大力开展超燃冲压发动机技术研究

超声速燃烧的冲压发动机是高超声速飞行器的核心技术,无疑有着广阔的发展和应用前景。因其固有的特性,它本身不能单独作为动力使用,只有与 TBCC 或 RBCC 进行组合后,才能构成高超声速飞行器所需的动力装置;但是,由于其技术难度很大,必须列为研究专项,继续加大投资,大力开展研究工作,尽早突破其主要关键技术。也只有在此前提下,它才能与 TBCC 和 RBCC 实现有机组合,才能真正研制出高超声速飞行器所需的组合动力装置来。

4. 尽快建立以大尺寸超声速风洞为主的必要的试验设备和测试手段

由于组合动力试验条件要求很高,测试技术复杂,现有试验设备和测试系统都不能完全满足其研究的需要,如大尺寸超声速风洞试验、原理模型地面试验、原理样机地面试验、飞行试验以及整机综合技术验证试验等研究,目前均缺乏必要的试验验证平台和测试手段,因此应加强试验设备和测试系统的新建或扩建,这是开展高超声速技术研究和验证的必不可少的物质条件和技术基础。

5. 充分发挥航空、航天各自的技术优势,组建高超声速科技工程或技术计划研究的"国家队"

遵循科学发展观,大力弘扬"两弹一星"精神,发挥航空、航天、中科院和全国相关单位的技术优势,取长补短,互通有无,避免不必要的重复建设和无序竞争所造成的资源浪费,以尽可能少的投入、尽快的速度实现我国高超声速飞行的发展目标,为世界航空航天事业的跨越式发展作出更大的贡献。

建议人:
刘大响　中国工程院院士　航空航天推进系统　中国航空工业第一集团公司

建议政府重视废纸回收工作

陈克复　顾民达
2005 年 2 月 4 日

当今世界环境日趋恶化,为了保护环境,减少森林资源砍伐,保护生态平衡,废纸回收利用已引起各国高度重视。

废纸造纸成本低、节电、节水,同时减少污染,1 吨废纸可生产品质良好的纸张 850 公斤,与化学法制浆造纸比较，可节约木材 3 立方米，节煤 1.2 吨。节电 600 度，节水 100 m^3，节省化工原料 300 公斤，并减少 75% 的空气污染，35% 的水污染，节省 3 立方米的垃圾填埋场空间。由于这些优点，各国对废纸造纸越来越重视。

我国 2003 年纸和纸板生产量 4 300 万吨，消费量 4 806 万吨，全国造纸所有纸浆中废纸浆比重已占到 49%，折合废纸量约为 2 400 万吨，其中进口废纸原料达到 938.18 万吨，以废纸为主要原料的新闻纸、涂布纸、箱板纸和瓦楞纸等 4 个品种总产量接近 1 800 万吨。2004 年 1 ~ 9 月份，纸和纸板生产共完成 3 526.87 万吨，同比增长 18.87%，进口废纸 922.39 万吨，同比增加 34.29%，占世界可供出口量的 1/3 以上。目前我国正在建设和已批待建的造纸项目中，有十多个项目（年产量几乎都在 20 万吨以上）是以废纸为主要原料。2004 年的每吨废纸平均进口价格从 2003 年的 130 美元升到 140 美元，我国为进口废纸花去十几亿美元外汇。

其实，从纸和纸板的每年消费量来看，我国的废纸完全可以自给。但是，近几年的废纸回收率还达不到 29%，和其他国家比较相差太远：美国是纸和纸板消费大国，2002 年消费量达 8 816 万吨，是我国的 2 倍多，但废纸回收率超过 50%，日本为 78%，德国为 83%，芬兰接近 100%，韩国 67%。因此，我国每年如能回收 50% 的废纸，就能满足国内对废纸原料的全部需要。这样，可省去外汇的消耗，减少部分不合格国外废纸的污染，既有利于造纸工业的发展，也有利于生态与环境的保护，是发展循环经济的具体实践。

发达国家实施废纸回收的经验值得借鉴。其中，澳大利亚于 1990 年组建了一个鼓励新闻纸回收再利用的全国性协会，这个企业也就是现今的澳大利亚国家出版环境组织。历史数据显示，在这个组织推动和在各级相关政府部门、环境组织、媒体和社会公众的广泛支持下，澳大利亚的新闻纸回收率已从 1990 年的 28% 提升到 2003 年的 73.5%。

日本在 1990 年废纸回收率还不到 50%，后来由于政府重视，推动"纸类回收运动"，目标是到 1995 年的 5 年内，让废纸回收率达到 55%，而今天已经达到 78%，这一运动的重大作用实际中已经远远超出废纸回收的范畴。

美国的废纸回收量相当大，其废纸的回收源头主要来自印刷厂、纸箱纸盒厂、零售商店、写字楼、居民区等。美国的零散废纸收集商、废纸回收商、打包商、造纸公司的废纸部已经联系在一起，建立了具有互通市场、品质、分类、信息、价格及技术支持等机制的废纸回收系统。国际废纸价格的高涨和美国废纸的大量出口，激励了美国废纸回收部门的积极性和稳定性。

目前，我国目前正在大力推进循环经济，而且国内废纸的质量已大有提高，随着经济社会的快速发展，纸的生产量和消费量也将持续大幅增长，回收国内废纸已成为一件大事，我国政府应予以高度重视。我们建议：

1. 有关政府部门应将回收利用废纸列入议事日程，并通过政府出面，全民动员，全民参与，成立由各方人士自愿参加的公益性的废纸回收组织，推动废纸回收的工作。

2. 加快建设以废纸加工利用企业为龙头，包括废纸回收商、打包商、交易市场等必要环节的一条龙废纸回收利用产业体系，并从政策上予以必要的支持。

3. 加快建设点多面广的废纸回收体系，特别是在办公楼、写字楼、居民区等废纸资源量较大的地点，以及机场、车站等公共场所设立废纸回收箱。

4. 长期、持久地进行回收利用废纸的宣传，通过媒体、教育、公益广告等多种方式，普及相关知识，提高公众意识，动员全民参与，使废纸回收利用成为全民的自觉行动。

建议人：
陈克复　中国工程院院士　制浆造纸工程专业　华南理工大学
顾民达　高级工程师　制浆造纸工程专业　中国造纸学会二次纤维回收利用协作中心主任

关于大力开展太阳能热发电技术研究的建议

张耀明　欧阳平凯　薛禹胜　吴中如　周君亮

2005 年 2 月 16 日

一、发展与需求

在过去的 20 年，我国实现了 GDP 翻两番而能源消费仅翻一番的成就，未来 20 年，能否继续这样的成就，中国能源和环境战略将面临严峻的挑战，能源的潜在危机和生态环境的恶化使世界各国积极开发包括太阳能在内的新能源及可再生能源。

据专家预测，今后 20～30 年内，全球能源结构必将发生根本性的变化，到本世纪 50 年代，新能源与可再生能源将在整个能源构成中占 50%。中国要满足急速增长的能源需求，较为现实的可能是实行能源供应多元化战略；发展阳光经济，选择可再生能源作为能源供应的基础之一。

目前，太阳能利用技术在研究开发、商业化生产、市场开拓方面都获得了长足发展，开发工作的主流是太阳能向其他形式的能如热能、电能的有效转换以及转换能的利用，这些利用极大地促进了太阳能技术进步和经济发展。

太阳能发电主要有两种方式，即太阳能光伏发电和太阳能热发电。我国在光伏发电方面已有数家企业投入生产，但就目前的技术水平还只能用于小规模电力补充，无法实现对电力网大容量供电。发达国家的试验研究证明，太阳能热发电是能适应于大规模工业化应用的有效途经，但太阳能热发电系统在我国发展缓慢，有些方面甚至是空白，因此大力发展太阳能热发电不仅可以为我们提供很好的清洁能源，也能开拓一个新兴产业群的发展。

二、现状和趋势

太阳能热发电是利用集热器将太阳辐射能转换成热能并通过热力循环过程进行发电。80 年代以来，美、西、意、俄、澳、日等国相继建立起不同形式的示范装置，有力促进了热发电技术的发展。世界上先后建成了若干座各有特色的塔式太阳能热发电试验电站，经过几年的试验运行，已积累了丰富的经验。最近，美国 Sun · lab 联合实验室预测，到 2015 年前后，太阳能塔式热发电系统成本

CSP Costs 约为 5 美分/度，竞争力可想而知。

大力发展太阳能热发电技术，将完全有可能给我国紧张的能源问题带来革命性的解决方案。据《科技日报》2004 年 5 月 28 日报道，以色列太阳能热利用技术研究的代表人物卡尔里教授认为，太阳热发电成本要比目前利用光伏技术发电低 5 ~ 10 倍，完全可以使太阳能发电进入商用电力销售市场。

作为最可能引起能源革命，实现大功率发电、替代常规能源的最经济手段之一的太阳能热发电技术，在我国的发展远不近人意。我国太阳能热发电技术的研究开发工作早在 70 年代末就开始了，一些高等院校和中科院电工所等单位和机构，对太阳能热发电技术作了一些应用性基础试验单元研究，建造了几套仅用于模拟的热发电试验装置。

三、塔式和碟式发电关键技术

塔式太阳能热发电系统是利用众多的定日镜，将太阳热辐射反射到置于高塔顶部的高温集热器（太阳锅炉）上，加热工质产生过热蒸汽，或直接加热集热器中的水产生过热蒸汽，驱动汽轮机发电机组发电，从而将太阳能转换为电能。

碟式太阳能热发电系统利用曲面聚光反射镜，将入射阳光聚集在焦点处，在焦点处直接放置斯特林发动机发电装置，技术上较为先进。

1. 定日镜

定日镜是塔式太阳能热发电站的关键部件之一，也是电站的主要投资部分，它占据电站的主要场地，据《Power Engineering》1996 年第 6 期报道介绍，美国 Solar Two 在定日镜上的投资相当于化石燃料发电 30 年所需购买的燃料的价值，其建造费用占整个电站造价的一半以上。创新出具有自主知识产权的定日镜技术，大幅降低其造价，对于推动塔式发电技术走向成熟、走向商业化具有举足轻重的地位。

通过最近多年的工作，我们发明出一种可以朝设定方向投射太阳光的定日镜装置，已申请中国及美国等多项专利，部分已获授权，创造性地解决塔式太阳能热发电系统中的关键部件定日镜技术方案不尽合理的难题，有望大幅度降低 Solar Two 的定日镜价格（仅为其定日镜价格的几分之一），实现电站投资的大幅降低，从而加快塔式发电商业化的步伐。

至于碟式用曲面聚光镜，由于抛物面相对球面而言，加工技术要求高，成本昂贵，所以我们设计成球面聚光镜更有利些，加上具有了低成本的大型定日镜装置的制造技术作基础，曲面聚光镜这个问题无论从成本上还是制造技术上相信都可以得到较好的解决。

2. 高温集热器

塔式太阳能热发电站的集热装置由接收太阳辐射的集热器和高塔两部分组成，集热器安装在高塔顶上，工质输送管道等布置在空心塔体内，我国已经具备了解决这个关键设备的一定条件。目前，在中、低温的太阳能选择性吸收涂层及其基材，磁控溅射涂复、硼硅玻璃真空管封接等领域的研究、开发与应用方面都积累了丰富的经验，建立了一定的基础，经过进一步攻关，设计并研制出塔式太阳能发电用的高效高温集热器是完全可能的。

3. 斯特林发动机

斯特林发动机为闭环活塞式发动机，聚焦的阳光直接落在发动机头部的吸热组件上，加热其内部的气体工质氦气进行发电。实际的斯特林发动机的效率，在相同的运行温度范围内，比任何其他一种热机的效率要高。

斯特林发动机在结构设计、吸热材料、窗口材料、工质特性流动、能量分布和传递转化等理论和技术方面具有一定的难度,需要多方协调合作。

四、建议

随着定日镜、高温太阳能集热器、斯特林发动机这些关键技术方案的解决,太阳能热发电技术将可能走出具有战略意义的一步。然而,太阳能热发电技术毕竟是一项涉及多项新材料、新工艺、技术高度集成化、投资巨大的项目,靠某个企业或某地方政府的科技投入来研究不太可能,建议如下:

(1) 适当引进国外部分先进、成熟技术,特别是美国、德国、以色列、西班牙等国家在高温集热器、斯特林发动机等方面的科技成果或商业化商品,在此基础上消化吸收。

(2) 通过人才和技术交流,实施"走出去,请进来"的策略,派出我们相关领域的科技人员到国外,如西班牙的 the Plataforma Solar de Almeria(PSA)研究中心培训、学习,并利用其先进设施进行基础理论研究和工程实践活动,掌握其中的部分技术,同时邀请国外如西班牙、以色列的著名专家到我国指导。

(3) 实施国家攻关计划,在国家有关部门组织下,相关大学和科研院所联合起来,共同研究太阳能热发电系统。

我们相信,有党和政府的大力支持,"阳光三峡"不会是梦想,阳光经济定能帮助中国实现腾飞,太阳能必定成为中国新能源的一个支柱。

建议人:

张耀明　中国工程院院士　玻璃纤维　南京玻纤维研究设计院

欧阳平凯　中国工程院院士　生物催化　南京工业大学校长

薛禹胜　中国工程院院士　电力工程自动化　南京电力自动化研究所

吴中如　中国工程院院士　水工结构　河海大学

周君亮　中国工程院院士　水利工程、航运工程　江苏省水利厅

关于禁止从固沙植物麻黄草中提取麻黄碱的建议

周后元

2005 年 2 月 18 日

我国麻黄碱(含伪麻黄碱)传统生产方法主要从东北、西北沙漠地区生长的固沙植物麻黄草中

提取。据统计,全国生产天然提取麻黄碱所用的麻黄草95%以上来自于天然草场,后者广泛分布于固定、半固定沙地、黄土丘陵、水土流失区及石质山坡,成为沙地生态系统中的重要组成部分,对于固定沙地、防止水土流失、保护草场有巨大作用。

80年代中后期,由于西方国家尤其是美国对麻黄碱需求量增加,国内西北各地竞相上马麻黄草提取麻黄碱生产线,导致破坏性采收(连根拔),野生麻黄草场严重退化,我国每年因采收麻黄草而遭破坏的草场面积达2 700平方公里,不仅产草面积和产草量严重下降,而且沙化日益严重,年沙尘暴日有增无减,威胁华北大地和其他省市。我国每年出口植物提取的麻黄碱约200吨,换取650万美元外汇,而国家为开发西部、治理沙化、退耕还林,到2010年至少投入资金2 000亿元,权衡利弊,得不偿失。对此《人民日报》于2004年9月2日进行了专题报道。

国务院曾于2000年6月下发《关于禁止采集和销售发菜　制止滥挖甘草和麻黄草有关问题的通知》(国发[2000]13号文件),明令禁止滥挖麻黄草,并提倡"要支持科研院校开展麻黄草栽培技术和加工利用的研究和开发,加快化学合成麻黄制品的研制进度"。

为响应国务院号召,上海医药工业研究院向国家食品药品监督管理局(原国家药品监督管理局)申请开展化学合成研制麻黄碱(含伪麻黄碱),该局以药管安函[2000]86号文和[2000]108号文分别批复同意研究院和浙江康裕制药有限公司开发麻黄碱(含伪麻黄碱)合成新工艺;药品注册司以药管注仿[2000]0268号文同意浙江康裕制药有限公司仿制麻黄碱(含伪麻黄碱)原料药的申请。本人负责麻黄碱(含伪麻黄碱)合成新工艺研制,经与浙江康裕制药有限公司共同合作,现已成功研究出化学合成麻黄碱(含伪麻黄碱)的新生产工艺,已投入生产,具备500吨年生产能力,生产成本较之传统麻黄草提取法有较大优势,并具有自主知识产权,申请的两项发明专利已被受理。

化学合成麻黄碱(含伪麻黄碱)的质量符合国内外药典规定,与植物提取产品没有本质区别,德国和印度均用化学合成法生产麻黄碱(含伪麻黄碱),并大量进入美国市场。

化学合成麻黄碱(含伪麻黄碱)的生产可以减少对野生麻黄草的采割,按每年合成生产500吨麻黄碱规模计算,每年减少麻黄草消耗12.5万吨,可使250万亩草场免遭破坏,逐渐恢复草原植被,既可保护生态环境,又可拓宽国际市场,创造更大的社会效益和经济效益。

麻黄碱(包括伪麻黄碱)是制冰毒的原料,列入国家管制物质名单,集中生产便于有效地防止非法外流。

在欧美国家,含有麻黄碱(包括伪麻黄碱)的药物达200余种,我国也有100多个含有盐酸麻黄碱(包括伪麻黄碱)的抗感冒、止咳、平喘药,具有广阔的市场空间。

因此,建议从保护生态环境、提高我国化学原料药产业国际竞争力的角度出发,大力推广化学合成麻黄碱(含伪麻黄碱)的应用,禁止从麻黄草中提取生产麻黄碱(含伪麻黄碱),保留少量麻黄草的采集供中成药配方应用。

建议人:

周后元　中国工程院院士　药物化学　上海医药工业研究院

加快冀鲁豫半湿润地区节水农业发展的建议

山　仑

2005 年 3 月 15 日

冀鲁豫三省的大部属于适宜发展农业的半湿润地区，是我国重要的粮食、特别是小麦生产基地，但同时又是水资源严重紧缺的地区，人均、亩均水资源占有量远低于全国平均水平。建国以来上述三省的农业发展很快，但农业用水也增长迅速，就灌溉面积而言，高者已达到建国初期的 6 倍以上。今后，随着经济发展、人口增加以及环境安全的要求，继续大规模地扩大常规灌溉面积已不可能，农业用水的相对量和绝对量都呈减少趋势。在这种情况下，为保持农业和社会的可持续发展，加强节水型农业建设，加快农业节水步伐是一种必然选择。在农业与水资源关系方面，三省有许多共同之处，现主要以山东省为例，针对节水农业发展过程中存在的问题提出一些看法和建议。

1. 关于对农业缺水程度的估计。有关部门对于山东农业水资源紧缺的一面已经有了较充分的认识，而对于存在的有利因素尚估计不足。首先应看到，山东全省多年平均降水量为 676.5 mm（不同地区变动在 550 ~ 850 mm 之间），总量约相当于通用可控水资源量（地表水和地下水）的 3 倍，虽存在年内和年际分布不均的问题，但其大部作为土壤水储存下来，仍直接构成了山东农业用水的基础；其次，山东水资源的一个重要特点表现为地下水较为丰富，全省多年平均河川径流量 222.9 亿 m^3，地下水资源量为 152.6 亿 m^3，在实际利用中地下水占到总供水量的 50% 左右，地下水调节能力强，可起到“以丰补欠”作用。另外，山东地处黄河下游，按配水计划，每年可利用 70 亿 m^3 黄河水，占本省全年供水量的 1/4 ~ 1/3。因此，山东缺水，特别是某些地区，还必须通过调水来解决，但就全省农业用水而言，还有较大潜力可以挖掘。

2. 关于发展节水农业的目标与速度。以实现“既节水又增产”作为发展节水农业的一般目标无疑是正确的，但这必须以流域和区域水平衡为前提。从已见到的山东农业节水规划方面的资料，尚缺少这方面的具体分析与评价，同时对农业节水速度的要求偏低。如灌溉水利用率，计划到 2030 年达到 0.7，只相当于发达国家目前的水平；对于灌溉定额，山东目前定额为 200 m^3，要求 2010 年每亩比目前下降 9 m^3，2020 年下降 27 m^3，2030 年下降 41 m^3，减少速度也太慢。提前实现前者的技术已基本成熟，为加速实现后者，需要在灌溉制度和灌溉方法方面做出大的改革，但经过努力应是完全可以做到的。

3. 关于发展节水农业的技术选择。山东目前有效灌溉面积已达到总耕地面积的 72.7%，成为我国北方同类地区灌溉比例最大的一个省份，对于支撑该省农业发展起到至关重要的作用；比较而言，对发展旱作农业重视程度不够，在对农业节水的指导上尚缺少统筹考虑和大的行动。针对半湿润地区，应强调节水农业是在充分利用自然降水基础上进行高效补充灌溉的农业。按此认识，山东的农业可划分为三种类型：充分灌溉农业，有限灌溉农业，旱作农业。在山东不少地方，平水年旱作条件下也可以获得高产。随着科技进步和水资源进一步紧缺，低限补充供水的有限灌溉可能成为山东缺水区节水农业的一种主要发展趋向和技术选择，现在起就应加强这方面的研究和示范。

4. 关于依靠科技。山东以及北方其他省区，在依靠科技发展节水农业方面已做了大量工作，但比较注重节水技术本身的研究与开发，而对于农业用水的宏观调控，如水资源优化配置、节水型农业结构和种植制度建立以及节水管理体制和机制建设等方面还比较薄弱；在节水技术中，工程节水技术有较大发展，而农艺节水技术的推行还缺乏全面考虑。另外，水质与水量同样重要，对灌溉水污染加重问题尚未引起足够重视。总体看，农业节水的科技体系尚未很好形成，农业节水管理体制有待改进和加强。

几点建议：

1. 明确农业用水指导原则。建议将“以供定需，水旱并重，以丰补欠，依靠科技”作为加快冀鲁豫半湿润地区节水农业发展的指导原则。“以供定需”，主要强调需水与供水之间的平衡，在确定经济目标和制定生产计划时要充分考虑水资源的承受能力，以实现农业水资源可持续利用和农业生产的稳定发展；“水旱并重”，主张建立广义水资源概念，水地、旱地都要以充分利用降水为基础，切实加强旱作高产农田建设，并做好部分水地改为旱地或半旱地的技术储备；“以丰补欠”，指为适应剧烈的年际间气候变化，主动采取以丰补欠、区域调节的应对策略，在现阶段视遭遇严重干旱造成减产年份为不可避免，适当加长粮食生产计划周期；“依靠科技”，树立弥补农业用水缺口和减轻干旱危害，必须通过科技进步来解决的思想，包括广泛应用已有技术，同时抓紧创造新技术，开辟新途径。

2. 科学制定农业用水综合规划。在掌握水资源家底和明确节水指导原则的基础上，当务之急是制定一个操作性强的农业水资源综合利用规划，主要解决如何使农业水资源开发利用与发展经济和改善环境相协调的问题，内容包括：(1)明确不同区域水资源的承载力，提出与之相适应的农业发展规模与速度；(2)制定农业水资源优化配置方案，包括区域间、年际间调配，多水源联合运用，科学供水顺序和供水量，以及灾年应急措施等；(3)建立与水资源相适应的农业种植结构，即节水型农业结构，确定充分灌溉、存限灌溉和旱作农业的适宜发展比例；(4)提出适合现阶段广泛推行的节水技术。因本地区水污染问题已较严重，故在制定规划时，应对水资源与水环境、水量和水质给予同样重视。

3. 切实推行基本成熟的节水技术。主要包括渠灌区输水过程中的防渗技术和以培肥、覆盖、集雨为中心挖掘降水增产潜力的农业综合技术。大中型灌区实行渠道衬砌或管道输水在一些发达国家已经完成，冀鲁豫三省今后利用15年左右时间完成这一基础节水工程，使灌溉水利用系数达到0.7是可能的，关键在于资金投入，建议国家将此项建设纳入基础设施建设计划之中，争取早日实现。多种形式的覆盖、集雨技术已在我国半干旱地区推行，取得较好效果，半湿润偏旱区今后也应广泛应用这两项技术。微灌、喷灌等灌水方法近期内拟主要在经济发达地区和严重缺水区发展，要花大力气改进地面灌溉技术。

4. 深入研究开发对中长期有重要意义的节水技术。如再生水和微咸水利用技术、精确灌溉技术、化学控制技术以及培育高水分利用效率新品种等。将处理后的生活污水和工业废水在农业灌溉中加以利用，是继管道输水、采用先进灌水方法之后灌区节水下一个发展阶段的主体技术之一，有些国家利用污水灌溉面积已占到全部灌溉面积的30%以上,应结合三省实际加强这方面的研究与示范。生物节水技术是未来农业节水的最大潜力所在,建议将定向培育高水分利用效率品种及相关基础研究纳入全国及三省的中长期科技规划,给予稳定支持。

5. 做好组织协调工作。节水农业是一项系统工程,涉及多个部门,建议各省建立推行节水农业的统一组织,统筹规划,在统一领导下分工实施。另外,鉴于冀鲁豫三省半湿润地区农业及农业高效用水的特殊性与重要性,建议近期召开一次有管理部门和科技人员参与的节水规划交流会议,共同商讨科学节水对策。

建议人:
山　仑　中国工程院院士　作物生理学和作物栽培学　中国科学院、水利部水土保持研究所、西北农林科技大学

关于打破垄断、政府主导、多方融资建设多晶硅工厂的建议

梁骏吾　周　廉　阙端麟

2005 年 3 月 28 日

半导体级多晶硅(以下简称多晶硅)是用于制造半导体硅集成电路和器件以及硅太阳能电池的重要基础材料,它对发展我国信息电子产业和太阳能电池产业极为重要。目前,硅集成电路和器件是世界年产值达万亿美元的信息产业的主干和核心,它是当代高技术的制高点,更是一个国家现代化水平的重要标志。太阳能是一种取之不尽的、十分重要的清洁能源,太阳能发电具有广阔的发展前景,而绝大部分太阳能电池是用硅材料制造的。目前,全世界多晶硅的四分之三用于硅集成电路和器件制造,其他用于太阳能电池的制造。

一、世界市场多晶硅紧缺,中国多晶硅供应严重困难

目前,美国、日本、德国等世界信息电子产业大国都具有强大的多晶硅生产能力,其中美国 Hemlock 公司年生产能力为 7 000 吨,日本 Tokuyama 公司年生产能力为 6 000 吨。全球 2003 年多晶硅产量为 24 400 吨,市场为 23 162 吨,供需大体平衡,生产能力略有富余。在过去这种情况下,中国进口多晶硅并不困难。但是,由于近几年来硅集成电路和器件以及太阳能电池产业发展很快,国际上对多晶硅的需求上升,2004 年全球多晶硅的市场需求迅速上升了 7.4%,达到 26 201 吨,而产能为 24 900 吨,需求超出供应能力,全球多晶硅出现了短缺。我国 2004 年生产的多晶硅产量只

有60吨，仅能满足国内市场需求的2.6%，其余全部依赖进口，但即使我们提高采购价也买不到足够的多晶硅。在可预见的未来，全球多晶硅供应紧张将得不到缓解，中国进口多晶会变得更加困难。

中国多晶硅工业在20世纪50年代末、60年代初开始创业，与中国的半导体硅集成电路和器件同步发展，到70年代多晶硅生产厂家已达到上百家。但由于技术落后、规模小、成本高、质量低，所以到80年代纷纷停产。目前，能生产多晶硅的工厂只剩下峨眉半导体材料厂和洛阳单晶硅厂两家。国家计委2000年批准了峨眉半导体材料厂兴建1 000吨多晶硅生产线项目，得到国务院批准。按计划，该项目应在2004年底投产验收，然而由于地方主管部门(电力公司)领导的原因，项目进展缓慢，目前仅完成了厂房建设，厂区还看不到生产设备，离原定投产验收目标尚有很大距离。2004年，全国多晶硅产量从2003年的88.3吨下降到60吨，而需求却上升了27%，由1 790吨增加到2 280吨，缺额高达2 220吨(见表1)。

表1　我国多晶硅生产与需求

年份 数量（吨）	2003	2004	2005
硅集成电路和器件产业需求	746	910	1 092
太阳能电池产业需求	1 044	1 370	2 691
多晶硅总需求	1 790	2 280	3 783
多晶硅产量	88.3	60	120
多晶硅缺额	1 701.7	2 220	3 663

2005年，全国对多晶硅的需求将进一步提高到3 800吨左右，而最乐观的产量估计仅为120吨，多晶硅缺额将高达3 663吨，缺额只能依靠大量进口来填补。然而，随着全球多晶硅需求的扩大，全世界多晶硅供不应求，美国、日本、德国将必然首先满足本国的需求。因此，中国进口多晶硅出现了问题：首先是进口多晶硅价格大幅度上涨：集成电路多晶硅已由前年的37美元/kg上涨到目前60美元/kg，涨幅为66.7%；太阳能级多晶硅则由13美元/kg猛涨到46美元/kg，涨幅高达250%！更有甚者，国外多晶硅企业已经开始对我国企业实行限购或者禁止采购！我国半导体硅单晶行业已经陷入等米下锅、受制于人的被动困境。

多晶硅生产能力严重不足已成为我国硅集成电路和器件以及太阳能电池产业持续发展的重大瓶颈，从长远发展来看，很可能成为制约我国未来信息电子产业发展的关键因素，并对国家经济安全和国家安全产生十分不利的影响。中国作为世界信息电子产业大国，应当拥有自己的强大的多晶硅产业。因此，我们应当从战略高度认识多晶硅在国家发展中的重要地位，加快发展我国自主独立的多晶硅产业，尽快再建设1~2个大型半导体级多晶硅工厂，扭转目前十分被动的局面，并使我国多晶硅年产量达到4 000~5 000吨，确保长期安全供应。

二、外国企业不愿向中国出口多晶硅生产技术，也不愿建合资企业

我国至今尚无年产量大于1 000吨的大型半导体级多晶硅工厂，全国的多晶硅产量只相当于国外一家大企业的百分之一。20多年来，为了发展我国的多晶硅产业，我们多次向美国、日本、德国提出购买多晶硅生产线设备和技术，一律遭到拒绝，提出中外合资方案也不理睬，甚至提出参观

其工厂的要求也被拒绝。俄罗斯、乌克兰愿意与我们合作,出卖技术。然而其技术水平较低,产品也未用于高档的超大规模集成电路芯片,不是理想的技术合作伙伴。

为什么出现这种现象?原因之一是多晶硅生产技术的特殊垄断性和保密性。第一,各国企业投入大量的人力和资金研究开发出自己的工艺技术和生产线,希望通过保密维持垄断,从而获取更大的超额利润;第二,多晶硅工厂表现出显著的规模经济特征,即规模越大,经济效益越大,所以这一产业呈现明显的垄断性;第三,多晶硅生产线是一个特殊设计、专门加工形成的庞大的体系,没有光刻机、单晶炉之类的现成的通用商品设备。目前,一个年产 1 000 吨的多晶硅厂投资为 10 多亿元,只有一条 8 英寸硅芯片工厂投资额的十分之一,然而硅芯片工厂生产线的全部设备和技术虽然价格高昂,却可以买来,而多晶硅工厂的生产设备和技术却买不到。

三、国家应组织国内科技力量,攻克半导体级多晶硅生产技术难关

从国外引进技术是必要的,今后也应该争取,但在目前世界 7 家主要多晶硅公司联合起来禁止多晶硅技术转移到中国的形势下,我们无法得到现成的设备和技术。为了充分保障我国信息电子产业发展和国家安全,彻底摆脱受制于人的困境,我们必须打破封锁、打破垄断、政府主导、多方融资,走自力更生发展多晶硅技术和产业的道路,尽快建成我国具有世界先进水平和较大规模的多晶硅生产线。这是历史赋予我们的自主创新的重任。

据预测,今年国内多晶硅市场需求可达 3 800 吨左右,2010 年将超过 5 000 吨。如果包括已批准 1 000 吨的多晶硅厂,再兴建 1 ~2 个大型多晶硅厂,每个厂具有年产超过 2 000 吨多晶硅的生产能力,将使我国多晶硅年产量达到 5 000 吨。这将不仅可以保障我国未来发展对多晶硅的需要,还可以打破发达国家在多晶硅这一高技术产品国际市场上的垄断和对我国的封锁,并为满足未来信息电子产业对多晶硅性能越来越高的要求提供坚实的技术保障。

为实现这一目标,保证工厂的先进装备和工艺技术水平,以及产品的高质量和低成本,国家有关部门应组织国内硅工业生产的科技力量,并吸收其他行业如化工、材料、自动控制、设备制造等方面的力量,尽快对以下关键技术组织重点攻关:

① 先进的三氯氢硅生产技术;

② 多级精馏技术和设备;

③ 大型节能还原炉技术;

④ 生产过程废弃物的循环利用技术;

⑤ 贯穿生产线节能和清洁生产技术。

整个生产应实现闭环清洁生产。应达到降低电耗和硅、氢、氯等原料消耗,降低成本,使产品具有国际竞争能力,质量应符合目前和未来超大规模集成电路和太阳能电池的要求。

四、建议

1. 在发改委领导下,组织国内各方面力量协作,对兴建大型多晶硅厂的关键技术进行攻关。

2. 在国家发改委领导下,尽快启动再建一至二个多晶硅生产厂的工作。应当由政府主导、多方融资、面向全国招标投资建厂。洛阳单晶硅公司已有多晶硅生产的基础,已被国家发改委批准建设一条年产 300 吨多晶硅的生产线,可以在此基础上扩充为建设一条年产 2 000 吨多晶硅生产线。在有廉价电力的地区(如宜昌市)建厂也可以考虑。

建议人：
梁骏吾　中国工程院院士　半导体材料　中国科学院半导体研究所
周　廉　中国工程院院士　超导及稀有金属材料　西北有色金属研究院
阙端麟　中国科学院院士　半导体材料　浙江大学

建议逐步改正“生态环境建设”一词的提法

钱正英　沈国舫　刘昌明
2005年3月29日

我国现在常用的“生态环境建设”一词，与国际用语不接轨，如果直译成外文，不能为国外科学界理解。我们认为，生态学和环境学都非我国首创，引用这些词还宜以国外公认的定义为准，避免交流困难，因此建议逐步改正。

一、关于生态环境的提法

这个名词是已故中科院院士黄秉维（五届全国人大常委）在全国人大讨论宪法草案时，针对草案中“保护生态平衡”这一说法提出来的。他当时认为“保护生态平衡”不够确切，建议改为“保护生态环境”。他的建议在政府报告和宪法中都被采用，“生态环境”从此成为法定名词。但以后，黄先生发现这个提法不当，在自己的文章中明确地说：“顾名思义，生态环境就是环境，污染和其他的环境问题都应包括在内，不应该分开，所以我这个提法是错误的”，“我觉得我国自然科学名词委员会应该考虑这个问题，它有权改变这个东西。”

为什么黄先生认为“生态环境”这个提法错误？因为从严格的科学系统观点看，尽管生态学与环境学存在着联系与交叉，但它们是有区别的。据《中国大百科全书》（以下简称《大百》）：“生态学是研究生物与环境及生物与生物之间相互关系的生物学分支学科”。该书对环境科学的定义是：“研究人类生存的环境质量及其保护与改善的科学”。对环境的定义是：“围绕着人群的空间及其中可以直接、间接影响人类生活和发展的各种自然因素和社会因素的总体。”并指出：“按环境主体可分为以人作为主体的人类生存环境和以生物为主体（不把人以外的生物看成环境要素）的生物界生存环境；在环境科学中，多数人采用前者，而在生态学中，往往采用后者。”对于“生态”，《大百》中未列词条；对于“生态环境”，《大百》的定义是：“环绕着人群的空间中可以影响到人类生活、生产的一切自然形成的物质、能量的总体。”但这个定义与书中关于“环境学”和“生态学”的定义显然有矛盾，因此，在定义后加了一句：“又称自然环境。”

由以上各项说明可见，“生态”是与生物有关的各种相互关系的总和，不是一个客体，而环境则是一个客体，把环境与生态叠加使用是不妥的。“生态环境”的准确表达应当是“自然环境”，外文没有“生态环境”或“生态的环境”的说法，《大百》中将“生态环境”译为“ecological environment”，是中国人的造词，未见于国外的科学著作。同时，“生态环境”所要表达的“自然环境”，是广义环境的一部分，还不能包括全部环境问题，例如，不能包含人类活动造成的某些污染问题。因此，将“生态环境”译成外文时，一般只能改译为“生态与环境”。事实上，2003年由孙鸿烈院士等负责编制的“国家中长期科技规划战略研究（2020）《第十专题》”就没有再沿用过去的“生态环境”提法，已把生态与环境分开。国内很多科学论文也已改用“生态与环境”而不用“生态环境”。我们认为，从严格的意义上说，应当用“环境与生态”，或归总为“环境”。

二、关于“生态环境建设”的提法

“生态环境建设”一词，最早是由中科院环境科学委员会在1987年召开的乐山会议上提出，它的原意是：应把社会、经济、环境作为一个复合系统，在高效发展社会经济的同时，应保护生态环境，促进生态良性循环。以后把“生态环境建设”专用于保护和改善自然环境的总称，1998年11月，国务院发布《全国生态环境建设规划》，2000年，国务院又制定了《全国生态环境保护纲要》，明确保护与建设并重的原则。

在以后的国际交往中，发现这个名词不能为国外接受，其原因是：对自然环境，国际的共识是应去除或减轻人类对自然界的干扰破坏，保护、恢复或修复（即部分恢复）原有的自然生态系统，而不是人为地“建设”一个生态系统。在中国工程院关于西北地区水资源和生态环境建设的报告中，就着重说明：“生态环境建设是中国的特有名词，应当理解为：一切旨在保护、恢复和改善生态环境的行动的总称。”我国在国外发表的文章和报道，都避免将“生态建设”中的“建设”直译，以免引起误解和反感。事实上，这个词在国内已经产生一些误解和误导。一些地方，不是努力认识在当地自然条件下天然生态系统的演化规律，不是着眼于如何利用大自然的自我修复功能，去保护、恢复或修复天然的生态系统，而是热衷于建设大规模的人工生态系统，造成大量资金和劳力的浪费，有的由于违反当地的自然环境，不但徒劳无功，甚至事与愿违，反而增加了破坏。

三、建议逐步加以改正

“生态环境建设”这个名词已在国内普遍流行，而且为政府文件甚至为宪法肯定，但这个名词事实上不符合科学，在国内外都有负面影响，将经受不住历史检验。根据我党一贯倡导的实事求是、有错必改的原则，建议采取以下两个步骤：(1)今后在一些文件中，例如《政府工作报告》、国家年度计划和“十一五”规划报告、科技发展规划报告中，用“生态与环境的保护、修复和改善”或“环境与生态的保护、修复与改善”等提法，代替“生态环境建设”；(2)国务院要求自然科学名词委员会研究提出意见，并据此在今后修改宪法时，对“生态环境”的提法作适当的修改。

建议人：

钱正英　中国工程院院士　水利水电工程　全国政协

沈国舫　中国工程院院士　森林培育学　中国工程院，北京林业大学

刘昌明　中国科学院院士　水文与水资源　中国科学院地理科学与资源研究所，北京师范大学资源环境学院

参 考 文 献

1　黄秉维.地理学综合工作与学科研究.见:陆地系统科学与地理综合研究——黄秉维院士学术思想研讨会文集.科学出版社,1999.

2　郭方.对"生态环境建设"问题的探讨.环境科学丛刊,Vol 11,No.5.

关于建设节约型社会
要重视摩擦学研究与应用的建议

谢友柏　薛群基　徐滨士　张彦仲　刘友梅　高金吉　张嗣伟

2005 年 4 月 20 日

摩擦学(tribology)主要是研究摩擦、磨损和润滑及其有关问题的一门科学与技术。研究资料表明:世界上 1/3 的一次性能源消耗于摩擦,80% 的设备零部件都是因为磨损而失效。因此,开展摩擦学研究与应用可以有效地节约能源和资源,是我国走新型工业化道路、建设节约型社会的有效途径之一。

一、摩擦学在国民经济中的作用

根据 2003 年西方国家的统计,摩擦、磨损方面的花费大约占国民经济总产值(GNP)的 2 ~7 个百分点。如取其平均值(4.5%),按我国 2003 年国民总收入 116 603.2 亿元估算,2003 年全国工矿企业摩擦磨损的花费约 5 200 亿元。

汽车的节能问题尤其突出。以轿车为例,最后用在车轮上的能量输出只占总能量的 12%。我国现有汽车保有量 2 700 万辆左右,平均单车年耗油 2.28 吨,每年燃料油总消耗 6 000 万吨左右。据预测,我国的汽车保有量到 2020 年将达 1 亿辆。如按目前单车耗油量计算,到 2020 年,年燃料油消耗将超过 2 亿吨。如采取合理润滑、正确使用、改进设计等方法,可使汽车的燃油指标降低 5% ~30%。

耐磨配件的消耗也相当惊人。据调查,2003 年全国冶金行业维修费用 174 亿元,应用摩擦学技术可挽回 97 亿元;据统计,我国每年消耗金属耐磨材料约 300 万吨以上,仅磨球一项就消耗 100 万吨左右,约合人民币 50 亿元;各油田的钻井套管磨损损坏年直接经济损失几十亿元。仅从以上几项极不完全的统计中可以看到,减少磨损的经济效益也是十分明显的。

摩擦学是一个充满高技术的领域。美国航空航天局的研究表明,不少空间机械部件的失效与润滑有关,军用装备摩擦学的研究与应用直接关系到国家安全。而纳米摩擦学和生物摩擦学的前沿研究对支持和保障高新技术的发展具有重要作用。

二、我国的摩擦学研究与应用现状

我国的摩擦学研究与应用始于20世纪的70年代。几十年来,在国家有关部委和国家自然科学基金委员会的支持下,做了许多工作,取得不少重要成果。在空间摩擦学、纳米摩擦学、生物摩擦学中的某些方面,在国际上占有一定的地位。但摩擦学基础理论研究还比较薄弱,特别是摩擦学设计理论和装备及重大工程的摩擦学设计方面与国际水平还存在一定的差距。

在摩擦学应用方面,我们与国外的差距较大,许多已经有一定研究基础的摩擦学技术还没有得到充分的应用。部分企业开展摩擦学教育,提高了职工的摩擦学意识和管理水平,已经收到明显的经济效益。大庆油田在开展摩擦学调查的基础上,1987—1989三年间取得直接经济效益1.4亿元;哈轴集团开展摩擦学教育,从1999年起每年可节约资金600多万元;天津港务局应用摩擦学技术每年节约500万元。事实证明,只要合理应用已有的摩擦学知识和技术,就可取得显著的社会和经济成效,但是,不少企业至今还缺乏足够的认识。

我国目前开设摩擦学课程的高校也很少,工程(继续)教育中也缺少摩擦学前沿知识的培训。许多工程师和管理人员只知道一些摩擦、磨损、润滑知识与技术的片段,而不掌握摩擦学的系统的专门知识和高新技术。

要充分发挥摩擦学在节能、节材、优化生态环境和保障国家安全等方面的作用,国家和社会的有关部门在科学研究、工业应用以及教育培训等方面还需做大量的工作。要赶上或接近国际先进水平,我们还有很长的路要走。

三、建议

鉴于摩擦学在国民经济和社会发展中的重要作用,根据我国摩擦学研究和应用的现状,为了大力推动摩擦学研究、应用和教育工作,特提出如下建议:

(1) 建议科技部将摩擦学作为一项战略共性技术列入国家中长期科学与技术发展规划及“十一五”计划,并在973和863计划中安排摩擦学应用基础研究和前沿技术研究的专题。

(2) 建议国家发展与改革委员会和国家技术监督局组织有关部门和专家研究制定车辆润滑用油和设备润滑用油方面节能、降耗、减少排放的有关政策和标准。

(3) 建议国家发展与改革委员会在汽车或装备制造行业的大型企业中建立产学研一体化的摩擦学工程中心。

(4) 建议教育部加强摩擦学的学历教育和继续教育,培养各种层次的摩擦学专门人才,并选定若干所大学设立摩擦学继续教育中心。

建议人:

谢友柏　中国工程院院士　机械学、摩擦学　上海交通大学

薛群基　中国工程院院士　特种润滑材料　中国科学院兰州化学物理研究所

徐滨士　中国工程院院士　装备维修工程　解放军装甲兵工程学院

张彦仲　中国工程院院士　航空系统工程、信息处理　中国航空工业第二集团

刘友梅　中国工程院院士　电力机车　中国南车集团株洲电力机车厂

高金吉　中国工程院院士　设备诊断工程　北京化工大学机电工程学院

关于立即调整白云鄂博超大型稀土铁矿开发对策的建议

刘广志　李建初

2005年5月28日

包头白云鄂博矿是铁、稀土、钍、铌为主的多元素共生矿，是世界上最大的稀土矿藏，是我国宝贵的优势矿产资源。

白云鄂博铁矿于1927年由北京大学地质系助教于道衡先生发现。1949年解放后，国家将白云鄂博列为首批地质勘探重点矿区。1950年4月，中国地质计划指导委员会建立了以严坤元为总地质师的新中国第一支钻探队伍以及坑探掘进和物探队伍——241地质勘探队，实现了中国地质工作有史以来的第一次多工种地质勘探。

1950—1954年我们开展了普查和勘探工作，1956年底提交了《内蒙古白云鄂博铁矿地质勘探报告》，探明铁矿石储量8.26亿吨。根据已有的丰富铁矿资源，在第一个五年计划期间，国家将包钢列为全国156个重点建设项目之一，1957年开工，1959年建成，恰逢建国十周年，周总理特地亲临视察，并为一号高炉剪彩。

令人惊喜的是，后续精密化验中发现，白云鄂博是一个含铌的世界最大型的稀土矿床，其稀土元素矿物储量占当时世界总储量的80%。据估算，东西两个矿区的可采铁矿石总量超过14亿吨，其主矿和东矿含铁34%，属贫铁矿，而含稀土元素约5%，为富稀土矿。然而令人遗憾的是，白云鄂博长期以来实行以铁为主的综合利用方针，稀土利用率现为10%左右，大量稀土堆存于尾矿坝。自1967年选矿至今，已排出尾矿累计达1.5亿吨，含稀土氧化物1 000多万吨。

稀土金属产品在高技术产业中有着很大的市场，国际市场价格十分昂贵，如此巨大的宝贵财富被白白浪费，实在可惜。至今，包钢已投产40多年，特别近年来实行大规模露天开采，采矿深度已近300米，其中富稀土带(含氧化钕20%，单样最高达32%)已随铁矿石开采近乎一空，以致有的工程师惊呼“稀土资源已临近枯竭”！

因此，我们建议：

1. 立即调整白云鄂博当前以铁为主的开发对策，对富稀土的主矿和东矿资源，严格实行以稀土为主，综合利用铁、铌、锰、氟等有用成分的方针；同时采取最严格的保护措施，保护主矿和东矿宝贵的稀土资源，对非法开采、不合理开采、乱采滥挖造成稀土资源严重浪费的，要严格禁止并依法追究当事人的刑事责任。

2. 采取严格措施，认真保护好白云鄂博选矿所排出的含有大量稀土（约7%左右）的尾矿，使其免受污染，以供后世使用。

3. 为弥补包钢钢铁生产中的原材料不足，建议国家通过宏观调控，协助包钢尽量多用外购矿，同时积极筹备开发利用白云鄂博的西矿，以补不足。

4. 严格限制各种形式的初级稀土产品出口。

我们二人是50年代初期曾在该矿区工作的两名普通的老勘探队员，对这一矿区怀有极为特殊的感情和光荣感。我们衷心地希望中国的宝贵稀土矿产资源能够得到很好的开发和利用，特提出以上建议。

建议人：

刘广志　中国工程院院士　探矿工程　国土资源部咨询研究中心

李建初　研究员　地质勘探工程　河北省地矿局

国际计量单位制面临重大改革

张钟华　陆建勋　金国藩　李同保　高　洁　周立伟　叶声华

2005年9月15日

计量是保证一个国家测量数据准确的基础，而国际单位制又是计量的基石。国际上目前采用的国际单位制(SI)包括长度（米）、时间（秒）、质量（千克）、电流（安培）、温度（开尔文）、光度（坎德拉）、物质量（摩尔）等7个基本单位，其他单位则由基本单位导出。由于基本单位的重要性，国际单位制中给出了它们的严格定义及准确实现的方法。用于实现基本单位的装置是一个国家保障本国测量结果准确和与国际一致的技术源头。

20世纪上半叶以前，基本单位的量值由实物计量基准复现和保存。实物计量基准一般是根据经典物理学的原理用某种特别稳定的实物来实现。例如用一个保存在巴黎国际计量局（BIPM）的铂铱合金圆柱——千克原器砝码的质量定义质量单位千克，按X型铂铱合金米尺的刻线间距离定义长度单位米等。但是这样的实物计量基准一旦制成后，总会有一些不易控制的物理、化学过程使其特性发生缓慢的变化，使其保存的量值也会有所改变。同时，最高等级的实物计量基准全世界只有一个或一套，一旦由于天灾、战争或其他原因发生意外损坏，原来连续保存的单位量值也会因之中断。因此，把7个基本单位的定义建立在基本物理常数或者自然量子现象的基础上是计量发展的方向，这样的定义将不随时间、空间和复现的方法而变化，从而十分稳定。

近年来，世界上很多国家都开展了将基本单位定义在基本物理常数上的相关研究。在2005年

6月29日至7月1日召开的第17届国际单位制咨询委员会(CCU)会议上,这些国家的代表发表了各自的研究成果。我国由于缺乏计量基础研究经费,没有进行相关工作,只能旁听。根据目前的趋势,质量单位“千克”、电流单位“安培”、温度单位“开尔文”和物质量的单位“摩尔”在近几年面临重新定义的问题。这是自从1875年米制公约签订以来从未有过的重大变化。

另外,随着经济全球化的发展,世界各国对测量数据互认的需求日益增加,而测量数据互认的基础取决于各国计量基准量值的一致性。为此,国际标准化组织(ISO)新修订的实验室能力评价国际标准(ISO17025-2000)已明确规定,对各类实验室出具的所有测量数据都必须有溯源性,即能溯源到本国的计量基准;国际计量局(BIPM)也根据WTO的要求,邀请各国计量院经过讨论于1999年签订了《国家计量基准》和国家计量院签发的《校准和测量证书相互承认协议》(MRA),提出了各国的计量基准和国家计量院签发的校准、测量证书的互认方案,已要求对200余项物理、化学关键量进行比对,以衡量各国的测量能力,以便最终达成国际间的测量结果互认。对于不能参加的国际比对项目,相关的测量能力将得不到国际上的承认。

国际上的这些动向使我国面临重大挑战。如果我国不能按照新定义复现国际单位制中的基本单位,尽快开展基本物理常数测量和建立量子计量基准所需的关键技术研究,建立相关国家计量基准并将这些基准所复现的量值传递到各种测量仪表,一旦国际基本单位发生变化,那么在对外交往中就会产生以下消极影响:(1)在国际单位制发生重大变化的过程中失去发言权,只能跟着别人走;(2)基本单位的量值(如千克等)只能送到国外去标定;(3)相关国际比对不能参加,测量能力得不到他国的承认,遇到相关测量工作也需要送到国外做(例如,我国的千克原器不送到国外去标定,在我国与别国进行贸易时,我国测量的货物重量就得不到别国承认)。这样,不仅成本高,而且发达国家可设置技术壁垒,使我国在国际贸易、国际认证等方面失去技术主权,造成重大损失。同时,在国内也会造成以下消极影响:(1)由基本单位导出的单位量值准确性不能满足贸易结算、生命安全、环境保护、人体健康等方面的需求;(2)产业界特别是高新技术领域所需要的高精度测量不能被满足,限制我国经济特别是高新技术产业的发展,使我国和发达国家的差距拉大;(3)科研领域所需的高精度测量和一些新需求不能被满足;(4)国防领域的有关需求不能被满足(如全球定位系统的精度主要依靠星载钟的精度,把秒定义在基本物理常数上极大地提高其精度,从而使定位精度大幅度提高。如果不加强研究,在卫星定位精度上将会被别国越甩越远)。

因此,我国当前急需加强计量基础研究,以适应国际趋势的变化。

建议人:

张钟华　中国工程院院士　电磁计量　中国计量科学研究院
陆建勋　中国工程院院士　通信工程　中国船舶重工集团第七研究院
金国藩　中国工程院院士　光学仪器　清华大学
李同保　中国工程院院士　计量测试(光学)　同济大学
高　洁　中国工程院院士　量子物理计量　中国测试技术研究院
周立伟　中国工程院院士　电子光学、夜视技术　北京理工大学
叶声华　中国工程院院士　测试计量技术及仪器　天津大学

关于推进"现代工业工程"发展的建议

郭重庆　汪应洛　刘源张　王礼恒　刘人怀　翁史烈　徐滨士
谢友柏　周勤之　柳百成　阮雪榆　王众托　李鹤林

2005年10月28日

一、工业工程是我国当前急需开展研究与应用的管理技术手段

(一) 工业工程

工业工程(Industrial Engineering)是一门"直接以系统效率和效益为目标"的工程技术,它面向"组织系统的运作过程",包括工业、农业、服务业等,由人、物料、设备、能源、信息等多种因素所组成,各种复杂"组织系统"中的实际工程与管理问题进行定量与定性结合的系统分析、设计与优化,追求系统的协调性、系统效率和效益的最大化。

工业工程是自然科学和社会科学的交叉学科。现代工业工程集成了信息技术、系统工程、工程心理学、工程生理学、工程经济学、环境科学等诸多的高新技术,成为一项社会共性技术。

工业工程的核心目标是成本、质量、效率;它从系统、人本的角度研究提高运行质量和效率的工程方法;强调安全、高效和愉悦三个层次的工作环境;通过"效率工程"、"运筹和系统科学技术"以及"人本科技"三大视角,推动社会生产力的进步。

我国自20世纪80年代引入工业工程,迄今为止的主要研究领域有:

1. 生产系统工程领域

主要面向各种工业生产,研究和改善生产方法,提高生产的质量与效率、降低生产的成本。如:新生产模式、生产系统设计与分析、生产运作与控制、质量控制与保障、设施规划、生产资源规划(MRPII/ERP)、库存策略与优化、生产仿真与模拟、计算机集成制造(CIM)等。其中许多内容将成为解决当前企业信息化效益瓶颈问题的关键技术。

2. 人因工程

运用心理学、生理学知识研究和改善人及人机系统的工作效率,如:工作研究、安全工程;人机交互学(HCI)、可用性工程;服务工效学;作战工效学;以及知识管理的智能效率和认知工效学,安全事故监控、预警和应急处理的工效学等。

3. 运筹学与作业研究

分析作业流程,优化作业效率。如:航空、汽车等交通系统的运输调度与优化,面向物流系统的库存论,军事后勤学,以及基于网络环境和全球经济的供应链管理等。

（二）工业工程对于实现当前国策的直接促进作用

1. 优化资源配置。利用现代优化理论与方法，结合复杂系统工程的理论对基于作业层与生产系统层的优化问题进行研究；特别是解决如何在不确定环境下有效运用资源、迅速地评估与规划、有效地提高资源配置效率。

2. 加快与推进各个领域的信息化。信息科技的应用，正对各种系统流程的各个环节产生广泛而深远的影响，同时也对系统的管理模式与方法产生了深刻的影响。工业工程主要从创新管理模式、提高管理效率和效能入手，如计算机集成制造系统、决策支持系统、知识管理系统、网络管理与应用、数据挖掘等工业工程理论与方法，可以为各个领域的信息化提供有效的支持工具。

3. 利用人因工程实现以人为本。工业工程领域已经从人体计测、生物力学、工作生理、人机系统、人员绩效与可靠度、人类信息处理与决策行为、安全与卫生和环境设计等多角度展开了相关研究。同时越来越多的学者关注人因工程在新领域中的应用：如对员工职业伤害的防范，体力与心智的工作负荷，工厂安全设计规划，在设备使用效率及安全防错装置等。这些成果可以提升企业安全管理水平与效率，将成为具体实现以人为本的科学发展观的有效工具。

4. 利用知识管理和认知工效学提升自主创新能力。工业工程从组织、技术、动机等各个角度全方位地对知识管理进行深入的研究。将人因工程等理论方法应用到产品设计与创新等知识工作中，可以提高知识工作效率，能有效地提升各行各业的自主创新能力。

5. 利用绿色制造等理论加快绿色工业化，落实科学发展观。绿色工业化是资源、环境压力要求的必然，也是实现以人为本的基础。工业工程领域就制造业如何实现与环境相容已经取得了大量的研究成果。如：绿色制造的运作模式及其管理、绿色供应链管理、清洁生产以及循环经济等，将为实现我国工业的绿色化提供有力的工具。

（三）工业工程的发展需要政府推动

在美国，工业工程与机械、电气、土木、化学、计算机、航空并称为七大工程。工业工程对于人类社会的工业化进程，尤其是西方的经济和社会发展产生了巨大的推动作用。工业工程受到许多国家和地区政府的高度重视。不论在美国还是欧洲，工业工程都是一个独立的工程学科，有它独特的研究领域，往往在资金、政策和舆论导向等各个方面得到政府极大的关注与支持。

我国自20世纪80年代引入工业工程以来，在广大工程技术人员的不懈努力下，在理论研究、人才培养和结合中国企业特点的应用探索方面都取得了一定的成果。但总体来说，中国的工业工程仍处于起步阶段，由于整个社会的认识不足，在学科建设、理论研究、系统开发、应用、推广的道路上始终举步维艰。

由于工业工程属于工程与管理交叉学科，与应用环境的人文、经济背景有着密切的关系，即便是外国成熟的理论和工具，也必须结合本国国情进行应用实验研究；随着经济发展和竞争的加剧，整个社会对于效益改善的迫切需求使得一些工业工程的局部方法和成果逐渐被人们所尝试，但由于缺乏系统理论和基础工具的支撑而效果不够显著，导致有些人对工业工程的了解缺乏全面性与准确性。

工业工程人才是既要了解产业技术，又要熟悉生产管理，并经过工业工程专业训练的复合型专门人才，在我国十分匮乏，急需加强培养。

众多因素制约了工业工程的发展应用，急需国家科技政策的推动。

（四）工业工程的普及应用是新型工业化的必经之路

迄今为止，所有发达国家的实践证明，工业工程的普及应用是新型工业化的必经之路，是坚持以人为本、协调发展的基础，因此，建议政府予以高度重视，推进工业工程的发展应用。

建议人：
郭重庆　中国工程院院士　机械制造工艺与设备　同济大学
汪应洛　中国工程院院士　管理科学与管理工程　西安交通大学
刘源张　中国工程院院士　管理科学与管理工程　中国科学院数学与系统科学研究院
王礼恒　中国工程院院士　导弹动力和航天工程管理　中国航天科技集团公司
刘人怀　中国工程院院士　板壳结构分析与应用　暨南大学
翁史烈　中国工程院院士　热力涡轮机与热能工程　上海交通大学
徐滨士　中国工程院院士　装备维修工程　解放军装甲兵工程院
谢友柏　中国工程院院士　机械学、摩擦学　上海交通大学教授
周勤之　中国工程院院士　机械制造工艺与设备　上海机床厂
柳百成　中国工程院院士　铸造工艺与设备　清华大学
阮雪榆　中国工程院院士　压力加工　上海交通大学
王众托　中国工程院院士　管理工程　大连理工大学
李鹤林　中国工程院院士　石油机械、石油管工程　中国石油天然气公司石油管材研究所

企业人事分配制度必须改革

张寿荣

2005 年 11 月 26 日

《国务院关于大力发展职业教育的决定》是落实科学发展观，推动我国走新型化、工业化道路，全面提高国民素质，提升我国综合国力的重大举措。对全面提升我国制造业的水平，提升我国制造业的国际竞争力具有重大而深远的意义。

创新是我国制造业壮大发展的灵魂。技术创新要依靠工程技术与科学研究人员发挥聪明才智，而要使一项创新成果形成现实的生产力，还必须要有一批能工巧匠施展技艺。否则，再先进的设计和流程也变不成现实。

我国目前出现的高水平技术工人缺乏、创新技术人才难以脱颖而出的现象，从根本上说是现行的企业人事分配制度造成的。我认为，我国企业的人事分配制度基本上是沿着“官本位”的框架构成的。只有当了行政领导，工资等级才能提高。工作等级和技术能力相近的工程技术人员，当了厂

长或处长的人工资要比只当高级工程师的人高很多。技术工人的技术水平和操作能力再强，工资最高的也不可能超过处长，甚至科长。在这种分配制度引导下，企业里的工人想当干部，工程技术人员想当官。表现优秀的工程技术人员，被提拔为行政领导的机会多，而一旦当了领导，大多数就丢了专业。真正踏踏实实钻研工程技术的人，比例越来越少。现在的中学毕业生不愿意上职业教育学校，千方百计地进大学与现行的企业分配制度的导向是分不开的。

办好企业，技术装备工艺水平是重要的。如果没有一支高素质的职工队伍，技术装备虽好也发挥不了作用。最重要的是人。企业办好，要靠三类人才，一是管理人才，二是工程技术人才，三是高水平的技术工人。技术工人在制造业中的作用更为突出。这三类人才，同等重要。为了使企业职工有进取心，勇于创新，三类人才中的高等级的岗位工资都应当处于相差较小的一个高水平。这种企业分配制度可以使三类人员都能安心本行工作，积极争取能力水平的提高。企业采取这种分配制度，高中毕业生就不会千方百计地走“考大学”一条路，职业教育的生源也就有了保证。

企业分配制度是一个非常复杂的问题，分配制度实质上是激励机制和企业人力资源开发导向的表现。现在讨论的比较多的是企业领导的年薪制。实际上对企业发展起作用更大的是企业的激励机制。我国企业分配制度必须改革。

建议人：

张寿荣　中国工程院院士　炼铁　武汉钢铁(集团)公司

〔技术创新院士行〕

2005年国家发改委和中国工程院会同有关地方政府部门，共同组织进行了4次“技术创新院士行”活动，共有26人次院士和43人次专家参加，共作学术报告35个，举办技术座谈会26次，听众达3 000人次，与企业研讨技术问题和行业关注的焦点问题75个，达成具体合作协议5个及多项合作意向，提出建设性的意见和建议40多条。

安徽汽车产业技术创新院士行

根据国家发改委、中国工程院的安排，2005年8月15日至19日，机械与运载工程学部郭孔辉（带队）、姚福生、徐滨士、胡正寰、阮雪榆、张福泽等6位院士和湖南大学钟志华、上海交大林忠钦、清华大学连小珉、吕振华、华中科技大学邵新宇、吉林大学葛安林、管欣教授以及丁海涛博士等8位专家赴安徽省，开展了“安徽汽车产业企业技术创新院士行”，围绕安徽省汽车行业结构调整和产业技术升级的重点问题，深入江淮汽车集团、奇瑞汽车有限公司、华菱汽车集团等企业开展“院士行”活动。

中国工程院和安徽省为这次“院士行”活动做了充分准备，组织得非常成功。在7月份预调研已了解清楚企业当前面临的形势及技术需求情况的基础上，经过精心筹划，在近一个月的时间内组织了14位院士专家参加“院士行”，通过开展学术交流、规划研讨、技术难题诊断、产学研项目合作等，取得了良好的效果。

安徽省省委、省政府把汽车产业作为“十一五”规划的支柱产业，并就如何进一步提升企业规模与技术水平提出了新的更高要求。常务副省长任海深出席了“院士行”的开幕式，省委常委、芜湖市委书记詹夏来，省政府副秘书长邱江辉，合肥市副市长江明、朱宁以及马鞍山市市委书记丁海中、市长姚玉舟和芜湖市等省市领导会见了“院士行”成员，并与院士、专家进行了座谈。省市领导在介绍了安徽汽车行业近些年来突飞猛进的发展情况后，也介绍了目前面临的挑战与存在的问题。

一、“院士行”汽车企业的基本情况

1. 奇瑞汽车有限公司成立于1997年，是由5家投资公司共同出资兴建的国有股份制企业，主要从事汽车产品自主研发、生产制造和销售服务等业务，总资产达100亿元人民币。现主要生产SQR7160“风云”系列、SQR7162“旗云”系列、SQR7080/SQR7110“QQ”系列、SQR7200/SQR7240“东方之子”系列轿车和“瑞虎”系列城市越野车，SQR372—SQR489（0.8L～2.0L）系列发动机及与其相配套的变速箱系列产品。

经过8年的快速滚动发展，现已成为我国轿车行业重要的集科研、开发和制造为一体的主要整车生产企业之一，成为民族汽车工业的代表。目前奇瑞轿车市场保有量已达34万辆，市场占有率6.2%，跻身国内轿车行业“六强”之列。

奇瑞公司是我国第一个国产轿车出口的企业，也是我国第一个技术出口的轿车企业，现已成为我国汽车产品出口和技术贸易的重要企业。自2001年10月首批奇瑞轿车出口叙利亚以来，奇瑞轿车已出口到32个国家和地区，出口总量达1.82万辆，占全国轿车出口总量的80%以上，并已在2个国家合作建厂，正在与4个国家洽谈建厂事宜。2005年奇瑞轿车出口将达到3万辆；2007年轿车将出口美国。奇瑞轿车正在逐步得到海内外市场的认可。目前奇瑞开发的一系列车型，40%的目标是国际市场。

下一步的总体目标是：通过国际合作和自主创新，快速构建从整车、动力总成、关键零部件设计到试验的比较完整的开发体系，建立自己的标准和数据库，不断增强核心竞争力。到2010年，生产能力达100万辆，销售90万辆，销售收入超过720亿元人民币。其中在国内市场销售50万辆（约占全国市场份额8%），海外市场销售40万辆（约占全球市场的0.5%）；新型高效节能环保汽车实现产业化。

公司在发展的过程中面临着一些实际困难和问题。一是当前急需解决的技术问题有：1）汽车底盘的开发系统；2）自动变速箱的液压传动系统优化；3）新材料的研发、应用（轻量化）及材料再利用、回收技术；4）零部件的可靠性设计及试验技术；5）汽车设计中成本与汽车性能的平衡；6）汽车电子集成化技术；7）试验设计技术及如何提高试验工作速度；8）关键零部件的设计与制造；9）人才培养。二是税收政策方面存在不平等竞争问题。奇瑞是国家级高新技术企业，但由于企业不在国家级高新技术开发区内，无法享受高新技术企业税收优惠政策。奇瑞轿车占全国轿车总出口量比重较大，出口退税地方财政难以承担。

2. 安徽江淮汽车集团有限公司是于1997年5月18日经安徽省人民政府批准成立的国有独资企业，是安徽省15家重点企业集团之一，其前身是合肥江淮汽车制造厂。1990年以来，企业坚持技术进步，致力于发展民族汽车品牌，适时果断地进行产品结构调整，并成功地对省内汽车制造资源进行了有效整合。主要经营指标连续14年保持年均50%的增幅，实现了协调平衡基础上的超常规发展。

公司现有总资产79.95亿元，净资产30.60亿元，汽车综合年生产能力20万辆。主要产品为：1~50吨载货汽车、7~12座商务车、6~12米客车专用底盘、6~12米高中档客车、专用改装车、叉车及汽车发动机、变速箱、驱动桥等关键零部件。2003年，销售各类汽车10万辆，实现销售收入75.33亿元，在全国汽车行业中排名第11位；2004年销售各类汽车13万多辆，实现销售收入107.79亿元，在全国汽车行业排名第8位。

2002年，江淮联合天津内燃机研究所，并请奥地利AVL公司进行评估，自主研制开发出2.4L汽油发动机。2004年又与奥地利AVL公司合作，相继研制开发出2.4CBR、2.2LTCI型汽油发动机。同时引进韩国的20万台生产线也已进入安装调试阶段。通过与国内优秀的设计公司合作，在引进、消化、吸收重型卡车技术的基础上，开发完成新款“格尔发”系列重卡产品。在此基础上，完成了重卡产品全系列化开发，完善国产车型型谱；重卡“换脸”的生产技术准备工作全部结束。

企业下一步发展总量目标是：年产各类整车40~45万辆；年销售收入400~420亿元。市场目标是：轻卡实现保二争一的目标；商务车确保行业第一目标；底盘巩固行业第一的市场地位；客车通过内部资源的整合，实现争二创一的目标；重卡争取进入市场前五名；零部件立足江淮、面向全国、走向世界。

目前企业的技术需求主要有：开发自动变速箱技术；节能、环保、安全项目的合作；汽车电子技术应用研究，关键是汽车电控系统的研究；汽车振动试验台架的应用研究。

3. 安徽华菱汽车集团有限公司是经安徽省人民政府批准成立、国家控股的公司制企业，是安徽省十大制造业企业集团之一。现有固定资产15亿元，总资产30亿元，员工3 000人，工程技术人员800人，设有省级技术中心和博士后科研工作站，与日本三菱扶桑FUSO株式会社签订了长达10年的技术引进协议，具有较强的技术开发能力。集团拥有2个自主知识产权的品牌产品——华菱重型卡车和星马重型专用汽车，具有年产重型底盘1万辆和重型专用汽车5 000辆的生产能力，是国内重要的重型卡车、重型专用汽车生产研发基地之一。

华菱集团于2004年5月建成万辆重型卡车生产线，当年6月推出自主品牌的华菱重卡，8月开始小批量投放国内市场。2005年3月14日，首批华菱重型砼搅拌车出口到北美摩洛哥。8月初出口阿尔及利亚120辆华菱重卡牵引车。目前华菱重卡已投放市场2 000多辆。

"十一五"期间，华菱坚持发展自主品牌，在以重型汽车底盘和重型专用车辆为主导的基础上，适度发展与此相关的核心配套零配件项目，拓宽产品品种，力争"十一五"末达到销售收入200亿元，实现利税15亿元的奋斗目标。

目前发展自主品牌的相关技术需求有：一是发动机系统方面的排放、噪声、冷却、空滤等技术；二是悬架系统，特别是独立悬架的研究；三是转向系统，特别是多桥转向系统的研究和开发。

二、"院士行"活动内容丰富

1. 举办学术报告会

8月16日，安徽汽车产业企业技术创新院士行正式拉开帷幕，院士与专家在合肥市集中活动。上午在合肥市稻香楼礼堂进行两场大会报告，分别是姚福生院士的《信息时代的先进制造技术》和郭孔辉院士的《培育创新能力，打造自主品牌》专题报告。省市有关单位的负责同志，合肥、芜湖、马鞍山市政府、发改委、经贸委负责同志，有关汽车企业的代表，安徽有关高校和科研院所的师生、科技人员等共350多人倾听了学术报告。

人类技术文明史进入了信息时代，面对21世纪的制造技术创新，数字化是主要手段之一。先进制造技术是工业化建设中最重要的高新技术，它已深深地渗透到各行各业。提高先进制造技术的水平应该是当今科研工作者的首要任务，也对我国汽车产业发展起着至关重要的作用。姚院士一一介绍了虚拟现实技术、数控技术和快速成型制造技术的情况与最新发展，使听众了解了当今世界先进制造技术的发展状况和趋势。

郭院士的报告介绍了中国汽车产业的环境和现状、中国汽车产业特色与问题，进行了汽车自主品牌的案例分析。郭院士从国内外的各种事例和数据说明了中国的汽车产业应该走自主创新之路，并且讲了自主创新需要哪些因素和条件。我们正面临全球汽车制造业转移、国内汽车消费市场兴起以及汽车高新技术革命三大机遇和挑战。他认为我们要告别"没有必要自主创新"和"不可能赶上列强"的无所作为思想，只要我们不妄自菲薄，下地学走路，充分发挥中国人的聪明才智，利用国内外资源，苦干数年，一定有成效，安徽汽车三企业就是很好的例证。郭院士还介绍了吉林大学在汽车技术培育创新能力方面的努力以及取得的成果，希望能通过"院士行"活动促进产、学、研的结合，帮助中国汽车产业走出自己的路。

听众们对两位院士的报告反响热烈，纷纷反映姚院士的报告使大家拓宽了视野，了解了最新技术的发展方向。郭院士的报告增强了大家对中国汽车产业走自主创新之路的信心，并且希望院士们能多来安徽作一些类似的报告，欢迎院士们到企业和院校去进行交流。

2. 参观企业生产现场

8 月 16 日下午，院士和专家到江淮汽车股份有限公司参观了冲压、焊装、喷漆、在线自动检测和整车生产线、发动机生产线。之后，院士和专家分 A、B、C 三个组活动，B 组赴芜湖去奇瑞汽车参观和技术交流，C 组赴马鞍山去华菱集团进行参观与技术交流，A 组留在合肥继续与江淮汽车股份有限公司交流。

3. 各小组专题讲座、技术交流受到欢迎

A 组在江淮汽车股份有限公司安排了四场学术报告，分别是：

• 胡正寰院士的《零件轧制技术的现状与展望》学术报告，介绍了一种先进的轧制技术——楔横轧，特别适合制造汽车上的轴类零件。该工艺与传统制造工艺相比，不仅提高了生产效率，还可节约 30% ~40% 的材料。

• 林忠钦教授的《汽车数字化制造技术》学术报告，介绍了数字化技术在汽车车身制造中的应用，其中详细介绍了“车身 2mm 工程”技术的研究与应用。

• 葛安林教授的《汽车自动变速器的现状和展望》学术报告，详细介绍了汽车自动变速器的发展情况以及未来的发展趋势，重点讲解了 AT 开发的关键技术。

• 丁海涛博士的《先进汽车制动控制技术》学术报告，分析了汽车制动技术的发展趋势，重点介绍了几种提高汽车主动安全性的电子控制系统，并介绍了其中的关键技术。

江淮汽车股份有限公司组织主要技术人员与 A 组专家就学术报告中所提到的关键技术进行深入研讨。确定了 4 个合作专题，分别是：(1) 车身质量控制与轻量化专题；(2) 汽车自动变速器专题；(3) 汽车底盘平台技术专题；(4) 汽车 ABS/ASR 专题。这 4 个专题都是企业迫切需要的技术，讨论十分具体而深入，并迅速进入实质性合作探讨阶段，在几个领域达成了合作意向，签订了合作意向书。

安庆市对胡正寰院士的轧制技术非常感兴趣，单独与胡正寰院士协商合作事宜。

B 组在奇瑞公司，分别由张福泽院士作了《提高产品质量、可靠性和寿命是兴国之本》学术报告，向奇瑞公司对口人员介绍了机械产品可靠性设计方面的发展情况和一些具体技术，并为奇瑞公司开展可靠性研究献策：(1) 领导层要对可靠性工作提高认识，并亲自抓这件事；(2) 组织落实，即把有关人员组织起来，成立一个研究室；(3) 调研国内外相关产品的可靠性工作，研究出适用于奇瑞可靠性发展的技术途径和方法；(4) 要建设一个先进的可靠性试验室；(5) 整合全国可靠性研究成果和人才，为奇瑞所用。

湖南大学校长钟志华教授作《略谈面向制造的汽车设计》的学术报告。

接着，B 组又分成汽车设计与 CAE、汽车动力学性能匹配的动态仿真技术和汽车电子 3 个小组进行深入具体讨论。

C 组的徐滨士院士作了《发展再制造工程，构建循环经济，建设节约型社会》的报告；阮雪榆院士作了《数字化制造技术》报告，介绍了当前国际先进制造技术的现状和发展趋势；吕振华教授作了《数字化汽车设计与开发技术应用——良好前景与现实问题》的报告。之后，分为领导决策组、汽车设计制造组与管理组进行讨论和交流。

院士、专家们对华菱汽车公司参与军用汽车研制、生产项目的可行性和途径提出了具体建议。对华菱汽车公司提出的近20项具体技术难题进行了分类,并作了简要的解答。多数问题是普通的技术问题,可通过院士、专家的咨询指导,由企业的工程师自主解决;有几项是新技术产品研究开发课题,可以与企业合作攻关,将大学的研究成果向产业界转化、推广。

18日下午,郭孔辉院士、姚福生院士、徐滨士院士、胡正寰院士和吕振华教授返回合肥进行反馈总结,并与省市领导交换意见。

三、"院士行"取得的具体成果

此次院士行取得了较多的成果。应企业的要求,原定的8场学术报告会增加为16场,有2 000多人次听取了学术报告及专题讲座。除开幕式上2场比较宏观性的学术报告外,在分组活动时又举办了14场针对性和专业性强的学术报告,院士和专家与企业管理及技术人员进行了全方位的沟通和交流。由于分组的原因,没有听到其他组院士专家作报告的企业提出要求,希望补充,在院士行结束日程后,郭孔辉院士又率领部分专家到企业,满足了他们的要求。此次院士行活动,共与企业洽谈技术难题和项目50多个,初步达成合作意向15项。除与上述3个企业签订合作协议与意向外,还与铜陵有色公司、安庆振发锻件公司、安徽康达制动器厂等企业签订了3个合作意向。

通过短短几天的交流与洽谈,不仅为企业解决了一些技术难题,更重要的是建立了企业和工程科技界之间长期合作关系。此次"院士行"活动仅仅是双方合作的开始,合肥、芜湖、马鞍山等市的领导及企业纷纷表示,将在活动结束后组团回访,进一步与院士专家加强交流和合作。通过这次"院士行"活动,院士、专家对于汽车生产厂家也了解到很多实际情况,这非常有利于今后双方的技术合作,同时也为院士、专家们的科研和教学活动提供了来自生产技术领域的源泉。

四、企业与院士、专家的几点建议

1. 企业希望"院士行"能向有关方面建议,设立国家级奇瑞汽车产业基地,享受国家级高新区内高新技术企业所得税政策;享受中外合资企业所得税、进口设备免征关税及进口环节增值税的政策以及东北老工业基地企业技术改造政策;建议政府有关方面对奇瑞公司汽车出口退税给予专项支持。江淮汽车与华菱都要求政府在制定政策的时候,不要对一些大的却又不能担起技术革新重任的集团公司过于偏重,应加大对这类自主创新企业的扶持力度。

2. 建立产、学、研联合开发资金,企业与科研院所找到合作点后由于缺乏资金支持,有些好的项目难以进行进一步合作,建议政府能建立相关的基金促成双方的合作。

3. 鉴于我国现代工程技术人才的严重缺乏和自主创新技术的迫切需求,湖南大学钟志华校长建议通过院士行活动呼吁在我国工程技术学科较强的学校开展规范化的单科培训计划,即允许在职或脱产人员单独选修一门或多门工程技术方面的课程,并在考查或考试合格后发课程选修结业证。

江西航空、汽车企业技术创新院士行

为进一步贯彻落实十六届五中全会关于加强自主创新的决定，支持江西航空、汽车产业做强做大，应江西省经贸委邀请，国家发展和改革委员会、中国工程院于2005年11月29日至12月1日在南昌举行"江西航空、汽车企业技术创新院士行"活动，参加此次活动的有张彦仲、杜善义、柳百成、屠基达、郭孔辉、李明、张福泽、石屏8位院士和来自清华大学、哈尔滨工业大学、吉林大学、天津大学、东南大学、湖南大学等国内知名院校的10位航空、汽车行业专家。此次活动以洪都航空集团、江铃汽车集团为主要服务对象，兼顾江西航空与汽车两大产业领域20余家骨干企业，针对企业提出的技术难题以及航空、汽车产业发展的共性和关键性问题开展技术对接和咨询。

一、企业情况介绍

江西的航空和汽车产业已成为支撑江西崛起的重要支柱。航空工业主要包括洪都航空集团、昌河飞机集团、景德镇航锻公司和中国直升机设计所，兼具固定翼飞机和旋翼飞机科研生产能力，拥有总资产44亿元，是我国航空工业科研、设计、试验、生产的重要基地。2004年，全省航空产品销售收入达17亿元。江西汽车工业全行业总资产达190亿元，具备年产汽车38万辆、专用车1万辆的生产能力，主要产品有江铃轻型载货车、全顺系列客车、陆风SUV、昌河北斗星、爱迪尔微轿、昌河微型面包车、富奇SUV、上饶客车、安源客车、江特环保型压缩式垃圾车等。2004年，江西汽车工业共生产汽车18.8万辆，实现销售收入160亿元，其中江铃汽车集团公司生产汽车7.3万辆，实现销售收入101亿元，利税达12.3亿元。此外，随着汽车行业重组初具雏形、产品研发稳步推进、零部件产业快速发展以及出口创汇的大幅增长，近些年来，江西汽车产业结构调整取得了积极进展。

二、"院士行"概况

11月29日上午，"江西航空、汽车企业技术创新院士行"活动开幕式及学术报告会在赣江宾馆隆重举行，江西省副省长凌成兴同志出席并讲话，张彦仲院士代表中国工程院致辞。江西省各工业主管部门、各省区市经贸委负责同志、省重点制造业企业工程技术人员共300多人参加了会议。会上，张彦仲院士和柳百成院士分别作了《建设节约型社会》和《掌握核心制造技术，提高自主创新能力》的专题报告。11月29日下午，院士和专家们分组考察了洪都航空集团公司和江铃汽车集团公司，详细了解企业的生产经营和发展情况。

11月30日，以张彦仲院士为组长的航空组8位院士和专家在洪都航空集团公司进行了一天半活动，期间，杜善义院士作了题为《新型轻质材料及其在飞行器结构中的应用》的学术报告，张福泽院士作了《提高产品质量、可靠性和寿命是振兴企业之本》的学术报告，李明院士作了题为《无人作战飞机的发展》的学术报告。这些报告从不同角度，介绍了专业技术前沿的发展趋势及国内外发展动态。根据企业的要求，分飞机设计、制造技术，信息网络系统，及有关制导技术3个组，与企业领导、技术负责人和科技人员进行了对口技术交流，院士、专家们认真地回答了企业提出的热点、难点技术问题，并就一些成熟技术达成了合作意向。12月1日，院士、专家与企业的主要领导、各部门技术负责人等就企业“十一五”发展规划及产品系列、技术发展方向等进行了座谈，提出了不少建设性的意见，受到了企业的高度肯定（具体规划建议、技术交流成果省略）。

11月30日，以郭孔辉院士为组长的汽车组（汽车组由2位院士和8位专家组成）在江铃汽车集团公司为江西省汽车及零部件制造企业的150余位工程技术人员进行了1天的技术讲座和交流，针对企业提出的一系列技术问题，郭孔辉院士、熊守美教授、欧阳明高教授、吕振华教授、杨学友教授、钟志华教授分别作了题为《汽车底盘集成技术》、《汽车轻量化及精确成形制造技术》、《汽车能源动力发展趋势及对策》、《数字化汽车设计开发技术应用》、《先进制造中的数字化测量技术》、《汽车设计制造CAE技术》的6个专题报告。院士专家们还与企业工程技术人员就当今国外汽车制造业的发展水平和未来发展趋势进行了广泛的交流。

短短两天时间，院士和专家们为企业介绍了大量先进、实用的制造业信息，并对企业的发展进言献策，不仅使江西航空与汽车企业开阔了视野，也让广大工程技术人员增长了见识，了解了专业技术前沿。

三、为江西汽车产业“十一五”发展规划出谋划策

12月1日，“江西汽车产业‘十一五’发展规划研讨会”在赣江宾馆举行，郭孔辉院士等6位汽车行业专家、江西省经贸委、省机械行办、省汽车办以及10余位重点汽车企业的领导参加了会议。专家们在认真听取了省汽车办关于江西汽车工业发展现状和“江西汽车产业‘十一五’发展规划”的介绍后，就江西汽车工业在“十一五”时期的发展问题提出了自己的看法和建议。具体建议如下。

1. 技术创新是产业发展的关键因素

汽车是一个支撑起国家经济命脉的大产业，我国改革开放20年来，引进了不少国外品牌的汽车，但并没有学到多少关键的核心技术。新时期的合资合作中，先进一方对落后一方的最有效控制是技术控制，技术控制可以使弱小的国家在经济上成为强国的附庸，这是一场没有硝烟的战争。同样，江西汽车产业真正享有自主知识产权的品牌也非常少，因此，如何进行技术创新，打造自主品牌，既是未来汽车产业竞争取胜的关键，也是目前最紧迫的课题。目前，在全国汽车行业整体下滑的形势下，江西汽车工业却处于相对稳定时期。江铃汽车通过与福特、五十铃合作，引进了先进管理技术，使企业发展保持了良好的势头。但江西汽车尚未建立起高水平的汽车开发体系，开发手段落后，这些都将影响企业的发展后劲。加快汽车产业发展，要充分利用国内国际两种资源，一只眼睛向内，一只眼睛外向，坚持走引进、消化、吸收的路线，努力争取双赢合作的国际化道路。要大力倡导自主品牌，不断提高自己的核心技术，汽车工业才可能进入良性循环，走上可持续发展道路。

打造自主品牌，近的可以学习浙江的吉利和安徽的奇瑞，远的可以学习韩国的汽车制造业。

从中国目前的发展速度来看，未来几年，汽车市场前景仍将十分看好。面对国内新一轮汽车市场发展，江西汽车应发挥特色，立足优势，以经济型轿车为重点，加快产品结构调整和升级。围绕安全、环保、节能等重点领域，采用新能源、新材料、新工艺开发研制新车型，占领技术制高点。

2. 体制创新是产业做强做大的根本保证

做大做强汽车产业，体制创新非常重要。由于体制上的原因，江西汽车企业的研发经费占企业销售收入的比重平均不到2%，低于全国平均水平。

体制创新，还需要营造良好的政策环境，在税收、融资等方面采取更有效的措施鼓励自主创新，同时加大二次创新力度，在引进消化吸收的基础上，提高再创新的能力。作为管理部门，在倡导打造真正属于自己的自主品牌的同时，要坚持发展开放型经济，推进核心企业与国际接轨，鼓励核心企业加强对外经济技术交流与合作。支持企业通过转让资产权益、出让股权等方式吸引国内外资金，尤其是民间资金。以资产为纽带，靠大联大，实行兼并联合。推进汽车行业的战略性重组，打造江西汽车产业的"航空母舰"。

3. 人才是企业决胜市场的最终动力

牢固树立人才第一的观念。不少优秀的汽车企业不拘一格用人才的理念随处可见。人才是一切事业成功的根本。企业要想发展，要有长远眼光，要有好的人才战略，要通过观念创新、体制创新和环境创新，建立培养吸引、使用人才的环境和氛围，造就善谋实干的企业家。企业可以通过公开招聘、委托重点院校定向培养等方式，引进与培养汽车专门人才。充分发挥现有队伍的能力要跟引进人才相结合。另外，一支好的技术队伍，内部都要有一个好的学习机制。

4. 科学规划是产业发展的前提条件

江西制造业曾经有过辉煌的历史，江西汽车产业具有较好的发展基础，然而，在全国汽车市场份额增加、容量不断扩大的背景下，江西汽车与国内发达省份及周边的广东、江苏、浙江、安徽等地横向比较，差距还比较大。江西汽车要加快发展，必须统筹安排，科学谋划，特别是一定要注意结合自身实际，发挥出自身优势。江西汽车工业"十一五"规划中有发展重型卡车的计划，但是一定要慎重考虑此计划，因为目前江西有生产轻卡、商用车、大客车的良好基础，而重卡必须从零开始。如果把资金集中投向江西已经有一定基础的领域，比如越野车，可能会撑起另一块天地。

这次"院士行"活动为中国工程院与江西省企业搭建起了一座长期合作、共同发展的桥梁，并对江西省航空、汽车产业的发展和企业技术创新产生重要的影响。

江西有色产业技术创新院士行

2005年11月7-9日，由国家发改委、中国工程院主办，江西省经贸委、赣州市政府承办的"江西(赣州)有色产业技术创新院士行"活动在赣州市隆重举行。本次活动由中国工程院副院长王淀佐院士带队，8名工程院院士、11名有色行业专家及院机关工作人员参加。江西省委常委、赣州市委书记潘逸阳出席了开幕式并代表江西省委省政府致辞，国家发改委高技术司助理巡视员刘艳荣也应邀参加了此次活动。

一、活动概况

此次活动由中国工程院化工、冶金与材料工程学部负责组织实施，参加活动的有王淀佐副院长、周廉主任、左铁镛、邱定蕃、张国成、张文海、李正邦、高从堦8位院士和廖春生、颜世宏、余成洲、王含渊、刘大星、王成彦、于月光、殷为宏、刘建章、詹小青、江传瑜等11位有色行业专家。江西有色行业47家企业参加了整个活动。

活动开幕式上，潘逸阳书记向院士、专家介绍了江西省省情及有色产业的发展现状，并表示希望通过此次活动，有针对性地研究解决一批关键技术难题，加快把江西建设成为全国最大、世界一流的铜冶炼及精深加工产业基地，全国乃至世界重要的钨、离子型稀土生产研发基地和贸易中心。开幕式后，左铁镛院士、张国成院士、邱定蕃院士和殷为宏教授分别作了《贯彻科学发展观发展有色金属工业循环经济》、《稀土应用发展战略研究》、《世界钴的资源、生产与应用形势》、《钨材的深度加工》的专题学术报告。

在活动中，院士、专家们首先分成钨、稀土及其他有色三个组对赣州虹飞钨钼材料有限公司、崇义章源钨制品有限公司、赣县红金稀土有限公司、赣州虔东实业集团公司、江西南方稀土高技术股份公司、赣州锡业有限公司、赣州钴钨有限公司进行了考察，详细了解各企业的生产技术状况，然后分别针对江西省稀土、钨产业的发展召开专题研讨会，为江西有色产业及相关企业的发展战略、技术创新体系建设建言献策，同时与企业开展了技术对接，对企业提出的纳米钨粉的生产及应用、钨元素开发利用的新领域、钨钴废硬质合金和含钨催化剂作为再生资源的处理方法、稀土矿山浸出液膜浓缩富集、分离厂废水处理、电解炉渣处理等技术问题一一进行了答复。

二、江西省有色产业基本情况

江西是我国主要的有色矿产基地，其中铜、钨、离子型稀土、银、钽等有色矿产储量均居全国前3位。经过几十年的努力，江西省现已形成了包括矿山、冶炼、加工和地质勘察、工程设计及科学研究等部门组成的比较完整的有色金属工业体系，基本形成从矿产品、冶炼产品、加工产品到应用产品的较为齐全的产品系列，发展了一批具有较强实力和规模优势的有色冶炼加工企业。到目前，全行业拥有规模以上有色金属企业178家，其中销售收入超亿元的37家，总资产达250亿元。2004年，江西省有色金属产量46.2万吨，实现销售收入280.2亿元，工业增加值58.4亿元，利税总额34.2亿元，销售收入列全省各行业第二位，在全国同行业排名由第12位跃升到第8位，一举成为对全国有色金属工业发展具有重要影响的省份。

三、院士、专家对江西有色产业发展的咨询意见和建议

1. 滥采不息，10年后“钨都”将消失

近年来我国钨工业发展迅速，钨产品结构和钨品出口结构进一步趋向合理，一批新兴企业得到蓬勃发展，国内钨企业正向着规模化、集团化方向发展，科研院所的高科技资源优势，在钨的深加工领域得到长足发展。但是，必须清醒看到，我国钨业在发展过程中尚存在很多问题：中国钨协调查发现，全国主要矿山普遍超产20%，其余上万吨的产量则是非法矿山、矿点违法开采的，大部分小型钨矿追求短期利益，采富弃贫、采易弃难等掠夺性开采现象普遍存在，滥采滥挖现象十分严重。

钨是我们国家的优质资源，是我国少数几个在国际上长盛不衰的资源，其储量、精矿产量、钨品

出口量均居世界第一。作为一种国际性的资源，它的产量必须与国际市场需求相联系，而不能盲目开采，大干快上。按钨的保有量，从全国的基础资源只有 135 万吨，江西 32.8 万吨。从全国来看，湖南第一，占 47.9%；江西大约占 23.1%。江西去年产量达到全国的 67%，按照现在每年 3 万吨的开采速度，仅够开采 10 多年，也就是说，10 年后江西的资源就枯竭了，优势就没有了，江西还能称自己“世界的钨都”吗？全国也面临这样的问题，按现在国内钨业每年 10 万吨产量来算，全国的资源也只够挖 14 年，也就是说，如果继续目前的滥采滥挖势头，作为重要的战略资源，10 多年后我们的国家将无钨可采，我们将受制于人。这不是耸人听闻，而在摆在面前的现实。

钨是不可再生的资源，可持续发展不仅要求为当代还要为下代留下发展的空间，所以按照科学发展观，钨的发展必须严格控制，江西应该在资源的保护以及产量上作出战略性抉择。

2. 低水平重复建设令人堪忧

除了无序滥采外，低水平重复建设也让人堪忧。还是以钨行业为例，在目前钨产品冶炼加工一半以上的产能闲置的背景下，一些钨矿区仍在大上选矿、冶炼加工企业。盲目重复建设使我国宝贵的不可再生的钨资源被大量消耗。钨矿是不可再生的紧缺战略资源，超规模无序开采钨精矿，使国内钨储量下降，资源优势逐步减弱。

据中国钨协会估计，目前国内低水平重复建设的仲钨酸铵、钨粉、钨铁、硬质合金等项目投资超过 20 亿元，而我国钨行业的年销售收入只有 100 亿元。低水平盲目重复建设潜伏着巨大的投资风险，以仲钨酸铵为例，上一条 1 000 吨的生产线需要投资上千万元，而其附加值较低，投资回收期长。但是目前钨价较高，产能过剩的投资风险可能暂时被掩盖，一旦钨价走低，企业经营将面临巨大的风险，因为低端产品产能产量急剧膨胀，必然导致行业整体效益下滑。

3. “肥水”流向外人田

我国钨的加工制成品仍以初级产品出口为主，出口附加值低，储量世界第一的资源优势没有完全在经济上体现出来，反而成就了国外依靠中国的廉价成品、半成品和本国的高新技术加工高精尖产品再返销中国抢夺中国市场的机遇。在国际市场上，我们占有资源优势的不少有色金属产品并没有占到价格优势。现在国外不少国家都停止了对钨的开采，好像我们占据了国外的钨市场，其实这是自欺欺人。其他国家把自己的资源保护起来，廉价去购买我国的资源，同时把环境污染都丢到我们国家，这种状况，令人痛心。

4. 矿山生态环境不容乐观

从江西有关资料看，矿山生态环境状况不容乐观。资料显示，矿业活动已破坏江西土地及植被面积达 1 870 平方公里，局部出现了大面积水土流失及沙(石)漠化。采矿还频频引发地面塌陷、地裂缝、滑坡和泥石流等地质灾害。废水每年直接注入江河 7 亿吨以上，构成了对人畜及农作物的危害。此外，矿产的开发也对当地森林资源、水资源造成一定的破坏。

院士、专家针对江西省有色产业发展，提出如下建议：

稀土方面：

(1) 保护好宝贵的资源。离子型稀土是我国所独有的珍贵资源，是被国家列为保护性开采的战略资源，赣州又是主产区。一定要保护好这一资源，坚决杜绝滥采滥挖，同时要大力推广原地浸矿等一系列新工艺新技术，在合理开发利用资源的同时，保护好环境。

(2) 要高效利用资源。由于离子型稀土资源的稀有性及用途广泛，一定要高效利用。得资源者得天下，要让宝贵资源发挥出最大的经济效益。

(3) 要对稀土产业进行科学的规划。包头通过建设稀土工业园,整合了产业,创造了良好的发展氛围,赣州的稀土产业也要统筹规划,不一定要过分强调把产业做得多大,但要尽可能做强,要努力朝着资源消耗少、经济效益高的方向发展。

(4) 要做好总量控制。世界上90%的中重稀土是中国供给的,但中国却左右不了稀土产品的定价权,根本原因就是总量失控和内部恶性竞争。欧佩克的石油产量只有世界的40%,但由于建立了控制生产总量的协调机制,就可以左右世界石油市场。作为离子型稀土的主要产地,江西要很好地借鉴他们的做法,控制总量,定产保价。建议建立稀土专卖局,对钕、镨、铕、铽、镝等稀土市场中起风向标作用的稀土元素实行专卖。

(5) 多年来,钕铁硼产业一直保持20% ~30%的年增长速度,起到带动整个稀土产业发展的领跑作用。要以满足钕铁硼产业的需求作为稀土总量控制的指标,以控制金属钕价格12万元/t左右为适宜,市场价格高于它则增加产量,比它低则减少产量。

(6) 赣州的稀土产业要向深加工发展。赣州是全国乃至全世界的稀土金属主产区之一,有发展钕铁硼产业的雄厚物质基础,为什么还没有建立起自己的钕铁硼产业?钕铁硼是发展前景很好的朝阳产业,要认真研究如何解决这个问题,不能光卖稀土金属这种原料性的产品。

钨及其他有色产业方面:

(1) 企业要创名牌,但不能什么都搞,不能追求大而全,要集约化经营。钨业要向现代化方向发展,向现代化技术精确加工、优质加工、清洁加工、节约加工、高效自动化加工方向发展。

(2) 采矿必须注意两点:第一,政府要制定政策提高资源回收率,只有回收率大于规定值才允许企业开采;第二,持续保护好矿山环境,监督采矿企业严格遵守相关的环保条例。

(3) 发达国家把钨金属当作战略金属,用法律进行战略储备,美国的钨到现在仍然是战略金属。在我国,钨只被当作一种普通金属,过多过量的生产和无序的大量出口,只能导致我们自己的损失。江西省应根据中央的精神,在"十一五"规划中重点考虑钨的战略定位和战略发展问题,希望江西赣州能够成为一个真正意义的可持续发展的世界性钨都。

(4) 建立地质勘探与生产企业的合作机制。一些地质勘探企业缺乏资金,而大多数生产企业又没有自己的勘探队伍,因此,要鼓励各类企业开展合作,并可借助一些风险勘探公司,实现共赢。

(5) 加强国际合作,提高产品的附加值,延伸产业链。一般来说,深加工产品与原矿的效益比是3:1,发展钨制品应采取精品战术,发展钨企业要做到既减量又增值。产品要努力向高端、高附加值方向转移,只有这样,才能真正形成产业的竞争优势。

(6) 加强研发合作。企业家们应该与全国的科研院校保持联系,密切跟踪行业的技术发展方向,企业亦可与研究部门就某一个产品建立合作研究机制,进行前期科研投入,共同拓宽钨的应用领域,促进钨产业的发展。

(7) 钴产业的发展问题。第一,在原料来源上,不能太单一,这样容易受制于人。钴的原料很多,如铜冶炼的中间产物,这样的原料价格也会较便宜。但不同的原料就需要有不同的技术,所以,在工艺流程中,必须要有这方面的技术。非洲钴资源非常丰富,3%的钴矿都不开采,建议我们的企业家到非洲投资建立初级产品加工厂,制成硫酸钴,提炼含钴40%以上后再拿回来进行深度加工,这样一来既较低了成本,又解决了环境污染问题。第二,要努力使产品链上往后延伸,使我们产业结构上得到优化和升级。

(8) 赣州的锡企业发展,要走出去。可以考虑在印尼建设初级加工厂,现在印尼也开始对矿业实行保护，不允许锡矿砂直接出口，我们可以在当地加工初锡，在赣州进行深加工，再把产品销出去。

(9) 有色产业发展思路。一是向下看的同时，也要往上看。深加工肯定是对的，但也要在找资源上下功夫；二是既要向内看，更要往外看。外看我们做得很不够，许多技术问题，在我们产业内相互封锁。无论钨、稀土、钴，首先是要加强对外交流，适当的技术交流能够有力促进共同发展和做强整个产业。当然组织开展行业技术交流，政府部门要发挥积极作用，同时也要发挥行业协会等中介服务组织的作用。三是要向近看，更要向远看。钨价今年涨的很高，各企业效益都很好，这个时候应该加大投入，在找资源上、在环境治理上，尤其是在深加工以及产品研发上进行投资，企业家们更应该在购买专利、引进人才、引进技术等方面想得更远。

(10) 培育矿业权市场。从其他省、市的一些经验看，培育建立和发展以资源为基础、企业为主体、市场为导向的矿业权市场，是规范矿业资源、实现资源向资本转化的有效途径。具体做法是，规范矿业权市场秩序，把矿业权作为重要的资产进行经营运作。比如建立多渠道、多层次的矿业权出让方式，以拍卖、招标方式有偿出让矿业权，体现公开、公平、公正的市场运作准则。另一方面原则上停止以行政审批方式出让采矿权，无偿取得的采矿权在延续、变更登记时必须进行采矿权权益评估，补交采矿权价款。同时还要做到垄断一级市场，规范二级市场，激活三级市场，积极探索矿产地收储途径，通过矿产资源管理秩序整治收储一批矿产地，增强政府调控市场的能力，推动有色产业健康、有序及可持续发展。

此次"江西有色产业技术创新院士行"活动的成功举行，为江西省企业与中国工程院开展长期技术合作架设了一座沟通的桥梁，并将对推进江西省有色产业技术进步和升级，提升企业技术创新能力产生重要而深远的影响。

河南食品工业技术创新院士行

2005 年 12 月 11 日至 15 日，由国家发改委、中国工程院共同组织，农业、轻纺与环境工程学部张高勇(带队)、周国泰、方智远、段镇基 4 位院士，江南大学校长陈坚教授、副校长金征宇教授以及姚惠源、吴振龙、刘嘉喜、余坚勇、高彦祥、陈满儒、袁明龙、刘秀梅、黄卫宁、张伟国、陈卫、顾正彪等 14 位专家在河南进行了"河南食品工业技术创新院士行"(以下简称"院士行")活动。

国家发改委高新司胡立玲调研员、河南省发改委张大卫主任等有关部门的领导、中国工程院王海荣巡视员、梁晓捷处长参加了此次活动。河南省副省长贾连朝出席了"院士行"的开幕式，副省长马万令参加了总结会。郑州、漯河、周口等市的领导分别会见了"院士行"的全体成员。

一、活动概况

本次活动由河南省政府邀请，国家发改委、中国工程院组织，河南省发改委协助实施。为开展好本次活动，张高勇、伦世仪两位院士于11月对企业进行了预调研，并与河南省发改委和企业领导同志就本次活动进行了具体安排。河南省领导、相关部门与企业高度重视并精心组织，为本次院士行活动的顺利完成打下了基础。

活动中，张高勇、周国泰、方智远三位院士和陈坚、姚惠源、刘秀梅三位教授分别作了《国家技术创新体系与企业技术研发中心的发展浅析》、《军用食品未来需求与发展趋势》、《农产品加工关键技术研究的一些问题》、《我国中长期食品工业发展趋势》、《我国生物食品产业现况和发展趋势》、《掌握食品安全科学促进食品工业发展》的学术报告，并利用半天时间，与河南省省直有关部门、省辖市的发改委、经委、工业局的领导、有关食品骨干企业技术负责人、科研单位、高校代表进行了座谈。活动中，院士和专家重点参观了郑州三全食品股份有限公司、双汇集团、河南莲花味精股份有限公司、河南金丹乳酸有限公司，有针对性地与企业领导和技术人员进行了深入交流。

二、各企业概况

1. 郑州三全食品股份有限公司

郑州三全食品股份有限公司成立于1992年，是一家以生产速冻食品为主的股份制企业。经过十几年的发展，三全由当初几十名员工的小厂发展成为现今国内生产规模大、设备先进、网络健全的大型综合速冻食品企业，目前三全在全国拥有35家分公司或分厂，员工总数超过24 000人，年产速冻产品几十万吨，三全速冻食品已成为中国速冻食品的著名品牌。三全食品股份有限公司正在探索中式快餐的开发，并已在郑州、北京试营业，计划在全国形成800～1 000家中式快餐连锁店。

公司设有冷冻事业部、常温事业部、快餐事业部和管理总部。作为国家认定的农业产业化国家重点龙头企业，三全还设有郑州市食品工程技术研究中心。以“提升中国食品行业技术水平，领导中国速冻行业发展方向”为目标，三全公司正通过产品创新、产品结构优化和渠道多元化的企业发展战略打造中国速冻食品、方便食品的第一品牌。

2. 双汇集团

双汇集团是以肉类加工为主，跨行业、跨地区、跨国经营、销售收入超200亿元的特大型食品集团。现有总资产近60亿元、员工3万人，拥有国内外60家国有全资、参股、控股子公司。企业年屠宰生猪900万头，年产冷鲜肉及肉制品160多万吨，是中国500家大型企业之一，并进入了国家农业部、财政部等八部委确定的“151家农业产业化国家重点龙头企业”。公司还设有人事部批准设立的博士后工作站和全国肉制品加工工程研究中心。

双汇集团作为中国最大、世界第三的肉食品加工企业，目前已建立起横跨上游（生猪饲养和饲料生产）、中游（屠宰、冷鲜肉和肉制品加工、外延化工、包装等）、下游（与主业相关的生化工程、生化制药）的较为完整的产业链，形成了4个核心产业群即肉制品加工、生猪屠宰、化工包装和饲料养殖业，并在食品物流、商业连锁、信息平台等方面崭露头角。以双汇为龙头的食品产业已成为漯河市经济的第一支柱产业，对发展地方经济、解决“三农”问题贡献巨大。

3. 河南莲花味精股份有限公司

河南莲花味精股份有限公司注册资本8.84亿元，现有总资产45.44亿元，员工10 959人。年产味精20万吨、谷朊粉4万吨、等级面粉30万吨、复合肥20万吨。具有装机容量8.5千瓦、年产蒸汽220万吨的热电联供的热电厂一座。年加工粮食100万吨左右，销售收入25亿元。

从目前情况来看,河南莲花味精股份有限公司具有以下几方面的优势,一是生产味精的原料优势,地处中原,是小麦的生产基地,除此之外,生产工艺还可以用玉米、大米、糖蜜、糖母液;二是已开发出温敏型菌种优势,即用亚适量菌种和温敏型菌种进行发酵,有望提高产酸率和糖的转化率;三是产品质量优势,通过引进日本味之素的结晶工艺,从而保证了味精的纯度和相关的质量指标;四是具有品牌和市场优势,"莲花牌"味精是老品牌,在市场上有了一定的知名度,也形成了一定的市场占有率,并已打入国际市场,其出口量占全国味精出口总量的80%。

河南莲花味精股份有限公司将进一步扩大味精的生产能力,计划明年达30万吨;进一步开发食品用的其他氨基酸品种,通过技术进步降低味精等产品的生产成本。

4. 河南金丹乳酸有限公司

河南金丹乳酸有限公司始建于1984年,生产乳酸已有20多年的历史,其规模为世界第二、亚洲最大的乳酸及系列产品生产企业,其中DL-乳酸产量居世界首位。目前公司资产2亿元,员工560人,其中,从事高技术研发人员138人。2005年1月—11月生产乳酸等系列产品3.64万吨,实现销售收入近3亿元,利税6 000万元,出口创汇1 500万美元,是国内最大的乳酸出口创汇基地。

河南金丹乳酸有限公司是河南省高新技术企业,河南省首批循环经济试点企业。公司有人事部批准设立的博士后工作站,乳酸工程技术研究中心。

公司正在建2万吨精品乳酸,拟建1.5万吨医药级乳酸工程、5万吨可聚合的L-乳酸工程、2万吨乳酸酯及衍生物工程。其发展方向是建设聚乳酸和聚乳酸树脂,形成乳酸精深加工产业链。

三、院士专家对河南省食品加工发展的初步意见和建议

院士和专家对河南省政府将食品工业作为支柱产业发展,并重点发展小麦—专用面粉—面制品精深加工产品链、玉米(小麦、薯类)—淀粉精深加工产品链、畜禽—屠宰加工—肉制品精深加工产品链,同时采用政策扶持、加强优质农产品生产基地建设、促进食品工业创新体系建设、加强食品安全监管的总体发展思路给予了充分的肯定。同时也指出:发展任何食品加工业都要以市场为导向,要组织社会资源,着眼于中长期发展,避免雷同,走自己特色的发展模式;要注重循环经济建设。

在短短的4天活动中,院士和专家们畅所欲言、各抒己见,积极解答相关技术问题,针对企业技术需求为企业提供了多项技术和市场信息,并提出供企业决策时参考的若干意见和建议。

(一) 对三全食品股份有限公司的主要意见和建议

1. 我国2004年颁布实施的《速冻预包装面米食品卫生标准》GB-19295中规定:速冻面米生制品菌落总数≤30万cfu/g,霉菌≤150cfu/g,严于国外标准。但对生产速冻面米制品的原料微生物指标却没有限制(实际上目前我国95%以上的面粉、糯米粉的微生物含量很高,有的霉菌数量高达2万cfu/g)。在此情况下,如何在合理的成本范围内有效控制微生物,保证生产出合格、安全的产品。

院士和专家认为:一方面,企业要严把生产过程关,减少二次污染,降低微生物对食品的污染程度,确保食品安全,这是必须的。对原料处理,可采取辐照等措施,但这涉及到生产规模。从节约型社会和生产管理的角度来看,原料处理是放到原料生产厂好还是放到下游生产厂好值得研究。因此另一方面,这是政策层面上的问题,需适当修改速冻预包装面米食品的卫生标准,并制定面粉、米粉或相关用料的卫生标准,建议政府相关部门和专家予以考虑。

2. 冷冻预制面胚(发酵或非发酵)、冷冻面团专用面粉、酵母以及冷冻面团加工工艺、设备的研

制和开发问题。

这里的面胚就是面团(dough),面团是含有面粉、水、各种食品配料(如酵母)和食品添加剂在内的谷物生物化学体系。冷冻面团以其方便性、生产规模化、质量标准化被世界面制品业及烘焙业所青睐。院士和专家们一致认为三全食品公司关于研制开发冷冻面团高新技术的决策和定位是较超前的,充分肯定了冷冻面团产业化技术的研发对于中国面制品业、烘焙业以及传统食品工业化的重要意义,并提供了国际和国内涉及该项技术的前沿领域的信息。近 20 年来,冷冻面团(制品)技术,一直是世界谷物(食品)化学与冷冻食品科学界关注的热点。比如,法国的面包类食品生产中,90% 采用冷冻面团技术,属于食品前沿高新技术范畴,我国在这方面尚属起步阶段。由于中式面团体系的复杂性,因此冷冻中式面团(无论是发酵型还是非发酵型)的研制是一项极具挑战性的难题。

对于冷冻面团专用面粉冷冻发酵面团的酵母以及冷冻面团在加工、储藏、销售过程中的品质特性等问题,专家组的看法和建议如下:

(1) 面粉与面团是两个完全不同的体系,但面制品深加工大都经过面团这样一个中间品过程。所以冷冻食品专用粉的开发必须与冷冻面团的开发结合起来。冷冻面团问题解决了,冷冻面团专用粉的研制开发的问题也就好办了。

(2) 酵母的研究应从基础研究和应用研究两方面同时进行。一方面可以通过酵母抗冻菌株筛选或驯化,来保持其菌体在冷冻面团冷冻、冷藏过程中的活力,这是一个有意义的相对基础的研究课题,可能需要的研发时间较长,比如至少两年的时间,在目前产业急需的情况下,可从问题的另一方面着手,就是采用功能型的配料和抗冻剂来调节面团中酵母生活的环境、控制冰晶的方法,来提高酵母抗冻发酵的能力。

(3) 冷冻面团加工工艺的研究应着重从影响面团流变学特性的因素(如采用合理配料)和面团的胶体化学两方面来考虑。同时,要确定冷冻面团加工的工艺条件,并对产业化生产的参数进行优化(如发酵条件的优化以及最佳冷冻速率的建立),这也是研制开发冷冻面团非常重要的方面。通过优化工艺条件可控制冰晶的形成,这样不仅可以保护冷冻面团体系中的酵母,而且可以保护面团中的面筋网络结构。

专家组成员黄卫宁教授多年从事该领域的研究,关于冷冻面团技术已获得 2005 年中国发明专利,该项成果已经在长三角地区开始转让,建议双方进行进一步深入的交流和合作。

3. 关于速冻中式快餐食品研发、淀粉老化对产品口感影响、速冻水饺风味的保持及冻结曲线的建立等问题

专家组与企业技术人员及高管层就如何解决这些关键技术难题及必须解决的科学问题进行了讨论,大家基本达成了一致看法。

(1) 认为速冻中式快餐食品的研制开发是一个极具前瞻性的项目,因为食品的方便性研究是 21 世纪世界谷物食品的主流之一。在应用开发的同时加强中式快餐食品的风味保持和食品的特定质构等方面的基础研究可能是瓶颈。

(2) 淀粉老化是一个世界性的基础研究难题,要完全使淀粉不老化是相当困难的,但企业可以从食品原料的选择、食品添加剂和配料的选用,工艺条件的优化角度出发,来抑制或减缓淀粉的老化。

(3) 速冻水饺从生产到销售在 3 个月内产品能够保持原有风味,但在此后一周内,产品风味急

剧变化,这是一个涉及风味化学的基础研究课题,企业可组织熟悉食品风味化学的专家联合研究。

(4) 速冻米面制品冻结曲线的建立也是一个涉及基础研究的课题。

上述内容均涉及基础研究,建议三全食品公司加强与高等院校、科研院所及有关专家的合作共同研究开发。

(二) 对双汇集团的主要意见和建议

院士和专家们对双汇集团20年来从一家濒临破产的老企业发展到今天拥有60亿资产、200亿营业收入的中国第一大食品企业给予了高度评价,并对公司始终坚持科技创新,围绕“农”字做文章,做大做强传统食品产业给予了充分肯定。针对企业提出的8个技术问题和今后5~10年的发展规划,院士和专家们与企业管理层及技术人员进行了广泛交流,并提出具体意见和建议如下:

1. 着力发展循环经济,加强产业的延伸

双汇生猪屠宰能力已达到900万头,因此产生的猪皮、内脏、血液和猪油等是一个十分庞大的资源,如果能够全部或合理地利用将会产生巨大的经济效益。建议公司加强与大专院校、科研院所的合作,充分利用外部资源将这些项目推上去。如与中国皮革与制鞋工业研究院等合作,用清洁生产技术,从猪皮加工蓝湿革,从猪油可以提取油酸作为油脂化工原料,进一步延伸可以用来制造油墨、塑化剂、表面活性剂等,并可以制造二聚酸、共轭亚油酸等新材料和功能食品基料。特别是猪皮制革时脱脂下来的油,向油脂化工方面应用更具有重要意义。目前双汇集团在肉制品加工上已奠定领先优势,但仍需要产品的延伸,以寻求新的增长点。专家建议可利用双汇的肉制品加工特色和双汇连锁店的优势,以及冷链物流的便利条件,将肉制品与谷物食品结合起来,开发如热狗、汉堡等方便主食品,扩大产品种类,也带动肉制品的销售。

2. 开发军需食品,重视食品安全

双汇产品进入军队有着很大的可能性,如冷鲜肉可以进入连队的食堂,既解决军队肉食品安全供应问题,又开辟一个新的市场。双汇在全国有10个生产基地和几十家分公司,与军队按区采购的模式也能很好地衔接上。双汇的常温肉制品也可以作为单兵食品、应急食品供应军队,对双汇主业发展将起到很大的帮助。但军需食品有着特殊性,需要通过军方的认证和许可,单兵食品还需要有更长的货架期,因此建议公司加强与总后勤部军需装备研究所的合作和沟通,而且此次军需装备研究所的专家也对此可能性给予了很高的关注。食品安全已经成为全社会关注的热点,任何食品安全方面的事件对公司的形象、声誉乃至生存和发展都是不容忽视的事情。双汇在食品安全方面应该说做得比较好,但鉴于肉类安全在食品安全中所处的重要位置,还应该给予高度重视。

3. 巩固下游产业,加强生化制药的开发

目前双汇集团已经建立起横跨上、中、下游的产业,但相对于其上游和中游产业,下游产业进入时间还不长,目前主要是生产红曲米,以供应公司内部肉制品生产使用,但国内红曲生产中普遍存在桔霉素超标问题(1 000 mg/kg),而桔霉素是可能影响到食品安全的一个重大隐患。国内如江南大学等研究单位通过基因工程技术已经构建出不产桔霉素的红曲菌种,色素合成能力达到2 000 U/g以上,桔霉素含量在2.4 mg/kg以下,可以替代企业目前所使用的菌种,因此在这方面可以寻求合作。更进一步,可以利用红曲生产功能性红曲色素和降血脂药物洛伐他汀,固态发酵可以达到含量0.4%以上。从猪胰脏、肠黏膜、猪血等提取胰酶、弹性蛋白酶、激肽酶、肝素等生化制剂和生化药物具有很好的前景,而且也与双汇的主业相关度很高,具有很大的优势。目前国内这方面的研究单位较多,但要达到国际先进水平还有一定难度,建议公司进行充分调研和比较,选择水平高和研究能力最强的科研单位进行合作，尽快推进项目的实施，并使技术起点更高。

4. 关于乳酸链球菌素项目、火腿肠自动装箱系统技术和转基因食品检测技术问题

关于原辅材料的转基因食品检测技术，涉及分子生物学和基因操作技术，但该项技术已不成问题，可与相关高校如中国农业大学或江南大学寻求技术合作。火腿肠自动装箱系统目前存在的问题是错支率较高，大约在万分之二十，经过专家现场诊断，认为是自控部分达不到要求，可以根据问题，与陕西科技大学等单位进行合作研究，进一步改进。关于乳酸链球菌素项目，一些专家认为该项目的技术要求高，尽管该配料目前公司在产品生产中年需求量达到2 000万元，但是否需要自己生产满足供应还需多加论证。

（三）对莲花味精股份有限公司的主要意见和建议

院士和专家一致认为，该公司要在完善现有产品生产技术的同时，要开发新产品，拓展淀粉深加工的领域。

1. 采用温度敏感型谷氨酸产生菌在发酵工艺中添加甜菜糖蜜比添加甘蔗糖蜜取得较好的生产效果，而据化验分析，甜菜糖蜜和甘蔗糖蜜的成份中最大区别在于甜菜糖蜜中转化糖只有1.2%，而甘蔗糖蜜中转化糖高达35%。企业咨询，这是否是由转化糖含量不同引起的？

院士和专家认为：采用温度敏感型谷氨酸产生菌在发酵工艺中添加甜菜糖蜜比添加甘蔗糖蜜取得较好的生产效果的原因，不是由转化糖引起的。因为转化糖为葡萄糖和果糖，这二种单糖均能良好发酵。主要原因是由于甜菜糖蜜和甘蔗糖蜜中不同的生物素、含N量和胶体物质引起的。

	生物素(mg/kg)	**含N量(%)**	**胶体物质(%)**
甜菜糖蜜	0.05~0.3	0.2~2.8	2.5
甘蔗糖蜜	1~3	0.08~0.5	7.3

含有机氮高能促进菌体生长，而胶体物质高影响菌体生长并在发酵过程中易产生泡沫。生物素含量高也影响产酸。所以，添加甜菜糖蜜好于添加甘蔗糖蜜。

2. 关于快速测定生物素含量的方法和仪器以及谷氨酰胺生产技术的问题。

院士和专家认为：由于发酵液生物素含量非常低（10~200 μg/L），而且发酵液中各种成份也非常复杂，因此目前很难用仪器来快速测定。

目前国内（如江南大学）已有成熟的谷氨酰胺和脯氨酸等生产技术，包括谷氨酰胺产生菌、脯氨酸产生菌及相关的发酵工艺和提取精制技术，企业可以寻求合作。

3. 关于谷氨酸的深加工利用方向问题。

一方面，可以考虑扩大谷氨酸的应用市场，如开发医用级谷氨酸等；另一方面，要将谷氨酸向深度转化利用，如开发N－乙酰基表面活性剂、γ－聚谷氨酸，或将谷氨酸与其他氨基酸聚合成具有营养保健功能的寡肽。D－谷氨酸也是附加值很高的产品，企业可以考虑引进开发此产品。

院士和专家还认为，由于目前全国味精已经饱和，不宜再扩大其生产规模，莲花味精股份有限公司可以考虑生产其他品种的氨基酸。

4. 小麦淀粉的进一步深加工问题。

莲花味精股份有限公司在世界上是唯一一家将小麦淀粉用于生产味精的企业，在国家给予陈化粮补贴、小麦价格低的情况下，这是一个解决小麦深加工、提高其附加值的好的出路。但一旦没

有政策性补贴，目前，小麦淀粉的价格比玉米淀粉价格高，作为生产味精的原料又没有性能上的优势，甚至还有后道过滤等方面的不利影响。因此，企业应慎重考虑小麦淀粉的出路。

院士和专家建议，应将小麦淀粉转化成化工产品，生产能替代由石油产品生产出来的材料。如生产变性淀粉、淀粉塑料、淀粉表面活性剂、淀粉质轮胎等产品。以淀粉为原料生产乳酸，再生产聚乳酸是淀粉深加工的方向，企业要注意这些技术的开发与储备。

另外，关于表面活性剂可提高发酵产酸率的问题，专家们认为这与表面活性剂可能与它能分散酶与底物、增加其接触机会有关，在表面活性剂的选取上建议考察表面活性剂与酶和底物相互作用及体系杂质的影响，同时还应考虑筛选对环境和人体无害的表面活性剂。

（四）对金丹乳酸有限公司的意见和建议

院士和专家们对金丹乳酸有限公司坚持以技术创新，乳酸产量成为世界第二、亚洲第一的行业地位给予了高度评价，并围绕公司提出的关于乳酸发酵、乳酸精制和聚乳酸生产的技术问题，提出了如下具体意见和建议。

1. 乳酸发酵问题

金丹乳酸从产量上虽然达到年产 4 万吨的水平，但在工艺技术与指标上与国际先进水平相比还有一定差距，主要体现在产品纯度、发酵时间和产率上。国外乳酸纯度最好水平已达 98% ~ 99%，而目前金丹只有 95%，发酵产物中，杂酸含量比国外先进水平高 2% ~3%；发酵时间上，国外先进水平仅为 24h ~36h，而金丹公司目前为 55h ~60h；发酵产酸率方面，国外先进水平为 18% ~ 24%，而金丹仅为 11%。从这三方面的比较来看，金丹公司还需在技术攻关上下大力气，以尽快缩短与国外先进水平之间的差距。发酵时间、得率直接影响到生产成本，发酵产物中杂酸含量对最终产品的质量也有着密切关系，因此这些问题的解决好坏、快慢直接关系到公司在国际市场的竞争力。而发酵问题的关键所在是菌种及工艺技术，专家建议菌种问题可以与国内科研院所合作，通过基因工程改造来提高产酸水平，优化发酵性能，也可以考虑通过合作、合资的形式，从国外引进先进水平的乳酸产生菌种。

2. 乳酸精制技术问题

前几年，金丹生产的乳酸色度差，只有 4#色，与酱油差不多，经过几年攻关，现在已达到 1#色，但放置时间长后色度还会加深。这是精制技术还不过关。

乳酸精制技术有膜分离技术、分子蒸馏技术、电渗析技术等，但电渗析使后精制成本增高 20%，膜分离虽然可以使杂质减量，但不能根本解决问题。分子蒸馏技术具有很好的可行性，但目前国内这方面虽有单位进行了一些试验研究，但还没有成熟方案，专家进一步向厂家介绍了这方面的研究进展，主要问题是乳酸发酵液中成份不稳定（发酵液中乳酸含量比较稳定，但杂质含量波动大），影响了分子蒸馏的应用效果，这方面金丹公司可以在别人研究的基础上进一步探索。院士和专家建议，鉴于国内一些研究单位已经从国外引进了分子蒸馏的小试和中试设备，因此金丹公司不一定要自己再去购买，而且也没必要从小试开始，可以选择国内几家引进分子蒸馏中试装置单位中最好的一家，采用合作或委托的方式，直接将金丹的样品拿去进行中试，取得数据和工艺成熟后就可以进行精制技术的改造。

3. 聚乳酸生产技术问题

根据企业寻求聚乳酸生产技术的需求，专家组系统介绍了国内外聚乳酸生产与应用技术状况、发展趋势及有关专家自己的专利技术成果。指出一步法生产聚乳酸，国内外虽然研究很热，也有专利报道,但对乳酸纯度要求较高,且至今国内外尚无产业化报道。而二步法,国内已进行了小规模中试,且有自主知识产权,同时国内目前的乳酸质量可以满足要求。主要问题是目前国内乳酸生产成本较高,生产高附加值的医用材料可以,但生产一般民用可生物降解的新型环保材料,一方面乳酸生产成本还需下降,另一方面建万吨以上的聚乳酸生产装置中试数据还需进一步完善。鉴于聚乳酸既可生物降解,其最初原料又是可再生资源,符合国家未来发展的产业导向和战略需要,具有广阔的市场发展前景。目前,美国 Cargill 公司和陶氏化学(Dow Chemical)公司聚乳酸生产已有较大规模,国内虽有不少公司显示了强烈兴趣,但均未产业化。金丹乳酸作为国内乃至亚洲最大的乳酸生产基地,发展聚乳酸生产具有很好的优势,专家建议金丹公司可以和国内一些较强的研究单位合作,先建一个 300 吨 ~ 500 吨的中试生产线,开发医用材料,等条件成熟后,再上万吨规模的生产线。

4. 乳酸(盐)产品开发和应用问题

目前金丹公司的乳酸主要在食品工业中用作酸味剂和调节剂,但乳酸产品还包括乳酸盐防腐剂、抑菌剂,与红曲配合还可以替代肉制品中的亚硝酸盐,乳酸盐还可以开发成营养强化剂。因此院士和专家建议公司可以在扩大乳酸及乳酸盐系列产品用途上多做文章,从而将金丹乳酸进一步做强做大。

最后,金丹公司与此次院士行有关专家表达了在菌种、分子蒸馏及聚乳酸生产与应用技术方面的合作意向。

四、结束语

院士和专家们认为,增加农产品加工比例、提升农产品加工产品的质量、提高农产品附加值是解决“三农”问题的主要出路之一,也是增加农村就业人口的重要途径,更是提高人民生活水平的重要手段。食品加工业是农产品加工的主要方向之一,河南省领导高度重视利用当地丰富的农产品资源,发展自己的食品加工业是明智之举。河南省规模以上食品工业企业实现销售收入 1 068 亿元,居全国第四位、中西部首位,并有双汇、三全等国内有影响的企业,其规模和产品质量上形成了在河南乃至全国范围内的大型品牌企业,亦已初步具备了技术创新体系的雏形,这些成绩是令人欣慰的。但也要看到,要将这些企业培植成国内一流、国际领先的食品加工知名企业还有很长一段路要走。

院士和专家们建议:一方面,企业要加强自身内部管理体系建设,进一步激活企业活力,要苦练内功,注重加强企业自身创新体系建设,开发拥有自主知识产权的技术;另一方面,企业之间产业和产品要加强互补,要加强与全国相关大专院校、科研院所之间的合作,提升自身技术创新的能力;河南省政府部门要依靠自身的大专院校、科研院所,着力构建河南省食品工业的自主创新体系和创新平台的建设,要投入一定的人力和财力,做一些食品工业的基础研究,从而推动提升河南省食品工业的技术含量。同时,国家相关部门要从宏观上加以引导,政策上给予扶持,使这些企业能科学、快速地发展。

院士和专家们还建议:企业发展要注重推行循环经济,在取得良好经济效益和社会效益的同时,要有环境保护意识,注重食品安全,使企业能在良性、可持续发展的道路上健康、快速地发展。

学 术 活 动

〔工程科技论坛〕

中国生物质产业与经济工程科技论坛(第35场)

中国工程院第35场工程科技论坛暨2005中国生物质工程科技论坛于1月28日在人民大会堂召开。近百年的碳氢化合物经济为人类社会创造了空前的物质文明,也导致了石油资源的渐趋枯竭和大量使用化石燃料造成的环境污染。各国政府纷纷颁布政策法规,控制化石燃料的使用和鼓励利用可再生资源,"可持续发展"已成为时代的最强音。本次论坛正是在此大背景下召开的,由活跃在生物质工程技术前沿领域的两院院士为来自政界、学术界和企业界的180多位代表报告国际生物质科技发展趋势,分析我国生物质工程技术现状,商讨发展我国生物质产业的方针大计。

生物质主要指粮食以外的秸杆等木质纤维素类农林废弃物,以其为原料生产环境友好化工产品和绿色能源是人类实现可持续发展的必由之路,已成为世界科技领域的前沿。发展我国的生物质产业更具深远意义,不仅要解决国家的能源短缺和环境污染问题,而且更要解决"三农问题",发展农村经济、提高农民收入、改善农村生活条件。石元春院士在他的《农林生物质工程》综述报告中详尽描述了发展我国生物质产业的必要性、可行性,利用我国自行培育的甜高粱、麻风树等优良能源植物,具有自主知识产权的创新木质纤维素水解技术、和燃料乙醇、生物柴油、生物基塑料生产技术,可建设相当于一个大庆的年产5 000万吨"绿色油田"。指出农林生物质产业为我国提供了一次历史机遇,一次在"三农"、能源和环境上具有全局和重大战略意义的机遇。闵恩泽院士阐述了我国发展生物柴油炼油化工厂的意义,发展油料植物生产生物柴油,可以走出一条农林产品向工业品转化的富农、强农之路,有利于调整农业结构、增加农民收入和保护生态环境。曹湘洪院士分析了我国石油产需的突出矛盾,农林生物质丰富的资源潜力和国外利用生物质生产车用燃料和化工产品的现状及动态,提出我国应实施"政府推动、企业参与、选准目标、企学研结合,着力提高经济性,适时实现企业化"的生物质产业发展策略,宜在车用乙醇燃料和乙醇下游产品开发、生物柴油、聚乳酸树脂、1,3-丙二醇等四个方面重点突破。著名生物学家杨胜利院士在《生物炼制》的主题报告中介绍了如同石油炼厂一样把生物质原料分解为各种成分并转化为有市场价值的清洁燃料和环境友好化工产品的生物炼厂,展示生物技术的无穷魅力。王涛院士在《生物质燃料油的木本能源植物资源》主题报告中,介绍了中国主要生物质燃料油木本原料植物黄连木资源的分布、生长及可利用状况的最新研究成果,填补了该领域空白,为生物质燃料油生产提供了新的资源,加快了生物质燃料油产业化的进程。

华北制药集团有限责任公司刘寿文总经理在论坛上纵论国有大型企业在生物质产业中的中间作用,表示在国家的支持下,采取高校—国有大型企业联合开发的形式开展大规模生物基塑料和其他环境友好产品的研发和生产,争取在2010年前建成真正具有世界竞争水平的聚乳酸树脂加工厂,为中国在这一关系国计民生的产品领域争得一席之地,显示了国有大型企业的宏伟气魄。中国农业大学生物质工程中心副主任的李十中教授报告了目前生物质领域国际公认的关键技术问题和我国在此方面令人振奋的研究进展。

数字表明,生物质产业前景乐观。美国计划到2010年生物基产品由目前占总产品量的5%增加到12%,燃料酒精则由占运输燃料总量的0.5%提高到4%;2004年欧洲的生物柴油年产量已达214万吨;日本尽管生物质资源匮乏,但在生物质利用技术研究方面所取得的专利已占世界的52%,其中生物能源领域的专利占了81%。与会代表一致认为发展我国生物质产业的时机已经成熟,要不失时机地利用我国在资源、技术、人才、体制方面的优势建立这一朝阳产业。

(梁晓捷 提供)

生态环境建设与水土保持工程科技论坛(第36场)

随着国民经济的持续快速发展,中国洪涝灾害频繁、水环境恶化、水土流失严重等问题均十分突出,尤其是西部地区脆弱的生态环境,已严重影响到中国社会经济的可持续发展。为给广大水土保持与生态环境建设科技工作者提供一个高层次、综合性学术交流平台,针对生态环境建设中一些亟待解决的问题进行研讨,由中国工程院主办,北京林业大学承办,中国工程院第36场工程科技论坛——生态环境建设与水土保持论坛于2005年3月29日在北京林业大学召开。

论坛由中国工程院农业、轻纺与环境工程学部主任石玉林主持,林大校党委书记吴斌致欢迎辞。沈国舫、刘更另、蒋有绪等院士和有关专家分别围绕生态环境建设与水土保持作了"关于生态环境建设的概念和内涵的探讨"、"农业、土壤、水土保持与生态环境建设"、"新世纪林业生态建设工程的任务"、"中国水土流失及防治策略"、"抗逆、速生林木良种快速选育新技术研究"等学术报告。

论坛紧紧地围绕着当前国家经济发展中生态环境建设与水土保持领域中的热点和难点问题,以及对国民经济持续发展的影响等方面进行了广泛交流和深入的研讨。通过这次论坛,为我国生态环境建设和水土保持提出了建设性的建议,在一定程度上促进了我国生态环境建设事业的发展。

参加论坛人数达350余人,主要有中国农业科学研究院、中国林业科学研究院、中国水利水电科学研究院、国际泥沙研究培训中心等单位的科研人员参加,北京林业大学的师生作了旁听。

(梁晓捷 朱新海 提供)

中国稀土产业发展工程科技论坛（第37场）

由中国工程院化工、冶金与材料工程学部主办，包头稀土高新区管委会承办的第37场工程科技论坛即“中国稀土产业发展工程科技论坛”，于2005年4月18－20日在包头召开。

论坛的中心议题是请有关院士和专家介绍国内外稀土产业发展现状，分析预测今后若干年稀土产业发展趋势，指出我国稀土产业发展的方向和重点，讨论和研究包头在我国稀土产业发展过程中所处的位置和作用，以及包头稀土产业的方向和重点。

出席论坛的专家报告团由18人组成，其中有周廉、徐光宪、汪燮卿、张国成、张文海、陈立泉6位来自两院的院士。会上13位院士专家就稀土在磁性、催化、储氢、发光等各个功能领域的应用现状及未来发展策略和重点发展项目作了精彩的学术报告。同时结合包头的资源优势产业，还邀请了铜、铝、硅、镁合金等领域的院士专家对各产业的当前发展和未来发展趋势进行了详细的阐述。

30多家稀土企业、科研院校等单位的负责人、技术人员及师生近200人参加了论坛。

中国工程院院士、化工、冶金与工程材料学部主任周廉致开幕词，包头市副市长朱蒙代表市委、市政府对论坛的召开表示祝贺。

论坛主要内容包括专题报告，中国稀土产业发展专家顾问座谈会和院士专家座谈会。本次论坛有13篇学术报告，涉及范围广、内容新；有较高的学术价值，集中展示了当今国际最新的稀土、铜、铝、硅、镁等学术研究成果，分析了各产业的研发现状和未来发展趋势，对推动包头稀土行业及相关优势产业的科技进步具有深远的指导意义。它不仅为包头稀土产业发展出谋划策，提升稀土产业在国内外的地位，对宣传包头稀土资源和产业的战略地位也具有极大的意义，是对建设“中国稀土谷”进程的有力推进。同时为包头的稀土及铝、铜、硅、镁等优势产业界的企业家与科研技术人员提供了信息交流的平台，使与会人员足不出户就可聆听最具权威和气氛浓厚的学术报告，再现了包头稀土高新区管委会大力发展稀土产业，为打造“中国稀土谷”培养稀土人才，及原材料、新材料、应用产品生产基地，研发基地，奠定了基础。

（宋德雄　提供）

我国大型建筑工程设计的发展方向工程科技论坛（第38场）

2005年5月27日，由中国工程院土木、水利与建筑工程学部与中国土木学会、中国建筑学会共同举办的第38场中国工程院工程科技论坛——“我国大型建筑工程设计的发展方向”在北京举行。论坛的目的在于提高我国建筑工程设计的科学性与文化品位，开展学术争鸣，扩大社会影响。参加会议的专家、学者有200多位，其中有20多位院士出席，10位院士、专家到会做了报告。

从国家大剧院的建设到奥运工程的“鸟巢”方案，以及中央电视台新办公大楼的设计，我国大型建筑工程的发展方向就一直备受社会各界普遍关注。论坛收集了自2004年6月以来，有关我国大型建筑建设发展方向、设计理念和具体方案所撰写的论文、报告和建议等文章，汇编成文集，已由建筑工业出版社正式出版发行。与会专家经过深入的研讨，认为发展中国家要根据自已的条件走自已的发展道路。我国的城市建设和建筑发展目前面临着人口众多，能源、土地资源、淡水资源短缺，环境恶化，城乡差距、区域差距等一系列棘手问题，虽然不能单独依靠建筑来解决，但都与建筑发展直接相关。50多年来，中国建筑科学就是在不断解决问题、寻求突破中发展，这也为建筑的学术发展提供了挑战与机遇。现在，中央明确提出科学发展观，要求以“五个统筹”统领全局发展。一方面要从构建节约型和谐社会的高度，认识建筑的经济、实用等问题；另一方面，尽管全球化趋势不可逆转，但我们不能因为当今所谓的“强势文化”而倾斜，从而失去民族的自尊、自觉、自新。

应广大与会人员的要求，做为此次论坛的继续，准备在7月份再召开一次以讨论为主的研讨会。

（杨　健　提供）

科学发展观与工程哲学工程科技论坛（第39场）

2005年9月28日，由中国工程院主办，上海院士活动中心和上海宝钢集团共同协办的第39场工程科技论坛——“科学发展观与工程哲学工程科技论坛”在上海宝山宾馆举行，来自全国各地的专家学者共200余人与会。全国政协副主席、中国工程院院长徐匡迪在论坛上发表主旨演讲。中共上海市委副书记、市长韩正出席论坛并致辞。上海市副市长严隽琪，上海宝钢集团公司董事长谢企华、总经理徐乐江等出席论坛。

徐匡迪指出，我们必须树立新的工程理念，促进工程与社会的和谐发展。工程创新是实现我国创新活动的主战场，我们要以新的工程理念造就新的工程人才、大师和团队。他表示，传统的工业观念往往片面强调工程是人类改造、征服自然的活动，而对生态效应和社会风险估计不足，不能正确处理工程与生态的关系，导致弊端丛生。现在的工程理念至少应涉及两点：一是如何认识人和自然的关系，二是如何处理工程活动和社会的关系。今年我国投入工程建设的资金总额已超过6万亿人民币，这一数字每年都在增加，而衡量工程是否成功的唯一标准就是能否造福于人民，能否与社会、生态和谐发展。

韩正在致辞中代表上海市政府向出席论坛的嘉宾表示热烈欢迎。他说，当前我国正处于全面建设小康社会的关键时期，每年都有许多工程开工建设。面向未来，上海正按照中央的要求加快推进国际经济、金融、贸易、航运中心的建设。在这一进程中，实施科学、合理的决策，既考虑工程的社会效益、经济效益，又充分考虑工程建设对资源的有效利用以及对环境的影响，确保工程活动科学性、有效性和可持续性，显得尤为重要。韩正说，本次论坛以“科学发展观与工程哲学”为主题，具有现实的指导意义和深远影响，相信论坛成果一定会对我国工程建设产生积极的推动作用。

工程院殷瑞钰、傅志寰、张寿荣、汪应洛、王众托等院士分别以“关于工程与工程创新的认识”、“树立正确的工程理念，落实科学发展观”、“工程哲学管窥”、“关于编写《工程哲学》的说明”、“关于系统集成创新的哲学思考”为题作大会报告；郭重庆、王礼恒等院士出席会议；长江三峡总公司副总经理林初学、中国航天科技集团研究员王春河、宝钢集团董事长谢企华、中科院研究生院教授李伯聪、中国自然辩证法研究会教授丘亮辉、上海大学教授安维复分别以“对水坝工程建设之争的思考”、“航天与社会”、“从宝钢工程出发谈几点认识”、“工程创新和工程人才”、“关于工程的哲学研究”和“工程与哲学的对话——在社会建构主义平台上”为题作了大会发言。

专家、学者多角度阐述“工程哲学”的内涵，心愿只有一个，即呼吁工程建设者们凡事多长个“哲学头脑”，在工程实践中少花学费，少走弯路。

（顾锡新　提供）

汽车节能技术及新能源汽车发展工程科技论坛（第40场）

2005年10月29日，中国工程院机械与运载工程学部和化工、冶金与材料工程学部在北京京丰宾馆共同举办了中国工程院第40场工程科技论坛——“汽车节能技术及新能源汽车发展工程科技论坛”。

此次论坛是根据我院正在开展的“节约型社会战略研究”项目内容要求，由张彦仲、郭孔辉、汪燮卿、张小虞等4位院士专家发起的。

杜祥琬副院长受徐匡迪院长的委托,出席了论坛开幕式并致辞。杜祥琬副院长指出,发展节能汽车,建设节约型社会,主要有三个途径:一是制定正确的发展战略和积极的政策引导。在我国政府宏观调控的指导下,汽车工业作为国民经济的支柱产业之一,必须与其他工业部门协调发展。在其发展战略和政策导向上,首先,必须控制我国汽车总保有量。其次,汽车发动机的优先发展顺序必须结合中国国情,必须与中国炼油工业高品质汽油、柴油和润滑油的生产发展相适应,还要考虑替代石油的比例;城市交通应积极发展节能的公共交通;应尽快开始实施燃油税,引导消费者买车和用车行为;对生产企业采取宏观措施,进行合理的结构调整。轿车发展应鼓励小排量、轻量化车型,限制大排量车型,对大排量车型征收更高的消费税,鼓励消费者购买节油的小排量汽车。二是依靠科技进步、自主创新。三是在全社会形成健康文明的消费方式。

论坛围绕汽车节能技术和新能源汽车技术发展、提高我国汽车工业自主开发和创新能力及国际竞争能力等方面进行了交流和讨论,目的是从科技的角度,探讨汽车技术发展的道路,从而推动我国节约型社会的建设。参加会议的专家、学者近200人,主要包括:我院开展的"建设节约型社会战略研究"咨询项目课题组成员;国家发改委等相关政府部门;一汽、东风和上汽等汽车企业、石油行业和学术界的领导、企业家和专家。特别是包括了一批汽车和石化行业的中青年科技工作者等参与了论坛的讨论和交流。其中有20多位院士出席,13位专家到会做了学术报告。

张彦仲、郭孔辉、汪燮卿院士和中国机械工业联合会副会长张小虞共同主持了此次论坛。张彦仲院士在主持开幕式时说,这几年,我国汽车的产量和保有量快速增长,成为国民经济发展的一个重要产业,也成为人民群众消费的重要领域,今年汽车产量有望突破560万辆,超过德国成为世界第三大生产国。汽车节油是建设资源节约型社会的重要方面,不仅关系到资源利用的可持续发展,也关系到汽车产业本身的发展规模。应大力提倡小排量、依靠科技创新来节约石油。其途径包括:提高发动机的效率,降低油耗,采取减重量,轻量化等,降低油耗;开发混合动力汽车;开发新能源作为汽车能源,发展电动汽车。从目前发展趋势看,混合动力汽车首先成为产业化的新技术。但是,汽车降低油耗,归根结底是依靠技术创新。

郭孔辉院士在总结时指出:能源问题是当今世界性的挑战,我国汽车保有量的上升,必须要采取节油措施。其出路一要靠开源,二要靠节流。开源就是用新能源替代石油,本次论坛学者们提出了不少科研新成果,如氢能源、电动汽车、混合动力汽车等新技术成果,有的达到了国际水平。对于这些成果的产业化,只有用在自主品牌产品上才有出路。因此,汽车产业必须要创新,国家必须支持自主品牌。节流就是减少使用石油,提高单车使用效率。目前看,节流比开源更为迫切,如果把大量的有限科研经费用在今后20~30年内只占市场10%左右的产品上,而忽略目前市场占主导产品的技术改进和进步,那说明我们的技术路线就需要调整。否则,就影响我们的汽车产业健康发展。

此次论坛使关心我国汽车工业发展的领导、院士及研究人员对国际汽车技术的发展趋势及我国目前在汽车节能技术、新能源汽车发展方面的状况和"十一五"汽车工业科技发展的规划进行了充分的了解,并为我国汽车工业实现自主发展和提高产业竞争力出谋划策、拓展了新思路。

中国汽车工程学会受我院委托,组织承办了此次论坛。

(王晓俊　易　建　提供)

舰船装备技术发展工程科技论坛(第41场)

由中国工程院主办、中国造船工程学会承办的中国工程院第41场工程科技论坛“舰船装备技术发展工程科技论坛”,于2005年11月23日在北京举行。论坛主题是:创新推动海军舰船装备技术发展。

杜祥琬副院长出席开幕式并致辞,国防科工委科技委主任徐鹏航也在开幕式上发表了讲话。中国造船工程学会理事长黄平涛主持了开幕式,潘镜芙院士、陆建勋院士分别主持了论坛。出席论坛的有国家发改委、国防科工委、海军等部门的相关领导,以及中国船舶重工集团公司、中国船舶工业集团公司及其系统的科研机构和海军舰队及军事院校的专家学者约100人左右。机械与运载工程学部主任张彦仲院士、副主任顾国彪院士也出席了论坛。

论坛围绕未来世界海战场重大技术发展方向预测和未来我国海军舰船装备重点技术突破分析研究等内容进行了讨论和交流。潘镜芙、陆建勋、马伟明、吴有生、徐玉如等12位院士专家在论坛上作了专题报告。

(易　建　提供)

极低频探地工程技术进展工程科技论坛(第42场)

2005年11月26日,由中国工程院主办的第42场中国工程论坛“极低频探地工程技术进展”在中国科技会堂召开。中国工程院白玉良副秘书长参加了论坛并致辞,中国工程院信息与电子工程学部副主任毛二可院士主持了论坛。

国土资源部地质勘查司、中国地震局监测预报司、国家基金委地球物理学部等部门的领导,11位工程院院士和科学院院士,以及来自中国石油天然气集团、中国地质科学院、中国地震局地质研究所、中国科学院地质与地球物理研究所、中国船舶重工集团、有关大学的有关专家学者共75人出席了论坛。

此次论坛的特点是:我院早在2000年就开展了利用极低频探测地下资源与地震预测的咨询研究,经过几年的努力,国家发改委也准备“十一五”期间在大科学工程中立项。召开论坛的宗旨就是要向国家有关部门介绍并大力推荐此项技术，并希望尽快在相关部门得到应用。该工程是利用人工产生 0.1～300 Hz 无线电波覆盖全国，用以探测地下资源、预测地震以及其他前沿科学研究，是近代无线电技术与地质与地球物理学科交叉产生的具有我国特色的最新技术。

2 位院士和 3 位专家在论坛上作了学术报告。分别从利用极低频开展地下资源与地震预测的需求与发展、极低频探地工程的总体情况、极低频发射系统的原理与实践、利用人工源极低频探测地下资源的研究进展以及利用人工源极低频技术在河南泌阳油田探测效果与地震预测的进展等作了精彩的演讲。学术报告结束后，专家学者又进行了热烈的讨论，对此项技术的应用前景给予了充分肯定，论坛取得了非常好的效果。

（范桂梅　提供）

物理学与可持续发展工程科技论坛(第 43 场)

由中国工程院、中国科协、中国物理学会共同主办的工程科技论坛第 43 场“物理学与可持续发展”11 月 25 日和 12 月 2 日分别在北京航空航天大学、北京理工大学成功举行。

论坛分别由刘德培副院长、杨国桢院士、杜祥琬副院长、周立伟院士主持。刘德培、杜祥琬、杨国桢、陈立泉、乐嘉陵、许健民、刘玉清、袁业立、范滇元等院士分别作了“物理学与生命科学研究”、“物理学与中国能源可持续发展”、“物理学与可持续发展世界大会”、“物理学与新能源”、“高超声速飞行中的气动物理”、“风云二号卫星的对地观测”、“物理学与医学科技(影像学)的发展”、“物理海洋学—物理学与地理学融合的广阔领域”、“物理学促进激光工程科技的持续发展”报告。

各位院士从物理学与医学、物理学与能源、物理学与信息、物理学与海洋等多方面方面，较为系统地介绍物理学在工程科技和可持续发展中的重要作用，精彩的报告不时赢得热烈掌声。来自中国科协、中国物理学会、北京航空航天大学、北京理工大学等有关方面 700 余位听众参加了报告会。本次论坛的两场报告会作为“世界物理年在中国”系列活动内容的一部分，为世界物理年增添了光彩。

（左家和　提供）

长三角清洁能源工程科技论坛（第44场）

2005年11月25日至26日，由中国工程院主办，上海市中国工程院院士咨询与学术活动中心、中国工程院能源与矿业工程学部承办，上海市能源研究会、浙江省能源研究会和江苏省能源研究会协办的第44场工程科技论坛——“长三角清洁能源论坛”在上海交通大学举行。中国工程院副院长杜祥琬，上海市副市长严隽琪，上海交通大学党委书记马德秀，能源与矿业工程学部主任陈毓川院士，上海交通大学翁史烈院士以及来自上海、浙江、江苏、江西、福建等省市的约150位专家学者出席会议，并围绕长三角地区清洁能源开发利用等进行了研讨。杜祥琬副院长、陈毓川院士、翁史烈院士分别作了题为“清洁能源与中国能源的可持续发展”、“能源发展战略及‘十一五’重点”、“清洁能源与技术创新”的主旨报告，受到与会专家的广泛好评。

该论坛自筹备以来，组委会以太阳能、风能、生物质能、煤的清洁利用、天然气三联供、建筑节能、各地能源战略以及其他可再生能源为方向，征文近百篇，经论坛组委会评选出80余篇编入大会论文集，其中精选20余篇优秀论文在大会上作了交流。论坛通过学术报告、讨论与交流，在取得广泛认同和多方面建设性意见的基础上，形成了《长三角清洁能源论坛纪要》，纪要内容如下：

1. 长三角地区是我国经济最发达的地区之一，GDP占全国的1/5，进出口额占全国的1/3，而能源消费量占全国总量的15%，能源的自给率很低，能源资源极为贫乏。上海的一次能源全部需要调入，浙江省的一次能源95%以上靠调入，就略有能源资源的江苏省而言，煤炭的自给率也仅25%，油气自给率只有10%。能源短缺已严重困扰各地经济健康发展。近两年长三角地区出现能源供应紧张的局面，特别自2003年开始电力出现严重短缺状况，给国民经济发展和人民生活改善带来一定的影响。浙江尤为严重，称之为“电荒”，这不仅是经济发展的“瓶颈”，而且严重影响人民正常生活。长三角地区的能源消费仍然以煤炭为主，积极开发清洁能源和能源的清洁利用，是今后本地区能源发展的重要战略，也是改善该地区大气环境质量，减少能源运输压力的有效途径。

2. 长三角地区有比较丰富的可再生能源资源，上海的长江入海口，江苏的沿海地区，浙江省的沿海群岛都有丰富的陆上风力资源，近海的风力资源潜力更大，还蕴藏了丰富的潮汐能和海洋能。长三角地区农业发达，有比较丰富的农业废弃物，可作为生物质能的原料。长三角地区的地理条件也决定了有比较丰富的太阳能资源，开发利用这些可再生能源不仅是必要的，也是可能的，并可缓解能源短缺的局面，有利于生态环境保护。

3. 长三角地区两省一市政府已把开发利用可再生能源作为可持续发展战略的一个重要组成部分，积极推进其进程。浙江省的小水电、潮汐发电、风力发电和农村沼气等项目开发利用比较早，并已卓有成效。上海的风力发电、垃圾发电以及太阳能建筑虽然还在起步阶段，但也取得显著成就，江苏省的太阳能热水器利用，秸杆多样化利用也取得新进展，风力发电项目也在启动中。

4. 长三角地区已经在利用自身的技术优势，培育先进的可再生能源产业。江苏和上海的太阳能光伏电池制造技术先进，规模比较大，在全国乃至全球都占有一席地位。浙江省也有太阳能光伏电池生产基础。长三角地区联合起来，发展太阳能光伏电池产业，并推动相关产业的发展，它必将成为全国和全球的太阳能光伏电池产业基地。上海的燃料电池技术先进，也已开发出产品，完全可以推进其产业化，成为我国燃料电池汽车的生产基地。上海的发电成套设备是重要的支柱产业，目前正在研制大型的先进风力发电设备，江苏也在开展这方面的工作，长三角地区有能力和必要成为风力发电设备的制造基地。

5. 长三角地区正在酝酿和研究一些具有前瞻性的清洁能源利用项目。上海的二甲醚汽车样车制成、煤制油项目由中试向规模化生产转化、多能互补的生态建筑等已经开发成功。江苏的太阳能塔式热发电项目也在加紧研究中，这些项目将成为长三角地区的标志性示范项目。

6. “西气东输”已经引发了长三角地区的天然气分布式供能系统热潮，这种新的供能系统必将带来很好的经济效益和环境效益。大型的燃气—蒸汽联合循环发电系统也将在长三角地区大规模建设，对缓解该地区电力供应紧张必将起到积极的促进作用。

7. 长三角地区有优良的深海港口，具备引进液化天然气(LNG)的条件。江苏如东洋口港已获准引进1 000万吨的LNG项目。上海也已经计划在2008年前后引进一定数量的LNG，以补充东海天然气和西气供应的不足。

8. 长三角地区具备建设核电站的条件，浙江秦山核电站已投入运行多年，三期建设工程已经开始，江苏连云港的田湾核电站一期也将投入生产。

9. 为了发展可再生能源，长三角地区应该联合起来，扬长避短，发挥各地的资源优势和技术力量，共同建设可再生能源产业基地，形成长三角地区能源一体化的建设目标。加强技术交流与合作，实现产学研共同开发体系。

目前我国清洁能源利用量明显低于发达国家平均水平，在能源总量中比重偏低，市场和规模不足，致使清洁能源在能源发展总体战略中的地位不够突出。而且，国内清洁能源技术研发及产业化投入不足，没有形成完备的清洁能源技术研发和装备制造体系。因此，迫切需要采取有效措施来提高清洁能源的技术发展水平。

为此提出以下几点建议：

1. 确立统一的发展目标和可实行的战略规划

根据本地区的能源资源状况及消费特点，在保证能源供应安全的条件下，积极开发利用可再生能源，不断提高其在能源消费中的比重。为此，在制定长三角各地区的“十一五”规划和中长期能源发展规划时，要相互配合，明确将可再生能源的开发利用和加强科研工作放在重要的位置，在长三角地区实现优势互补，共同发展，在各个领域将有新的突破和进展，争取早日实现产业化和商品化，为缓解本地区能源供需矛盾做出重要的贡献。

2. 形成有效的经济激励政策和强有力的体制保障

发展可再生能源必须根据国家“可再生能源法”，政府要大力推动和扶持，制定有效的激励机制和建立专项基金，为培育能源市场、扩大产业规模提供必要的扶持资金。在市场经济机制下，可再生能源专项基金可以从用户电费、CO_2和SO_2排污费及税收中收取，用于补贴可再生能源发电的开发。同时，政府应制定强制性的具有法律效力的可再生能源配额制，即电网公司供电量中有一定比例的可再生能源发电量。

长三角地区政府应出台对开发太阳能、风能、生物质能、地热能等设备国产化的扶持政策。风电设备如能国产化，基本上可与常规能源竞争。近期对太阳能、风能、生物质能等利用项目应优先立项和土地使用审批。针对太阳能、风能、生物质能利用一次性投资大、回收期长、社会效益大于经济效益的实际情况，提供贴息或低息贷款。对于太阳能利用产品生产企业和生物质能供气站应享受减免税优惠政策。

3. 能源技术的消化吸收、再创新及自主创新

长三角地区要发挥自身优势，产学研结合，共同推进燃气轮机技术、分布式供能技术、高温燃料电池技术，以及氢能、甲醇、二甲醚等代用燃料技术的消化吸收、再创新和自主创新，掌握关键技术，发展自主品牌！

4. 加快煤炭的清洁利用技术研究与开发

在相当长的时期，煤炭仍然是主要的能源品种，这是我国客观资源条件所决定的，因此，煤炭的清洁利用无论从环保角度和提高利用效率，还是从运输压力等着想，都必须引起足够的重视，并列入重要议事日程。1997 年 6 月，国务院批准了“中国洁净煤技术‘九五’计划和2010 年发展纲要”，长三角地区要建立推广洁净煤的政策、推进煤炭气化、液化和水煤浆、循环流化床锅炉等先进技术研发，把能源的清洁利用提高到达成共识、体制适应、价格合理中来，并在“十一五”期间得到大面积推广应用。

本次论坛旨在进一步推动长三角地区清洁能源的发展，加强清洁能源的研究和应用，促进相关领域的技术进步与产业发展。

（王振海　顾锡新　提供）

〔工程前沿研讨会〕

交通运输网络理论工程前沿研讨会

2005 年 4 月 4 – 5 日，由中国工程院和国家自然科学基金委员会联合发起、组织的第三次工程前沿研讨会“交通运输网络理论工程前沿”在北京香山饭店举行。中国工程院副院长邬贺铨参加会议并讲话，中国工程院院士朱高峰、殷瑞钰、郭重庆，中国工程院副秘书长石立英，国家自然科学基金委员会相关负责人，与交通运输网络研究有关的二十几位专家、学者，以及院政策研究室和学部工作局的有关人员出席此次研讨会。

此次工程前沿研讨会的执行主席是朱高峰院士，与会代表都是从事与会议主题相关的研究并在该领域具有突出成就或贡献的专家、学者及管理人员，而且相当一部分是来自交通运输领域不同研究方向的崭露头角的杰出青年学者。

邬副院长在研讨会开幕式上致辞时指出，随着我国国民经济的高速发展，目前我国的交通运输正面临很大压力，尤其是大城市交通与铁路运输，已经出现了不能适应社会及经济发展的严峻局面。一个重要的原因是我国交通运输网络的规划及建设存在着明显的薄弱环节，对交通运输网络科学理论体系的研究也不够重视。交通运输网络既是基础科学问题又是与应用关系非常密切的工程技术问题；它既是一个历史悠久的研究对象，但从现代科技和管理科学角度看，它又充满时代性和战略性的研究内涵；它是一个跨学科的问题，也是学术研究人员、工程师和规划人员共同关心的问题。

朱高峰院士主持了大会，并作了题为“交通网络研究的前沿问题”的大会主题报告。朱院士在报告中概要介绍了交通网络研究的需求问题、结构问题，指出交通运输网络是一个跨学科的研究课题，需要从多个层面加以具体分析研究。郭重庆院士也在讨论时谈了自己对交通运输网络研究的观点，表明了此项研究的重要性。

殷瑞钰院士和黄海军教授分别主持了专家报告会。大会主要报告有：

（1）陈璟的“长江三角洲地区现代化公路水路交通规划”；

（2）孙有望的“我国交通运输网络规划理论与方法优化研究”；

（3）范炳全的“论交通系统与交通科学——网络交通规划、设计与控制管理的基础”；

（4）高自有的“交通运输网络复杂性及其相关问题的研究”；

（5）严保杰、张生瑞的“交通网络形态与布局方法研究”；

（6）王笑京的“智能交通系统有关理论问题的探讨”；

（7）韩印的“公交事件智能识别与智能协调调度系统理论模型和实施方法”；

（8）黄海军的“城市交通网络与交通行为建模研究”；

（9）陆化普的“基于TOD模式的城市交通规划理论研究”；

（10）胡思继的“构建可持续发展综合交通运输系统的规划理论研究现状分析及任务”；

（11）全永燊的“基于车流成分的路网功能诊断方法”；

（12）张宁的“城市规模及城市的交通发展”；

（13）毛保华的“城市枢纽设计的一体化理论与相关方法”；

（14）周伟的“一体化运输的换乘枢纽规划理论与方法”；

（15）陆锡明的“通勤铁路网络问题”；

（16）尹文杰的“适应形势发展需要，优化、完善邮政运输网络，推动我国交通运输网络组织管理的科学化”等。

（丁养兵　提供）

工程哲学工程前沿研讨会

2005年12月20日至21日，中国工程院第四次工程前沿“工程哲学”研讨会在北京香山饭店召开。中国工程院殷瑞钰、汪应洛、张寿荣、陆佑楣、傅志寰等院士，全国十几所高等院校、研究院所的20余名工程与哲学方面的专家学者，以及高等教育出版社的编辑出席会议。本次前沿研讨会的执行主席是殷瑞钰院士，会议分别由殷瑞钰院士和汪应洛院士主持。

会上，殷瑞钰院士、中国科学院研究生院工程与社会研究中心的李伯聪教授以及中国自然辩证法研究会的丘亮辉教授分别就“进一步推动工程哲学研究——从工程哲学研究到《工程哲学》的编写”、“国内外工程哲学的发展历程”和“落实科学发展观和建设和谐社会必须大力开展工程哲学研究”做了主题报告。

报告系统阐述了工程哲学的发展历史和目前我国工程哲学研究的总体状况。在哲学大家族中，科学哲学、技术哲学和工程哲学应是三个不同的哲学分支学科，而工程哲学是一个新兴的哲学分支。现代科学哲学和现代技术哲学都是欧美学者率先创立的，而对于工程哲学，中国学者和美国学者大体是分别同时开始进行研究与创立。

会议认为，我国丰富的工程实践给萌发中的工程哲学提出了急需回答的问题，给工程哲学的发育提供了最好的土壤。目前，我们在工程哲学领域已经取得了进展：第一，建立了工程界和哲学界的联盟关系；第二，召开了系列性工程哲学学术研讨会；第三，建立了专门的工程哲学学术研究机构——中国科学院研究生院工程与社会研究中心，并且牵头组织了一系列的学术活动；第四，开始在“工程哲学”或“工程与社会发展”方向招收硕士和博士研究生；第五，已经在工程哲学领域出版了有影响的学术著作，发表了一批学术论文。

会议经过讨论，认为近年来召开了多次以工程哲学为主题的论坛和研讨会，已经积累了一批工程哲学研究成果，工程哲学的研究已经引起工程界、哲学界乃至政府人士的关注。在这种情况下，编写一本面向工程界——特别是工程师和工科大学生的——《工程哲学》，系统地总结和概括目前关于工程活动的理念、认识、实践的研究成果，实属必要，而且已经有条件、有能力争取撰写出一本高质量、有影响力的出版物。《工程哲学》这本书要能够集中工程界和哲学界的智慧，是工程界和哲学界联盟的产物，是近年来研究成果的总结和集体智慧的结晶。希望这本书将是一本有开拓性的著作；一本面向工程界，受工程界欢迎，对工程界有帮助、有启发的著作；同时也是对哲学界有启发并有助于开拓哲学研究新领域的著作。这本书的完成必将推动工程界和哲学界的进一步对话，也必将有助于工程哲学的进一步发展。

会议还对拟定的《工程哲学》大纲进行了认真仔细的讨论，根据与会专家、学者提出的意见进行了反复修改，确定由工程界和哲学界人士共同参与写作，并确定了编写大纲、人员分工和编写进度。

殷瑞钰院士在总结发言时指出，从总体上看，我国工程哲学有了良好的开端，发展势头很好，我国工程哲学的发展有可能走在国际同行的前面，而且已经引起国际同行的重视。同时我们也要清醒地认识到，虽然我们已经取得了一定的成就，但开发工程哲学这一新领域的路还很长。我们必须加倍努力，争取在理论研究和现实影响两方面都取得更大成绩和进展。《工程哲学》这本书的撰写、编辑和出版，有助于工程创新；有助于融合工程师话语和哲学家话语；有助于组织、造就和培养一支工程哲学的研究队伍，特别是中青年专家学者；有助于巩固工程师与哲学家的联盟关系。同时，此书也可作为一本有关高等院校的教学参考书。因此，《工程哲学》必将在培养我国工程后备人才方面发挥独特作用。

（丁养兵　唐海英　提供）

〔香山科学会议〕

再生医学学术研讨会

2005年10月11－14日,香山科学会议召开了题为“再生医学”的第264次学术研讨会。会议由第三军医大学王正国院士、军事医学科学院吴祖泽院士和上海第二医科大学曹谊林教授担任执行主席。来自21个单位,包括全国主要组织工程、干细胞研究中心的学术带头人以及临床学家、生物学家、生物医学工程专家和社会科学论理学家的41位专家学者参加了研讨。其中两院院士和国家杰出青年各9位、国家“973”首席科学家和长江学者各4位,18人做了大会发言。会议涉及到再生医学的各个方面,特别是热点和前沿问题。会议对再生医学的概念和范畴提出了不同的看法,认为再生医学是一个具有发展前景的重要问题。随着组织工程、干细胞、材料学、光学和化学等各学科的交叉发展,它的发展前景将十分宽广。

王正国院士作了题为“再生医学——机遇与挑战”的主题评述报告。就“再生医学”的概念、范畴、组织工程发展和干细胞研究现状等方面做了详细的阐述。他指出:再生医学有着悠久的历史,其概念有广义和狭义之分,随着组织工程学的出现(1987年正式采用这一术语),使得再生医学进入了一个新时代,组织工程已成为再生医学的主体和核心。在今后相当长的时间内,再生医学(组织工程)将和替代外科平行发展,相互补充。干细胞在生命科学的基础研究中非常重要,但仍有许多亟待解决的问题。他还提出了“微生态治疗”的概念,认为人体内有很多微生物共同存在,以维持动态的生态平衡。

吴祖泽院士在“骨髓干细胞与基因治疗结合一种新的损伤性疾病治疗策略”的专题报告中,主要评述了肝细胞生长因子的基因治疗研究工作。他认为,肝细胞生长因子有很强的促血管生长和抗纤维化作用,骨髓干细胞与基因治疗结合是一种新的损伤性疾病的治疗策略。

程天民院士在题为“对再生医学几个问题的思考”的专题报告中认为,再生医学是通过研究机体的正常组织特征与功能、创伤修复与再生机制及干细胞分化机理,寻找有效的生物治疗方法,促进机体自我修复与再生,或构建新的组织与器官,以改善或恢复损伤组织和器官的功能的科学。他提出移植干细胞可优势分布于损伤局部,并建议在临床实际应用中不要用培养很多代的干细胞。

卢世璧院士在题为“再生医学在骨科临床应用研究现状及问题”的专题报告中指出,再生医学是指利用生物学及工程学的理论方法创造丢失或功能损害的组织和器官,使其具备正常组织和器官的机构和功能。他介绍了软骨组织工程方面的进展。

黄志强院士在题为“再生医学”的专题报告中,评述了通过应用组织工程及相应的综合技术研究构建组织工程化肝脏的方法。肝脏本身是再生能力很强的器官,在新的视角下,干细胞的培养、扩增与移植及整体肝脏的体外构建,已成为当前再生医学中的热点,但由于肝脏的结构和功能上的复杂性，仍然是首推的难点。

戴克戎院士在题为“集中新技术在骨再生中的应用”的专题报告中，介绍了纳米技术的应用，使我们得以在分子水平观察、干扰和模拟组织再生、计算机辅助技术的应用、基因修饰技术的应用(包括局部基因释放载体技术、局部基因释放细胞技术)，对再生医学的发展有促进作用。

曹谊林教授作了题为“国内外组织工程的进展”的专题报告，认为再生医学的概念应有广义和狭义之分。广义上讲，再生医学可以认为是一门研究如何促进创伤与组织器官缺损生理性修复以及如何进行组织器官再生与功能重建的新兴学科。狭义上讲是指利用生命科学、材料科学、计算机科学和工程学等学科的原理与方法，研究和开发用于替代、修复、改善或再生人体各种组织器官的定义和信息技术，其技术和产品可用于因疾病、创伤、衰老或遗传因素所造成的组织器官缺损或功能障碍的再生治疗。

付小兵教授在题为“成体干细胞可塑性研究与组织再生”的专题报告中，介绍了成体干细胞的可塑性，其诱导分化与组织的功能性修复。这个概念刚开始提出时是有争议的，目前通过工作证明了其正确性。在特定条件下骨髓干细胞有可能变成毛囊，如果通过干细胞移植三度烧伤，一定程度上可以解决出汗问题，方向正确，非常有前景，但路很难走。

朱晓东院士非常关心再生医学的建立和发展，希望能有人工心肌组织和长期动脉代用品。85岁高龄的盛志勇院士也参加了会议。

会议就“再生医学的概念与范畴”、“再生医学研究进展——再生医学与组织工程的关系”、“再生医学研究进展——再生医学与干细胞的关系”、“再生医学研究进展——再生医学与生物力学的关系”、“再生医学将来发展的重点方向”五个中心议题，从理论和技术角度进行了广泛深入的讨论。

(王元晶　提供)

生物节水技术及发展前景

由石元春、山仑院士为执行主席的题为“生物节水技术及发展前景”的香山科学会议第267次学术讨论会于2005年11月2日至4日在香山召开。会议的中心议题是：1. 生物节水的生理和分子基础；2. 耐旱及高水分利用效率(Water Use Efficiency，WUE)转基因技术研究现状及应用前景；3. 节水生态与节水栽培；4. 以耐旱和高WUE为目标的遗传育种。有30多位专家参加了会议。

石元春、山仑院士在这次会议上分别做了学术发言。他们认为，会议开得很成功，达到了探索科学前沿的目的。

水资源的紧缺是一个世界性的问题，发展节水农业是各国共同的必然选择。农业除有效的工程节水、农艺节水、改良耕作技术和调整种植结构、管理措施之外，以提高植物自身的水分利用效率为主的生物节水也是一个重要环节,各种节水措施最终都要体现在生物对水分的高效利用,即让每一滴水产生出更多的粮食。生物节水是农业节水中未知数最多的一个研究领域,在学科发展上具有显明的前瞻性、交叉性、带动性和紧迫性。国际上许多国家,特别是发达国家和水资源极度缺乏的国家都在大力开展这方面的研究工作。

我国水资源总量为2.8万亿m^3,居世界前列,但人均和亩均水资源仅约为世界平均水平的1/4和1/2,而且地区分布很不平衡。长江流域以北地区,耕地占全国耕地的65%。而水资源仅占全国水资源总量的19%。目前全国正常年份缺水量400亿m^3,其中农业缺水约300m^3。不但水量缺,水污染状况也日趋严重。由于农业是用水大户,其用水量约占全国用水总量的70%,农业对水的需求量最大,农业节水受到政府各有关部门的高度重视。科研部门对生物节水进行了许多研究工作。但是,有关基础性研究和可能获得应用的一些技术等问题需要进一步探讨和研究。因此,为了应对日趋严重的缺水形势,建立节水型社会,特别发展节水农业是一种必然选择。

通过这次讨论会,旨在通过抗旱节水相关领域的学者专家,进行深层次和自由广泛讨论,集思广益,为加快我国"十一五"期间节水农业的深入发展特别是生物节水研究和广泛应用,提出一些有创新的思想和建议,为我国节水农业的可持续发展提供一定的理论和技术支撑。

山仑院士最后指出:"一是生物节水是节水农业的一个重要部分,生物节水是国家需求目标的一个命题,潜力很大;二是为了实现目标,就要解决在不增加供水的条件下,增加水的利用率;三是为了搞好生物节水的能力,就要做好生物节水技术;四是遗传育种在未来是提高生物节水的一个重要目标。"

(朱新海　提供)

〔其他学术活动〕

2005第五届中国日用化学工业研讨会

2005年5月18－21日，由中国工程院主办，中国日用化学工业研究院承办的"2005第五届中国日用化学工业研讨会"在广州召开。中国工程院沈国舫副院长出席并致欢迎辞，中国日化院张高勇院士主持会议。

参加这届会议的有沈国舫副院长、张高勇、薛群基、宋湛谦、杨锦宗、陈克复等院士及陈焕彬（俄罗斯工程院外籍院士）和众多行业科学家、企业家与高级政府官员等，共计52名（其中国内专家24名，国外专家28名）。

本届会议围绕"创新、超越、和谐、发展"的主题，以交流、专题研讨、论坛演讲等形式展开，内容丰富，主题广泛，节奏紧凑。来自国内外400多家企业和600余位代表出席本届会议。与会的46位行业专家就相关领域的技术、市场、学术、趋势、政策、环保等热点话题展开了互动交流，全面展示和沟通了最新的行业学术技术成果，以全新的视角，更高的层面，开启行业发展全新的发展思路。

"中国日用化工研讨会"经过几届的运作，已成为日化行业令人瞩目的交流平台。每一届研讨会都有新的发展和新的成果，尤其是本届会议首次由中国工程院主办，从根本上实现了"中国日用化工研讨会"新的飞跃和突破。

本届会议同时得到表面活性剂国家工程研究中心、中国洗协科学技术专业委员会、中国洗协表面活性剂专业委员会、表面活性剂/洗涤剂行业生产力促进中心、全国表面活性剂和洗涤用品标准化技术委员会协办支持；得到包括《科技日报》、《光明日报》及《日用化学工业》、《日用化学品科学》等国内外近20家媒体的支持与报道；另得到来自上海家化、上海合丽亚、广州立白、浙江纳爱斯及美国宝洁、英国联合利华、丹麦诺维信、日本花王、瑞士汽巴精化等国内外企业的大力支持。这不仅体现了业内外人士对日化行业可持续发展的巨大关注，更彰显出中国日化行业的无穷潜力与发展空间。

本届会议共收到论文68篇，报告交流46篇。会议交流的要点主要有以下几点：一是立足于行业可持续发展，开发新型"绿色"表面活性剂；二是表面活性剂在高新技术领域中的应用的探索；三是国内洗化行业发展现状的分析研究；四是关于行业管理体系建设探讨。

（田晓俊　朱新海　提供）

第八届中国西部科技进步与经济发展专家论坛学术研讨会

2005 年 8 月 15 日 – 17 日，由中国科协、中国工程院、甘肃省人民政府联合主办，甘肃省委办公厅、省政府办公厅、省科协承办的“第八届中国西部科技进步与经济发展专家论坛”在兰州召开。中国科协党组书记、副主席、书记处第一书记邓楠致开幕词，甘肃省委副书记、省长陆浩致欢迎辞，中国工程院副院长沈国舫主持开幕式。

甘肃省委书记苏荣向论坛提交了“立足本地实际，努力构建社会主义和谐社会”的书面材料。

“中国西部科技进步与经济发展专家论坛”自 1998 年开办以来，已成功举办了七届。本届论坛产生两项重要成果：一是编辑出版 200 万字的论文集，二是讨论产生专家建议，对事关西部构建社会主义和谐社会的关键问题提出建议，会后上报党中央、国务院。

院士和部分专家在论坛上作了学术报告。院士们结合自己的专业，针对甘肃省、西部地区乃至全国如何更好地发展，如何构建和谐社会，纷纷阐述见解，提出建议。沈国舫院士作了题为“建设资源节约、环境型社会”的报告，陈毓川院士作了题为“资源枯竭型城市”的报告，魏复盛院士作了题为“保护环境和民众健康，构建和谐社会”的报告，徐德龙院士作了题为“水泥工业的技术进步”的报告，姚新生院士作了题为“中药全球化、国际化的必由之路”的报告，李佩成院士作了题为“论人与自然和谐相处及再造西北秀美山川”的报告，薛群基院士作了题为“天然气化工发展现状及建议”的报告，任继周院士作了题为“以食物系统保证粮食安全”的报告，汤中立院士作了题为“关于矿业城市发展问题”的报告，刘世参作了题为“再造产业循环经济中的地位作用研究”的报告，宋春华作了“广义建筑节能与综合节能措施”的报告。

（张学斌　夏宏伟　提供）

新疆重大疾病医药论坛

由中国工程院医药卫生工程学部、新疆医科大学、自治区卫生厅共同主办的“新疆重大疾病医药论坛”于 2005 年 8 月 22 – 24 日在新疆召开。作为中国科协 2005 年学术年会的一个重要分论坛,会议得到了新疆科协等各方面的支持,也备受瞩目。

此次出席论坛的院士共有25位,其中工程院医药学部院士17位,中科院院士8位。

开幕式由新疆医科大学副校长哈木拉提·吾甫尔主持,买买提·牙森校长致欢迎辞。中国工程院李连达院士致辞,自治区副主席库热西·买合苏提发表了重要讲话。

论坛期间,巴德年院士作了"基因组测序后的医学";高润霖院士作了"冠心病介入治疗现状与展望";刘昌孝院士作了"代谢组学与药物研究开发和疾病诊断";秦伯益院士作了"以医学科学发展观审视我国医学科学研究的现状";程书钧院士作了"肿瘤防治的新挑战";于德泉院士作了"番荔枝科植物中抗肿瘤有效成分的化学研究进展";李连达院士作了"PG因子与干细胞移植对心肌梗死的影响";杨胜利院士作了"医学系统生物学";刘耕陶院士作了"中国药理研究与药物创新";吴天一院士作了"高原——人类对低氧的适应";唐希灿院士作了"阿尔采末病治疗药物的研究策略探讨";陈冀胜院士作了"生物毒素和新药研究";苏定冯教授作了"血压波动性与高血压治疗";沈岩院士作了"复杂疾病易感基因的研究"等14个学术报告。

新疆学者也应邀作了报告,作出突出成就的青年专家哈木拉提·吾甫尔教授作了"新疆重大疾病及新疆医科大学科研特色";温浩教授作了"新疆重大疾病包虫病的研究";李南方教授作了"新疆重大疾病哈萨克族高血压相关基因研究";马依彤教授作了"新疆重大疾病心血管疾病的诊治研究";高晓黎教授作了"新疆特色资源的转化利用";古扎丽努尔博士作了"新疆重大疾病宫颈癌易感性研究";伊力亚尔教授作了"新疆重大疾病食管癌的分子遗传学研究";钟良军教授作了"新疆重大疾病与牙周疾病关系研究";库热西博士作了"RNAI技术及其在疾病和维医药研究中的应用";李琳琳博士作了"新疆重大疾病2型糖尿病的易感性及干预研究";热娜教授作了"新疆特色药物的化学成分研究"等专题汇报。

论坛期间,院士们与新疆医科大学各学科领域的研究人员进行了对口交流,举办了肿瘤学科、基础医学学科、药学学科、心血管学科、外科学科、博导和博士生等6个座谈会。

论坛期间,两院15位院士还欣然受聘为新疆医科大学的名誉教授,希望今后继续借助"新疆重大疾病医药论坛"平台,开展专题研究,进行对口交流与合作,为西部地区科研工作提供帮助。

（李冬梅　提供）

中国(淄博)新材料技术论坛

2005年9月5日至10日,由中国工程院、山东省人民政府主办,化工、冶金与材料工程学部、山东省科技厅、淄博市人民政府承办的"2005中国(淄博)新材料技术论坛暨院士淄博科技行"系列活动在淄博隆重举行。

一、新材料技术论坛系列活动收获巨大

本届新材料技术论坛暨院士淄博科技行系列活动是一次突显科学发展观和可持续发展战略要求,集科技、经济、文化交流与合作于一体的国际盛会。在社会各界的热情关注和参与下,本届新材料论坛系列活动,取得了一系列重大成果。

1. 新材料技术论坛主题突出,为淄博市新材料产业的快速发展指明了方向。中国工程院杨锦宗、蒋士成2位院士和另2位专家先后就各自最新的研究成果和国际新材料技术的未来发展趋势作了前瞻性的主题报告,对淄博市新材料产业结构特点、技术优势和发展方向,及共同打造中国有影响的新材料基地等重大问题作了深入的分析。院士指出,淄博的传统产业较多,传统产业必须和新材料等高新技术产业相结合才能焕发活力。新材料产业是淄博市高新技术产业发展的龙头产业,发展新材料产业,一是不要忽视传统产业;二是要立足需求进行技术开发;三是注重规模效益;四是主动与科研院所合作。这次新材料论坛,主要汇集了淄博市新材料界的科技研发人员和新材料基地骨干企业的主要负责人。大家普遍认为,本届论坛主题突出、切合实际、针对性强,为进一步增强在新材料领域的交流与合作,提升淄博市新材料产业的发展质量,打造中国新材料产业的龙头指明了方向。

2. 院士淄博科技行取得了显著成效,创历史最好水平。中国工程院副院长邬贺铨、化工学部主任周廉、副主任汪燮卿和薛群基等21位院士、73位专家及淄博市的130余家企业、300多名企业界人士参加了院士专家淄博科技行活动。在活动中,共签订技术合作项目47项,其中院士项目22项(合同3项、协议14项、意向5项),专家项目25项(合同2项、协议11项、意向12项),可拉动投资达4.7亿元。院士专家亲临企业考察,为企业高新技术产品的开发及产业化献计献策,为企业解决各类技术难题129个。所签项目涉及新材料、新药及生物技术、先进制造、环境资源、精细化工、纺织化纤等领域。签约项目数量和项目质量以及拉动投资均创历史最高水平。

3. 淄博市"十一五"规划院士座谈会出彩出新,成为本届论坛新的亮点。会议期间,汪燮卿、薛群基、高从堦、殷国茂、毛炳权、姚福生、侯保荣等7位院士和另2位专家,针对淄博市"十一五"规划进行专门座谈讨论。各位院士、专家对淄博市"十一五"期间经济社会发展提出了许多建设性意见。这对于淄博市借智借力、理清思路,按照科学发展观,全面建设小康社会的要求,编制好"十一五"年规划,促进经济社会全面、协调和可持续发展,具有十分重要的意义。

论坛及院士行的成功举办,极大地提高了淄博市科技自主创新能力,推动了国家新材料产业化基地的建设,加速了淄博市高新技术产业发展和经济结构调整的步伐,带动实施了一大批国家和山东省高新技术重大项目。

二、新材料技术论坛系列活动特点显著

1. 针对性更强。今年新材料技术论坛系列活动始终贯彻了科学发展观、建设资源节约型社会、和谐社会的精神,坚持以发展为中心,以加强产学研的紧密合作为重点,以务实创新和以人为本为原则,为企业搭建信息交流和项目成果转化的平台,实现经济效益与社会效益双丰收。为了搞好这次活动,淄博市专门组织人员对全市企业进行了普遍地调研,收集各类技术难题和人才需求260项,并提前印发给院士和专家。通过推介会、报刊、网站等多种渠道和形式与企业对接,提高了企业与院士、专家洽谈合作的针对性,为此次活动取得显著成效奠定了基础。

2. 效果更好。本届新材料技术论坛系列活动项目签约创历史最好水平。主要表现在：一是合同、协议项目比重大。签约项目中，合同、协议共计30项，占签约总数的63.8%。二是高新技术项目比重大。这些项目的落户，对淄博经济结构调整、未来经济社会发展，将产生深刻的影响。

3. 层次更高。今年新材料技术论坛系列活动共邀请到了21位院士、73位专家，是我院与各地合作以来阵容最强大的一次。众多院士云集淄博，参加院士专家淄博科技行、举办新材料技术论坛演讲、就淄博市“十一五”规划进行座谈，极大地提升了本届活动的品位。

4. 创新点更多。本届论坛系列活动增加了淄博市“十一五”规划院士座谈会等新的活动，让院士参与淄博市经济社会发展的宏观决策，有利于提高决策水平。

（张 松 提供）

第五届中国青年科技企业家管理论坛

由中国工程院、深圳市政府共同主办的“第五届中国青年科技企业家管理论坛”于2005年9月11－13日在深圳举行。中国工程院副院长邬贺铨等12位院士出席了此次论坛，深圳市委常委、常务副市长刘应力到会致辞。

中国青年科技企业家管理论坛是中国工程院与深圳市人民政府合作委员会确定的重要合作项目。论坛创办于2001年，旨在发挥中国工程院656位院士的群体优势和跨学科、跨部门、跨行业的综合智力资源优势，为中国企业家提供全球一体化背景下技术创新与管理创新的交流平台。

本次论坛以“中国制造业企业国际化战略”为主题。上海交通大学和暨南大学在论坛上首次公布了我国长江三角洲、珠江三角洲两大经济带制造业企业国际化现状的最新调研成果，该两项调研历时半年，得到了国家自然科学基金委员会的特别资助。

制造业是国民经济发展的基础，中国制造业国际化的水平，反映了中国在国际经济格局中的地位。面对全球国际化浪潮，我们是否真的准备好了？审视中国企业的自主品牌、自主创新能力，思考我们的中华文化、管理、核心竞争力以及制造业企业的现状，分享经验与得失，以使中国制造业企业更好地融入国际市场，运用国际资源开展国际经营、参与国际竞争等等，这一切是中国企业和企业家们必须关注和思考的深层战略问题。

论坛邀请了首批中国制造业世界500强企业上海宝钢集团（排309位）副总经理崔健、中国首家地方企业成功冲刺世界500强的上海汽车集团副总裁陈因达等知名企业的高层人士现身说法，为与会者提供鲜活的国际化实战案例，和与会者共同分享他们实施国际化战略的感受。美国罗兰贝格咨询公司长期从事国际化战略研究的专家（中国区总裁）朱伟从理论和实践角度，深入分析阐述了世界各国制造业企业国际化战略的典型案例，为与会者提供借鉴。

刘源张、陆佑楣、李京文等中国工程院10余位相关领域的院士参与讨论。中国企业家、国际战略专家与国际国内院士专家之间形成的互动无疑将有助于“走出去”和正准备“走出去”的中国企业在国际经营规则之下迅速适应和成长。

论坛由中国工程院工程管理学部、国家自然科学基金委员会管理科学部、教育部科技委员会管理科学部承办。深圳中国工程院院士活动基地、中国工程院广州院士咨询中心、暨南大学管理学院、中国工业报、深圳商报、深圳市铭牌文化传播有限公司协办。

（王元晶　唐海英　提供）

新世纪水利工程科技前沿院士论坛

2005 年 9 月 29 日至 30 日，由中国工程院土木、水利与建筑工程学部主办，天津大学承办的“新世纪水利工程科技前沿院士论坛”在天津召开。此次论坛受到了社会各界的关注和重视，众多水利界的专家学者济济一堂。水利部副部长索丽生、天津市委常委陈超英、天津大学党委书记刘建平出席了论坛。马洪琪、冯叔瑜、林皋、陈吉余、陈志恺、陈厚群、陈肇元、沈珠江、张楚汉、茆智、曹楚生、梁应辰、韩其为、谢世楞等 14 位院士以及水利行业众多单位和相关院校代表共 80 余人参加了论坛。

大会本着“大力促进水利工程学科领域的发展与工程技术创新”的宗旨，对水利学科工程技术领域热点和难点问题进行了研讨，对水利工程科技发展动态做出前瞻性的论述和预测。论坛内容丰富多彩，涉及水利水电工程建设与可持续发展、流域综合治理、水工施工与工程管理、港口与海岸工程、农业和城市发展的水问题、重要基础课题研讨等。索丽生副部长作了题为“水利科技发展战略介绍”的报告，从国家方针政策的大角度出发，对我国水利科技发展现状进行了介绍，对水利科技的战略发展进行了研究，并提出了保证措施，为我国水利事业的发展目标和前景指明了方向。各位院士相继发言，介绍了各自研究领域的前沿成果与未来发展的方向，很多发言都结合当前工程技术中的难题进行了探索。如：陈厚群院士所作的“全级配大坝混凝土动态性能研究”报告，介绍了自己对大坝混凝土的动态抗力进行的深入研究，该研究解决了大坝抗震安全评价中的“瓶颈”问题。

论坛编辑出版了《新世纪水利工程科技前沿院士论坛论文集》（天津大学出版社），收录了参会论文 60 余篇，反映了我国水利工程建设和管理的发展水平，具有很高的学术价值。

（高战军　提供）

化工、冶金与材料工程学部第五届学术年会

中国工程院化工、冶金与材料工程学部第五届学术会议于2005年12月8日至14日在海南博鳌召开。全国政协副主席、中国工程院院长徐匡迪院士，中国工程院副院长王淀佐院士，国家科技部副部长程津培院士，中国工程院原副院长师昌绪院士，化工、冶金与材料工程学部主任周廉院士等102位两院院士，以及来自全国各高等院校、研究院所和企业的化工、冶金与材料领域的老、中、青专家约460人参加了会议。全国政协副主席、中国工程院院长徐匡迪院士在开幕式上致辞并作大会特邀报告，王淀佐副院长代表工程院在大会闭幕式上讲话。学部主任周廉院士代表学部常委会在开幕式上致欢迎辞，并在闭幕式上作了会议总结。海南省省委书记汪啸风、省长卫留成、副省长林方略分别在开幕式、欢迎晚宴及闭幕式上对大会的召开表示热烈的祝贺，向参会的院士、专家表示热烈的欢迎和诚挚的问候。本届会议由中国工程院化工、冶金与材料工程学部主办，中国石化股份有限公司和海南省协办，中国石化石油化工科学研究院承办。

党的十六大提出全面建设小康社会的宏伟目标为我国各行各业的发展带来了巨大生机，炼油、化工、冶金与材料领域的技术发展日新月异，新材料和新兴产业不断涌现，国际竞争能力逐渐增强。但快速发展也使很多问题凸显，环境问题日益受到关注，资源不足越来越成为可持续发展的瓶颈。这些不但是政府要直接面对的问题，也是科技界无法回避的问题。为了深入探讨上述问题，在化工、冶金与材料工程学部常委会的组织下，在海南省博鳌国际会议中心召开了中国工程院化工、冶金与材料工程学部第五届学术会议。会议围绕主题“建设资源节约型和环境友好型社会——化工、冶金与材料的发展战略”，对我国化工、冶金与材料领域的技术现状、技术创新和发展战略以及科技界在建设资源节约型和环境友好型社会过程中如何发挥作用进行深入探讨。

会议设立了一个主会场、四个分会场、两个研讨会和一个论坛，82位两院院士及有关专家作了95场的学术报告，对我国冶金、材料与化工等领域的现状与发展战略进行了深入的探讨。程津培、徐匡迪、师昌绪和曹湘洪院士在主会场分别作了题为“自主创新与国家发展”、“微小液滴凝固技术研究及其应用展望”、“材料与社会可持续发展”和“我国石油化工产业面临的资源瓶颈环境压力及对策”四场大会学术报告。其他与会的有关院士、专家分别在石油炼制与化工技术、冶金技术、金属材料和非金属材料4个分会场作了75场专题学术报告。由于报告时间有限，会议还以墙报的形式展示了22篇论文。

会议期间召开了“研究生培养研讨会”。会议由柯俊院士主持，徐匡迪、王淀佐、师昌绪、李恒德、曹湘洪、李大东、闵恩泽、严东升和干勇等近30位院士和其他20多位专家参加了研讨会并就“研究生培养面临的主要问题”、“研究生创新意识、创新能力的培养”、“加强研究生素质（团队精神、管理能力）的培养”等议题展开了热烈的讨论。

利用学术年会院士、专家比较集中的机会，在冶金与金属材料领域组织召开了“冶金与材料可持续发展战略研讨会”，会议由钢铁研究总院院长干勇院士主持。徐匡迪、王淀佐、师昌绪、柯俊、殷瑞钰、张寿荣、陆钟武、李东英、李鹤林等近20位院士以及来自中国钢铁企业总工程师联谊会的10个成员单位40多位专家参加。徐匡迪院士在报告中指出，我国钢铁工艺技术创新已达到临界状态，蓄势待发，处在钢铁强国诞生的前夜，相信不久就会形成具有自主创新的技术。在建设资源节约型和环境友好型社会过程中，钢铁行业有可能成为循环经济的示范行业。在钢铁行业的自主创新方面，要努力追求符合循环经济理念技术的创新，努力开发新型钢材，自主设计制造新型装备。

在学术会议期间，在海口召开了“海南地方经济发展论坛”，论坛由海南省副省长符桂花主持，来自政府、企业、学校等部门的代表500多人参加。会上针对海南地方特点，彭寿、欧阳平凯、徐承恩和汪燮卿分别作了题为“海南石英砂资源开发与玻璃工业发展”、“熵工程与生物经济”、“石油化工工业发展中值得关注的几个趋势”和“关于天然气化工利用的建议”4个报告。院士与专家精彩的演讲获得与会者的赞誉，也启发了有关方面发展与建设海南的思路。

本届学术会议共收到论文216篇，经大会学术委员会评审，其中202篇被收录到会议论文集中，论文集在会前已由中国石化出版社正式出版并公开发行。

至此，化工、冶金与材料工程学部学术会议已成功举办了5届，引起了社会各界的广泛关注，学部院士与广大专家、学者参与踊跃。会议为学部院士创造了一个优良的学术活动环境，加强了学部院士与广大专家、学者的学术交流，扩大了学部的影响，对促进本学科领域的发展和工程技术的创新发挥了重要作用。本届会议有102名两院院士参加，这在学部学术会议历史上还是第一次有如此多的院士参加。院士们精彩的报告为与会的科技工作者提供了一个极好的学习机会，对推动海南的技术创新、经济发展将产生深远的影响。此外，会议对于促进我国化工、冶金与材料产业的可持续发展，提高国际竞争力也将产生积极的作用。

（宋德雄　提供）

土木专家代表团赴台交流考察报告

为了促进海峡两岸土木工程技术的交流与合作，应台湾土木工程学会理事长陈振川先生的邀请，中国工程院组团于2005年6月6日－12日赴台进行两岸学术交流。参加交流活动的有宁津生院士、王梦恕院士、韩其为院士，另外中国建筑总公司技术中心助理总经理宋中南、中建国际邓明胜总工程师以及土木、水利与建筑工程学部办公室杨健和光华奖奖励办公室张戬勇也参加了此次活动。

这次参观考察的学术交流活动主要有：

6月7日，在交流会上，代表团成员王梦恕院士主题发言“客运专线长大隧道设计施工的讨论”;台湾方面“交通部台湾区国道新建工程局”总工程师曾大仁博士主题发言“初步回顾北宜高速公路雪山隧道工程设计与施工”。

6月8日,泰润集团尹衍梁博士主讲“安基项目(Edc中心)施工情况概要”;Acer电子化巨架构事业单位张善政博士主讲“宏基电子化资讯管理中心(AcerEdc)介绍”;泰润集团润安机电工程股份有限公司王楚明博士主讲“An Introduction to Power Reliability Analysis of Acer E - enabling Data Center”;泰润集团润弘精密工程事业股份有限公司董事长赖士勋博士主讲“润泰营建集团 - 创新研发”;泰润集团润弘精密工程事业股份有限公司总经理吴昌修博士主讲“先进国家之RC建筑”、“预铸工法简介”、“预铸抗震”、“预铸工程实绩”等。

6月10日,泰润集团润弘精密工程事业股份有限公司董事长赖士勋博士主讲“润泰营建事业群行动PDA系统”;泰润集团润弘精密工程事业股份有限公司总经理吴昌修博士主讲“润泰营建事业群工程管理资讯系统简报”。

通过对台湾地区土木工程的参观考察,感受非常深刻,收益颇多,具体表现为:

1. 接待方式上的市场化运作

对于我们一行7人的代表团,他们不是采用大陆单位自行接待的方式,而是委托旅行社全程接待,从抵达台湾一刻起,就有旅行社专业人士负责接车,并安排住处;在前往驻地途中的豪华巴士上,经验丰富的导游即将在台湾期间的行程逐一地向团员们介绍,使团员们对行程有个初步的了解。在后来的几天中,旅行社则全面配合主办方带领大家参观各工程项目,并在项目与项目之间的路途给团员们介绍沿途的风光和风土人情,使团员们在获得专业交流的同时对宝岛台湾有一个概略的了解。直到代表团结束全部参观考察活动,将大家送至机场安检入口为止,方才结束其“导游”的工作。

我们体会到这种运作方式可以使得主办方能够有充分的精力去准备和完成学术交流方面的活动,并因为有经验丰富的旅行社的介入,使得团队可以充分地享受旅行社的社会资源,极大地节约了路途上的车辆周转、饭店入住后办理手续和就餐等方面的等待时间,各个环节衔接得非常自然且紧凑,从而极大地方便了主办方的接待工作和团员们的参观考察工作。

2. 参观“润福生活新象”工程的感受

这是一个社会福利院性质的项目,它号称是全台湾第一座五星级银发贵族享受的住宅,目前已经完工并投入运营。面向社会迎接50岁以上的老人入住,相当于一个老人公寓,可以是一位老人单独入住,也可以是两位老人象家庭似的入住。它的口号是“只要携带随身衣物,即可快乐入居!”入住者除了具备50岁以上的年龄限制外,在入住前还要交纳500万台币(相当于125万人民币)押金,之后每月大约花费17 000台币(一位居住)或29 000台币(两位居住),老人在这里可以享受健身、娱乐、保健等各种设施和礼遇,由专人负责料理。

开发商将这里称为:润福心·银发心。广告语说,银发贵族快乐的家——润福生活新象。她对老人们说,为子女家庭奉献了一辈子,现在来润福,找回您自己的天空。在生活照顾方面,做到:细心、耐心、爱心,健康保健免烦心;在休闲养生方面,使老人们越学越积极,越玩越有劲!并向老人提供专业咨询,使老人们理财资讯不退休。

这里所有的服务人员,包括清洁工、餐厅人员、医生、管理人员等,一个起码的标准是必须有爱心,要像对待自己的孩子一样对待这些老人,使得老人们在这个社区中无忧无虑地生活,安享晚年。而老人们的子女们也可以在周末或别的时间来此与老人团聚,让老人共享天伦之乐。从而很好地解决了子女由于工作忙而无法照顾老人的社会问题，为社会如何安顿老人提供了一个成功的案例，为迈向高龄化的台湾跨出了历史的第一步！

工程给我们的启示，除了作为企业积极探索解决社会问题的这一大课题之外，关键是它利用设计施工一体化模式将企业自身优势融入到建筑工程实体之中，真正地做到了以人为本，从而通过项目载体的社会效应为企业赢得了市场。比如：它的楼宇智能化部分，在每个单元住户内，均可监视到炉子上的水烧开后是否及时关闭，是否燃气泄漏、老人是否外出活动、甚至夜里老人是否起夜等。如果老人没有出去活动或者没有起夜，则保健医生就会上门看个究竟，以排除是否由于病变原因所致，这就确保了老人能够安全地在此入住。由于采用红外监控，既能较好地解决这些保健方面的监控管理，又避免了各户的隐私受到干扰，深得老人及家属的信赖。另外，还将医院高级病房的呼叫系统等设施运用到了各个房间，也方便了入住老人与管理部门的联系。所有这些，或许从技术上讲并不是很难，但由于能够将其综合地运用到这个项目之中，就起到了意想不到的效果。

3. 参观润泰集团的样板房“润泰敦仁”工程的感受

“润泰敦仁”项目位于台北市林荫大道之 King & Queen 地段——仁爱路和敦化南路处，这是“国际财团、首富，正一世千秋，逐鹿中原的地王之心”，这里的“仁爱圆环”是仅次于巴黎凯旋门的全球第二圆环。

这是润泰集团所属“润泰建设”投资兴建的又一个 EPC 项目，由集团的“润泰营造”、“润安机电”、“润宏精密事业工程团队”等单位完成施工。表面上看，它就是一座豪宅，每户面积 115、135、250 坪不等（坪：日本面积单位名，1 坪 = 3. 3057m^2），以 250 坪的套房为例，其价格约为人民币 3 400万，每平米价格相当于人民币 4 万余，与国内的“豪宅”相比内涵大为不同。主要表现在：

与常规工程相比，抗震设防等级有较大幅度的提高：它除了传统的筏式基础做法以外，还将连续墙和柱底桩基深入到承力层，将大楼的重量和地震力均匀有效地传递至承力层中；并考虑利用桩基外表之摩擦力抵抗土壤上浮力，使得最终的效果不但耐震、抗浮、并能减少不均匀沉陷，从而使抗震效果高人一等。

采用 Damper 减震，使剪力墙耐震，进一步为抗震加分：常规做法只是采用梁、柱为主的结构系统，加上基地限制建筑物的形状，结构上容易产生弱面，从而导致地震发生时结构受力龟裂、倒塌损坏。而“润泰敦仁”的做法则是在建筑物中安置 Damper 减震设备，并配合建筑物结构弱面补强剪力墙，以提高抗震能力，减少水平变位，从而增加居住者的安全性和舒适性。

采用养生住宅、绿色建筑的设计，来提高建筑物耐久性和入住者的舒适性：通常的建筑结构外墙是涂布后的砂浆层，之后再贴瓷砖，这种做法不仅易于龟裂、翻白和脱落，而且由于精度不高，经常会危及到结构安全。而润泰的做法是外墙采用精准确度高且表面平整的预铸板，这个预铸板除了能避免上述龟裂、翻白、脱落等现象外还能兼具防水功能。外墙内侧还采用石膏板复壁系统，可以使得表面平整、不易龟裂和脱层，并且隔热效果增加、隔音效果良好，具有透气呼吸及节省能源电费的功能。

在建筑物内的每个单元还引入了“人体保险箱”的概念，开发商将其称作“黄金救援安全密室”。这是在宝岛上产生的第一座带有“人体保险箱”的建筑。密室中的每一项特殊设备，如防火、防烟、防震、防暴等，都以维持住家最高安全为基本出发点而加以考虑，从而保证在任何正常状况及意外时刻，都已备妥一套很周全的保护设备随时待命，让住户的生命在最紧急时刻仍有最后保命生存的避难空间。为了达到黄金安全密室的效果，开发商从建筑结构、机电设备、智能化等多方面作了改进和攻关。由于该“黄金救援安全密室”的作用，建筑物可以保证在意外发生（比如处于烈火燃烧中）的关键2小时内，住户有充裕的时间得到最佳的紧急救援。

工程具有7大创新研发的“工学革命”——

- 宁静革命：全栋“声音改造工程”，低dB高静能豪宅；
- 紧急救助革命：关键2小时，黄金救助安全密室；
- 全备革命：全栋全载防灾机制，无须考虑电力供应匮乏；
- 抗震&结构革命：采用美国NASA认证震阻尼器；
- 复合强革命：NUL复合强工法，冬暖夏凉，隔音、节能；
- 外墙革命：PC预铸外墙板，挑战气候与岁月；
- 玻璃革命：18 mm双层胶合玻璃，抗紫外线，隔噪音。

为了让客户了解开发商一切为了顾客着想的良苦用心，他们也做了“样板房”，这个样板房与大陆房屋销售处样板房之最大的不同在于：大陆“样板房”主要是房屋完工后的装饰情况，间或有房间的参考布局和设备配置情况；而“润泰敦仁”的“样板房”则是在此常规做法基础之上增加了房屋建造过程的展示，包括钢结构梁柱节点、楼板配筋、预铸外墙、防水/装修构造的不同层次等，包括“人体保险箱”。大家一致的感受，这不只是一个简单的样板房，简直就是一个反映房屋建造过程的“博物馆”。

4. 参观润泰集团承建的“Acer的安基Edc中心”工程的感受

这是台湾岛乃至全东南亚规模最大的网络资料中心（E－enabling Data Center，EDC），存放着许多台湾的银行、证券、以及大型企业甚至部分政府部门的数据（信息）。

作为一个“数据仓库”，其对电源的连续性和稳定性都有较高的要求，为此润泰设立了攻关小组，通过不断的攻关和采取一系列的措施，最终从设计、设备配置及选型和施工等诸多方面保证了供电的可靠度为99.999%，目前已经运行了3年多，还从未断过一次电。用时间来证实了这个可靠度的存在。

安全问题是数据中心的又一个重要课题，设计者综合采用了一系列的技防措施，包括：智能卡、指纹/掌纹识别、图形/相貌扫描识别等。这就保证了进入者的唯一性，也就是说即使你拿到了IC卡，也难以进入其间（在上述“润泰教仁”项目中，他们采用的是虹膜识别技术）。所有这些技防措施，从技术本身来说，现在已经不是个难事，但能综合运用在一个具体的工程项目中，其所带来的社会和经济效益是可想而知的。在一定时间段中，企业的核心技术就是从这些方面来体现的。

另外，这个工程在解决强台风袭击、建筑结构和设备的防震、数据的安全存储、如何加快施工进度等方面都有非常成功的解决方法。

5. 参观润泰集团所属润弘杨梅工场的感受

“润弘杨梅工场”就是润泰集团的一个（混凝土）预制构件加工厂。该工场成立于1995年，其资本额为4.39亿新台币，140位员工，工场面积48 000平方米，产能100 000立方米/年。这个产能已经远远地超过了大陆同等规模的预制厂的产能。从实地参观发现，在近些年来，由于抗震问题导致多数混凝土预制构件厂都处于转型甚至关闭的情况下，这个加工厂还能存续并良好地运行，究其原因主要是他们能够抓住科技这柄利剑作为开路先锋。

润泰集团为推广“营造产业工业化及自动化”，从欧洲和日本引入了最先进的“预制工法”，以期能改善宝岛上建筑物的品质、开创营建新纪元，为客户提供经济、快速且具有高品质的预铸工程。

他们以提高预制构件质量为突破口，将所有在工厂预制的混凝土构件按照机械加工件的要求来实施，称其为“精密工程”，正是在这个理念的推动下，他们以科技为手段，以精密为标准，借助“预铸工法”为载体，通过同步工程以缩短工期；采用机械生产，以提高构件/建筑物品质和劳动生产力；通过一笔箍、螺旋箍等方式提高机械作业水平，减少人工操作量并提高构件抗震性能；并最终实现所确定的目标。

为了使所设计的工程能够顺利地通过政府有关部门/机构的审批，并得到客户认可，他们以研发工作为后盾，针对该专题作了许多试验，并通过试验结果来验证结构体系的正确性、安全性和工艺的可靠性等，从而为设计提供依据。

这次访问，双方代表团进行了广泛的学术交流和研讨，增进了双方的了解和友好关系。双方在土木、建筑等领域方面，各自有自己的长处，通过开展这方面的合作交流，可以相互切磋、取长补短、共同前进。

建议继续开展这种形式的交流，并拓宽合作的人员范围。在今后的合作交流中，可以组织一些非院士的专家，尤其是中青年专家参与活动，增加相互交流的范围和广度。

国际交流与合作

〔出访、来访情况〕

2005年出访团组

1.1月,沈国舫副院长赴瑞士出席世界自然基金会专家组会议。

2.1月,陈毓川院士等5人赴巴西、秘鲁、智利进行矿产资源考察。

3.3月,宋健院士等3人赴秘鲁(过境法国、西班牙、厄瓜多尔)出席国际马铃薯中心理事会议。

4.4月,刘德培副院长赴法国出席国际医学会议。

5.4月,顾真安院士等3人赴加拿大、墨西哥进行矿产资源考察。

6.4月,郑绵平院士等7人赴土库曼斯坦、约旦进行以钾盐为重点的矿产资源考察。

7.6月,徐匡迪院长等5人赴美国、墨西哥、加拿大进行友好访问。

8.6月,刘德培副院长赴美国出席国际医学会议。

9.6月,钟群鹏院士等7人赴法国、德国考察并参观法国航空展。

10.6月,邬贺铨副院长赴瑞士出席国际电信IPv6学术研讨会。

11.7月,邹德慈院士等2人赴南非出席第24届南非交通年会。

12.7月,沈国舫副院长等6人赴澳大利亚出席CAETS会议。

13.7月,李京文院士等7人赴德国、瑞典、芬兰进行矿产资源考察。

14.8月,邬贺铨副院长等5人赴法国出席第63届国际互联网工程工作组会议。

15.8月,朱高峰院士等3人赴泰国参加东盟工程技术院成立会议。

16.9月,朱高峰院士等3人赴澳大利亚出席第四届国际工程教育研讨会。

17.10月,康金城等2人赴土耳其参加世界采矿大会理事会会议。

18.11月,宋健院士、王淀佐副院长等6人赴韩国出席第9届东亚工程院圆桌会议。

19.11月,郑健超院士等3人赴韩国出席第9届东亚工程院圆桌会议。

20.11月,徐旭常院士等6人赴德国、意大利、西班牙考察煤炭高效洁净利用问题。

21.11月,杜祥琬副院长等6人赴瑞典出席"中瑞可再生能源与环境"合作项目第二次研讨会;会后,黄其励院士等4人赴德国、意大利进行考察。

22.11月,徐匡迪院长等6人赴德国出席中德对话论坛。

23.11月,钱七虎院士等8人赴俄罗斯参加俄罗斯"安全科技大会";会后,钱七虎院士等4人还访问了俄罗斯科学院克拉半岛核废料地下处置所。

24.11月,徐匡迪院长等6人赴新加坡出席淡马锡集团国际顾问会议。

25.11月,邬贺铨副院长赴埃及对信息通讯领域进行考察。

26.11月,沈国舫副院长等5人赴印度出席联合国亚太经社会农业工程与机械中心理事会

(UNAPCAEM)会议。

27.11月,邹德慈院士等5人赴俄罗斯与俄建筑科学院进行学术交流。

28.12月,宋健院士等3人赴摩洛哥出席国际农业研究磋商组织理事会研讨会。

2005年接待来访团组

一月

1.6日,徐匡迪院长会见德国巴斯夫(中国)有限公司执行董事凯麦业先生(Andreas Kreimeyer)一行。

2.14日,徐匡迪院长在全国政协会见瑞典驻华大使雍博瑞(Borje Ljunggren)和沃尔沃公司高级顾问FINN Adolfsson先生等一行。

3.17日,王淀佐副院长会见前来拜访的美国工程院院士黄桑希兰女士,梁骏吾院士等会见时在座。

4.24日,徐匡迪院长、杜祥琬副院长会见瑞典工程院副院长Per Storm先生率领的瑞典工程院代表团。

5.26日,刘德培副院长会见我院外籍院士雅克康先生(Jacques Caen)。

二月

6.24日,刘德培副院长会见国际医学科学院组织代表团,IAMP双主席David Challoner、Guy de The一行。王正国院士等参加了会见。

三月

7.20日,徐匡迪院长在钓鱼台国宾馆会见米其林集团首席执行官爱德华·米其林先生。

8.23日,邬贺铨副院长在我院会见美国加州大学尔湾分校工程院院长Nicolas G·Alexopoulos教授。

四月

9.5日,应法国企业家协会主席赛利耶先生(Seilliere)的邀请,中国工业经济联合会会长、中国工程院徐匡迪院长出席了由中国工业经济联合会与法国企业家协会在京为双方企业家联合举办的晚宴。出席晚宴的有法国前总统、欧洲宪法委员会主席德斯坦(D'Estaing),法国驻华大使高毅、法国企业家协会主席赛利耶及其他法国知名企业家。

10.12日,徐匡迪院长在全国政协会见前来访问的美国亚洲协会名誉会长卜励德先生Nicholas

Platt。中国人民对外友好协会副会长李小林等有关同志参加会见。

11.25 日，徐匡迪院长会见法国前总统、欧洲宪法委员会主席德斯坦先生（D'Estaing）一行。

12.27 日，在我院的联系协调下，联合国亚太农业工程与机械中心（APCAEM）主任芮克博士（Dr. Adrianus Rijk）向外交部部长助理沈国放递交了委任书。双方进行了友好的交谈。

五月

13.11－13 日，由中国工程院、国家外国专家局与俄罗斯科学院、俄罗斯科学工程学会联合会、俄罗斯建筑科学院、俄罗斯工程院、俄联邦工程科学院等单位联合举办的"中俄工程科技研讨会"在北京钓鱼台大酒店召开。全国政协副主席、中国工程院院长徐匡迪、国家外国专家局局长万学远出席大会开幕式并讲话。开幕式由中国工程院副院长杜祥琬主持。会议期间，徐院长还会见并宴请了出席会议的俄方主要代表。

14.17 日，全国政协副主席、中国工程院院长徐匡迪在钓鱼台国宾馆会见了美国那科斯特通讯公司总裁兼首席执行官蒂默西·多纳休先生（Mr Timothy Donahue）及其率领的代表团。对外友协李小林副会长参加了会见。

15.17 日，王淀佐副院长在我院会见了我院外籍院士萨马桑达兰（Prof Somasundaran）教授。教育部王亚杰副司长等参加了会见。

16.18 日，杜祥琬副院长在我院会见了古巴科技与环境部代部长费尔南多（Fernando）一行。白玉良副秘书长等参加了会见。

17.23 日，徐匡迪院长在我院会见 APCAEM 新任主任芮克先生（Adrianus Rijk）。

18.30－31 日，根据《中国工程院和瑞典皇家工程院可再生能源与环境谅解备忘录》"中瑞可再生能源与环境合作项目研讨会"在北京钓鱼台大酒店召开。杜祥琬副院长代表我院出席并会见了瑞典皇家工程院副院长 Per Anders Storm 先生和代表团团长 Leijion 教授。

六月

19.6 日，王淀佐副院长在我院会见了瑞典皇家工程院院长 Lena Torell 女士。瑞典驻华大使馆高级科技官员孙红丽女士陪同会见。

20.22 日，全国政协副主席、中国工程院院长徐匡迪在全国政协会见了美国科学促进会首席执行官（Alan Leshner）先生率领的美国科学促进会代表团。

21.27 日，徐匡迪院长会见新加坡淡马锡集团执行董事王文辉先生。

七月

22.1 日，徐匡迪院长会见德国巴斯夫（中国）有限公司执行董事凯麦业（Andreas Kreimeyer）先生一行。

23.1 日，杜祥琬副院长接待世界知识产权组织专利合作协定办公室主任 Jay Erstling 博士，并在京丰宾馆举行院士知识产权报告会。

24.8 日，王淀佐副院长会见美国纽约州立大学校监张钟浚教授。

25.16 日，沈国舫副院长会见英国克兰菲尔德大学代表团。

八月

26.13 日，国际合作局副局长康金城会见日本学术振兴会山口英岸先生，双方探讨了在工程科技咨询研究方面合作的可能性。

27.30 日，徐匡迪院长在我院会见了前来访问的瑞士工程院院长 Rene Dandliker 教授。

九月

28.17 日，全国政协副主席、中国工程院院长徐匡迪在全国政协会见了前来访问的美国农业部副部长 Dr Joseph Jen 博士及其率领的代表团。全国政协外事局夏纪慧副局长等出席。

29.18－24 日，应我院邀请，法国工业与教育界研究协会（ARIEL）代表团访华。杜祥琬副院长会见了代表团成员。

30.22 日，徐匡迪院长在北京会见了美国卡内基·梅隆大学 Granger Morgan 教授。

31.27 日，王淀佐副院长在我院会见了澳大利亚必和必拓公司总裁 Chip Goodyear 先生及其率领的代表团。

十月

32.13 日，徐匡迪院长在钓鱼台会见了来华参加中美日化工学术会议的美国代表团部分来宾。中石化副总裁曹湘洪、中国化工协会副理事长兼秘书长龚七一等出席会见活动。

33.14 日，沈国舫副院长在我院会见国际水稻研究所（IRRI）所长 Robets Zeigler 一行。

34.17 日，刘德培副院长在中国医学科学院会见了英国皇家协会副会长兼外事秘书 Julia Higgins 教授率领的代表团。中国医学科学院副院长詹启敏教授等参加了会见。

35.19 日，邬贺铨副院长在我院会见了前来访问的诺贝尔奖获得者、前贝尔实验室首席科学家 ArnoPenzias 教授。

36.24 日，接待英国皇家学会 Peter Collins 博士并在京丰宾馆举行咨询政策报告会。

十一月

37.6 日，徐匡迪院长会见德国弗劳恩霍夫应用研究促进会主席 Hans－Joerg Bullinger（汉斯－约克 布凌格）教授。

十二月

38.1 日，宋健、王淀佐和刘德培副院长在钓鱼台大酒店会见美国汤姆森科技医疗信息集团总裁 Robter Cullen 先生一行。

〔出访报告〕

赴秘鲁、智利矿产资源战略考察报告

走出去利用全球资源是我国矿产资源可持续供应的重要途径,也是工程院承担的《我国可持续发展的矿产资源战略研究》项目的重要研究内容。2005 年 1 月 27 日至 2 月 7 日,工程院组团对南美秘鲁、智利进行了矿产资源战略考察。现将考察情况报告如下:

考察团一行 5 人,陈毓川院士为团长,成员有工程院国际合作局田琦处长、中国地质科学院王安建、王高尚、王登红研究员。

考察团 1 月 27 日从北京出发经法兰克福,1 月 28 日抵达秘鲁首都利马,当晚与首钢秘铁股份有限公司(Shougang Hierro Peru S. A. A)董事长王平生会谈。29 日上午我国驻秘鲁大使殷恒民先生接见代表团并介绍了秘鲁的国家概况。30 日,代表团驱车 6 小时赶往首钢秘铁公司经营的马尔科纳铁矿。31 日参观矿山并与秘铁公司相关领导和技术人员会谈。2 月 1 日转赴智利首都圣地亚哥,2 日至 3 日考察了世界最大的铜矿生产地——楚基卡玛塔(Chuqicamata)斑岩铜矿,4 日返回圣地亚哥并与智利铜资源委员会进行了会谈。2 月 6 日启程回国。

一、秘鲁考察情况

1. 秘鲁矿产资源及矿业概况

秘鲁共和国面积 128 万平方公里,人口 2 800 万,位于南美洲西部,西濒太平洋,安第斯山横贯南北。全境从东到西分为三个区域:西部太平洋沿岸为狭长的干旱荒漠地带,有断续分布的平原绿洲,属热带沙漠、草原气候,气候温和但降雨量很少,年均不足 50 毫米,年平均气温 12 ~ 32℃;中部高原区主要为安第斯山中段,平均海拔约 4 300 米,亚马孙河发源地,气温变化大,年平均气温 1 ~ 14℃,年均降雨不足 250 毫米;东部为亚马孙林区,属热带雨林气候,年均气温 24 ~ 35℃,年均降水量在 2 000 毫米以上。

安第斯造山带不但造就了秘鲁丰富的地形地貌,同时赋予秘鲁丰富的矿产资源,蕴藏总量居世界第七位。铜、金、银、铅、锌、磷、硫等矿产储量位居世界前列(表 1),其中铜储量 5 700 万吨、金 3 500吨(均接近我国的 3 倍)、银 36 000 吨(我国的 1.3 倍)、铅 350 万吨、锌 1 600 万吨(均相当于我国储量的一半)。目前只有 19% 的矿产得到开发。2003 年,秘鲁的铜(第四)、铅(第四)、锌(第三)、银(第二)、锡(第二)、铼(第二)、砷(第三)、铋(第三)产量位居世界前列(表2),保持世界生产大国地位。

表1 秘鲁主要矿产资源探明储量(2003 年,万吨)

铜	铁矿	铅	锌	金/吨	银/吨	钼	锡	硫	磷	铀
5 740	83 000	350	1 600	3 500	36 000	45	72	15 000	55 000	10

表2 秘鲁主要矿产品产量(2003 年,万吨)

铜	铁矿	铅	锌	金/吨	银/吨	钼/Mo 吨	锡	硫酸	砷/吨	碘/吨
85	600	35	150	150	2 800	8 800	4	65	3 000	5 500

从 90 年代始,秘鲁的矿业结构处于国营向私有化和风险投资的转变过程。1990 年以来,超过 100 家外国矿业公司在秘鲁投资,其中包括世界有名的 BHPBilliton、Phelps Dodge、Grupo Mexico、Noranda Inc、Mitsubishi、Newmobt Mining Corp 等。2003 年,外国在秘鲁矿业的直接投资 34 亿美元,其中采矿 17 亿美元、天然气 16 亿美元、石油 9 800 万美元。按照 Fraser 研究所的评估,由于巨大的资源潜力和较好的政策环境,秘鲁是世界范围排名第 5 的最具活力的勘查投资国。

2002 年,秘鲁矿业占 GDP 的 6.4%,矿产品出口是国家外汇的主要来源,占总出口的 45%,达 35 亿美元,出口的主要矿产品为金、铜、铅、锌、银。

2. 秘鲁矿业政策和投资环境概况

1991 年来,秘鲁通过制定包括《矿业投资促进法》(Decree law No. 708,1991)、《外国投资促进法》(Legislative Decree No. 622,1991)、《私有投资发展构架》(Legislative Decree No. 757,1991)、《鼓励自然资源投资》(Legislative Decree No. 818,1996)等一系列法律,开始私有化改革,矿业开发从国营向私有化和风险投资转变,并实行内资和外资的平等对待。外国投资逐步把秘鲁看作拉美最有吸引力的开放市场,因为政府保护私有财产权、保障收益汇款、遵循自由化的国际投资规则。尤其是 1992 年补充条款超级法令 No. 018 的颁布,使得获得矿权的法律程序更为容易。政府在勘查、采矿、冶炼等领域放弃排他性控制,内外资享受同样国民待遇。地方政府留 50% 的税金用于地方教育和社会发展,不限定利息自由汇出、折旧和特许权等。1991 年私有化以来,政府把国有的 230 个企业私有化,预计 2001 年至 2009 年吸收国内外矿业投资 127 亿美元。到 2002 年底,大部分国有资产被私有化,其中矿业私有化率 90%。

发展中国家的"南美现象"在秘鲁表现明显:基础设施薄弱、贫富差距大、没有完整的加工业体系,政府治理国家能力不强。面积 120 万平方公里的国土上仅有 1988 公里的铁路。公路 72 900 公里,仅有 8 700 公里沥青路面。发电装机 5 050 MW(500 万 kW),其中水电占 75%。考察过程中所见所闻令人感触很深:首都利马人口 800 多万,接近全国的 1/3,城市周边满山遍野的贫民窟、到处裸露钢筋的城市建筑、就连电机修理也要送到国外去……

政府治理能力不强既体现在政局不稳、权力斗争激烈、经济社会发展的不平衡、贫富差距大等国家大局上,也体现在法律制度不能很好地执行上。尽管秘鲁制定了较为开放和完善的矿业法规体系,但各种劳资纠纷,尤其是非法罢工,官员与地方勾结,为谋取政治私利而损害投资者的法律利益等现象,成为外国投资困惑的问题。

总体而言,从资源条件和法律政策环境来看,秘鲁的矿产资源开发具有很大的潜力。

3. 首钢秘鲁铁公司考察概况

首钢秘鲁铁矿是首钢于 1992 年投资 1.18 亿美元从秘鲁政府购得,包括马尔科纳铁矿矿山、出海码头和一个发电厂,同时拥有矿区周边1 000 平方公里永久矿权。该矿的前身为20 世纪50 年代始美国公司开发经营,矿山设施较为齐全。70 年代末秘鲁的国有化运动收回该矿的所有权,至80 年代末,长期经营不善,1991 年私有化运动促使出售该矿。

该矿位于秘鲁西南部的滨海荒漠地带,距首都利马 512 公里,海拔 800 米,距出海码头 15 公里,是秘鲁最大的铁矿。矿床产于前寒武杂岩中,共有 117 个矿体, 63 个矿体已作勘查,54 个进入储量计算。整个矿区探明铁矿储量 15.77 亿吨,剩余储量 10.27 亿吨,其中 9.21 亿吨证实储量平均品位 57.5%,另有一个矿区拥有 5.5 亿吨,品位 46.9% 的铁矿储量。该矿的特点是矿体多而小,构造复杂,储量超亿吨的单个矿体 4 个。

1992 年至 2000 年,年产量不足 300 万吨,处于亏损状态。2001 年始,铁矿市场看好,年产量上升到400 多万吨,矿山开始盈利。目前,该矿山有职工 2 000 多人(正式职工 1 600 多人,临时工 400 多人),年铁矿石产量达650 万吨,年盈利从2001 年的300 万美元增长到1 700 多万美元,产品年运回国内 300 多万吨,其余进入国际市场。

首钢秘铁公司是我国最早走出去的矿业企业,经过 10 多年的摸爬滚打,主要有以下经验教训可资借鉴:

(1) 南美资源丰富,开发潜力大,是我国值得考虑的矿产开发地区之一。

(2) 充分了解文化背景的差异和法律政策的细节,进而找到适合所在国实际的经营和管理方式,才能少走弯路。

(3) 秘鲁矿业的法律政策较为开放和完善,但由于政局不稳,尤其是现任政府软弱无力,中央和地方关系复杂,法律得不到遵守,劳资纠纷经常发生。工会系统与政府劳工部门勾结,罢工、无理要求时常出现。以秘铁公司为例,2004 年矿工罢工 10 余次,其中多数为非法罢工,严重地影响了公司的生产,损害了公司的利益。

(4) 从经营角度看,独资经营风险很大,最好减少持股,分散风险。尤其是在南美,利用参股,以不大的股份购买产品销售权等方式较好。

(5) 由于境外投资的风险很大,所以企业往往是走一步看一步,很难兼顾长远发展。以秘铁公司为例,开采的矿体大多是前期经营者遗留的采场,边剥边采。目前可采储量只有 3 000 万吨残存,只够 3 年开采。要开辟新矿体,新剥的土石方往往数千万立方米,投入资金数千万美元,勘查新的矿体投入更大。对于这样的国营公司而言,实力有限,且决策风险很大。

二、智利考察情况

1. 在楚基卡玛塔的考察活动

智利是目前世界上最大的产铜国(占有全球约 30% 的储量和 35% 的产量),并且以最快的发展速度雄踞世界铜矿业的首位。据智利铜矿委员会的统计,1990 年智利的铜产量为 158.8 万吨,与当年美国的产量(158.7 万吨)基本持平;但 2003 年智利的铜产量已经达到 490.4 万吨,而美国的铜产量降至 112.6 万吨。因此,14 年来智利铜的产量增加了 2 倍多。这一期间中国的铜产量也增长了 1 倍多,但远远不能满足国内需求。尤其重要的是,能够保证智利铜矿产量大幅度增长并保持其可持续发展的首要原因是其丰富的铜资源量。正是其得天独厚的铜资源保证了智利铜矿业的可持续发展。在地质上,智利位于安第斯新生代斑岩铜矿带的主体部位,那里发现了一系列世界级的超大型斑岩铜矿,这是其拥有世界上最大铜资源量的根本保证。为此,了解其成矿地质背景和矿床地质特征，对于国内寻找类似铜矿具有重要的借鉴意义。

楚基卡玛塔位于智利北部 Atacama 沙漠区，距离省会 Antofagasta 北东约 240 km，南纬 22°17.5′，西经 68°54.5′。地面海拔高度约 2 800m。随着矿山的开发，矿区形成了一个典型的矿山城镇，即 Calama 市。虽然楚基卡玛塔斑岩铜矿在资源量和矿石质量（品位）方面不如 El Teniente（表 3），却是目前世界上最大的产铜矿山。该矿山属于智利全资国有企业 CODELCO 所有，该公司是世界上主要铜生产公司。迄今为止，该公司共拥有 Chuquicamata（丘基卡马塔）、Radomiro Tomic（拉多米洛·托米克）、El Salvador（厄尔萨尔瓦多）、El Teniente（厄尔特尼恩特）和 Andina（安迪纳）等五个铜矿，另外在 El Abra（厄尔阿夫拉）矿拥有 49% 的股份。据楚基卡玛塔矿山部门介绍，该矿最早由何人何时发现已经无从考究，但可以肯定在哥伦布发现新大陆之前即已经由当地土著居民开采，而大规模的开采开始于 1915 年。矿山目前使用的选矿、冶炼车间也是在 1915 年以来就建成了的。目前其生产能力已经饱和，因此其产量变化不大，如 1994 年的产量为 60.6 万吨，2003 年产量为 60.1 万吨（据智利铜矿委员会 1994—2003 年报汇编）。如以每年 50 万吨金属铜的速度生产，可以保持矿山寿命 200 年。

实际上，楚基卡玛塔的铜资源量可能要大于表 3 中所列者。根据矿山负责地质工作的 Julio Echegaray E. 先生介绍，楚基卡玛塔的露天采矿已经达到长度超过 4 km，宽度 3.4 km，深度 800 多米的规模，在目前坑底位置钻探控制 1 000 m 深度以下仍然是矿体。也就是说，楚基卡玛塔斑岩铜矿的开发范围到底有多大，仍然是个未知数。另外，矿山现有的采选冶流程是 1915 年建厂时设定的，虽然在不停地进行技术改造，但仍然有回旋余地，如湿法冶金技术和生物冶金技术的使用，将大大地提高回收率，实际上也可降低矿石的边界品位，无形之中也就增加了资源量。因此，对于楚基卡玛塔这样的巨型矿石来说，资源量和品位都是动态的数字。如以 0.79% 平均品位统计的金属铜是 6 700 万吨（Guillermo Ossandon C.，et al.，2001），而以 0.70% 平均品位统计则达 1 亿多吨。

表 3　智利两大铜矿的资源量及品位

矿区	矿石量（吨）	Cu（吨）	Mo（吨）	Cu 品位（%）	Mo 品位（%）
El Teniente（Braden）	11 844 900 000	108 965 720	2 254 500	0.919 937 9	0.019 033 5
Chuquicamata（包括 Chuqui Norte（Radomira Tomic），Exotica，Mansa Mina）	15 052 000 000	106 379 800	>1 000 000	0.706 748 6	6.643 64E－03

注：据美国地质调查局（2004）。

楚基卡玛塔作为典型的斑岩铜矿已经闻名于世，并被写进矿床学教科书。但是，近年来人们发现，该矿床与典型的斑岩铜矿还是有所不同。具体表现为：① 矿床不仅与新生代的斑岩有关，更重要的是包括楚基卡玛塔、Radomiro Tomic、Chuqui norte、South Mine 等在内的一系列斑岩铜矿都受到著名的“西部断层”（West Fault）的控制。可以说，“西部断层”是世界上经济意义最大的断层之一，它在智利北部延伸 500 km 以上，在含矿斑岩侵位（32 Ma ±）之前就活动并延续到 16 Ma 以后。该断层不但控制了含铜斑岩体的侵位，而且促进了地下水的深循环，有利于氧化带的发育。从区域成矿背景来看，该断层可能是太平洋板块向南美大陆俯冲的远程响应，因而可能沟通下地壳乃至于地幔，有利于成矿物质源源不断地供给；② 地表虽然处于干旱荒漠区，但氧化带深度很大。据矿山地质工程师介绍，从最初开采的 3 000 ~ 2 600 m 高度主要是氧化带，有用矿物基本上是氧化物；2 600 ~ 2 200 m 主要是孔雀石和铜蓝；2 200 ~ 1 800 m 深度为黄铁矿—蓝辉铜矿—铜蓝—斑铜矿—黄铜矿组合；1 800 ~ 1 400 m 深度为黄铁矿—黄铜矿—斑铜矿—蓝辉铜矿—硫砷铜矿组合；1 400 m 以下仍然有矿但控制程度差，情况不明。因此，从原始地表（3 000 m 左右）到 1 400 m 深度约 1 600 m 的范围内主要是垂直分带，而水平分带的明晰程度远不如垂直分带；③ 根据对采场矿石的观察，矿石类型属于细脉浸染状，但破碎带、糜棱岩化现象也很常见。因此，深大断裂及其派生的一系列次级构造对于成矿作用的意义非常重要，而垂直分带的发育也是与众不同的。

楚基卡玛塔矿山是在 20 世纪 70 年代智利国有化过程中从美国资本家手中回收的国有企业，目前直接服务于矿山的工人及管理人员有 7 000 人，拥有配套的矿山、采矿、选矿、冶金一条龙的生产系统，其最终产品可以直接出口。据介绍，该矿山 2004 年产铜 67 万吨，其中 20 万吨出口到中国。

2. 与智利铜矿委员会的会谈

近年来中国经济的快速发展牵动了对于矿产资源的大量开发，除了石油、煤、天然气等能源矿产和铁等大宗矿产品之外，对铜等贱金属需求的快速增长，也促进了全球有色金属矿产资源勘查力度的加大和矿石生产的增长。为此，世界上重要的矿业企业和相关组织对中国经济发展对于全球矿业的影响进行研究和评估。比如，对于楚基卡玛塔这样的世界最大矿山企业来说，是维持目前的生产规模（其采选冶能力均已经达到饱和）还是扩大产量？这就成了一个急需研究和解决的关键问题。为此，2004 年 4 月 20 - 22 日，由中央资源组织（Central Resource Unit，CRU）出面，专门针对中国经济的可持续发展与欧盟的复苏，在智利首都圣地亚哥召开了全球第 3 届铜矿大会。这次大会基本上倾向于把中国作为今后铜的第一进口国来对待（其次是日本和巴西），但无论如何，世界各国对于中国经济发展的模式和发展方向仍然存在许多模糊的认识，即对社会主义市场经济与自由市场经济之间的可比性和可预见性还缺乏足够的认识，正如世界著名的诺兰达矿业公司 CEO（首席执行官）Derek Pannell 指出的，虽然中国的政治、经济的多面性是一个大问题……但中国无疑将进军非洲，而南美洲的铜矿业如何应对就不得不考虑了。

不难看出，世界各国对于中国经济的快速发展给予了普遍的重视，即使对铜的供应这样的具体问题也居然要召开世界性的专业大会来研究、讨论。的确，中国对于铜的需求将立足于国内和国外两个市场，在国内近年来新增储量不大而消耗量大幅度增长的情况下，“走出去”已经是别无选择的选择了。因此，加强与世界第一产铜大国——智利的多渠道交流，也是形势所趋。以陈毓川院士为首的中国代表团积极开展了与智利铜矿委员会（Comision Chilena del Cobre，COCHILCO）的接触与交流。智利铜矿委员会是一个专门的、技术性的独立组织，相当于一个副部级的政府部门，负责对采矿区进行指导和规划，对矿业政策进行研究以吸引国内外投资，对全球铜矿业发展趋势进行研究以提供指导性意见，还负有帮助制订发展策略和管理目标，以保证国家安全和国有企业的利益的职责。该委员会向中国代表团介绍了该委员会的基本职责、智利铜矿的投资政策和投资环境、智利矿业发展的特点和主要铜矿产地等情况，重点介绍了 1990—2003 年来铜矿的投资情况，及智利政府今后将在促进铜矿开发方面所采取的政策和措施。据介绍，1990—2003 年间，批准的国外投资是 277 亿美元，实际已经到位的投资是 162 亿美元，智利国有铜矿公司 Codelco 的投资是 77 亿美元。2004—2008 年间的估计投资将达到 76 亿美元（其中 40 亿属于私有企业，36 亿为 Codelco），产量将从 2003 年的 490 万吨增加到 2004 年的 690 万吨。2003 年铜出口 468.8 万吨，其中 84.3 万吨出口到中国，占出口量的18.4%。智利的贸易政策是透明的、公开的、没有歧视的、也是简单的，到2010年将取消进口税。目前智利的进口关税是6%，智利的矿业公司从中获益。智利政策的稳定、经济的开放和社会的稳定以及高水平的技术、较低的成本有助于国外投资。

对于智利与中国在今后铜矿方面的合作，智利铜矿委员会认为"将达到一个更高的水平"。为了这一目标，智利方面认为双方可以跨越传统的贸易关系，在更广泛的范围内寻求进一步的合作；签署双边政府部门与企业界的备忘录；在2004年11月APEC峰会时加快了签署自由贸易协定的进程；计划在2005年6月韩国举行的APEC峰会上与中国方面开展双边会谈；组成混合委员会具体操作合作事宜；寻求新的商贸关系的途径。

中方代表团也介绍了中国工程院的基本情况和本次考察的主要目的，介绍了中国铜矿的基本概况和近年来的新进展，对于智利铜矿的地质背景、投资环境、矿业开发的环保要求及相关的法律问题，双方进行了交流。参加会谈的中方代表团成员有陈毓川院士、田琦处长、王安建研究员、王高尚研究员和王登红研究员以及中国驻智利大使馆的徐世杰一等秘书；智利铜矿委员会的成员有Vicente Perez V.，Juan Cristobal Ciudad L.，Rodrigo Urquiza C.（法律顾问），Li Yang等。

在考察期间，得到了中国驻智利大使馆的热情协作，大使接见并宴请了代表团，一等秘书徐世杰先生全程陪同。在此深表感谢。

三、开发利用南美矿产资源的政策建议

1. 南美矿产资源丰富，产量在世界上占有重要地位，是我国重要的资源供应地，应不断加强开发利用南美资源的水平。

2. 总体而言，南美矿业投资环境较好，但差别较大。智利是南美经济发展水平最高、矿业投资环境较好的国家，其铜资源和对世界的供应能力对我国的铜供应安全具有十分重要的地位，应从战略高度，从经济、外交、投资开发等方面，与智利建立长期的有利于我国铜供应安全的双边关系。秘鲁矿产资源丰富，开发程度较低，矿业投资法律政策较为完备，但政局不稳，政府行政能力低，基础设施薄弱，是我国可选的重要资源开发区。

3. 从经营角度看，要多渠道、多方式参与境外资源开发。独资经营风险很大，最好减少持股，分散风险。尤其是在南美，利用参股，以不大的股份购买产品销售权等方式较好。

4. 秘鲁、智利矿业政策较为开放，矿权分散，这样也给大公司大面积开发造成困难。大公司要与众多的矿权所有者进行谈判，而往往是谈判过程中此起彼伏，增大了矿权收购的成本和时间。利用小风险勘查公司各个击破、蚕食的方式不失为一种策略。

5. 要充分了解所在国文化背景的差异和法律政策的细节，进而找到适合所在国实际的经营和管理方式，才能少走弯路。

6. 加强国家对企业"走出去"的支持力度。矿业投资特点是投资数额较大、风险高，尤其是在走出去的初期，国家要从政策和资金上给企业有力的支持；国家应从外交等方面，对企业在所在国遇到的诸如非法罢工、政局变化等对企业造成的风险予以支持。

陈毓川 王安建 王高尚 王登红

2005年11月

赴印度尼西亚出席第二届信息社会世界峰会情况报告

2005年2月1-4日,第二届信息社会世界峰会东南亚、东亚子区域会在印度尼西亚巴厘岛召开。该会由联合国亚太经社会(UNESCAP)与印度尼西亚信息与通讯部共同主办。UNESCAP出资邀请我院一位领导出席。考虑时间因素并根据工作需要,我院派国际合作局多边处徐海燕同志应邀出席了会议。

一、会议情况

1. 背景

联合国在2000年纽约召开的第55届大会上,通过了千年宣言,将消除贫困作为千年目标。

认识到在经济趋于全球化的今天,信息与通讯技术对消除贫困、促进经济增长与持续发展起着相当重要的作用,国际电讯联盟(ITU)为配合实现联合国的奋斗目标,决定召开信息社会峰会(WSIS)。

该峰会分两期进行。第一期已于2003年12月在瑞士日内瓦召开。会议产生了原则宣言(Declaration of Principles),并通过了行动计划。第二期将于2005年底在突尼斯举办,评价执行日内瓦原则宣言与行动计划的实施情况。行动计划的制定特别关注最不发达国家(Least Developed Countries)、国际互联网管理(Internet Governance)、跨越数字鸿沟财政机制(Financial Mechanisms for Bridging the Digital Divide)几个问题。

在第一期WSIS召开之前,各区域召开了筹备会。亚太地区会议在日本东京召开,形成了东京宣言。

为筹备第二期WSIS会议,跟踪第一期会议后续任务的执行情况,反映各区域的观点与需求,亚太地区还将于年中(Mid-year)召开区域会(Regional Conference)。此前,分别召开子区域会议(Subregional Conference),收集各子区域的相关信息。

2. 会议

2005年2月1-3日,东南亚、东亚子区域会议在印度尼西亚巴厘岛召开。来自本地区柬埔寨、中国、印度尼西亚、老挝、马来西亚、缅甸、菲律宾、新加坡、泰国、越南、文莱的代表,来自印度、突尼斯及联合国亚太经社会(UNESCAP)、联合国开发计划署亚太开发信息计划(UNDP-APDIP)、国际电讯联盟(ITU)、世界银行(World Bank)、非政府组织(NGO)、私营企业(Private Sector)的代表共52名出席了会议。

在会议的开幕式上,印度信息与通讯部J. B. Kristiadi常务秘书致了欢迎词;联合国亚太经社会(UNESCAP)信息、通讯与空间技术司司长宣读了UNESCAP金学洙(Kim Hak-Su)执行秘书的致辞;印尼外交部多边经济、财政与发展事务司长 Suanto Sutoyo 先生也致了辞。

会议通过了议程,选举印尼研究与技术部 Wendy Aritenang 副部长为主席,中国工程院徐海燕(Xu Haiyan)同志为副主席,缅甸邮政与电讯通讯部 Khin Maung Oo 处长为书记员。

会议讨论了 4 个议题:

1. 国际网络管理

UNESCAP 信息、通讯与技术司 ICT 政策处处长介绍了国际网络管理及 UNESCAP 所从事的活动;UNDP 亚太开发信息计划(项目)国际网络政策顾问谈了开展国际网络管理区域对话的情况;新加坡南洋技术大学通讯学院院长(联合国国际网络管理工作组成员)谈了亚洲观点;菲律宾信息与通讯技术委员会官员作了国情报告。

2. 信息与通讯技术发展财政机制

UNESCAP 信息、通讯与空间技术司司长介绍了第一次区域会议主要关心的问题,以及产生的成果;经济事务官员谈了信息通讯技术发展财政机制方面的一些案例研究;马来西亚农村地区发展部官员介绍了马来西亚发展社区电子中心的情况;中国云南通讯学会秘书长介绍了中国云南省社区电子中心的情况;印度空间研究机构(ISRO)总部人员介绍了空间技术应用于农村资源中心的情况。

3. 区域行动计划草案

UNESCAP 信息、通讯与技术司司长介绍了区域行动计划草案;ITU 亚太区域办公室主任介绍了 WSIS 及 2006 年世界电子通讯发展大会的准备工作。

4. 以信息、通讯技术为基础的灾难管理

UNESCAP 信息、通讯与空间技术司空间技术应用处处长谈了以信息通讯技术为基础进行灾难管理区域合作的问题;印度 ISRO 总部代表谈了在 2004 年印度洋大地震与海啸发生后,印度政府将空间技术应用于救灾及灾情分析的情况;印度尼西亚地球科学研究所副所长作了题为"地震与海啸"的报告。

每项议题结束前,代表们都进行了问卷调查。此后,进行了为时 30 分钟的热烈讨论。

国际组织 ITU 代表作了题为"应用信息与通讯技术,实现千年发展目标"的报告;微软(Microsoft)私营企业代表作了微软 ICT 发展战略及计划的报告。

最后,大会讨论并通过了会议"讨论与建议报告"。

二、体会与建议

1. 本次东南亚、东亚子区域会议的召开,对建立信息社会、配合联合国"千年目标"的实施,具有重要的意义。它起到了跟踪、落实第一期 WSIS 会议精神,总结区域行动计划,为第二期 WSIS 会议进行筹备的作用。

2. 作为响应"外树形象"号召的一种方式,建议我院充分利用国际舞台与国际组织的平台,积极参与国际事务。通过国际交流与合作,加强我院的对外宣传,扩大其国际影响。

3、积极参与国际活动,也有利于我院了解世界,获取国际经验和教训,更具参考性与针对性地促进我院咨询活动的展开。使我院咨询与国际咨询工作接轨,为我国政府参考决策提供更加切实可行的战略咨询。

4. 我院在 2004 年 9 月召开的常务会议上,特别提出要通过完成重大的咨询任务和大型国际交流活动，培养和锻炼队伍，形成一支政治素质高、业务能力强的机关队伍，以适应未来的发展。为此，我院正在考虑积极创造条件，对员工进行再教育与再培训。建议利用一切可利用的条件与机会，如：国际组织资源，使员工在从事国际交流的活动中得到锻炼与提高，逐步实现“内强素质”的目的。这是一种更经济、更现实与更可取的方式。

徐海燕

2005 年 2 月

赴秘鲁出席国际马铃薯中心理事会会议报告

2005 年 3 月 8 日至 20 日，宋健院士率代表团一行 3 人赴秘鲁出席了国际马铃薯中心（CIP）理事会会议，并在途中过境法国和厄瓜多尔，参加了当地学术机构和使馆组织的一系列活动。

代表团在过境法国期间，恰逢我驻法国使馆开展先进性教育活动。宋健同志应邀出席了全馆党员的先进性教育学习大会，并发表了热情洋溢的讲话，鼓励全馆党员同志认真学习三个代表等理论知识，以我党优秀党员干部为楷模，努力实践，在外交战线上充分发挥党员先进性作用，为国家总体外交战略服务。代表团任洪涛、李建伟同志也抓住这个难得的机会，接受了一次非常有意义的党员先进性教育。

3 月 9 日晚，宋健同志会见了法国参议院文化委员会主席、前科技部长瓦拉德夫妇。双方畅谈了以往的合作与友谊，并对国际核聚变项目、法国海岸松种植开发经验等话题开展了热烈的讨论。

根据国际马铃薯中心的安排，在理事会前，代表团于 3 月 11 日、12 日与 CIP 其他理事们一起考察了厄瓜多尔的马铃薯中心基多实验站以及当地开展的马铃薯晚疫病研究国际研究项目。该实验站在晚疫病病理研究和马铃薯优良品种在安第斯山地区推广扶贫等方面做了很多卓有成效的工作。随后，代表团访问了厄瓜多尔农牧研究院。厄方对中国实施的“星火计划”表示了浓厚的兴趣。

CIP 理事会于 3 月 13 – 18 日在利马 CIP 总部举行。宋健院士作为理事，与其他理事们一起对 CIP 的项目活动开展了评估，并对中心今后发展方向及内部事务进行了决策。CIP 非常重视与中国的合作，目前正在积极与中国政府探讨在中国建立国际马铃薯中心亚太区域中心。

CIP 作为一个历史近 40 年的国际科技组织，在组织机构及与东道国的关系等方面都有比较成熟的经验。借此次出访的机会，在会议间隙，代表团任洪涛同志就 CIP 与东道国的关系等事宜专门向 CIP 主管政府事务的官员和其驻亚太办事处（印尼）主任进行了了解，从而为进一步完善我院作为归口点与联合国亚太农业工程和机械中心（APCAEM）的关系提供参考（了解到的主要情况附后）。

在各有关方面的共同努力下，本次访问在很多方面都收获颇丰，取得了圆满成功。

附件：CIP与东道国归口点的关系的主要情况

1. 目前CIP总部共有雇员500余人，其中国际雇员50多人，在拉美（厄瓜多尔）、亚太（印尼）和非洲（肯尼亚）均设有区域办事处。

2. CIP在秘鲁的归口单位是秘鲁外交部，外交部主要负责协调有关领事及外交豁免方面的事务。秘鲁农业研究机构与其在项目合作上有密切的合作关系。秘鲁政府主要通过CIP理事会中的秘鲁理事（目前有2人，1人是秘鲁前农业部副部长，1人是农业大学教授）对中心的事务施加影响。

3. 归口点对CIP的当地雇员的聘用不进行干预，也不进行推荐，完全由CIP公开招聘。

4. 每年秘鲁政府向中心捐款5~6万美元，供中心自由支配。

5. 在CIP成立初期，其占用的土地及建筑物由秘鲁政府提供，以后CIP自己又扩建了一部分建筑。所有建筑物的所有权都属于秘鲁政府。

6. CIP亚太地区办事处（印尼）的当地归口单位是印尼农业部，其办事处官员享受一定的外交官待遇。办公设施均由当地政府提供。

归纳起来，作为国际组织的东道国，虽然各国国情不同，归口单位的职能划分也不尽相同，但基本上都承担着为国际组织提供后勤保障的任务，同时也从国际组织的活动中受益匪浅。

任洪涛

2005年3月

赴加拿大、墨西哥建筑材料矿产资源考察报告

以中国工程院顾真安院士为组长、中国建筑材料科学研究院副院长马眷荣教授和中国建筑材料集团公司副总工程师同继锋教授为成员的建材矿产资源北美考察组一行3人，于2005年4月22日-5月4日赴加拿大和墨西哥对建筑材料矿产资源和绿色建材的发展现状进行了考察，在加拿大政府和墨西哥企业热情周到的接待下，圆满完成了考察任务。

考察组在加拿大的活动是在加拿大工业部的安排下进行的。在加拿大工业部官员全程陪同下，分别参观了自来水厂、混凝土工程工地、深湖水低温供冷系统、绿色建筑和绿色屋顶，并进行了座谈与交流。

考察组在墨西哥的活动是在墨西哥CEMEX水泥公司安排下进行的，分别参观了水泥公司的石灰石矿、高岭土矿、水泥生产线，重点对矿山的综合开采、绿化和废弃能源的利用，进行了座谈与交流。

现将考察情况报告如下：

1. 墨西哥接待企业——CEMEX 水泥公司是全球三大水泥公司之一,业务遍及 50 多个国家,2004 年销售 81 亿美元,员工 5 万人,具有现代管理理念和生产技术。开采石灰石矿、高岭土矿,发展绿色水泥工业均从现代科技出发,即从原料——石灰石矿开采入手,资源开采与环境保护进行 30 年规划与设计,应用现代技术,首先探明矿山物理、化学构成,结合断层化学分析和全球定位系统(GPS)建立矿山三维地质结构模型,合理设计不同化学组成矿层原料的开采与水泥配料软件,并在采矿实践中不断修正。应用波浪式薄层爆破技术、链带式重型压碎机械,按规划进行平面采矿,做到无剥离地全面利用矿山资源。实践证实,现代采矿技术使矿山资源得到了综合利用,使水泥原料从原来的 7 种降到目前仅采用 3 种。在采矿作业面不见工人,只有几台大型采矿机械在运转;14 人每天采掘石灰矿 4 000 吨,劳动生产率高,使水泥矿产原料成本降低 30%,同时延长矿山开采寿命,采矿过程中噪声、粉尘低,不扰民。在科学采矿的同时,强化矿区生态环境复垦和绿化造林,制订环境修复标准,并将生态修复纳入采矿设计规划之中,边开采边绿化,每层 1.5 米采掘石灰岩 150 万吨,复垦需填黏土 30 厘米,种植耐旱植物,浇水灌溉,日常维护管理,总费用约 1 万美元,计入石灰原料成本每吨约 1 元人民币。保持矿山景观,确保生态环境安全。墨西哥 CEMEX 公司联合世界十大水泥公司签署了以节约矿山资源、利用废弃能源为重点内容的“绿色水泥生产”联盟。作为年产 10 亿吨的水泥生产大国,我国应积极参与全球水泥绿色生产联盟。

2. 温哥华自来水厂、混凝土工程工地

温哥华作为全球最宜居住城市之一,十分重视保护环境和节约资源,为此于 2005 年起在离市区 20 公里森林边的山丘地区建立现代化的水处理厂,以取代现用的两个小自来水厂。自来水厂主要用材是水泥混凝土——沉降池、处理池、用水池是庞大的混凝土建筑,不允许出现大的裂缝,对材料、施工都有严格的质量要求。

采用高性能水泥,水泥用量只需 55%,替代材料(粉煤灰、高炉渣、火山灰及油砂尾矿)掺入量达到 45%。在混凝土结构中,池面废渣掺入量为 50%,柱面为 40%,成为加拿大废弃物资源化、绿色水泥混凝土工程的典型。

3. 绿色建筑——LEED GOLD

考察组参观了多伦多野生动物保护建筑及温哥华郊区的白石绿色建筑(获得能源、环境设计领导者协会金奖建筑——LEED GOLD),加拿大绿色建筑目的是节材、节水和节能。

(1) 材料循环利用率高,特别是建筑木材的循环利用。

(2) 建筑混凝土掺粉煤灰 40%,就近取材,降低运输费用。

(3) 利用雨水、中水池为绿化及清洁卫生提供用水 200 万升/年,节约自来水 90%。

(4) 太阳能供热水、太阳能光伏电池、天然采光、节能照明、光敏开关,节能 45%;低能热泵每年节约 1 670 美元。

(5) 节能窗——三层低辐射玻璃。采用中空 Low-E 玻璃窗(K 值 2.4)与普通单层玻璃窗(K 值 5.8)相比,使用 10 年,每平方米窗可节油 1.4 吨,对建筑节能的贡献达 20%~30%。发展双层、三层中、真空玻璃窗可有效解决大面积采光、隔音和建筑节能三者间矛盾。

(6) 建筑平面温控系统。采用平面降温(冷水)和供暖(高效热水锅炉)温控系统,使楼板的储能和辐射效率达 100%。与我国采用的窗下立式暖气相比,能量利用效率显著提高。在国外正在普及,值得我国推广应用。

4. 深湖水冷却系统

多伦多市位于安大略湖畔,湖水深达83米。湖底4℃的深湖水用作冷源,在湖边建设一个热交换转换站,使4℃湖水与18℃建筑用水进行热交换,可供100座办公楼或8 000户家庭夏天建筑降温,比空调节能80%。私人投资13亿元,得到加拿大政府支持。

5. 绿色屋顶

随着城市化的发展,屋顶绿化的绿色屋顶,建筑隔热、保温性能显著改善,可使顶层住房室内温度降低3~5℃、空调节能20%,可谓建筑节能与改善人居环境的有效措施。同时,具有补偿城市绿地、储存雨水、涵养水土、吸收有害气体、滞留灰尘、净化空气、降低噪音、提高空气相对湿度、改善都市"热岛"效应以及保护屋顶、延长建筑寿命等功效,对于改善城市环境将起不可估量的作用。绿色屋顶的发展方向是"耐旱屋顶草坪"。由于屋顶风大,水分蒸发快,气温变化大,承重能力差,营造、管理费用高等制约,屋顶花园目前在我国是难以承受的。

绿色屋顶是在屋顶承重结构之上逐层铺设:保温隔热层、防水层、排水层、过滤层、轻质种植层和耐旱草坪。保温隔热和防水材料是绿色屋顶的两种关键建筑材料。屋顶保温宜采用轻质、耐久和传热系数小的玻璃棉、矿渣棉或岩棉等无机保温隔热材料;防水层宜使用耐久的柔性防水材料,国内沥青防水卷材通常使用寿命10~15年,为此,研究高性能改性沥青与合成树脂复合防水材料,使耐久性提高到35年应是屋顶防水材料的发展方向。

赴北美考察团

2005年5月

赴泰国出席ESCAP第61届会议报告

联合国亚太经济社会委员会(UNESCAP)第61届会议于2005年5月12日至18日在泰国曼谷召开,我院国际合作局康金城副局长和多边处任洪涛同志参加外交部组团,出席了会议。中国代表团团长由外交部部长助理沈国放担任,外交部、财政部、商务部、民政部、国家统计局、国务院扶贫办及我院等部门分别派代表参团。

我院是ESCAP下属机构亚太农业工程与机械中心(APCAEM)的在华归口单位,本次年会与我院有关的议题主要是涉及APCAEM的事项。除参加会议有关议题的讨论外,我团还借此机会与ESCAP官员就中国向APCAEM捐款的具体使用等事宜进行了磋商。在会议间隙,代表团还与APCAEM主任、亚太技术转让中心(APCTT)主任、斯里兰卡代表等就东道国捐款使用情况和APCAEM的项目开展进行了小范围磋商,并专门拜会了ESCAP执行秘书金学洙,就APCAEM有关事宜交换了意见。

现将出访情况汇报如下:

一、出席 ESCAP 年会情况

包括议题 3(b):驾驭全球化有关决议的实施进展摘要;5(c):审评亚太农业工程与机械中心的工作,以及关于 APCAEM 章程修订案的决议起草工作组工作。

(一) 关于 APCAEM 工作的审评及 ESCAP 第 58/5 号决议"关于建立区域农业工程与机械中心"的实施进展摘要(议题 5(c)、3(b)),我院受我常驻亚太经济社会张万海代表委托代表中国政府向大会表达了有关立场(参见附件一),同时受代表团委托就议题 5(b)"方案计划与评估"和 5(d)"内部监督服务办公室就区域委员会审计报告"表达了立场(外交部提供发言提纲,略)。

(二) 受代表团委托,在议题 3(b)中就信通和空间技术事宜表达了中方的立场(参见附件二)。

(三) 关于 APCAEM 章程修订案。ESCAP 秘书处正在努力争取将包括 APCAEM 在内的 ESCAP 三个下属中心主任的工资纳入联合国行政预算。此项申请一经联合国总部批准,中心主任的工资将得到保障,有利于中心的稳定健康发展。在由中方提交的 APCAEM 章程修订案中,包含了"要求 ESCAP 执行秘书为中心寻求经常预算资源(regular budget resources)"的内容。只有该项议案得到 ESCAP 年会的批准,形成决议后,ESCAP 才可提交联合国总部讨论。

然而,在决议起草工作组中,起初日本对该项内容提出异议,不希望中心占用联合国的经常性预算,美国也表示支持日本的意见。我院代表配合外交部,在工作组讨论中为坚持在章程决议案中包含上述内容做出了不懈的努力。最终各方达成一致,在决议中保留上述内容。

此外,工作组对章程中马来西亚提出的修改意见达成了一致。马来西亚代表提议将生物技术系统工程增加到 APCAEM 的活动领域。考虑到 APCAEM 刚刚处于初始阶段,我方认为应维持 APCAEM 理事会和技术委员会第三次会议(2004 年 11 月在越南河内召开)的决议,即在现阶段集中将重心放在农业工程与机械上,待中心发展成熟后再逐步扩大活动领域。经与参会的有关国家代表团(包括马来西亚)协商,会议达成一致意见,即在马来西亚提出的修改意见中,保留有关信息共享的内容,删除将工作领域扩大至生物工程系统的内容。此外,我方还对章程的部分措词进行了修正。

二、在会议间隙,我院代表积极与有关参会代表开展会晤,了解有关信息,沟通情况

(一) 在会议第一天日程结束后,代表团专门拜会了 ESCAP 执行秘书金学洙,就 APCAEM 有关事宜交换了意见。(会谈纪要参见附件三)。

(二) 与 ESCAP 的另一个下属机构亚太技术转让中心(APCTT,总部设于印度)主任尹世俊(韩国人)会谈,向其了解了 APCTT 的人员、项目情况以及东道国对其的支持情况,并着重了解了东道国捐款中的有关项目(如差旅费)的使用情况,以便为我院作好 APCAEM 的在华归口工作提供参考。经了解,APCTT 目前有国际职员一人(主任),由韩国政府资助,两年共计 50 万美元;当地雇员 14 个名额,目前有 11 人(3 个秘书、3 个行政人员,4 名项目人员,1 名司机),由印度政府支付薪金。从 2004 年开始,印度政府每年向 APCTT 的捐款由 10 万美元增加到 20 万美元,没有使用范围的限制。此外,2005—2006 年度印度还拿出 10 万美元支持 APCTT 实施"国家创新体系"项目,为期一年半。关于员工的差旅费,主任的差旅费由韩国捐款支付,每年 1.5 万美元。当地雇员的差旅费则根据差旅目的由东道国捐款、成员国捐款和项目经费分别支持。项目经费不能用于雇用当地服务

性人员。印度政府为 APCTT 提供了一栋3层办公楼,面积约3 000平米(面积待核实)。

(三)在我院代表与斯里兰卡代表的会晤中,斯计划与财政部官员表示将向 APCAEM 捐款5000美元,并希望通过 APCAEM 开展更为有效的项目,促进本国农业发展。

三、与 ESCAP 项目管理司就中国捐款使用具体事宜进行了磋商(具体情况及有关建议另文上报)

此外,本次会议上一个值得注意的情况是,APCAEM 的成员国印度、斯里兰卡、泰国均承诺向 APCAEM 提供年度捐款共计3.5万美元。这些承诺将增加 APCAEM 的经费来源,有利于中心的运作,同时也体现了有关国家对 APCAEM 的关注和寄予的希望。

以上特报。

附件一:关于 APCAEM 议题发言要点(议题5(c),3(b))

附件二:就议题3(b)中信通和空间技术事宜中方发言要点

附件三:拜会金学洙会谈纪要

(附件略)

中国工程院出席 ESCAP 年会代表团

2005年5月25日

访问墨西哥、美国、加拿大三国工程院报告

全国政协副主席、中国工程院院长、中美人民友好协会会长徐匡迪在访问北美三国期间,分别与墨西哥、美国和加拿大工程院进行了会谈,并与墨西哥工程院签署了中国工程院与墨西哥工程院合作谅解备忘录。通过访问,我院加深了与这些国家工程院的联系,并启动了今后的合作。访问取得了圆满成功。有关情况简述如下:

一、墨西哥工程院

5月31日,徐匡迪院长一行应墨西哥工程院院长桑切斯教授的邀请,访问了位于墨西哥国立自治大学矿业宫的墨西哥工程院。桑切斯院长还邀请了墨西哥工程院历届的院长、副院长参加,欢迎中方代表团。

桑切斯院长等请徐院长一行参观了矿业宫这一古老的建筑。墨西哥国立自治大学是墨西哥历史最悠久的大学之一。位于大学内的矿业宫于1797年至1813年间建成,具有很高的艺术水平。会谈后,双方举行了两院合作谅解备忘录的签字仪式。徐院长和桑切斯院长分别在谅解备忘录上签字。

在签字仪式上，桑切斯院长发表了热情的讲话。讲话中，他赞扬了中国革命和改革开放的历史，表示要向中国学习，并期待着两院具体合作的开展。

徐匡迪院长在致辞中表示，中墨两国同属发展中国家，在科技合作活动中应取长补短。双方合作谅解备忘录的签署只是一个开始。双方将探讨优先的合作领域，开展实质性的合作。

中国驻墨西哥任景玉大使参加了会谈和签字仪式。

二、美国国家工程院

6月6日，徐院长一行访问了在华盛顿的美国国家工程院。美国国家工程院伍尔夫院长因在国外出差，委托布格里亚列洛副院长代表美国国家工程院与徐院长一行举行了会谈。

徐院长在会谈中表示，中国工程院和美国国家工程院都是有影响的工程院，已经有了很好的合作关系。双方可以选择共同感兴趣的领域，开展合作。欢迎美国国家工程院派工作小组访问中国，就城市安全、能源交通、环境等领域深入探讨合作的方式。同时，作为国际技术科学院理事会(CAETS)的成员，双方也可以在国际组织中加强合作。

布格里亚列洛副院长代表美国国家工程院和伍尔夫院长欢迎徐院长一行的访问。他表示完全赞同徐院长的建议，并对所提出的领域非常感兴趣。他将与伍尔夫院长交换意见后，回复我方建议。

中国驻美使馆周文重大使参加了会见。

三、加拿大工程院

6月10日，徐院长在加拿大多伦多会见了加拿大工程院现任院长诺兰及前院长拉若恩斯博士。双方介绍了各自工程院工作的进展情况，并表示将在双方感兴趣的领域加强合作。

诺兰院长表示，加拿大正在酝酿成立加拿大科学院，将加拿大皇家学会、加拿大医学会等的力量组织起来，加强对政府的咨询工作。加拿大工程院也希望每年能为政府提供咨询，但这项工作还未完全开展起来。

中国驻多伦多总领馆陈小玲总领事参加了会见。

程家怡

2005年6月

赴土库曼斯坦、约旦考察报告

钾是农作物生长不可缺少的元素之一，是保证我国农业稳定增长和国家粮食安全的重要矿产资源，但我国钾盐资源短缺，目前农业生产所需的钾肥大部分依赖进口解决，近几年的钾肥(以 KCl 计算)进口量一直保持在600万吨至700万吨，而国产钾肥不足200万吨。为了确保我国钾肥的稳定安全供给，必须充分利用国外的、特别是周边国家丰富的钾盐资源。为此，中国工程院组织了以郑绵平院士为团长的钾盐考察组，于5月26日－6月8日对土库曼斯坦和约旦死海进行了考察。现将有关情况汇报如下。

一、考察团人员组成

表1 代表团组成

姓名	性别	工作单位	职务(职称)	对外身份
郑绵平	男	中国地质科学院、中国工程院	教授	团长
王炳铨	男	中化地质矿山总局	高级工程师	同左
项仁杰	男	国土资源部信息中心	高级工程师	同左
李　浩	男	新疆罗布泊钾盐公司	总经理	同左
张永生	男	中国地质科学院盐湖中心	副主任	同左
齐　文	男	中国地质科学院盐湖中心	副研究员	同左

二、考察日程

表2 考察日程安排

时间	地点	考察内容
2005.5.26－27	去土库曼途中	北京－伊斯坦布尔－土库曼首都阿什哈巴德
2005.5.28－31	阿什哈巴德	会见国家化学公司领导及技术负责人，会见国家地质公司领导，参观国家地质博物馆，了解土库曼矿产资源情况，办理边防手续
2005.6.1－2	土库曼巴什	考察里海岸边的盐厂、土库曼西部的油田水碘厂
2005.6.3	阿什哈巴德	办理落地签证注销手续，会见化学公司领导，大使馆商务参赞等
2005.6.4	去死海途中	阿什哈巴德—伊斯坦布尔—安曼—死海南部Safi化肥厂
2005.6.5 星期日	死海Safi化肥厂	参观工厂，包括热溶厂、冷结晶厂、工业KCl厂、电厂、设备维修厂、货厂等
2005.6.6	死海Safi化肥厂	参观盐田系统，包括抽卤泵站、石盐池、石盐采挖机、光卤石池、光卤石采盐船等。下午参观Numeira Mixed Salts & Mud Company在死海边的工厂及死海漂浮浴
2005.6.7	从Safi返回安曼(Amman)	参观Petra历史遗迹，返回安曼，会见APC公司领导以及中国驻安曼大使及商务参赞
2005.6.8－9	安曼—北京	访问安曼Numeira Mixed Salts & Mud Company。到中国驻安曼大使馆商务处座谈汇报。下午登机经Istanbul中转，9日抵北京

三、土库曼斯坦矿产资源考察

2005年5月28日至6月3日，先后对土库曼首都阿什哈巴德和土库曼巴什进行会谈和考察(参见表2)。

1. 土库曼斯坦的自然地理、行政区划及人文概况土库曼斯坦(以下简称“土库曼”或“土”)是一个位于中亚西南部的内陆国家,地理位置介于北纬35.08°~42.48°、东经52.27°~66.41°之间,科佩特山以北。东接阿姆河,北和东北部与哈萨克斯坦、乌兹别克斯坦接壤,西濒里海与阿塞拜疆和俄罗斯隔海相望,南邻伊朗,东南与阿富汗交界。土库曼国土面积49.12万km^2,东西长1 110公里,南北长650公里。

土库曼80%的国土被卡拉库姆大沙漠覆盖。除沿海地带和山地以外,都是典型的大陆性气候。全国年平均气温在0℃以上,北部平均气温为12~17℃,东南部为15~18℃。最冷月份为1月,其平均气温自东北部的-6℃到东南部的4℃,直到最西南部的5℃。土平原地带最热的月份为7月,沿海地区南部最热的月份为8月,平均气温27.6℃。土境内降水量最大的地区为山区和山前地带,平均为398毫米(科依涅-克希尔山区);降水量最少的地区为加拉博加兹戈尔湾(95毫米)及东北部地区(105毫米)。

土库曼全国分为5个州(阿哈尔、巴尔干、达绍古兹、列巴普和马雷)、46个区、528个镇,总人口607万(2003年7月)。土首都阿什哈巴德(Ashgabat,Ашхабад)位于土库曼南部卡拉库姆沙漠边缘的科佩特山北麓,海拔200~250米,面积约300平方公里,人口约68万人。

土库曼为多民族国家,共有40多个民族,其中土库曼族占90%以上,其余为乌兹别克、俄罗斯、哈萨克、亚美尼亚、鞑靼、阿塞拜疆等民族。绝大多数民族信仰伊斯兰教(逊尼派),俄罗斯族和亚美尼亚族信仰东正教。土库曼语为国语,俄语逐渐退出官方语言地位。土货币为马纳特,外汇汇率:1美元=23 000马纳特。

前苏联解体后,土于1991年10月27日宣布独立,改国名为“土库曼斯坦”,同年12月21日加入独联体。1995年12月12日,联合国185个成员国一致通过了《土库曼斯坦永久中立》的决议,承认土为永久中立国。根据土宪法规定,土库曼是一个民主、法制、世俗的国家,自主实施内外政策,国家管理形式为总统制的共和国。国家权力建立在立法、执法和司法三种管理体制之上。

2. 土库曼的矿产资源

天然气和石油是土库曼的主要战略资源。其天然气远景储量为22.8万亿立方米,居世界第三位(位列中东和俄罗斯之后),共探明气田127个,其中39个正在开采;石油远景储量为120亿吨,共勘探油田(油气田)28个,其中18个正在开采。土具备每年开采天然气2 400亿立方米、石油8 000万吨的潜能。

另一个重要矿产就是钾盐矿床。该钾盐矿床属于高尔达克晚侏罗系钾盐盆地的一部分,该盆地地跨土库曼斯坦和乌兹别克斯坦两国。土库曼境内已探明的超大型钾盐矿床主要有两个,即位于东南部的卡尔留克钾盐矿床和卡拉比尔钾盐矿床。这两个钾盐矿床均产于上侏罗统高尔达克组的含盐层系中,钾盐矿石为易溶的光卤石($KCl \cdot MgCl_2$)和钾石盐(KCl),钾盐矿床的KCl平均含量达29.88%,预测资源量有150亿吨,其中探明原生钾矿储量在50亿吨以上,相当于我国钾盐探明储量总和的10倍多,利用当地丰富的廉价天然气,通过水溶法即可实施低成本开采,具有极大的合作开发潜力和前景。不仅如此,这类钾矿中还伴生有丰富的高价值溴(Br)和铷(Rb),可考虑在生产钾肥时加以综合回收利用。乌兹别克斯坦钾盐资源规模约在50亿吨以上,也有很大开发利用前景。

除天然气、石油、钾盐等大宗矿产资源外,土库曼还储存着原苏联境内70%的碘(I)和溴(Br),以及少量的钾硝石、煤、硫磺、天青石、矿物盐、陶土、膨润土、地蜡等资源,其中碘和溴的资源状况和综合利用技术也将是我国关注的对象之一。

3. 土库曼的投资环境

（1）土基础设施现状。土库曼作为能源出口型国家，电力供应充足，但设备和线路严重老化；供水系统沿用前苏联时期的基础，需要大规模更新；通讯设施比较落后，停留在二十世纪五六十年代水平。近年来，土加大基础设施建设投资力度，修建多个水库、电站，铺设油气管道、输电线路、铁路和公路，更新改造机场、港口，加强了城市通讯线路的改造，先后与德国西门子、法国阿尔卡特、中国华为等公司有合作关系。

土运输系统包括铁路、航空、海运、河运、公路和管道运输等，铁路总长2 312公里，公路总长1.36万公里，内河航运654公里，国内天然气管线1 131公里。土首都阿什哈巴德至德黑兰、阿拉木图、巴库、曼谷、基辅、伦敦、伯明翰、莫斯科、伊斯坦布尔、塔什干、法兰克福、北京、埃里温等城市有定期航班，与巴库有定期班轮，同时与中国新疆维吾尔自治区乌鲁木齐市有不定期旅游包机航班。

（2）土主要涉外经济法规。土自独立以来，初步建立了向市场经济过渡的法律基础。在涉外经济方面，出台了一系列法律、法规，其主要涉外经济法规见表3。

表3　土库曼主要涉外经济法规简表

涉及领域	法律法规名称	主要内容
调节所有制关系	《所有制法》	1. 承认所有权 2. 全部所有制形式不可侵犯、受平等保护、具有平等的发展条件 所有制形式包括：私有、国有、社会团体、合作团体、合资、外国所有、外国法人和公民所有、国际组织所有、混合（联合）所有
	《企业法》	1. 规定企业为独立的经济主体，有法人权利 2. 各种所有制企业均能建立和经营 3. 确立了建立和兼并企业的程序以及组织企业劳动关系和社会活动的程序
私有化	《征收和私有化法》	
建立市场体制	《经营活动法》、《股份公司法》、《消费合作法》、《工商会法》、《有价证券和证券交易所法》、《有价证券营业税法》、《商品原料交易所法》、《土库曼斯坦货币法》	
税收	《增值税法》、《利润税法》	
税收	《预算体制法》	协调各级预算的关系
外经贸	《对外经济活动法》	
外经贸	《外国投资法》	确定分配外资的法律基础以及外资参股法人的建立、注册和工作程序
租赁	《外国租赁法》	
特区	《自由经济区法》	确定自由经济区组建和运作的法律和经济原则，协调区内经济主体之间的关系
保证市场经济正常运作	《破产法》、《专利法》、《产品和服务认证法》、《保险法》、《审计活动法》、《会计统计法》	
银行业	《中央银行法》、《商业银行和银行活动法》、《抵押法》	
农业	《农业法》、《农民企业法》、《向外国出租土地法》、《向公民出让土地进行商品和农业生产法》	
加强社会政策	《劳动法典》、《居民就业法》、《劳动保护法》、《残疾人社会保护法》、《现役军人及其家属地位和社会保护法》、《退伍军人地位和其社会保护保证法》	
发展经济	《土库曼斯坦民法典》	成为私有制、私人利益以及所有者自由支配其财产的保障

(3) 土对外政策和对华关系。作为中立国,土对外奉行积极中立和对外开放政策,不参加任何政治和军事集团,主张在相互尊重、互不干涉内政、平等互利等原则基础上发展同世界各国的关系。由于在经济上依赖俄罗斯,在国防上需要同俄罗斯共同合作,以保持其边境安全,土十分重视保持同俄罗斯的特殊友好合作关系;由于在民族,宗教,语言上同土耳其有共通之处,两国关系非常密切。

1992 年 1 月 6 日,中土建立大使级外交关系。1994 年 4 月,李鹏总理访问土库曼。2000 年 7 月,江泽民主席对土库曼进行了成功的历史性访问,翻开了中土关系史崭新的一页。1992 年 11 月和 1998 年 8 月,尼亚佐夫总统两次访华。迄今为止,双方共签署了 30 多个双边文件,推动了两国合作的全面发展。2005 年 7 月,国务院副总理吴仪将再次出访土库曼,以进一步推动双边合作。土重视中国的大国地位,对我国友好,支持我国在台湾问题上的原则立场,承认只有一个中国,台湾是中国不可分割的一部分。

(4) 土政局现状和对外心态。土政体为总统制的共和国。国家政权的最高代表机构为全民族复兴运动人民委员会,又称"大国民会议",专门研究重要国务事项以及国家政治、经济、文化和社会发展的重大问题。议会为土库曼常设立法机构,由各选区差额选举产生的 50 名议员组成,议会代表任期 5 年。政府(又称"内阁")为国家权力执行机构,由总统直接领导,设有 8 位副总理。

总统萨帕尔穆拉特·阿塔耶维奇·尼亚佐夫(Сапармурат Атаевич Ниязов),集国家元首、武装力量最高司令、内阁首脑为一身。尼亚佐夫于 1990 年 10 月 27 日当选土库曼首任总统,1992 年 6 月 21 日连任,1994 年 1 月 15 日,土全民公决决定将其任期延长至 2002 年。1999 年 12 月,土大国民会议通过决议,授权尼亚佐夫"无限期行使总统权力",即成为终身总统。土内阁 8 位副总理人选几乎每年更迭一次,部长更是频繁更换。总统高度集权,全国上下只听一个人的声音——那就是总统。对外合作的决策权局限在副总理以上的权力核心层中。

土对外资戒心很大,开放程度低,改革步伐慢,不招商,不引资,对外资介入顾虑重重。采取的基调是不急于开发其领土上的资源,但对于外资的一头热也不反对,决不允许外资控股,不论投资有多大,外资股比例实际被控制在 30% 以内,并以其国内市场的等同价值购取相应的物资。可见,土现阶段的投资条件不成熟。

4. 土库曼的投资领域

(1) 化工领域

1) 化工领域工业布局和行业现状　为协调土化工企业的经营活动,尼亚佐夫总统于 2000 年 6 月 15 日颁布第 3129 号命令,成立"土库曼无机化肥"国家康采恩(部级)。

表 4 "土库曼无机化肥"国家康采恩下辖 9 家化工企业表

–	企业名称	主要产品
1	马雷氮肥厂	硝酸铵、合成氨、氮酸、液体碳酸
2	土库曼纳巴德化工厂	过磷酸钙、氮磷酸盐、有机矿物化肥、磷酸石膏、硫酸、硫酸铝、聚乙烯薄膜、聚乙烯袋、氧气、斑脱岩粉
3	土库曼矿物生产联合体	硫磺粉、硬石膏石、墙砖、医用石膏、碎石、洗沙、石灰、水泥、电焊条、碳化钾、天青石浓缩物、天青石加重剂
4	加拉博卡斯磷酸盐厂	磷酸钠、水氯镁石、磷酸钾、硫酸镁、芒硝、海盐
5	巴尔干纳巴德碘厂	工业碘

（续表）

–	企业名称	主要产品
6	哈扎尔化工厂	工业碘、工业碳、碘酸钾盐、漂白剂、石蜡
7	博亚达克碘厂	工业碘
8	古弗雷杜兹联合体	食盐、碘盐
9	波利弥兹工厂	塑料制品

为强化行业管理，土最近对各工业行业进行较大幅度的归并和调整，新成立国家能源部，行使政府职能管理“土库曼石油国家康采恩”和“土库曼天然气国家康采恩”。原“土库曼无机化肥国家康采恩（部级）”降级，与其他9个化工厂共同归属于“土库曼石油国家康采恩”管理，共同成为其子公司之一，现正在筹划转制拟形成相应的股份制公司。“土库曼无机化肥国家康采恩”拥有东南部卡尔留克钾盐矿床的开采权，从1998年开始到现在已用去7年的时间，进行年产50万吨KCl水溶法开采钾盐矿的可行性论证。这意味着我方要在土投资开发钾盐矿的具体合作伙伴是“土库曼无机化肥国家康采恩”，但首先须征得主管油气化工内阁副总理的同意和“土库曼石油天然气国家康采恩”的支持。

2）化工领域的投资项目 《2010年以前土库曼社会经济改革战略》为土发展化学工业确定了大规模的投资措施，将大大促进化学工业的发展。土计划新建一批生产尿素、氢氧化钠、烧碱、氯、硫酸钾的企业，使这些产品不仅能够满足国内市场的需求，还可以出口。土政府对矿物化肥康采恩已确认项目的财政投入将达到2.5亿美元。

① 扩大化肥生产：化肥生产直接关系到土粮食安全问题。随着小麦和棉花产量的逐年提高，土对化肥的需求量也越来越大：2005年将达到87.3万吨；2010年将达到95万吨，其中氮肥65万吨，磷肥23.4万吨，钾肥6.6万吨。因此，土将加大投资力度，在捷詹、马雷等地新建尿素厂，还将对马雷氮肥厂和土库曼纳巴德化工厂进行改造。上述项目的实施，将使土化肥产量在2005年达到100万吨，2010年达到125万吨。

② 海水淡化项目：土计划在别克达什村的“加拉博加兹硫酸盐厂”建设海水淡化装置，每昼夜可加工500立方米的水，9个月内建成。其中350立方米的工业用水用于提高出口产品A型硫酸钠的产量，150立方米符合国际标准的纯净饮用水能够完全保证别克达什村居民的需求。

③ 对加拉博加兹戈尔湾的整体开发：土无机化肥国家康采恩拟对西部的加拉博加兹戈尔湾进行整体开发。该地区含有丰富的矿物资源。开发后拟生产钾肥、水氯镁石、硫酸镁、A型和B型磷酸钠等。同时，对东部古吉坦加地区的矿产资源的开发工作也在准备之中。

④ 扩大碘生产：扩大碘的生产也是土化学工业发展规划中关键的一部分。计划到2005年，土碘年产量将达到1 000吨，2010年达到1 600～1 700吨。现有两个碘厂处于招标中。

在实施上述项目后，通过对现有企业进行改造、提高项目开发的能力、改善生产的经济指标，将使土化工领域的产值大幅提高：2005年化工产品的产量将达到2000年的300%，而2010年的产量将达到2005的200%。2003年，土政府又制订了《2020年以前土库曼政治、经济和文化发展战略》，其中化工规划为：通过配套和有效利用丰富原料资源，化肥和基础化工产品的产量将大幅增加。建造可生产氯化钾、硫酸钾、氢氧化钠、氯的化工综合体，使无机肥年产量提升至55万吨；新尿素厂投产，尿素年产量将增加35万吨。还将建造染料厂，生产硫酸和硫酸铵的车间。将对烧碱进行技术改造,对制碘设备进行更新。自2010年开始,巴尔干州将开始生产溴化铁。为配合化工品生产,将组织生产各种橡胶制品并达到一定的出口规模。

(2)能源领域

1)概况 天然气和石油是土库曼的主要能源矿产。卡拉库姆盆地的油气田提供了土油气资源的主体部分,里海海域油气藏是土能源的辅助部分。土油气远景储量为:石油220亿吨,天然气22.8万亿立方米。1989年土天然气产量达到最高峰860亿立方米,1994年降至600亿立方米并稳定至今,其中500亿立方米出口乌克兰和俄罗斯,100亿立方米用于自消;年产700万吨石油全部用于国内炼油厂消耗。土国内水贵于油,1美元可购买70升汽油或国内往返航程机票一张,但却只能买到矿泉水1.5升。

2)油气设备市场的商机 根据《土库曼2010年以前油气领域发展纲要》,2010年将开采4 800万吨石油和1 200亿立方米天然气。为实现上述目标,土将大规模投资吸收外国先进工艺、设备和服务。2001—2010年的10年里,土对油气领域的投资总额将达到460亿美元,其中,外商直接投资比例为74%(346亿美元),贷款比例8%(36.8亿美元)。

2010年以前,"土库曼石油国家康采恩"和"土库曼天然气国家康采恩"将打造1 000口生产井和400口勘探井,需要大量油气钻采设备,而土库曼的大部分设备均采购于二十世纪七八十年代,目前亟待更新,如钻井设备、油井大修设备,以及打造深井(6 000~7 000米)、水平和垂直井的钻机等。目前"土库曼天然气国家康采恩"拥有50台钻机,其中已从中国和俄罗斯进口10台,还有40台需要更新;拥有修井机50~60台,其中已从中国和乌克兰各采购了10台,还有30~40台的需求。2002—2005年间"土库曼天然气国家康采恩"将采购15台钻机和20套钻井设备。"土库曼石油国家康采恩"的钻机数量在1998—2000年间减少了43台,至2002年初仅有30台,因此为完成石油增产计划,"土库曼石油国家康采恩"也急需采购大量钻井设备。目前,中国公司在土石油机械设备供应和油田服务等领域大大领先于其他外国公司(见表5)。

表5 2002年土库曼自国外进口钻机情况表 (单位:万美元)

国 家	2001年	2002年(按金额排序)
中 国	2 334	4 605
俄罗斯	932	678
乌兹别克	0	400
乌克兰	45	29
阿塞拜疆	128	0
德 国	1 567	0
美 国	3 550	0

"土库曼石油国家康采恩"和"土库曼天然气国家康采恩"分别与兰州石油化工机器总厂、中油技术开发公司、新疆国际实业公司及中国铁路物资成都公司签订了一些钻机和油井大修设备的供货合同。自1994年至今,上述企业已向土出口总额超过1亿美元的石油钻采设备,包括钻机8台、修井机19台。土方认为我石油机械质量可靠、价格合理、容易操作、方便维修,双方合作潜力较大,并多次表示将进一步扩大自中国采购石油机械的数量。同时,中国公司提出的分期付款合作条件也易被土方接受。此外,哈里伯顿公司、俄罗斯国外石油公司、瑞士New Rizon公司及乌克兰的企

业也都积极为土供应石油机械设备。

土库曼在能源方面对外合作的原则是限定外方只能投资开发里海海域的油气资源，不可涉足陆上油、气田，且不论投资力度有多大，外方所占股份比例必须≤49%（实际限制在30%以内）。土现将其所辖里海海域划分成32个区块并形成相应的资料包，几个有利区块现已被丹麦、阿联酋、马来西亚等国购买，而美浮、阿根廷等油公司因无法操作被迫中途放弃所购区块。

总的来看，土库曼现时的投资条件并不成熟，投资环境也很不理想，我国各有关部门针对我国油气短缺、钾盐匮乏的现状和土库曼在这两个领域的优势，在政府的大力支持和引导下，积极进取，主动占位，建立良好的沟通渠道，一旦投资条件成熟，便可快速上马。

四、约旦阿拉伯钾盐公司考察

2005年6月4－8日对约旦阿拉伯钾盐公司（Arab Potash Company，APC）进行了考察，在安曼会见了APC的领导，在萨非（Safi）实地参观考察了APC钾肥厂的盐田系统与工厂。APC的接待热情友好，对考察日程、食宿交通都作了周到细致的安排，现将考察了解到的情况汇报如下：

1．死海自然地理

死海（Dead Sea）位于阿拉伯半岛西部，约旦、以色列、巴勒斯坦之间南北走向的大裂谷中。死海湖面海拔417 m，是世界上湖面海拔最低的盐湖。它南北长75 km，东西宽5～16 km，湖面面积约为1045 km^2，平均深度为146 m，最深深度达395 m。

死海西岸为犹地亚（Judean）山地，东岸为外约旦高原，约旦河自北向南注入死海。西侧的Judean Hills山脉没有其东侧山脉陡峭。沿湖泊的东南侧是700 m高的石盐地层，称为Mount Sedom。死海南部Lisan半岛突入湖中，把湖分为南、北两部分，北边的大而深，水域面积780 km^2，平均深度375 m；南边的小而浅，是以色列和约旦盐田生产所在地。

死海地区气候酷热（年气温变化于11～39℃，年均气温25℃，年均水温28℃），全年日照达330天，湖表卤水年蒸发量达100 cm以上，相对湿度41.6%，年降雨约46 mm，降水主要集中于冬季，其中北部降雨较多，可达100 mm。

表6 死海地区各月平均气候指标

月份	1月	2月	3月	4月	5月	6月	7月	8月	9月	10月	11月	12月
平均最高温度（℃）	20	22	25	29	34	37	39	38	36	32	27	22
平均最低温度（℃）	11	13	16	20	24	27	28	29	27	24	18	13
平均相对湿度（%）	43.5	48.9	40.9	39.5	34.5	38.5	37.2	40.3	42.6	45.8	42.1	46.2
平均降雨（mm）	11	9	7	2	0	0	0	0	0	1	8	8
死海平均水温（℃）	20	18	21～22	23～26	30～35	31～36	34～37	34～37	32～35	31～33	25	22

在希伯来语中，死海被称作Yam ha－Melah，意思是“盐海”。过去也被称为Eastern Sea或Sea of Arava。在阿拉伯语死海被称作Bahr al－Lut，意思是the Sea of Lot。历史上，另一个阿拉伯语名称是Sea of Zoar（以附近一个城镇的名字命名）。希腊人称之为Lake Asphaltites（沥青岩湖）。

死海地区人类历史可以追溯到遥远的古代。死海以北是耶利哥（Jericho），一个古老的不断被侵占的城镇。由于天然柏油涌出地表，希腊人把死海当作沥青湖（Lake Asphaltites）。亚里士多德在其著作中对死海就有记述。在埃及征服期间，据说克利奥帕特拉（Cleopatra）女王获得了在该地区修建化妆品和药品工厂的专有权，埃及人用死海提取的沥青涂擦香料使木乃伊防腐。

该地区与宗教起源源远流长，耶路撒冷（Jerusalem）同时是犹太教与伊斯兰教的圣地。希律王（King Herod）、耶稣（Jesus）、和施洗约翰（John the Baptist）与死海及其周边息息相关。在罗马时期，艾赛尼派教徒（Essenes）居住在死海北岸的库姆兰（Qumran）。在那里，在死海地区柔软的泥灰岩中，他们开凿出洞穴用于藏书。两千年后，人们发现了他们的书库，这便是著名的"死海书卷（Dead Sea Scrolls）"。

死海不仅是世界上最古老的人类生息之地，也是独特的野生生物栖息地，尤其重要的是泉水和溪谷附近，例如 Ain Fashkha，Ain Gedi，Wadi Mujib 等地，因此自从 1998 年以来，死海盆地一直努力成为联合国教科文组织 UNESCO 人与生物圈保留地（Man and Biosphere Reserve）以及世界遗产（World Heritage）（Al－Weshah，2003）。该盆地对区域经济发展举足轻重。目前盆地中经济活动有工业（矿物提取加工和矿泉水）、旅游业和农业。死海的物质成分和独特的气候为皮肤疾病提供治疗，尤其对干癣和特异性皮炎。悠久的文化、独特的风景加上医疗特色，使得该地区成为具有吸引力的旅游地。

死海位于死海转换断层带（DST）上，DST 是非洲板块与阿拉伯板块之间的分界线。该区地质演化可以分为三个大的阶段：

（1）前寒武纪晚期造陆运动与火成活动。

（2）显生宙主要为台地（platform）环境，有厚层沉积序列堆积，岩浆活动很少。

（3）晚第三纪到第四纪裂谷作用形成死海转换断层，伴随大量火山活动。

2．区域地质

（1）前寒武纪（PRECAMBRIAN）　在晚元古代（约 850－570 Ma）泛非洲（Pan African）造陆运动中，该区地壳形成并稳定下来。所形成的变质、侵入与火山单元构成了阿拉伯－努比亚（Arabian－Nubian）地盾。新元古代基底通常分为亚喀巴（Aqaba）杂岩和阿拉巴（Araba）杂岩，二者被区域不整合所分隔。

I 亚喀巴（Aqaba）杂岩由两个单元组成。

1）变质岩　变质岩呈岩块见于新元古代侵入岩内。在 Wadi Abu Burqa，Gharandal 地区，在寒武纪沉积之前，它们没有被侵蚀掉而得以保存。Jarrar 等认为该变质岩最大年龄有 700～800 Ma。

2）火成岩　火成岩由强风化的花岗岩、花岗闪长岩和石英闪长岩组成。亚喀巴（Aqaba）杂岩深成岩体平均年龄 630～580 Ma。

II Araba 杂岩由三个单元组成：

1）Sarmuj 砾岩　Sarmuj 砾岩是 Araba 杂岩的底。它们沿 Wadi Abu Burqa 下游呈很小的露头出露，出露厚度约 40m。该单元由砾岩、磨圆度良好的火成岩和变质岩的碎屑组成，基质为长石砂岩质－砂质。Sarmuj 砾岩的底部不整合于钙碱性花岗岩。这些花岗岩类的侵位时间范围是 625～600 Ma。

2）Hayyala 火山碎屑单元　火山碎屑沉积出露于 Wadi Araba 的边缘。它是一套成层的、向东陡倾的风化的绿色凝灰岩，夹薄层火山碎屑砂岩。其上被寒武系沉积岩角度不整合超覆。Ibrahim 认为该单元属新元古界晚期，年龄在595～550 Ma。

3）流纹质火山岩　该单元分布在 Wadi Rum。流纹岩上部被强烈风化，并被辉绿岩脉切割，其上被寒武纪砂岩不整合超覆。该单元年龄 550 ~ 542 Ma。

（2）寒武纪—始新世（CAMBRIAN—EOCENE） 自早古生代，该区处于冈瓦纳大陆的北缘；在超大陆解体后，该区是古阿拉伯－非洲（Arabo－African）大陆的一部分。当时该区位于特提斯海的边缘。

在显生宙的大部分时期，该区是稳定的台地。在二叠、三叠和早侏罗，出现了较小的裂谷作用幕，都与新特提斯的东地中海分支的形成有关。从寒武到晚始新世，有几个沉积旋回，中间被侵蚀期分隔。整个沉积序列厚度 1 ~ 6 km 不等。沉积物为浅海碳酸盐相至碎屑岩相。缺失泥盆纪到二叠纪之间的沉积记录。

在晚三叠和早侏罗纪，岩浆活动很少。而晚侏罗至早白垩的岩浆活动影响了整个地区，从黎巴嫩和叙利亚西南直到苏伊士湾。该岩浆作用主要是玄武质成分的侵入与喷出。

在寒武－始新世期间，以三个主要的变形阶段为特征：

I. 叙利亚岛弧（Syrian Arc）褶皱幕：这些构造是一系列背斜与向斜，它们从叙利亚中央（Palmyra 褶皱带）延伸至约旦、巴勒斯坦与西奈（Levantini 褶皱带），形成一个与 DST 交叉的 S－形带。该弧由一系列 NNE－SSW 至 ENE－WSW 走向的褶皱和一组 E－W 向断层与线形构造组成。大部分褶皱是非对称的，局部被正断层和走向滑动断层错断。褶皱的形成可以分为三个阶段，第一个在前侏罗纪年代，第二个在晚中生代－早新生代，第三个在晚始新世－渐新世。叙利亚岛弧的形成与新特提斯的闭合同步。

II. 厄立特里亚（Erythrean）断层系：该构造由晚中新世－早上新世西北－东南向和东西向延伸的正断层与走向滑动断层构成。形成了许多断层和断陷，例如 Wadi Sirhan 地堑和 Karak－Fayha 断层。

III. 死海转换断层（DST）：它形成于新生代，是阿拉伯板块从非洲板块分离的结果。根据野外地质观察，白垩纪以后，沿该转换断层带发生了约 107 km 的左旋运动。

（3）晚第三纪－第四纪（NEOGENE－QUATERNARY） 晚第三纪至第四纪主要特征是非洲板块与阿拉伯板块之间新的板块边界的形成。大陆分解开始于 30 ~ 25 Ma，当两大板块沿红海分离时，形成了长大约 1 800 km 新的辐散板块边界（divergent plate boundary）。红海北部，阿拉伯——非洲板块的移动沿两条线分布：主要运动被死海转换断层吸收，只有一小部分转移到苏伊士裂谷——把西奈（Sinai）次板块与非洲板块分开。

DST 是阿拉伯板块和非洲板块－西奈次板块的板块边界。死海转换断层（DST）走向自 N15°E 到 N20°E，从红海向北延伸大约 1 100 km，向南连接红海，沿 Wadi Araba、死海、Jordan 河谷、Tiberias 湖和中央黎巴嫩，直至土耳其的 Taurus－Zagross 大陆碰撞带。Taurus 碰撞带是阿尔卑斯－喜马拉雅地缝合带的一段。转换断层近于 N－S 走向，近似平行于局部的板块相对运动方向，与红海轴向呈大角度相交，红海则几乎与板块相对运动方向垂直。裂谷的北段和沿亚喀巴湾发生变形，而在亚喀巴湾与红海之间的部分变形轻微。

沿死海转换断层两侧出露的岩石（前寒武纪以及更新的）反映出大约 105 km 的左行滑动错移。测定出的滑动开始年代小于 20 Ma。根据区域板块动力学，显然大部分错移（60 ~ 80 km）发生于 5 Ma 以前。滑动的初期，仅形成了局部断裂构造。当阿拉伯板块与非洲板块转动的极点位置变化时，导致了沿转换断层斜对角方向的引张和裂谷的加宽。裂谷的现代构造代表了在前期构造基础上多个复断层系的叠加。区域性隆起和玄武质火山活动是 DST 与红海地区的特点。自渐新世

Oligocene 以来红海被认为抬升了 3 km 以上。在死海地区上升了 1 ~ 2 km。

在 DST 已经实施了两个深层地震测深实验以便研究该地区地壳结构。第一个在 1977 年进行，它在西奈板块实施；第两个于 1984 年在 DST 东侧实施。在 DST 西侧，1977 年的深层地震测深实验显示 Aqaba 海湾地区地壳的厚度约 35 km，向北稍微增加，向南减少到大约 27 km。实验数据还确定了转换断层带最大沉积层厚度约 5.5 km。进一步向西接近地中海（洋壳），Ginzberg 等（1979）确定了因前 - 侏罗系地壳变形形成的沉积厚度。在 DST 东侧，1984 年的实验结果显示在 Aqaba 地区地壳的厚度至少 32 km，在 Amman 地区增加到大约 35 km。

板块运动方向的改变及其引起的引张，形成了雁列式断层系。雁列式断裂导致拉张盆地的形成（如 Hula Valley）。钻孔资料、地震数据和负的布格重力异常表明裂谷被充填，盆地深度局部可达 10 km。地震活动表明转换断层仍然是活动的。现代大地测量表明它是持续的左行运动。沿 DST 的滑动速率，已经根据地质分析或区域运动学进行了估计，其值变化于 10 至 1 mm/year。根据晚更新世到全新世地貌特征偏移的分析，获得的估计值是 5 mm/year。

中东地区主要的岩浆活动期开始于早中新世，影响区域从东非直到土耳其南部，至今仍在活动。火成活动始于红海过渡系列到拉斑玄武岩岩墙的侵位。

始新世之后，裂谷以及整个地区的沉积物是由河流、湖泊、海相与陆相地层组成，分布局限于局部地区。

死海裂谷自上新世至今统称为死海群，为一厚层碎屑岩 - 蒸发岩系，主要由页岩、砂岩、砾岩和岩盐互层出现，根据地震和重力资料推断，蒸发岩系可能厚 8 ~ 10 km，但在塞木士姆地区，经钻探证实厚为 3 600 m。根据钻探岩芯并参照地表出露的地层，死海群地层自下而上岩性如下：

① 塞木土姆（Sedom）层，为页岩和盐层互层，厚为 1 850 m，其中岩盐 77%，碳酸盐和硫酸盐 7%，粘土 9%，砂岩和砾岩 7%），每个岩盐层系厚为 20 ~ 700 m，由 10 ~ 60 cm 厚的盐层与 1 ~ 10 mm 的硬石膏、白云岩、粘土和粉砂组成互层。每个页岩层系厚为 10 ~ 150 m，由泥岩、白云岩、粘土、粉砂和砂岩组成，有时含硬石膏、石膏和少量岩盐。岩盐层系和页岩层系具有明显的韵律特征，即砂岩、粉砂、页岩、硫酸盐和岩盐。

② 阿莫瑞层（Amora）：由灰泥、白垩及硬石膏、石膏、粉砂、砂岩、砾岩及少量岩盐组成，其中岩盐 8%，碳酸盐和硫酸盐 59%，黏土 17%，砂岩、砾岩 16%，总厚为 400 米左右，死海沉降中心更大。

③ 里萨（Lisan）层。由白垩、含泥白垩、石膏、少量岩盐及粉砂、砂岩和砾岩组成，厚度为 40 米。

④ 全新世沉积。由碳酸盐、黏土、硫酸盐、岩盐与条带状有机质并含有粉砂、砾岩所组成，基本未固结，厚度 70 米左右。在死海南部有厚层高孔隙度岩盐赋存于湿泥中。

3. 死海的演化

死海是 3 700 英里长的大裂谷（Great Rift Valley）的一部分，该裂谷形成于白垩纪，从非洲南部 Zambezi Valley 延伸到土耳其的 Taurus Mountains，是阿拉伯板块向北移动然后向东远离非洲的结果。

在陆壳解体之前，DST 两边的陆地是晚前寒武纪形成的泛非洲（Pan Africa）稳定克拉通的一部分。从早寒武纪到晚始新世，堆积了几个旋回的沉积盖层，火成活动很少。陆壳解体始于中新生代，伴随有普遍的以玄武岩为主的火山活动。大量放射性年代数据表明火成活动开始于渐新世，主要是 20 ~ 30 Ma，而主要的断陷作用在晚于 20 Ma 以前的中新世才开始。

DST 主体部分是特征的构造变形洼地，该盆地近南 - 北走向，盆地宽度变化范围 10 ~ 18 km，长度大约 80 km，仅北部 55 km 现在仍然为水所覆盖，它的最大深度处大约低于平均海平面以下 750 m。死海构造复杂，以正断层为界，有二条主断层，第一个是 Wadi - Araba 断层，走向约 N15°E。它从 Aqaba 海湾延伸到死海以北，长大约 190 km；第二条是 Jericho 断层，它在死海以西，约开始于 Wadi Araba 断层北端以西大约 20 km，NNE 向延伸至 Tiberias 湖，长约 150 km。它们不同于典型的拉张裂谷，因为它们的宽度较小，存在内部构造沉降，特别是底部典型的呈雁行排列的走向滑动断层（Garfunkel et al.，1996；Garfunkel et al.，1981；Zak et al.，1966）。

对死海盆地沉积物的研究表明（Gardosh，1987；Moumani et al.，2003；Stein，2001；Stein，2002；Stein et al.，1997）（Benavraham et al.，1993）（Yechieli et al.，1993），大约 300 万年前，现今的约旦河河谷、死海以及 Wadi Arabah/Nahal Arava 不断地被来自现今地中海的水所淹没。水体形成窄的、弯曲的海湾，通过现在的 Jezreel Valley 谷地与海通连。河谷的往复淹没取决于长期的气候变化，但每次淹没均沉淀了盐层，最终达到 2 英里厚度。蒸发岩呈楔形充填于裂谷中，南北长 40 km，东西宽 10 km，盐体总体积 2 400 km^3，由于盐系与周围岩石密度有显著差异，常形成盐底辟。

大约 200 万年前，裂谷（Rift Valley）和地中海之间的陆地上升，海洋不再能淹没过来。从而长海湾变成一个长湖泊。第一个这种史前湖泊被称作 Lake Samra。Samra 湖是一个淡水或半咸水湖，至少延伸到目前死海南端以南 50 英里，以北 60 英里，远远超过现代 Hula Depression 洼地。随着气候变干变热，Samra 湖收缩咸化。死海前身的大盐水湖被称作 Lake Lisan。史前时期，Samra 湖底聚积了大量沉积物。沉积物比盐沉积更重，它向上挤压盐层，使其成为现今的 Lisan 半岛和 Mount Sedom（在湖的西南侧）。地质学家解释这种作用是在一桶泥中放入一大块片石，迫使泥沿桶壁上爬。当死海底部因构造作用进一步下降，盐质的 Lisan 山和 Sedom 山在原地成为高高的悬崖。

在 23 000 年至 18 000 年前的阶段极为干燥，Lake Lisan 湖面下降到远低于现今死海湖面的高度。在最低水位时，可能低于海平面以下 2 100 英尺。

大约 12 000 年以前，这个处于最低点的小小的 Lake Lisan 开始再次稳定地上涨。到圣经时代（Biblical times），死海大约等同于现今北部盆地的大小。直至中世纪晚期之后南部盆地湖泊才出现。

4. 死海水文水化学

（1）区域水文　死海汇水盆地大小约 44 000 km^2，约为水体面积的 40 倍，其集水区被以色列、约旦和巴勒斯坦所分享，死海是约旦河的尾闾湖，平均年流量 $1\ 200\times10^6\ m^3$，其次为 Arnom 河，平均年流量$30\times10^6\ m^3$，此外裂谷自北向南广泛分布盐泉，其中死海东南的 Wadi Hessi 泉水年流量 $30\times10^6 m^3$。降水局限于冬季月份；降水量在北—西高地大约 500 mm/年，至谷底小于 100 mm/年（2000）。地表和地下水的长期储备有限，且易受污染和耗竭。谷底可能蒸散发量大约 2 000 mm/年，而实际从死海表面蒸发大约1 300 ~ 1 600 mm/年。夏季温度大约 40°C，冬季 15°C。在东、西侧有陡削的陡坡；而在北方和南部，谷地分别沿约旦河和 Wadi Araba 平缓地延伸。历史上的死海由两个盆地组成：北部深盆地（它是死海现在唯一残存的）和南部浅盆地，死海自 1978 年从南部盆地退出，南部盆地目前仅有人工盐池用于矿物提取工业。两个盆地被 Lisan 半岛分开。陆地大多仅有很少的植被。生态脆弱区包括 Lisan 半岛地区，在死海北端和南端的沼泽地和湿地，Wadi Mujib、Ain Gedi 绿洲和死海本身。生活、农业、工业和旅游业的废水被直接排入死海。未净化污水从耶路撒冷 - 伯利恒市区经过 Wadi Nar（Kidron valley）流入死海。缺水以及土地退化是遍及盆地的问题，并可能随着人口增长而加剧。

（2）水位变化　死海水位降低的速率是触目惊心的。从 1977 以来，死海湖面逐年下降，平均下降速率约为 60 cm/year，在 1998—2000 年间，下降速率达到约 100 cm/year。自 1930 年以来，死海水位下降了大约 25 m。在过去的 20 年内死海表面面积已经收缩大约 30%，其南北长度已经从 75 km 收缩到 55 km。2003 年获得的数据表明水位为 417 m。

如果没有干预，目前的趋势将持续下去，并对未来产生潜在的灾难性影响。根据现在的气象 - 水文条件，Yechieli 等建立的模型表明死海水位将在 400 年后达到均衡水位，届时水位将下降 100 m，水面海拔达 -510 m。Harza JVR group（1996）、Krumgalz 等、Asmar 和 Ergenzinger 根据不同的理论建立了其他模型，预测将在 500 年后死海才能达到蒸发 - 补给平衡。而目前的气象 - 水文条件还将发生变化，如三个国家人口的增长、经济的发展都将增加对淡水资源的需求。

水位降低的原因首先是淡水补给的减少：包括约旦河入流减少；对天然泉水、两侧溪流以及含水层的不断加剧的广泛开采利用。其中约旦河是最重要的因素。在 100 多年前约旦河每年流注死海的淡水大约 1 200 ~ 1 300 百万立方米（MCM），到 1940 年代减少到大约 900 MCM/yr，而现在不超过 100 ~ 200 MCM/yr 的盐水和污水。约旦河上游以及约旦河下游支流的水被截流，成为城市与农业用水。在淡水补给减少之时，超过 200 MCM/yr 的水被泵入死海南部浅盆地的盐池。据估计盐工业占 25 到 30% 的现代总蒸发量比率。

由于水位的下降，相邻含水层受到严重影响。地下水面下降、地下水过度开采，沿湖岸出现了落水洞（sinkholes）。死海沿岸地下的死海卤水与地下水之间的平衡被打乱，导致淡水 - 卤水界面向湖推进。以前充满了死海卤水的地方被淡水淹没。这导致了地下石盐层的溶解，形成地下空洞和塌陷。此外，脱水和沉积物收缩导致局部地面下沉。而且，死海的退缩还影响湖岸淡水泉，这些泉维持着独特的生物多样化。尽管以色列和约旦对旅馆和渡假基础设施作出了巨大投资，并计划在今后几年进一步发展旅游和工业，包括新建超过 50 000 间旅馆客房，但由于旅馆附近滨线的消失、水位的降低，对旅游产生了严重的影响。

死海的前途与命运引起了人们的关注，在多个商业与科研组织的推动下，以色列、约旦两国酝酿 Peace Conduct 计划，计划从外海给死海供水，尤其是建设运河连接红海与死海（Red - Dead Canal），围绕该方案的社会经济、生态与环境影响等开展了多方面研究。以色列海洋与湖沼研究中心在死海建立了湖泊动态变化实时监测站，建立了自动化湖面气象观测平台，实时采集开阔湖面的气象 - 水文数据并在 Internet 网上发布实时观测曲线和历史动态变化曲线；对死海水体纵向剖面进行水温、水质的观测，配备大型科学考察船，具备了在死海最深处采样和取得科学数据的能力。自 1992 年至今，积累了大量珍贵的科学数据，对认识湖泊对环境变化的响应具有重要意义。

（3）水化学成分　死海水化学组成明显不同于大洋水，据查含有 21 种矿物质，主要是 Cl、Mg、Na、Ca、K、Br，其他是各种微量元素。死海水含盐度为 31.5%，以高镁、钙、溴，低 Na 以及很低的 SO_4、CO_3 为特征，溴离子浓度是世界上水体中最高的。死海卤水总盐度比里海卡纳博加兹湾（27.25%）和美国大盐湖（20.35%）的浓度高，死海水体面积约 1 000 km^2，其中南部 244 km^2，水深 10 米，北部 737 km^2，水深 40.1 米。死海水体总体积约 143 km^3，约为大盐湖的 9 倍。据有关资料统计，从死海形成的时候计算，约旦河和泉水带入的石盐量为 632 亿吨，目前死海水体总盐量为 450 ~ 500亿吨左右。KCl 资源量按照理论计算为 40 亿吨，实际观察数量仅为 20 亿吨。主要离子成分见表 7。

表7　死海卤水主要离子成分

化学组成	Na^+	K^+	Ca^{2+}	Mg^{2+}	Cl^-	Br^-	SO_4^{2-}	HCO_3^-	总量
死海上部	38.51	6.5	16.38	36.15	196.94	4.6	0.58	0.23	299.89
下部	39.7	7.59	17.18	42.43	219.25	5.27	0.42	0.22	332.06
平均值	39.15	7.26	16.86	40.65	212.4	5.12	0.47	0.22	322.13

在1977年以前，死海属于半混合湖。直至1978—1979年冬季之前，死海由上下两层水组成，二者温度、密度和盐度都不相同。最上层的大约120英寸(30 m)盐度范围为30%～40%，温度在66～98F之间。在过渡带以下，死海的最低层，温度稳定在72F，且NaCl完全饱和。因为底层水是饱和的，盐从溶液中结晶，沉淀到湖底。

死海的密度分层将其水体的主体部分与大气隔开。该水体形成了缺氧条件，下层水体不含溶解氧，而含高达15 ppm H_2S和250 ppb Fe^{2+}。表层水体中有机质下沉到底部，发生氧化作用，消耗掉底部的氧。在缺氧和缺硝酸盐的情况下，细菌硫化还原作用发育，产生H_2S。在还原条件下，铁通过还原为Fe^{2+}而变得更易于迁移。然而，由于硫化物沉淀作用，它的浓度以及其他在缺氧条件下更易溶的微量元素的浓度，仍然受到限制。缺氧卤水对死海周边环境没有直接的环境影响。然而，它可能对钾盐企业及其环境有较大影响，因为它们更愿意从湖底层抽出高浓度卤水。当卤水流进输卤渠和蒸发池，大部分H_2S被排出(剩下的被化学或细菌氧化)，持久而难闻的H_2S气味影响环境质量。企业一般希望当卤水到达光卤石结晶池时，不再含有硫化物。如果不是这样，企业就需要处理这些强腐蚀性的卤水。缺氧卤水中的铁当暴露在氧气中时就会沉淀出氢氧化铁。随着氧化程度的不同，部分铁和其他微量金属将在光卤石池沉淀。

从20世纪60年代开始，由于大规模的灌溉引水以及降水普遍较少，死海入流量减少，死海上层的盐度增加，比重的梯度稳定性被破坏。到1975年死海上层水实际上比底层盐度更高。但上层仍然悬浮在底层之上，因为它的温度较高，因而密度较低。最终在1978—1979年冬季，当死海上层最终冷却下来，其密度大于底层水体时，它终于混合成为均一的水体。

长期以来稳定的半混合湖泊结构结束了。湖泊进入了新的阶段，入湖径流量决定了湖泊状态(即湖泊集水区降水量)，湖泊不断在半混合与全混合之间变化。第一个全混合阶段在1979—1980年，仅存在了2个月。其后4年(1980—1983)为半混合阶段。第二个半混合阶段延续了9年(1983—1991)。1991—1992年多雨的冬季导致湖面上涨达2m。恢复了相对低盐度的上层，维持状态达4年，直至1995—1996年冬季。在最后一个半混合期，死海水文系统长期趋势的特征是：夏季温跃层深度从12～15 m增加到25～30 m；上层的quasi-salinity由初始的约164 kg/m^3，以每年16～18 kg/m^{3}的速率快速增加；深部水的quasi-salinity由初始的约235 kg/m^3，以0.08～0.10 kg/m^{3}的速率缓慢减少(235 kg/m^{3}quasi salinity相当于28%"普通"盐度)；上层冬季最低温度由初始的16℃，以大约2℃/年的速度快速增加。在1995年11月，死海最后的半混合期结束。现在的全混合期(1996—2000)死海水文特征长期趋势是：死海全湖的quasi-salinity以每年0.5 kg/m^{3}的速率增加。冬季基本上没有降低；深部水温以大约每年0.25℃的速率增加；整个水体垂直对流的周期最初大约为3个月，并以大约1星期/年的速率加快。而且，我们观察到在全混合期的每一个夏季，死海最底层温度与盐度上升大约0.5～0.6℃和0.15～0.25 kg/m^3。

5. 沉积作用

死海的文石($CaCO_3$)、无水石膏($CaSO_4$)、石盐(NaCl)目前都是饱和至过饱和的。死海实际沉积的硫酸钙盐是石膏($CaSO_4 \cdot 2H_2O$),在1979年湖水对流之前,水体下层这些矿物是饱和的,而上层的石盐不饱和、文石与硬石膏是饱和至过饱和的。文石从上层水体中结晶并沉淀到水底,形成白色的死海纹层沉积,而石膏则沿着湖岸暴露或淹没的地带结晶。观察到的死海表面"泛白"是由于表层水中文石的同时结晶造成的,可能也还有一些石膏结晶。目前,尽管死海中文石和硫酸钙是饱和至过饱和的,然而它们的沉淀却很有限。这是由于进入死海的淡水补给量减少,带入湖中的重碳酸盐和硫酸盐减少。相对于钙($Ca \approx 17\,500$ mg/L),它们在死海卤水中的浓度相对较小(alkalinity as $HCO_3 \approx 280$ mg/L;$SO_4 \approx 500$ mg/L)。

1982年开始从死海沉淀石盐,石盐的沉积从此再没有中断。石盐沉积速率在1992—1993到1995年减低,这是由于1991—1995年的湖水分层稀释了上层水体,隔离了下层水体。在1995年的湖水对流之后,再次出现大量石盐沉积。在目前水补给不足、盐度不断增加的情况下,石盐将继续从卤水中沉积出来。从1982年以来,任何浮在死海卤水中的物体都会立即覆盖上大量石盐晶体。在20世纪60年代出现过相似的情形,当时上层水体的物体表面会很快被石膏覆盖。

6. 植物、动物、微生物

约旦河三角洲从前是真正的纸草(papyrus)和棕榈树的丛林。Flavius Josephus 描述耶利哥(Jericho)是"Judea 最肥沃的地点"。在罗马和拜占庭时期甘蔗、指甲花和小无花果树等使得约旦河谷下游相当富裕。耶利哥(Jericho)最宝贵的产物之一是秘鲁香胶木树液,它可以生产香料。

很多动物以死海周边山脉为家。如骆驼、野山羊、兔、豺类、狐狸甚至豹。约旦和以色列都在死海周围建立了自然保护区。还有数百种鸟类栖息在该区。

从约旦河或溪流进入死海的鱼在淡水与卤水混合时就死了。然而混合过程不是即刻的,有时淡水能在一定时间内浮在死海表面。因而有时鱼能在死海表面存活数天。

尽管环境恶劣,死海里仍然有多种微生物生长:自养单细胞绿藻(dunaliella sp.),需要氧气的异养原核细胞生物(主要是红色喜盐古菌 archaea,属于盐杆菌科家族(halobacteriaceae):halorubrum sodomense, halobaculum gomorrense, haloferax volcanii 等,以及少量 halophilic or halotolerant members of the domain Bacteria),沉积物中的厌氧细菌(anaerobic bacteria)以至真菌(fungi)。

从1980年以来,开始了对死海微生物生长的综合性观测与采样。此前的数据则很少,也有零星的微生物密度数据,如:1964年表卤中 dunaliella 达到 40 000cells/ml。在1980—1981年和1992—1994年观察到大量 dunaliella,两次都是在大量雨水进入湖泊,表层水稀释形成半混合状态之后。1980年在表水层 dunaliella 密度计数达 8.8×10^3 cells/ml,1992年达 1.5×10^4 cells/ml 甚至更高。在繁盛期藻类(algae)有可能在湖底沉积物中以 cysts 存在。在1992年藻的繁盛期的到来,死海中叶绿素(chlorophyll)分布的遥感影像提供了湖底保存的种子是新繁盛的起源证据:繁盛开始于沿岸浅水,那里底部沉积物中的 cysts 因局部盐度降低触发发育。

每当杜氏藻属(dunaliella)大量出现时,喜盐古菌(halophilic archaea)便繁盛。1980年夏季在湖表层观测到高达 1.9×10^7 cells/ml。在1992年春季最大群落密度达到 3.5×10^7 cells/ml。嗜盐细菌(halobacteriaceae)家族的喜盐古菌(halophilic archaea)富含 C-50 类叶红素色素(carotenoid pigments)。1980年和1992年密集的古菌群落使湖水染上了红色。在繁盛期之间的较长时间内,仍有少量古菌群落处于不活动状态,只要有合适的有机质供给就会恢复生长。

死海卤水并不是适盐微生物的理想生长环境。所有死海微生物都趋向于在更低盐度、特别是更低二价阳离子浓度的条件下繁盛。湖泊中藻与细菌的生长,主要依赖于入湖淡水补给量和表层水稀释程度。洪水期间死海含盐量能从通常的35%降到30%或更低。在多雨的冬季来临时死海暂时恢复生机。当死海水体σ_{25}超过220(即25℃时密度为1.220)时杜氏藻就不能生长。只有当卤水盐度下降到σ_{25}低于210~220才有可能生长。限制杜氏藻和喜盐古菌生长的无机营养是磷酸盐。实验模拟证明需要向死海加磷酸盐以激发Dunaliella的生长。而氮在氨离子中有大量存在。

目前死海的生命主要依靠罕见的丰水事件,形成足够稀释的表层水。死海近年来水位的下降导致水体盐度总体呈增加趋势,伴随着石盐的沉淀和因此形成的二价阳离子富集。因此死海变得越来越不适合于喜盐微生物生长。微生物繁盛事件将越来越稀少。

7. 开发利用概况

(1) 概况　目前死海独特的溴、镁、钾、石盐等矿产资源得到了大规模开发,用死海的溴开发出医药、农业、轻工等多种行业产品;镁有氯化镁、氧化镁、氢氧化镁及碳酸镁盐等,应用于耐火材料、合金、塑料、黏合剂、医药等;钾盐主要用作农业肥料,有细粒及造粒钾肥等多种规格产品。此外,还有工业用石盐、无水氯化铝、食盐、化妆与洗浴用品原料等等。目前,从死海中从事资源开发的主要企业有:以色列的Israel Chemicals Ltd(ICL);ICL Fertilizers;the Dead Sea Bromine Group;Dead Sea Works Ltd.;Dead Sea Periclase等;约旦的Arab Potash Co. Ltd.(APC)及其子公司Jordan Magnesia Co., Jordan Bromine Co. Ltd.等。

利用死海浓盐水最早是以色列,1913年建有小型钾肥厂制取钾肥和溴,至1947年K_2O生产能力为6.5万吨/年,后因战争停产,1952年以色列政府成立了死海工程有限公司,建设K_2O生产能力10万吨/年,1975年实行私有化后,以色列艾森集团现已成为以色列化学公司最大股东,目前以色列化学公司由死海集团、溴集团和镁集团组成,死海集团钾肥厂现有K_2O生产能力180万吨,其中冷结晶法90万吨/年,热溶法90万吨/年。近年来不断技术改造,1996年生产能力达249万吨,其中冷结晶法120万吨/年。

约旦阿拉伯钾盐公司(简称APC)成立于1956年,但因约旦—以色列的战争,直至1976年才正式开始在死海南部Safi进行生产试验,该地距约旦首都安曼110 km,距南部港口亚喀巴(Aqaba) 220 km。初期投资4.8亿美元,设计年产120万吨KCl,至1982年完成基本建设,热溶厂(The Hot Leach Plant)于1982年10月正式投产,其后不断改造以扩大生产能力。1994年投资1.2亿美元的冷结晶厂(The Cold Crystallization Plant)开始投产,设计年产40万吨KCl,使APC的KCl产能达180万吨。目前年产KCl为195万吨。目前正计划扩大和优化盐田系统与工厂,计划2年后达到240万吨KCl的生产能力。此外,APC还建有工业KCl生产厂(The Industrial Potash Plant),于1998年正式投产,年产工业KCl(KCl≥99.2%)10万吨。

除我们参观的Jordan Safi Salt Company生产KCl外,APC有下属企业或联合投资企业,进行死海镁、溴等矿产资源开发。如Jordan Magnesia Company生产镁产品,年产MgO5万吨,$Mg(OH)_2$ 1万吨;Jordan Bromine Company(JBC)生产溴产品,在亚喀巴有磷肥生产厂。另据介绍,安曼有私人小厂,用H_2SO_4生产K_2SO_4,年产1万吨。

阿拉伯钾盐公司从约旦政府获取了直至2056年的死海资源开发的经营权,它原由约旦、阿拉伯国家和复兴银行控股,2003年实行私有化,转让26%的政府股份,我国中化公司曾有接触,我驻约大使馆参赞处也积极配合,本来有机会购进相当股份,但该公司突然转变主意,而由加拿大PCS(萨省钾肥公司,世界上产量最大的钾肥公司,曾意图收购德国唯一的钾肥公司,被德国反垄断机构否决)集团控股 APC 公司,原参赞处负责人对此甚有意见。

APC 拥有员工 2 300 人,在安曼、萨非和亚喀巴拥有办公楼,有自己的 90 辆卡车货运车队,每辆载重 50 吨,产品由车队运到亚喀巴港口装船,在 Safi 工厂价 100 美元/吨,在亚喀巴港口离岸价 160 美元/吨。APC 对市场与服务给予了足够的重视,其产品主要销往亚洲(75%)。中国每年由中化进出口公司从 APC 进口 20 万吨左右 KCl,年使用外汇约 5 000 万美元(据约旦大使馆商务处)。见表 8。

表 8　APC 公司出口 KCl 百分比

地区	印度	中国	马来西亚	亚洲其他	欧洲	约旦	巴西与地中海地区	非洲和其他地区
份额	27%	23%	10%	15%	10%	5%	5%	5%

APC 对产品质量给予了高度重视,建立了全面的质量管理体系,于 1998 年冷结晶厂通过 ISO－9002 标准,2001 年全部通过 ISO－14001 和 ISO－9001 质量体系认证。对产品中 K、Na、Mg、Ca、Rb、Cs、Br、Fe、Zn、Cu、Cd 成分每月分析一次。其产品按 KCl 纯度分为工业 KCl 和化肥 KCl 两类,产品标准较高。其标准见表 9～表 11。

表 9　化肥 KCl:年产 195 万吨

KCl	K_2O	$MgCl_2$	$CaCl_2$	NaCl	H_2O	Br	氨
95%	60%	0.7%	0.05%	3.5%	0.5%	0.1%	0.0002

表 10　工业 KCl:年产 10 万吨

KCl	NaCl	水	水可溶物	Br^-	Mg^{2+}	Ca^{2+}	SO_4^{2+}
≥99.20%	≤0.50%	≤0.20%	≤100ppm	200～600ppm	≤60ppm	≤10ppm	≤10ppm

表 11　按粒度分类

类型	细粒(fine)	标准(standard)	粗粒(granular)	泰勒筛 Tyler Mesh
35～150	10～65	5～12		
年产量	71 万吨	112 万吨	12 万吨	

(2) 盐田工艺　盐田系统通过自然蒸发和分步沉淀,获得高纯度的光卤石。它由抽卤泵站、输卤渠、石盐沉淀池(及石盐采掘机)、光卤石调节池、光卤石沉淀池(及光卤石采收船)、老卤排放渠等组成。盐田建设成本、操作与维护成本,以及光卤石质量与数量等是评价盐田系统的基本参数。

APC 的盐田建在死海南部干涸的南湖。南湖下部有约 4 km 厚盐层,其上是 120 m 厚全新世地层(Nisan M1a),由白色—灰绿色黏土—碳酸盐黏土—黏土碳酸盐薄层互层组成,含极少量石膏、石盐;其中白色部分主要是碳酸盐成分如文石、方解石;绿色层主要是黏土。Nisan M1a 是建造盐田与堤坝的主要材料。为防止堤坝渗漏,采用逐层压实的方法。由于死海水位下降,紧临死海的 SP－0A 盐池与死海之间的池埝出现渗漏,目前该盐池已经排干,由中国工程队在加固、加宽堤坝,作防渗处理。

APC 盐田系统总面积约 130 km^2。其中石盐池现有 84.5 km^2,并计划扩建 13 km^2;光卤石调节池 2.5 km^2;光卤石池 31 km^2。从最初将卤水抽进盐田到老卤最终排放回死海,周期大约为 12 个月。抽卤泵位于 Nisan 半岛,有 4 口抽卤泵,每泵功率 2.9 MW,每泵抽卤能力为 5 m^3/s,年抽卤量达 3 亿吨。抽卤泵采用法国 Alastom Co 设计制造立式离心泵。水泵吸水口入水深度设计为水下 20 m,现在仅 16 m。由于死海水位持续下降,抽卤泵站每十年需要重建一次,成本 180 万美元。共有两条长 1 km 直径 2 m 的输卤管,两台泵公用一条管道。输卤管每年清洗一次,采卤泵每周清洗一次。卤水从输卤管进入输卤渠和石盐池。石盐池中蒸发速率最大,其卤水密度约为 1.23 g/cm^3,经过蒸发大部分 NaCl 沉淀,密度增加到 1.3 g/cm^3。石盐池中的卤水最终通过重力自流进入光卤石预结晶池,该池中卤水密度进一步增加到 1.303 g/cm^3,KCl 含量增加到 2%,然后抽入光卤石结晶池,沉淀光卤石。从光卤石结晶池排出的卤水密度约为 1.340 g/cm^3,KCl 含量仅约 0.3%,老卤经排卤渠回到死海。工厂中的老卤也排入光卤石结晶池,以提高钾的回收率。

石盐池中 NaCl 年沉淀厚度 15 ~ 20 cm/a,产盐 2 000 万吨/a。光卤石池中年沉淀厚度 26 ~ 200 cm/a,一般 30 ~ 50 cm/a,年产光卤石量约 950 万吨。光卤石结晶池中的沉淀物含 84% 光卤石,含 16% NaCl,KCl 品位约为 22.56%(我国青海较低,光卤石池中 KCl 只有 16% ~ 17%),密度 1.68(纯光卤石 KCl 26.83%,NaCl 0%,$d=1.66$),光卤石晶体粒度较我国青海察尔汉的大,KCl 含量稍高。通过采盐船从池底采集厚度大于 40 cm 的光卤石层,经过泵站和碳钢管道将光卤石矿浆输送至工厂,矿浆中 20% ~ 40% 为固体,60% ~ 80% 为液体。共有 6 艘光卤石采盐船(500 万美元/艘,700 立方米/小时 · 船),可以在 1 米深的卤水中工作,采用了 GPS 系统定位,误差不超过 1 米。

(3) 产品生产厂(热溶厂、冷结晶厂、工业氯化钾厂)　目前世界上主要采用反浮选—冷结晶工艺生产钾肥,而 APC 不仅采用了冷结晶工艺,还保留了耗能的热溶工艺。在目前年产 195 万吨氯化钾中,热溶法生产 140 万吨,冷结晶法生产 55 万吨,另有 10 万吨工业氯化钾。其氯化钾肥料为迎合客户需要,可以进行造粒和上色(掺铁而显红色、粉红色。我国青海察尔汉生产的钾肥目前不造粒也不上色),用的是德国技术。据介绍,造粒是在 180 帕的压力、90 ~ 120℃ 条件下进行的。

APC 每生产 1 吨钾肥,需要消耗 6 吨光卤石原料,消耗淡水 5 m^3(我国青海察尔汉的钾肥料性质为 7 m^3/吨,罗布泊为 6.3 m^3/吨),耗电 80 kWH/吨(电价:0.1 美元/度)。企业需电量为 45 MW,企业自备电站,自己发电 14.8 MW,另外从国家电网输入 30 MW。淡水来源 80% 为地下水,20% 为政府管道(水价:0.7 美元/m^3)。

APC 工厂布局紧凑,占地少,工艺流程较精细。厂区钢铁用量大,产品堆放区矿尘较大(据介绍因相关设备维修,故部分产品室外散堆)。下面对了解到的各工艺流程及其特点作一介绍。

热溶厂:

进入热溶厂的光卤石矿浆主要处理工序有:

- 光卤石处理:光卤石矿浆脱卤、加水分解,得到固体为 KCl 和 NaCl 的混合物(钾盐混合物)。钾盐混合物脱水后进入下道工序。

- 钾盐处理:用结晶处理工序中返回的热卤水在 4 个搅拌槽中漂洗钾混盐(二步漂洗),KCl 饱和的热卤水在浓密池中澄清。浓密池上层卤水抽入下道工序,下层含 NaCl 晶体的矿浆脱卤后与老卤一起排放到残渣中。

- 结晶:从浓密池上层出来的热卤水是饱和 KCl 和 NaCl 的,通过在真空结晶器中分 6 步从 95℃ 逐步冷却到 45℃,冷却过程中 KCl 溶解度减小而结晶沉淀。

● 产品脱水:结晶器中结晶出的钾盐矿浆导入水力旋流器部分脱水,旋流器下部流出的物质送入离心机进一步脱水。

● 产品干燥:从离心机出来的矿块送入燃油回转干燥器,除去晶体上的水湿。从干燥器出来的产品送到流化床冷却器然后进入筛分系统,粉尘则通过一组高效的旋流器收集。

● 筛分:从干燥器或冷却器出来的产品经筛分系统分为两类产品:标准(Standard)和细粒(Fine)。并加入适量抗凝结剂。

● 除尘系统:为保障清洁的环境和减少钾盐粉尘损耗,安装了多个系统,如巨大的袋滤单元和高效旋流器。

冷结晶厂:

冷结晶在常温下进行,因此耗能少。主要工序有:

● 光卤石矿浆处理:光卤石原料矿浆首先经过湿筛分处理,将其中约占1/4的优质光卤石(28%粗晶光卤石)分选出来,直接送入冷结晶器(我国青海察尔汉的处理是100%送去浮选,约旦的处理只有72%经过反浮选。料浆中NaCl含量:约旦的5%,青海的7%)。湿筛分的细粒级矿浆与冷结晶器排出的饱和或接近饱和的表层卤水在反应管中混合。当盐田卤水与结晶器卤水在反应器中混合时,因卤水混合平衡而出现光卤石结晶。反应器中的矿浆在光卤石浓密池中浓缩。其表层液体回到蒸发池。浓密池共8个,由WEMCO公司制造。

● 浮选:光卤石浓密池的底溢物(NaCl 18%,光卤石82%)用浮选技术处理,浮选出氯化钠(NaCl 78%,光卤石22%,KCl 5%)并送到尾矿区。浮选槽沉降矿浆在浮选浓密池中沉淀。浮选浓密池上层液体用于配成浮选槽卤水,过剩液体抽至蒸发池。浮选浓密池的底溢物(NaCl 5%,光卤石95%)在离心机中脱水。离心矿块(细粒光卤石)送到冷结晶器,废水再循环到浮选浓密池。浮选回收率约为78%。APC的浮选机是WEMCO公司制造,共5台,每台处理量为28 m^3/h,造价30万美元。我国青海察尔汉年产100万吨氯化钾使用了20台浮选机。

● 结晶:粗粒和细粒光卤石在两阶段结晶器的水中分解,形成KCl晶体。结晶器排出的矿浆经湿筛分除去大颗粒。筛分出的大粒级物质,与浮选表层矿浆一起泵至尾矿区;筛分出的细粒物质送到淋滤区。APC的结晶器由英国人Swensen设计,直径17 m,高19 m,共2台,容积1 900 m^3,年处理量为550 000吨(注:青海的结晶器直径12 m,高15 m)。

● 冷淋滤:为除去产品表面附着的高氯化镁卤水,产品经过了两步淋滤与脱水离心机,以保证干燥后的产品中$MgC_{12} \leq 0.7\%$。水平带式过滤机(Belt Filters):共2台,处理量每台416立方米/小时,面积:58 m^2,制造商为Emico(美国)。离心机处理滤饼(solid + water)量为126吨/h。

● 干燥:第二步离心后的矿块在燃油转筒干燥器(concurrent)中干燥至湿度0.1%,然后在回转式冷却器中用大气流冷却(counter - current)。回转窑长16 m,直径2.15 m,Bird公司制造。

● 筛分:干燥后的产品筛分为标准和细粒两级。

工业氯化钾厂:

APC投资1 000万美元建设了工业品级氯化钾生产设备,生产的氯化钾纯度在99.2%以上,年产工业氯化钾10万吨。该设备应用热结晶流程,精确控制产品纯度和晶体结晶粒度,并应用热饱和溶液脱溴工艺将最终结晶产品的溴含量减少到200 ppm。产品以散装、25/50 kg袋装或1吨大袋装形式装船外运。

(4) 特色旅游与漂浮、疗泥、化妆品　死海及其周边环境对人的皮肤、关节、呼吸系统、眼睛和其他不适都有较好的疗效。死海地区开发的康复疗养项目有死海盐水浴,死海附近热泉浴,独特的死海泥浴、日光浴和紫外线浴,以及矿泉水及洗浴、化妆用品等。

APC 在 1997 年投资 150 万美元,成立了 Numeira Mixed Salts & Mud Company,在死海南部生产洗浴盐和疗泥,为化妆品和皮肤护理业提供洗浴盐 2 万吨/年,疗泥 5 000 吨/年。据参观时公司方介绍,洗浴盐成分是 Safi 钾肥厂的粗晶光卤石,疗泥是死海底积物,全部是纯天然物质,仅作筛分和添加香料。

死海地区有着悠久的人类文化历史,人们自古就相信死海之水以及死海的环境对人的身体健康有益,对某些疾病有神奇的疗效。罗马矿泉疗养遗迹的发现表明死海自古就以其医疗作用而闻名于世。死海的旅游业与康复疗养业得到了很好的传承与发展。以色列就有由卫生部等多个部门联合组建的非营利性机构——死海研究中心(THE DEAD SEA RESEARCH CENTER),专门从事康复健身机理的研究,推进死海康复医疗资源的开发。

死海水中矿物含量、大气中很低的花粉及其他过敏原含量;独特的气候特征,尤其是太阳辐射紫外线成分的减少,以及极低海拔带来的更高的大气压;低相对湿度、长期高温、极小的降雨、没有空气污染以及高的氧分压,每个因素都有特定的健康作用。例如,使用呼吸机能减弱(如囊性纤维化)痛苦的人,似乎可以因大气压增加受益。

死海日光有高的具治疗作用的紫外线 A(UVA),较少具烧灼作用的 UVB,因此扩大身体暴露是安全、低风险的。过滤效应来自厚的大气:死海大约在海平面以下 417 m,其上的臭氧层消耗最少。死海是地球上唯一一个在那里你可以长时间日光浴而几乎不会晒伤的地方,因为有害的紫外线经过了 3 个自然层过滤:一个外层大气层,一个位于死海之上的蒸发层,以及一个相当厚的臭氧层,在其他地方含氯氟烃(CFCs)正逐渐地破坏掉臭氧层。死海的光线据说对皮癣病人尤其有益。

在死海或热泉中洗浴时,荷尔蒙和生理活动发生变化。很多疾病,尤其是免疫系统紊乱得到减轻,但是其机理现在还不完全清楚。可能因素是多方面的,包括机械的、热的和化学的作用。

- 2005.5.26,23:55 北京—伊斯坦布尔(Istanbul),飞机飞行约 9 小时,减时差 5 小时。到达 Istanbul 是当地时间 5 月 27 日凌晨 4 点。
- 2005.5.27,21:00 伊斯坦布尔—土库曼首都阿什哈巴德(Ashgabat),飞行 3 小时,加时差 2 小时,于 28 日凌晨 2 点到达。土方已经将邀请函传到机场边防检查站。入境手续办理过程漫长的等待,大使馆商务处已经派小白在机场等待,土库曼化学公司的车也已经在机场等待。将我们接送至 Nissa 宾馆。当夜均住单人间。第三天合并为 5 间,郑、李、小王各一间,老王、项一间,齐、张一间。
- 2005.5.28 星期六,上午休息,下午去国家化学公司,会见其总经理 Hanow 和技术部经理及其助手共三人。
- 2005.5.29 星期天。休息。决定不去卡尔留克了。
- 2005.5.30 星期一,上午拜访国家地质公司,会见其主席 Atageldiev。下午去化学公司,会见技术负责及其另一助手尤拉。土方介绍卡尔留克钾盐矿、卡拉博加兹湾化学公司的情况。需要办理边防证才能去。办理落地签证和边防证。晚餐宴请化学公司技术负责及其助手尤拉。李浩赞助,300 美元。
- 2005.5.31 星期二,参观地质博物馆,拿到土库曼国家地质图、矿产图。
- 2005.6.1 星期三,早晨 7:30 出发,尤拉领队,租私人丰田车一部,无空调,酷热。傍晚到达土库曼巴什市，参观盐厂。约30年前天然形成的小海湾，沉积了石盐层，直接采收。当晚住西尔达宾馆（Serdar Hotel）。

- 2005.6.2 星期四，返回，途中参观油田水碘厂，年产180吨碘。
- 2005.6.3 星期五，化学公司办理落地签证注销手续。下午会见化学公司领导，晚上大使馆商务参赞于立新、魏秘、小白宴请访问团。
- 2005.6.4 星期六。土库曼—安曼。01:30 离开宾馆，04:00 起飞，Istanbul 时间 6:00 am 到达伊斯坦布尔；10:45 登机飞往安曼，1:20 pm 到达安曼 Queen Alia Airport 机场。中国驻约旦大使馆商务处么秘书和阿拉伯钾盐公司的人在机场接机。与么秘书在机场分手后乘 APC 的车前往死海南部 Safi 化肥公司所在地，与技术经理 Jamal Amira 等会面后，安排食住。APC 提供免费食住交通条件，对参观日程作了周到细致的安排。
- 2005.6.5 星期日，参观工厂，包括热溶厂、冷结晶厂、工业 KCl 厂、电厂、设备维修厂、货厂等。
- 2005.6.6 星期一，参观盐田系统，包括抽卤泵站、石盐池、石盐采挖机、光卤石池、光卤石采盐船等。下午参观 Numeira Mixed Salts & Mud Company 在死海边的工厂，参观死海漂浮浴。
- 2005.6.7 星期二，参观 Petra，返回安曼，宴请答谢 APC 公司领导以及中国驻安曼大使及商务参赞。
- 2005.6.8 星期三，参观 Numeira Mixed Salts & Mud Company 安曼所在地。到中国驻安曼大使馆商务处座谈，应邀介绍中国盐湖资源，汇报此次访问情况。下午 4:50 登机经 Istanbul 返回国，23:20 在 Istanbul 起飞，次日北京时间 1:50 pm 抵达北京机场。

1 Jordan = 1.4 美元；1.3 Turkish = 1 美元。

五、收获与建议

1. 总的来看，土库曼虽然具备油气和钾盐规模巨大的优势，但现时的投资条件并不成熟，投资环境和实地考察条件（缺乏钾盐剖面、办理实地调查手续困难等）均不理想，这次考察了解了实际情况、收集了有关信息，初步建立了良好的沟通渠道，在我国政府的大力支持和引导下，保持与土方联系，同时采取若干项小规模的项目援建，架起沟通的桥梁，积极进取，一旦投资条件成熟，主动占位，便可能快速上马。

2. 乌兹别克斯坦也有丰富钾盐资源，据悉我国（中信集团）正在该国援建年产20万吨 KCl 矿山，有多方面便利条件，建议在明年派团实地考察，以便为钾盐矿的合作开发和在我国西部与其相邻地区找寻晚侏罗世钾盐提供资料和经验。建议双方首先开展钾盐矿床成因、矿床勘查的地质科研合作，一方面建立良好的联系渠道，同时摸清真实的钾矿储量和可供服务的年限，为下一步实质性合作开发和找钾研究打下坚实的基础。

3. 约旦盐湖钾盐生产工艺较精细，产品质量较高，水、电、矿消耗较小，综合开发搞得较好，有不少值得我们学习的东西。

（1）约旦 APC 公司采用反浮选冷结晶加工技术与我国基本相同，但察尔汗盐田生产的光卤石粒度较细，需要全部进入反浮选，而 APC 盐田产的光卤石约28%、含氯化钠较少的粗粒光卤石，通过筛分直接进入冷结晶器，减少反浮选量，其原因除与死海蒸发量大，昼夜温差小，和卤水 KCl 含量有关外，主要是在盐田工艺中，让卤水延长流动路径，减缓卤水在光卤石池中的流动速度，使光卤石缓慢结晶;该公司除 NaCl 效果好,而我国反浮选仅降至 7%,约旦则降至 5%,选矿回收率也比我国高一些;吨产 KCl 用水量和用电量也相应比我国低;

(2) 密切针对市场需要,设有 KCl 的造粒装置,据欧洲国家需求,加氧化铁制淡红色粒状钾肥。

(3) 了解钾盐建厂的有关先进的设备和建造盐田的经验,解决了罗布泊建厂的一些疑惑的问题。

(4) 综合利用好。除了钾肥生产外,约旦重视卤水溴、氯化钙、氯化镁、氯化钠的回收利用。并相应发展特色旅游业。除发展漂浮浴外,还用死海泥做疗泥和化妆品;用光卤石做浴盐,充分发挥死海盐湖资源优势。

APC 在 1997 年投资 150 万美元,成立了 Numeira Mixed Salts & Mud Company,在死海南部生产洗浴盐和疗泥,为化妆品和皮肤护理业提供洗浴盐 2 万吨/年,疗泥 5 000 吨/年。

在盐湖特色旅游开发方面,我国刚刚起步,此次考察我们取得了死海黑泥样品,准备进一步测试分析,研究其机理,推动我国盐湖的综合开发。

4. 应关注国际动向,相机投资死海开发,占领国际钾盐资源。本来国际上钾肥产大于销,属于买方市场,但国际上钾盐资源主要集中在少数几个国家。如果让加拿大 PCS 这样的资源大鳄垄断国际钾市场,届时中国这样的钾肥消费大国将付出更沉重的代价。例如 2004 年下半年以来,国际钾肥价格快速上涨,我国进口钾肥价格涨幅达到 500 ~ 700 元/吨,以全年进口 600 万吨计算,我国进口钾肥一年多花去 4 亿多美元。

5. 为提供我国有关人员参考,已分别就土库曼和约旦钾盐专业考察情况在《矿床地质》2005 年 12 月和明年刊出。

6. 考察团成员由科研、信息、企业三方面人员组成,各有分工,相互配合,有利于全面了解国外情况,吸收先进成果。考察团成员老中青都有,老专家不辞辛劳,以身作则,起到表率作用;年青人增长了知识,开阔了眼界,增强对本专业的热爱。

郑绵平　张永生　齐　文

2005 年 7 月

赴南非参加第 24 届南部非洲交通年会报告

2005 年 7 月 9 – 16 日应南非工程院(SAAE)邀请,中国工程院组团(邹德慈院士为组长,温慧敏博士为组员)参加在比勒陀利亚举办的第 24 届南部非洲交通年会暨第 4 届南非 – 中国交通技术论坛。

南部非洲交通年会是南非共和国和南部非洲 12 个国家的政府主管部门、大学、科研院所、咨询顾问公司及技术产品公司，每年7月举行的交通盛会，已连续有23届，每次有600～800人参加。从2002年起，南非工程院，南非中国－非洲工程协会等专业机构和中国的研究院所合作，与年会同时举办南非－中国交通技术论坛，至今已连续举办了三次。会议论文涵盖土木工程、路基路面、桥梁、隧道、电子交通信息和管理、城市交通、航空和航海、交通法规、教育和培训等各个领域。由于南非将在2010年承办世界杯足球赛，本届年会的主题确定为“2010年交通系统的挑战”。

此次会期3天，7月12日南非交通部部长Jeff Radebe主持开幕，并发表演讲，邹德慈院士与Jeff Radebe先生进行了简要会晤，部长对邹院士一行的到来表示感谢，并希望加强南非和中国的合作，为着2008年奥运会和2010年的世界杯足球赛携起手来，共同解决面临的交通问题。邹德慈院士代表中国工程院对其表示感谢，并希望两国工程院能够为解决两国在城市发展和交通规划、管理等领域的问题作出贡献。7月13日南非工程院院长和大会主席Alex Visser先生主持会议，邹德慈院士在大会上发表题为“北京交通发展和奥运交通战略”的主题发言，引起南非同行的很大反响，参会听讲的有来自10多个国家的600多名专家。讲演获得普遍好评。《科技日报》驻南非记者作了报道，认为这是中国专家第一次在南部非洲交通大会上作主题报告。讲演也扩大了北京奥运的影响。主题发言后我国驻南非大使刘大使和科技参赞王参赞为中国论坛分会场主持了开幕式。刘大使致辞欢迎邹德慈院士一行的到来，并强调了中非科技合作的历史和合作前景，希望彼此之间加强合作，共同发展。7月14日，邹德慈院士一行与南非两位工程院院士即约翰内斯堡大区发展规划和交通与环境部交通规划和管理主任Bob Stanway先生和CSIR的Kenny Kistan先生进行了详细会谈。双方介绍了本国和北京市、约翰内斯堡市的基本情况，北京市和约翰内斯堡市在准备2008年奥运会和2010年世界杯足球赛的一些情况，对其中如何解决交通问题进行了深入的探讨。两位院士表示北京成功举办奥运会将给他们提供很好的经验和借鉴，他们希望今年9、10月份能够拜访北京市奥运交通规划和管理部门，交流经验，建立合作。7月14－15日邹德慈一行考察了阳光城和开普敦市的城市建设和交通系统情况。会议期间，还顺便浏览了比勒陀利亚和约翰内斯堡的市容(包括黑人区)。

通过这次出访，加强了中国－南非两工程院的合作与交流，对促进中国－南非技术合作起到很好的作用。经双方确认，出访结束后需要进一步完成如下几项事宜：

(1) 今年，南非将组团来北京交流奥运会交通规划和管理经验。建议请南非方面通过南非工程院向中国工程院提出访问要求，中国工程院向北京市政府和奥组委等单位发函，明确相关事宜，由中国工程院与北京市相关部门协调、接待。

(2) 中国－南非政府第3批科技合作项目征集将于8月份开始，南非科技部长今年9、10月访华，确定合作项目。南非方面希望中方相关部门与南非方对应部门联合共同申请合作项目。

(3) 希望中方继续支持南部非洲交通年会，明年有更多的交通专家参加年会，开展广泛的学术交流。

邹德慈　温慧敏

2005年7月25日

赴澳大利亚出席第16次CAETS大会报告

国际工程与技术科学院理事会(CAETS)第16次大会于2005年7月10至14日在澳大利亚凯恩斯(Cairns)召开。本次会议的东道主澳大利亚技术科学工程院(ATSE)承办了本次会议。以沈国舫副院长为团长的中国工程院代表团一行6人参加了此次大会。

一、会议简况

代表团于7月10日抵达目的地后,即参加了澳方安排的会前会——“海啸专题学术研讨会”。国家地震工程力学研究所李小军副所长在会议斯间与各国参会专家进行了广泛深入的交流。有关此次学术会议的情况参见附件一。

7月11-13日,“海洋与世界未来”学术大会召开。大会分11节进行,28名专家、学者及政府官员作报告,与会者约200人。沈国舫副院长作为第2节会议主席,主持了会议。我院唐启升院士作了题为“全球海洋生态动力学发展与中国生物地球化学及生态系统综合海洋研究”报告。13日下午和14日上午,CAETS全体成员详细讨论了预先准备的“CAETS关于海洋与世界未来的声明”讨论稿。有关学术会议的详细情况参见附件二。

7月14日,CAETS召开理事会会议,讨论了秘书处预先准备的议案。针对预案,我院代表团在行前已做好应对方案并经院常务会讨论批准。沈副院长除了就议案表态外,还介绍了我院目前最关注的问题和与之相关的工作。他指出,目前中国工程院最关注的问题是如何针对国家发展过程发生的有关工程科技问题向政府提供高水平的政策咨询建议。他还向与会成员介绍了我院近阶段所做的政策咨询工作,与会各工程院均认为我院在政策咨询工作方面取得了很好的成绩。

二、CAETS理事会会议议题

(一)吸收新成员

德国自然与社会科学院联盟技术科学委员会(acatech)在此次理事会上被接收为正式会员。

理事会欢迎南非工程院作为观察员参加此次理事会,下一步理事会领导成员将与南非工程院进一步协商,为南非工程院成为CAETS正式成员做准备。

会议讨论了俄罗斯工程院加入CAETS的事宜。俄罗斯目前有不只一个工程院,但是,与CAETS的联系却时有时无,且近几年未能参加CAETS的会议。会议责成CAETS秘书处与俄罗斯Boris Gusev领导的工程院做进一步联系后再行商议其加入CAETS的问题。

爱尔兰工程院也希望加入CAETS。英国皇家工程院院长Broers表示,将在近期访问爱尔兰时与爱尔兰工程院负责人接触,而后将谈话结果告知CAETS秘书处。

（二）CAETS 秘书处选址事宜

会前，CAETS 秘书处曾收到美国和印度两国工程院的申请。会上，印度代表表示，起初印度工程院曾经提出希望将秘书处设在印度，但鉴于美国工程院仍希望将秘书处留在美国，印度对此表示支持。鉴此，理事会一致同意秘书处保留在美国工程院内。

（三）几个工程院领导的情况通报

1. 瑞士工程院代表通报，在瑞士政府的支持下，国际风险管理委员会（IRGC）在日内瓦正式成立，并将于今年 9 月在中国北京举办第一次国际风险管理学术会议。会下，康金城同志向其通报了今年 4 月我院与 IRGC 共同主办"传染性疾病与生物安全国际研讨会"的情况。

2. 日本工程院院长 NISHIZAWA 通报了 2004 年 10 月举办"与机器人共存国际学术研讨会"的情况。

3. 我院沈国舫副院长通报了 2004 年 10 月在上海召开"世界工程师大会"的情况。

4. 挪威工程院院长 Arne Bjorlykke 通报了代表 CAETS 应邀到北京参加中国工程院 10 周年院庆活动的情况。他认为，中国工程院成立 10 年来有了长足的发展，为中国的科学技术及工程事业的发展提出了诸多咨询建议，做了很多有益的工作，受到了政府的高度重视。随着其工作的开展，它在国家中的地位也有了显著的提高。

5. 比利时皇家应用科学院理事会（BACAS）原会长 Achille Van Cauwenberghe 介绍了代表 CAETS 参加科学院间理事会（IAC）会议的情况。

6. 澳大利亚工程院院长 John Zillman 介绍了与国际科联（ICSU）的联系情况。国际科联代表 Prof. Graeme Pearman 应邀参加了此次 CAETS 理事会，他代表 ICSU 主席邀请 Zillman 于今年 10 月到中国苏州参加 ICSU 全体大会。沈副院长在会下向 Zillman 表示，我院支持 CAETS 加强与 ICSU 等国际科技组织的联系与合作，届时我院可视情安排有关领导陪同他前往苏州与会。

会议还支持 CAETS 领导进一步联络联合国教科文组织等联合国系统的组织、ICSU 和 IAC 等组织，进而使 CAETS 在国际事务中发挥更大、更积极的作用。

（四）会费事宜

会前，CAETS 秘书长 Bill Salmon 受领导小组委托就会费事宜分别与各个工程院代表进行了商谈。根据商谈结果，会议同意为了吸引更多国家的工程院或相关组织加入 CAETS，将会费结构定为 3 个档次，最高为 6 000 美元，其次为 3 000 美元，最低为 1 000 美元。认缴最高档次的工程院有澳大利亚、美国、英国、日本和印度。我院与法、德、挪威、瑞典等其他 11 个工程院被定为 3 000 美元档次。我团行前得到财政部回复，未同意我院缴纳最高档次会费的申请，只同意认缴 4 000 美元。

英国工程院院长对上述情况发表了意见，提出增加新会员不应以 1 000 美元作为会费起点，而应视该组织的实际财政能力加以确定。否则以后所有新会员都缴纳 1 000 美元，对缴纳更多会费的工程院将是不公平的；其二，1 000 美元的数额应是临时的、可以变更的，对于目前比较困难的工程院可以交 1 000 美元，待他们条件改善后，应增加会费。理事会对此表示认同。

（五）关于 CAETS 2006—2010 年发展战略

Arne Bjorlykke 代表文件起草小组作了解释说明。理事会对文件起草人在起草发展战略过程中所做的辛勤努力表示赞赏。同时指出，在 CAETS 的主要任务（missions）中应该特别强调在宏观科技政策、科技与社会、环境保护、可持续发展、公共卫生事业和国际科技合作交流等方面。理事会重视与 ICSU 的合作，建议将其纳入发展战略。

Arne Bjorlykke 提出应加强 CAETS 的作用，如有关工程院举办国际学术会议，CAETS 应给予支持帮助，呼吁其他工程院积极派员参加。韩国工程院和我院建议加强 CAETS 网站的建设，网站不仅要存储必要的数据，更重要的是要及时地传递信息，使各个成员组织共享，从而相互配合和支持。

(六) 2006 年 CAETS 会议

根据排列顺序，明年 CAETS 会议将在布鲁塞尔召开，主办单位是比利时皇家应用科学院理事会(BACAS)。会议预计于明年6 月初召开，题目定为“氢能源——洁净能源”。Van Cauwenberghe 教授在会上作了热情洋溢的讲话，欢迎所有工程院届时能前往与会。

三、本次 CAETS 理事会会议特点

此次 CAETS 较之以往有以下几个特点:

(一) 更加关注世界的焦点和热点问题

在召开第 16 届 CAETS 大会前，东道主澳大利亚技术科学工程院特别举办了“海啸专题学术研讨会”。去年年底，南印度洋发生了由海上地震引发的海啸，由于地震级很高(9.3 级)，致使海啸高达30 余米，使众多人员伤亡，人民生命财产受到重大损失。

会议邀请了联合国教科文组织政府间海洋委员会负责人 Patricio A. Bernal(智利人)到会讲话，并请斯里兰卡等受灾国地震海啸专家介绍受灾情况。

会后，CAETS 形成一份声明，建议国际社会在建立海啸预防基础设施、公众防灾宣传培训、专家支持系统的协调、灾后恢复与重建等方面做出积极努力。

除此之外，在为期两天的“海洋与世界未来”学术大会结束后，CAETS 用近半天的时间讨论了事先拟就的 CAETS 就海洋与世界未来的声明。声明强调，虽然海洋近三分之一的水域为各有关国家所拥有(专属经济区)，但是海洋是世界共有财富，与全人类的生存发展息息相关。相互关联的海洋物理、地质和生态等系统使全人类共同承担其演变结果，不管这种结果是好是坏。因此，我们对海洋中所发生的一切，或是对海洋产生影响的事件负有不可推卸的国际责任

这是 CAETS 第一次以集体的声音就某一问题向世界发表见解，借以引起世界各方的注意。这反映出 CAETS 对国际上的热点和焦点问题的关注，并积极参加有关问题的论证与研究。不仅如此，它还反映出 CAETS 作为一个非官方的工程科技国际组织，在致力于自身发展的同时，开始注意在国际科技和政治舞台上发挥作用。在会议上，几个工程院代表认为，CAETS 的知名度及其作用不应仅限于其成员之间，而应以 CAETS 集体的名义对国际上有关工程科技领域中的重要事件和政策性问题发表见解，这样才能真正起到 CAETS 应起的作用，从而提高 CAETS 的国际声誉和显示度。

(二) 加强与联合国机构的合作，争取取得咨商地位

会议上，代表们更加重视 CAETS 在国际学术甚至政治舞台上发挥其民间科技学术组织的作用。有代表提出，在与联合国教科文组织联系合作的同时，应考虑以 CAETS 的名义申请获得联合国经社理事会咨商(consultative status)地位，这样将有利于 CAETS 在重大国际性的有关科技、经济和社会等问题发表见解，发挥其作用。CAETS 领导小组表示将对此作深入的研究。

(三) 向外拓展，加强与世界上其他国际科技组织的联络与合作

今年 10 月，CAETS 主席 John Zillman 将应邀到我国苏州市参加 ICSU 全体大会。这反映出 ICSU 和 CAETS 等国际科技组织希望在多学科、跨学科及宏观政策等领域加强合作，进而达到双赢的趋势。

四、体会和建议

（一）我院领导在 CAETS 发挥积极作用，得到了各成员组织领导的赞赏。他们纷纷与我院代表团接触，希望在 CAETS 框架下加强院与院之间的双边合作（有关情况另报）。

（二）院士的作用得到发挥

针对今年 CAETS 第 16 届大会的主题是"海洋与世界未来"，我院特商请唐启升院士参团，并在会上作了我国在海洋生物的开发、利用与可持续发展的学术报告，提出了较为新颖的观点，使与会者们在一定程度上对我国的海水养殖工作有了进一步的了解。

需要说明的是，在本次会议上，有关海洋的专题共有 10 项，如海洋与食品资源，海洋与非生物资源，海洋与气候变化，海洋气候变化对人类的影响，海洋与沿海地区，海洋与运输，海洋观察与预测系统，科学、技术、工程与海洋资源可持续利用等等。根据院领导指示，我院最初组团方案曾计划请 3 名院士和国家海洋局及国家地震局等有关单位若干专家参团，但由于工作原因，金翔龙和袁业立院士及国家海洋局有关专家不能前往与会。否则，我院代表团在大会上还会发挥更积极的作用，取得更好的成效。

在去年挪威斯塔万格 CAETS 会议上，我院郑健超院士就我国的能源发展情况作了学术报告，同时就与会者对我国能源开发和利用的情况提出的问题做出了解答，取得了很好的效果。

我国改革开放以来的高速经济发展受到了世人的瞩目，同时，他们也更加关心中国的发展给世界带来的种种影响。请我院院士在国际学术舞台上宣传我国在经济、社会和科技事业方面取得的成就，并澄清人们在某些方面对我国存在的误解和疑虑，是重要且有效的办法。代表团建议今后进一步创造条件，更好地发挥我院院士的作用。

（三）准备明年组团赴比利时参加 CAETS 会议

建议提前做好准备，届时根据会议主题，组成以我院有关领导为团长和相关院士、专家及院机关有关工作人员为团员的代表团前往比利时与会。

（四）根据目前的轮流机制，我院举办 CAETS 会议将是 2015 年。建议我院发挥更加积极的作用，在近几年内即可根据我国经济和科技发展的需要及国际科技界的焦点和热点问题，考虑选定合适主题在近几年内邀请 CAETS 与我院在我国共同主办国际学术会议。

中国工程院代表团

2005 年 7 月

附件一：

CAETS 海啸专题学术研讨会总结

第 16 届 CAETS 大会将议题确定为"海洋与世界未来"，研讨海洋资源及可持续发展、海洋气候及其影响等问题。考虑到2004年12月26日,印尼苏门答腊西北近海发生8.7级(也有报道为8.9级)强烈地震,并诱发印度洋特大海啸,地震和海啸造成近30万人死亡的重大灾害。这场人类历史上的浩劫再次唤醒国际社会和各国政府对防灾减灾的高度重视。考虑到海洋与海啸的密切关系,本次CAETS会议在讨论海洋与世界未来问题时,在原定议题的基础上,特别在会前增设了一个海啸专题学术研讨会。

研讨会于7月10日下午举行,会期半天。会上共安排了8个相关报告并就报告内容及相关问题展开了讨论。报告及讨论的问题,包括基于1998年7月17日巴布亚新几内亚7级地震南太平洋海啸和2004年12月26日印尼苏门答腊西北8.7级地震印度洋海啸现象对海啸的形成、发展及其影响的分析,海啸灾害的经验和教训,海啸灾害控制和管理,澳大利亚、太平洋地区的海啸预警和减灾系统状况及运行经验,印度洋地区海啸预警系统建设计划及国际海啸预警系统框架与减灾策略等方面的问题。海啸专题学术讨论会使与会人员加深了对海啸及其影响等问题的认识,会议强调了科学技术界特别是工程技术界应进一步重视海啸问题,加强对海啸问题的研究,推进海啸观测网络与海啸预警系统建设,加强国际间的合作。

海啸专题学术讨论会上,组织者发表了一个关于海啸问题的声明,旨在强调在海啸问题和减灾策略研究及海啸观测与预警系统建设方面,加强国际间合作的重要性和必要性,并且指出了针对区域如印度洋地区实施有效的海啸观测、预警和减灾应关注的问题,如需要基于灾害危险性分布和密集人口分布,建立区域专用的自动海面监测网,实时有效的数据传输、处理和海啸事件的确认与快速报警,区域和地方社会对警报的反应和应对海啸灾害的策略,以及提高国际间合作水平以保证信息的共享和警报的有效发布等问题。

附件二:

第16届CAETS大会——“海洋与世界未来”学术会议情况报告

第16届CAETS大会于2005年7月11-13日在澳大利亚凯恩斯国际饭店召开。会议主题为“海洋与世界未来”。大会分11节进行,28名专家、学者及政府官员作报告,与会者达100多人。

第1节　开幕式

CAETS主席、澳大利亚工程技术科学院院长John Zillman博士以欢迎辞揭开了大会的序幕;澳大利亚议员Ian Macdonald先生、昆士兰政府官员Jason O'Brien先生及凯恩斯Cr Kevin Byrne市长分别代表澳大利亚、昆士兰、凯恩斯向与会者表示欢迎。联合国教科文组织(UNESCO)政府间海洋学委员会执行秘书Patricio Bernal博士作了题为“海洋与世界未来”主旨报告。

第2节　海洋与食物资源

我院沈国舫副院长作为第2节会议主席,主持了会议。我院唐启升院士作了题为“全球海洋生态动力学发展与中国生物地球化学及生态系统综合海洋研究”报告。

会议指出，人们从海洋摄取的食物资源远比资源本身能够自我补充的速度快。鱼类过度捕捞现象严重。为满足需求，科技应在鱼群种类开发、持续发展以及水产养殖业方面发挥作用。

第3节　海洋与非生命资源

鉴于人们目前依赖碳氢化合物作为能源，本节会议的焦点主要集中在对海底油气问题的探讨，包括油气勘探与开发、开发投资、安全及合作等问题。

第4节　海洋与气候

1982—1983年出现的厄尔尼诺现象，进一步激发了对海洋气候的预测工作。会上，澳大利亚、墨西哥专家就海洋气候预测问题，分别介绍了各自的做法。印度专家报告了印度洋变化对全球气温变化的作用。

第5节　海洋气候变化对人类的影响

本节会议为小组讨论。与会者通过讨论认为，海洋监测已成为全球气候监测系统中重要的组成部分。迄今为止，计划中的全球海洋观察系统有52%已经到位，2010年将完成全部剩余计划。虽然取得了令人满意的成绩，我们还应清楚地认识到，对海洋变化进行监测与预测还需大量资料。因此，国际合作研究与资料共享至关重要。

第6节　海洋与沿海地区

沿海地区极易受到恶劣气候及海平面升高的威胁。最易受到破坏的环境包括环状珊瑚岛与人口居住稠密的沿海城市。在会上，墨西哥列举了设计、建造、维护人工礁的成功经验。韩国专家介绍了韩国正在检验新人工礁的作用。

第7节　海洋与运输

船舶在货物贸易运输中起着举足轻重的作用。贸易全球化与经济增长激励着船舶市场的开发。市场需求不断增大且更加专门化的运输工具。造船业面临着挑战。从业人员应综合考虑环境与社会因素，应用工程技术，设计并建造未来海洋运输工具。

第8节　湖泊与内陆海

捷克与悉尼报告人所列举的事例表明，以科学的态度管理淡水应用，能够取得生态、经济与社会的良好效果。

第9节　海洋观察与预测

报告主要提出了三个观点：1.海洋监测系统证实了海洋气候正在发生变化；2.人们要使用、管理、保护地球与海洋系统，要适应变化，就必须了解地球与海洋系统；3.人们对海洋的相互依赖，意味着有必要建立新的合作框架，促进海洋技术的开发、传播与应用。

第10节　科学技术工程对海洋可持续发展的应用

人们围绕该议题进行了热烈讨论，达成共识——为使海洋可持续发展，科技工作者应不懈努力，为之做出贡献。

第11节　闭幕总结

大会闭幕式上，国际农业研究澳大利亚中心（ACIAR）主席 Mery Williams 博士作了大会总结报告。法国技术科学院院长 Francois Guinot 博士致闭幕辞。

此后，在7月13日下午召开的 CAETS 成员内部会议上，讨论并修改了《CAETS 关于海洋与世界未来的声明（草案）》。声明主要内容包括：

- 前言；
- 介绍；
- 海洋气候的变化对人类未来起着至关重要的作用；
- 人类对海洋资源应做到可持续利用；
- 确保世界鱼类未来，采取必要的社会与技术措施；
- 提高海洋运输效率的新技术；
- 人类活动对陆地水系的影响；
- 加强对海洋监测，确保未来可持续发展；
- 开发减灾新技术；
- 为国际社会长远利益，发挥科技重要作用，加强监测、了解、预测、保护和广泛应用海洋资源的能力。

上述《声明》的修改草案将提交CAETS理事会讨论通过。

附件三：

中国工程院代表团名单

沈国舫　中国工程院副院长
唐启升　中国工程院院士，中国水产科学研究院黄海水产研究所所长
李小军　中国地震局工程力学研究所副所长
康金城　中国工程院国际合作局副局长
王元晶　中国工程院政策研究室处长
徐海燕　中国工程院国际合作局多边处干部

中国工程院代表团
2005年7月

赴德国、丹麦、芬兰矿产资源考察报告

中国工程院重大咨询项目“中国矿产资源可持续发展战略研究”赴欧洲考察团由团长李京文院士，团员李富强、张景增、周全、彭战、杨晨、左家和组成。考察团于2005年7月15日至25日赴德国、丹麦、芬兰三国考察（团长李京文院士因故未能成行，由李富强代理团长），为期10天，收获颇丰，现汇报如下。

一、考察团的活动情况

考察团在德国和北欧期间，分别到有关政府部门和企业参观访问，并与政府官员和企业员工以及有关学者进行了座谈交流。这些部门和企业包括德国纽伦堡中德经贸合作中心、巴伐利亚摩托发动机厂、丹麦亚洲研究所、哥本哈根议政厅、芬兰技术发展局、赫尔辛基动力公司等。

考察团对德国和北欧的总体印象是：(1) 空气清新，气候宜人，雨水充沛，草木茂盛，自然环境好；(2) 人口少；(3) 街道干净整齐，建筑物古典与现代结合；(4) 交通秩序等人文环境好；(5) 物质丰富，各项服务设施完备。欧洲特别是北欧，是适合人类居住和发展的地方。同时，考察团也感到，欧洲对中国还缺乏深入的了解，对中国的发展还有一定偏见，需要今后进一步加强交流与合作，谋求中国与欧洲的共同发展。

考察团此行基本上完成了“考察提纲”预定的考察任务：(1) 矿产资源与经济发展；(2) 矿产资源的开发、生产和保护；(3) 矿产资源与环境保护；(4) 节约能源和矿产资源与循环经济；(5) 矿产资源政策；(6) 对中国“走出去”的认识。

二、德国、丹麦、芬兰概况

1. 德国概况

德意志联邦共和国拥有8 250万人口，国土35.7万平方公里，经济实力位居欧洲首位，是高度发达的工业国家，2003年GDP总值为21 298亿欧元，是世界上仅次于美国和日本的第三大经济强国。

德国自然资源较贫乏，除煤、盐的储量较丰富外，在能源和工业原料供应方面主要依赖进口，2/3的初级能源需要进口。德国的工业以重工业为主，汽车、机械制造、化工、电气等占有较大比重。工业产品的一半销往国外，德国的出口额居世界第二位，出口产品主要有汽车、机械产品、运输设备、化学品和钢铁等。德国农业用地约占国土面积的一半，机械化程度高，农产品自给率高，近年来大力发展生态农业。

德国政府奉行整顿国家财政、减少预算赤字、进行税制改革、刺激个人投资、减少国家干预、进一步实行非国有化的政策，鼓励中小企业发展，使德国工业结构布局均衡，保持经济持续稳定增长。

德国是中国在欧洲最大的贸易伙伴,而中国也是德国在亚洲的最重要的出口市场。德国在中国投资大部分为生产型项目,投资金额较大,技术含量较高。

2. 丹麦概况

丹麦王国位于欧洲北部波罗的海到北海的出口处,包括400多个岛屿,本土面积4.3万平方公里(不包括格陵兰和法罗群岛),人口536万。

丹麦北海大陆架的石油蕴藏量约为2.9亿吨,天然气约为2 000亿立方米,目前产量能自给并部分出口。此外,其他矿产资源很少。丹麦拥有丰富的海洋资源。

丹麦2002年GDP总值为13 870亿丹麦克朗(合1 760亿美元),人均GDP居世界前列,且贫富差距程度在经合组织成员国中是最低的。丹麦工业以制造业为主,研究开发能力强;农业科技水平和生产效率居世界前列;海洋运输业十分发达,哥本哈根是最大的国际海港;出口产品丰富,GDP的45%是由出口产品和服务贡献的;丹麦对外援助总额占国民生产总值的比例居世界首位。

中丹经贸关系稳步发展,2003年中丹贸易总额24.6亿美元。丹麦是较早向中国提供政府贷款的国家之一,包括风力发电、城市供水、污水处理等100多个项目。截至2003年,丹麦在华投资项目267个,涉及医药、航运、奶制品等领域。

3. 芬兰概况

芬兰共和国位于欧洲北部,国土面积33.8万平方公里,人口520万,平均海拔152米,遍布大小湖泊10万多个,素有"千湖之国"之称。

芬兰2002年GDP总值为1 400亿欧元,人均GDP居世界前列。芬兰就业人口占劳动力的90%,失业率较低,人均收入较高。芬兰人均寿命较高,因此人口老龄化问题日益突出。

芬兰森林资源丰富。森林覆盖率达70%,被称为"欧洲绿色之肺",森林业(包括木材加工和造纸等)发达。芬兰通信业发达,通信技术世界领先。

芬兰政府在宏观上执行紧缩财政、鼓励投资、削减社会福利、降低所得税、改善就业的政策,加快国有企业私有化进程,使经济保持稳定增长。

中芬贸易关系发展良好,芬兰是中国在北欧的最大贸易伙伴。芬兰在华投资项目涉及木材加工、造纸机械、移动通信等领域。

三、考察的收获和主要成果

1. 对德国和北欧有了初步的了解

通过几天的访问座谈,考察团对德国和北欧的经济发展和矿产资源状况有了初步了解。

德国和北欧都是经济发达的国家和地区,而他们的矿产资源都不是很丰富。它们发展较快的一个重要原因是人口少、人员素质高,它们的发展并不主要是依靠本国的矿产资源,而主要是依靠先进的理念和科学技术(技术标准)。"不入流的公司靠资源,三流的公司靠产品,二流的公司靠技术,一流的公司靠标准。"芬兰没有资源,没有市场,但诺基亚公司却依靠自己的技术和标准占领了全球的移动通信市场,足以说明矿产资源与经济发展没有必然的紧密联系。

德国和北欧是以人为本的,为了人们有一个很好的生存环境,可以舍弃经济发展。如德国的鲁尔矿区,已基本上不再开采生产,并不是因为要节约和保护矿产资源,而主要是为了改善生态环境。它们的绿地不是"形象工程",而是供人享用的。为了人的健康,它们甚至反对使用核电。有时为了人,"浪费"一点也是允许的,如北欧实行《灯光法》,汽车在公路上行驶,大白天也必须开灯,就是要减少交通事故。

德国和北欧都是高福利国家，有健全的社会福利保障体系，有一套完整的医疗、工伤、老年和失业保险制度，因此保持了强大的竞争力。“高福利”虽有一些弊端，但总体上看利大于弊，也是去除腐败、维护社会稳定的保证。德国和北欧的政体虽有所不同，但都对社会福利保障体系给予了充分的支持。德国的联邦制也许更有借鉴意义。

2. 建立节约和环保型社会

通过访谈，考察团对建立节约和环保型社会有了进一步的认识。

节约和环保型社会是目前社会经济发展的必然趋势。建立节约和环保型社会不是应对矿产资源紧张的被动之策，而是改善生态环境、提高人的生活质量的主动之举。如废旧物资回收，既节约利用资源，又减少环境污染，是一举多得的事，在这些国家已有严格的制度保证。

建立节约和环保型社会，首先是要树立节约和环保的观念，而不是靠“调水”等大工程来拉动。德国农业用地占54%，其中的30%是常绿地，只种草不种庄稼，再加上占国土面积30%的森林，德国绿地占一半左右，主要是因为政府和农民都有环保的理念，不会由于经济利益去破坏环境。德国城市中，有轨电车常在绿地中穿行，也是由于有了环保的理念。

建立节约和环保型社会，还要有制度保证。如德国征收矿物油税，而生物油不上税，鼓励使用非矿物油（甜菜炼油），并鼓励生物质能（秸秆）发电；同时有《电力回收法》，政府高价购买环保电；大多数人也愿意高价使用环保电，愿意为环保作贡献。

3. 德国和北欧已有的节能和替代技术

通过访谈，考察团也了解到一些德国和北欧正在开发和使用的节能和替代技术。

在德国和丹麦，风力资源丰富，风力发动机随处可见，风力发电技术水平较高。其他如利用太阳能、潮汐能发电技术也较成熟。

德国的生物质能发电技术已有成熟的经验，利用沼气产生热能，可替代燃料；甜菜籽、秸秆均可以炼制生物油。特别是一种臭桐，适宜生长在喀斯特地貌的土地中，且种籽有毒，但出油率达50%，应用前景很好。

此外，他们对煤液化、电解水、氢气储能等技术都有较深入的研究，有广泛的应用前景。

德国靠技术换资源，能源需求足够满足。目前能源结构为核电50%，煤电（油、气）40%，可再生能源（风能、生物质能等）10%。计划在10~15年，可再生能源达到20%。

在丹麦，一种提高效率、利用工厂余热的卡伦堡模式较为普遍。每个企业自己寻找合作伙伴，充分利用工厂“三废”（如在电厂灰中提取金属和石膏），充分利用余热等能源，提高自己的生产效率和节约能源，也可以说是循环经济的雏形。它不是靠政府行政指令，而是以合同方式协作。

德国和北欧普遍使用柴油发动机汽车，普遍行驶城市有轨电车，居民普遍不使用空调，芬兰的三层玻璃窗等，都是很好的节能和环保方式，值得提倡和推广。

4. 有关矿产资源保护的政策和管理体制

通过访谈，考察团也对德国和北欧的政府政策和管理体制有所了解。

在德国，为了保护煤矿和煤矿工人，政府对煤矿工人进行工资补贴，使各行业间的工资水平相近。德国各行业间的工资水平是相同的，不论你在哪个行业，不论是煤炭行业还是IT行业，只要有相同的技术和资历，你的工资基本不变。同时，采取切实的保护措施，使井下工人的安全水平与大楼办公室中的工人安全水平相同。

在原矿区,搞科技开发区,利用低租金吸引传统产业向高技术产业转移。开发区每年每平方米土地仅3欧元,并可连续租用50年,使原矿区吸引了大批的高技术产业投资者。

为了保护绿地,德国政府还对农产品实行补贴,并定价收购,鼓励农民少进行农业生产,向其他产业转移。

德国和北欧是高工资、高税收、高福利的国家,政府补贴和社会福利保障来自于税收,市镇的主要功能就是纳税和选举两项。为了保证税源,政府不允许企业任意裁员和降低工资水平。因此,德国的工人罢工很少,工人的工资水平由工会与资方协商确定。

德国和北欧的高税收,收于民又还于民,主要用于提高社会福利水平和社会救济,绝对不会用于政府机关的工作条件改善等非生产性投入,政府的行政成本极低且透明度极高。有一套制度保证政府官员廉洁奉公守法。

5. 中国与德国和北欧的合作机会

通过访谈,考察团认为中国与德国和北欧的合作机会广泛,前景看好。

一是节能和环保技术。中国可学习掌握和利用德国和北欧的风力发电、生物质能发电、污水处理等先进技术。如中国的新疆、宁夏、内蒙古等都有很丰富的风力资源可以利用;中国的贵州有喀斯特地貌的地区,可以引进德国的臭桐种植和炼油技术。德国和北欧可以利用技术换取所需的资源和市场。

二是节能和环保政策。中国可以学习借鉴德国和北欧的节能环保政策。如可以考虑请德国专家帮助解决中国的小煤矿问题。

三是中国与德国和北欧共同开发全球市场,在石油和天然气能源方面形成战略伙伴关系,共同解决能源和矿产资源短缺问题。在技术和市场上优势互补,在地理位置上遥相呼应,共同为世界的繁荣稳定贡献力量。

四、几点启示和建议

1. 依法确定节约和环保型社会

鉴于目前我国经济发展趋势和矿产资源供需状况,建立节约和环保型社会很有必要,既是缓解资源紧张状况、保持可持续发展所需要的,也是构建小康和谐社会的重要组成部分。

建立节约和环保型社会,首先必须树立节约和环保的理念,人人从自我做起,从身边的小事做起,认识到节约和环保是维护自身生存、提高生活质量的必要条件,自觉自愿地进行节约和环保工作。社会舆论和媒体也应鼓励和宣传节约环保的方针、政策、措施。经济是要发展的,但是不能以浪费和污染为代价,不能以牺牲社会和人民的长远利益为代价,否则经济发展就失去了应有的意义。

建立节约和环保型社会,必须以立法为基础,有一系列的法规制度作为保证。节约和环保型社会也必然是法制社会,一切节约和环保措施都要以法律、法规条文作为支撑。当人们学会用法律约束自己的言行时,也才会用法律维护自己的权益。节约和环保是人们最大的权益,只有用法律才能维系。

2. 尽量使用节能和环保器具

目前我国已进入以汽车工业和建筑业为支柱产业的时期,汽车工业和建筑业发展迅猛且持续性很强,但也因此造成了能源和矿产资源的极大消耗,以及严重的城市交通问题。为了节能环保,也为了缓解城市交通紧张状况,有必要采取一切措施,尽量使用节能和环保的交通工具代替汽车。

德国和北欧很多国家的大城市依然保留地面有轨电车的做法是值得我们借鉴的。有轨电车在我国许多城市也曾存在,后来为了便于自行车行驶和便于大规模游行而被拆除了,现在仅在东北鞍山等少数城市可见。有轨电车和地铁无疑都是节能和环保的,都可以替代汽车起到缓解城市交通的作用。但有轨电车比地铁的造价低廉(相差百倍),工期比地铁短(相差10倍)。开行有轨电车比地铁可以更快、更有效地缓解城市交通,而且有轨电车比新建地铁要节约各种建筑材料。我国一些城市热衷于新建地铁,是因为其造价高(已达每公里10亿元人民币),可以作为更大的“形象工程”。其实我国很多城市新建地铁都是不必要的,发改委更不要批准。有轨电车的问题是与行人和自行车有干扰,通过良好的管理是可以解决的。

荷兰等国家广泛采用的三层玻璃窗,既节能又保温,还可隔音等,在我国特别是北方城市应加以推广。鼓励居民少用不用空调器,是有利于节能和环保的。城市建筑中,我国居民自己装修房屋是一件费力不讨好、又浪费又污染的事,不值得提倡,应采取措施解决。如在房屋交付使用前,由建造单位根据用户的需求统一装修。

3. 提高社会福利水平和降低行政成本有利于保护矿产资源

德国和北欧的经验表明,提高社会福利水平,有利于节能和环保,有利于保护矿产资源。农民和矿工的基本生存条件有了保障,就可能减少乱采滥挖,减少超载偷运,减少安全事故,对矿产资源的保护是有利的。我国目前社会福利保障水平很低,与社会主义是不相称的,应加大力度增加社会福利保障基金,提高社保水平。社会福利保障基金主要用于农村基础教育(“希望工程”)、农村基础医疗,弱势群体、见义勇为者的生活,艾滋病、白血病等大病救助,城市交通等公共设施。社会福利保障基金可由民政部或劳动社保部管理(此二部可合并)。

我国社会福利保障基金的来源主要有两条途径:一是提高税收水平,二是降低行政成本。

提高税收水平,主要是针对超高收入者。北欧的贫富收入差距在25倍左右,如丹麦领社会救济者一年可得5万丹麦克朗,而一个足球明星年薪200万(实际税后收入120万)。我国的贫富差距可能成百上千倍,吃低保的每月200元收入,大富翁每月200万都不止。我国宜加大对超高收入者征收资产税、所得税、遗产税等,大力削减他们的实际收入,缩小贫富差距,保持社会稳定。

我国目前行政机构繁杂臃肿,权力过大,大小事都要几个部门甚至10几个部门审批,效率极低,成本极高。北欧一些国家人力资本较高,很多地方都是自己服务,公交车无人售票,政府机关的人也很少,如芬兰教育部只有200人,负责科技、教育、文化、艺术、宗教、体育、青年等7个方面的事务。我国是该有人的地方没有人(我国公交车无人售票实无必要),一个人能办的事非要几个人办。我国的行政部门应大力精简合并,权力适当下放,能在地方政府办的就不要到中央办,能在县里办的就不要到省里办。可适当尝试分权工作,中央、省、市(县)分工协调,中央政府(各部门)管国防、外交、金融及重大政策,市(县)管水、能源、交通、建筑、垃圾及社会救济,其他由省政府管理。

减少行政成本还要裁减公务人员(除部长以上全部公务员竞聘上岗),简化办公配置,如部长以下均不配备汽车,节约办公用品和办公经费。这样可以一方面杜绝贪污腐化的渠道,另一方面可以节约和环保。北欧“社会主义”能做到的,我国也一定能够做到。一个廉洁奉公、公开透明的政府是提高政府工作效率、更好为人民服务的保证,也是节能和保护矿产资源的需要。

赴欧洲考察团

2005年8月5日

赴法国出席互联网工程工作组第63届会议报告

2005年7月31日至8月6日，由邬贺铨副院长率领的中国下一代互联网项目(CNGI)专家委员会一行7人，出席了在法国巴黎召开的国际互联网工程工作组(IETF)第63届会议。在会议间隙，代表团还参观了法国电信，并与法国6WIND公司、日立公司、Cisco公司和Nokia公司的代表分别进行了交流。经过一周的参会活动，代表团圆满完成了出访任务，达到了预期目的。

一、会议概况

IETF始创于1986年，其自身定位是一个互联网技术研发的跨国民间组织，目前已有很多互联网技术规范通过在IETF讨论成为公认标准。但与国际电联不同的是，IETF的参与者都是志愿人员，他们大多是通过IETF每年召开的3次大会来完成该组织的使命。目前，IETF已成为全球互联网界最具权威的大型技术研究组织。往年IETF大会多数在美国举办，近年逐渐将每年3次中的一次会议安排在北美之外召开(参见附件2)。

本次第63届大会由法国电信承办，来自全世界1 500多名工程师参加了此次大会。与以往类似，会议分为应用(Application)、综述(General)、互联网(Internet)、运营与管理(Operation & Management)、路由(Routing)、安全(Security)和传输(Transport)等分会，并行举行。

我院CNGI专家委员会代表团是第一次出席该会，主要目的是了解国际上互联网标准的发展动向，为我国CNGI项目的实施提供参考。

大会就互联网现在相关的技术标准展开了广泛的讨论，IPv6，Mobile IPv6，SIP等工作组在容纳几百人的会场进行，会场讨论热烈，发言自由活跃。IPv6和SIP仍然是大会最热门的话题。

二、会间专门活动

在会议间隙，邬副院长一行于8月2日与IETF的领导层进行了专门会谈。IETF主席Brian Carpenter、互联网架构理事会(IAB)主席Leslie Daigle和IETF行政官Ray Pelletier等参加了会谈。邬副院长介绍了我院和CNGI的基本情况。IETF的领导层对中国互联网的发展表示出了浓厚的兴趣。双方还探讨了在中国召开一届IETF会议的可能性。考虑到如此大规模的专业会议，若能在中国举办，将大大提高我国技术人员参与国际技术标准制定的力度。经向IETF主席了解，IETF在哪国举办，并无特定的申请程序，更多的是要在会下做工作。对方表示若中方有兴趣，争取在北京2008年奥运会之前，如2007年在北京召开一次大会。我方表示将回国作进一步调研，并商有关政府部门和电信企业后作进一步讨论。同时，我代表团在会上搜集到了关于承办IETF会议的申请条件草稿，可作为参考(参见附件3)。

8月3日，代表团来到法国电信研发部，会见了研发副总裁 Paul Friedel，并与研发部主任 Bernard 及科学家们进行了交流。法方介绍了法国电信研发工作的有关情况，邬副院长向对方介绍了我院和 CNGI 的情况。会谈后，代表团参观了研发中心的“创新花园”中演示的最新技术的应用情况，并参加了与法国电信中国研发中心的实时电视会议。

此外，会议期间，邬副院长率代表团还与日立公司、思科公司、诺基亚公司和法国 6WIND 公司的领导和技术人员进行了专门会谈，了解了这些企业在 IPv6 等技术方面感兴趣的领域。

本次会议上，来自大陆各界的代表有36人，是历届来自中国大陆参会人数最多的一次。20余名来自 Cisco、Qualcomm、Intel、SUN、Nortel 等公司的海外华人也参加了大会。和以往一样，所有华人于8月3日晚汇聚一堂，在一起进行了自由、热情的交流。邬副院长在聚会上发表了讲话，希望海内外华人齐心协力，在未来中国的互联网技术发展中，脚踏实地，做出贡献，并提出了今后在中国举办 IETF 大会的设想。CNGI 代表团中，中国科学院计算所所长李国杰院士、中国教育和科研计算机网网络中心主任吴建平教授等也分别在此次聚会上致辞。

三、中国代表在专业领域的一些具体成果

在此次 IETF 大会上，中国教育和科研计算机网网络中心和 Cisco 公司就针对 CERNET 的 CNGI IPv6 部署存在的问题一起开了 BOF（Birds of a Feather，“一丘之貉”，IETF 中特指对某一问题共同感兴趣的一群人召开的小会），取得了成功，并被 IETF 接受。这也是首次由大陆代表在 IETF 大会上开 BOF 取得成功。CNGI 代表团成员、清华大学教授吴建平和李星为此做了许多工作。

中国联通和日立（中国）在 MIP4 工作组上提交的问题也被工作组接受，并将继续进行下一步的研究工作；清华大学和日立（中国）在 Mobopts 工作组上提交的文稿也在工作组中进行了讨论；由 CNGI 资助的北航学生和日立（中国）一起在此次大会 MIP6 工作组上就 MIP6 启动问题作了报告，问题被 MIP6 工作组接受；日立（中国）公司、中国移动和中国电信一起提交的文稿、问题也被 MIP6 工作组接受。

四、收获与体会

（一）IETF 会议不同于一般的学术会议，会议没有主题发言，没有请权威专家作报告，会议发言者一般只讲几分钟（不像一般的学术会议至少讲15～20分钟），会议不发论文集（会后将寄一张光盘）。会上的听众几乎人人手里一部笔记本电脑，会上一片键盘敲击声，参会者随意性较大。这种以制定 Internet 新标准为目标的学术会议体现了一种自下而上的民主与开放作风，给人耳目一新的感觉。

（二）参加这次会议，主要收获不是从小会上听到一些 Internet Draft 进展情况报告，而是从会议上看到的一些情况，引起我们思考中国应如何在 Internet 标准制定过程中发挥作用。IETF 的主要背景都是一些 IT 方面的大型跨国公司，其标准制定在很大程度上都是由这些公司操控。现在看来，若国家没有顶层谋划，国内各有关单位、尤其科研单位、企业之间没有积极合作，要在这种以人多势众作为取舍依据的场合通过一项标准是件很不容易的事。国外大公司在一个小组会上就有十几个人参加，会前都已统一思想，会上统一“起哄”，容易形成多数人同意的局面。IETF 已经不是科研单位与大学教授玩“游戏”的场合，开会基本上只是一种形式，本质上还是看公司实力。国内单个公司实力小，如何联合是今后必须考虑的战略问题。

（三）除了 IETF 每年三次大会以外，大量的讨论是各电子邮件交流组（Mailing List Group）成员在会前通过电子邮件讨论达成一致。会上讲 5 分钟，实际讲不清楚技术细节，而 RFC（Request For Comments，IETF 的一种提案形式）都涉及技术细节，因此全靠会下活动。我国技术人员只有多参加 Mailing List 成员之间的讨论，才能有更多发言权。另一方面，互联网架构理事会（IAB）在维持 Internet 的原则和一致方面起到很大的作用，我国应通过学术上的努力争取有人参加 IAB，以在引导 Internet 发展方向上发挥影响。

（四）从 IETF 各个工作组的议题来看，似乎还没有太多的企业关心低成本信息化的问题。中国开展 Internet 标准研究，应有人专门研究如何进一步降低网络与通信成本的技术。即使进不了 IETF 的标准，也要形成国内标准。

（五）参加 IETF 的中国代表各自参加自己感兴趣的分会，未必对 IETF 的技术发展走势有较全面的分析，国家应有一个较长期的软课题，支持一些专家每年对 IETF 的会议做较全面的跟踪分析（不一定次次到会，会后分析光盘文集也可以），为我国 Internet 技术发展提供参考。

（六）针对 IETF、IEEE 等非官方的标准组织，日本、韩国政府都有国家对策，而不是单独一个公司或者研究机构进行工作，这点似乎已经走在我们前面，且韩国曾承办过 IETF 大会。此外虽然日本、韩国已经较深地介入到 IETF，但仍然面临很多困难，比较主要的一个因素是语言障碍。我国也存在类似问题。若我国在不远的将来（如 2007 年）能够争取在中国召开一次 IETF 大会，将有利于我国的业内人士更多地了解 IETF，为中国在 IETF 中发挥更大的影响力打下基础。

附件 1：CNGI 专家委员会代表团成员名单

附件 2：互联网工程工作组（IETF）简介

附件 3：互联网工程工作组互联网草案（略）

中国 CNGI 专家委员会代表团

2005 年 8 月

附件 1：

CNGI 专家委员会代表团成员名单

工程院组团：

邬贺铨　中国工程院副院长

李国杰　中国工程院院士，中科院计算技术研究所所长

邢小江　国家发改委高技术司信息产业处处长

安耀辉　中国工程院学部工作局信息学部办公室主任

任洪涛　中国工程院国际合作局多边处副处长

清华大学组团：

吴建平　清华大学教授，中国教育和科研计算机网网络中心主任

李　星　清华大学教授，中国教育和科研计算机网网络中心副主任

张　健　赛尔网络公司资本运营部副总经理

附件2：

互联网工程工作组(IETF)简介

互联网工程工作组(Internet Engineering Task Force，IETF)始创于1986年，其主要任务是负责互联网相关技术规范的研发和制定。目前，IETF已成为全球互联网界最具权威的大型技术研究组织。

IETF体系结构分为三类，一个是互联网架构委员会(IAB)，第二个是互联网工程指导委员会(IESG)，第三个是在8个领域里面的工作组(Working Group)。标准制定工作具体由工作组承担，工作组分成8个领域，分别是Internet路由、传输、应用领域等等。IAB成员由IETF参会人员选出，主要是监管各个工作组的工作状况，它必须非常认真的考虑Internet是什么，它正在发生什么变化以及我们需要它做些什么等问题。互联网工程委员会主要的职责是接收各个工作组的报告，对他们的工作进行审查，然后对他们提出的各种各样的标准、各种各样的建议提出指导性的意见，甚至从工作的方向上、质量上和程序上给予一定的指导。

IETF设立了应用领域，凡是没有归到以上那些领域的研究课题，都把它归至此类。IETF实际上有上百个工作组，IETF的交流工作主要是在各个工作组所设立的邮件组中进行，这也是IETF的主要工作方式。

IETF产生两种文件，一个叫做Internet Draft，即“互联网草案”，第二个是叫RFC(Request For Comments)，它的名字来源是有历史原因的，原来是叫意见征求书，现在它的名字实际上和它的内容并不一致。

Internet Draft任何人都可以提交，没有任何特殊限制，而其他的成员也可以对它采取一个无所谓的态度，而IETF的一些很多重要的文件都是从这个Draft开始。需要说明的是，仅仅为成为Internet Draft毫无意义。Internet Draft实际上有几个用途，有一些提交上来变成RFC，有一些提出来讨论，有一些拿出来就想发表一些文章。

RFC更为正式，而且它历史上都是存档的，被批准出台以后，它的内容不做改变。RFC也有好多种，第一类就是标准，第二类表示人们在一起想做这样一件事，还有一类就是历史文献性的，记录人们曾经做过的事情，包括是错误的，或者是失败的。再有一类就是介绍性信息。

IETF的自身定位是一个互联网技术研发的跨国民间组织。虽然已有很多互联网技术规范通

过在 IETF 讨论成为公认标准,但它仍有别于像国际电联(International Telecommunication Union, ITU)这样的传统意义上的标准制定组织。IETF 的参与者都是志愿人员,他们大多是通过 IETF 每年召开的 3 次会议来完成该组织的如下使命:

* 鉴定互联网的运行和技术问题,并提出解决方案;
* 详细说明互联网协议的发展或用途,解决相应问题;
* 向 IESG 提出针对互联网协议标准及用途的建议;
* 促进互联网研究任务组(IRTF)的技术研究成果向互联网社群推广;
* 为包括互联网用户、研究人员、行销商、承包人及管理者等提供信息交流的论坛。

赴泰国出席东盟工程技术院成立大会报告

东盟工程技术院(AAET)成立大会暨第一次院士大会于 2005 年 8 月 27 日在泰国亚州大学(距帕泰亚市 Pattaya 东北方 40 分钟车程)召开。作为特邀代表,我院原副院长朱高峰院士率中国工程院代表团一行 3 人,成员包括国际合作局钱左生和徐海燕,参加了会议。

一、背景情况

随着东盟政治、经济、安全一体化合作机制的不断深入,东盟国家工程技术界的人士认识到,除区域性政府间的合作外,拓宽非政府组织间的合作十分必要。为促进亚洲区域社会和经济繁荣发展,工程技术间的合作势在必行。

在东盟国家酝酿成立一个区域性的国际工程技术组织,可以追溯到 2003 年 10 月 23 日,在东盟工程组织联合会(the Asean Federation of Engineering Organizations, 简称 AFEO)召开理事会期间,萌发了建立东盟工程技术院的想法。2004 年 4 月,在吉隆坡召开的 AFEO 中期会议上,经有关国家代表提议,由世界工程组织联合会(WFEO)主席及 AFEO 前任主席李怡章(Ir. Dato ' Lee Yee Cheong)先生牵头成立筹备组,启动组建东盟工程技术院的工作。

为筹备东盟工程技术院,学习了解中日韩(东亚)工程院圆桌会(EA - RTM)合作机制的经验,李怡章与东盟有关国家代表一行 10 余人,出席了于 10 月 31 日在我国苏州召开的第 8 届 EA - RTM。会议期间,来自越南、柬埔寨、泰国、缅甸、新加坡、菲律宾等东盟国家的代表举行了协商会议,决定成立筹备 AAET 临时委员会。临时委员会主席由李怡章先生担任。

此后,临时委员会利用 2004 年 12 月在缅甸仰光召开第 21 届 CAFEO 及 2005 年 4 月在柬埔寨金边召开 AFEO 理事会会议期间,又分别召开了两次会议,为 AAET 的成立作了大量准备工作。

随着东盟各国经济的发展,各国、尤其是其中发展水平较高的国家,如马来西亚、泰国、新加坡等应建立国家工程院,根据 CAETS 章程中提到的各国工程院有促进尚无工程院的国家建立工程院或类似组织的义务。我院也曾与一些国家的组织和人员交流过意见,由于种种原因,至今尚无一国建立。据李怡章先生介绍，鉴于目前在东盟各个国家成立各自的工程院组织尚有困难，因此他们的设想是，先成立一个东盟区域性工程院组织，该组织将同东盟秘书处建立密切联系，经过一段时间的努力和推动，东盟各有关国家将视情况，在条件成熟时成立各国独立的工程院组织。

二、会议情况

8 月 27 日，在泰国亚洲大学（Asian University），召开了 AAET 成立暨第一次院士大会，来自东盟 8 个国家的代表、泰国亚州大学教师等约 80 人出席了开幕式。中国工程院代表团应邀出席开幕式，并列席了 AAET 第一次院士大会。

（一）开幕式

会议组织者新加坡的 Chitr Lilavivat 先生的致辞拉开了开幕式序幕。亚洲大学校长 Viphand 先生（会务主办方）、AAET 临时秘书长 Choo Kok Beng 先生，临时主席李怡章先生在开幕式上致辞。他们分别介绍了当天出席会议的各国代表以及筹备工作情况。据介绍，有近 40 位由东盟各国家工程师协会等科技组织推荐的代表出席，菲律宾的科技教育部长以私人身份出席了会议。

他们在致辞中对中国工程院派代表团出席会议，以及在 AAET 筹备过程中所给予的大力支持与指导，对受到中日韩（东亚）工程院圆桌会的成功经验的启发与鼓励，表示衷心的感谢。

朱高峰代表我院致贺词。他首先向 AAET 的成立致以热烈的祝贺，表示 CAE 对发展同东盟国家在工程科技领域的合作十分重视，非常高兴地见证了 AAET 的成立。

朱高峰向与会代表简单介绍了我院的基本情况。他同时指出，今天的世界离不开工程技术，工程技术创新在经济增长中发挥着关键作用，随着经济全球化的发展，工程科技界的国际合作显得十分重要。他希望在东盟与中国“10 + 1”的合作框架下，建立起 CAE 与 AAET 在工程技术领域的“10 + 1”合作机制。

开幕式上还宣读了日本与韩国工程院院长的贺词。日本工程院 Jun - ichi Nishizawa 院长表示，东亚的未来取决于该地区国家更加紧密的合作。希望与 AAET 建立紧密的合作关系。韩国工程院 Jong - Yong YUN 院长表示，希望今后有机会出席 AAET 的活动，并祝 AAET 取得成功。

（二）第一次 AAET 院士大会

开幕式后，举行了 AAET 的第一次院士大会，有来自东盟国家（除文莱以外）27 位创始院士出席。我院代表作为特邀代表，列席了上午会议。

1. 通过成立 AAET

与会代表们认为，东盟合作发展到今天，有必要不断拓宽合作渠道，逐步推进并加强东盟国家在工程技术领域间的合作。代表们对成立 AAET 举手表决通过。

2. 审议并通过 AAET 宪章（Constitution）和章程（By - laws）

在宪章中规定，AAET 的性质为独立的、非盈利性质、在东盟工程科技界享有最高声誉的学术机构。其宗旨为：用工程科技服务于东盟国家。作为权威机构，AAET 将为东盟工程技术水平的提高，为东盟国家与人民的利益，开展咨询与研究活动，提出战略研究报告。

在章程中规定，AAET 的院士分为 4 类：荣誉院士、院士、外籍院士和团体成员，将从学术界、工业界和政府研究机构中，在工程、技术科学和应用科学领域，表现出显著的领导成就和做出杰出贡献的人士中经过选举产生。院士候选人可以由 3 名院士提名、由东盟国家全国性工程师协会的会长提名，以及全国性工程和技术工业协会提名，在院士大会上由全体院士选举产生。

3. 选举并产生理事会理事、院长等官员

经过院士们讨论,推选了11名理事,随后,召开了理事会会议,选举了一名院长,李怡章先生选为第一任院长。两名副院长Lock Kai Sang(来自新加坡)和Sein Myint(来自缅甸),一名秘书长(来自马来西亚)及一名司库(来自泰国)。目前的意向是拟将秘书处设在马来西亚吉隆坡。

4. 讨论召开2006国际能源大会初步方案

马来西亚中华工商联合会全国理事、司库、科技创新委员会主任洪礼璧(Hong Lee Pee)先生介绍了初步筹备方案。大会由马工商联合会和AAET主办,主题为“2006国际能源大会——促进亚洲可持续发展”。会议将邀请中国工程院以及日本和韩国工程院作为共同支持单位。并计划同期召开AAET和EA-RTM的对话会议。会议计划明年12月中旬在马来西亚吉隆坡举办。大会经讨论原则同意该方案。

5. 从会议进行中可以看到,起主导作用的是泰、马、新三国;缅、越、柬主要是附和;而菲、印尼两国则参会人数最多,人员级别最高,在会上提出问题和不同意见也最多,但正面意见和作用较小。今后可继续注意观察。

三、体会和建议

(一) 积极协助东盟工程院的成立和发展

多年以来,在酝酿成立AAET的过程中,我院发挥了积极作用。为此得到了东盟有关国家工程科技组织的赞赏。他们希望借鉴我国成立工程院的成功经验,对AAET的建立和今后的发展予以指导,并在东盟和中国“10+1”合作的框架下,加强与我院之间的合作。

李怡章先生在曼谷时建议,AAET和CAE共同举办培训班(Workshop),由我院领导或院士就工程院的性质、任务以及在国家经济社会发展中发挥的作用等问题举行讲座,与东盟工程院的院士以及东盟国家科技部门官员座谈交流,为新成立的AAET提供指导。李怡章先生已经向朱高峰院士发出了邀请函。

代表团认为,此建议基本可行。我院可以通过与AAET的合作,配合我国“10+1”的国际区域交流与合作的战略,发挥我院在对东盟合作方面的作用。有关方案另报。

(二) 加强EA-RTM与AAET的合作。

为配合东盟与中日韩三国(“10+3”)合作长远目标的实现,致力于共同应对全球化的机遇与挑战,应进一步加强EA-RTM与AAET的合作,在“10+3”的合作机制的框架下,积极开展活动。

AAET院士大会将每年召开一次,举行地点将轮流在东盟国家举行,日期初步定为每年12月。为增强相互了解与沟通,交流经验促进合作,建议双方互派代表出席会议。有关问题将在今年11月在汉城召开的中日韩(东亚)工程院圆桌会议上协商。

(三) 组团出席明年将在吉隆坡举办的国际能源会议

AAET第一次大会讨论并通过了将于明年11月中旬在吉隆坡举办“2006国际能源——促进亚洲可持续发展”研讨会。关于请我院作为会议共同支持单位,并派代表出席一事,曾向院常务会汇报,并取得同意。有关组团事宜将列入明年外事计划。

中国工程院代表团

2005年9月

赴澳大利亚出席第4届 ASEE/AaeE 全球工程教育大会报告

2005年9月26－29日,第4届ASEE/AaeE全球工程教育大会在悉尼举行。中国工程院主席团成员、原副院长朱高峰以及院机关钱左生和宗玉生等一行3人出席了会议,会后访问澳大利亚西澳大学。访问取得圆满成功。

一、大会概况

第4届ASEE/AaeE全球工程教育大会(4th ASEE/AaeE Global Colloquium on Engineering Education, GCEE2005)由美国工程教育协会(American Society for Engineering Education, ASEE)和澳大利亚工程教育协会(Australasian Association for Engineering Education, AaeE)共同主办。我院作为去年在北京召开的第3届全球大会的共同主办方被邀请出席本届大会。朱高峰代表我院以上一届主办单位名义,在大会开幕式发言表示祝贺。

大会在悉尼Star City国际会议中心举行。有来自10几个国家的300多位专家出席会议。我国清华大学、宝钢集团、东北大学、北京航空航天大学等派人参加,部分代表在分组会发言。许多与会者去年出席北京会议,表示赞赏和满意。

会议主题

为了应对经济全球化在工程领域带来的显著变化,培养出合格的下一代工程师,本次研讨会主题围绕3个方面展开,并对发展中国家给予关注。

工程教育的全球化

工科学生、教育者和研究者处在全球范围交流知识、信息和思想的时代。提供学士、硕士和专业水平教育服务成为全球市场组成部分。议题包括:变化中的全球本科生招收市场,建立大学之间的国际合作以及学生和教职员交流,本科、硕士生以及工程教育课程的国际间互认等。

大学前(K－12)教育

大学前教育(K－12,幼稚园—高中)的政策、师资、教育资源,以及社会对工程和技术的态度,对高中学生是否选择走进工科大学有重要的影响。议题包括:在大学前教育中增加工程基本内容、工程教育夏令营和其他校外活动、高年级中学生与工程教育的接触、教职员和工业界合作推动大学前教育等。

学科变化(Transformation of the Disciplines)

工程学科和教学在多种外部压力下处在变化之中。例如,新出现的生态学和纳米科学对社会、同时也对工程实践和教育产生重大影响。同样,社会—技术体系的愈加复杂和产品开发的日趋成熟,正改变着我们对专业领域的理解。在19世纪形成的传统工程学科(如土木、机械和电子)或许已经不再适合21世纪的知识时代。然而,尽管教育课程的内容正在转变,但是工科院校的组织结构目前大都保持着传统。相反,工业领域及更广泛的社会领域正在经历急剧的变化之中。议题包括:跨领域(在科学、工程和商务之间)学习,青年人对未来工程职业的展望,工程师在工业领域作用的变迁,为学生跨领域和跨国实践做好准备等。

大会、分会和小组发言

会议安排了4个大会主题报告,分别是:Rio Tinto Pty公司的总技术官、澳大利亚前任国家首席科学家Robin Batterham博士"工程教育——随机的思考"新加坡共和理工学院的W. A. M. Alwis教授"在全球化的世界中教学法改革之必需";美国国家自然科学基金会研究、评估和联络部主任Barbara Olds博士"大学前科学、技术、工程和数学教育面临的机遇和挑战";澳大利亚St. James道德中心常务主任Simon Longstaff博士"学科的变迁"。

根据3个不同的主题,安排了3个分会场,会议共安排26个分会发言(每人30分钟)。晚餐后,安排63个小组发言(每人5分钟)。其中,安排中国代表1个分会发言,6个小组发言。小组发言时间至晚上9点结束。

二、重点发言介绍

工程教育国际化

在经济全球化中,工程教育机构面临的挑战是,如何培养能够参与国际化工程项目的合格的工程师。为了适应全球化的需要,发达国家的工程教育正从其形式、内容和方法上朝着趋同化的方向发展,工程教育质量保证体系,主要是(工程)教育认证体系也正在逐步趋于相互融合,以便为发达国家的工科学生跨国流动提供条件。而目前发展中国家面临的挑战和机遇有所不同,他们还在为有效地提高工程师的质量和数量而努力,以使其能够有技术能力加入到世界经济中。据世界工程组织联合会(WFEO)能力建设委员会主席Russel Jones博士介绍,联合国教科文组织在2003年开始组织实施"工程——为了一个更好的世界"计划,世界工程组织联合会响应这个号召,在2004年与美国工程教育协会共同成立了一个"能力建设"常设委员会,筹措资金以支持发达国家和发展中国家在工程教育领域的合作,制定了专项计划,为发展中国家培养合格的工程师。

欧洲工程教育周刊主编、法国著名工学院(ENPC - Paris)顾问Jean Michel教授介绍了欧洲高等教育波洛尼亚计划(Bologna)的进展情况,特别是欧洲工程教育认证体系建设的最新进展。据介绍,Bologna计划启动于1999年,欧洲有关国家的教育部长签署了"波洛尼亚宣言"(Bologna Deceleration),随后于2001、2003、2005年连续召开了一系列会议,各国家的主要大学积极参加。宣言提出,到2010年在全欧洲实现:(1)对大学课程的内容、结构、学习品质、学习工具和评估方法等进行改革;(2)达到更大的透明性、兼容性、可比性,消除对学生、教师和研究者国家间流动的障碍;(3)在欧洲高等教育中采用一种结构相同、方便兼容的学位制度。最终实现"欧洲高等教育区(European Higher Education Area)"的目标。

在欧洲高等教育体制中,高等教育的合格鉴定或认证制度(Accreditation)是改革的重要部分。高等学位教育课程的认证相对来说还是一件新事物,在德国、波兰和葡萄牙近年才开始。然而,工程教育认证制度则已经存在了很长时间,例如在英国,而法国从1934年就存在。

欧洲工程教育学会(SEFI)认为,新成立的欧洲认证理事会(EAB)成为与美国工程与技术认证理事会(ABET)相类似组织的想法是不可取的。在Bologna计划中对工程教育改革提出一些指导意见：(1)工程教育(各个国家之间)的特异性应该加以考虑；(2)工程师的培养必须在大学第二阶段即硕士学位进行，第一阶段教育是其支撑点；(3)欧洲文化的多样性决不能被取消；(4)工程教育必须突出科学的基础及研究的作用；(5)工程教育机构必须对工程教育课程的质量负责；(6)必须避免任何对全欧洲工程教育的集中控制。

他还介绍了欧洲工程教育认证制度改革 EUR－ACE 项目的最新情况。欧洲工程教育课程和毕业生认证(Accreditation of Engineering Education Programmes and Graduates)项目的目标是，建立一个工程教育认证的欧洲体系，为经过质量合格教育课程培养出的毕业生贴上一个适当的欧洲标志(European Label)。提高工程教育课程的质量，方便工程教育和毕业生的跨国互认。目前已经有6个国家的工程教育协会等组织(FEANI，SEFI，CESAER，UROCADRES，ENQHEEI，UNIFI/TREE)、8个国家的工程教育认证机构(Germany，France，UK，Ireland，Italy，Portugal，Romania，Russia)加入了该项目。该项目同美国的“华盛顿协议组织(Washington Accord Group)”保持密切联系。据介绍，该项目于2004年9月启动，2005年已经基本完成筹备工作，计划于今年12月提交欧盟(EC)批准，2006年开始认证工作。

巴西里约 Pontifica Catholic 大学的 Luiz C. Scarvada 教授重点介绍了“美洲工程师”的概念和建议。他认为，美洲半球作为一个地理性区域，北半球的发达国家美国和加拿大，与南半球的拉丁语国家和加勒比海地区，近年来经济全球化中的区域化发展趋势势不可挡。作为南半球国家，在高技术领域正在形成发展高潮，并且已经在某些领域取得世界领先地位。但是，高技术产业的发展需要大量的高素质工程技术人才，同时经济的全球化要求工程师的国际流动。由此涉及美洲半球各个国家教育体制、特别是工程教育课程质量和工程师资质的互相评估和承认。为了适应经济全球化的发展趋势，推动工程师的流动，他提出了一个“美洲工程师”的建议，希望美洲半球国家改革各自的工程教育制度，最终使得培养出的工程师能够在美洲各国流动，为高技术产业的发展提供坚实的人力资源基础。

在日益国际化的教育市场上，愈来愈多国家的学生在选择大学教育时，不再仅局限于进入本国大学，而是面向世界。今天入学生源的国际化趋势既是(工程)教育界面临的现实问题，也将对本世纪大学教育改革带来深刻影响。澳大利亚新南威尔士大学的 John Ingleson 教授在“大学的国际化”发言中生动地介绍了他所掌握的情况，他特别强调近年来中国学生出国留学人数的急剧增加，据他估计，到2010年，中国留学生人数将达到100万人次。他认为，大学新生源的国际化对于澳大利亚大学来说，是机遇也是挑战，一方面可以有更多的高素质生源可以选择，同时，国际生源的增加也要求对澳大利亚大学教育体制进行改革。

学科改革与变迁

美国普渡大学的 Kamyar Haghaighi 教授介绍了该校新近设立工程教育系以及工程教育专业的情况。他认为，在技术需求和机遇日益增长的全球化社会，工程教育发挥了不可否认的重要角色，但是，工程教育没有跟上工程实践的迅速变化，相反还在按照过去时代的方式培养着工程师。这就提出一个问题，工程教育界是否有能力应对变迁，转变自身做好准备以适应今后50年的需求。简单的课程改革已经过时，无法应对工程教育面临的挑战。目前国际上关于工程教育改革的认识，正在推动尝试一种学术需求，将工程教育设置为一门重要的学科(Serious Discipline)。工程教育处在一个发展的十字路口，可持续的教育改革要求我们，要对工程教育的“教授”和“学习”做一些基础性研究工作，针对工程教育的基本问题，在研究工作的基础上，进行长远的、深思熟虑的投入。通过开设有创新性的学位课程,普渡大学工程教育系的目的是培养一支对工程教育领域有深入研究基础的教师队伍和教育界领袖人物,并对大学前教育(K-12)产生影响。

印度理工学院(IIT)国际关系系主任 Pradipta Banerji 教授介绍说,目前印度每年大学毕业 100 万学生,其中理工科 20 万。印度有 7 个国立技术学院,(包括 Indian Institute of Technology)每年毕业生 12.5 万人。其他各种大学共 1 000 多所,但是教育质量较差。从以上数字看,印度大学数量上已经远远低于我国。

据介绍,丹麦 7 个工业学院都在采用项目教学法(Project Based Learning, PBL)。

我国清华大学于寿文教授介绍了我国工程教育改革和发展的最新情况。宝钢集团教育培训中心代表介绍了他们如何通过建立企业与大学之间的长期合作关系培养技术人才的经验。美国新泽西州 Rowan 大学介绍了该校工学院如何通过学术界与工业界合作,使得学生有可能参加一年左右由企业资助的研究和设计项目。学生有机会在实际工程项目中得到锻炼,企业也在降低人工成本方面得到收益。

三、访问西澳大学

9 月 29 日下午代表团一行访问了澳大利亚西澳大学(UWA),会见了副校长(主持工作)Alan Robson 教授,他首先对中国工程院代表团来访表示欢迎,简要介绍了该校的基本情况,并对近年来该校与中国的合作表示赞赏。

据介绍,西澳大学位于西澳大利亚州首府珀斯近郊,是澳大利亚研究类型大学集团(Australia's Group of Eight research universities)的 8 个成员之一,目前设立的专业系和学院等包括建筑、景观和视觉艺术、艺术、人文与社会科学、商务、教育、工程、计算机与数学、法律、生命和物理科学、医学与牙医以及自然与农业科学等。目前在校生约 16 700 人,外国学生约 2 800 人,研究生约 4 000 人;教职员约 2 800 名,其中教学研究人员约 1 200 名。该校 2003 年运营经费约 42.2 亿澳元。其中,联邦政府占 30%,州政府占 10%,收取学费占 20%,其他有投资收益、资助等。

西澳大学工学院有 2 500 名学生,下设 7 个系,该校全名是“工程、计算机和数学学院”,其特点是把数学从理学院搬到了工学院,并由工学院负责全校的数学课。工学院的学生在校期间必须要从事 3 个月(12 周)的实际工作(这是工程师协会的要求),最后一年的设计课,大的如汽车,一个组可能有 20~30 人。

西澳大学成立于 1911 年,当时被称为英联邦第一所对社会公众开放的大学(A University for everyone)。Robson 教授说,西澳大学素以高质量学生、优秀教职员著称,得到社会、商业界、工业界以及政府的有力支持。该校每年争取到国内研究基金的概率是一般学校的 5 倍,从研究活动的单位投入强度排名,列全国第二。特别是在能源资源与供应、工厂化生产、交通、建筑和环境管理等领域,其投资研究与实验的经费是其他公立大学的 8 倍之多。

据介绍,西澳大学近年来与中国的合作达到了一个新的高度。今年 5 月 20 日,澳大利亚第一所孔子学院在该校成立并成功举行了揭幕式。中国政府负责提供教师、教学软件和书籍,西澳大学负责提供教室等设施和管理。该孔子学院将接受中国国家中文外语教学办公室的授权,开展中国政府高级汉语考试,同时开设中国语言和文化课程,并对社会各界开放。西澳大学同中国合作的另一个项目是,配合 2002 年中澳之间购买天然气协议的签署,在两国政府和工业界的支持下,在西澳大学商学院开设专门课程,在今后 10 年间,培训中方的经理人员。为此,今年 5 月在西澳大学专门成立了澳大利亚天然气管理中心，有关经费由中－澳天然气技术伙伴基金承担。

另据大学张东柯教授介绍了澳大利亚教育特别是职业教育的一些情况，澳大利亚有30多所大学，主要是国立大学，还有几所私立大学。今年普通教育质量下降，主要是政府投入减少，学校扩大招生，学生教师比例高达30比1。一方面学生素质下降，同时教师也照顾不过来。

四、体会和建议

(1) 进一步加强与国际工程教育界的联系。工程教育作为培养合格工程技术人员的整个培养体制中不可缺少的组成部分，在经济日益全球化的形势下，要求我们加大在工程教育方面改革与开放的力度，加强与国际工程教育界的交流与合作。此次在悉尼由美国工程教育协会发起的会议，经过几年的发展，已经成为在国际上较有影响的系列性国际会议，成为世界各国工程教育界交流的高层次平台，我国是该系列国际会议的最初参与者之一，应继续参与其有关活动，积极派代表出席会议(2006年将在巴西举行)。

此次会议上我国国内单位报名发言的较多，但是一些人并没有出席会议。实际出席会议的包括工程院有5个单位，但在国内事先没有任何联系和协调。建议今后工程院教育委员会或高等工程教育协会应做协调工作，至少可交流一些信息。

(2) 此次会上许多发言或介绍了高等工程教育改革中的一些做法和经验，或是提出了一些新的想法，也有的介绍了本国高等工程教育的情况，不少具有参考价值。建议可将有关材料整理后，用适当方式(工程院网站)提供国内教育界参考。比如，据了解澳大利亚的职业教育很有特色，对我国目前正在大力发展的职业教育有参考价值。

(3) 加快我国工程教育国际互认的步伐。近年来，许多国家特别是发达国家，在经济全球化形势的驱使下，在工程教育领域进行了广泛深入的改革与国际合作。改革涉及教学内容、授课方法以及学位制度等。值得注意的是，目前在欧洲、拉丁语国家、太平洋区域英语国家发起成立的几个区域性的工程教育认证和互认的国际合作计划，已经初步成型，主流国家教育机构大都已经加入。

与此相对照的是，中国目前还没有正式参加其中任何一个区域性国际工程教育合作计划。面对这种形势，我国必须引起高度重视，加快我国工程教育国际互认工作的步伐。

(4) 加强对我国工程教育、工程师资质认证和国际互认的统一领导。在经济全球化的趋势下，工程技术人员的交流与合作发挥着十分关键的作用，但是工程师的资质如果不能得到各个国家之间的相互承认，将会使经济和技术领域的合作受到影响。

目前我国在工程教育、工程师资质认证和国际互认工作，还处在讨论阶段，由于此项工作涉及几个主管部门业务范围，跨越人事、教育和工业等几个领域，目前的现状无法适应我国经济高速发展形势的需求。在发达国家，此项工作一般是由各类专业协会领导。在我国应该结合具体情况，应加快对工程教育、工程师资质认证和国际互认工作的研究，尽快提出方案，经批准后实施。

附件：“波洛尼亚计划”进程对欧洲工程教育的影响(略)

中国工程院代表团
2005年11月

赴土耳其出席国际选矿大会理事会会议报告

应国际选矿大会(IMPC)邀请,今年10月8-16日,北京矿冶研究总院副院长张立诚教授与我院国际合作局副局长康金城赴土耳其参加了国际选矿大会理事会会议。我院王淀佐副院长是大会理事会成员,原本计划按期赴会,但因在国内参加重要会议,不得不临时取消此次出访。行前,张立诚副院长和康金城二人听取了王副院长的重要指示,而后携带王副院长为此次会议准备的论文赴土耳其执行了此次出访任务。现将情况汇报如下。

一、总体情况

此次会议是由负责筹备第23届国际选矿大会的土耳其专家Prof. Guven Onal负责安排。此次活动总体上分为技术参观、学术会议和理事会会议三个部分。参加此次活动的国外人员共有13人(包括中国2人)。与会者无论是IMPC理事成员还是土耳其主办方,均对我院王副院长未能到会表示遗憾,但是对他作为我院领导参加国家有关重要会议表示理解。

二、学术会议情况

矿物提取加工业可持续发展指标建设国际研讨会(Indicator of Sustainable Development for Mineral Extraction Industry)于10月13日在土耳其西南部的海滨城市安塔利亚召开。大会由土耳其伊斯坦布尔技术大学矿业工程系主任Guven Onal教授主持。首先,IMPC主席,瑞典Lulea技术大学选矿系教授Eric Forssberg致辞,他感谢土耳其主办方的热情款待和细致安排,同时指出,在当前世界经济发展的需求促使采矿业再次快速发展的情况下,建立可持续采矿业发展指标十分重要。

据了解,自1992年联合国在巴西里约热内卢召开世界环境发展大会以来,可持续发展越来越受到世界各国和各个产业的关注,环境保护与可持续发展已经成为当今世界经济发展的主题。它所关注的核心问题是,当今世界人口为满足自身需求所进行的活动,不能以损害未来人口生存和发展的利益为代价。为此,世界各国要制定相应的发展战略和政策法规,在提高生活质量和水平的同时,大力保护资源,保护环境,使发展得以持续下去,切实保护未来子孙后代的利益。

采矿工业可持续发展指标建设就是在这样的背景下提出并建立起来的。

欧盟企业和工业司官员Paul Anciaux发言说,欧盟将非能源矿产开采业划分为一个单独的门类(non-energy extractive industry),并于2004年颁布了有关该门类的可持续发展指标。他指出,发展与资源和环境保护并不矛盾,企业越来越清醒地认识到,为了得到公众的认可,必须在可持续上下功夫,并且要公开透明地运作。事实证明,企业越重视节约资源和环境保护,就越能在激烈的市场竞争中占据有利地位。为了实现这一目标,产业界和企业要与政府、研究机构、大学和相关社会团体共同努力,从而建立起一个统一的能够使企业遵从的指标系统。

会议上，共有13位专家作学术报告。张立诚副院长代表我院王副院长在会上作了中国采矿和矿产业的学术报告。与会代表们对中国矿产发展的情况十分关注，进行了许多探讨。有关学术讨论的具体内容将另文上报。

三、IMPC理事会会议主要议程

10月14日晚，Forssberg主席主持了IMPC理事会会议。会议首先请Onal教授介绍第23届IMPC大会筹备情况。他说，会议筹备进展比较顺利。到目前为止，秘书处已经收到547份论文摘要，其中来自中国的论文摘要51份，占总数的9.3%，占总数第二位（来自土耳其的论文摘要有81份）。会议认为，还要进一步努力，要让更多的人得到信息，并能届时参会。会上还请有关理事对本国和周边国家的选矿和矿产界的学者和企业家进行宣传，争取会议与会者能达到800人，甚至更多。

会上还初步讨论确定了大会主旨发言人，我院王副院长被确定为主旨报告人之一，主讲专业领域是Flotation Chemistry。有关报告具体内容将在进一步商讨后确定。

关于IMPC主席人选事，Prof. Forssberg坚称，由于他担任主席职务已有很长时间，在2006年底23届IMPC大会后他将不再继续担任主席职务。他曾私下与南非科学家Cyrill O'Connor教授谈及此事。O'Connor表示，他愿意担任IMPC主席一职，但条件是必须得到理事会全体理事一致赞成。会议代表认为，O'Connor教授是比较合适的人选，他年纪较轻，精力旺盛，专业强，且热心于IMPC的工作，具有奉献精神。会议决定请Forssberg教授继续与O'Connor教授联系，争取尽快落实，待2006年第23届IMPC大会召开时通过选举决议。

理事会还对2010年以后的IMPC大会地址进行了初步商议。俄罗斯代表Alexander Abramov教授发言，邀请2012年大会在俄罗斯圣彼德堡召开。还有人称印度有意申办2012年IMPC大会。理事会决定，关于2012年大会会址问题待2006年第23届大会召开之际再作决议。

四、2008年第24届IMPC会议筹备情况及2007年IMPC理事会地点事宜

会议上，张立诚副院长汇报了2008年第24届IMPC北京大会的筹备情况。代表们对中国的筹备工作表示满意。

张立诚副院长还向理事们表示，为了使2008年第24届IMPC大会在中国成功召开，中国将采纳土耳其主办单位的办法，邀请IMPC理事及有关专家于2007年秋到中国召开理事会，并同时安排一个中、小规模的学术会议。会议地点建议设在西安。理事们对此表示赞成。

五、有关建议

（一）2006年第23届IMPC大会

1. 建议尽早准备，届时以集体形式组织一个或若干个代表团赴土耳其参会，这样无论是对主办方还是对我国代表办理有关手续或享受相关便利条件都有益处。

2. 在明年的大会上，将安排专门时间和场合介绍2008年第24届IMPC大会的筹备情况。为此，建议尽早准备有关宣传材料。材料以DVD光盘、大会通知手册和宣传海报多种形式为宜。

（二）有关2007年IMPC理事会会议

1. 时间和地点　为了不与2008年第24届IMPC北京大会在地点上发生冲突，建议下一次IMPC理事会会议于2007年9月在西安召开，时间为一周左右。

2. 邀请范围　除邀请 IMPC 理事会理事外，鉴于我代表团两次赴土耳其参会均受到土耳其主办方的热情款待，建议由我方负担土耳其 3 至 5 名专家在华期间的费用。

3. 会议内容　建议在适当时间与 IMPC 负责人商讨会议内容，以便尽早筹备落实。

4. 准备工作　建议请中国工程院在近期召集国内有关单位商讨会议的具体日程，尽早拿出初步日程，在得到 IMPC 理事会认可后即可开始筹备工作。

张立诚　康金城

2005 年 10 月

赴韩国出席第 9 届中日韩（东亚）工程院圆桌会议报告

应韩国国家工程院邀请，我院宋健名誉主席和王淀佐副院长率团于 2005 年 10 月 30 日 – 11 月 4 日访问韩国，并出席了第 9 届（东亚）工程院圆桌会议系列活动。

本次会议由韩国工程院承办。因适逢韩国国家工程院建院十周年，因此会议包括若干场系列活动，分别为韩国工程院十年院庆暨“工程界未来十年”国际研讨会，新能源和可再生能源国际论坛，以及每年一届的中日韩工程院圆桌例会等。

10 月 31 日，韩国工程院十年院庆暨“工程界未来十年”国际研讨会在首尔召开。宋健名誉主席应邀在大会上作了题为“中国工程科技未来 10 年”的报告。报告首先回顾了中国过去 20 多年的经济社会发展，指出中国今天已经处于工业化的快速发展阶段，并面临资源紧缺、环境生态破坏以及 10 几亿中国人民追求幸福生活的巨大压力。为实现中国的可持续发展，工程科学技术界肩负着重大的历史责任。在未来 10 年中，中国将着重发展现代农业技术，节约能源资源、保护生态环境的先进技术，以信息技术为龙头的高技术，以及先进的装备制造技术等，为建设现代的工业化社会提供强大的支持。最后，表达了中国工程科技界向先进国家学习的良好愿望。宋主席的报告在大会上得到了热烈的反响。韩国经济界主要媒体之一《韩国经济日报》和《朝鲜月刊》会后对宋主席进行了专访。

英特尔公司总裁、日本工业技术研究院院长以及千年技术奖基金会主席（芬兰）、瑞典工程院前院长和日、韩工程院院长也分别在大会上作报告，对各国和全球的工程技术发展前景进行了展望。

根据惯例，在每届东亚工程院圆桌会议上，均由主办国工程院组织召开一个专题学术论坛。本届会议的论坛主题为新能源和可再生能源。论坛于 11 月 1 日召开，分为三个子议题，分别为：国家有关新能源和可再生能源的研发政策和发展战略；新能源和可再生能源的技术研发现状及存在问题；新能源和可再生能源未来的展望。我院代表团郑健超院士、国家发改委可再生能源发展中心宋彦勤教授、清华大学核能与新能源技术研究院李十中教授分别在论坛上作了学术报告，介绍了我国的新能源发展政策、现行技术研发情况和新能源发展前景。郑健超院士并主持了论坛的第一小节。

随后，以中日韩三国工程院为核心的第9届（东亚）工程院圆桌会议于11月1日下午举行。宋健名誉主席、王淀佐副院长、郑健超院士和康金城副局长代表我院出席。东盟工程技术院院长李怡章等作为观察员列席了会议。

首先，三国工程院在新能源、可再生能源方面进行合作的重要性及其合作前景上进行了初步探讨。三方一致同意，东亚国家在可持续能源供应以及环境保护方面存在着共同的挑战，三方在新能源、可再生能源方面的合作将有助于缓解对于化石能源的需求，符合该地区发展的长远利益。郑健超院士提议三方在技术和法规领域确定共同关注的问题，并就某项专题举办学术论坛或专题研讨会。同时还提议三方就此议题成立联合工作小组，协调有关联络工作。

第二，韩、中、日三国工程院相互通报了各自工程院的近期工作情况和关注的重点。康金城同志代表我院作了发言，发言内容基本上参照了沈国舫副院长今年7月在CAETS第16次大会（澳大利亚凯恩斯市）上的发言。从介绍中可以看出，目前日、韩两国工程院关注的重点仍集中在能源与环境、工程教育和工程道德等领域。

第三，根据韩国工程院的提议，三国工程院还就工程道德问题进行了讨论。日本工程院着重谈及工程道德教育和恪守职业道德的问题；韩国工程院着重探讨了因特网道德建设的重要性；我院代表则着重介绍了我院在工程道德建设方面所作的工作。

第四，会议决定，下届（东亚）工程院圆桌会议将于2006年10月26－27在日本东京召开。明年的会议正值（东亚）工程院圆桌会议成立10周年，日方也拟以“机构创新”为主题组织研讨会等相关活动。

最后，韩国工程院卸任院长李基俊代表三国工程院，就东盟工程技术院希望于明年共同主办世界能源大会事宜向东盟工程技术院领导做出了答复。第一、在东盟工程技术院不提出经费支持要求下，韩、日、中工程院同意作支持单位；第二、三国工程院将考虑届时推荐有关专家前往参加会议。东盟工程技术院院长李怡章先生对此表示感谢。

此前，在当日的午餐会上，王淀佐副院长代表我院与日、韩两院共同研究了如何与东盟工程技术院开展合作的事宜。有关情况已于12月15日向院常务会汇报。

除此之外，受王副院长委托，康金城副局长在（东亚）工程院圆桌会议结束后，与东盟工程技术院代表团就应邀参加“国家科技政策与创新研讨会——中国案例”事进行了认真讨论。有关情况另报。

在圆桌会活动结束后，代表团还进行了一系列双边访问。11月2日，宋健名誉主席、王淀佐副院长一行拜会了韩国前总统卢泰愚和前总理郑元植。双方回顾了中韩建交13年来两国在各领域互惠互利的基础上取得的长足发展，并愉快地回忆起建交过程中的一幕幕往事。中国驻韩国大使宁赋魁、东北亚经济论坛主席赵利济（韩）等会见时在座。王淀佐副院长由于其他公务，于当日中午离开首尔飞往广州。

在首尔期间，代表团还分别会见了韩国京畿道知事孙鹤圭、韩国前议员许三守、韩中友协会长朴三求、韩国前科技部长金镇炫等政要。

11 月 3 日,宋健名誉主席一行应邀赴釜山,访问了釜山港务局,并乘船考察了港务局全貌。

附件: 代表团名单

中国工程院代表团
2005 年 12 月

附件:

代表团名单

宋　健　中国工程院主席团名誉主席
王淀佐　中国工程院副院长
康金城　中国工程院国际合作局副局长
董清海　中国工程院办公厅处长
任洪涛　中国工程院国际合作局副处长
李建伟　宋健同志警卫参谋

参加新能源和可再生能源会代表:
郑健超　中国工程院院士,中国广东核电集团
宋彦勤　国家发改委可再生能源发展中心副主任
李十中　清华大学核能与新能源技术研究院教授

赴丹麦、西班牙、意大利先进能源技术考察报告

中国工程院代表团一行6人(能源与矿业工程学部徐旭常、倪维斗、蒋洪德院士,清华大学祁海鹰教授,院机关工作人员王海荣和谷珏)为考察化石燃料利用的先进发电技术,于2005年11月3-12日访问了丹麦、西班牙和意大利。

一、关于丹麦 Skaerbaekvaerket 超超临界电站

Skaerbaekvaerket 燃煤电站的工质参数为超超临界(Utra Super Critical,USC)。该电站位于首都哥本哈根以西约200公里处,为丹麦 Elsam 集团所属。

Elsam 集团外事负责人 Joegen Broen 先生接待了代表团,在简要介绍了 Elsam 集团和电站总体情况后,由工程师带领参观了现在正在运行的第三号机组。然后听取了由 Elsam 集团下属的 Elsam Engineering 公司的 Joegen Bugge 先生介绍现在正在进行的"先进的700℃超临界燃煤电站发展计划"(简称 AD700)。

在未来20~30年内世界在发电领域里的增长依然以煤为主。同时,要限制燃煤污染物排放达到最低程度和降低温室气体(CO_2)排放。在欧洲,人们认为采用带煤粉燃烧系统的超临界锅炉和汽轮机仍将是用煤发电的最简单和高效率的途径。通过几座电站的示范证明,其性能优越,可用率高,是可以完全商业化的成熟技术。为此,在20世纪90年代到现在,丹麦陆续建成数座超超临界电站并投入商业运行,即 Skaerbaekvaerket 电站的3号机组(1997年)、Nordjyllandsvaerket 电站的3号机组(1998年)和 Avedoerevaerket 电站的2号机组(2001年),均由丹麦自己的电站公司 BWE (Burmeister & Wain Energy A/S)建造。在短短的十多年内,供电效率已经从42%提高到49%(如图1),无论在汽水系统、煤粉燃烧还是换热器等方面都已经不存在问题。

上述电站的燃料以煤为主,其余为天然气、可燃废弃物和生物质。

Skaerbaekvaerket 电站共有三套热电机组,第一和第二套机组烧煤,未安装烟气脱硫和脱硝装置。现在运行的三号机组燃用天然气,由于排出的烟气已达到污染物排放标准,不再加装烟气净化设备。由于丹麦承诺减排20%的CO_2,因此,在1987—1989年间建设燃煤机组后,于1992年被批准增加燃天然气的三号发电装置,1997年正式投入商业运行。

三号机组的发电容量为410 MW,蒸汽参数:压力285×10^5 Pa,温度为582/580/580℃,电站供电效率为48.2%。此后2001年安装的 Avedoerevaerket 电站的2号机组功率相同,蒸汽压力305×10^5 Pa,温度为582℃/600℃,其供电效率达到51%;1998年投产的 Nordjyllandsvaerket 电站的3号燃煤机组压力也是285×10^5 Pa,温度也是580℃/580℃/580℃,其供电效率为47%。

Skaerbaekvaerket 电站承担发电基本负荷,其余由风能补充。此外,还在秋、冬、春季向周围工业区供热,供热管线长达70 km,全程温度损失仅2℃。

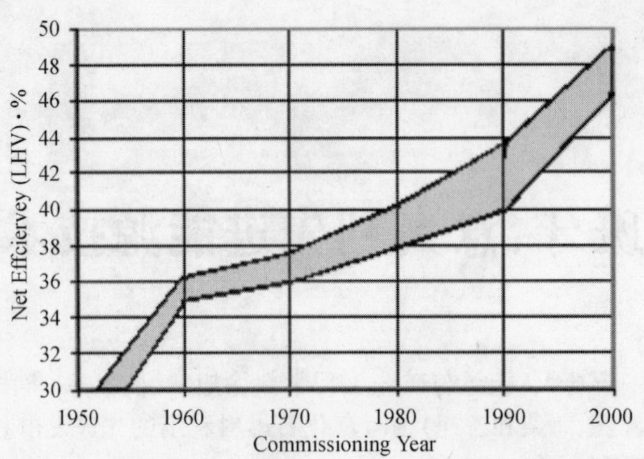

图1 发电站的供电效率(按燃料低热值计算)的年度增长态势

此电站三号机组的工质参数虽然和 Nordjyllandsvaerket 电站相同,由于燃烧天然气,可以降低锅炉排烟温度、提高锅炉热效率,又利用了天然气的初始高压头,加装了 5 kW 的气体透平发电机,供电效率比 Nordjyllandsvaerket 电站提高了 1.2%。也由于燃烧天然气,SO_2 和 NOx 排放都很低,分别为 1 mg/MJ 和 <60 mg/MJ,CO_2 排放也比本电站 1 号和 2 号燃煤机组(768~846 kg/MWh)和装有烟气净化装置的 Nordjyllandsvaerket 电站的 3 号燃煤机组(660 kg/MWh)明显降低,达到 366 kg/MWh。

锅炉材料主要采用 P91、15Mo3、13CrMo44、X20CrMoV121 等铬基材料。

目前,欧洲正式实施 AD700℃计划,将新蒸汽参数从现在的600℃水平提高到700℃,效率从现有的平均47%提高到55%,以期进一步将 CO_2 排放减少 15%,电站容量介于 400~1 000 MW 之间。可见,这是一项庞大的研发计划和技术储备,目的是扩展以燃煤为主的火电电站容量,为欧洲和海外市场(如中国和印度尼西亚等)提供技术支持。

在欧盟上千万欧元资助的框架内,来自 10 个欧洲国家的总共 40 个与发电和电站设备制造相关的公司参与研发,计划从 1996 年开始,分 7 个阶段,用 17 年(包括其中的 2 年示范)的时间完成这项计划。目前已经进展到第二阶段,即设计和试验最关键的部件和结构;继续改进设计,以减少对昂贵的镍基合金的需求;为确定示范电站的建造做准备;想法是制造商能对 AD700 计划的电站和部件等进行商业投标。

目前,人们正在改进设计,开展了两种锅炉概念的研究,即西门子的水平紧凑式锅炉和 ALSTOM 下行燃烧的双塔式锅炉,将高压管段的长度尽量减小。还研究了如何减少透平侧的镍基材料用量。

高温材料必须从原来的铬基材料改为镍基合金,并采用奥氏体钢等超级合金材料。同时也带来了加工制造上的巨大困难。

由此可见,要发展这样一种新技术所必备的条件是:巨大的投资、长期和周密的计划、工业界全面合作和参与、采用新概念改进设计及进一步的材料研究。这种情况并不适合于我国。因此,要想在我国发展超超临界技术,必须走一条指标适中、稳妥扎实的道路。

二、考察 IGCC 西班牙 Puertollano 和意大利 Sarlux 电站

在过去的 20 多年中，世界上建设了 20 多个整体煤气化联合循环（IGCC）电站（表 1），也可以称为第一代 IGCC 电站。这些电站都具有示范性质，主要目的是验证关键技术的工程可行性，为 IGCC 的广泛应用探索和积累经验。据了解大多数第一代 IGCC 电站由于多种原因已停运，我们这次访问的西班牙 Puertollano 和意大利 Sarlux 电站，则为能正常投入运行的仅剩的 5 个中的 2 个，说明它们在设计和运行上比较成功，因而具有一定的代表意义。现将有关情况介绍如下。

表 1　过去 20 年中世界上建设的 22 个 IGCC 电站

Owner/Location	Commi－ssioning	Net output, MW Other products	Fuel	Combined cycle	Gasification
Cool Water, USA	1984	120 MW	Coal	GE 107E	Texaco
Nuon, Buggenum, Holland	1994	253 MW	Goal/wastes and biomass	Siamens V94.2	Shell
Wabash River, Indiana, USA	1995	262 MW	Coal/pet－coke	GE7FA	E－GAS™
Tampa Electric, Florida, USA	1996	250 MW	Coal/pet－coke	GE7F	Texaco
ELCOGAS, Puertollano, Spail	1997	282.7 MW	Coal/pet－coke	Siomens V94.3	Entrained fiow
SUV, Vresovs, Chec Republic	1996	250 MW. vapor	Lignite	2xGEE	Moving bed. Lurgi
SVZ. Schwarze Pumpe, Germany	1996	40 MW, steam, methanol	Lignite/wastes	GE6B	Noell
Fife Energy, Scotland	2003	109 MW	Coal/wastes	GE 6FA	BGL
Sulcis, Sardinia, ltaly	2006	450 MW	Coal	－	Shell
Clean Coal Power, Nakoso, Japan	2006	250 MW	Coal	－	Mitsubishi, air
Pinon Pine, Nevada, USA	－	100 MW	Coal	GE 6FA	KRW, air
Global, Energy, Kentucky, USA	－	500 MW	Coal/wastes	－	BGL
Texsco El Dorado, Kansas, USA	1996	40 MW, steam	Pet coke	GE 6B	Texaco
Motiva, Delaware, USA	2000	240 MW, steam	Pet coke	2x GE 6FA	tEXACO
CLTGO, LA, USA	2006	570 MW, steam	Pet coke	3x GE 7FA	Texaco
LOC, Orissa, lndia	2006	180 MW, steam	Pet coke	GE 306B	Shall
Shell Pemis, Rotterdam, Holland	1997	127 MW, H_2 steam	Visbreaker residees	3x GE 6B	Shell
ISAB, Falconara, Italy	1999	510 MW	Asphalts	Siemens2x V94.2k	Texaco
APL, Falconara, Italy	2000	260 MW	Visbreaker	ABB 13E2	Texaco
SARLUX, Sardinia, Italy	2000	550 MW, H_2, steam	Visbreaker residues	3xGE9E	Texaco
Exxon Mobil, Singapore	2000	130 MW, H_2CO	Crude oli	2xGE6FA	Exxon
NPRC, Sekiyu, Japan	2003	342 MW	Petroleum residues	MHL 701F	Texaco

(一) Puertollano IGCC 电站

1. 基本情况

该电站由西班牙 ELCOGAS 公司投资,从 1993 年 4 月开始建设,设计发电能力为 300 MW。燃用天然气的燃气轮机单循环和联合循环分别于 1996 年 4 月和 1996 年 9 月投运;气化炉于 1997 年 12 月点火。构成了 IGCC 循环,并于 1999 年 8 月即经过 20 个月调试之后通过了 100 小时运行试验。2001 年 5 月开始电站进入正常运行,目前实际发电能力为 282.7 MW。

2. 主要设备及性能

该 IGCC 电站系统如图 2 所示,主要由空气分离、气化、除尘、脱硫、燃气—蒸汽联合循环发电等子系统组成。

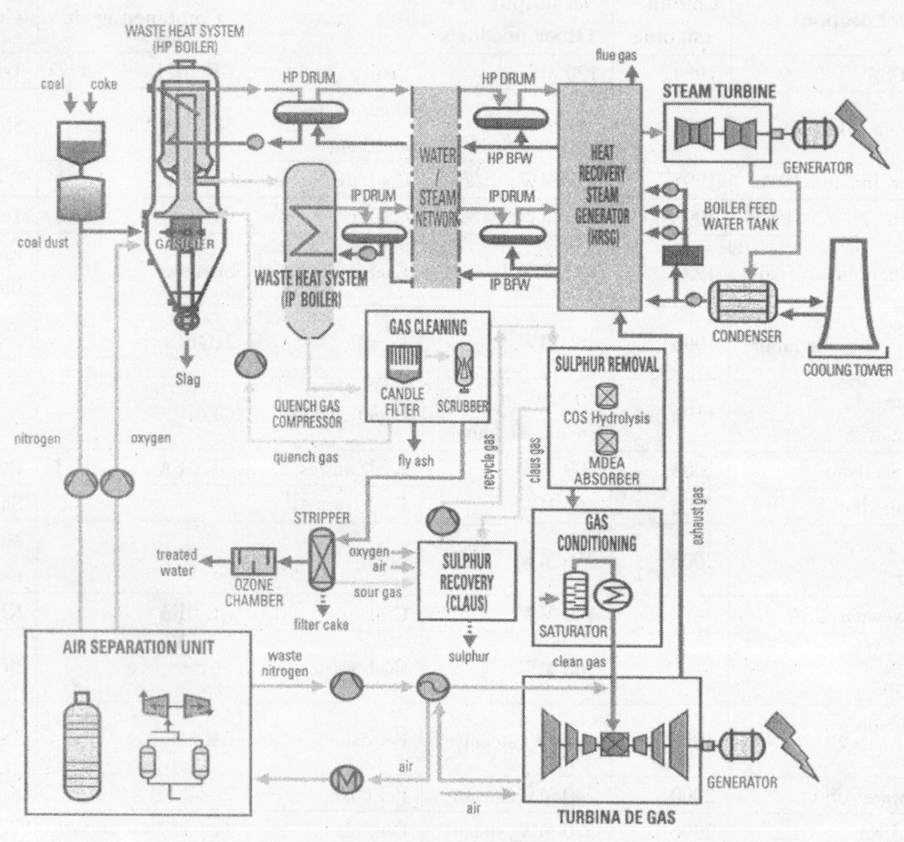

图 2 电站系统图

(1) 气化系统 该 IGCC 电站采用 Prenflo 公司的气化炉,该气化炉是干式给料、氧吹、加压气流床气化工艺,是目前国际上比较有代表性的一种煤气化技术,其原则性工艺流程见图 3。该气化炉的设计燃料为劣质煤和含硫很高的石油焦,其比例可在 39/61 至 54/46 之间变化,煤和石油焦产自西班牙,特别是石油焦来自于电站相邻的炼油厂,十分方便。

石油焦产自西班牙,煤和石油焦及混合(比例各为 50)燃料成分见表 2。

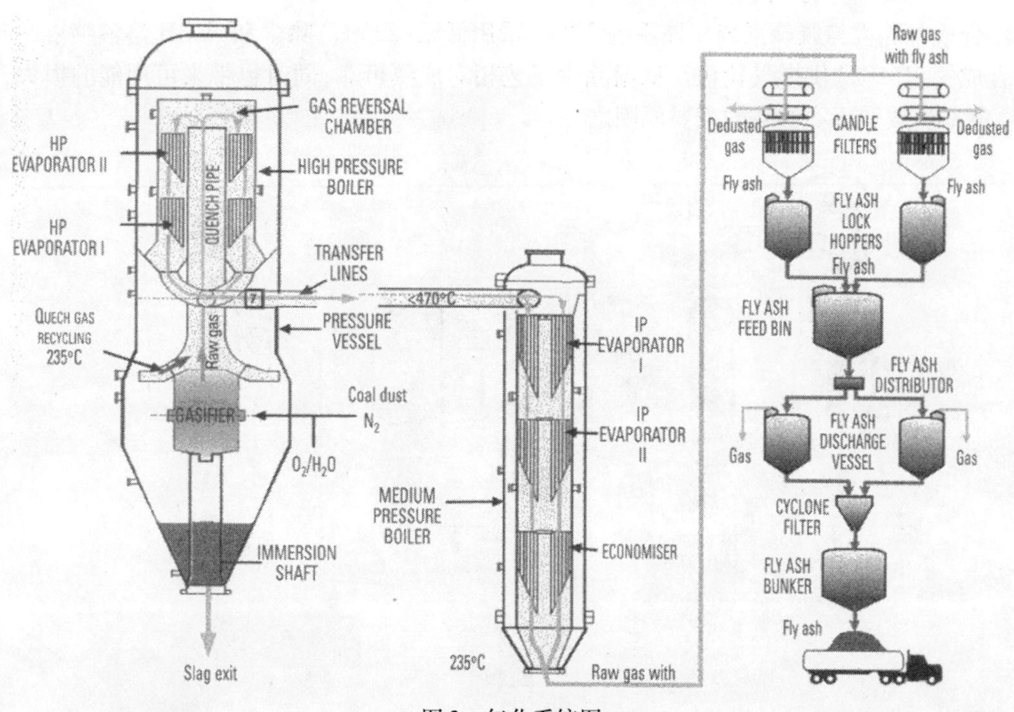

图3　气化系统图

表2　煤和石油焦及混合燃料成分

成分	煤(%)	石油焦(%)	混合后(%)
水分	11.8	7.00	9.40
灰分	41.1	0.26	20.68
碳	36.27	82.21	59.21
氢	2.48	3.11	2.80
氮	0.81	1.90	1.36
氧	6.62	0.02	3.32
硫	0.93	5.50	3.21
LHV(MJ/KG)	13.10	31.99	22.55
HHV(MJ/KG)	13.58	32.65	23.13

气化后产生的合成气成分见表3。

表3　合成气成分

成分	粗气(%)	净化后(%)
CO	61.25	60.51
H2	22.33	22.08
CO_2	3.7	3.87
N_2	10.50	12.50
Ar	1.02	1.03
HHV(KJ/NM3)		10.472

（2）合成气除尘与脱硫系统　该系统（图4）采用低温（235℃）除尘和 NaOH 溶液喷淋脱硫，净化后的合成气（135℃）供燃气轮机。低温除尘工艺相对成熟可靠，同时也带来可用能的损失，是目前 IGCC 电站热效率还不够高的主要原因之一。

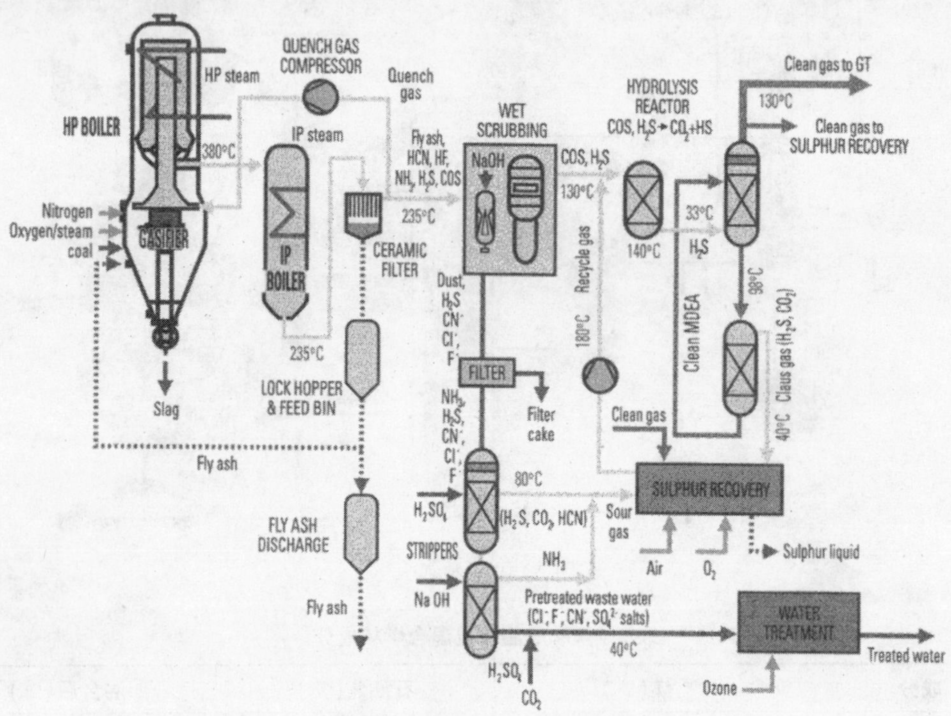

图4　合成气除尘与脱硫系统

采用 NaOH 溶液喷淋脱硫的效率很高，最终生成纯度为99.8%的元素硫。该电站环保性能很好，主要污染物排放的设计值、实际值与欧盟标准比较见表4。

表4　主要污染物排放值

成分 mg/Nm^3	设计值	实际值	EU 标准
SO_2	200	20.8	400
NOx	200	132.1	650
固体颗粒	25	0.05	50

可以看出该 IGCC 电站的污染物排放水平非常低，特别是 SO_2 固体颗粒的排放分别是欧盟的1/20和1/1 000。正因为如此，该电站受到西班牙政府特别是环保人士的高度评价。

（3）发电设备　该电站有一套燃气—蒸汽联合循环发电设备，包括西门子公司 V94.3 燃气轮机一台，设计能力182.3 MW；西门子公司汽轮机一台，设计能力135.4 MW，发电总能力317.7 MW，发电厂的供电热效率为46%（HHV）或42.2%（LHV）。该电站净输出功率为282.7 MW，厂用电比例高达11%。IGCC 电站的空气分离系统耗功较大，加上合成气除尘、脱硫等系统用电，其厂用电水平远高于传统燃煤电站，这是IGCC电站热效率还不够高的又一主要原因，也是单位造价较高的原因。

3. 造价

该电站总投资达6.91亿美元，按照原调研报告提出的300 MW能力计算，计划造价2 303美元/千瓦，建成造价为2 900美元/千瓦（包括建设期利息），是第一代IGCC电站中单位造价最贵的电站之一。

4. 电站调试运行

据电站负责人介绍，该电站自采用气化炉之后，调试中遇到的主要问题是西门子公司生产的V94.3燃气轮机燃烧系统不适应低热值的合成气，前后经过16次更改设计和现场安装调试，才最终达到稳定运行状态，耗时长达5年之久。不能燃用合成气时必须燃用天然气维持发电，因此发电成本过高。气化炉在调试中曾出现爆管、结渣、排渣不畅等问题，目前已解决，每年可安全运行6 000小时以上，2002年达到6 500小时。2002—2003年电站运行比较正常，电站略有赢利。2004年由于变压器损坏耗时3个月进行维修，发电减少又导致亏损。

图5是1998—2002五年中用天然气和合成气运行小时数的百分比，两者之和是总的可用率。可见经过长达5年的调试和总结运行经验后，电站虽已进入正常运行，但还必须使用天然气，而且可用率仍低于大型燃煤电站。

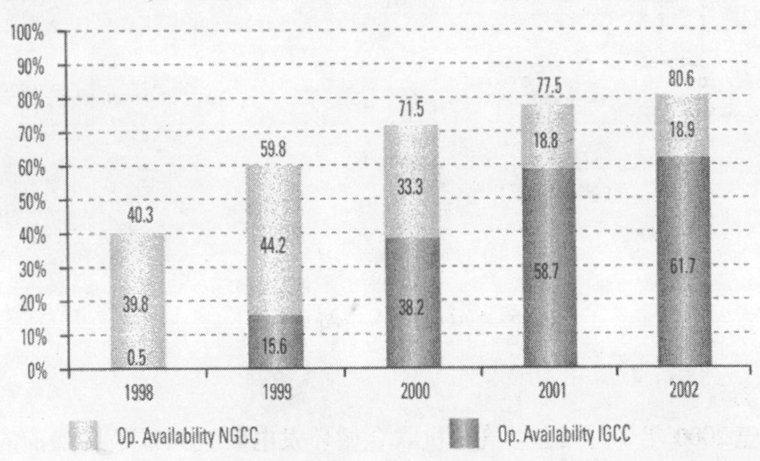

图5 1998—2002年间使用天然气或合成气发电的时间比例

（二）Sarlux IGCC电站

1. 基本情况

该电站是意大利SARAS炼油厂与美国安然公司合资建设的，以炼油厂的渣油为气化炉燃料，设计发电能力为550 MW，同时每小时生产40 000 Nm^3 氢气和180吨中低参数蒸汽。该电站1996年动工建设，2000年3月完工，是目前世界上规模最大的IGCC电站之一，在以炼油厂渣油为燃料的IGCC电站中则其规模是全球第一。

2. 主要设备及性能

该电站主要由空气分离系统、气化与除尘系统、合成气冷却与制氢系统、脱硫系统、燃气—蒸汽联合循环发电系统组成，电站系统见图6。

（1）气化炉

该电站采用二台 Texaco 公司的激冷式气化炉，氧气和燃料从气化炉顶部送入，气化过程压力约为 3 Mpa，1 250～1 450°C，熔渣从气化炉底部排出。合成气主要成分是 H_2、CO、CO_2 和水蒸汽，合成气热值（LHV）为 1 700～2 100 kcal/kg。Texaco 气化炉是相当成熟的煤气化设备，在化工、煤气化领域已获广泛应用。

（2）发电设备

该电站有三套 GE 公司 109E 燃气轮机联合循环机组：

燃气轮机设备能力 3×122 MW＝366 MW

汽轮机设计能力 3×61 MW＝183 MW

设计总能力 549 MW

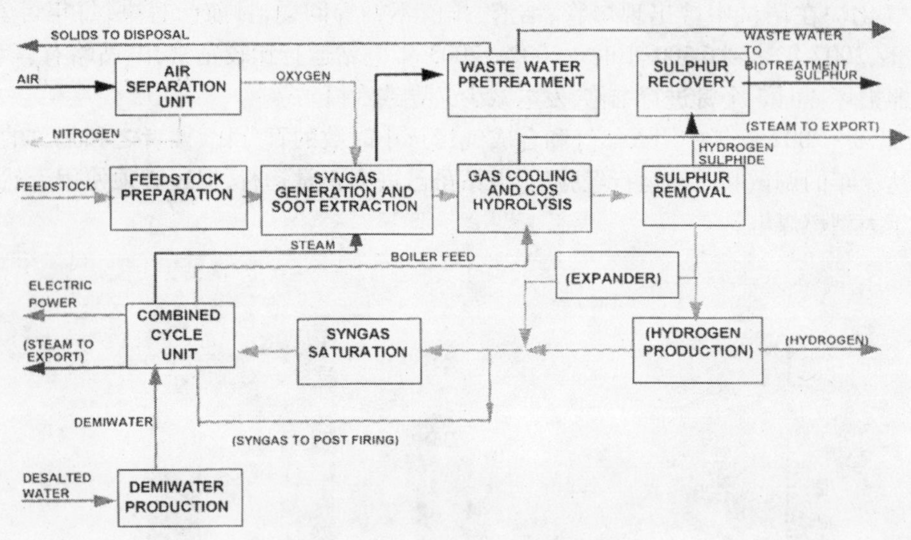

图 6 Sarlux IGCC 电站系统图

3．电站调试与运行

1999 年 12 月至 2000 年 2 月三套燃气轮机联合循环发电装置完成了用燃油的调试并投入运行，总出力为 502 MW；2000 年 4 月第一套气化炉在 70% 负荷下投入调试并运行，后由于炼油厂设备故障停运，同年 8 月气化炉恢复运行，同时第二套气化炉投入调试，在此期间完成了气化炉合成气与燃油之间的切换试验。从 2000 年 10 月开始气化炉进入正常运行。

气化炉在调试中出现的主要问题是排渣不畅，制氢系统的脱分离装置容易损坏等等。经过设备改造，这些问题都逐一得到了解决，电厂投入正常运行。

2001 年该电站完成了 96 小时连续运行之后，工程承包商正式向业主移交了该电站。

目前，该电站能在 90% 设计能力即 500 MW、90% 产氢量和蒸汽供应量的工况下长期安全运行。2005 年 11 月该电站突然停止运行，进行检修，原因不明，厂方不愿意做详细的介绍。

三、几点看法和建议

关于超超临界电站：

1. 电站的燃料利用高效率是通过锅炉系统(如蒸汽参数和双再热)、天然气减压透平、高压透平(VHP)、热电生产模式、发电机、控制系统等多方面的优化实现的,并非单靠超超临界锅炉和汽轮机就能达到的。

2. 尽管燃用天然气价格较高,但考虑到 CO_2 减排的效果和烟气中其他污染物含量低等因素,加上系统优化和精心设计,电站依然保持经济运行。

3. 机组所在现场设计考虑周到,均为可能的燃料更换留有安装空间。

4. 电站的高效率的关键之一是上述北欧电站均建在海边,用常年较低温度的海水冷却蒸汽。海水温度在冬夏时,在 8 ~21℃之间变动,年平均温度为 12℃,使冷凝器能在 21℃、23.5 mbar 的低温条件下运行。

5. 上述几个超超临界电站所使用的机组型号和性能参数很接近,原因是同时订购多台套装置,可获得优惠价格。

6. 这些发电机组的供电效率之间有若干个百分点(47% ~51%)的差异,并非原来国内有人认为的那样,是因为丹麦开发了不同的新一代超超临界机组所致。相反,机组的工质参数很接近,仅仅是周边的环境条件和运行条件不同所致。

7. 我国应当发展超超临界电站技术。因为与 IGCC 相比,这项技术在国际上业已成熟,并且已经积累了多年的商业运行经验,完全可以供我国电力行业学习和借鉴。

8. 超超临界电站的技术在欧洲是成熟、可靠的,已长期投入商业运行,在北欧供电热效率为 47% ~51%(LHV)。基于我国国情和电站周边的环境条件,不应片面追求和北欧相同的高效率。建议我国的超超临界电站的蒸汽参数应为 280 ~300 bar/580 ~600℃,供电效率设计在 44% ~45%(LHV)的水平上是较合适的。

关于煤气化联合循环电站(IGCC):

1. Puerlollano 和 Sarlux 两个 IGCC 电站是当今国际上气化炉和燃气轮机的主流派技术之一,它们虽然经历了较长的调试和改造过程,迄今为止它们都能投入正常的运行,表明 IGCC 电站的工艺流程已经打通,电站全套设备经受了长期运行的考验,为商业化推广应用打下了良好基础。

2. 目前 IGCC 电站的供电热效率与超临界燃煤电站相当,比超超临界电站低,主要是目前高温除尘技术尚不成熟。但 IGCC 电站可以燃用劣质煤、石油焦等多种燃料且环保性能很好,这是 IGCC 电站的突出优势。

3. 据了解,在第一代 IGCC 电站取得经验的基础上,美国能源部以拨款、贷款、担保等各种形式,支持美国电力企业在 2010 年前建成一批新一代商业化 IGCC 电站,其中最大规模的是美国电力公司(AEP)已宣布建设的 2 ×600 MW IGCC 电站,单位造价为 1 140 ~1 180 美元/kW,热效率为 45.3% ~46.8%(LHV)。

国际上第一代 IGCC 示范电站的建设成本一般为 2 000 美元/千瓦左右(Puertllano 电站高达 2 900美元/千瓦,与其建设和调试周期长、设备改造追加投资有关,这一造价并不具有典型性),如上所述,目前美国正在筹建的新一批商业化 IGCC 电站的设计造价已降低到 1 200 美元/千瓦以下。今后随着 IGCC 电站的推广应用,IGCC 电站的成本还将明显下降。据美国能源部测算,IGCC 电站的单位造价在未来 15 年内将下降 1/3,即由目前的约 1 200 美元/千瓦下降到约 800 美元/千瓦。

4. 我国能源结构以煤为主,IGCC、多联产是煤的洁净高效利用的必经之路,从长远看我国是世界上 IGCC 和多联产的最大市场,这就为 IGCC 和多联产技术在我国的发展提供了广阔的舞台。最近国内8家大型电力公司和能源集团公司已经联合成立了以污染物零排放为目标的绿色煤电公司,共同研发、建设、运营拥有自主知识产权的新一代洁净煤发电系统,IGCC则是其核心技术。我们应该对IGCC和多联产领域的国内外发展动向继续给予高度重视与关注。

赴欧洲考察团

2005年12月

赴瑞典、德国、意大利可再生能源与环境合作项目考察报告

一、访问概况

2005年11月6-18日,中国工程院杜祥琬副院长和黄其励院士率领可再生能源考察团,对瑞典、德国和意大利的太阳能、风能和生物质能等有关技术发展和政策进行了考察。此次出访的工作重点是,参加中国工程院(CAE)和瑞典皇家工程科学院(IVA)"关于可再生能源与环境合作项目"的第二次工作会议,并针对潜在合作方,进行实地考察和交流。主要行程如下:

11月6日,乘飞机从北京抵达瑞典斯德哥尔摩,就地参观了机场的使用生物质颗粒燃料的机场供热系统。

11月7日,斯德哥尔摩,上午访问瑞典皇家理工学院,下午与瑞典皇家工程科学院召开座谈会,双方有8位专家作了大会发言,中方就"合作项目的实施计划建议"作了发言;当晚乘飞机飞抵北部城市Skelleftea。

11月8日,参观Skelleftea Kraft热电公司的热、电、生物质颗粒燃料联产工厂、社区颗粒燃料供热系统、橡胶厂颗粒燃料锅炉;当晚乘汽车抵达渔木敖(Umea)。

11月9日,参观Umea Energy垃圾发电厂、瑞典农业大学生物燃料研究中心(BTC),进行生物质能技术交流座谈会,瑞典能源署的总经济师Tord Eng博士及项目主管(Program Manger)Sven Bisberg博士由斯德哥尔摩赶来参加会议,并作了发言。

11月10日,分3组分别考察了在Linkoping的SvenskBiogas车用甲烷燃料生产工厂;风电ABB研发部;在Uppsala大学考察了太阳能电池和热利用。

11月11日,参观Lund大学应用微生物学系、化学工程系、生物技术系,又实地考察了C4 Teknik车用甲烷净化车间和加气站,以及Lund大学的"Farm - scale biogas plant"实验场,其中有用玉米秸秆生产甲烷的实验装置。

11月12日,杜祥琬副院长和王小文同志乘飞机回国,其他团员离开斯德哥尔摩,赴德国汉诺

威访问。

11 月 13 日，乘车 2 个多小时，访问风力发电设备制造厂 SSB - Antriebstechnik GbbH& Co. KG。

11 月 14 日，乘车 3 个小时，访问德国风能研究所 DEWI。

11 月 15 日，离开汉诺威，赴意大利米兰。

11 月 16 日，访问 Oil. B 生物柴油工厂。

11 月 17 日，乘车参观威尼斯水城。当晚，全队开了小结会议，对回国后的总结工作作了布置和分工。

11 月 18 日，离开米兰，返回中国。

二、欧洲访问国可再生能源发展现状

在 11 月 7 日的座谈会上，中瑞双方近 20 名专家和政府代表参加会议，有 8 位专家作了大会发言，就合作项目、可再生能源发展规划、研究资助领域、能源政策、生物能源、太阳能、风能等方面进行了深入交流和讨论。综合 11 月 7 日至 16 日的会议交流和现场考察情况，现将瑞典、德国及意大利 3 国有关风能、太阳能、生物质能技术发展及相关政策方面的情况总结如下：

1. 生物质能

瑞典没有石油和天然气资源，非常重视可再生能源，特别是生物质能的开发和利用。瑞典政府专门设立了可持续发展部，主抓能源和环境保护工作，该部下属的能源署主管可再生能源技术研发和政策的制定及执行。

瑞典人口有 900 万，到 2003 年底，其生物质能产量就已达 103 TWh/年，占全国能源总消耗的 16.5%；生物质能集中供热量 38.5 TWh，占全国集中供热的 68.5%；工业生产中使用的生物质能达 51.2 TWh，而油和煤的消耗量仅分别为 22.4 TWh 和 16.6 TWh；2003 年运输燃油消耗能量 95 TWh，其中生物燃料占 1.16%（车用甲烷 0.2 TWh，乙醇 0.9 TWh）。

瑞典生物质颗粒制造技术好、燃料利用能效高（热利用率在 40% 以上，而生物质直接燃烧则只有 30% 左右）、使用方便，适合于家庭、社区和城镇集中燃烧，用于发电、供热和使用（CHP），与油、天然气相比价格低廉，正逐渐取代油、电、天然气。目前已占全国集中供热的 20%，同时亦广泛应用于工业锅炉。瑞典人均生物质颗粒燃料消费量居世界第一，每年为 130 kg。Skelleftea Kraft 热电公司在世界上首先采用了生物质热、电、成型燃料联产技术，生物质热能利用率高达 86%，而传统供热系统的能源利用率仅为 45%。

瑞典已不允许采用填埋的方式处理固体垃圾，否则将处以 500 SKr/吨的罚款，大量的垃圾被用来供热、发电。Umea Energy 垃圾发电厂年供热、供电 824.6 GWh，65% 原料为垃圾，应用热泵技术又回收 17% 的能量，其余为木屑等生物质。该厂注重解决垃圾燃烧过程产生的二恶英（Dioxin），采用干湿法相结合技术处理燃烧产生的烟气，净化后烟气中的二恶英含量比标准低 300 倍，净化部分的设备投资约占总投资的一半。瑞典农业大学、瑞典计量技术标准研究院等开发了垃圾（30%）与能源作物荑草（70%）混合成型和燃烧技术，解决垃圾燃烧过程产生二恶英超标问题。

瑞典在沼气开发与利用方面独具特色，利用动物加工副产品、动物粪便、食物废弃物生产沼气，还专门培育了用于产沼气的麦类植物，产气率达 300 L/kg，甲烷含量 64% 以上，再将沼气净化去除 CO_2 等杂质，使甲烷纯度达到 97% ~98%，经压缩后（Gas to Liquid，GtL）得到车用甲烷供天然气汽车使用，目前全瑞典有 5 000 多辆燃用甲烷的汽车，还有一列斯德哥尔摩至海滨的火车使用甲烷，加气站逐年成倍增加，已达70余座；斯德哥尔摩市居民使用的煤气，就是厌氧消化处理有机废弃物后得到的沼气。Linkoping市的出租车和公共汽车，基本都用生物沼气作燃料，车型美观、加气方便、价格低廉，并有扩建沼气厂的计划，以便向周边城镇供气。

在科研方面，瑞典Lund大学在纤维素乙醇、厌氧发酵沼气技术研究居国际领先水平，建立了完善的实验设施，利用秸秆、木屑生产乙醇，浓度大于4.5%，产醇时间72小时，已在10 m^3发酵罐进行木屑生产乙醇的中间试验；还开发了低温高产沼气技术，可在10°C条件下产气，产气率300 L/Kg substrate（底料）。瑞典农业大学生物燃料技术研究中心（BTC）是生物质固体燃料专门研究机构，拥有生物质成型、燃烧的全套中间实验设备和检测仪器，为全国生物质固体燃料行业提供技术支持，还制定了欧洲生物质成型燃料标准，将于2006年实施。

2. 风能

（1）瑞典风能考察概况

瑞典是欧洲利用风能较早的国家之一，早在20世纪70年代就开始进行风资源普查，风能储量为12 000 MW，每年利用风能可发电的电量为30 TWh，占全国总电量的20%。

瑞典的能源供应主要来自水电，至2004年末总装机容量达16 100 MW，占总装机容量48%；其次是核电和热电，核电总装机容量达9 400 MW，占28%；热电总装机容量达7 400 MW；风电总装机容量达442 MW，发电量为0.850 TWh，占全国总电量的0.6%。

至2010年瑞典政府规划将可再生能源（包括水电、风电、生物质能发电和太阳能发电）的发电量达到10 TWh。2015年仅风能的发电量就要达到10 TWh。

瑞典可再生能源发展的重点在生物质能，其次为风能，目前已规划20个风电场，每个风电场的装机容量大于25 MW，总计1 800 MW。可以产生5 TWh的电量（其中近海风电场为1 200 MW，发电量为3.6 TWh；陆上风电场为600 TW，发电量为1.4 TWh）。另外，在陆上小的风电站每年装机容量要达到100 MW，发电量为0.2 TWh。瑞典政府已经决定拨出3.9×10^6瑞典克朗用于近海和山区风电场建设示范，其中瑞典Vattenfall公司开发的海上风电场Lillgrund，计划在2006年完成，总装机容量达110 MW，另一个由德国EON公司和挪威Statkraft公司开发的海上风电场UtgrundenⅡ计划在2007完成，总装机容量达90 MW。

此次考察主要与Vattenfall公司和ABB公司进行了交流和访问。

- Vattenfall公司简况

11月7日在中国—瑞典可再生能源与环境合作项目第二次研讨会上，听取了Vattenfall公司Sven - Erik Thor先生介绍该公司从事风能开发的情况。

Vattenfall公司是欧洲一家大的能源公司。主要从事水力发电，也从事风能和生物质能。目前水力发电量是33 TWh，风力发电量是52 GWh，生物发电量320 GWh，生物供热量3 300 GWh。近期该公司有3个近海风电场的项目，分别位于瑞典南部的Lillgrund，Trolleboda和Kriegers Flak。其中Lillgrund近海风电场位于丹麦和瑞典之间的海上。计划在2006年安装48台2~3 MW的风力发电机组。年发电量达330 GWh，可提供60 000住户用电。其余二个海上风电场项目计划在2010年完成，年发电量达3 000 GWh。

- ABB AB公司简况

ABB AB公司位于瑞典的Västerås，该公司是ABB公司在瑞典的分公司之一，有动力技术、咨询服务、自动化技术等三个部分，员工200余人，主要负责电子、电气产品研制和控制技术的研究，为风电机组提供配套设备。考察时,该公司 Lars Gertmar 先生等分别就风电技术发展趋势,风电接入系统和海上风电场电缆等方面进行了介绍,其主要观点如下:

① 风电机组单机容量增加。5 MW 风电机组已投入运行,6 MW 风电机组也正在研发,风轮直径和塔架高度都已超过 100 m 量级,考虑到运输安装和维护的要求,减少机舱的重量和尺寸是一个重要的方面。如 2 MW V80 风电机组的机舱重 61 吨,而 3 MW V90 风电机组的机舱重量仅 66 吨。

② 目前兆瓦级风电机组中有双馈变速恒频型、直驱型和混合型三种。它们各有优点和缺点,都在发展,但是这三种机型都采用变速恒频技术。双馈变速恒频型一般采用双馈异步发电机和部分功率变流器,而直驱型(无齿轮箱)和混合型(有齿轮箱)则要采用全功率变流器。

③ 随着风电场装机容量的增加,风电接入电力系统时的安全稳定运行变得越来越重要。近年来,风电接入电力系统有下列发展趋势:(1) 风电机组的单机功率增加到 3 ~6 MW;(2) 两台风电机组之间的距离增加到 1 ~1.5 km;(3) 风电场中风电机组之间的最大距离可达 10 ~30 km;(4) 风电场中电缆的最大长度可达 100 km;(5) 接入系统最大电压达 36 kV。

风电接入电力系统与传统发电方式接入电力系统相比,由于输出功率的脉动和频繁投入和切出,要求风电机组有较高的可靠性,维护时间要短,费用要少,因此需要对接入系统的风电机组进行可靠性设计,在电网有故障时,保护风电机组安全运行,同时要减少和避免风电机组的不稳定运行对电网的影响。

④ 大型海上风电场建设是一个发展趋势。自 1991 年丹麦建设第一个海上风电场至今,欧洲已有 5 个国家建设海上风电场,总装机容量已达到 600 MW。在海上建设风电场的优点是:(a) 近海风能资源比陆上丰富,发电量可增加,而且海上静风期少,风能容量系数高;(b) 海上风速随高度变化小,塔架高度不需要很高,可以降低风电机组成本;(c) 海上风的湍流强度较低,作用在风电机组上的脉动载荷较少,可以延长使用寿命;(d) 可忽略景观和噪声的干扰,减少土地征用的问题;(e) 大型风电机组运输比陆上方便。当然,海上风电场也有缺点,主要是:(a) 建设海上风电场投资成本比陆上高;(b) 在海上安装和维护风电机组比陆上困难;(3) 海上风电机组基础和结构设计比陆上复杂。

(2) 欧洲的风能政策

近年来,欧洲风电产业飞速发展的一个重要原因,是政府采取各种激励政策。摘要有以下几个方面:

① 采取长期的保护性电价政策,为风电开发商提供担保的上网电价,其次要求电力公司与风电开发商签署长期购电合同。

② 采取可再生能源配额制政策,即在总电力供应量中可再生能源应达到一个目标数量,并规定了达标责任人。

③ 建立公共效益基金,这是支持风能发展的一种融资机制,通常采用电费加价的方式来筹集。

④ 政府采用招投标程序选择风电项目的开发商,提供最低上网电价的开发商中标。中标开发商负责风电项目的投资、建设、运营和维护。

(3) 德国风能考察概况

德国是目前世界上风能发展最快的国家,至 2004 年末风电总装机容量达到 16 629 MW,占世界风电总装机容量的 33% 以上,风能发电量占全国总发电量的 6.2% 。近年来,德国近海风电场都建在陆上,近海风电场正在规划,但今后一个时期,德国将重点发展近海风电场(离岸 40 km,水深

20 ~ 40 m)，计划第一个近海风电场在 2007 年投入运行。

德国计划到 2020 年在陆上风电场的总装机容量为 35 000 MW，在海上风电场的总装机容量为 20 000 MW。

德国风电技术和风电产业也是世界上最先进的国家，在风电场上运行的风电机组的主流机型是 1.5 ~ 2 MW，由 Repower 公司制造的首台 5 MW 风电机组已投入运行，是欧共体投资 30×10^6 欧元发展在深水中建设风电场项目中的一个。该风电机组是变速恒频型风电机组，风轮直径 126 m，塔高在陆上 100 ~ 120 m，在海上 90 m，在额定风速 13.0 m/s 下发电 5 MW。另外，德国 Enercon 公司研制生产的直驱型风电机组也进入规模化发展，2004 年上半年在德国风电市场上占有 40.9%。该机型的主要优点是无齿轮箱，减少维护，但缺点是永磁发电机的重量重，可以通过减少机舱内机械系统的重量来减少机舱的总重量。

- 德国风能研究所(German Wind Energy Institute)简况

考察时，德国风能研究所 Jens Peter Molly 所长介绍了该所的基本情况。该所成立于 1990 年，总部设在德国 Wilbelmsharen，另外在德国 Cuxhaven，西班牙 Mutilva Alta，巴西 São Josédos Campos 和法国 Lyon Cedex 设有分部。总部现有员工近 70 人，主要从事风能技术咨询与服务工作，包括：风能培训、风资源测量与评估、风电场选址、风电机组性能，载荷、噪声和电能品质检测、风电机组设计评估、风电机组认证、海上风电场技术服务、风电机组故障分析、风速仪校准、项目可行性研究、建立数据库、风电政策研究、风电投资研究、风电信息交流。

1990 年成立时其经费的 90% 是由政府支持，以后逐年减少，到 2005 年政府支持已减少到 10% 以下。目前，经费主要来自承接国内外项目，该公司与国外风能机构有 50 多个合作研究课题，并定期举办各种风能培训班，在国际上有一定影响。

近年来，该研究所对海上风电场的技术咨询和服务工作加大力度，如建立离海面 100 m 高的海上测风塔，对海上风特性进行测量和分析，还对海上风电机组流体动力特性和结构动力特性进行评估。另外，为了配合兆瓦级风电机组商品化发展，该所还建立了专门用于兆瓦级风电机组检测的试验站。

- SSB 公司简况

考察时，SSB 公司 Andreas Von Bobart 总经理介绍了该公司的基本情况。SSB 公司总部位于德国 Salzbergen，成立于 1970 年，现有员工近 400 人。主要从事机电传动系统产品制造，1992 年开始进入风电产业，为 300/600 kW 风电机组开发叶尖失速系统；1995 年转入开发风电机组风轮叶片变距系统，至 2003 年已为 1.5 兆瓦风电机组配套制造了 1 000 台变距系统。近年来，除了变距系统外，还制造偏航系统的传动装置和机舱控制柜。该公司制造的产品为 Repower, Nordex, Fuhrlander, WinWind, NEG Micon(Vestas), leitner 和 General El - ectric 等风电机组制造商提供配套产品，很具特色。为进一步将产品推向市场，目前正在美国 Racine 和中国青岛设立分厂。图 1 为风能叶片变距系统实验台。

图 1　风能叶片变距系统实验台

3. 太阳能

此次可再生能源考察团重点对瑞典四家机构进行了现场考察和交流，其中 Uppsala 大学的技术重点是太阳选择性吸收表面、smart 窗及 CIGS 光伏电池，Sunstrip 公司侧重于吸热体条带用于太阳集热器，皇家理工学院重点是染料敏化太阳电池，Lund 大学则有意在太阳光—热及太阳建筑领域开展合作。

(1) Uppsala 大学

杜祥琬副院长等一行 4 人于 2005 年 11 月 10 日访问 Uppsala 大学，受到瑞典皇家工程院院士 C. G. Granqvist 教授及 Marika Edoff 博士等接待。

• Smart 窗

C. G. Granqvist 教授介绍了太阳选择性吸收表面及电致变色 Smart 窗等，重点介绍 Smart 窗。对于 Smart 窗，世界上研究与开发投入最大的是电致变色窗，用于空调可以节能 40% ~60%，比太阳电池产生电来驱动空调要经济得多，而且室内舒适度高。

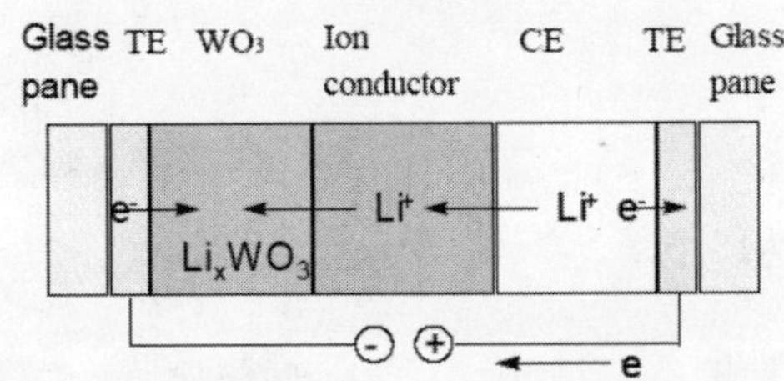

图2　电致变色窗结构

电致变色窗的结构见图 2，从右到左为玻璃片—透明导电膜（TE）—离子存储膜（CE）—离子导体（IC）—电致变色膜（EC）—透明导电膜（TE）—玻璃片，加直流电压 1 伏特多，正离子注入，电致变色膜形成 Li_xWO_3，为着色态；正离子抽出为漂白态，将另一类电致变色膜 NiO 代替 CE 会获得更佳的性能。

着色态与漂白态的透射比与波长关系见图 3。实际的产品雏形见图 4，玻璃窗上半部变暗为着色态，下半部变亮为漂白态。

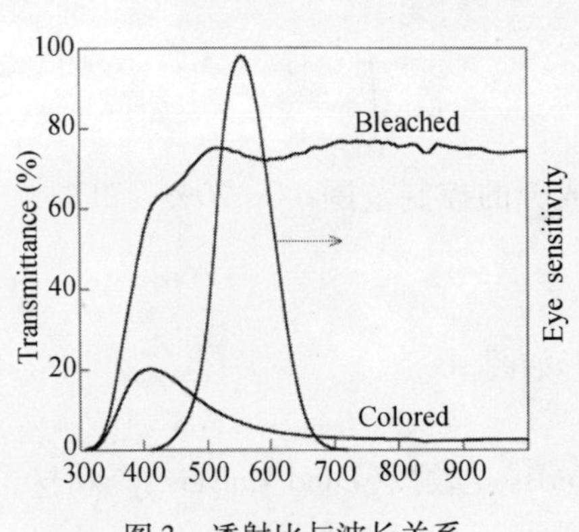

图3　透射比与波长关系

图4　产品雏形

电致变色薄膜系沉积在塑料上，已经用于摩托车头盔，见图 5。

• CIGS 薄膜太阳电池

瑞典 Uppsala 大学 CIGS 薄膜太阳电池项目负责人 Dr. Marika Edoff 介绍了 CIGS 电池并带领参观，整个实验室为 1 万级超净实验室，其中有 100 级的实验室，参观只能隔窗门而看，见图 6，在 Uppsala 大学可以制作 12 cm × 12 cm CIGS 电池，在 5 cm × 5 cm CIGS 的太阳光—电转换效率

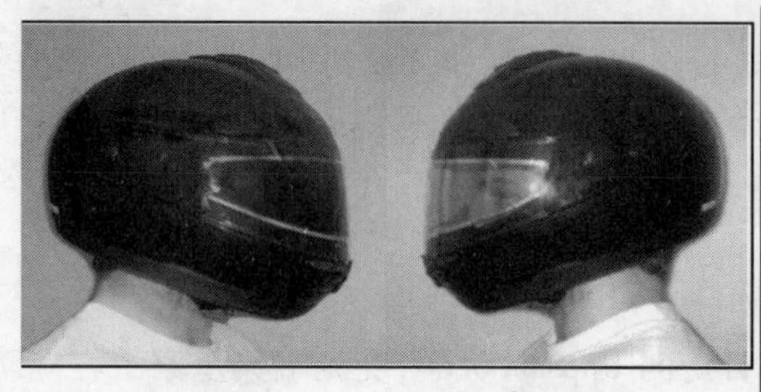

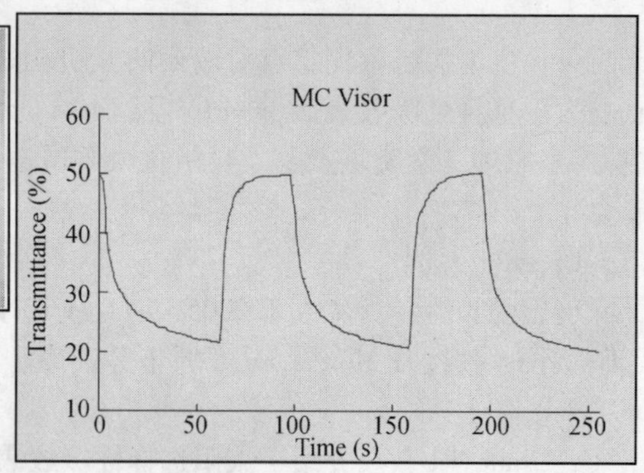

图5 电致变色薄膜应用

达16.6%。

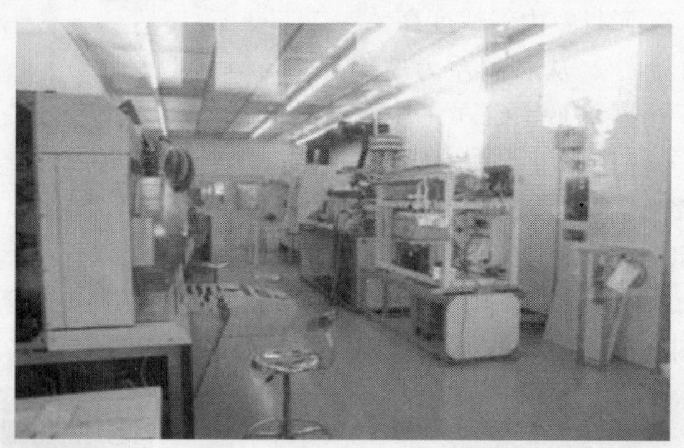

图6 隔门而看

（在钠钙玻璃上采用真空蒸发技术，总厚约3.5 μm，元素成分的控制范围：Cu 20% ~25%，InGa约25%，Se约50%。）

CIGS电池构造、原材料及试验电池分别如图7、图8所示。

太阳光电转换放率与CIGS厚芳关系如图9。CIGS生产雏形如图10。

（2）Sunstrip公司

2005年11月11日，在瑞典皇家工程院（IVA）安排下，B. Karlsson教授（Lund University）和赵叔希先生陪同下，早晨乘火车从Uppsala到Stockholm换火车到Norrkoping，再驱车约40分钟到Sunstrip公司，公司总经理Stefen Gustavsson接待了访问团。该公司有20个员工，生产自成体系，自动化程度高，一年销售太阳吸收涂层条带（吸热体条带）约12万平方米，销售采暖及制冷条带约12万平方米（安装在室内天花板下称Climate Cooling & Heating），2005年估计年销售额约400万欧元，80%出口到西班牙、奥地利和土耳其等国。

太阳集热器的性能主要取决于吸热体（absorber）的性能，吸热体的基材主要是铜或铜铝复合材料。该公司附近有铝制品厂，铝的价格低于铜，而且导热性能也较好，但略差于铜。在1973年石

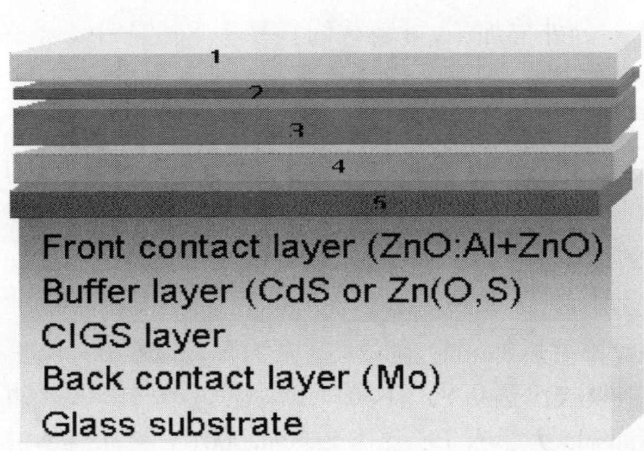

图 7　CIGS 电池构造

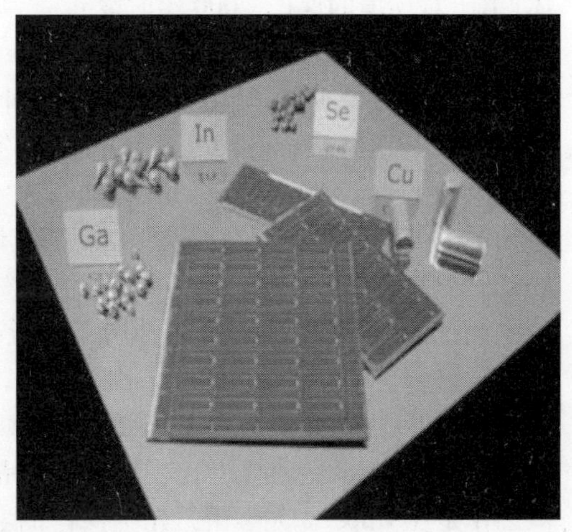

图 8　原材料与试验 CIGS 电池

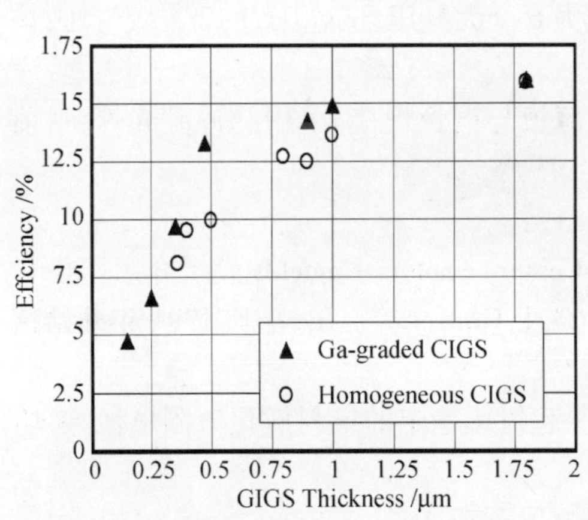

图 9　太阳光电转换效率与 CIGS 厚度关系

图 10　CIGS 生产雏形

油飞涨“石油危机”后筹建，1979 年正式建立 Sunstrip，这既是公司的名字也是商品的牌子。主要工艺及设备如下：

① 铜铝复合条带生产，条带宽约 140 mm，最大 150 mm 的两条铝带，中间夹一个铜管，通过挤压及表面轧花成凸凹坑，称是 Sunstrip 的标志。是卷绕式的自动化生产过程。

② 清洗与烘干：条带从空气进入，一台长约 7 米的清洗设备是封闭式的，条带从密闭室出口并卷绕成形。

③ 太阳选择性吸收涂层

铝条带表面阳极氧化，交流电镀镍，这是瑞典 Chalmers 大学的成果，由于需用几十吨的化学液体,出于对环境的保护,2000 年时废弃。

磁控溅射技术:1996 年起,在 Uppsala 大学帮助下,研发成功磁控溅射太阳选择性吸收涂层(表面)。该设备独特,呈扁方形,自行设计,分几部分外协加工,可装载约直径 1.5m 铜铝复合条带,空轴约 0.4 m,条带长 1 100 m,装到设备中后开始抽真空,然后连续镀膜,共 17 小时,就是一天一台设备生产 1 100 m,约 65 m/h。车间中有三台先后制造的磁控溅射镀膜机,并称膜系与镀膜机有知识产权,不便细问,也不让照相。在言谈中知道,是有三个平面磁控靶(阴极),一个铜靶(或别的靶),两个镍铬合金靶。

铜靶用于制备一层扩散阻挡层,阻挡条带中的铝原子扩散到吸收层,以氩做工作气体。

镍铬合金靶制备渐变(graded)吸收层,猜想使用 O_2,H. 22% + Ar。

减反层(AR)是镍铬合金,猜想使用 CF_4 + Ar,还可以加一定量 O_2,氟原子大,形成 Ni - Cr - Fx,光学折射率低些,起减反作用,据称产品的太阳吸收比达 0.96 ±0.02,发射比 0.07 ±0.02。测试工作是在 Uppsala 大学由赵先生操作的。在 Uppsala 大学有 PE 公司 Lambda900UV - VIS - NIR 分光光度计(测太阳吸收比)及一台红外分光光度计(测发射比)。

④ 自动吹胀机,镀有太阳选择性吸收涂层的铜铝复合卷绕条带,从一边送入吹胀机,根据所需长度,用 30 个大气压空气吹胀成形。参观时生产的吹胀条带长度为 6m,有自动切割工序,由一个人操作,产品随即放在木箱中,准备销售。

⑤ 太阳集热器板芯生产,铜集管与铜 - 铝复合条带,采用软钎焊(Sodering),关键是采用集管与条带套结结构,即铜与铜接触,钎焊的气密性好,工作压力 6 个大气压,试验压力 12 个大气压,该公司用氦检漏设备进行钎焊接头的气密检验。

⑥ 激光焊:大片具有太阳选择性吸收涂层的整片铝薄板与铜管焊接,采用脉冲激光焊,目前只能采用脉冲激光焊,并有机械手配合,投资较大。

(3) 染料敏化太阳电池(Dye sensitive solar cells)

瑞典皇家工程学院分子器件中心(Molecular Devices Center)Anolers Hagfeldt 教授介绍了染料敏化太阳电池(Dye sensitive solar cells),它是在 1985 年由瑞士 Gratzel 等提出,瑞典 1991 年开始这方面的研究工作。

TiO_2 不导电,染料不能暴露在太阳光,与电解液腐蚀一起组成稳定的染料敏化太阳电池,实验室内在 $<0.2\ cm^2$ 上获得太阳光电转换效率约 11%。

三、我国可再生能源发展现状

中国是一个发展中国家,经济、能源与环境的协调发展是实现中国现代化目标的重要前提。中国是一个能源生产大国,也是一个能源消费大国。当前中国能源发展面临人均能耗水平低、环境污染严重、能源利用效率低以及可再生能源比例少的问题。因此,调整能源结构,减少温室气体排放,缓解环境污染,加强能源安全已成为全国关注的一个热点,对可再生能源的开发利用也得到了政府和企业的高度重视。

1. 生物质能

我国的生物质能资源十分丰富,理论生物质年产量达 50 亿吨(干重),目前可利用的气化发电生物质资源主要为农林废弃物,约 4 亿吨标准煤。我国的耕地面积为 1.3 亿公顷,年产各类秸秆 7 亿吨,包括稻草、麦秆、棉花秆等;林地面积为 2.6 亿公顷,年可收集薪柴约 1 亿吨,此外还有大量的粮食加工废料、木材废料等。随着农村生活水平的提高，直接以秸秆为炊事的农村越来越少，所以大量的农作物秸秆在地里燃烧或丢弃，这部分约占总产量的20% ~30%，已成为全国性的“秸秆”问题，急需解决。此外，为提供更可靠的生物质资源保障，可充分利用我国约1.1亿公顷的宜林宜农荒山荒地，种植和发展高产能源农林业，如甜高粱、青麻、光皮树、绿玉树等。若每公顷每年生产30吨生物质，则每年可新增生物质资源33亿吨，相当于16亿吨标准煤。

我国农村人口占总人口的70%以上，生物质一直是农村的主要能源之一，在国家能源构成中也占有重要地位。我国政府及有关部门对生物质能源利用极为重视，已连续在4个国家五年计划中将生物质能利用技术的研究与应用列为重点科技攻关项目，开展了生物质能利用新技术的研究与开发，如生物质压块成型、气化与气化发电、大中型沼气工程、生物质液体燃料等，取得了多项优秀成果。

• 自70年代初，我国为解决农村能源短缺的问题，曾大力开发和推广户用沼气池技术、节柴炕灶和种植薪炭林，全国建成525万户用沼气池和近2亿个节柴炕灶，建设薪炭林300万公顷。目前，我国已是利用生物质生产沼气最多的国家。2001年，全国农村实际使用的户用沼气池达750万座，年产气22亿立方米；处理禽畜粪和工业有机废水的大中型沼气工程760多处，年产气4亿多立方米；小城镇处理生活污水的净化沼气池达4.9万座，处理生活污水2.1亿吨。

•“八五”期间，国家科委安排了“生物质热解气化及热利用技术”的科技攻关专题，取得了相当成果：采用氧气气化工艺，研制成功生物质中热值气化装置；以下吸式流化床工艺，研制成功100户生物质气化集中供气系统与装置；以下吸式固定床工艺，研制成功食品与经济作物生物质气化烘干系统与装置；以流化床干馏工艺，研制成功1 000户生物质气化集中供气系统与装置。

•“九五”期间，国家科委安排了“生物质热解气化及相关技术”的科技攻关专题，重点研究开发1 MW生物质气化发电技术、小型生物质气化发电技术和农村秸秆气化集中供气技术。目前用于木材和农副产品烘干的有800多台，村镇级秸杆气化集中供气系统近300处，供气户数3万余户。小型气化工艺需研究燃气净化、标准化系统以及与气化装置配套的微型燃气轮机和燃料电池。MW级生物质气化发电系统已推广应用20多套。

• 我国在“八五”期间还开始了利用纤维素废弃物制取乙醇燃料技术的探索与研究，主要研究纤维素废弃物的稀酸水解及其发酵技术，并在“九五”期间进行了中间试验，取得预期结果。“九五”期间，还开展了野生油料植物分类调查及育种基地的建设。

• 我国十分重视能源作物酒精燃料的生产。“十五”期间，我国已在河南、吉林、天津建立了“燃料乙醇工程”，并颁布了“变性燃料乙醇汽油”和“车用乙醇汽油”两项产品的国家标准，这表明中国燃料乙醇产业化已拉开序幕。

• “十五”期间，我国政府将生物质能技术列入国家高科技发展计划(863计划)，其中，生物质气化发电技术要建设4兆瓦规模的研究示范工程；纤维素废弃物制取乙醇燃料技术已进入年产600吨规模的中试阶段；生物质热裂解液化技术进入年产300吨粗油规模的中试阶段。此外，还开展了生物质间接液化技术等方面的探索性、创新性研究。与德国合作，开展3 ~5万吨规模的秸秆间接液化工业示范项目已进入可行性研究阶段。

• 大型沼气发电技术已被列入“十五”国家重点科技攻关计划，将建立3 ~5兆瓦级的沼气发电示范电站。我国正在准备引进欧洲技术，建设秸秆/谷壳直接燃烧、生物质—煤混合燃烧发电技术的工业应用示范工程，目前已完成项目可行性研究工作。

(1) 沼气发酵技术

沼气技术在我国大规模发展已有20多年的历史,至今技术水平已取得大幅度提高,并在我国广泛应用。例如,新的户用沼气池系统比以前效率更高、更方便、投资更少。传统沼气池的沼气产量低,一般为0.1立方米/立方米·天,而改进沼气池的沼气产量一般达到0.2~0.4立方米/立方米·天。我国还发展了多种厌氧消化工艺和反应器,如混合式反应器、厌氧过滤器、污泥床反应器和固定床反应器等。这些工艺一般采取恒温发酵,需要外源热投入,因而能源投入产出比不经济、效率不高,沼气产气率一般在0.5~5立方米/立方米·天之间,COD去除率在70%~86%之间;只有作为环境污染物处理技术时才显示出经济可行性。所以,这些技术在南方地区应用较多,主要用于处理食品工业、发酵工业、制糖工业和制药工业的有机废水、生活污水及禽畜粪便等,沼气回收只是废弃物处理的副产物。沼气技术发展的主要瓶颈问题是开发低温、高活性沼气微生物和高效厌氧反应器。

(2) 直接燃烧技术

直接燃烧是最原始、最实用的生物质能利用方式,一直延续到今天。随着社会的发展、科技的进步,燃用生物质的设施和方法在不断的改进和提高,现在已达到工业化规模利用的程度。有些国家为解决环境问题或实现CO_2减排,发展了生物质—煤混合燃烧技术,目前国外生物质发电工程大多采用这种技术。我国在20世纪90年代开发了小型生物质直接燃烧热水锅炉,已应用了200余台。我国南方地区的许多糖厂还利用甘蔗渣发电,一般只在榨季运行。广东、广西两省共有小型发电机组380台,云南省也有一些此类电厂,全国总装机容量达800兆瓦。生物质直接燃烧技术要解决的主要问题是发展高效燃烧锅炉,并采用先进的发电技术,实现热电联产,提高热效率和降低污染物排放。

(3) 气化及发电技术

近年来,我国的生物质气化技术有了长足的进步。根据不同原料和不同用途主要发展了三种工艺类型。第一种是上吸式固定床气化炉,其气化效率达75%,最大输出功率约1 400兆焦/小时。该系统可将农作物秸秆转化为可燃气,可生产800立方米可燃气,通过集中供气系统供给90户居民炊事用能。第二种是下吸式固定床气化炉,其气化效率达75%,最大输出功率约620兆焦/小时。该系统主要用于处理木材加工厂的废弃物,每天可生产2 600立方米可燃气,作为烘干过程的热源。第三种是循环流化床气化炉,其气化效率达75%,最大输出功率约2 900兆焦/小时。该系统主要处理木材加工厂的废弃物,如木屑等,为木材加工厂内燃机发电提供燃料,1兆瓦电站系统已在三亚成功运行3年,并在全国推广20余套。从应用结果来看,气体焦油含量高、气体热值低、系统效率低等缺点仍是今后需要着重解决的重要问题。

(4) 燃料乙醇技术

生物质可以通过生物转化的方法生产乙醇,是一种优质的液体燃料。乙醇燃料不含硫及灰份,可以直接代替汽油、柴油等石油燃料,作为民用燃烧或内燃机燃料,最易工业化,并与现今工业应用及交通设施接轨,是最具发展潜力的石油替代燃料。生物质的主要成分为木质纤维素,经水解,可利用包括农作物秸秆,林业加工废料,甘蔗渣及城市垃圾中所含的有机废弃物等来生产乙醇。

(5) 裂解液化技术

通过热裂解工艺,各种生物质均可转化为三种能源产品:可燃气、木炭和生物油。控制不同的反应条件,如温度、原料、压力、滞留时间等,可改变三种产品的比例。在美国建立了不同裂解方法的实验装置，每小时生产容量从几十至几百公斤，最高产油率达70%。意大利也已建立每小时500公斤的装置。加拿大开发了多种工艺，并有较大的实验装置（每日加工能力200吨）问世。反应器主要类型有：夹带流反应器、真空反应器、固定床反应器（包括丝网反应器）、回转窑反应器（包括旋转锥、旋转螺旋反应器）、烧蚀板反应器、烧蚀涡流反应器、流化床反应器（包括循环流化床和鼓泡床反应器等）。一般说，生物质裂解油的化学组分相当复杂，不易分离、提纯，难以达到燃料油的标准，所以目前生物质热裂解液化技术尚处于实验室研究阶段，少数进入了中试阶段。

（6）生物柴油技术

植物油虽然可以直接作为内燃机的燃料，但是，由于它存在粘度高、挥发性差等缺点，使在燃用设备上出现一些故障和问题。对植物油进行酯化处理，生产生物柴油，使其在性质上更接近柴油，成为较理想的柴油代用燃料。目前，国内外生物柴油生产技术主要以化学法为主，即采用植物油（或动物油）与甲醇或乙醇在酸、碱性、或生物酶等催化剂作用下进行酯交换反应，生成相应的脂肪酸甲酯或乙酯燃料油。在国外，生物柴油已在广泛应用，世界总产量已达到300万吨，并制定了相应的技术标准。在我国，已有4～5家企业利用餐饮废油、油下脚或野生植物油等资源生产生物柴油，年生产能力达5万吨左右。但是，我国现有资源不足以支撑未来的生物柴油产业，植物油原料是生物柴油发展的瓶颈问题。此外，我国的生产工艺和系统设备相对落后，成品油转化率和综合利用率也是必须解决的关键问题。

（7）间接液化技术

生物质间接液化是以费托合成反应为基础，能以更快捷、更经济的方法生产生物质液体燃料。费托合成反应是以煤、石油、天然气为原料的有机化工中常用的C1化学反应，利用生物质气化气，经历一系列合成反应过程，生成甲醇、二甲醚或柴油等液体燃料。合成燃料产品纯度较高，几乎不含S、N等杂质。系统能源转换效率高，可达40%～50%；原料丰富，草和树的各个部分，如秸秆、树叶和果实等均可以被利用。德国CHOREN公司开发的合成柴油生产技术可能更具竞争力和发展前景。

（8）能源植物培育技术

在已知的200多种能源植物中，比较理想、完全符合作为能源植物条件的天然物种很少。有些植物确实有生产某种生物质的能力，但生长缓慢，生物量小，抗逆性差，有些物种则含有某种有害物质，在能源利用过程中可能造成环境问题。这就需要加强能源植物资源调查、筛选和驯化的工作。现代科学研究表明，通过控制植物的光合和代谢过程，或利用遗传育种和生物工程技术改变现有能源植物品种的性状及其代谢过程，可以提高能源植物的产量和品质，增强抗逆性和适应性，减少有害成份的生成量。在法律、道德和物种保护条例允许的范围内，通过各种现代植物育种手段，改变植物的遗传性状，能改善能源植物的光合作用、呼吸作用、抗逆性及其他生理代谢过程，培育出符合生产要求的能源植物优良品种。现代植物遗传改良技术大致可分为五类，即杂交育种、物理诱变、化学诱变、细胞工程和基因工程。我国开展这方面的工作较少，主要集中在个别薪炭林树种、甜高粱、绿玉树等少数物种。今后应运用各类植物育种技术，开展更广泛的能源植物育种研究，为发展生物质能资源提供技术和物种支撑。

2. 风能

我国是一个发展中国家，当前，中国能源发展面临人均能耗水平低、环境污染严重，能源利用效率低以及可再生能源比例少等问题。因此，调整能源结构，减少温室气体排放，缓解环境污染，加强能源安全已成为全国关注的一个热点，对可再生能源的利用，特别是风能的开发给予了高度的重视。

中国有丰富的风能资源，据中国气象科学研究院的测算，我国陆上离地 10 m 高度处，实际可开发储量为 2.53 亿 kW。海上可开发储量为 7.5 亿 kW，总计约 10 亿 kW。风能利用有很大的潜力。

风力发电是风能利用的重要形式，也是目前可再生能源中技术最成熟，最具有规模化开发条件和商业化发展前景的发电方式之一。

近年来我国风电产业开发利用取得了长足的进步，至 2004 年止，10 kW 以下的离网型小型风力发电机组已累计生产 29.3 万余台，实际运行 17.0 万余台。除满足国内需要外，还出口 1.1 万台到 20 余个国家和地区。

我国小型风力发电机组应用方式主要是单机户用，提供生活用电。近年来，随着应用范围和用电量的扩大，已由一机一户推广到多机联网供电和由单一风力发电机组供电发展到风/光、风/光/柴和风/柴互补系统，除了生活用电外，还提供部分生产用电。另外，在此基础上进一步开展由太阳电池方阵、风力发电机组、柴油发电机组、蓄电池组等组成的模块化的分布式互补发电系统的研究。

我国大型风力发电机组研发可分为三个阶段。从 1985 年至 1995 年，利用丹麦、法国、西班牙等国政府贷款进行小规模项目示范，在吸收国外先进技术的同时，组织国内科技队伍进行开发，先后自行研制了 120 kW、200 kW、250 kW 和 300 kW 风力发电机组。从 1995 年至 2003 年，我国政府相继出台了各种优惠的鼓励政策，科技部通过科技攻关和国家 863 高科技项目促进风电科技的发展，原经贸委和计委通过双加工程、国债项目和乘风计划等项目促进风电产业的发展，先后自行研制了 600 kW 和 750 kW 定桨距失速型风力发电机组，并逐步形成产业，本地化率达到 90% 以上。从 2003 年开始，国家发改委通过风电场特许权项目，进一步扶持和鼓励国内风电产业的发展，培育国内风电市场。为了配合大型风力发电机组产业化，国内还逐步形成了叶片、轮毂、齿轮箱、发电机、偏航系统和电控系统等零部件专业厂。

2005 年，由新疆金风科技股份有限公司通过引进技术与自主研发相结合的方式研制的 1.2 MW 直驱式永磁风力发电机组；以及由沈阳工业大学风能研究所自行研制的 1.0 MW 双馈变速恒频型风力发电机组已先后投入运行。

近年来，我国把风电场建设放在电力工业发展的一个重要位置。到 2004 年止，全国内地已建成的 43 个风电场，累计装机近 1292 台，装机容量达 76.4 万 kW。其中，国产风电机组占 18%，进口风电机组占 82%。列装机容量前三位的省区是内蒙古、辽宁和新疆，其装机容量分别为 13.5 万 kW、12.6 万 kW 和 11.3 万 kW。为了促进风电场规模化发展和带动风电产业的商业化发展，国家发改委提出了风电场特许权项目的建设方式，其基本做法是：选择 10 万 kW 级大型风电场，单机容量不小于 600 kW，机组采购的本地化率不低于 70%，项目通过公开招标选择投资者，对规定的上网电量承诺固定电价，不参与电力市场竞争。从 2003 年至 2005 年已对 7 个特许权项目进行了招标，总装机容量 115 万 kW。

风电场特许权项目引入投资者竞争的机制，有利于降低上网电价，促进风电快速发展。但是，以上网电价最低为中标标准的规定，会影响风电产业的健康快速发展。

风能技术是风电产业发展和风电场建设的重要基础。我国风能技术的发展是从 20 世纪 80 年代初开始的，原国家科委将风能技术正式列入国家科技发展规划。经过 20 多年的努力，在风能技术进步方面取得了一些成果，也培养了一支从事风能开发和利用的科研队伍。目前，研究的内容主要有：

(1) 风能资源调查与评估

在我国该项工作分为三个层面进行：一是全国风能资源调查与评估；二是区域(省区)风能资源调查与评估；三是风电场测风与评估。

通过与国际合作，完成风电场测风数据验证和评估软件的开发。该软件集测风数据录入、存储、验证、分析及处理为一体，形成了风电场测风数据质量管理应用平台，目前正进行推广应用。另外，目前，在对风能资源丰富地区进行风能资源评估时，除了采取观测统计方法外，还采取了数值模拟方法，通过中尺度大气模式 MM5 在有限观测数据的基础上结合地理信息系统(GIS)获取较高精度的时空均匀分布、高分辨率(1 公里一个网格)的风能资源数据库。

(2) 风力机空气动力特性研究

风力机空气动力学的研究主要围绕风力机叶片气动外形设计，风力机性能计算和载荷计算以及风力机气动弹性稳定性等方面开展工作。随着计算空气动力学的发展，在风力机叶片气动计算中已开始采用数值模拟方法。另外，还通过理论计算的方法对塔架/机舱/风轮耦合动力学系统进行风力机结构动力响应计算和气动弹性稳定性分析。

(3) 仿真技术在风力发电系统中的应用

随着兆瓦级风力发电机组的研发和大规模风电场的建设，仿真技术在风力发电系统中的应用逐渐拓展。风力发电系统是一个复杂的多变量非线性系统，近年来在风电机组控制系统设计中开始采用基于 BP 神经网络算法和自适应最优模糊控制方法等。

随着风电场中装机容量的增加，风电场与电网的相互影响越来越引起重视。电网对风电场的要求从电能品质发展到暂态稳定、调频、调压、故障后自动恢复和直接调度等能力。因此，在风电场建设前后必须对电网系统进行动态仿真分析，并对实际测量结果进行验证。

(4) 恶劣环境下对风电机组影响的研究

恶劣环境如台风、低温、盐雾和沙尘等对风力发电机组的性能和可靠性将产生严重的影响。

我国东南沿海地区是风能资源较为丰富地区之一，但是这一地区又是我国受热带气旋影响最为严重的地区，强度不太强的热带气旋可以使风电场增加电能的输出，但是强度较强的热带气旋如台风则会给风电场带来极大的破坏。2003 年 9 月 2 日“杜鹃”台风登陆广东省时，造成汕尾地区刚建成投产的红海湾风电场 25 台风力发电机组中有 9 台 600 kW 风电机组各有一个叶片受损，产生裂纹。从风电场附近三个测风塔的数据计算结果表明，当台风眼区经过时，其湍流强度增加，最大值可达 0.6 ~0.9。

目前，风电机组设计时采用的设计规范主要来自欧洲，未考虑台风的影响。因此，对湍流强度设计参数的选取一般小于 0.2，但是在受台风影响严重和地形复杂的地区使用的风电机组设计时，如何合理选取湍流强度参数需要进行研究。

我国的三北(华北、东北、西北)地区是风能资源另一个较为丰富的区域，但这一地区是高寒环境，最低气温可达 -30℃以下，低温除了对风电机组功率特性、机电系统的机械特性和电气特性都会产生影响外，还会使复合材料叶片产生振动，需要采取一定的抗低温措施。

(5) 风力机检测、认证与标准

风力机检测、认证与标准是保证风力机产品质量的重要手段。目前，我国已建立比较完善的小型风力发电机组检测体系，大型风力发电机组整机和部件的性能检测工作正在按 IEC64100 标准的要求进行,并对检测项目和方法制定了国家标准,同时正在筹建国家风力发电机组检测中心。

我国的风力机认证工作是在国家认证认可监督管理委员会的领导下进行的。目前,已开始接受整机制造厂和零部件制造厂的申请,进行设计评估和型式认证。

我国的风力机标准工作是在国家标准化管理委员会领导下,由全国风力机械标准化技术委员会负责制定,风力机标准除采用 IEC 的国际标准外,还根据我国国情自行编写国家标准和行业标准。

20 多年来中国风电发展虽然取得了长足的进步,但是与欧洲、美国甚至印度相比,无论是风电技术还是风电产业还有很大的差距,在发展的道路上还存在一定的困难,主要表现在:(1) 风电成本高,目前风电的电价为 0.60 元/kWh 左右,比煤电电价高,风电与常规电源电价差额的分摊问题还有待解决。当然,目前计算电价时,没有将节约资源、降低污染和减少温室气体排放的环境效益,即"外部成本"计算在内;(2) 风电项目一次性投资较大,短期内难以获得经济效益,风电场建设的融资条件差,缺乏优惠的长期贷款资金;(3) 风电产业尚未形成规模化生产,产业体系没有完成,风电场中国产风电机组比例小;(4) 科研投入不足,技术研究和基础研究缺乏总体发展战略,独立自主开发兆瓦级风力发电机组的技术基础不足和总体设计人才缺乏。上述障碍有待解决。

为了促进我国可再生能源的发展,2005 年 2 月 28 日,中国人大常委会通过了《中华人民共和国可再生能源法》,并将在 2006 年 1 月 1 日起正式实施,目前正在制定相关的实施细则。确定了可再生能源在国家能源战略中的重要地位;消除可再生能源开发利用市场障碍;建立可再生能源发展的资金保障体系;建立促进可再生能源发展的文化氛围。在可再生能源法的引导下,国内许多企业和集团公司投资建设风电场,或研发风电机组,国外厂商也纷纷涌入中国投资和设厂,

可再生能源法的实施必将对中国可再生能源的发展产生重要的影响。

最近国家对风电发展的总量目标进行了一次调整,到 2010 年累计装机容量达到 400 万 kW,2015 年达到 1 000 万 kW,2020 年达到 3 000 万 kW,届时风电装机容量将占电力总装机容量的 3%,风电电量占总发电量的 1.5%。另外,国家将在一些省(区)中建立 100 万 kW 级的风电场。

风能发展涉及到政策、技术、经济、法律、社会、环境、教育等方面,是一个系统工程,需要政府、企业、科研院校、社会团体和民众协同开发。

3. 太阳能

我国幅员辽阔,有着十分丰富的太阳能资源。据估算,我国陆地表面每年接受的太阳辐射能约为 50×10^{18} kJ,全国各地太阳年辐射总量达 335 ~ 837 kJ/cm^2 · y,中值为 586 kJ/cm^2 · y。从全国太阳年辐射总量的分布来看,西藏、青海、新疆、内蒙古南部、山西、陕西北部、河北、山东、辽宁、吉林西部、云南中部和西南部、广东东南部、福建东南部、海南岛东部和西部以及台湾省的西南部等广大地区的太阳辐射总量很大。尤其是青藏高原地区最大,那里平均海拔高度在 4 000 m 以上,大气层薄而清洁,透明度好,纬度低,日照时间长。

我国太阳能资源分布的主要特点有:太阳能的高值中心和低值中心都处在北纬 22° ~ 35°这一带,青藏高原是高值中心,四川盆地是低值中心;太阳年辐射总量,西部地区高于东部地区,而且除西藏和新疆两个自治区外,基本上是南部低于北部;由于南方多数地区云雾雨多,在北纬 30° ~ 40°地区,太阳能的分布情况与一般的太阳能随纬度而变化的规律相反,在我国太阳能不是随着纬度的增加而减少,而是随着纬度的增加而增长。

我国太阳辐射资源区划分为四个资源带:一类为资源丰富地区(H ≥ 6 700 MJ/m^2);二类为资

源较丰富地区（H = 5 400 ~ 6 700 MJ/m^2）；三类为资源一般地区（H = 4 000 ~ 5 400 MJ/m^2）和四类为贫乏地区（H < 4 200 MJ/m^2）。年太阳能总辐射量超过 5 MJ/m^2. 太阳辐照时数超过 2 200 小时的太阳能利用条件较好的地区占国土的 2/3，故开发太阳能利用是实现中国可持续发展战略的有效措施之一。

近 30 年来，太阳能利用技术在研究开发、商业化生产、市场开拓方面都获得了长足发展，成为世界快速、稳定发展的新兴产业之一。目前，对这一洁净能源的利用正在进入商业化成长期，国际上称之为“阳光产业”。它很可能在本世纪像计算机产业一样获得迅猛发展。

（1）玻璃真空管太阳集热器

太阳热水器的核心部件是集热板或真空集热管，我国全玻璃真空集热管经历了以下几个发展阶段：

① 科研与开发（1979—1985），发明了单靶磁控溅射制备铝 - 氮/铝太阳选择性吸收涂层。

② 科技成果向生产转化

• 小生产（1986—1989），年产能力 3 万支真空集热管。期间，清华大学完成了国家“七五”科技攻关专题“玻璃真空管热水器技术开发与应用”和国家自然科学基金项目“选择性吸收表面光性下降机理的研究”；中生产（1990—1993），清华大学组建公司，年产能力 15 万支。

• 1993 年至今，作为国家产学研工程，清华大学与北京玻璃仪器厂组建了北京清华阳光能源开发有限责任公司，1994 年 9 月建成年产能力 90 万支集热管生产线。1996 年 9 月建成年产能力 300 万支集热管生产线。目前全国年产全玻璃真空管 1 000 万支。

集热板或真空集热管的核心部分是太阳吸收涂层。闷晒型和部分平板式集热器采用黑油漆非选择性吸收涂层。这种非选择性吸收涂层的太阳吸收比达 94% ~97%。但热发射比也很大，达 85% ~90%。由于发射比大，因而涂层经太阳辐照升温后，自身辐射损失热量大。世界上大量生产的平板式集热器采用电化学制备的黑铬和黑镍选择性吸收涂层，太阳吸收比达 90% ~97%，热发射比 10%。与黑油漆非选择性吸收涂层比，这两种选择性吸收涂层发射比下降了 75% ~80%，因而光热效率大为提高。

我国的太阳能选择性吸收涂层的研究情况如下：

1979—1981 年，清华大学电子工程系用“湿法”在玻璃上制备了“（Ni. Zn）S/Cu 太阳选择性吸收涂层”，太阳吸收比 88% ~90%，发射比 12%（80℃）；用真空蒸发技术在玻璃上制备了“Cr_2O_3/Cr_2O_3 + Cr/Al 太阳选择性吸收涂层”（1980—1984）太阳吸收比约 0.90，发射比 0.04（80℃）；其中清华大学发明专利“渐变（多层）铝 - 氮/铝（Al - N/Al）选择性吸收涂层”是目前我国应用最广泛的太阳能选择性涂层，其太阳吸收比可达 0.93，发射比约 0.05（80℃）。中国若干公司采用不同技术规范生产的真空集热管涂层吸收比分布在 84% ~92%。“渐变铝 - 氮/铝”吸收涂层的结构及其反射比谱技术获 1988 年国家发明三等奖。“渐变铝 - 氮/铝”太阳选择性吸收涂层为中国规模生产全玻璃真空太阳集热管的产业化准备了技术条件。清华大学还进一步研究制备了“Al - N - F/Al - N/Al ”太阳选择性吸收涂层，涂层的太阳吸收比 0.954，红外发射比 0.060（100 ℃）；还深入研究了干涉 - 吸收型 Al - N/Al 太阳选择性吸收涂层，膜系为 A_2O_3/AlN/（LMVF）Al - N /（HMVF）Al - N /Al。2003 年末，清华阳光公司的“紫金”晒乐管经比利时真空管测试专家尤哈（Juha）采用德国的“Optosol（奥波苏）”仪器测量，“紫金管”的太阳吸收比约为 0.97，热发射比低于 0.06。另经测量，在持续 48 小时 300℃高温烘烤下，“紫金管”的吸气剂膜收缩率小于 50%。

1985年以来,我国自主研究开发了三代制备太阳选择性吸收涂层的磁控溅射镀膜机:

第一代　1985—1986年,我国第一台制备太阳选择性吸收涂层的磁控溅射镀膜机,采用了电磁卧式结构。

第二代　后来又开发了第二代立式前开门生产1.2 m长全玻璃真空太阳集热管的选择性吸收涂层使用的磁控溅射镀膜机,一次装载30支内玻璃管,磁场为永久周期磁场。

第三代　开发创新了大回路闭合溅射轨迹柱状磁控靶,俗称旋转磁场,具有旋转磁场的阴极,真空室圆柱面曲率半径约350 mm,高约2 000 mm生产1.5 m长全玻璃真空太阳集热管的选择性吸收涂层使用的磁控溅射镀膜机,使阴极材料利用率提高到约5倍以上,降低了成本,而且溅射的吸收涂层的质量更为稳定。

我国科技人员还自行设计与制造了全玻璃真空太阳集热管的高效、节能的真空排气系统,将传统电真空中使用的卧式排气台发展成立式排气台,电加热元件布局合理,配以热反射屏,烘箱内温度比较均匀,使每根全玻璃真空太阳集热管烘烤所需电能大为降低。

在真空管用玻璃方面也进行了数十年的开发工作。解决硼硅玻璃3.3玻璃管生产中的技术难点:熔化温度高带来窑炉的耐火材料问题;窑炉内下层玻璃流动难引起的分层问题;无模成型玻璃管的直径、圆度和壁厚尺寸的控制;集热管用玻璃管表面的光洁度和棱线问题,开发了高温合金替代石英陶瓷端头,延长了端头的使用寿命,提高产量10%。我国用硼硅玻璃3.3生产的1.6 mm厚玻璃管太阳透射比可以达到0.904(AM1.5)。

(2) 太阳能建筑

我国太阳能建筑应用研究开始于70年代末,主要为被动式太阳房和主动式太阳房。

① 被动式太阳房

我国的第一栋被动式太阳房建成于1977年,地点在甘肃省民勤县。这是一栋南窗直接受益结合实体集热蓄热墙的组合式太阳房。从1977—1987年的10年间,我国建成了实验性太阳房和被动式太阳能采暖示范建筑近400栋,总建筑面积近10万平方米,分布于北京、天津、甘肃、青海、河北、山东、内蒙古、新疆、辽宁、西藏、宁夏、河南、陕西等省市自治区。这些太阳房的建筑类型,几乎覆盖了除工业用建筑物以外的所有民用建筑,有单层和多层建筑,还有带有我国典型地域特点的窑洞等。

在这一发展阶段,有两个大的国际合作项目对我国被动式太阳房开发应用起了巨大的推动作用:一个是中德合作项目,另一个是联合国援助项目。

1980年联合国开发计划署和国家科委共同投资,在甘肃省榆中县建设太阳能采暖与降温技术示范中心,由甘肃省科学院自然能源研究所具体承担。到1983年,在基地内建成九栋被动式太阳房示范建筑,包括三层综合试验楼、食堂、招待所、集体宿舍、农民住宅、下沉式窑洞等。另外还建成了1 000 m^2 的中低温太阳能设备试验场及气象站,并进行了相应的试验、测试和研究工作。示范中心建成的太阳房,应用引进的美国新型透光材料——费隆板。

1982年,由中国、联邦德国双方共同投资,中方由北京市太阳能研究所、天津大学、清华大学共同承担设计的"中国—西德再生能源合作项目"开始启动,该项目的主要内容是在北京大兴县义和庄建设一个新能源村。到1983年底,建成太阳能建筑25座,其中平房住宅21栋,二层住宅2栋,三层综合试验楼:单层商店一栋。1984年又为当地农户建成57栋太阳房住宅,并对其中的9栋进行了测试和总结。西德技术人员也设计监造了两栋试验性太阳能样板房。在该合作项目新能源村建设经验的基础上,由北京市太阳能研究所设计,以自建公助形式,在北京市昌平县建成了百余栋农民太阳能住宅,其中马池口乡是当时拥有被动式太阳房住宅数量最多的一个农民新村。

从"六五"到"八五"的国家科技攻关计划十分重视被动式太阳房示范工程的建设,所支持的科研项目涉及被动式太阳房的各个领域,既有基础理论研究、模拟试验、热工参数分析、设计优化,又有材料、构件的开发和示范房屋及工程建设。特别是"七五"国家科技攻关项目——"太阳能建筑设计与研究",参加单位有 12 个,设计建设了数百栋示范房屋,而且地域分布很广,有西北地区的甘肃、陕西、西藏,华北地区的内蒙、河北、京津两市,东北地区的辽宁,还有华中地区的河南和华东地区的山东,为各个不同地区的太阳房建设树立了样板。

1988—1998 年,是被动式太阳房从示范工程逐渐转向普及推广应用的阶段。该发展阶段的特点是以示范项目带动推广工程,据不完全统计,到 1996 年底,全国已建成不同类型被动式太阳房 1.5 万多栋,累计建筑面积在 455 万平方米以上。当前,我国被动式太阳房已进入规模普及阶段。主要表现在以提高室内舒适度为目标,由群体太阳能建筑向太阳能住宅小区、太阳村、太阳城发展。特别是在太阳能丰富、经济相对落后、环境污染比较严重的西部地区,发展速度更为迅速,有的地区年平均递增率达 15%。各地还制定了包括推广太阳能建筑的阳光计划,比如投资额达 4.28 亿元的兰州市"阳光计划",计划在郊区兴建 73.3 万平方米的太阳能住宅小区。甘肃省临夏市建成了占地 9.8 公顷、建筑面积 9.2 万平方米的太阳能小区,以及到 2000 年西藏计划投资 900 万元,资助新建太阳房 27 万平方米等大型工程项目。

② 主动式太阳房

迄今为止,主动式太阳能采暖系统在我国还没有成功的实用范例,这需要科技工作者继续努力,也需要相关管理部门的支持和房地产开发商的积极配合,希望在不远的将来能够得以突破。至于利用光电转换设施提供房屋能耗的零能房屋,在我国还完全是空白,由于这种建筑的初投资十分昂贵,它在中国的应用将会经过较长的阶段。

位于北京大兴芦城乡内的全太阳能建筑,占地 8 000 m^2,其室内的洗浴、供热、供电等所有能源都由太阳能来提供。作为 2008 年北京奥运场馆建设的一项试验项目,该建筑已经在 2003 年 5 月全面投入使用。该建筑的南墙、屋顶坡面等位置都安装着太阳能集热器。这些集热器在夏季可为空调设备提供驱动热源,在冬季,可为采暖提供保障。此外,建筑内还安装了全国最大的太阳能发电系统,投入运营后可提供 50 kW 的电力,满足日常用电所需。建筑院内的路灯、草坪灯也都采用太阳能,在阳光充足情况下,基本不需要外来能源。

(3) 光伏发电

我国光伏发电技术的研究开发工作,经过几十年的努力,取得了很大的成就。有关研究单位、高校、工厂企业先后开展了单晶硅和多晶硅高效电池、非晶硅薄膜电池、CdTe 薄膜电池、ClS 薄膜电池、多晶硅薄膜电池以及应用系统关键技术的研究。单晶硅高效电池效率(实验室效率)达到 20%,大面积(5 × 5 平方厘米)刻槽埋栅单晶硅电池效率达到 18.6%,多晶硅电池效率达到 14.5%,10 × 10 平方厘米多晶硅电池效率达到 12.5%;在多晶硅薄膜电池方面,采用快速热 CVD 技术在非活性衬底上制备的多晶硅薄膜电池效率达到 14.8%;采用 PECVD 技术制备的微晶硅/非晶硅叠层薄膜电池效率达到 9.5%。

其中,薄膜电池是在廉价衬底上,采用低温制备技术沉积半导体薄膜的光伏器件,材料与器件制备是同时完成的,工艺技术简单,便于大面积连续化生产;制备能耗低,缩短了能源回收期;太阳电池实现薄膜化，大大节省了昂贵的半导体材料，是当前国际研究开发的主要方向。目前已实现产业化和正在实现产业化的有多晶化合物半导体薄膜电池（碲化镉、铜铟硒）、非晶硅薄膜电池以及很有发展前景但目前尚处于探索阶段的多晶硅薄膜太阳电池。

1980年前，我国光伏电池年产量不足10 kWp，1985年前主要用于小型电源。80年代后期，随着几条引进生产线的投产，光伏电池的年产量有了大幅度的提高，1990年晶体硅光伏能电池的硅片生产能力已达1.5 MW，电池和组件生产能力达到5.5 MW（其中非晶硅电池的能力为1 MW）。进入90年代后，光伏电池年产量增加较快。1994年后，年产量均在1 MW以上，1999年的年产量为2.4 MW。目前，我国共有十几家光伏电池生产厂，年设计生产能力超过100 MW，2003年总产量达到30 MW，为历史最高水平。由于保定英利和无锡尚德的投产，开创了我国光伏发电产业的新时代，加快了我国光伏产业跻身世界强国的步伐。

90年代以来，随着边远地区经济发展和农牧民收入水平的提高，边远地区的光伏发电市场也开始向商业化发展。世界银行/全球环境基金可再生能源商业化项目的调查资料显示，我国西部地区经营太阳能光伏发电系统的各种公司和团体由80年代的不足10家，发展到1999年的50多家，其中大多数公司以商业化赢利为目的。这可以从一个侧面表明，我国的光伏发电技术已经具有了一定的市场潜力和市场吸引力。

此外，我国光伏发电屋顶系统的发展也已经起步，“九五”和“十五”期间，国家科技部开始将太阳能屋顶系统列入国家科技攻关计划，企业界率先在深圳和北京分别建成了17 kWp和7 kWp的光伏发电屋顶系统并成功实现了并网发电。“十五”期间，国家又安排了电力扶贫项目，国家计委实施“光明工程”，国家经贸委利用世界银行/全球环境基金项目赠款实施光伏发电市场促进项目。此外还有一些利用双边或多边的技术援助项目支持我国的太阳能光伏发电商业化行动，包括荷兰、美国、德国和法国以及日本等双边援助计划。这些计划的实施，在很大程度上支持了我国光伏发电技术的商业化发展。特别是2002/3年度启动的送电到乡项目安装了共计800座17兆瓦的光伏和风光互补发电系统，掀起了我国光伏产业发展的新浪潮。

四、中瑞、中德合作建议

在代表团赴瑞典，在瑞典皇家工程科学院举行的第二次工作会议期间，提出了12项合作建议，目前正在等待瑞方的答复意见，以便进一步落实双方今后的具体合作内容和进度。

1. 生物质能

借鉴瑞典的成功经验，充分利用CAE－IVA可再生能源合作项目，希望尽快落实具体合作项目.

（1）糠醛与木糖工业玉米芯（秆）成型和残渣成型以及热电联产；

（2）乙醇工业污水厌氧处理技术与沼气生产清洁汽车燃料；

（3）建立能源生物质技术研究开发平台；

（4）农村生活垃圾与秸秆共混燃烧示范；

（5）能源植物（草）种植与能源农业试点项目。

2. 风能

（1）与瑞典合作的建议

1）海上风电场规划与设计

① 合作背景

建设海上风电场是国际上风电发展的一个趋势。自1991年丹麦建设第一个海上风电场至今，欧洲已有5个国家建设海上风电场，总装机容量已达到600 MW。在海上建设风电场的优点是：a）近海风能资源比陆上丰富，发电量可增加，而且海上静风期少，风能容量系数高；b）海上风速随高度变化小，塔架高度不需要很高，可以降低风电机组成本；c）海上风的湍流强度较低，作用在风电机组上的脉动载荷较少，可以延长使用寿命；d）可忽略景观和噪声的干扰，减少土地征用的问题；e）大型风电机组运输比陆上方便。当然，海上风电场也有缺点，主要是：a）建设海上风电场投资成本比陆上高；b）在海上安装和维护风电机组比陆上困难；c）海上风电机组基础和结构设计比陆上复杂。

瑞典是欧洲最早建设海上风电场的国家之一，目前在建的有总装机容量为5×500 kW的一个海上风电场，并正在计划2个较大的海上风电场，有海上风电场建设和运行管理的经验。我国目前还没有海上风电场，“十五”期间，国家在863项目中安排了海上风能资源普查和评估的项目，将建设示范性海上风电场安排在“十一五”项目中，一些风能资源较好的沿海地区如江苏、广东都已在规划建设海上风电场，因此有合作的需求和基础。

② 合作内容

双方共同对中国江苏省和广东省海上风能资源进行评估，通过评估选择一个海上风电场址进行100 MW装机容量的海上风电场可行性研究，研究内容包括海上风电场风力发电机组选型与排布，基础设计与施工，风力发电机组运输与安装，风力发电机组接入系统等；在可行性研究的基础上双方共同完成100 MW级海上风电场设计，包括施工图纸和科学计算。

③ 合作方式

a）双方派专家进行互访，讨论合作内容，制定合作计划。

b）中方派专家参加瑞典Lillgrund海上风电场的建设工作，瑞方派专家参加中国海上风电场的选址工作。

c）双方共同对中国100 MW级海上风电场进行可行性研究和完成初步设计，其中基础部分主要由瑞方承担，中方参与；其他由中方承担，瑞方参与。

④ 合作单位

中方：中国风能协会　　负责人：贺德馨

瑞方：Vattenfee公司　　负责人：Sven－Erik Thor

2）风电接入系统及风电场与电网相互影响的研究

① 合作背景

由于风的间歇性和随机性，使风电机组输入电网的功率是波动的，引起电网电压的波动；风电场接入会改变系统原有潮流流向，影响电网的电压水平和电压稳定性；风电场切入与切出时还会影响系统的频率，可能引起系统之间联络线上交换功率的变化。另一方面，电网对风电场（风电机组）除了电能品质要求外，还要求在电网短期故障状态情况下（如电压跌落），仍能保持与电网的连接。

随着大型风电场建设，风电装机容量的增加，这种相互干扰的影响更加引起重视。因此，近年来风电发达国家都对风电接入系统及风电场与电网相互影响的问题进行研究。

我国风电场一般都接入电网末端，接入电网点软弱，因此无论风电场是采用恒功率因素控制方式的风电机组,还是采用恒电压控制方式的风电机组,风电场对电网系统各节点电压都会产生一定的变化,如果风电场通过长距离输电线路接入较强的电网点,电压波动则不大,但要增加风电场建设成本。

这次访问瑞典 ABB 公司时,根据对方的介绍了解到该公司对风电接入系统及风电场与电网的相互影响问题进行了系统的数值模拟研究,双方有合作的技术基础。

② 合作内容

建立风力发电系统数值仿真平台,用于对风力发电系统进行虚拟设计和性能分析。风力发电系统数值仿真平台包括:

a) 大气边界层内风特性建模与仿真。主要研究脉动风特性的模拟和复杂地形下风特性的模拟,建立工程用的风模型,用于风能资源评估,风电场选址和风力发电预测。

b)风力发电机组建模与仿真。主要研究大型风力发电机组空气动力特性和结构动力稳定性的数值模拟方法,用于对风力发电机组参数设计和性能分析。

c) 风力发电接入系统建模与仿真。主要研究风电场与电网系统的数值仿真技术,用于对风力发电机组控制系统设计以及风力发电机组与电网相互影响的研究。

③ 合作方式

a) 双方派专家进行互访,讨论合作内容,制定合作计划。

b) 针对中国风力发电接入系统的特点,对两个典型风电场(一个接入较弱的电网末端;另一个接入较强的电网末端)分别用各自的软件进行风电场与电网相互影响的数值模拟,共同分析。

c) 在上述工作的基础上,对现有软件进行改进,共同发展一个新的风力发电系统(由风,风力发电机组、风电场和电网组成)数值模拟平台,成果由双方共享。

④ 合作单位

中方:中国科学院电工所　负责人:徐洪华
　　　中国电力科学研究院　负责人:戴慧珠
瑞方:ABB 公司　负责人:Lars Gertmar

(2) 与德国合作的建议

1) MW 级风力发电机组变距系统设计与制造

① 合作背景

风力发电机组变距系统是兆瓦级变速恒频型风力发电机组的关键部件,在额定风速以下,通过调节风轮叶片桨距角来获取最佳尖速比,增加风能输出;在额定风速以上,通过调节风轮叶片桨距角来保持输出额定功率。另外,通过变距还可以使风轮启动时降低启动风速和停机时减少叶片载荷。变距系统有液压式和电动式两种,变距时一般采取 3 个叶片独立变距的方式,以保证在一个叶片变距有故障时,其他 2 个变距仍能达到限制功率输出。

这次考察的德国 SSB 公司是一家专门制造风力发电机组变距系统的厂家,目前正在为 GE 1.5 兆瓦风力发电机组供应变距系统,并计划在中国设立分厂,制造变距系统和电控柜。该厂对变距系统制造拥有成熟的技术和经验,而我国正在研制兆瓦级风力发电机组,其中变距系统基本是引进国外产品,因此,双方有合作的需求。

② 合作内容

共同完成 2 兆瓦级风电机组风轮变距系统设计和科学计算,并分别在中国和德国各制造 1 台产品;通过运行试验和改进,提供商品的生产图纸。

③ 合作方式

a) 双方派专家进行互访,讨论合作内容,制定合作计划。

b) 由中方提出2兆瓦级风力发电机组风轮变距系统技术要求,进行载荷计算,由德方进行验证。

c) 双方共同完成风轮变距系统传动部件和电控部件设计,其中传动部件以德方为主,中方参予,电控部件以中方为主,德方参与。

d) 双方各自在本国生产一台2兆瓦级风电机组风轮变距系统,并在中国研发的2兆瓦级风电机组上进行运行试验。

e) 经改进共同完成商品化生产图纸,成果由双方共享。

④ 合作单位

中方:金风科技股份有限公司　　负责人:武钢

德方:SSB公司　　负责人:Andreas Von Bobart

2) 风电机组检测与认证

① 合作背景

风电机组检测与认证是保证风电机组产品质量,实现规模化生产,投入风电场竞争的重要措施,世界风能发达国家如丹麦、德国、美国、印度等都十分重视并相应建有国家级的检测与认证中心。另外,许多研究机构也纷纷开展这样的业务,如这次考察的德国风能研究所。

随着我国风电事业的发展,特别是大型风电机组的国产化和大型(10万kW级以上)风电场的建设,迫切需要尽快建立我国自己的风电机组认证体系。在国家发改委和科技部的支持下,目前正在筹建我国自己的风电机组检测和认证中心,并开始对风电机组的主要部件(包括叶片、齿轮箱和发电机等)进行型式认证和对风电机组整机设计进行设计评估,但是与国际尚未完全接轨,主要是部分风力发电机组的检测技术和评估技术尚未完全掌握,因此需要通过国际合作,尽快完善。

② 合作内容

a) 对一台中国已研发的1兆瓦级风电机组按IEC标准共同完成型式试验,试验内容包括:安全与功能试验,功率特性试验,载荷试验,噪声试验和电能品质试验。

b) 对一台中国正在研发的2兆瓦级风电机组按此标准分别用双方各自的评估软件进行设计评估,评估内容包括:性能计算、载荷计算、结构动力性能分析等,并共同对结果进行比较分析。

③ 合作方式

a) 双方派专家进行互访,讨论合作内容,制定合作计划。

b) 在中国进行1兆瓦级风电机组型式试验,德方专家参加。

c) 双方专家分别对2兆瓦级风电机组进行设计评估,完成后在德国对结果进行共同分析。

④ 合作单位

中方:北京鉴衡认证中心　　负责人:秦海岩

德方:德国风能研究所　　负责人:Jens Peter Molly

3. 太阳能

(1) 太阳集热器选择性吸收表面

太阳选择性吸收表面的研究开发,中国与瑞典方各有优势,中方清华大学与瑞方Uppsala大学就用于平板太阳集热器的太阳选择性吸收表面进行合作研究，并签署了合作意向书，见附件。

Smart 窗，瑞方在世界上研究开发水平很高，国内有些大学做过一些电致变色膜的研究工作，发表了一些论文，可作为第二步的合作内容。

（2）GIS 薄膜电池

CIS 或 CIGS 薄膜电池成分中无毒性元素，在世界上已有小规模的生产线，世界上的研究水平光电转换效率大于 19%。我国通过 863、973 的支持，南开大学实验室水平 CIS 达 12.3%，有一定基础。拟加强双方的合作。

（3）染料敏化太阳电池

瑞典皇家工程院与大连理工大学已建立了合作联系，并访问过中科院等离子所，该所研发染料敏化太阳电池，已建立染料敏化太阳电池的试验阵列，向实用化发展，研究方面拟与瑞方合作，以提高染料敏化太阳电池的光电转换效率等性能。Anolers Hagfeldt 教授愿意和中国的有关大学、研究所建立合作关系。

五、对我国发展可再生能源的建议

根据这次对瑞典等国的考察，以及我国可再生能源应用现状、技术和产业发展的需求，为使我国可再生能源得到更快的发展，尽快赶上世界可再生能源利用的先进水平，实现国家发改委提出的到 2020 年可再生能源发展的目标，提出如下建议：

（1）国家进一步加强对可再生能源技术研发和产业发展的领导，国务院设立“可持续发展部”主管能源和环境。

（2）生物质方面

a）尽快进行生物能源产业化示范，以便在全国推广。如山东圣泉集团公司与 Skelleftea Kraft 热电公司就糠醛渣成型热电联产项目；广西神州环保集团公司与 Purac 公司就乙醇污水处理制沼气项目；在北京建立年产 500 万标准立方车用甲烷气项目，充分利用北京现有的基础设施，为 2008 年奥运会提供清洁原料等。在消化吸收后，形成符合中国实际的生物能源技术工艺包，在国内推广。

b）结合农业部的“乡村清洁工程”项目，在北方加快农村家庭垃圾与秸秆成型及燃烧技术与设备的应用，同时改善农村能源消费结构；在南方采用先进技术，积极支持村级沼气厂建设，利用畜禽粪便和有机垃圾厌氧生产沼气，解决民用燃料和改善环境，并有利于解决“禽流感”问题。

c）国家大力支持非粮食基燃料乙醇、生物质热电联产、生物质颗粒燃料、工业化生产沼气，形成我国的生物质产业。

d）国家支持清华大学与 Lund 大学、瑞典农业大学等单位合作组建中－瑞生物能源技术研究开发中心，建设中试技术平台，形成中国的生物能源技术研发基地。

e）国家大力支持符合我国国情和国际技术发展趋势的纤维素乙醇、厌氧生物转化、能源植物培育技术研究，尽快在纤维素乙醇领域产生突破，在世界上率先有经济效益地生产纤维素乙醇；并能示范和发展符合我国实际的能源植物，以解决能源、生态等问题。

（3）风能方面

a）加快风能技术的发展，研发有自主知识产权的风电机组

风能技术是一项综合技术，涉及空气动力学、结构动力学、气象学、机械工程、电气工程、控制技

术、材料科学、环境科学等多学科和多种领域。20多年来，我国在风能技术方面虽取得了许多成果，但和国外风能技术相比还有较大差距，特别是在风能技术的发展中还缺乏创新，科研与产业结合不紧。为此建议由中国工程院主持召开一次"中国风能技术论坛"，组织国内从事风能科研、生产、开发、运行、管理和教学的各方面专家进行研讨，详细分析、对比国内外风能技术的现状，并以国外最新的5 MW风电机组为例，找出具体的技术差距和以国内要研发的2 MW风电机组为例，找出具体的关键技术，然后分专业列出研究项目，争取列入国家科技部和国家发改委组织的风能科技项目中，通过整合国内各方面的优势力量和一定的国际合作逐一加以解决，为独立研制有自主知识产权的风电机组打下良好的技术基础。

b）实现风电产品规模化生产，建立风电专业体系

近年来，中国风电产业通过科技攻关、技术转让和合资生产等方式有了很大的发展。2004年，中国自己制造的600 kW、750 kW风力发电机组占当年新增装机容量的25 %。其中叶片、发电机、齿轮箱和控制系统等重要部件基本上是国内自己制造的，本地化生产率达到90%以上。另外也已基本具备了制造兆瓦级风电机组的能力，本地化生产率可以达到50%以上。

但是与国外相比，风电产品还没有实现规模化生产，产业体系还没有形成，产品质量不够稳定，特别是制造技术和检测技术方面有差距，另外一些重要的配套产品如风电机组中采用的变流器和变距系统要引进国外的产品。为了实现2020年装机容量3 000万kW的目标，降低风电成本，培育市场，必须加速风电机组国产化的进程。政府要培育一些已有一定规模的总装厂和专业零部件配套厂，协同发展，制造中国自己的名牌风电机组产品。

c）全面实施可再生能源法，保持长期稳定的风能政策

今年2月28日全国人大常委会通过了"中国人民共和国可再生能源法"，确定了可再生能源在国家能源战略中的重要地位，对中国风能的发展起到了十分重要的作用，也引起了国外同行的关注，国内许多企业和集团公司投资风电，建设风电场，或研发风电机组，国外厂商也纷纷涌入中国投资和设厂，这充分体现了政府重视和鼓励政策的作用。

可再生能源法将于2006年1月1日实施，为了保证能源法的实施，国家正在制定相关的实施细则，特别是企业最关注的上网电价问题、费用分摊问题、激励机制问题、公平竞争问题等。全面实施可再生能源法需要有一个实践的过程，建议发改委能每年根据可再生能源法制定的条款和实施的情况，以及不同可再生能源在国内外发展的趋向，用发表白皮书的方式进行分类指导，不断完善相关的实施细则，保持一个长期的稳定的风能政策。

d）加速风能能力建设，建设好国家级风能检测与认证中心，以及风能培训基地

风能能力建设是带有战略性的一项基础工作。其内容主要包括：教育与培训，标准与检测，评估与认证，信息与数据库，质量管理与服务体系等。在这次考察中了解到国外为了持续发展可再生能源，十分重视能力建设，通过政府投资和市场运作也有专门的部门来实施。这几年我国开始将风能能力建设列入议事日程，制定国家标准和行业标准，建立专门网站，发行刊物，交流信息，组织技术论坛和技术培训，对企业进行质量管理体系认证，对产品进行性能检测和型式认证，开发风能资源评估、性能评估、经济效益分析等软件，建立售后服务体系等，但是这方面的力度还不够，需要进一步统筹规划，精心组织，具体实施。

建议国家在能力建设方面能充分发挥协会（学会）的作用，并尽快建立国家级的风能检测中心、认证中心和培训基地。

六、关于开展好 CAE-IVA 项目合作的具体建议

(1) 建议由中国工程院在2006年主持召开“中国生物质能利用技术论坛”、“中国风能利用技术论坛”、“中国太阳能利用技术论坛”,组织国内政府、学会、生产、运行、大学、研究单位等的各方面专家进行研讨,找出具体的技术差距和发展的关键技术,然后集国内外各方面的优势力量加以解决,并争取列入国家科技部、发改委、农业部等部门负责的工作计划中,通过一段时期的努力,求得我国可再生能源技术和产业的快速发展。

(2) CAE-IVA 项目合作期限已过半,建议抓紧工作,尽快落实有双方产学研共同参加的具体的合作项目,以便指导今后项目合作的有序、有效开展。

七、附件

代表团成员

杜祥琬　院士,中国工程院副院长(项目总负责人)
黄其励　院士,国家电网东北电网公司(项目执行负责人)
许洪华　中科院电工研究所可再生能源中心主任,研究员(太阳能和风能,参加德、意两国的考察活动)
贺德馨　中国空气动力学研究与发展中心原总工(风能)
李十中　清华大学教授(生物质能)
殷志强　清华大学教授(太阳能)
唐一林　山东济南圣泉集团股份有限公司(生物质能)
罗浩夫　广西桂林利凯特环保实业股份有限公司(生物质能,参加部分考察项目)
陈冬梅　中科院电工研究所工程师(风能,太阳能)
钱左生　中国工程院国际合作局局长
王振海　中国工程院能源与矿业工程学部办公室主任
张如义　中国工程院办公厅
王小文　中国工程院国际合作局

访问欧洲代表团
2005年12月28日

赴德国出席中德对话论坛报告

为落实中德具有全球责任的伙伴关系,温家宝总理与德国总理施罗德共同倡议建立了“中德

对话论坛”。徐匡迪副主席担任论坛的中方主席。作为胡锦涛主席对德国进行国事访问日程的一部分,论坛的首次会议于2005年11月11日在柏林举行。胡锦涛主席与德国总统克勒出席了论坛正式成立的典礼并致辞。胡锦涛主席高度评价了“中德对话论坛”,并在致辞中指出,论坛在两国关系全面发展进程中应运而生,体现了新形势下双方合作的共同愿望,为两国各界交流合作开辟了新渠道,对促进中德关系更好地向前发展具有重要意义。

在论坛的首次会议上,徐匡迪副主席与德方主席、德国西门子公司监事会主席冯必乐分别率双方来自政治、经济、文化、媒体、教育等领域的代表,就如何进一步加强和扩大中德双边合作关系、中国在德国的形象和德国在中国的形象、如何加强中德中小企业合作等议题进行了讨论。讨论形成的建议将由论坛的秘书处总结后形成共同文件,以书面形式呈送两国政府。

会议进展顺利,双方主席一致认为,会议取得了“超出预期的成功”。双方建议于2006年9月7日在中国举行论坛的第二次会议。

在访问期间,徐匡迪副主席还到机场迎接了胡锦涛主席,应邀参加了德国总统在夏洛腾宫举行的欢迎胡主席的国宴,以及德国经济亚太委员会为胡主席举行的欢迎晚宴。

此外,徐匡迪副主席还应邀出席了两国政府间的“中德经济合作联委会第12次会议”的开幕全会并致辞,并主持了中国工业经济联合会和德国工业联合会联合主办、双方企业界150余名代表参加的“中德行业论坛”。徐副主席的致辞和讲演都得到了与会代表的热烈欢迎和积极反响。

中国驻德国使馆马灿荣大使陪同徐副主席参加了上述“论坛”等活动。

程家怡

2005年12月

访问俄罗斯工作报告

2005年11月21－29日,应俄罗斯建筑科学院的邀请,我院由以邹德慈院士为团长、马国馨、钟训正院士,以及院机关工作人员高战军、韩玉琴组成的中国工程院院士代表团一行5人,赴俄罗斯进行了参观、访问和学术交流。

一、出访目的

作为2004年12月俄罗斯代表团访问我院的回访,此次出访的主要目的是就“中俄两国高层建筑和城市规划的发展趋势”进行研讨和交流,并进一步了解俄罗斯城市文化和城市建筑。围绕此目的,我方代表团成员做了充分的准备,俄罗斯建筑科学院也做了周到细致的安排和热情友好的接待。

二、出访情况

1. 举办“中俄两国高层建筑和城市规划的发展趋势”报告会

11 月 22 日,代表团与俄罗斯建筑科学院共同举办了学术报告会,伊利伊乔夫第一副院长、别洛乌索夫副院长等 20 余位俄罗斯建筑科学院院士和秘书长奥列利斯基、中国驻俄大使馆科技处徐兴泽三秘参加了报告会。我方代表团邹德慈、马国馨、钟训正 3 位院士分别介绍了上海、北京和南京的高层建筑发展的情况;俄方伊利伊乔夫第一副院长、别洛乌索夫副院长等 3 位院士也介绍了各自设计的高层建筑和施工方案。我方 3 位院士的报告引起了俄方的极大兴趣,双方就共同关心的问题展开了热烈的讨论。报告会内容丰富,体现了较高的学术水平。

2. 访问相关研究设计单位并交流

为了对俄罗斯的城市建设、规划和建筑设计、管理运行机制等有更深入的了解和交流,我方代表团成员行程安排十分紧张。11 月 23 日,访问了以承接大型工程设计为主的俄罗斯建筑科学院第二设计院,现场考察了正在建设中的莫斯科中央商务区(CBD)和新建的高层建筑,并会见了院长,就城市规划和建筑设计、管理运行机制等问题进行了交流;24 日,访问了以承接大型体育场馆设计为主的俄罗斯建筑科学院第四设计院,现场考察了改扩建中的天文馆;25 日,代表团到达圣彼得堡市,访问了俄罗斯建筑科学院分院——圣彼得堡国立建筑大学,并与该校校长和有关人员进行了座谈和交流;26 日,访问圣彼得堡建筑师协会,会见该协会副主席并进行了亲切友好的交谈;28 日,代表团回到莫斯科,访问俄罗斯建筑科学院,会见库德里亚弗采夫院长,双方就高层建筑、城市规划等问题进行了讨论和交流,并对双方下一步的合作进行了探讨。

3. 参观历史建筑和城市文化

莫斯科和圣彼得堡都是世界著名的历史名城,文化沉淀非常深厚,考察这两个城市的历史建筑和城市文化也是此次出访的目的之一。在俄方的安排下,代表团参观了莫斯科市的地铁、克里姆林宫、救世主大教堂、画廊和圣彼得堡市的冬宫、彼得宫、凯瑟林宫、俄罗斯博物馆等闻名于世的建筑和历史文化遗址。对他们在各类历史建筑、文物和文化的保护方面所做的工作,深感钦佩。

三、出访体会

通过此次为期一周的出访,代表团在以下 3 个方面体会较深。

1. 城市建设与建筑设计

莫斯科和圣彼得堡的传统建筑和基础设施保护较好,整体环境比较和谐,高层建筑不多。一方面,这可能与俄罗斯的自然地理环境特点“地广人稀”有关系;另一方面,也与其管理机制有关。他们对建高层建筑,尤其在城市中心地带建高层的商务区,从规划、建筑设计、研究比较到最终定案都比较慎重严格,不追求“奇形怪状”,注重与周围建筑和景观的和谐;建筑设计讲究安全、实用、美观,从交通、生态、防灾和施工等多方面综合考虑,既体现城市特色,又表现较高的文化品位和质量水准。

2. 城市规划

莫斯科和圣彼得堡的城市总体规划较好,城市的天际轮廓线丰富优美,非常重视环境保护和历史文化保护。在城市规划设计方面,俄罗斯长期坚持“城市总建筑师”的体制,使城市建设与管理有机地结合起来;在建筑管理中,重视法制化,每年要建造的建筑面积和住宅套数按规划得以控制,特别是对建筑高度的控制和特定高层建筑区有深入的论证。这种科学决策、集中管理的规划机制,值得借鉴。但随着莫斯科城市经济的发展,人口密度越来越大,他们也面临着旧城区改造、现有住宅的整治和改善以及交通拥挤等问题。

3. 文化保护

此次出访,印象较深的是俄罗斯对历史建筑以及传统文化艺术的保护和继承。俄罗斯的文学、音乐、绘画等举世闻名,各类博物馆、教堂、皇宫、历史建筑数目众多,收藏丰富,使人震撼。而且,俄罗斯非常重视年轻一代对历史文化艺术的了解和继承,例如,所有博物馆、画廊对学生免费开放等,这无疑对城市文脉的传承和城市文化品位的提升有深远的影响。

四、出访成果和下一步工作建议

1. 这次出访,双方代表团进行了广泛的学术交流和研讨,增进了双方的了解和友好关系。双方在土木、建筑等领域方面,各自有自己的长处,通过开展这方面的合作交流,可以相互切磋、取长补短、共同前进。

2. 对俄罗斯在城市建设、规划、建筑设计、历史文化和建筑的保护等方面有更深入的了解,其中有些做法值得我们借鉴。而俄方也对我国高层建筑的发展和城市规划十分感兴趣,并提议下次双方交流的主题是"高层住宅的发展"。

关于下一步工作,代表团提出如下建议:

1. 建议继续开展这种形式的交流,并适当拓宽合作人员的范围。在今后的合作交流中,可以组织国内一些非院士的专家,尤其是中青年专家参与活动,增加相互交流的范围和广度。

2. 针对俄方代表团下次访问的主题"高层住宅的发展",建议我方及早做准备。是否可考虑交流活动的地点选在我国南方高层住宅较多的地方。

3. 俄方建议双方在中俄边境共同合作规划双方的边境城市,但此事涉及外交、边境事务等政策性较强的问题。有待研究后才能答复,一时不宜承诺。

访问俄罗斯代表团

2005 年 12 月 20 日

赴印度出席 APCAEM 第一届技术委员会及理事会会议报告

2005 年 11 月 20 - 27 日,我院沈国舫副院长率团赴印度新德里出席了 APCAEM 第一届技术委员会(TC)及理事会(GC)会议。这是 APCAEM 技术委员会、理事会自原技术顾问委员会(TAC)及理事会(GB)更名后召开的第一次会议。沈国舫副院长以 APCAEM 理事会理事、汪懋华院士以技术委员会委员的身份出席了会议。作为 APCAEM 东道国的归口联系单位,我院国际合作局康金城副局长等也应邀以观察员的身份列席了会议。APCAEM 成员国中,有 11 个国家的代表出席了会议。Mr. Lawrence Clarke(英国)、Mr. Scott E. Justice(美国)和岸田义典先生(日本)分别作为国际粮农组织官员(FAO)、非政府组织和农机企业家代表以技术顾问的身份参加了会议。

一、会议情况

1. 技术委员会(Technical Committee,TC)

APCAEM 第一届技术委员会会议于 2005 年 11 月 21 - 22 日召开。印度农业研究理事会副会长 Nawab Ali 博士致欢迎辞。APCAEM 中心 Adrianus Rijk 主任、中国工程院国际合作局康金城副局长、联合国亚太经社会贸易与投资司宣增培司长、印度农业研究与教育部秘书 Mangala Rai 博士在开幕式上致辞。

会议选举菲律宾代表 Victor Bacerdo ELLA 先生为主席。

会上通报了 APCAEM 向 ESCAP 第 61 届年会提交的报告。

APCAEM 作了 2005 年工作进展报告。有关报告内容见附件一。

APCAEM 主任芮克还介绍了 2005 年开展的具体项目,有关内容见附件二。

会议讨论了 APCAEM 中期工作战略建议、2006—2007 年工作计划及筹资问题。

针对 APCAEM 主任提出的将 APCAEM 的 TC 及 GC 会议分开和中心更名的两个问题,通过讨论,代表们表达了一些不同的意见。

随后与会各成员国技术委员会委员分别作了本国的国情报告。我院汪懋华院士作了促进中国农业机械化发展的报告。

最后,技术委员会讨论并通过了提交理事会的报告。

2. 理事会会议(Governing Council,GC)

APCAEM 第一届理事会会议于 2005 年 11 月 23 - 24 日召开。印度农业研究理事会副会长 Nawab Ali 博士、UNESCAP 副执行秘书 Shigura Mochida 博士、我院沈国舫副院长、印度农业研究理事会会长 Mangala Rai 博士出席了开幕式并致辞。

在致辞中,Shigura Mochida 副执秘感谢中国政府、中国工程院对 APCAEM 给予的大力支持。他谈到了理事会担负着审议、修订中心工作战略与发展方向的重要任务。

沈国舫副院长谈到,作为 APCAEM 在东道国的归口点,中国工程院对 APCAEM 的工作给予了一贯的支持和配合,尽可能为其创造条件,体现了中国政府为保证 APCAEM 有关活动的顺利进行所给与的积极支持。展望未来,APCAEM 任重而道远。农业的持续发展须走农业机械化道路,而农业机械化要通过农业装备来实现。伴随着农村经济的发展和农民观念的转变,农业装备的作用与地位日益突出。从世界范围看,绿色化是不可逆转的潮流,必须按照科学的发展观,减少污染,节约能源,充分利用资源。农业装备制造业要与高新技术融合,用先进的技术改造农业装备制造业。中国工程院希望 APCAEM 及其成员国加强合作,通过走农业机械化的道路,为实现联合国减除贫困的千年目标而奋斗。CAE 将一如既往地保持与 APCAEM 的密切联系,全力支持 APCAEM 的工作,履行中国政府的承诺。

印度农业研究理事会会长 Magala Rai 博士谈到,APCAEM 的前身 RNAM 在 ESCAP 的创意下,曾在通过农业加工解决妇女就业、提高收入方面做出成绩。他希望除在 2005 年工作计划中提到的工作外,APCAEM 还应将可再生能源列入其优先工作重点。

会议选举印度代表 Tandon 先生为主席。

根据议程,理事会讨论并通过了 APCAEM 第一届理事会报告。理事会结论与建议中指出:

• 理事会审议了 2005 年工作进展报告、2006—2007 年工作计划、中期工作战略建议及 APCAEM 财务状况。

• 理事会建议,根据 APCAEM 技术委员报告结果,修改 2006—2007 年工作计划与中期工作战略建议。

• 理事会建议,UNESCAP 秘书处继续致函各国政府,向 APCAEM 缴纳会费。根据修订章程,APCAEM 可以通过扩大成员的方式,增加捐款数额。

• 理事会建议,APCAEM 请成员国提供项目建议,以最好的方式、模式,实施 2006—2007 年工作计划中所涉及的中心工作。

• 理事会得出结论,在实施工作计划和进行筹资过程中,加强中心与成员国之间的互动。为此,建议每个成员国指定一家国家级机构为联系单位,协调执行 APCAEM 工作计划中的技术事宜。

• 理事会同意,第二届 APCAEM 的 TC 与 GC 会议将于 2006 年 11 月在韩国举行。

• 理事会欢迎中国政府承诺,在临时办公场所到期时,提供永久办公场所。

• 理事会提议,除成员国捐款外,APCAEM 还应扩大在其他方面的筹资,包括:私营企业和非政府组织。

• 理事会建议与结论是,鉴于修订的章程已于 2005 年 5 月 ESCAP 第 61 届年会上通过,未来几年内,将继续使用亚太农业工程与机械中心(APCAEM)的名字。

• 在有关经费问题上,参会成员纷纷向亚太经社会官员们提出质疑。一是对所有给予中心的款项均收取 13% 管理费表示不解。亚太经社会不但不能给中心以强有力的经费支持,还从中抽取如此高的管理费用,无疑是对刚刚成立且经费紧缺的 APCAEM 雪上加霜。代表们提出能否对新成立的中心给予暂不收费的特殊政策,待中心成长壮大起来以后再收取管理费也不迟。二是对成员国捐款收支账目不清表示质疑。代表们要求亚太经社会对此做出解释,希望在账目上增加透明度。

最后,会议组织与会人员参观了在新德里举办的农业产业交易会。

会后,代表团借此次出访机会,做了一些调研工作。访问了 ESCAP 设在印度的亚太技术转让中心(APCTT)及其在印度的归口联系单位——印度科学与工业研究部。详细情况另报。

为加强我院与印度工程院的联系,代表团还拜访了印度工程院。印度工程院对代表团来访十分重视,表示愿与我院建立合作关系,签订合作协议,并开展合作项目。详情参见附件三。

二、本次 TC、GC 会议特点

此次 TC、GC 会议较之以往,代表们积极参与的意识进一步加强,更加关注 APCAEM 的发展与壮大。

会议围绕中心工作计划、技术委员会与理事会分别召开和更名等问题,进行了热烈的讨论。代表们本着负责的态度,结合现实情况,权衡利弊,献计献策,提出了一些非常有价值的建设性意见。

针对上述问题,在充分听取意见的基础上,以民主集中的方式形成决议。决议为:

(1) 在吸取代表们建议的基础上,进一步修改 2006—2007 年工作计划与中期工作战略。

(2) 尽管 TC 和 GC 分别召开会议有一定益处,但目前由于经费及其他一些因素的影响,时机尚不成熟,还需沿用惯例。但在 TC 及 GC 会议之间可设 1 ~ 2 天的间隔期,安排其他相关活动。

（3）APCAEM 刚刚成立3年，工作还处于起步阶段，提出现在暂不更名为妥。同时提出，现名称并不影响中心根据联合国千年发展目标和农业可持续发展的现代理念。可利用该名称，积极扩展农业工程与机械为农业持续发展的服务领域。因此，决定继续使用现名称。

热烈的讨论体现了代表们积极参与的意识，殷切希望办好 APCAEM 的态度与决心。

三、体会与建议

1. 大家对 APCAEM 的工作十分重视。我院沈国舫副院长带队与会，在会上表明中国政府、中国工程院积极支持 APCAEM 工作的态度。ESCAP 执秘金学洙在本人另有公事，无法出席会议的情况下，派副执秘 Shigura Mochida 出席理事会会议，并在会上投入大量时间解答与会代表共同关心的问题。

2. 现代农业的可持续发展，即使在人口众多的亚太地区，仍要走农业机械化道路。这是中国及亚太地区发展中国家面临的挑战。挑战将带来机遇。作为为农业工程与农机服务的 APCAEM，应抓住机遇，迎接挑战，利用 APCAEM 这一有效的国际平台，为农业机械化做出贡献。

3. APCAEM 是在我国政府和我院的大力支持下在中国设立的第一个联合国机构。中国政府为此提供了大量的财政与多种形式的支持，并明确我院代表我国作为归口联系单位。为办好该机构，解决目前客观方面存在的问题，建议我院进一步采取措施，加强与之合作与联系，更好地支持该中心的健康发展。这对开拓我国在联合国构架方面的工作，积累经验，发展我国在亚太地区农业和农村发展中的国际合作，扩大科技交流和互惠贸易，促进地区经济社会发展都会产生很好的影响。

具体建议参见附件四“汪懋华院士‘参加联合国亚太农业工程与机械中心 2005 年技术委员会会议汇报’”。

附件一：

APCAEM 2005 年工作进展情况

1. 2005 年 2 月 24 日现任主任上任。

2. 在国际互联网上注册了域名，提高了服务效率。

3. 根据联合国外部审计建议，实施财务管理改进方案。

4. 准备聘请 6 位当地雇员到中心工作（目前已有 5 位）。此外，由韩国政府出资支持的一位韩国专家已经到位，从事收获后食物链管理工作。

5. 与一些学术、研究机构建立联系，为实施中期工作项目合作奠定基础。

6. 联合国（UN）管理和预算咨询委员会（ACABQ）于 2005 年 6 月接受了 UNESCAP 将中心主任薪资纳入联合国经常预算的请求（P－5 职位）。2005 年 11 月联合国大会（UNGA）第 5 次委员会考虑预算。12 月 UNGA 有望对该职位得出结论。

7. 在人力资源开发方面,中心主任、副主任参加了联合国一些相关培训项目。
8. 新设计了 APCAEM 宣传册,以便筹资及寻求合作伙伴之用。
9. 雇用了一位短期人员,建立计算机图书资料信息系统。
10. 购置了一辆公务车辆。
11. 制定了 2005—2007 年工作战略与 8 个项目建议书。

附件二:

APCAEM 2005 年执行的具体工作项目

1. 农业工程支持《京东议定书》任务的研究准备。
2. 沼气技术用于消除贫困及可持续发展国际学术研讨会。
3. 在指定的网站,列出成员国农业机械制造企业。
4. 继续向成员国提供像烟台国际果蔬博览会等信息,使更多的参与者在类似活动中受益。
5. 继续与“爱心—阳光”工程合作。

附件三:

中国工程院代表团访问印度工程院的情况

以沈国舫副院长为团长的中国工程院代表团一行 5 人,在参加了亚太农业工程与机械中心技术顾问会议和理事会会议后,于 2005 年 11 月 25 日中午访问了印度工程院。印度工程院副院长 R. Natarajan 教授、Placid Rodriguez 博士、荣誉秘书长 Ramakrishnan 教授和常务秘书长 Marwaha 等 5 人热情接待了我院代表团。双方就双方共同感兴趣的问题,进行了热烈而友好讨论。

一、关于签署合作协议问题

我院在赴印度之前,于 11 月 16 日收到印度工程院传来的双方合作协议草案。沈副院长对此表示赞赏,同时解释道,由于收到传真较晚,加上代表团忙于办理签证事宜,故未能对协议草案具体内容进行细致研究,并报院领导审批。建议双方工作层面就此进一步联络协商,对协议框架和内容进行修订后,报请双方工程院领导审批并鉴署。印方对此表示同意。

二、关于开展学术交流与合作问题

沈副院长介绍中国工程院的基本情况说,中国工程院成立于1994年,去年是我院成立十周年,印度工程院特地派代表到北京参加了我院院庆活动,我院对此表示感谢。中国工程院现有8个学部,共有600多名院士。工程院的主要活动是根据政府的需求对国家有关重大工程科技战略性问题进行政策咨询和学术交流。目前中国工程院开展的咨询项目较多,每年约有20多个,这些咨询项目主要来自政府各有关部门。印度工程院副院长R. Natarajan教授介绍了印度工程院的情况,该院共分10个学部,分别是土木工程、计算机科学工程、机械工程、化学与生物技术、电机工程、电子与通信工程、航天工程、冶金采矿与材料工程、能源系统及工程和核工程、跨学科工程与技术。在介绍完这些基本情况后,他提议可以在工程教育、工程师的认证等领域开展合作,并就双方共同感兴趣的题目举办双边学术研讨会。中方对此表示赞同。印方就农业与环境领域有关问题与沈副院长和汪懋华院士进行了讨论。印方就能源中的有关问题如IGCC、可再生能源等问题询问了中国工程院代表团。

印度方面对中国工程院代表团的访问非常重视,专门准备了一个问题清单。印方还就其希望参加东亚工程院圆桌会议机制事宜请求我院给予支持。

三、具体合作建议

鉴于印度与中国都属发展中大国,在发展过程中许多方面存在共同的问题。因此,印度工程院加强与我院合作的意向对双方是有益的,有助于双方沟通信息,加强联络,使双方在各自国家的工程技术和经济发展中发挥更加积极和重要的作用。为此,建议在工作层面上与对方保持联络,就协议文本的结构和内容进行协商,在达成一致意见的基础上,报请院领导审批后签署协议文本,并与印度工程院互换所签署的协议文本。

根据双方初步讨论的结果,建议在工程教育、工程师资格认证、能源、环境、农业、电信等领域与印度工程院开展合作,具体合作事宜在征求我院有关院士和专家建议后决定。

中国工程院代表团
2005年12月

附件四:

参加联合国亚太农业工程与机械中心 2005年技术委员会会议汇报

联合国亚太农业工程与机械中心继2002、2003、2004召开1、2、3届技术咨询委员会会议(TAC

meeting)后,从今年起更名为第1次技术委员会会议(1st Session of TC Committee),于今年11月21－22日在印度新德里召开。来自中国、印度、印尼、韩国、伊朗、尼泊尔、菲律宾、斯里兰卡、越南、日本、泰国、FAO等的TC成员、UNESCAP总部、UNCEAM负责人和中国工程院3名代表参加了会议。21日上午举行了简短的开幕式后,会议审议了APCEAM主任,Dr. Adrianus Rijk提出的如下文件:UNAPCEAM 2005年工作进展报告;中期工作战略建议;2006—2007年工作计划和有关其他相关工作文件。会议围绕这些建议文件展开了热烈的讨论和提出修改意见。形成了TC会议向管理委员会(GC)提交审议的报告。各参会成员国TC代表分别在会上作了近年来本国有关发展的报告(Country Report)。TC全体成员还列席参加了23－24日举行的UNAPCEAM管理委员会第一次会议。

UNAPCEAM第二任主席Dr. Adrianus Rijk(荷兰)于2005年2月24日到任后,致力于改善和加强内部办公系统工作,通过与有关潜在赞助部门和合作单位的接触和会议活动,努力寻求财政与人力资源支持,提出了一系列项目立项建议书、中心中期发展战略和2005—2006年度工作计划等,使中心的工作在本年度内取得了一定的进展。会议围绕中心提出的文件、中期发展战略计划和2005—2006年计划等展开了热烈讨论和提出了许多修改建议,其讨论结果反映在TC会议向GC提交审议的报告中。

我本人在参加这次TC会议中,对有关文件也积极提出了评论和修改意见,总的感想可简要归纳如下:

新一任UNAPCEAM主任,原具有一定的农业工程技术背景。他曾于20世纪90年代初担任过FAO农业工程处处长,和国际农业工程科技、产业界知名人士比较熟悉,每年主持FAO农业工程专家组的例行年度研讨会议。1995年后到亚洲开发银行(ADB)工作7~8年,具有比较丰富的国际组织工作经验和较宽广的职业活动视野,但同时也较长时期离开了农业工程有关职业活动实践。他到任后,工作很是投入,加班加点,日以继夜地在写项目建议书,希望能够得到经费资助来运作好系统。半年来项目申请得到财政支持遇到困难,成效甚微。另一方面,由于没有更多时间多做实地的深入调查研究,多接触本地区专家交流研究,提出的中期发展战略计划和下两年的工作计划与改革措施,引起了TC会议上不同意见的讨论和争论。他由于前期在寻求项目财政支持方面遇到一些困难,认为农业工程和机械领域的项目已很难得到国际组织支持,在中期计划和工作计划提出了一些比较含糊的发展方向和更改中心名称的建议,我认为是不符合本地区社会经济发展实际的。在讨论中,我针对文件提出的主要修改建议,可简要归纳如下:

本地区大多数成员国还处于工业化发展的初、中期阶段。农业仍然处于传统农业向现代农业转化的初、中时期。许多国家农村仍然生产手段落后,缓解农村贫困问题仍需长期努力。工程服务于农业和农村经济社会持续发展,仍将是推动农业生产和农村进步的重要动力。要紧紧地围绕实现联合国千年发展目标的要求,提出和拓展农业工程和农业机械服务、促进产业发展、改善组织管理技术和农业可持续发展的目标,提出科学的项目论证和争取项目支持。

在2006—2007年工作计划中提出的13项农业工程技术重点中,有些就值得商榷,如:

Activity I:农业工程支持《京都议定书》协议。

我认为是提得太空洞了。《京都议定书》提出的问题、原因,主要并不是农业排放引起的,更不是本地区仍然处于传统农业为主的现实发展阶段存在的主要问题。该提"围绕实现联合国千年发展目标,缓解农村贫困和农业工程技术为实现农业和农村经济可持续发展的目标来论证提出项目建议”。其中提出的下属三个子项,如:(1) 清洁发展机制(CDM)用于沼气发展,应扩展为清洁发展机制(CDM)用于农村可再生能源开发;(2) CDM 应用于保护性农业,应改为 CDM 应用于保护性耕作技术装备开发和节能、节材、节地和环保型先进适用技术创新;(3) CDM 应用于柴油发动机排放控制,目前还不是本地区许多发展中国家面临的主要问题,可以在内容描述中提出重视。

Activity III:农业喷药机械应用规范的制定。

实际上目前本地区农用喷药机械与发达国家技术的差距是十分巨大的。手动背式喷药机械仍普遍应用。今后两年,还没到统一应用规范的发展需求阶段。

Activity IV:蔬菜种植中的节水技术。

实际上本地区农业水资源制约与节约用水的主要问题,应是大田作物,即主要粮食作物和经济作物种植中的节水问题。

Activity V:亚太地区发展生物燃料的潜力和范围。

文中提出的主要是促进生物酒精和生物柴油发展问题,我个人认为近期对本地区农村发展是不切实际的。建议改为:亚太地区发展农村可再生能源的潜力和范围。本地区许多国家和地区仍然面临食物供给安全,人口、资源、农村生态环境和贫困等的严峻挑战和生物质资源的能源利用实用技术的发展机会,有许多实用的可再生能源技术开发、技术转移、推广应用才是近期农村发展的重点。

对于 UNAPCEAM 主任提出的更改中心名称的建议,我也和多数代表一起提出了明确的反对意见,并作了具体的分析说明。UNAPCEAM 刚刚成立 3 年,工作还刚处于起步展开阶段就提出改名是很不妥当的。这一组织是过去“亚太地区农业机械网络”的延续和拓展。现有的 TC 成员和 GC 成员绝大多数都是各成员国农业工程或农业机械技术和管理领域的代表。同时考虑到本地区农业工业化发展所处的历史阶段和发展需求,现有名称并不影响中心根据联合国千年发展目标和农业可持续发展的现代理念,积极拓展农业工程与机械为农业持续发展的服务领域。

在 UNAPCEAM 成立初期,曾经提出把生物技术包含在其活动领域内,在去年 3rd GB 会议通过的章程修改文本中第四条中仍保留着如下的叙述:“The Centre will achieve the above objects through understanding, inter alia, the following functions: Assistance in the improvement of agricultural engineering, mechanization, automation, biotechnology and genetic engineering: ……”。

实际上,Biotechnology and genetic engineering 与 Agricultural engineering 是分属于两个不同门类的学科范畴。学科交叉是发展的趋势,需要具有交叉学科的知识是必要的,但 APCEAM 的基本任务应是为农业可持续发展提供工程科技与产业技术支持。许多 TC 成员都具有同样的意见,但会议没有正式组织深入讨论和未及提出对章程的上述条款提出修改的建议。

UNAPCEAM 是联合国迄今在中国正式设立的下属地区性组织机构。中国工程院曾为实现这一机构迁址北京作出了重要贡献。之后,国务院明确由中国工程院代表我国政府联系这一机构。中央有关主管部门和中国工程院多年来都为支持这一机构工作的开展提供了大量财政和多种形式的支持,建立了良好的协力机制。但从近几年工作开展来看,还存在不少主、客观方面的问题。建议中国工程院方面进一步采取措施,加强与之合作和联系,更好地支持该中心工作的健康发展,这对开拓我国在联合国构架方面的工作,积累经验,发展我国在亚太地区农业和农村发展中的国际合作,扩大科技交流和互惠贸易,促进地区经济社会发展都会产生很好的影响。为此我向工程院有关领导提出如下建议供参考:

(1) 在工程院成立由 5 ~7 人组成的支持 APCEAM 工作的咨询研究小组(名称可进一步研究

确定）。由我国 APCEAM GC 代表任组长，聘请 5 ~ 7 名管理和技术专家作为咨询小组成员组成。建立季度咨询工作研究机制，据实提出一些支持该组织开展工作的建议，通过有关联系部门以适当方式和 APCEAM 交流，为政府部门和工程院提出相关的政策支持建议。

（2）研究采取措施促进我国有关科研、教育、产业、管理各界更好地利用这一平台，扩大我国农业工程与农业装备工业科技创新、产业发展、国际市场开拓和发展、对外开放与国际交流合作。

（3）探索我国有关部门和产业界支持 APCEAM 活动的可行措施，促进成员国同行对我国有关产业发展、技术产品、科技进步、市场机遇的了解，为发展地区性的全面合作作出贡献。

以上意见和建议，作为个人参加 2005 年 APCEAM TC 会议的汇报，仅供参考。

中国农业大学现代精细农业教育部重点实验室

汪懋华

2005 年 12 月 1 日

访问俄罗斯建筑科学院报告

应俄罗斯科工联、俄罗斯科学院科拉中心矿山研究所的邀请，受中国工程院的派遣，钱七虎院士任团长，施仲衡院士和包括地下工程、地铁交通、岩土工程与核废料处置等领域专家在内的中国工程院代表团一行 8 人，于 2005 年 11 月 14 – 25 日对俄罗斯进行了学术访问。

在俄罗斯访问期间，俄方对中国工程院代表团的到来给予了高度重视，进行了热情接待和周密安排。代表团先后在莫斯科参加了由俄罗斯科工联组织的《安全——超大城市与地区稳定发展的基础》科技大会；考察了莫斯科地铁建设、运营和管理等情况；在科拉半岛参观了摩尔曼斯克轮船公司的核动力破冰船和科拉超深地下井，访问了“阿帕季特”矿业公司和俄罗斯科学院科拉中心矿山研究所。通过参加大会、听取介绍、实地参观和相互交流，代表团达到了预期的访问目的，取得了一定的学术成果。

1．与俄罗斯同行在信息安全、大城市的能源安全、大城市及地区的辐射安全、大城市建设及使用隧道交通设施中的安全问题、交通安全、城市建设综合体及公民生活保障的安全、大城市的生态安全、超大城市的经济安全、专家的专业培养和生产安全保障等专题进行了广泛的交流，初步了解了俄罗斯在公共安全方面采取的工程技术思路、方法和措施。

2．与俄罗斯同行就超深地质勘探、采矿安全监控、岩石力学与工程等问题进行了探讨，基本了解了俄罗斯在这些方面研究的重点方向、采取的具体方法和取得的重要成果。

3．与俄罗斯同行就核废料处置问题进行了专门的探讨，听取了俄方就选址、安全评估、生物圈的辐射防护、工程屏障的性能评价和相关法律法规政策等五个方面作的专题报告，获得了《俄北欧地区长期保存和处置核与放射性危险材料的地下工程的创新设计》、《俄北欧地区舰船核动力装置的乏燃料》、《俄罗斯与美国高放核废物与乏核燃料的终点报告》等成果资料，为我国核废料地质处置研究的开展提供了很好的借鉴，也为双方在此方面今后可能的合作明确了方向。

4. 在《中国工程院与俄罗斯科工联合作备忘录》的框架内，代表团代表中国工程院与俄罗斯科学院科拉中心矿山研究所，就今后2~3年内双方在科技信息、岩土工程及核废料地下处置研究等方面的交流与合作，签订了无约束性的意向协议书。为增进进一步的了解，就超深地质研究、岩土工程和核废料处置等我国急需了解的问题进行深入探讨，有针对性地邀请了4位俄罗斯专家于明年3月底或4月初赴中国访问核工业北京地质研究院、中国科学院武汉岩土所和东华理工学院。

5. 考察了莫斯科地铁的建设、运营和管理等情况，这对我国"十一五"规划加快发展城市轨道交通，建设节约型城市轨道交通有很好的促进作用，尤其是莫斯科地铁高效率运行，行车密度每小时40对，行车间隔1.5分钟，对我国地铁提高运行效率有很好的促进作用。

6. 代表团考察了新近建成投入运营的采用直线电机系统的跨座式单轨系统。

此次中国工程院代表团赴俄罗斯的成功访问，是在2005年5月于北京举行的"中俄工程论坛"的基础上，在公共安全、地下工程、地铁交通、岩土工程和核废料处置等领域与俄罗斯工程科技界开展的进一步交流，为中俄双方在工程科技领域的深入合作提供了具体的平台。因此，建议中国工程院今后在中俄工程交流与合作方面进一步加大力度，在政策上给予方便，在渠道上给予拓宽，在经费上给予支持。

访问俄罗斯代表团

2005年12月

〔国际会议〕

传染病与生物安全国际研讨会

2005年4月5日－6日，由中国工程院(CAE)、国际风险管理理事会科技委员会(S&T,IRGC)共同主办的传染病与生物安全国际研讨会在北京中国科技会堂召开。全国政协副主席、中国工程院院长徐匡迪担任大会名誉主席，科技部副部长刘燕华担任大会主席。中国工程院副院长刘德培、国际风险管理理事会秘书长 Mr. Christopher Bunting、中国疾病预防控制中心主任王宇、中国工程院院士、国际风险管理理事会科技委员会成员侯云德等担任执行主席。

中国工程院刘德培副院长在开幕式上首先致辞，他感谢中国疾病预防控制中心和 IRGC、WHO 等国际组织对本次会议的支持与关注，感谢与会代表的积极参与，指出这次会议的主题是全世界共同关注的关于人类生存健康的主题，也是 IRGC 组织所关注的众多风险中的一个，因此这是一次具有非常积极的、重要意义的会议。

中国疾病预防控制中心主任王宇、国际风险管理委员会秘书长 Mr. Christopher Bunting、中国工程院院士、本地学术委员会主席侯云德、世界卫生组织驻北京代表 Dr. Henk Bekedam 等也分别致辞。

14位在传染病与生物安全、风险管理领域的国内外知名专家学者作了学术报告。他们分别是中国疾病预防控制中心主任王宇研究员的“中国疾病预防控制概况”；美国西雅图国际“健康技术规划”(PATH)、日本乙型脑炎计划组主任 Julie Jacobson 教授的“在亚洲日本乙型脑炎的控制”；中国工程院钟南山院士的“中国非典流行的教训”；中国疾病预防控制中心首席科学家曾光研究员的“SARS 危机的教训”；香港大学微生物系袁国勇教授的“传染病流行的风险”；军事医学科学院微生物流行病研究所车凤翔研究员的“关于中国实验室生物安全的问题”；中国疾病预防控制中心传染病预防控制所所长徐建国教授的“细菌病原体分子监测网络：一种探测生物武器攻击和传染病爆发流行的有力工具”；军事医学科学院微生物流行病研究所曹务春研究员的“生物威胁及我国的生物防御”；美国疾病控制中心，传染病国家中心病毒和立克次体病系主任 James W. LeDuc 博士的“传染病与生物安全”；中国疾病预防控制中心病毒病预防控制所郭元吉研究员的“流感大流行中普遍关注的若干问题”；农业部全国畜牧兽疫总站站长于康震研究员的“禽流感与人类健康”；德国斯图加特环境社会大学教授 Ortwin Renn(由 Mr. Christopher Bunting 代为发言)的“风险的基本概念和风险管理：发展和履行风险管理战略的指导原则”；联合国国际降低灾难战略部门兼秘书处资深顾问 Mr. Terry Jeggle 的“降低灾难风险的重要方针和政策”；日本传染病国家研究所生物安全控制和研究系主任 Dr. Kazuyoshi Sugiyama 的“生物安全的管理”。

会议就关系人类生存、健康等重大问题进行了认真、热烈的研讨。共分五个单元，包括传染病的概况、SARS 的教训、传染病的应对与生物安全、流感、风险管理等。会议提出面对新出现以及再度出现的诸多传染病的威胁，生物安全失控的威胁，世界各国需要紧密的合作，交流彼此的信息，分享成功的经验。

本次会议是在应对传统风险与新型科技风险方面的一次务实的探讨，会议得到了国际风险管理理事会科技委员会(S&T,IRGC)的确认与支持。中国政府有关主管部门包括科技部、卫生部、农业部的领导、以及中国疾病预防控制中心、中国医学科学院、军事医学科学院、中国农业大学等单位的专家学者及高校师生80多人与会。

中国工程院医药卫生工程学部，农业、轻纺环境工程学部与国际合作局共同承办了本次会议。

（李冬梅　提供）
2005年4月14日

中俄工程科技研讨会

2005年5月11日－13日，由中国工程院、国家外国专家局与俄罗斯科学院、俄罗斯科学工程学会联合会、俄罗斯建筑科学院、俄罗斯工程院、俄联邦工程科学院等单位联合举办的“中俄工程科技研讨会”在北京召开。

全国政协副主席、中国工程院院长徐匡迪、国家外国专家局局长万学远出席了大会开幕式并发表了讲话。开幕式由杜祥琬副院长主持。

参加此次会议的中俄双方工程科技专家与代表近150人。其中俄罗斯专家53人，包括多名俄罗斯科学院院士；中方近百名代表中，包括24名中国工程院院士。双方专家通过大会报告以及分会研讨的方式，重点就工程科技前沿以及中俄工程科技合作进行交流与探讨。分会讨论的领域包括信息、新材料、能源、地下空间技术等。在此次会议上，中俄双方代表共作报告48篇。其中，王永志、杜祥琬、李大东、钱七虎、李三立院士代表中方作了大会报告；周寿桓、陈良惠、徐滨士、薛群基、韩大匡、施仲衡、李京文、王梦恕院士在各自的分会上作了报告。

（官　键　提供）
2005年11月

中瑞可再生能源与环境合作项目研讨会

2005年5月30－31日“中瑞可再生能源与环境合作项目研讨会”在京召开。该研讨会是根据《中国工程院和瑞典皇家工程科学院可再生能源与环境谅解备忘录》确定的方向和原则，以及2005年2月双方商定的结果而举行的。

中瑞参会人员共36人，瑞典皇家工程科学院副院长 Per Storm 先生和乌普撒拉大学 Leijion 教授等15名瑞方代表参会，瑞方代表分别来自瑞典的大学、科研机构和著名企业。中方工程院副院长杜祥琬院士、杨奇逊院士、倪维斗院士及江亿院士等21名代表参会，中方代表主要来自高校和科研院所。

杜祥琬副院长和 Leijion 教授分别就中瑞的能源问题作了专题报告。在研讨会上，13位瑞典专家和13位中国专家分别介绍了在生物质能、风能、波浪能、太阳能及建筑节能等领域开展的研究和取得的成果。

中瑞专家分成4个小组进行分组讨论和交流，并确定了相互学习和交流的合作方式。双方讨论的主要事项：

1）各专业交流小组（生物质能、风能、波浪能、太阳能及建筑节能4个交流小组）进行分组讨论交流并提交了工作报告；

2）讨论双方2005—2006年度项目实施计划；

3）确定2005年10月在瑞典召开项目第二次研讨会。

会议期间，杜祥琬副院长代表我院会见了瑞典皇家工程科学院副院长 Per Storm 先生和瑞典代表团团长 Leijion 教授一行。双方就可再生能源问题和中瑞合作项目的实施交换了意见和看法。

此次研讨会由中国工程院合作局承办，学部工作局能源学部办公室协办。

（王小文　提供）

第二届中医药现代化国际科技大会

由科技部、农业部、卫生部、国家食品药品监督管理局、国家中医药管理局、中国科学院、中国工程院和四川省人民政府共同主办，四川省人民政府承办的“第二届中医药现代化国际科技大会”于2005 年 9 月 25 – 27 日在四川成都国际会展中心召开,同期举办“2005 中医药国际科技博览会”。

中医药是中华民族的瑰宝,不仅为中华民族的繁衍生息发挥了重要作用,而且为世界人民的健康做出了巨大贡献。近年来,国际社会对传统天然药物需求日益扩大,经济的全球化和文化的多元化,为中医药提供了广阔而美好的发展空间。依靠现代科学技术,进一步提高中医药防病治病水平,加快推进中医药现代化、国际化进程,争取让中医药为人类做出更大的贡献,已成为我国各级政府和产学研各界共同努力的目标。

本届大会具有以下特点：

一、规格高、规模大

大会由科技部、农业部、卫生部、国家食品药品监督管理局、国家中医药管理局、中国科学院、中国工程院和四川省人民政府共同主办,意大利卫生部、美中制药协会、丹麦国家中医药集团及国内知名企业协办。大会学术委员会主席由中国工程院院士王永炎、中国科学院院士陈竺、诺贝尔奖获得者 CMelton Gajdusek(卡尔顿 · 贾达斯克)担任。

本届大会有来自国内外的 1 500 余名代表参会,其中境外代表 250 人。来自世界卫生组织、欧盟、美国、英国、德国、日本、韩国和中国港澳台等 45 个国家、地区和有关国际组织,基本覆盖了全球传统医药和天然药物主要国家、地区。11 个国家由政府要员率团参会,包括:印尼代表团、斯里兰卡代表团、瑞典代表团、越南代表团、奥地利代表团、英国代表团、丹麦菲因州代表团、香港特别行政区代表团、澳门特别行政区代表团。

二、水平高、权威性强

本届大会的主题是“中医药发展与现代科学技术”,围绕主题,立足中医药发展的世界前沿动态,结合国内外中医药界关注的热点,设置了“中医药现代化高峰会议”、“高新技术与中医药发展”、“中医药理论的继承与创新”等 8 个分会。其中“中医药现代化高峰会议”由中国政府与 WHO 联合主办,是国内首次举办的中医药政府论坛,将汇聚国内外政府要员、权威专家和大型药业 CEO,共商中医药现代化、国际化发展大计。

大会共收到反映中医药最新技术、最新成果的高水平学术论文 815 篇,其中境外 132 篇,来自 20 多个国家和地区。确定了一批高水平的学术报告:科技部领导作“中医药现代化国际科技发展战略”主题报告;农业部、卫生部、国家食品药品监督管理局、国家中医药管理局、中国科学院、中国工程院等国家有关部门、单位领导就中药生产与中医药现代化、中医药与人类健康、我国中药监管的现状与展望、系统生物学与中医药现代化、21 世纪中医药发展机遇等作报告;世界卫生组织官员、欧盟中草药管理官员、美国 FDA 官员、英国卫生部官员、意大利药品管理官员、香港特别行政区政府卫生署署长等就传统医学研究的方向与方法、欧洲中草药产品的管理、美国植物药法规、英国传统草药产品管理、中医药在意大利的发展、香港规官中医药之现况及发展等作报告;诺贝尔奖获得者 CMelton Gqjdusek(卡尔顿. 贾达斯克)作题为“用三维纳米材料培养的细胞来筛选中药”的报告;美国科学院院士 Peter k. Vogt(彼得 · 沃格特)、美国伊利诺斯大学教授 Geoftky Cordell(吉奥弗雷 · 科德尔)、美国哈佛大学教授李豫伟、美国仙灵宝制药执行副总裁 James Mcdonald(詹姆斯 · 迈克唐纳)中国科学院院士李连达、中国科学院院士苏国辉、中国工程院院士肖培根、中国工程院院士桑国卫等近百位国内外知名专家学者、企业家围绕中医药现代化、国际化、标准化等有关问题作报告。

三、特色鲜明、务求实效

为充分利用国内外政府官员、专家学者、企业家云集大会的机会，搭建中医药交流与合作平台，促进现代中药产业发展。大会设置了丰富多彩的专题活动，是本届大会的一大亮点。一是中医药国际化系列专题活动："中英中医药研讨会"、"中丹合作，推动中药进入欧洲市场"；二是中医药科技、教育发展专题活动：包括"中药企业科技需求座谈会"、"中医药高等教育与传统医药的继承和发展"、"中药新药安全性与有效性评价"、"戒毒与抗艾滋病中药专题研讨会"等。

四、突出创新、促进发展

大会从国际国内中医药领域发展的实际出发，进一步适应国际化、市场化、专业化的要求，突出企业主体地位，加强机制和体制创新，调动和动员国内外中医药企业以及全社会的力量积极参与、办好大会。目前，四川大学、成都地奥集团、四川迪康科技药业股份有限公司、成都康弘制药有限公司、成都恩威投资（集团）有限公司、绿谷（集团）有限公司等已确认作为大会协办单位，积极参与了大会筹备工作，共同推动现代中药产业发展。

（李冬梅　提供）

2005 高级病毒学国际研讨会

2005 年 10 月 11 日 – 13 日高级病毒学国际研讨会在北京中苑宾馆召开。本次会议由中国工程院医药卫生学部和中华医学会医学病毒学分会共同主办。10 月 11 日上午举行了简短的开幕式，中国工程院副院长刘德培院士、北京交通大学宁滨常务副校长到会祝贺，并致辞。会议由中国科学院外籍院士、美国科学院院士、美国芝加哥大学教授罗伊兹曼与中国工程院洪涛院士主持。

会议安排 14 位学者作了特邀报告，其中包括 3 位美国科学院院士、3 位中国工程院和科学院院士作了大会报告。13 位学者作了会议发言。

会议报告和演讲涉及的研究领域和问题包括如下几方面：一、新发病毒传染病的危机和对策，包括：HIV，SARs，流感和高致病性禽流感，乙型肝炎（HBV）的免疫学和丙型肝炎病毒（HCV）培养的突破，流行性出血热（HPRS）研究进展；二、病毒—细胞相互作用的机理；三、抗病毒药物和治疗的发展；四、病毒性传染病的流行病学和预防对策。中国疾病预防和控制中心主任王宇教授专程赴会介绍了中国政府的疾病控制政策和成果。

会议就当代医学病毒学的主要问题和研究热点进行探讨，交流最新的研究成果和前沿的研究思路、技术与方法，达到了把国际上病毒学的最新成果介绍到国内，把中国在疾病控制和病毒学研究的成果展现给世界的目的。对于促进我国病毒学研究和应用的发展，促进病毒学疾病的诊断和预防进程起到了推动作用。会议还宣传了北京交通大学在开创生物科技等新兴学科等方面的决心和成绩，帮助北京交通大学与国内外的重要研究机构和知名学者建立了联系。会后，部分海外留学人员参观了北京交通大学生物科学与技术研究所，表示了回国工作和合作的意向。

本次会议虽然是一次高层次、论坛性、小规模的学术会议，但仍吸引了国内外众多的病毒学研究者。会议召开时的报名人数远远突破了原定50人的规模，连续三天的会场人数均超过90人。与会者多是来自世界各地的细胞学和分子生物学专家、各个省市疾病控制中心人员、医学院校和研究机构病毒学教学科研人员等。会议共接受论文83篇，汇编成论文集。

本次会议由中华医学会病毒学会、病毒基因工程国家重点实验室、北京交通大学、农业部动物检疫所、农业生物技术重点实验室共同承办，同时得到了国家自然基金委员会、国家863计划、北京生物工程与医药产业基地、香港大学微生物系的资助。

（张　健　提供）

2005年11月11日

第八届中俄双边新材料新工艺研讨会

2005年11月3日上午，第八届“中俄双边新材料新工艺研讨会”在广州市东方宾馆召开。全国政协副主席、中国工程院院长徐匡迪、广东省副省长宋海、广东省政协副主席石安海、中国有色金属工业协会会长康义及俄罗斯科学院叶柳金院士及潘金科院士等领导出席了研讨会开幕式。会议由王淀佐副院长主持。本届会议由中国工程院和中国有色金属学会主办，广州有色金属研究院承办，并得到了广东省科技厅的支持。此次会议参会代表达200多人，其中俄方代表55人，分别来自28个单位；中方代表近150人，来自国内40多个单位。

本次会议的主题为材料研究的新成果、新进展及应用。主要议题包括材料科学与工程的基础研究、纳米材料的制备与应用、航空与航天材料研究与应用、生物医用材料的研究与进展、贵金属功能材料及其制造工艺、微电子及光电材料、能源材料及其应用、材料的冶金及加工新工艺、极端气候条件下的结构材料、复杂外形零部件激光快速成像工艺等10个方面。会议共收到论文181篇，其中中方73篇，俄方108篇。徐院长在会上作了题为“面向21世纪的中国钢铁工业”的特邀报告；左铁镛院士、李鹤林院士、康义会长、俄罗斯科学院叶柳金院士、潘金科院士、奥西科院士等材料界著名专家分别作了专题报告。

（官　健　提供）

2005年11月

〔国际合作协议〕

与墨西哥合众国工程院
工程和技术科学合作谅解备忘录

中华人民共和国中国工程院与墨西哥合众国工程院（以下简称“双方”），认识到中华人民共和国和墨西哥合众国正在经济和社会领域取得的进步具有重要意义，达成如下协议：

第一条

双方同意推动两国在工程和技术科学（以下简称“工技”）领域的互利合作。

第二条

双方将在各自的职能范围内，根据两国现行的法律和规定，以及各自的财力，为工技领域专家的合作及适宜的工技企业间的接触提供便利。

第三条

未来合作和接触的方式主要包括：

（一）学术访问

双方将协助推动科学家、工程师以及技术人员的交流（各方所派访问人员保持平衡），此类访问被认可为学术访问。

（二）考察活动

双方将协助推动科学家、工程师、技术人员、官员及企业界人士的考察活动，以促进在工程和科技方面的战略联盟与合作。

（三）联合举办研讨会和讲习班

双方将推动举办研讨会和讲习班，以使科学家、工程师和技术人员通过交换信息提高在有关领域的合作水平。

（四）信息交流

将在信息和出版物交流方面进行互利合作。

（五）其他

双方将在共同感兴趣的领域开展其他活动，这些活动既可以是双边的，也可以是与其他国家类似机构联合开展的。

第四条

双方将根据各自的能力，保持友好的接触，并推动工程类科学家、工程师和技术人员的相互合作。

第五条

双方将推动中华人民共和国与墨西哥合众国在工技领域的合作。

第六条

关于经费安排，对于双方同意的、需要赴对方国家开展活动的费用，将根据项目情况具体商定。

第七条

本备忘录于签署之日起生效，有效期为三年，如任何一方未在有效期或延长期终止前六个月书面通知另一方终止，则本备忘录将延长三年，并依此顺延。

本备忘录终止后，仍在实施的项目和活动将继续有效，除非双方达成与之相反的协议。

本备忘录于二〇〇五年五月三十一日在墨西哥城签订，一式三份，每份均用中文、英文和西班牙文写成，三种文本同等作准。

中华人民共和国	墨西哥合众国
中国工程院院长	墨西哥工程院院长
徐匡迪	费朗西斯科·桑切斯·塞斯马

与澳大利亚技术科学与工程院工程和技术科学合作谅解备忘录

中华人民共和国中国工程院与澳大利亚技术科学与工程院（以下简称“双方”），认识到中华人民共和国和澳大利亚正在经济和社会领域取得的进步具有重要意义，达成如下协议：

第一条

双方同意推动两国在工程和技术科学（以下简称“工技”）领域的互利合作。

第二条

双方将在各自的职能范围内，根据两国现行的法律和规定，以及各自的财力，为工技领域专家的合作及适宜的工技企业间的接触提供便利。

第三条

未来合作和接触的方式主要包括：

（一）考察活动

双方将协助推动科学家、工程师、技术人员、官员及企业界人士的考察活动，以促进在工程和科技方面的战略联盟与合作。

（二）联合研讨会和讲习班

双方将推动举办研讨会和讲习班，以使科学家、工程师和技术人员通过交换信息提高在有关领域的合作水平。

（三）信息交流

将在信息和出版物交流方面进行互利合作。

（四）其他

双方将在共同感兴趣的领域开展其他活动，这些活动既可以是双边的，也可以是与其他国家类似机构联合开展的。

第四条

双方将根据各自的能力，保持友好的接触，并推动工程类科学家、工程师和技术人员的相互合作。

第五条

双方将推动中华人民共和国与澳大利亚在工技领域的合作。

第六条

关于经费安排，对于双方同意的、需要赴对方国家开展的活动，派遣方负担国际旅费，接待方负担国内费用。在其他情况下，将根据项目情况具体商定。

第七条

本备忘录于签署之日起生效，有效期为三年，如任何一方未在有效期或延长期终止前六个月以书面形式通知另一方终止，则本备忘录将延长三年，并依此法顺延。

本备忘录终止后，仍在实施的项目和活动将继续有效，除非双方达成与之相反的协议。

本备忘录于二〇〇五年七月十四日在澳大利亚签订，一式二份，每份均用中文和英文写成，二种文本同等作准。

中国工程院副院长	澳大利亚技术科学与工程院院长
沈国舫	兹尔曼

与法国国家技术科学院在技术领域合作协议

前言

本协议签约双方为法国国家技术科学院与中国工程院，下文中按照国际工程与技术科学院理事会(CAETS)中的称呼分别简称为(NATF)和(CAE)，或称为协议双方。

双方认为：

——法中两国人民之间有着相互尊重的友好关系；

——双方各自研究的课题有着很多共同领域，如为了使社会最大限度地应用技术发展成果，都考虑技术与社会之间的关系，又如技术成果如何为人类服务；

——就这些重要课题方面双方深入进行交流，实现双方互利；

——中国有秩序的高速发展是促进世界未来发展的重要因素之一，法国有信心在科学发展和技术进步方面，为成为推动世界可持续发展的范例而努力。

双方期待：

通过在2004年5月23日刘德培副院长率领的中国工程院代表团访问巴黎期间与法国国家技术科学院让·克鲁德·雷曼院长举行的会谈；2004年6月4日中国工程院徐匡迪院长与法国国家技术科学院佛朗索瓦·吉诺副院长于北京庆祝中国工程院成立十周年之机举行的会谈，双方期待开创和发展富有成效的双边合作关系得以实现。

为此，特达成如下协议：

1. 本协议的目的

本协议的目的是确定双方合作的原则和基本条件。

2. 合作的范围

——对受过高等教育的年轻人进行培训，加强法中两国之间人员交流；

——信息和科学技术教育；

——科学技术设备；

——信息和通讯技术；

——生物工程；

——能源；

——化工与建材；

——交通；

——房屋工程、公共工程和建筑工程；

——医疗技术；
——创建新型企业；
——技术、风险和可持续发展；
——其他（不仅限于上述方面）。

3. 合作的组织形式

由双方领导人进行会晤，确定在可能合作范围内优先合作的课题。为了共同实施，须制定两年工作计划，保证双方共同落实。

双方共同实施可采取如下形式：
——双方成员之间的交流；
——共同工作和合作发表文章；
——由其中一方组织或双方共同组织报告会、研讨会、交流会，并共同发表成果。

共同实施或合作时各方所需要的物质条件，由双方根据每次具体情况确定和落实。

4. 期限

本协议自双方签字之日生效，有效期4年。如无异议可自动延期。

5. 语言：

本协议一式4份，两份法文，两份中文，两种文本均具有同等效力。

本协议于二○○五年十二月五日在巴黎签署。

法国国家技术科学院	中国工程院
院长	中国驻法国大使
佛朗索瓦·吉诺	赵进军

与美国国家工程院工程科技合作备忘录

中国工程院与美国国家工程院（以下简称“双方”），认识到亚太地区的发展对全球社会与经济发展的重要性，一致同意，为了共同的利益，促进两国工程与技术科学的合作。

双方将在两国现行的法律和规定下，根据双方的财力，在各自的职能范围内，促进工程科技领域专家的合作和相应的工程科技产业间的联系。

合作与联系的方式可包括：

研究性访问

双方将在对等的基础上，为博士后及以上水平的科学家、工程师和技术人员间的交流提供帮助。这类交流称为研究型访问。研究型访问也包括双方管理人员的交流。

考察性访问

双方将为科学家、工程师、技术人员、官员、企业家为促进工程科技领域的合资与合作项目进行的考察访问提供帮助。

联合研讨班或讨论会

双方将促进举办研讨班或讨论会，通过科学家、工程师、技术人员间的信息交流，提高合作水平。

信息交流

双方将本着互利的原则，在交换信息与出版物方面进行合作。

其他

双方将在共同感兴趣的领域开展其他活动。这既包括双边活动，也包括与其他国家工程院联合举行的活动。

双方将在各自能力许可的范围内，保持友好联系，鼓励科学家、工程师、技术人员的相互合作。

双方将促进亚太地区、特别是其中发展中国家间的工程技术合作。

双方已一致同意的活动中，若需访问另一方，则由派遣方负担国际旅费，接待方负担国内费用。其他情况的经费将逐项商定。

本备忘录在双方各自管理机构批准后，自签字之日起生效。有效期为三年。如双方同意，本备忘录可再延长三年。

本备忘录于二〇〇五年十二月十九日在北京签署，一式两份，分别用中文和英文写成，两种文本同等作准。

中国工程院院长	美国国家工程院院长
徐匡迪	威廉·沃尔夫

院地合作

〔深圳〕

深圳中国工程院院士活动基地工作总结

2005 年,深圳中国工程院院士活动基地根据深圳市委市政府"大力倡导企业自主创新,建设创新型城市"的精神,共邀请 50(人次)院士、80 多位专家到深圳参与各种活动,较好地完成了合作委员会确定的各项工作任务。

1. 成功地举办了第五届"中国青年科技企业家管理论坛"

"中国青年科技企业家管理论坛"是国内一个重要的企业管理论坛,由中国工程院与深圳市人民政府共同主办,每年在深圳市举行一次。前四届论坛分别以"管理创新"、"企业家精神"、"企业核心竞争力"和"中国汽车工业发展"为主题。

9 月 11 日,在五洲宾馆举行的第五届中国青年科技企业家管理论坛,主题为"中国制造业企业国际化战略"。这个题目对于当今全球经济一体化形势下,国内企业如何走出国门,参与国际竞争,具有相当大的现实意义和借鉴作用。有 12 位院士出席,其中有我国管理学开创人汪应洛院士、管理学大师李京文院士、三峡工程总公司陆佑楣院士。论坛邀请了上海宝钢集团总经理崔健、罗兰贝格咨询公司亚洲区总裁朱伟、北京大学光华管理学院、复旦大学、上海交通大学、暨南大学的管理学院的院长出席。听众有 400 多人。

论坛由工程院副院长邬贺铨致开幕词,深圳市常务副市长刘应力到会致辞。刘副市长表示工程院每年在深圳举办的"青年科技企业家管理论坛"对于深圳市企业管理水平的提高起到了积极的推动作用。

第五次管理论坛的规模有所扩大,国家自然科学基金委管理科学部、教育部科技委管理科学部、暨南大学管理学院、上海交通大学管理学院加盟,共同组织举办了这次盛会。会前,上海交通大学和暨南大学组织力量,分别对长三角和珠三角企业国际化现状和问题,进行了广泛调研,国家自然基金委和中国工程院又设立了专项课题,在这次论坛和专项课题基础上形成研究报告,向国务院和有关部委提出咨询建议;另外,也准备以这次论坛为契机,成立常设的管理论坛组委会,努力把"中国青年科技企业家管理论坛"打造成国内管理界的一个重要品牌。为成功举行这次论坛,郭重庆、刘人怀、刘大响、钱清泉等院士和工程院管理学部,从 2005 年初就开始奔忙,先后召开三次会议,积极筹办,付出了很多的心血。上海交通大学和暨南大学不但承担了调研和出版会议论文集的重任,还分别提供了近 40 万元的经费支持,既出力又出钱,我们对他们的努力和支持表示衷心的感谢。

2. 高交会期间组织举办“构建创新型城市”论坛

在高交会期间举办的“构建创新型城市”论坛上，邬贺铨、刘大响、钱清泉、邹德慈、何祚庥、倪嘉缵、徐建中、严陆光等8名院士和中国社科院城市发展与环境研究中心主任牛凤瑞教授，围绕我国城市化创新之路、如何构建创新型城市等问题，进行热烈交流。专家认为，产业创新、规划创新、制度创新对于中国的创新型城市建设至关重要。深圳的科技创新能力提高较快，转化能力较强，高科技产业集群发展较快。深圳的政府管理竞争力优势突出，政府财力位居全国第一，这些方面充分证明制度创新的重大作用。深圳的创新精神对我国所有城市都有启示意义。

深圳市人大常委会副主任邱玫表示，在市委提出“实施自主创新战略，创建自主创新型城市”战略目标之际，院士们齐聚深圳探讨“构建创新型城市”这一主题，对深圳具有重要的参考意义。

3. 举办“无尺度现象引发网络变革”的学术报告会

2005年3月8日，院士基地与深圳清华研究院共同邀请了李幼平院士，为高新区的科技人员作了一场“无尺度现象引发网络变革”的学术报告。李院士介绍了“无尺度”现象的发现和形成原因，揭示了“深藏在个性中的共性强烈地反映出信息共享的本质，由此将引发出网络传播的革命性变革”，无尺度现象鼓励我们寻找一种没有带宽限制，没有使用人数限制，完全个性化服务的机制，将会把Web的发展推向一个新的高度。李院士的报告不仅从技术角度阐述了原理，而且对于这项新技术的应用方向和前景作了概括，对于深圳率先开发出下一代网络产品具有指导意义。

4. 承办“纪念郑和下西洋600周年：回顾与思考”学术研讨会

2005年是郑和下西洋600周年。2005年3月21日、22日，工程院和中科院两个基地共同承办了“纪念郑和下西洋600周年：回顾与思考”学术研讨会。中国工程院农业、轻纺与环境工程学部和中国科学院地学部共同邀请了两院20位院士，境内外40多位专家学者共聚一堂，通过研讨600年前郑和下西洋这段历史，对发扬我国先辈的优良传统，增强人民的海洋意识，活跃海洋科学研究和学术交流，促进祖国统一大业作出积极贡献。

5. 参与主办“2005（深圳）国际仪器仪表与测控自动化高峰论坛”

国际“仪器仪表与测控自动化高峰论坛”自2004年4月举办首届论坛以来，得到了众多国内外从事仪器仪表和自动化监控监测人士的认可与积极参与。2005年，高峰论坛的规模又有所扩大。中国仪器仪表学会、深圳中国工程院院士活动基地、香港工程师学会、香港生产力促进局深港生产力基地、澳门工程师学会、深圳市科信局参与主办。

2005年11月10日在深圳市市民中心多功能会议厅成功举办了第二届“（深圳）国际仪器仪表与测控自动化高峰论坛”。中国工程院钱清泉院士、张钟华院士分别作了“交通中的信息技术”和“我国仪器仪表的发展与展望”的主题演讲。

参会企业纷纷表示这样的交流平台对我国仪器仪表与测控自动化产品技术水平的提高是十分必要的。

“（深圳）国际仪器仪表与测控自动化高峰论坛”的举办对于发挥特区区位优势，促进产学研沟通，构建优势互补的产业与技术交流平台，促进深港澳台和泛珠三角地区仪器仪表自动化技术推广与品牌的发展将发挥越来越大的作用。

6. 院士专家“化工新材料学术报告会”

为贯彻“中国工程院深圳市人民政府第五次合作委员会会议”精神，推动深圳市精细化工产业发展，深圳院士活动基地在深圳大学组织举办了院士专家“化工新材料学术报告会”。对深圳企业在精细化工产业发展提供一些参考意见。

报告会邀请了工程院化工、冶金与材料工程学部、中科院、中国化工学会精细化工专业委员会共6位院士、8位专家。深圳大学、院士基地邀请深圳市相关企业、科研机构约200～300人出席了报告会。

工程院汪燮卿院士就“我国能源发展多元化趋势”作主题报告；陈立泉院士“发展电动车，取代进口油”对我国日益增多的汽车和油料短缺的解决方案给出了自己的建议；柯伟院士提出“加强腐蚀控制，建设资源节约型、环境友好型社会”；王大全主任介绍了“中国精细化工的现状和发展前景”。每位演讲人的报告后，都有听众一个接一个地提问，气氛十分热烈。

随后院士专家参观考察了深圳从事化工及材料方面的企业——彩虹集团，举行了技术座谈会，就化工领域的产品和技术发展进行了研讨。

徐匡迪院长和李鸿忠市长在第五次合作委员会会议上，指示基地要不断总结经验，进一步提高合作对深圳市经济发展的针对性、实效性，加强与深圳经济发展、科技创新的关联度，推进院士项目在深圳的产业化，走长期务实的合作之路。为加强院士成果推广转化，落实第五次合作委员会要求、进一步深化院士活动基地工作，2005年，院士基地在获悉深圳市高新区正在规划建设大学科技园后，刘大响、钱清泉两位院士专程赴深圳会见了刘应力常务副市长，介绍了院士活动基地关于引进院士的合适项目进入大学科技园进行产业化的设想。刘副市长对院士基地的想法表示支持，认为这是探索加强院市合作的一种新的尝试，深入探索院士高端项目进入产业化的模式。目前，此项工作在继续进行相关方面的前期准备工作。

（陈　玮　提供）

〔山东〕

中国工程院与山东省合作工作总结

2005年，山东省国内科技合作工作在各级领导的关心支持下，充分发挥国内知名高校、科研院所高科技资源优势，坚持求实、创新的工作思路，重点以提升企业自主创新能力、加速高新技术产业发展为主线，围绕战略决策咨询、联合研究开发、联建创新基地、构建国际科技合作与交流平台转化高新技术成果5个方面不断寻求突破,做了大量的工作。一年来,直接参与组织了12次各类大型技术创新、院士行活动,共接待两院院士近200人(次),收集最新高新技术成果5 100项,各类企业技术需求600余项,签订技术合作协议、合同900余项,其中院士签约项目50余项,项目总投资额近200亿元。同时,院士、专家每到一处,都为当地的经济社会特别是高新技术产业的发展提出宝贵的意见建议,并深入企业,为企业解决各类技术难题近400项。这些合作项目的实施和重大技术难题的解决,将取得重大的经济、社会和生态效益,推进全省高新技术产业快速发展,极大地提高山东省科技自主创新能力。

一、充分发挥院士、专家参谋咨询作用

一是对关系全省的重大科技决策,在制定过程中都邀请院士进行咨询论证。如在制定《山东省"十一五"科学技术中长期发展规划》、山东省区域农业可持续发展等重要决策过程中,都邀请有关院士、专家进行咨询、评审,充分吸收院士们的意见和建议。二是在省级重大科技项目和科技计划的招投标中,都邀请院士全过程参与,充分征求和尊重院士们的意见和建议。

7月25日–30日,为更加深入了解山东省经济、科技发展情况,推进省院合作取得更大成效,中国工程院白玉良副秘书长、学部工作局高中琪副局长及学部工作局有关学部办公室负责同志一行17人先后考察了山东省日照、临沂两市。考察期间,通过召开座谈会、深入企业调研等多种形式,对这两个市的城市发展规划、优势产业的发展进行了重点考察,确定了下半年工程院与山东省特别是日照、临沂两市合作的重点领域和工作任务。

8月30日–9月8日,由中国工程院副院长沈国舫院士带队、共有7位院士和20多位高层专家组成的院士专家组,围绕区域农业资源合理配置、环境综合治理和农业协调发展等问题到我省进行了调研考察。考察组先后深入到菏泽、济宁、临沂、烟台、潍坊、东营6市的14个县、58个典型单位进行了现场考察调研,内容涉及粮食、畜牧、林业、水产、水利、农业科技等各个方面。考察期间,院士、专家针对每个考察市、县的实际提出了很多很好的意见和建议。9月8日下午,考察组9位院士、专家向省政府反馈了考察意见。12月13日,省政府以内部通报的方式,印发了各位院士、专家的意见和建议。

9月9日—13日,由中国工程院沈国舫副院长为组长,共有7位院士和17位专家参加的院士专家组来山东省就农业机械化和农业装备制造业发展情况进行了考察调研。此次调研是中国工程院于2005年正式启动的重大咨询项目,该项目由中国工程院沈国舫副院长任组长。此次调研的成果将以报告的形式向国务院汇报,作为国家下一步农业机械化和农业装备制造发展的重要参考依据。工程院将山东省作为一个典型区域列入战略调研范畴进行深入具体的研究,并将大量的课题和研究工作委托给山东省相关的高校、科研单位承担,这将对进一步提升山东省农业机械在全国的地位,对山东省粮食生产机械化向高层次发展起到积极有力的推动作用。

山东省及各相关市政府对中国工程院院士专家来山东省考察高度重视,韩寓群省长两次会见了前来考察的院士和专家,王军民副省长多次出席座谈会,并就如何落实好院士专家们的意见和建议提出了具体要求。

二、联合举办科技博览会(论坛),搭建科技合作与交流平台

"2005中国(淄博)新材料技术论坛暨国际科技成果招商洽谈会"成效斐然。9月6日–10日,

中国工程院邬贺铨副院长等24位院士及数百名国内外专家、学者出席了"2005中国(淄博)新材料技术论坛暨国际科技成果招商洽谈会",参加了此次会议的一系列活动。洽谈会期间,共签订技术合作项目476项,其中,院士签约项目20项;举办专题演讲5场,就当前国际、国内新材料、精细化工、陶瓷与节能环保等产业发展现状、趋势和发展方向以及发展重点,进行了科学、系统的分析与阐述。

"第六届中国专利高新技术产品博览会"成效突出。9月21日-23日中国工程院邬贺铨副院长等9位院士出席了第六届中国专利高新技术产品博览会。博览会期间中国工程院、中国科学院、清华大学、北京大学、同济大学、南京大学、西安交通大学、山东大学、中国农科院、海尔、浪潮等500多家高等院校、科研院所、高新技术企业、专利技术持有者以及美国、俄罗斯、印度等国外代表参会参展。此次博览会成效突出、硕果累累,共成交技术合同、协议295项,项目投资总额109.6亿元,技术合同成交额4.9亿元。

"第七届(烟台)国际果蔬食品博览会"取得丰硕成果。由联合国亚太经社会、中国工程院、山东省人民政府联合主办的烟台果蔬会已经连续举办了七届,已经成为海内外较为知名的果蔬食品类例会。本届果蔬会9月23日开幕,为期3天,共签约成交利用外资项目48个,项目总投资9.38亿美元,合同、协约外资额5.51亿美元。其中签订合同26个,总投资6.92亿美元,外资额3.68亿美元;协议18个,总投资1.92亿美元,外资额1.4亿美元;签订意向4个,总投资0.54亿美元,外资额0.43亿美元。

"全国第四届纳米材料和技术应用会议"成功召开。9月17日-20日,由中国材料研究学会和我厅联合主办的本次会议在烟台隆重召开。省政府科技顾问、中国工程院化工、冶金与材料学部周廉等7位院士、近300位纳米材料与技术应用方面的专家和企业家参加了会议。在为期3天的会议上,严东生院士、卢柯院士、张泽院士、范守善院士、钱逸泰院士等11位知名材料科学家就加强我国自主创新发展发展纳米技术、纳米材料研究前沿和应用的最新进展、纳米安全以及纳米材料和产业面临新的转折和挑战等热点做了大会特别邀请报告;并就"纳米材料制备及技术创新研究"、"纳米材料和技术在能源环境领域的应用"、"医药领域中纳米材料的应用及健康安全性"、"纳米电子信息及电磁材料"、"纳米薄膜及表面技术"、"纳米材料在传统产业中的应用"、"纳米结构表征及相关应用"等专题,会议还在特邀报告后,开辟了7个分会场,200多名院士、专家学者进行了学术研讨;另外为推动纳米技术的转化,帮助企业解决技术难题,会议还专设了产业论坛,与会院士、专家和产业界人士进行面对面的交流,共同探讨中国纳米材料产业面临的严峻挑战和保持健康、持续发展的途径等重大问题。参加本次会议的代表共有350名,向大会提交学术论文200余篇,广泛涉及近两年来我国在揭示纳米结构自组织规律、纳米功能效应及其本质、性能表征研究的最新进展,纳米结构设计及控制技术,结构自组装技术,纳米器件原理与制造,以及纳米材料和技术在能源和环境、医疗器械与制药、光电信息器件、纳米表面修饰和纳米材料技术在精细化工、纺织、轻工、电力和提升传统材料产业品质和技术装备开发等方面的最新成果。

三、围绕以企业为主体的技术创新,有针对性地做好院士与企业的技术对接

一是在召开各类博览会(论坛)期间,充分利用院士、专家的技术优势,组织座谈会及院士专家企业行活动,更多地了解山东省企业,帮助企业解决技术难题。如"淄博陶博会"期间,邀请了汪燮卿、薛群基、姚福生、殷国茂、高从堦、侯保荣、毛炳权等7位院士参加了淄博"十一五"规划院士座

谈会，对淄博市“十一五”规划的科学制定，特别是大力加强以企业为主体的科技创新能力等问题提出了许多宝贵的意见和建议，在院士专家与企业举办的对口洽谈活动上，院士、专家共帮助企业解决各类技术难题129个；在“济宁专利博览会”期间，举行了中国工程院院士与济宁市人民政府第四次合作会议，邀请中国工程院院士等专家对济宁市的科技、经济发展进行指导，解决关键技术难题，提高技术创新水平，建立技术合作关系72对。

二是针对重点行业，首先选准有条件的企业，集中力量，加强企业与院士、专家的沟通交流，通过对某一个企业连续组织2～3次各有侧重的院士专家行活动，全方位地为企业的发展提供咨询帮助，并使企业与院士的合作逐步进入更深层次。一年来，共有近200余人次的院士、专家深入山东省有关企业，为企业解决技术难题，帮助制定企业长远发展规划。鲁南制药、久泰化工、烟台万华等企业先后与院士专家建立了紧密的合作关系，增强了自主创新的能力。仅在鲁南制药一个企业，周后元院士、杨胜利院士、刘昌孝院士、侯惠民院士等国内制药界顶尖的专家就先后三次考察了该企业，举办专题学术报告两场，并就生产、科研中的实际问题与企业技术人员进行了座谈，周后元院士、杨胜利院士、刘昌孝院士还被聘为鲁南制药集团科技顾问，国家药物制剂工程研究中心主任侯惠民院士已同意在鲁南制药集团建立国家药物制剂工程研究中心山东分中心，下一步将开展全方位实质性的科技合作与交流。

通过组织这一系列院士、专家深入企业考察、咨询的活动，极大地提高了企业的科学管理水平，也对提升企业自主技术创新能力起到很好的促进作用。

四、促进中国工程院与山东省科研单位的合作逐渐深入

充分利用与中国工程院医药卫生工程学部的合作关系，依托院士的技术优势共同开展研究，取得了很好的效果。目前与院士合作在研项目3项，聘请中国工程院院士担任顾问、专家、客座教授、研究员、杂志主编等职务已达26人。与程书均院士合作的“胰腺癌蛋白质组学研究与开发”在2005年度重大科技专项招标中中标，获经费200万元，目前该项目按计划进行；与潘自强院士合作的“全国地下煤矿氡浓度及γ辐射水平普查”项目，已完成对30多家山东省国营大中型煤矿的调查研究工作；与沈倍奋院士合作的“抗人P185基因工程抗体的免疫功能研究”2004年被列入山东省科技发展重点项目，现已完成融合蛋白的基因工程制备大量体外扩增，融合蛋白的部分动物实验。

山东省农科院与中国工程院农业、轻纺与环境工程学部正式确立合作关系。8月30日，山东省农业科学研究院与中国工程院农业、轻纺与环境工程学部在济南签订了全面合作协议，双方将在联合创新、人才培养、共建重点实验室等方面展开更加深入、全面的合作，中国工程院沈国舫副院长、山东省人民政府王军民副省长均出席了此次签约仪式。

（于永信　提供）

〔上海〕

上海市人民政府、中国工程院合作委员会第四次会议

上海市人民政府、中国工程院合作委员会第四次会议于2005年9月3日在沪召开。合作委员会主任、上海市副市长严隽琪与中国工程院副院长杜祥琬院士,合作委员会副主任翁史烈院士,以及由在沪院士、相关单位的负责同志兼任的合作委员会委员共30余人出席会议。合作委员会常务副主任、上海市科委主任李逸平主持会议。

会上,翁史烈院士代表上海市中国工程院院士咨询与学术活动中心(以下简称“中心”)作了“中心”上年度工作总结和下年度工作要点的工作报告。他在工作报告中总结了“中心”四年来,紧紧围绕经济社会发展大局,以选好咨询和学术活动主题、依托资源优势、拓展内涵、强化功能等九个方面形成的工作思路。介绍了“中心”下一年度加强决策咨询研究,提高咨询实效;开展多形式学术交流,做大做强学术活动品牌;拓宽对外交流渠道,开展实质合作;提高院士服务水平,做好院士之家;统筹利用各种资源,做好项目管理;加强新闻媒体宣传,营造积极氛围等六个方面的工作。

合作委员会的委员们充分肯定了“中心”2004年度工作,并对“中心”下阶段的工作提出了中肯的建议。建议“中心”加强以下几个方面的工作:形成互动平台,促进政府部门与院士专家之间的联系与沟通;进一步拓展学术交流范围、提高学术交流的层面;加强院士专家与企业联系,促进科技有效供给,切实提升企业的自主创新能力等。

杜祥琬副院长和严隽琪副市长做了重要讲话。

杜祥琬副院长在讲话中积极评价了“中心”过去几年的工作。他指出,“中心”充分发挥院士的引领作用,紧紧围绕上海市经济社会发展大局,选好咨询和学术活动的主题,创造了形式多样、有吸引力的活动方式,赢得了市政府、院士专家及社会各界的大力支持和广泛好评,逐渐建设成为各地方院士中心的典范,为中国工程院与其他省市的合作提供了宝贵的经验。

严隽琪副市长指出,过去一年中,在上海市人民政府和中国工程院的共同努力下,“院地合作”紧密结合社会改革的进程,内容越来越丰富,形式也越来越多样化。同时,她对下一阶段的工作提出了希望:院地合作在工作方法上要进一步改进,工作制度上要给予必要的保障;院地合作要凝练目标,突出重点,充分发挥院士的集聚辐射作用;“中心”作为院地合作的载体,要进一步将工作落到实处。

上海市中国工程院院士咨询与学术活动中心工作总结

一年来，上海市中国工程院院士咨询与学术活动中心（以下简称“中心”）在上海市人民政府、中国工程院合作委员会和上海市科委的坚强领导下，在院士们的大力支持以及“中心”全体工作人员的辛勤努力下，认真贯彻党的十六届五中全会和上海市委八届六次、七次、八次全会精神，以构建社会主义和谐社会为重要环节，着力提高决策咨询质量、活跃地方学术氛围、强化服务院士意识，做强做大院士咨询、院士沙龙、院士专家专题研讨、院士讲坛、院士课堂等系列品牌活动，各项工作取得了新进展、呈现了新局面。

现将2005年的工作总结如下：

一、深入开展保持共产党员先进性教育活动

1．实践“三个代表”重要思想，树立落实科学发展观

按照市委统一部署、市科教党委和市科委党组的要求，“中心”与上海生物信息技术研究中心联合党支部认真组织、持续深化，以饱满的热情投入到开展保持共产党员先进性教育活动当中。通过建立健全学习制度，周密部署，扎实组织，掀起了“学习贯彻‘三个代表’重要思想，树立和落实科学发展观”的新高潮。多次组织全体党员重点学习胡锦涛总书记就保持共产党员先进性教育活动所作的重要讲话。学习邓小平理论，重温邓小平科技思想。

2．扎实开展先进性教育活动

“中心”保持共产党员先进性教育活动始终坚持市科教党委提出的坚持高标准、严要求，坚持“两不误、两促进”，规定动作不走样，自选动作有特色，做到“两个充分发挥、三个注重和到位”。组织观看电影《任长霞》和《生死牛玉儒》，开展思想交流，学习优秀共产党员优良的政治品质、进取精神和先锋模范作用。

“中心”根据工作实际，为院士提供科技服务平台。与上海生物信息中心合作，利用上海市研发公共服务平台，为院士和重大项目负责人提供科技文献检索和网上文献个性化服务，提供各类科技数据标准、数据格式、共享技术和数据分析服务；提供大型科学仪器设施共享服务等。

二、服务当先，树立“院士之家”优秀形象

“中心”以“生活服务是基础，知识服务是关键”为宗旨，全心全意为院士提供体现科技特色的生活服务，使院士在贡献智慧的同时免于后顾之忧，感受家的温暖。“中心”利用上海研发公共服务平台建设，为院士提供文献共享、设备共用、技术转移、创业孵化、管理决策等服务；与专利机构合作，为院士提供专利咨询、专利实施、专利申请、成果转化等服务；“中心”还将通过法律机构，为院

士提供工作、生活上的法律咨询。如:

- 组织在沪工程院院士参观洋山深水港区和东海大桥;
- 每一个佳节、每一位在沪院士的生日,都送去美好的祝福;
- 组织在沪两院院士新春联谊会;
- 周到地安排和接待来沪考察的国内外院士;
- 上门看望患病院士,为院士提供医疗保障服务;
- 为院士提供科技文献服务系统、科学数据共享系统;
- 为院士提供生活及工作上的法律咨询。

通过编写《院士中心信息》(今年共编写14期)以及完善"中心"网站,"中心"信息发布和对外交流的窗口作用日益增强。为更生动地诠释和体现"中心"品牌特色和工作理念,"中心"形象标识征选计划已启动,将于明年适时揭晓。在对外宣传工作中,"中心"致力于加强和各大主流及专业媒体的联系与合作,一年来关于"中心"各项工作的报道180篇,同比2004年度93篇翻了近一倍(详见表1)。

表1　2005年"中心"组织的各项会议(活动)情况

会议(活动)类型	次数	出席人数	媒体报道(篇)
市领导参与的院士座谈会	2	60	0
科技工作进展院士报告会	1	60	0
院士沙龙	7	240	35
东方科技论坛	16	640	32
专题研讨会	3	160	21
科普活动	9	1 555	32
院士联谊活动	1	500	10
国内外学术交流互访	10	400	8
上海市人民政府、中国工程院 合作委员会会议	1	30	14
工程科技论坛	2	400	21
上海工博会院士圆桌会议	1	150	10
合　计	53	4 195	183

三、紧紧围绕科技工作布局,面向经济发展目标

"中心"以合作委员会委员和"中心"兼职副主任为纽带,建立与市政府各部门的长效联系机制,依靠各委办局的信息优势,积极了解需求,共同组织活动。一年来,主要推进或完成了下述工作:

一是为了完善《上海中长期科技发展规划纲要》,配合市科委召开院士咨询会。市委副书记殷一璀、副市长严隽琪及在沪11位院士和各有关处室负责同志出席会议。院士们从宏观到微观的不同层面对《纲要》的总体内容、前瞻性、目标及任务提出了宝贵的真知灼见,对《纲要》的进一步完善提供了参考。之后,应市科委要求"中心"再次组织召开"上海科技工作情况"院士座谈会,李逸平主任为近60位在沪两院院士介绍上海市科技发展形势,会后,"中心"将各位院士的意见和建议汇

编成稿呈送市科委。

二是为贯彻落实“两个优先战略”，做好本市的“十一五”制造业规划工作，和市经委联合主办“‘十一五’制造业发展”院士座谈会。副市长胡延照及在沪11位院士和市经委各有关部门的负责同志共30余人出席。院士们结合各自的专业领域，对方案的细化措施和“十一五”期间先进制造业发展的优先项目和重点领域提出了建议。

三是为了给上海科技工作者全面掌握制造业关键核心技术提供思路，配合市科委人事教育处组织“我国制造业科技发展战略”院士报告会，为机关、团体、科研院所及企事业单位等从事制造业科研工作的近160名科技人员提供了很好的学习机会，也为制定下一步发展计划提供了思路。

四是针对气象灾害对上海城市安全及可持续发展的影响和威胁日趋严重，和上海市气象局联合召开“上海气象灾害防御对策研讨会”，国家科技部、中国气象局及市科委、市民防办等有关职能部门领导及国内相关领域院士专家共约60人出席会议。会后形成的“关于加强上海气象灾害防御能力建设”的建议，对进一步提升上海气象灾害防御能力，保障城市安全，促进上海经济社会的可持续发展产生积极影响。

四、开展学术交流，倡导自主创新

通过工程科技论坛、工博会院士圆桌会议、院士沙龙、东方科技论坛、专题研讨会等多种形式的学术活动，为院士专家构建交流平台。

1. 把握当前社会热点

为响应市政府提出的继续推进农业结构战略性调整，形成“都市型现代农业”的新格局，提高农业的组织化程度，积极发展农业产业化。“中心”以市农委与嘉定区联合促成吴明珠院士工作室落户上海为契机，实地考察，为吴明珠院士“新疆哈密瓜东移上海”提供有力的科技支撑，把科技与现代农业相结合，促进东西部地区科研产业的联动发展。

2. 积极争取高水准的重大活动落户上海

针对近年来能源危机与环境污染对长江三角洲地区经济发展的制约，以及严重阻碍该地区的可持续发展，“中心”联合中国工程院共同主办以“开发清洁能源和能源的清洁利用”为主题的“长三角清洁能源论坛”，副市长严隽琪、中国工程院副院长杜祥琬出席会议并讲话，开幕式由市科委主任李逸平主持。杜祥琬、陈毓川、翁史烈等院士分别作了精彩的主旨报告。来自全国各地的20位专家学者作了大会交流发言。与会专家围绕长三角地区的能源现状、战略规划、激励政策、体制保障、自主创新等方面提出了一系列切实可行的建议，特别是对煤炭的清洁利用技术做了重要分析。会后形成的大会建议以纪要的形式分送各地政府相关部门领导，为进一步推动长三角地区清洁能源的发展，加强清洁能源的研究和应用，促进相关领域的技术进步与产业发展提供了参考。

“中心”还致力于与企业共同主办高层次、高水准的学术盛会。与宝钢集团共同组织的“科学发展观与工程哲学”共吸引了全国各地的专家学者共200余人与会。全国政协副主席、中国工程院院长徐匡迪在论坛上发表主旨演讲。中共上海市委副书记、市长韩正出席论坛并致辞。大会的召开为上海的工程实践引入哲学理念、优化布局、和谐发展提供了经验保障。

3. 继续办好院士沙龙

为配合市科委编制《崇明生态岛建设科技支撑实施方案》，“中心”主办了“崇明生态岛建设”院士沙龙，市科委寿子琪副主任作了主题发言，与会院士专家就崇明生态岛建设的城镇规划、能源利用、生态保护等领域展开讨论，针对崇明生态岛建设中面临的基础设施不健全、信息化程度低、公共安全防护能力薄弱等诸多瓶颈问题出谋划策。

为了防止当前的电力生产和供应模式对上海市经济协调发展造成的隐患，推动分布式供能系统的全面发展，“中心”召开“上海分布式供能系统的发展”院士沙龙，就分布式供能系统的环境影响、经济效益、政策落实等各方面问题展开深入讨论。会前，“中心”组织专家对上海分布式供能系统展开调研，会后形成分析报告分送各职能部门领导，为全面推动分布式供能提供参考。

围绕上海市建设“数字上海”所面临的机遇与挑战，“中心”主办了“数字城市与数据通用”院士沙龙。与会专家一致认为上海城市空间信息系统的建设将使上海实现稳妥、快步和成功的城市管理，对全面落实科学发展观，推动上海的经济、金融、贸易和航运“四个中心”建设具有重要意义。本次沙龙形成的纪要和建议受到了市委市府的高度重视，杨雄副市长与有关委办局领导就“城市交通信息化”展开深入讨论，并初步决定2006年全面启动上海“城市交通标志”等一系列重点工程。

此外，“中心”还主办了“未来信息技术中的量子调控”、“电力需求侧管理”、“上海重大、复杂制造装备技术发展”、“《京都议定书》与二氧化碳减排”等一系列院士沙龙。

4. 办好各种专题研讨活动

“中心”主办的“2010年上海世博会与食品安全”专题研讨会，通过“情况专报”的形式向有关部门递交了具体建议，引起了国家质量技术监督管理委员会的高度重视，该委拟根据院士们的建议着手推动相关工作。主办的“崇明生态岛建设”院士沙龙，与会专家群策群力，以科技支撑配合市科委共同推动崇明生态岛建设快速健康发展。为实现以点带面，滚动发展生态崇明科技创新基地提供科技支撑。

此外，“中心”还组织了2005年上海国际工业博览会院士圆桌会议；组织了“网格计算与下一代网络”、“空间信息在城市发展中的应用”、“环境医学与系统生物学”等16次“东方科技论坛”研讨会；为生命科学、城市发展以及其他对社会经济发展有重要影响的关键技术研究，发挥了有效推动作用。

5. 推进国际交流与合作

“中心”扩大与国外科技界的联系，开展国际学术交流，邀请国外知名专家来沪参加学术研讨。

为解决上海材料界研究人员所面临资源枯竭的现状，充分发挥上海作为制造业中心，其工业门类齐全，组织能力强的优势，以制造业带动新材料的全面升级。“中心”主办了“2005(上海)国际新材料发展趋势高层论坛”。论坛的召开为上海有效利用资源和能源，同时又能减少材料行业的污染；以制造业带动新材料，加快仪器仪表行业和医疗器械行业的发展，以及材料学创新方面带来新的启示。

6. 积极开展地区合作，联合组织科技攻关

“中心”围绕科技人才资源**“集聚、整合、优化、共享”**的方针，积极探索上海院士工作“走出去”战略。

针对河南仲景公司新药开发难度大，自身技术力量相对薄弱的困难，“中心”组织上海医工院侯惠民院士与中科院上海药物所朱大元研究员赴豫，利用上海先进的制药技术来开发当地传统中药，结合仲景公司自身的发展需要，对张仲景祖传秘方等药物制剂、中药新药研发和应用等相关领域开展合作，就今后如何更好地发掘这一祖国传统医药宝库发表了各自的意见和建议。通过两地

院士机构架设的合作桥梁,大力发展祖国传统医药事业,积极实现中药产业的技术创新。

"中心"还组织关兴亚、潘健生、黄崇祺等三位院士赴江西南昌,出席"沪赣科技经济合作对接洽谈会"。在赣期间,三位院士共为六家企业提出的技术难点"把脉解疑",其中潘院士已与相关企业达成初步合作意向,并再赴江西作了实地考察。

"中心"组织郁铭芳、周翔等院士专家赴浙江长兴,针对当地机械、纺织等支柱产业的技术需求,了解当地企业的发展概况及技术状况,对企业提出急需解决的技术问题进行了现场指导,在合作研发、共建研究生实验基地等方面达成了初步合作意向。

"中心"和市委组织部知识分子工作处、杨浦区委组织部、中科院上海分院的有关同志赴浙江宁波学习考察以院士服务工作为主的高层次人才服务工作情况,为目前正在筹建的"上海院士风采馆"做准备,我们将与宁波等其他长三角城市建立、保持长期的联系和沟通,取各地之长,促自身发展,寻求合作机遇,共同做好院士服务工作,发挥好院士资源,促进地区的经济建设和社会发展。

作为目前华东地区唯一的省级院士咨询与学术活动中心,"中心"以院士资源为纽带、以咨询项目为载体,建立跨地区的"资源共享、优势互补、联合研究、协同攻关、合作共赢"的发展思路,将"服务全国"提升到实现"中心"自身长远发展的战略高度来思考、来谋划,构建更紧密、更有效的长期合作机制。

7. 提高科技素养,弘扬科学精神,推进科普活动创新模式

"中心"按照市府提出的科普工作要适应"科学社会化、社会科学化"进程的新要求,稳步推进,合理筹划多元化的科普工作。

为构筑和完善大众传媒科技传播网络,实现科普手段信息化、传媒化,全面展现在沪两院院士的人格魅力和个人学术内涵,优化"中心"资源横向拓展,"中心"与上海科技馆合作开展"院士风采"展示长廊科普项目,根据院士本身社会影响力和文化背景的特点,为项目如何把握展示长廊主题的艺术表现形式,以及如何使人物的刻画更加写实逼真,更符合院士本人的风采提供资源保障。

同时为了积极培育科普主体和科普队伍,扩大"中心"在市民中的影响力,"中心"积极发挥院士的智慧优势和社会效应,分别邀请郑时龄、汪品先、杜祥琬和梁晋才等院士主讲"我们与2010年上海世博会"、"海洋与中国"、"现代物理学与工程技术"和"空间技术与航天精神"等4期院士讲坛,共有1 500多人次参加,取得了良好的社会反响。为扩大"院士讲坛"的品牌效应,使更多市民受益,"中心"印制了"院士讲坛"听讲证,免费向热爱科学的市民发放。

"中心"积极开展创新文化建设,通过"院士课堂"等形式,实现从传统科普活动为主,向社会化的科普能力建设的转变,把同学们请到院士的实验室,以实验室为课堂,以院士专家为老师,展开面对面的交流,在热烈活跃的气氛中,开阔了青少年的眼界,激发了他们对科学的兴趣。来自卢湾高级中学和向明中学参加生物拓展型课程的30名同学有幸成为"院士课堂"的第一批客人,走进中国科学院上海生命科学研究院神经科学研究所郭爱克院士的果蝇学习记忆实验室,聆听讲解果蝇的奥秘。

一年来,"中心"工作取得了一些成绩,这是合作委员会正确领导、市科委的大力支持,院士们热切关心的结果。今后"中心"还将一如既往地在合作委员会的领导下,坚持"三个代表"重要思想和全面、协调、可持续的科学发展观,在推动上海以及长三角地区的经济、社会发展进程中发挥更加积极、广泛的作用。

〔天津〕

中国工程院　天津市政府
人才与项目合作协议

为大力实施科教兴国战略和人才强国战略，进一步提高天津企事业单位科学技术自主创新能力，天津市人民政府与中国工程院本着优势互补、合作互利、共同发展的原则，充分发挥中国工程院人才与科技优势，依托天津新一轮快速发展，特别是全面加快滨海新区建设对优秀拔尖人才的急需，经友好协商，就开展人才与项目的长期合作，达成协议如下：

一、合作内容

（一）及时提供战略咨询。接受天津市政府和有关部门委托，组织工程院院士发挥多学科、跨行业的科技优势，就天津市经济建设和社会发展的中长期发展规划、重点工程项目提供决策咨询和评估。应邀直接参与天津产业结构调整、科技创新及重大工程建设项目的论证等。

（二）合作开展科研攻关。接受天津市企业及行业主管部门委托，根据天津区域经济发展方向，就企业提出的项目需求和技术难题，组织工程院相关学部院士，联合进行科研攻关，实现人才与项目对接。

（三）努力促进成果转化。工程院院士的科研成果，特别是符合滨海新区建设和高新技术产业发展需要的高附加值、高技术含量、低污染的先进技术项目，优先推荐给天津。天津市政府在资金、项目、用地等方面给予政策支持，促进科研成果尽快转化为现实生产力。

（四）培养引进拔尖人才。聘请工程院院士结合天津市重点学科、重点工程建设以及重大产业化项目的实施，与天津市合作培养高层次学术技术带头人，帮助天津引进科技创新领军人才。

（五）积极提供优质服务。欢迎工程院院士来津进行学术休假、开展学术技术交流。天津市政府在各方面给予大力支持，积极提供全方位优质服务。

二、组织形式

（一）定期组织院士来津开展“院士技术咨询”、“院士主题论坛”、“专题学术报告”等活动，促进实现工程院院士与天津有关重点项目的交流、合作。

（二）除定期活动外，天津市企事业单位可随时就科技立项、技术攻关、人才培养提出合作需求，经双方负责合作的具体工作部门提供给工程院，由工程院协调相关院士开展合作。具体合作及收益分配方式由实施科技和产业合作的院士专家所在单位与天津市有关单位另行商定。

（三）对直接参与天津市与工程院合作项目的院士，经本人同意，以天津市人民政府名义，聘为天津市人民政府特聘专家。

(四) 全作双方确定工作部门。天津市人民政府、中国工程院分别指定天津市人事局和中国工程院学部工作局,具体负责沟通、协调和组织落实各项合作目标及工作任务。

三、合作双方的责任与义务

(一) 合作双方工作部门,每年年初召开一次工作会议,共同审定上年度的工作总结,商定本年度的合作计划和安排。

(二) 中国工程院学部工作局根据需要具体组织各学部院士来津参加咨询,进行技术指导和开展学术活动。

(三) 天津市人事局负责协调落实院士在津活动的组织安排、接待及经费落实等工作,为双方合作提供有力保障和支持。

本协议自双方签字之日起生效。协议中未尽事宜,由合作双方共同商定。

中国工程院	天津市人民政府
院长	市长
徐匡迪	戴相龙
2005 年 12 月 5 日	2005 年 12 月 5 日

任 免 事 项

关于康金城、程家怡同志任职的通知

中工发[2005]8号

国际合作局:

根据中央颁布的《党政领导干部选拔任用工作条件》规定,康金城、程家怡同志任职一年试用期满,经考核合格并经院党组批准,正式任命康金城、程家怡同志为国际合作局副局长。

以上同志正式任职后,试用期计入任职时间。

中　国　工　程　院

二〇〇五年二月二十七日

关于高中琪、李仁涵同志任职的通知

中工发[2005]13号

学部工作局:

根据中央颁布的《党政领导干部选拔任用工作条例》规定,高中琪、李仁涵同志任职一年试用期满,经考核合格并经院党组批准,正式任命高中琪、李仁涵同志为学部工作局副局长。

两位同志正式任职后,试用期计入任职时间。

中　国　工　程　院

二〇〇五年四月八日

关于谢冰玉同志任职的通知

中工发[2005]12号

办公厅：

根据中央颁布的《党政领导干部选拔任用工作条例》规定，谢冰玉同志任职一年试用期满，经考核合格并经院党组批准，正式任命谢冰玉同志为办公厅副主任。

谢冰玉同志正式任职后，试用期计入任职时间。

中 国 工 程 院

二〇〇五年四月八日

关于杨丽等同志任职的通知

中工发[2005]30号

院机关各部门：

根据中央《党政领导干部选拔任用工作条例》和《中国工程院选拔任用干部工作实施细则》的有关规定，我院办公厅综合处杨丽、学部工作局易建、王振海、唐海英和国际合作局官键5位同志任职一年试用期满，经考核合格并报党组同意，正式任命杨丽同志为办公厅综合处处长；易建同志为学部工作局机械与运载工程学部办公室主任；王振海同志为学部工作局能源与矿业工程学部办公室主任；唐海英同志为学部工作局工程管理学部办公室副主任；官键同志为国际合作局综合计划处副处长。

以上同志正式任职后，试用期计入任职时间。

中 国 工 程 院

二〇〇五年七月十八日

其他院发文

关于印发《中国工程院咨询项目经费管理办法》的通知

中工发[2005]36号

各位院士、院机关各部门：

《中国工程院咨询项目经费管理办法》院常务会议已经审议通过，现印发给你们，请遵照执行。

特此通知。

中 国 工 程 院

二〇〇五年八月十八日

中国工程院咨询项目经费管理办法

第一条 为规范来自国家财政拨款的咨询项目经费管理，提高咨询经费使用效率，保证咨询工作的有效运行，根据国家有关财务制度的规定，结合工程院咨询工作实际，制定本办法。

第二条 咨询项目的立项，按照《中国工程院咨询管理办法》和财政部项目预算的规定进行。立项准备工作须在实施年度前一年的6月底前完成，然后提交咨询工作委员会审议，院常务会议批准，方可编入部门预算向财政部申请经费。特殊情况需即时立项的，经院常务会议批准，可追加预算。财政预算批复后按项目预算的金额和内容进行使用和管理。

第三条 我院为咨询项目的承担单位，负责对咨询经费的财务管理和会计核算。项目用款计划须按季度编制，经项目负责人、部门负责人和院财务负责人分别签字后，由院机关指定的项目经费经手人向办公厅计划财务处请款并负责报销。经费支出经项目负责人、部门负责人和院财务负责人逐级审签报销，并对经费支出的真实性和财务合规性负责。

第四条 咨询经费的开支范围

（一）咨询调研费。指项目组织院士或专家进行调研活动所发生的交通费、食宿费、出差补助等。

（二）会议费。指项目召开的各种会议而发生的交通费、食宿费、场地费等。

（三）咨询劳务费。指直接参加咨询项目研究活动的院士、专家等相关人员所支出的咨询费和劳务费。支出总额原则应控制在项目总经费的25%以内。发放标准由院机关研究确定。

（四）资料费和设备使用费。指收集、加工、购买项目研究所需的各种资料所发生费用和项目研究中所发生的各种设备使用费用。

（五）项目管理费用和其他支出。指工程院作为项目承担单位所发生的组织管理费用和咨询项目所必须发生的上述各项以外的费用。咨询经费不能列支出国等外事费用。

第五条 根据工程院咨询工作的特殊性，为方便院士、专家用款，经项目负责人和院财务负责人批准，可先借支后报帐，但需要按进度分批借款，并及时报帐。各子项目的经费只是对咨询年度项目经费支出的指标控制，经费指标当年有效。

第六条 咨询项目结题后，需在3个月内提交经费决算表。项目结题后的资金结余按国家有关规定办理。

第七条 由咨询项目经费形成的国有资产，由中国工程院行使使用权。设备购置应由工程院统一按政府采购法规定办理。

第八条 咨询项目经费必须按规定使用，不得弄虚作假、截留、挪用和挤占等。不得用于支付各种罚款、捐款、赞助、投资等。不得列入国家规定禁止列入的其他支出。咨询项目经费的使用，由院办公厅计划财务处负责会计监督，并接受国家审计监督。对于不按规定使用咨询项目经费的，按国家有关财经规章制度处理。

第九条 委托咨询项目经费的管理原则上参照本办法，有合同约定的从其约定。

第十条 本办法自发布之日施行，由办公厅和学部工作局负责解释。

关于印发2005年咨询研究项目及经费安排的通知

中工发[2005]6号

各专门委员会、各学部、院机关各部门：

经2004年11月25日院咨询工作委员会会议审议确定，2004年12月1日院常务会议审议通过，现将我院2005年咨询研究项目及经费等安排如下：

一、2005年院专项咨询研究项目共4项，经费安排共计1 900万元（附件表一）。其中3个专项为新立项目，经费安排1 400万元；1个专项为2004年立项，经费安排500万元。

二、2005年院各有关单位咨询研究项目立项共12项，经费安排共计408万元（附件表二）。

三、对已立项的咨询研究项目2005年后续经费安排共21项,经费安排492万元(附件表三)。

院财务部门要严格按照国家规定和中国工程院有关咨询经费使用的要求,做好经费的保障和管理工作。

院各部门要及时做好项目的结题工作,对已完成的咨询项目,要及时写出咨询报告,并严格按照有关财务制度,做好经费的结算工作,填写咨询项目决算表。对无特殊原因,长期不结题的单位,将适当限制其项目的申报。

特此通知。

附件:2005年院咨询研究项目及经费安排表(略)

中国工程院
二〇〇五年一月二十一日

关于设立中国工程院学术与出版委员会的决定

为加强对中国工程院学术与出版工作的组织指导,促进国内国际学术交流活动的开展,推进学术出版和科学普及工作,根据《中国工程院章程》,第十六次院主席团会议决定,在原中国工程院出版委员会基础上设立中国工程院学术与出版委员会,统筹规划和指导中国工程院的学术与出版工作。原中国工程院出版委员会同时撤消。

附件一:中国工程院学术与出版委员会章程
附件二:中国工程院学术与出版委员会成员名单

中国工程院主席团
二〇〇五年十月十八日

附件一：

中国工程院学术与出版委员会章程

（2005年10月18日第16次院主席团会议通过）

为加强中国工程院的学术与出版工作，促进学术交流和科学普及，根据《中国工程院章程》的精神，经中国工程院主席团批准，设立“中国工程院学术与出版委员会”（以下简称“学术与出版委员会”）。

一、基本职能

学术与出版委员会是指导全院学术与出版工作的常设专门委员会。基本职能是落实党中央、国务院有关科学技术和宣传出版工作的方针、政策和法规，加强工程院学术与出版工作的顶层设计和工作指导。

二、主要任务

学术与出版委员会的主要任务包括：

研究确定工程院重大学术活动选题，指导和组织开展大型、综合性、高层次的学术活动，审定“工程科技论坛”、“工程科技前沿研讨会”等系列学术活动年度工作计划，积极支持参与香山会议，并主动提出选题。

指导对内对外宣传和学术出版工作，研究确定期刊、系列书籍、资助出版、网站、对外资料刊印等工作的重要事项。积极创造条件，支持院士学术著作出版。

加强与国内和国际工程科技方面的学术组织及出版机构的联系，推动国内外合作与交流。

三、组成原则

学术与出版委员会由有关院领导及各学部推荐的院士组成。其中主任委员由分管副院长担任，副主任委员从委员中推选。主任委员、副主任委员名单提请主席团会议审议通过。学术与出版委员会的换届与主席团换届同步进行。如个别成员因工作变动等特殊情况，可在届中做必要补充调整。

四、工作制度

学术与出版委员会对主席团负责并报告工作。日常工作在工程院常务会议领导下进行。

全体委员会议一般每半年召开一次。遇特殊情况时，可由正、副主任委员商定临时召开会议。院机关有关部门负责人及工作人员可列席会议。

会议出席人数超过委员会成员数的二分之一，决议有效。

学术与出版委员会设立学术秘书和出版秘书，分别由学部工作局综合处处长和政策研究室出版处处长担任，协助完成委员会议定的各项任务。

附件二：

中国工程院学术与出版委员会成员名单

顾　问：侯云德
主　任：刘德培
副主任：邬贺铨　金国藩　汪旭光　柳百成
委　员：(27 人)
刘德培　邬贺铨　金国藩　汪旭光　柳百成　李椿萱　徐滨士　毛二可　许祖彦
沈德忠　汪燮卿　陈毓川　张宗祜　阮可强　梁应辰　张锦秋　马国馨　李泽椿
金鉴明　许健民　王正国　肖培根　沈倍奋　郭重庆　何继善　刘志鹏　董庆九

出版物介绍

《中国科学技术前沿》

是一部以较通俗的语言展示我国工程科学技术工作和取得成就的出版物，旨在广泛交流，互相学习，努力创新，共同提高。它将为我国制定科技发展规划提供依据，为广大科技工作者的研究、开发、设计及生产提供信息。同时，也将促进国外学术界了解和认识 我国工程科技的成就。此书每年出版一集。《中国科学技术前沿》第八集共收录了徐匡迪院长等 21 位院士和专家在材料科学、医药科学、生物与农业、制造工程、土木建筑、航天工程等领域的 18 篇文章，共 44 万字。

《工程科技与发展战略》

是咨询报告集，将我院为国家重大工程技术问题提出的建议和咨询报告汇编成册，为各级领导提供决策参考。2005 版共收集 13 篇咨询报告和 12 篇院士建议，共约 43 万字。

《工程前沿系列丛书》

人类及进入 21 世纪，当代世界的发展呈现出多样化、复杂化的趋势。从一定意义上讲，工程科技的能力和水平将决定我国现代化建设的成败乃至中华民族的前途和命运。“工程前沿研讨会”正是在这种国内外发展的大背景下，由中国工程院和国家自然科学基金委员会联合发起、组织的。

“工程前沿研讨会”由院士主持，邀请工程技术方面的专家、学者参与，根据国家的需求，结合国情实力，共同探讨工程前沿学术问题。通过营造宽松自由的学术交流环境，促进基础应用学科的交叉融合，激发技术知识创新，带动产业发展，为发展国民经济、建设现代化强国服务。其主题主要包括国家重大工程技术领域的关键问题及重要工程研究的前沿问题。每个主题中包括：报告并讨论在工程科技领域最新取得重大突破的研究与成就；交流新的学术思想、方法；探讨工程前沿、展望未来发展趋势。“研讨会”提倡学术平等、百家争鸣。鼓励学科交叉、促进科技创新。会后出版研讨会的论文。已出版的有：《未来的制造科学与技术》、《摩擦学科学与工程前沿》、《中国交通运输网络理论研究前沿》。

《未来的制造科学与技术》

是第一次工程前沿研讨会，就未来的制造科学与技术问题进行了广泛的研究与深入的探讨。包括“未来的产品设计方法与技术”、“未来的成形制造科学与技术”、“未来的加工制造科学与技术”、“生物制造、绿色制造及可持续发展战略”四个专题，26 位院士、专家做了精彩的学术报告，与会专家就我国制造业的现状、科技水平、发展方向，结合“十一五”规划以及我国科技发展规划等内容展开了、激烈的讨论。本书根据会议发言整理完成。

《摩擦学科学与工程前沿》

是第二次工程前沿研讨会，会议检阅了我国在摩擦学科学和工程前沿的研究成果，检讨了存在的问题和差距，特别讨论了如何应用这些前沿成果来应对我国在建设小康社会进程中面临的能源、材料和环境的挑战。20 位院士、专家做了精彩的学术报告，与会专家进行了很长时间的学术讨论，有许多精彩的发言。本书根据这次会议的发言整理完成。

《中国交通运输网络理论研究前沿》

是第三次工程前沿研讨会,就交通运输网络的有关问题进行了广泛的研究与深入的探讨。随着我国经济社会发展进入新阶段,交通运输出现了新的不适应。作为对策,各运输主管部门都提出了十分宏伟的规划设想,投资十分巨大。但另一方面,却未见有对运输网络理论的进一步重视,出现了理论严重滞后于实践的局面。本次会议对今后这方面的深入研究打下了良好的基础。14位院士、专家做了精彩的学术报告,与会专家进行了广泛的讨论,提出了很多新的见解。本书根据这次会议的发言整理完成。

《中国工程院年鉴2004》

是综合反映中国工程院各方面情况、进展和成就的文献资料。2004年卷收编的内容分17部分,共85万字。

《中国工程科学》

月刊,2005年收到来稿共计460篇,发表208篇,刊发率为45.2%。208篇文章中:院士撰写的25篇,约占12%,高级职称以上撰写的91篇,占43.7%,研究生撰写的69篇,约占33.1%,余为其他;属于国家自然科学基金项目的65篇,占32.3%,属于"八六三"、"九七三"、"九五"、"十五"重点资助和科技攻关项目的39篇,占18.75%,余为其他。前二者约占刊发文章总数的51%。《中国工程科学》既体现了院士与学者们的科技智慧和学术水平,又反映了工程科技界诸多重要领域的丰硕成果,产生了良好的社会声誉和影响;《中国工程科学》已成为工程技术专家展示学术成果的窗口。

《Engineering Sciences》

英文版季刊,2005年共收到论文稿88篇,刊发63篇,刊发率为71.6%;其中青藏铁路、环境保护、核电、矿业与钢铁冶金等工程技术是重点刊发的稿件;刊发的63篇文章中,院士撰稿的7篇,约占11.1%,高级职称以上作者撰写的35篇,占55.5%,研究生撰写的18篇,占28.6%,余为其他。

《中国工程院院士通讯》

月刊,以沟通院士的科研、教学、生活信息,传播院士道德情操,介绍院机关和院省(市)合作等重要新闻为宗旨。开辟有院士行动、咨询工作、道德建设、学部信息、国际交流与合作、工程科技论坛、院机关要闻、院士生活摄影等栏目。全年12期,约80万字。

《中国工程院年报》(中英文版)

介绍工程院当年的主要活动,是工程院对外宣传的主要出版物之一。内容包括:院士大会、院士增选、院士风采、研究与咨询活动、院士建议、技术创新院士行、工程科技论坛、学术会议、地方合作、光华工程科技奖、港澳台合作、国际交流与合作、出版以及有关院领导机构和院士情况的附录。每年出版一次。

《CAE Newsletter》(英文版)

反映中国工程院开展活动的动态信息，是工程院对外宣传的主要刊物之一。内容包括研究与咨询、工程科技论坛、技术创新院士行、院士增选、学术会议、学术观点、地方合作、国际合作交流等。本年度共发刊12期。

《科技界的榜样——侯祥麟》、《石油赤子——侯祥麟》

“科技界的榜样”侯祥麟的先进事迹，经新闻媒体广泛传播，在全国各地引起强烈反响，应各地方、单位，许多党员和群众的要求，主办单位共同编辑出版了这两本书。

院机关工作

办公厅工作总结

在过去的一年里，办公厅全体同志在院领导的带领下，在机关各部门的大力支持下，围绕我院2005工作要点确定的任务和厅里制定的工作计划，团结协作，克服困难，扎实工作，保证了机关的正常运转，良好地完成了全年的各项职能工作和院领导交办的任务。

一、认真做好行政工作，保证机关正常运转

1. 为院领导做好服务工作

全年协调安排院领导出席中央、国务院及有关部委和地方召开的各类会议、各种活动200余次；协助院领导处理各类文件，办理回函、回信，落实和督办院领导批示等500余项；根据每位院领导的实际情况及时协助院领导调整安排其他事务性工作，保证院领导日常工作的顺利进行。

2. 保证公文正常运转

办公厅是院机关公文运转的枢纽，负责院公文的收发、运转、管理和机要交换等工作。按照公文办理程序，全年共办理院发文（函）及党组文件124件；机关党委发文（函）28件；厅发文（函）79件；发文核稿187件；各类文件的收发、传阅、保管等3 000余次；文件打印390多件，办理院章、党组章的审批、登记、使用200余次，厅章1 600余次。全年收发的机要交换文件总量为27 000余件，本年度交换文件无差错。

3. 做好院内各种会议的会务工作

负责承办了两轮院士增选会议的会务工作，针对到会院士年龄大，要求高等特点，办公厅有关同志多次与有关宾馆、医院联系，研究解决住宿、就餐、会场、交通、医疗保健、安全保卫等问题，克服困难，加班加点，认真做好各项会前准备和会议服务工作。春节前，还承办了院机关工作总结会和京、津、冀院士新春茶话会的会务工作，联系专业文艺团体演出，采购分发礼品等。特别是茶话会后，发扬了连续作战和任劳任怨的精神，认真做好有关收尾工作。

全年共承办院内各种会议66次（包括会前的材料准备与会务服务、完成会议纪要等）。具体包括：主席团会5次，党组会13次，院常务会15次，院长办公会4次，机关党委会12次，机关办公会17次。

4. 编印重要信息资料

全年编报《每周工作日程安排》52期，为院领导和机关各部门及时提供全院重要活动信息。编辑出版《中国工程院年鉴2004》，全书共85万字。编写《2004年大事记》。完成《中国工程院院士通讯》全年12期的编辑出版和发行工作，并承担了办刊的各项事务性工作。为了进一步办好刊物，还举办了各省市特约通讯员座谈会，开展诗文书画评选和摄影作品评选活动。

5. 院日常保密工作

近年来,国家对保密的要求越来越高。作为院保密办公室,承担院保密委员会的日常工作。根据院保密委员会的要求,结合我院的实际情况,开展保密教育活动,组织机关工作人员观看保密教育片,提高机关工作人员的保密意识。每逢长假前,对全院计算机的涉密情况进行大检查。

院士增选期间,对48位候选人的涉密材料,从接收增选材料开始,到增选工作结束,院保密办严格按照保密要求,完成了接收、保管、借阅、回收、销毁等工作。全院未发生失密、泄密事件。

6. 档案与信访工作

全年整理归档文件档案立卷53卷、照片档案3卷册,提供利用260余次。全年办理信访函件297件,接待个人来访200余人次并妥善送离,全年未发生因处理不当,引发上访干扰机关工作的情况。完成了每月按要求上报国家信访局信访工作报表等事务性工作。

7. 对外联系工作

作为院对外联系的窗口,办公厅承担了日常与各部委的联络、出席会议及贯彻落实会议精神、报送各种统计报表和报告等工作。全年出席院外各类会议140余次,主要有:中办、国办、中组部、人事部、中央国家机关工委、财政部、国管局、档案局、信访局、交管局等几十个单位。

按照有关部委要求,报送我院人事、劳资、财务、信访、资产等各种统计报表100多件;报送我院党务、纪检、提案、保密等年度工作总结报告30多件;办理部委回文100多件,主办部委协作组会议3次。

二、努力提供后勤保障,不断提高服务质量

1. 做好计算机及网络的维护管理工作

我们全年克服困难,完成了各项工作。

(1) 保证国务院电子公文传输网络的安全使用和日常文件收发的正常运转(系统多次升级,安装新软件,建设和使用公文二维条码系统等)。

(2) 安全平稳地更换了老服务器,提高了全体院士和院机关使用电子邮件的可靠性。

(3) 全年累计维修计算机等600多台次,处理软件故障1 200余次。在旧设备IBM硬盘故障频发的情况下,及时解决系统设备维护等问题,保障机关办公自动化的安全使用。

(4) 通过网站的建设和维护、标准化改造,开发院士数据库系统及若干项功能,使我院网站成为政府网站的一部分,成为向外界介绍我院工作、接受院士反馈信息的工具。全年共制作发布网页信息1 423幅,其中单一页面制作106幅,制作发布图片信息137幅,网站发布的文字约1 200万字。

2. 经济适用房的配售和资产管理工作

(1) 在院经济适用住房配售领导小组的领导下,完成了中国农大回龙观小区6套经济适用住房和2套旧房的配售工作。帮助有关职工联系办理购房等有关手续。

(2) 为解决我院住金家村小区15户职工5年多尚未解决的房屋产权证的遗留问题,成立了工作组,不怕难点,做了大量细致的调查研究工作,基本摸清情况,拿到了所属区的房屋大产权证和土地证复印件,为下步分割取得我院金家村房产证奠定了基础。

(3) 在各部门的大力配合下,对我院建院以来的固定资产情况做了初步清理登记和核对工作,已完成帐对帐工作和部分帐对物工作,取得阶段性的成果。

（4）承担机关采购和发放办公用品工作。全年发放各类办公用品1 369次，采买计算机等设备32台。

3．基建与开办费工作

（1）圆满组织2005年1月18日我院综合楼开工典礼。

（2）办公厅综合处、党办（纪检）的有关同志在本身工作任务繁忙的情况下，积极参与了综合楼工程的有关建设和招投标等工作。

（3）为做好搬入新办公楼准备工作，成立开办费工作组，编制了新大楼家具、设备等配置方案和经费预算。为能向财政部申请到更合理和更准确的开办费，走访有经验的兄弟单位，做了大量的市场调研和询价等工作。

4．后勤服务工作

（1）车辆服务：车队较好地完成了机关车辆服务工作，全年安全行驶25万公里，没有发生重大交通事故。

（2）报刊收发及图书资料工作：认真做好每天的收发工作，及时为院领导和机关各单位订购报刊杂志，全年订阅报刊杂志160多种。全年收发信登记27 000多件。完成图书借阅和查询675次，各类图书资料的登记验收430次。

（3）值班与安全保卫：认真做好院值班室的日常工作和安全保卫工作。值班室保证24小时不断人，坚持值守应急；承担院维护社会稳定工作领导小组办公室的日常工作，认真安排节假日值班，坚持节前召开全院职工大会提出要求，并进行安全检查；2005年连续发生多起冒用院领导名义推销书籍等物品的事件，及时与属地派出所建立联系，并及时向北京市公安局报案并配合破案，与学部工作局相互配合，及时下发通知，使事件得到了控制。

（4）日常后勤服务：为机关正常运转提供及时服务和后勤保障。如联系采买并发放节日物品，联系制作贺年卡，更换印刷厂，做好职工用餐服务工作，组织销毁文件等。

三、贯彻财政改革精神，做好财务工作

1．以“合理保证”为目标，积极争取财政资金

在认真吃透财政精神的基础上，在机关各部门的大力支持下，严格按预算规定编报程序完成了2006年的预算编制工作，并进行多方面的沟通，积极争取经费。已落实2006年的经费，比2005年有一定增加，基本支出和条件支撑项目基本落实，综合楼相关费用，院士增选经费，咨询项目经费等实现了“合理”保证目标。去年还根据咨询工作的特殊需要，积极同财政部沟通，完成煤矿安全和节约型社会咨询项目追加预算的工作。

2．按国库集中支付的要求，认真做好日常经费核算工作

2005年的经费比2004年有较大幅度的增加（经常性经费增长45%，再加上基建经费等），故经费核算工作量大大增加。特别是我院承担了一些重大咨询项目，有许多院士和专家参加，经常需要及时支出，保证项目的正常进行。计财处在人员没有增加的情况下，通过辛勤劳动，做好大量核算工作，及时满足各项工作对经费的要求，保证了我院各项工作的顺利进行。

全年提取现金100次左右，共计454万元。签发支票1 275张，经费拨款5 873万元，涉及192个单位。到医保中心办理公费医疗报销125人次，代扣代缴个人所得税1 627人次，其中工资薪金代扣代缴831人次、咨询劳务代扣代缴796人次，代扣代缴个人所得税58.87万元。审核原始凭证

5 万多张。此外、还承担院士津贴发放、统计等工作。

3. 加强相互沟通，增进相互理解

加强与项目组、机关各部门、审计、财政部等多方面的沟通，增进了相互理解、相互支持，从资金上保证各项工作的进行。由于我院各级领导的重视，审计部门的监督，计划财务人员的规范操作，机关工作人员财经法纪观念的增强，工作逐步规范，全年未发生重大违法违纪事件。去年我院被审计署列入整改好的单位，没有进行审计。

四、人事、劳资及医疗保健工作

1. 干部考核工作

(1) 承办并完成向中组部报送中管干部年度考核工作。

(2) 严格按照中央《党政领导干部选拔任用工作条例》的要求，完成了 3 名副局级干部和 5 名处级干部试用期满的考察和正式任职工作。

(3) 具体承办了对机关干部(48 人)和借聘用人员(19 人)的年度考核工作。并按规定，对考核优秀者实施奖励，对连续三年优秀者办理了工资晋档。

2. 面向社会公开招聘机关干部

根据院党组和机关党委的要求，全年经过一系列的规定程序，办理干部调入 12 人、接收转业干部 1 人。在面向社会公开招聘机关干部中，经过了报名、资格审核、笔试、面试、考察，试用等 14 道工作程序，先办理了 8 位同志的正式录用手续。随后，又根据各部门缺岗情况，经党组研究同意，通过参加人事部国家公务员考试招录机关干部，按规定程序选调了 4 位同志来院工作。接收转业干部的工作，也是按照国务院军转办年度任务和院党组的安排，从上百位军转干部中，经过规定的程序进行挑选录用。

3. 干部培训与职称考试工作

(1) 针对近年来院机关新调入干部逐渐增多，组织完成了院机关新调入人员的上岗培训工作。这种短期集中培训方式，受到了院机关人员的普遍欢迎。

(2) 组织院机关干部英语培训工作。

(3) 完成向中央报送的中管干部 5 年培训计划及调整计划的报告。

(4) 积极派员参加中组部、人事部等部门组织的《人才工作统计培训》等各类学习，努力提高自身素质。

(5) 承办了 4 期中央党校和国家行政学院局级干部培训班的有关工作。

(6) 组织院机关干部参加了北京市高、中级职称外语考试。

4. 干部调配和退休干部等工作

(1) 为配合增选院士工作，为全院两次遴选会议协调调配工作人员 21 人次。

(2) 作为职能部门，做好退休干部的服务工作(组织活动、生病看望等)，还为退休干部增加了职务补贴，使退休干部的工资增幅在 10% 以上。

(3) 协助国际部，完成了院机关全体人员的出国审核备案工作。共办理因公出国(境)人员备案 65 人次。

5. 劳资工作

(1) 为进一步规范工资政策，根据北京市有关规定，结合我院实际，从 2005 年 1 月起对在编职工调整增加了职务补贴，取消了考勤补贴。

(2) 根据财政部关于规范清理津贴补贴的有关规定，对我院全体工作人员的工资及各类津补贴进行了规范清理，并将结果报送财政部。

(3) 发放各节日补贴，年终双薪等503人次。

(4) 完成我院各类人员工资或补贴核定、调整等工作，下发工资调整表59件，518人次。

(5) 向中央组织部、人事部上报了《2004年事业单位管理人才、专业技术人才资源表》等各类报表和报盘的统计工作。

6. 保险等福利工作

(1) 为节约经费，方便出行，继续为院机关在编职工购买了交通意外伤害险。

(2) 按照北京市的有关规定完成了我院在编职工的失业保险缴纳工作，补缴了2003年至2005年在编职工的失业保险。

(3) 及时办理了新调入人员的社会保险转接工作。

(4) 办理了长期借聘用人员的三险缴纳工作。

(5) 与国管局、中组部、人事部、卫生部、北京市公费医疗办、北京医院等有关部门联系，解决个别院士在住房、医疗、福利待遇等方面的困难。

7. 医疗保健与计生工作

(1) 干部医疗。按规定办理了《局级干部医疗证》；为部级干部重新更换了医疗证；为新调入人员建立合同医疗关系和在科协医务室取药等。

(2) 组织机关在编人员体检，复查及治疗；针对体检中部分同志乙肝抗体阴性，组织注射乙肝疫苗；发放防暑降温物品和预防流感药品等。

(3) 制订院机关《干部医疗报销补充规定》；完成全年职工医疗费的审核工作。

(4) 与国管局计生办和所在街道办事处签订《计划生育目标管理责任书》，对今年新来院的工作人员及独生子女及时建立计生帐卡、办理各类手续，认真做好计生用品发放等相关工作。

(5) 配合《人口与计划生育法》的贯彻实施，宣传计划生育和婚育知识，组织全院职工参加中央国家机关《婚育新风进万家知识竞赛》活动。

(6) 完成了海淀区卫生局发放的医疗费用实际支出情况报表工作；及时向合同医院公疗办上报每月我院干部的医疗费用。

五、党群工作

1. 组织保持共产党员先进性教育活动

在院党组和机关党委领导下，认真组织开展了以实践“三个代表”重要思想为主要内容的保持共产党员先进性教育活动，做了大量具体的组织、协调和宣传等工作。

(1) 起草了院先进性教育和党组先进性教育的总体方案，具体安排了学习动员、分析评议、整改提高三个阶段的各项活动。

(2) 起草了院领导有关先进性教育的动员和总结讲话及每次转段动员会上的讲话、院领导在几次督导组会议上的发言、党组和机关党委整改方案、关于建立保持共产党员先进性长效机制的初步意见等重要文字材料。

(3) 向院机关同志和部分院士印发征求意见表，并将收集汇总的意见反馈给院党组、各党支部和督察组。还代十多个部委机关党委征求意见。承办了“党员先进性教育”各个阶段的群众满意度测评工作等。

(4) 组织机关全体党员和部分群众参加听党课、听院士报告、看党员先进事迹录像等十余次。

(5) 做好与中央第49督导组、中央先进性教育领导小组办公室指导协调三组的联络、沟通、请示、汇报和服务等工作。

(6) 编发《简报》20期,撰写通讯20多篇。

另外,还认真组织了办公厅党支部参加保持共产党员先进性教育活动。

2. 为党组做好服务工作

(1) 在中央人才工作协调小组的领导下,按照党组的要求,积极配合中组部人才局和学部工作局,承担了“组织实施‘高层次专业人才培养工程’”等项目的部分组织与协调工作。

(2) 参与中组部组织的“院士专家株洲行”,“广西贵州院士行”等活动。

(3) 代党组起草有关函件、报告、总结、干部任免、考察材料等文件30余份。

(4) 承担院党组为今年院领导班子换届所作的具体准备工作。

(5) 承担院党组中心组学习秘书工作。负责起草上报学习计划,起草上报学习总结。购置发送学习资料,做好每次专题学习的服务工作。起草党组纪要13期。

3. 机关党委的日常工作

(1) 根据中央国家机关工委的要求,在院党组和机关党委领导下,围绕机关党委的工作要点,按计划组织机关各党支部进行日常政治理论学习。及时组织学习党的十六届五中全会有关文件精神。

(2) 具体承办机关党委换届工作。成功召开了院第三次党员大会,选举产生了院第三届机关党委会。承担了会议报告等文件资料的准备、会议日程安排、投票选举和会务等大量的工作。

(3) 开展爱国主义教育。组织参加纪念抗战胜利60周年大会、组织参观3个展览等系列活动。

(4) 认真做好对入党积极分子的教育培养工作,谈心,送有关教材等,督促各党支部做好日常工作。2005年发展1名新党员,按期转正2名预备党员。

(5) 根据个人所得税缴纳的调整,及时核定党费缴纳标准;负责处理机关党委日常工作。

4. 纪检、监察工作

为使党员干部增强党性观念和廉洁自律意识,对机关党员干部开展廉政教育。

(1) 机关党委组织学习了《“三个代表”重要思想反腐倡廉理论学习纲要》。

(2) 组织机关全体同志参观了“北京市反腐倡廉警示教育展”。开展了《建立健全教育、制度、监督并重的惩治和预防腐败体系实施纲要》和《“三个代表”重要思想反腐倡廉理论学习纲要》知识竞答活动。

(3) 作为纪检、监察部门,参与了我院综合办公楼部分项目的招投标会议和对个别院士投诉的调查工作。

(4) 完成每年两次的报送领导干部廉洁自律工作情况,完成了处以上干部收入申报(每年两次)工作。

5. 宣传工作

(1) 购买发放《保持共产党员先进性教育读本》等学习资料几十种,发放各种党刊7 000多份。

(2) 积极宣传机关党的建设和思想政治工作。在我院《院士通讯》上,报道机关党的工作,全年投稿40多篇。

(3) 认真做好"两会"期间、党的十六届五中全会期间的信息直报工作。上报信息在中央国家机关工委内部的《信息交流》上发表。

(4) 组织参加各种形式的报告会25次(部级、局级、一般干部)。

6. 群众工作

(1) 配合中央统战部六局,进行新当选院士中民主党派、无党派人士的有关调查摸底工作。

(2) 组织送温暖、献爱心捐助活动。组织为东南亚受灾地区捐款,为"幸福工程"募捐,为西部地区希望小学捐款捐物,向受灾地区送温暖、献爱心等活动,共计7 000余元,捐棉衣被等244件。

(3) 组织女职工开展了系列活动:三八妇女节前,参观南宫村、请北京女医师协会来院进行血液检测和保健讲座等;协助全国妇联办公厅,为副部以上领导干部、女院士、机关局级女性领导赠阅《中国妇女》杂志;组织参加有关报告会、展览和讲座等。

(4) 为促进未成年子女健康成长,六一前,组织召开机关未成年学生家长座谈会,请机关两位有家教经验的同志谈体会;组织中央国家机关职工未成年子女教育报告会、高考政策咨询大会、发放有关书籍等。

(5) 关心职工生活,慰问生活困难的党员,发放困难补助,探望生病住院的职工和家属等。

(6) 根据个人所得税缴纳基数的提高,及时核定工会会费缴纳标准。

7. 文体活动

(1) 组织参加中央国家机关第二届职工运动会。组织我院职工44人参加了该运动会7个项目69人次的比赛和赛前训练,大会开幕式等。我院代表队获"体育道德风尚奖";团体拓展挑战赛获"优秀组织奖"。

(2) 组队参加了中央国家机关工会联合会保龄球比赛,我院荣获团体第三名。聂淑琴同志荣获女子个人第一名,为工程院争了光。

(3) 不定期组织职工到育英学校进行体育锻炼。组织徒步穿越玉渊潭公园;组织到香山附近开展登山活动。组织职工参加首都春节联欢文艺晚会、中央国家机关各界人士迎新春专场文艺演出等。组织看电影5部。

一年来,办公厅全体同志努力工作,取得一些可喜的成果,据初步统计受到有关方面的表彰集体和个人有:院办被评为中央国家机关优秀交换集体,黄振忠同志被评为优秀个人;杨丽同志受北京市公安局嘉奖;院办受到国家档案局档案统计报表通报表扬;人事处获得人事部干部统计、工资统计的全优报表单位;党办被评为中央国家机关工委组织部优秀报表单位;院机关党委获中央国家机关纪工委授予的"优秀组织奖";贾庆广同志获中纪委等三个单位授予的"优秀个人奖"。

过去的一年,办公厅的工作还存在一些不足,主要表现在工作上有时不够严谨;遇到事情多的时候,有的同志比较急躁;忙于大量业务工作之中,思想政治工作有待进一步加强;人手不足与繁重工作的需求不相适应,如财务工作,2005年实际核算经费13 513万元,比2000年的1 959万元增长590%,但人手未增加,工作中小马拉大车的矛盾日显突出。在新的一年里,我们要发扬成绩,克服不足,努力做好全年的各项工作。

2006年我院为深入贯彻落实党的十六届五中全会精神和全国科技大会精神,落实《中国工程院2004—2006年度工作纲要》确定的任务,将开展一系列重要工作。办公厅全体同志将紧密围绕院里的中心工作，在认真做好机关日常大量的行政、后勤、财务、人事和党群工作的同时，要重点抓好以下6项工作：

1. 认真做好院士大会的会务工作。2006年6月召开的两院院士大会，会务工作以我院为主。办公厅将组织好力量，做好院士的食、宿、在人民大会堂和京西宾馆开会等会务工作，保证大会的顺利召开。

2. 严格按照党组和中央组织部的要求，做好院领导班子换届的具体服务性工作，特别要协助院党组和中组部做好院领导候选人的推荐和考察中的大量具体工作，及时做好材料的整理上报工作。

3. 认真做好新楼的家具设备等采购和搬迁等工作。按计划2006年底，我院将搬入新大楼，要严格按照规定程序，认真做好新楼的家具和设备等采购工作，提前做好搬迁准备工作，建立和完善与之相关的行政管理制度，加强规范化管理，推进后勤服务社会化进程。

4. 加强基础建设，做好档案和网络建设等工作。要开发和完善机关办公自动化系统，加强网络的维护和管理，为机关办公和院士专家开展学术交流、信息传输及资源共享提供便捷的平台和可靠的保障。

要做好搬迁前的档案清理归档工作，建设和完善工程院的档案系统，包括开发现代化的管理系统，进行历史资料的数字化加工，建立合理的归档机制，形成资料齐全、设备先进、功能完善的现代化档案资料库。

5. 深入贯彻财政改革精神，强化预算和支出管理。特别要做好重大咨询项目和综合办公楼相关支出的管理。

6. 以庆祝建党85周年为契机，在党组和机关党委的领导下，进一步巩固和扩大先进性教育成果，完善、落实机关党建的长效工作机制，为院中心任务的完成努力提供组织和思想保证。

学部工作局工作总结

一、扎实开展保持共产党员先进性教育活动，效果明显

在院党组和机关党委的统一部署和领导下，我局党支部认真组织和扎实开展了保持共产党员先进性教育活动，取得了明显成效。主要作法有：重视有关文件和材料的学习，提高认识。自我刨析材料要求有高度，实事求是，不回避缺点和问题，支部向每个党员提出具体修改意见。认真组织好民主生活会，坦城开展批评与自我批评。在这些工作的基础上，提出了加强综合素质建设，全面提高党员的政治思想水平；加强工作能力建设，全面提高学部工作局的业务水平；加强团结合作精神建设，全力营造和谐的工作氛围；加强服务意识建设，全面提高服务工作水准4项整改要求和目标，并且要求全体党员积极落实，保持长效。通过保持共产党员先进性教育活动，党员同志的先进

性意识明显增强，有力地推进了机关作风建设，有效地促进了学部业务工作开展。实践证明，保持共产党员先进性教育活动非常必要，非常及时。

二、认真作好院士增选服务工作

2005年为院士增选年，我局继续贯彻院主席团、院增选政策委员会、院常务会议的精神，在总结往年增选工作经验的基础上，重点完善了以下几个方面的工作：

1. 在先进性教育的基础上，起草了《中国工程院院士增选中机关工作人员行为规范》，进一步促进机关加强增选工作纪律和规范服务。

2. 通过修订《中国工程院院士增选候选人材料验收及汇总的有关规定》，进一步明确了各个环节的责任，整个材料接收工作有条不紊，无差错。

3. 配合院增选政策委员会，研究制订了《中国工程院院士增选学部专业划分标准》，并首次试行，效果良好。

4. 认真、细致做好评审材料准备和评审会议的服务工作，无明显疏漏，各学部常委会和院士总体满意。

5. 配合院士认真做好投诉调查工作，要求工作人员多做相关基础准备工作，尽可能减少院士工作量。

6. 重要问题及时上报请示，及时准确进行相关调查取证。

7. 及时收集和反馈各遴选渠道有关增选工作的意见和建议。

三、为院士咨询提供基本保障

咨询项目多、任务重、时间紧、成果丰，是2005年我院咨询工作的主要特点。年内共完成咨询项目17个，正在进行的咨询项目55个。据不完全统计，共有500多人次院士和1 000多人次专家参与了我院的咨询研究活动。咨询报告得到国务院和有关部门的高度评价，有的已成为政府决策的重要依据。

——《我国城市化进程中的可持续发展战略研究》，2002年4月启动，由徐匡迪院长负责，20多名院士和近150位专家参加。经过两年多的紧张工作，已经形成了《我国城市化进程中的可持续发展战略研究》报告。报告提出了中国特色的城市化发展的指导思想，指出了符合中国国情、多样化、可持续的城市化发展道路；城市化发展必须与经济社会发展水平和模式相适应，采取适度的发展速度，有指导、有控制地进行等研究成果。近期将向国务院汇报。

——《中国可持续发展矿产资源战略研究》，由王淀佐副院长负责，28位院士和270余位专家参加。重点研究了支撑国民经济发展具有代表性的煤、铁、铝、铜、水泥灰岩、磷、钾盐和铀八种矿产资源的安全和可持续供应战略。提出了我国矿产资源需求正处于高速增长期，必须通过转变经济增长方式，争取用矿产资源翻一番或略多支撑GDP翻两番的战略目标；国内资源保障程度低，加强国内资源勘探是长期任务；未来10～15年，我国利用国外资源的机遇和挑战并存，必须实施全球矿产资源配置战略等基本判断和相应的对策和措施。课题研究成果已经成为国家相关决策的重要依据。

——《东北地区有关水土资源配置、生态与环境保护和可持续发展的若干战略问题研究》，2004年4月启动，由钱正英院士负责，31位院士和近260位专家参加。报告从今后东北地区土地利用的总体格局,加强地质勘探、提高资源保证程度,西部地区应节制社会经济用水,保护生态与环境等多个方面提出了咨询意见和建议,为制定东北地区经济社会发展规划和政策提供了科学依据。温家宝总理在主持会议听取项目组汇报时表示,中国工程院组织院士和专家对国家重大战略问题开展决策咨询研究是一种好形式,有利于推进决策的科学化、民主化。

针对国家对资源节约和煤矿安全生产方面的需要,根据国务院有关领导的指示,我院在今年适时增设了《建设节约型社会战略研究》和《预防煤矿灾害的战略对策研究》两个咨询项目,目前正在组织实施中,预计将分别在2006年年底和年中完成。

此外,《装备制造业自主创新战略研究》、《三峡库区水污染防治战略咨询》、《农业机械化发展的战略研究》、《中国不同区域农业资源合理配置、环境综合治理和农业协调发展战略研究》等重大专项也在按计划顺利进行。

(一) 咨询项目情况

2005年完成的12个主动咨询研究项目:

1.《电磁脉冲防护技术研究》

2.《卫星重力研究》

3.《我国镁和镁合金材料可持续发展战略》

4.《竞争性电力市场环境中核电发展战略及政策建议研究》

5.《我国城市的可吸入颗粒物污染现状及其防治对策研究》

6.《我国鲜活农产品保鲜、贮运、加工发展战略研究》

7.《我国高等农林教育发展战略研究》

8.《西北干旱区绿洲农业的若干重大问题研究》

9.《关于自主研制我国精密医疗仪器的研究》(报国务院)

10.《不容忽视的过量和有害饮酒》

11.《构建我国综合交通运输体系的研究》(报国务院)

12.《我国清洁燃料的标准及生产技术》

尚有43个主动咨询项目在研:

1.《高层次工程技术人才成长规律咨询研究》

2.《装备故障自愈工程及其在我国推广应用的建议》

3.《院士队伍基本状况调研》

4.《农业装备制造业课题》

5.《发展我国固态白光照明技术及产业的研究》

6.《信息化可持续发展战略研究》

7.《"油气"项目后续研究》

8.《中国高温超导材料应用发展战略研究》

9.《流程工业与循环经济》

10.《我国绿色建材发展战略》

11.《海水淡化及海水与苦咸水利用发展建议》

12.《有色金属资源循环利用》

13.《反爆炸、生物、化学、核与辐射恐怖活动的科学技术问题和对策研究(续)》

14.《高放废物地质处置战略研究》
15.《中国中东部老矿山(危机矿山)合理勘查、开发模拟与矿山转制及矿城问题研究》
16.《中国东部危机矿山深部及外围找矿》
17.《大型先进压水堆和先进核能系统工程战略研究》
18.《中国水土流失与生态安全综合考察》
19.《重大土木工程使用寿命与耐久性标准的研究》
20.《地下工程与基础设施工程公共安全技术发展研究》
21.《大型建筑工程风险评价与保险研究》
22.《中国城市建设数字化方案与推进战略》
23.《"西气东输"中的天然气的合理应用及相关政策研究》
24.《中国生物质资源与产业化战略研究》
25.《新世纪中国渔业可持续发展战略研究》
26.《反爆炸、生物、化学、核与辐射恐怖活动的科学技术问题和对策研究》
27.《国内外生物技术谬用的形势分析与对策研究》
28.《医疗设备制造业》
29.《工程科学技术在社会生产力发展中的地位和作用问题研究》
30.《我国重大工程项目可行性研究的经验教训及改进方向的研究》
31.《中国老工业基地的可持续发展战略研究》
32.《中国新兴工业化进程中工程管理教育问题研究》
33.《工业工程——中国制造业实现世界制造基地的杠杆》
34.《工程和工程哲学的研究》
35.《我国制造业劳动生产率管理的研究》
36.《2020 年中国粮食和食物安全发展战略研究》
37.《油气勘探项目综合工作法》
38.《具有中国特色工程教育培养模式与发展道路研究》
39.《中德工程教育比较研究》
40.《高等工程教育人才培养目标多样化的研究》
41.《制药产业当前状况的调研和对工程科学研究的建议》
42.《地下隧道工程装备国产化发展研究》
43.《新世纪前 20 年中国钢铁工业的定位与发展战略》

有关部门、行业、大型企业等委托的咨询 8 个:

1.《高技术产业"十一五"发展重点咨询研究》(发改委,已完成)

2.《国内车用能源利用现状和发展趋势及对上海通用汽车发动机规划的建议》(上海通用汽车有限公司,已完成)

3.《军用先进材料技术发展战略研究》(科工委,已完成)

4.《建设大型矿业集团实施矿产资源全球战略》(五矿集团,已完成)

5.《关于我国特高压输电研究与工程建设的咨询》(国家电网公司,已完成)

6.《全国工程师制度研究》(人事部,进行中)

7.《CNGI 核心网建设示范工程》(发改委,进行中)

8.《中国稀土产业发展战略研究 》(包头稀土高新区,进行中)

(二) 技术创新院士行情况

与国家发改委共同组织 4 次技术创新院士行活动:

1. 8 月,安徽汽车产业院士行,主要企业有江淮汽车集团、奇瑞汽车有限公司、华菱汽车集团。

2. 11 月,江西航空、汽车产业院士行,主要企业有江西洪都航空工业集团公司、江铃控股有限公司。

3. 11 月,江西省稀土有色行业院士行。

4. 12 月,河南食品工业院士行。

煤矿安全院士行已完成预调研,2006 年 3 月 -4 月实施。

与中组部共同组织"院士行专家西部服务活动"4 次,分别是宁夏、重庆、广西和内蒙。

据不完全统计,共有院士专家 200 多人次参加这些活动,解决技术难题 152 余项,举行技术座谈会 58 次,做学术报告 41 场,签订技术合作协议及意向 50 余项。

四、协助组织学术工作

把工程科技论坛办到企业和高等学校是今年的一个显著特点,效果也很好。全年共举办 10 场,做学术报告 107 个,主题分别是:

1. 中国生物质产业与经济
2. 生态环境建设与水土保持
3. 中国稀土产业发展
4. 我国大型建筑工程设计的发展方向
5. 工程哲学与科学发展观
6. 物理学与可持续发展
7. 汽车节能技术及新能源汽车发展
8. 舰船装备技术发展
9. 极低频探地工程技术进展
10. 长三角清洁能源

协助举办香山会议 2 次(生物节水技术及发展前景;再生医学),工程前沿研讨会 3 次(新世纪水利工程科技;交通运输网络理论;工程哲学)。

协助举办国际学术会议 21 次:

1. 外国直接投资对发展中国家的影响专家会议
2. 中俄工程科技研讨会
3. 可持续制造国际研讨会
4. 高层次科技人才赴法国、德国技术考察
5. 移动 IPv6 国际研讨会
6. 中俄信息技术研讨会
7. 东亚资源再生技术国际会议
8. 第二届中日韩材料战略研讨会

9. 第三届中国大连精细化工国际学术交流会

10. 2005年中国(宁波)新材料及产业化国际论坛

11. 中瑞可再生能源与环境合作第一、二次工作会

12. 建筑节能国际学术论坛

13. 第四届地下物流国际研讨会

14. 环境污染与健康国际研讨会

15. 第二届中医药现代化国际科技大会

16. 2005年国际介入心脏病学研讨会暨TCTatCIT

17. 传染病与生物安全国际研讨会

18. 2005年高级病毒学国际研讨会

19. 2005年中印双边新生儿腹腔镜技术研讨会

20. 第十届职业性呼吸系统疾病国际会议

21. 中国—阿拉伯化肥有限公司院士、专家咨询研讨会

有关学部还组织了20多次不同规模的国内学术会议与学术交流活动。如全国第四届纳米材料和技术应用会议;第五届青年企业家深圳管理论坛;化工、冶金与材料学部第五届学术年会;2005中国日用化学工业研讨会;新疆重大疾病医药论坛等。

五、积极稳妥地开展地方合作

本着“量力而行、稳步发展、注重实效”的原则,与山东省、深圳市、北京市、上海市及空军的全面合作更加深入、务实、有效和各具特色。比如,在与山东省合作方面,成立了院地合作办公室,建立了院地合作网站,济南、青岛、烟台、淄博和济宁的合作项目各有重点。深圳的“中国青年科技企业家管理论坛”影响不断扩大。以培养人才为重点的空军院士顾问工作走向规范化、经常化。同时加强与其他省市的专项合作,如与天津市在人才与项目方面的合作;化工学部与包头稀土高新区的合作;农业学部和山东省农科院的合作;医药学部与广西在中草药资源方面的合作;信息学部与北京市在信息化方面的合作等等。

六、不断加强学部机关建设

1. 重视职工思想政治工作,在上半年先进性教育的基础上,重视长效机制的建立,重点在理想信念、敬业精神、组织纪律、廉洁自律等方面培养提高。

2. 通过招聘,调入工作人员7名,充实了各处室力量。这些新同志学历高、年轻、富有朝气,为学部工作带来了新气象。

3. 进一步完善规章制度。起草了《咨询经费管理办法》,规范了局务会议、出差请假审批、办文规程等方面的制度,规范了院士生日祝贺、生病探望等日常工作。

4. 鼓励和要求工作人员熟悉和学习与所在岗位相关的业务知识,尽可能多地了解相关行业领域的专业知识,以便更好地为咨询和学术活动服务,为院士服务。

5. 参与和参加相关咨询活动。比如人才课题和中组部咨询程序课题的研究,院士队伍基本状况调研等。

七、工作体会

1. 量大、头绪多、操作难；
2. 忙于应付、完成任务，整理、消化、总结提高不够，工作规范不够；
3. 与院领导提出的“高层次、高素质、低姿态”的要求有差距；
4. 通过先进性教育活动及其效果的体现，对政治思想工作的作用和重要性有新的认识。

八、2006 年工作要点

1. 组织好院士大会的学术活动；
2. 为各学部常委会和专门委员会的换届作好服务；
3. 在院士大会前完成院士基本状况调研工作；
4. 为规范咨询工作提供基础情况和建议；
5. 完成学部工作局综合信息数据库开发建设；
6. 提高日常服务工作质量。

国际合作局工作总结

在我院领导、各部门的大力支持下，我局圆满地完成了 2005 年的任务。双边合作向纵深进一步推进，多边合作不断拓展新的战线，对外宣传工作有了新面貌，综合服务工作水平进一步提高，在全局初步形成团结协作的良好工作氛围。

一、主要出访活动

今年我院总的出访团组规模比去年有所扩大。分管局领导和各处紧密配合，认真组织每一次出访团组，克服各种困难，圆满完成院领导和院士的出访任务。

全年共完成 35 个出访团组，出访 212 人次，其中院士 57 人次，其他专家 63 人次，机关 92 人次。院领导率团出访 15 个团组；院士率团 13 个团组，包括访问台湾 1 个团组；安排配合我院咨询课题出访团组 4 个。上述团组中，出席国际会议 18 个团组，考察 17 个团组。

二、组织召开、筹备国际会议

今年有我院主办、组织召开 3 个国际会议，协助有关部门、地方召开 8 个国际会议；我院参与组织召开的国际组织会议 3 个，开展筹备工作的国际会议 3 个。

(一) 中俄工程科技研讨会得到好评

会议于今年 5 月在北京召开，共邀请俄方参会代表 53 人，俄驻华科技参赞两人，中方参会代表近100人。俄方专题报告27篇,中方专题报告21篇。在学部工作局的支持下,我院院士热心参与4个分会场的组织工作,外国专家局大力支持,我局出色完成了会议组织工作,使本次会议超过了预期效果。中俄双方都给予了很高的评价,为中俄两国工程技术领域进一步深入合作打下基础。

(二)成功举办第八届中俄双边新材料新工艺研讨会

我院与中国有色金属学会合作主办今年会议,于11月在广州举行。参会代表达200多人,其中,俄方代表55人,中方代表近150人。会议共收到论文181篇。徐匡迪院长在会上作了题为"面向21世纪的中国钢铁工业"的特邀报告。研讨会于1992年由中俄双方共同发起召开,随着会议探讨领域的扩大和参加单位的增多,研讨会在中国、俄罗斯以至世界材料学界的影响日益显著,得到了中俄两国材料界学者的好评和支持,并得到了两国有关政府部门的认同和重视。

(三)中瑞可再生能源双边研讨会

今年5月底在北京,筹办了中瑞可再生能源合作项目第一次研讨会。中瑞双方专家共计30多人,对风能、太阳能、生物质能和建筑节能等领域进行了交流和探讨,为合作项目下一步实施打下了良好的基础。

(四)我院参与组织举行的国际组织会议

1. 中日韩(东亚)工程院圆桌会议。会议于10月底在韩国举行。宋健名誉主席率我院代表团出席并作了题为"中国工程科技未来十年"的大会报告,王淀佐副院长出席工程院圆桌工作会议,郑健超院士介绍我国能源发展战略。

2. 国际工程与技术科学院理事会(CAETS)年会和联合国亚太农业工程与机械中心(APCAEM)理事会会议。沈国舫副院长率团出席上述两个会议。我院是上述两个国际组织中代表中国正式成员。出访前我局作了大量的准备工作,保证了出席会议任务的顺利完成。

(五)筹备的重要国际会议

1. 国际医学科学院组织(IAMP)第二次全球大会筹备工作顺利展开。它是国际医学界高层次、最具代表性、高水平的学术会议。我院积极与中科院协调,共同主办。

2. 国际畜牧发展大会筹备工作进展顺利。

3. 研发全球化国际论坛报批、经费等筹备工作落实。

三、国际合作向纵深发展

中瑞可再生能源科技合作项目开端良好。今年5月和10月,双方分别在北京、斯德哥尔摩举行了双边学术研讨会,组织双方专家对太阳能、生物质能和风能进行了实地考察。中方专家经过认真研究提出了12个合作项目建议。

四、开拓国际合作渠道

今年我院与美国工程科学院、澳大利亚工程与技术科学院以及法国技术院分别续签了合作协议备忘录,与墨西哥工程院签署了协议,与印度工程院商讨了签署合作协议事宜。

我院国际合作的对外渠道更加广阔。新建立联系的国际组织有:法国企业与教育界研究协会、联合国贸易与发展会议、东盟工程技术院等。

五、认真做好APCAEM归口点工作

作为我国政府国内归口管理与APCAEM合作的部门,为协助该中心工作,我局开展了大量调

研、协商和外交工作：

1. 为新主任就职完成了有关外交手续；

2. 就中国政府捐款使用范围调整事宜进行磋商；

3. 就该中心永久办公地事宜进行磋商；

4. 进一步明确我院作为归口点的职责以及与该中心的关系等。

六、接待外事来访工作

全年完成接待外宾来访共52场，其中，徐院长外事接待25场。会见的主要外宾包括：美国工程科学院院长、法国技术院院长、瑞典皇家工程科学院副院长、澳大利亚工程与技术科学院院长等。

七、对外宣传工作

今年着重在提高对外宣传工作质量和水平方面做了多种努力，取得明显效果，出现新面貌。

1. 工程院快讯（CAE Newsletter），召开改版工作座谈会，听取各方面对改进工作的意见和建议。根据院领导指示精神，着重增加了宏观学术性文章，刊物的学术水平有较大提高。

2. 工程院英文网页，我局提出改进方案，书面征求部分院士意见。启动院士简介（英文）内容的增补工作。

3. 工程院年报（中英文版），质量进一步提高。

4. 理顺了关系，将我院外宣工作纳入我院学术与出版委员会领导，为今后顺利开展工作打下了基础。

八、外事管理工作

1. 外事经费预算和外事工作计划的编制工作水平不断提高。预算编制必须以外事计划为基础，同时也为顺利开展外事工作提供支撑。编制预算和制定工作计划两者相辅相成，通过近年的不断实践，逐步摸索出一套工作办法，水平有所提高。

2. 局务会议制度不断完善，全局工作的协调工作有所改进。

3. 出访项目审批工作进一步规范。办理批件36份，签证133人，证照40人。

4. 完善规章制度。制定了外事接待、国际会议（草）等管理办法和表格。

5. 开展业务培训。举办外事工作座谈会，局领导讲如何做好工程院外事工作。要求加强英语学习。人员素质不断提高。

九、保持共产党员先进性教育活动

在院党组和院机关党委的领导下，我局党支部带领全局党员，通过教育活动提高了思想认识、边学边改初见成效。

进一步用“三个代表”重要思想武装头脑，党性观念不断增强，工作作风与思想作风有明显改进，整改措施基本落实。

十、几点体会

1. 发扬顾全大局的精神。各处之间团结协作，完成本处工作，服从大局，及时承担临时性工作。

2. 发挥团队的作用。一个处是一个战斗的集体,形成团结协作的良好氛围。

3. 根据每个同志的特点,充分调动积极性,发挥更大作用。

十一、2006 年工作设想

1. 外籍院士出席院士大会。不断提高我院院士大会有关外事工作水平,逐步达到国际标准。

2. IAMP 第二届全球大会。作为全局工作的重点,争取办成 2006 年的工作亮点。

3. 中瑞合作项目。精心组织实施,用好、管理好项目经费,推动我国可再生能源事业的发展。

4. 院领导出访工作。认真组织,高标准要求。做到万无一失,顺利圆满。

5. 外事管理工作和干部队伍素质。要常抓不懈。

政策研究室工作总结

2005 年,政策研究室在院党组和院领导的正确领导下,在其他司局级部门同志的大力支持配合下,积极投入保持共产党员先进性教育活动,认真贯彻落实"外树形象,内强素质"的机关建设宗旨,努力为国家工程科技发展服务、为院士服务和为院机关服务。政策研究室全体人员紧密团结,埋头苦干,克服重重困难,高效率、高水准地圆满完成了各项工作任务。

一、为国家工程科技发展服务,2005 年的工作包括以下六个方面

(一) 侯祥麟院士宣传工作

宣传侯祥麟院士是今年政策研究室至关重要的工作内容。按照院领导指示,我们参与制定了侯祥麟同志先进事迹宣传工作整体方案。策划并负责具体组织、协调、落实和推动了时代先锋——侯祥麟同志先进事迹宣传工作,包括与中宣部、中组部、中纪委、中科院、中石油、中石化的沟通、协调。组织安排中央新闻媒体侯祥麟同志先进事迹采访团对有关单位和院士、侯老、侯老亲朋故旧的联系、采访。与国办会议处、人民大会堂、广东省委宣传部及汕头市委的联络、组织报告会等一系列会议。全程陪同中央电视台《新闻联播》、《焦点访谈》、《新闻会客厅》、《面对面》等栏目对侯老的采访报道。参与制作宣传侯老事迹的专题片和编辑宣传侯老事迹的书籍。编发宣传工作《简报》16 期,并全程拍摄了大量珍贵照片并制作了光盘。

工作量的统计。据不完全统计,在近半年的时间里,政策研究室自己撰写的简报和报道稿达 30 余篇,共组织各类活动 30 多场,先后邀请 60 余家相关媒体进行了报道。所形成的新闻稿件近 100 余万字,各媒体新闻稿 100 余篇,Google 相关检索达到 32 300 余项。

侯祥麟院士的先进事迹感动了全国人民。侯老成为中央电视台《新闻联播》节目中"时代先锋"的封面人物,成为保持共产党员先进性教育活动的典型代表。他的事迹在科技界,尤其是工程

科技界、石油石化界更是引起了强烈反响。作为一名科技工作者，他的“五种精神”也得到科技界的广泛学习。温家宝、何勇、陈至立、徐匡迪等党和国家领导人还出席了在人民大会堂举行的报告会。在这些成就背后的每一个很小的活动，都是在精心策划、周密安排、细节把握下进行的；每一次会议的成功举行，都凝聚着政策研究室人员的辛劳和汗水。

（二）咨询工作是政策研究室工作的主要组成部分

总的来看，配合院里的咨询工作，政策研究室 2005 年主要完成了 8 个方面的咨询工作：

1. 参与撰写代表工程院报送的文件和材料共 6 份。包括提交十六届五中全会的建议说明“产业结构调整和自主创新”、向国务院办公厅报送的材料中“引进消化吸收再创新”部分、向国务院“我国院士制度的情况”汇报稿、向科技部报送的“中国工程院 2004 年工作进展和 2005 年工作重点”、院级文件“中国工程院 2005 年工作要点”以及给陈至立同志年终汇报材料“中国工程院 2005 年工作和 2006 年计划”等。

2. 起草院领导的讲话、报告及贺信、致辞等共 9 份。包括徐院长在中国工程院综合楼奠基仪式上致辞、徐院长致江南造船厂建厂 140 周年贺信、王院长在中国科学院 2005 年度工作会议致辞、王院长在中国科学院学部成立 50 周年座谈会上的讲话、徐院长在中科院党组扩大会议上报告“当前我国工程技术的发展与战略机遇”、徐院长在“侯祥麟先进事迹报告会”上向温家宝等领导同志汇报简稿、中国工程院召开主席团会议学习十六届五中全会的体会、学习“庆祝神舟六号载人航天飞行圆满成功大会”胡锦涛总书记讲话的体会、徐院长 2006 年新春茶话会贺词等。

3. 参与院级咨询项目共 8 个。分别是我国城市化进程中的可持续发展战略研究、中国可持续发展矿产资源战略研究、建设资源节约型社会、高技术产业若干重点领域“十一五”发展研究、中国信息化持续发展战略研究、中国工程师制度改革、国家知识产权战略研究、有害饮酒和过量饮酒研究等。分别承担撰写总报告，承担部分工作联系人等工作内容。

4. 对自身承担的 2 个咨询课题进行了结题。年内，继续推进我国工业研究院所改革分析与发展、工程管理学科的发展研究两个自立项课题的研究工作，并完成了结题工作。

5. 参与组织的 2 项其他研究工作。组织了对建设节约型社会院士座谈会的宣传报道，整理了会议纪要，并在《中国政协报》等多份报纸上整版报道院士的观点。组织部分院士开展对科技成果鉴定改革情况的调研，形成的调研结果报备科技部。

6. 对《院士建议》工作进行总结完善。年内共编发院士建议 12 期。起用《院士建议上报流程表》，并对《院士建议》的内容、建议人、第一建议人学部等进行列表统计。在对《院士建议》统计分析的基础上，对于需要进一步深入研究或政策推动的《院士建议》开展主动调研，以形成有针对性和操作性强的研究报告。今年年内，配合“十一五”规划中“建设资源节约型、环境友好型社会”的要求，开展了有关“我国废旧家电回收处理的进展与对策研究”的前期调研。调研采用企业深度访问和定量研究相结合的方法，目前已采访部分重点企业，并收到知名企业填答的问卷若干份。

7. 答复人大提案。辅助协调发改委和财政部参与到十届全国人大三次会议第 6217 号建议的答复中来，并结合发改委和财政部的复函，形成工程院的复函，报全国人大常委会及 19 位提案代表。

8. 回复其他部委和司局单位的来函共 12 份。分别对《公务员法》、《广播电视传输法》、《〈关于中国科协 2004 年工作情况的汇报和 2005 年工作安排的请示〉中具体问题》、《公司法》、《中国科学院章程》、《对“国家知识产权战略制定工作领导小组第一次全体会议”审议文件》、《注册工程师制度》、《证券法》、《物权法》、《2006年经济和社会发展计划草案》、《审计法》、《信息网络传播权保护条例》等来函进行了答复等。

（三）配合院士增选工作

1. 与增选相关的宣传活动。参与了“2005年院士增选工作通报会”和“增选院士名单公布通报会”的策划并负责具体组织、协调、落实工作,40余家新闻单位参与了两次会议的报道。

2. 撰写两次增选讲话。第一次增选主要谈到我国工程科技发展面临的形势和任务以及从第七次院士大会以来一年的主要工作,第二次增选主要着重于对于院士制度的肯定和态度。

3. 其他增选文件。根据整理的院士们对《给新当选院士的一封信》和《向当选院士所在部门和单位提出的建议》的意见,并修改原文。

（四）出版工作

政策研究室是院学术与出版委员会的秘书处之一,承办委员会有关出版方面的各项工作,完成委员会布置的各项工作,同时还承办了《中国科学技术前沿》编委会会议、《中国工程科学》编委会会议,并联系、协助杂志社工作。除此之外,还出版了5部图书,文字达90多万字。

1.《工程科技与发展战略》。我院所做的咨询项目涉及面广,意义重大,有不少项目涉及国家秘密,因此编辑、印制好咨询报告文集是一个非常重要的工作,它既能保留好我院的学术成果和历史资料,又是对外宣传院士工作,为国家、社会进步做贡献的窗口。2005年《工程科技与发展战略》咨询报告文集2004年版,共收录13篇咨询报告和12篇院士建议,40余万字,对涉密的项目严格把关,只列出题目,隐去内容,以防泄密。

2.《中国科学技术前沿》。这是我院的重点出版物,已经连续出版了8卷,凝聚了我们的很多心血,组稿、审稿是个非常重要和关键的环节,与作者的沟通、交流是成书的保证。2004年编辑、出版了第8卷,收录18篇文章,共50万字。按时在院士大会上把书交到院士手中。

3.《中国工程院院士》画册。这是我院与高等教育出版社和中国工程物理研究院合作出版的展现院士风采的大型画册,至今已经出版了6卷。继2004年中国工程院建院十周年时成功举办院士风采图片展后,又受清华大学、哈尔滨工业大学和哈尔滨工程大学的邀请,在三校成功举办院士风采图片展,取得了很好的社会影响。2005年新当选院士名单公布后,我们已经开始商讨计划下一卷画册图片资料的拍摄采访工作。

4. 美国《工程前沿》。翻译、出版美国《工程前沿》。今年完成翻译2003—2004年版,即将出版。

5.“工程前沿研讨会”的系列书籍。2005年已出版《中国交通运输网络理论研究前沿》一书。

（五）学术工作

1. 工程前沿研讨会。根据出版委员会的要求,借鉴美国《工程前沿》的模式,从2003年起,举办“工程前沿研讨会”,就某一个专题开展研讨,并在会后出书,系统地反映会议的内容。今年筹备、组织举办了2次“工程前沿研讨会”,主题分别为“交通运输网络理论工程前沿”和“工程哲学工程前沿”。共有100多位来自高校、企业、政府从事学术、工程、行政管理的专家、学者参加了会议,80位院士、专家做了精彩的学术报告并对相关问题展开了充分的讨论。

2. 香山科学会议。参与组织了2次香山科学会议。

（六）奖励工作

1. 光华工程科技奖相关工作。光华工程科技奖今年是提名年,经过了一系列准备工作,对奖励的"实施细则"进行了必要的修改后,从6月1日开始了提名工作。经过半年的工作,通过150位院士和工程技术性学会的提名,共有83位候选人获得提名,现已委托8个学部组织初评工作。平时保持与理事们的日常联系,经常接待台湾代表团的来访。

2. 其他奖励工作。与国家科技奖励办公室保持业务联系,接受他们对我院奖励工作的领导。每年组织院有关人员参加国家奖励大会。协助何梁何利奖的提名候选人工作,协调有关事宜,参加颁奖活动,通报获奖信息。应团中央的邀请,为弘扬科学精神,培养优秀的青年人才,与团中央和中国科学院共同主办"中国青年科学家奖"的评审活动,徐院长担任该活动顾问。评奖活动即将开始。

二、围绕为院士服务,主要从3个方面主动开展工作

(一) 策划、组织院士的报道和采访

全年共策划、联系、安排对院领导和院士、专家的采访报道近60人次。新华社、人民日报、光明日报及中央电视台、中央人民广播电台等各主流媒体的相关文章登载和消息播发量是建院以来最多的。为树立工程院的良好形象,宣传院士们在各自领域所做的贡献,从而推动工程科技事业的发展创造了良好的舆论氛围。

(二) 资助院士出书

经过与高等教育出版社的长期合作,建立了良好的工作关系,为我院争取了新的资助,即资助院士出版学术著作。经过几次出版委员会的研究,与高等教育出版社的沟通后,制定了"中国工程院学术著作出版管理办法",成立了"中国工程院学术著作出版专项资助委员会",正式启动了"中国工程院学术著作出版专项资助"工作,经评审,2005年资助6位院士出版学术专著。

(三) 联系报刊赠阅

联系、协调《经济日报》、《科技日报》、《解放日报》等报刊,为院士们提供赠阅服务。

三、围绕为院领导和院机关服务,主要进行了4个方面的工作

(一) 积极宣传我院的各项工作

配合院里其他部门,组织部分媒体参加了党员先进性教育、建立节约型社会座谈会、一系列工程科技论坛、学术报告会、国际会议、院士新春茶话会等活动和会议的宣传报道工作,负责撰写多篇新闻稿。

(二) 拍照及照片留档工作

为党员先进性教育活动、院士增选会、院士行、国际合作与交流、各类论坛、会议、院机关各项活动拍摄留档和纪念照片3 000余幅,各类报刊、杂志及网络共采用了120多幅。

(三) 其他院机关工作

承担院机关综合楼开办费部分设备的预算制定工作。承担我院向国务院报送我院各项活动信息的工作。承担院领导和其他司局的其他相关工作。

总的来说,政策研究室的工作特点可以概括为三个词,一是主动出击,积极进取,主要反映在各个处室在做好本职工作的基础上,争取资源,更多地做好三个服务,如出版处争取到的高等教育出版社每年100万元对于院士著作出版的资助,信息处争取到的价值70万元的报纸赠送,和调研处2005年已经开始尝试的围绕《院士建议》的主动调研。二是尽职尽责,不遗余力,政策研究室无论

在编人员，还是借调人员都是最少的，因此每个人身上的工作量都是很大的。其他不用多讲，宣传侯老所形成的各个令人难忘的数字是对研究室人员工作热情的最佳证明！三是全室一盘棋，增强战斗力，打破各处室之间的行政归属，将今年新来的三个同志灵活调动和调配，既使得各个同志能够尽快熟悉全室的工作，也为今后的工作储备了人才。

政策研究室的工作宗旨是，营造团结、和谐、向上的氛围，通过完成重大任务的磨练，为年轻人的成长创造展示和发展才华的舞台，造就一支能打硬仗的队伍。我们认为，所有成绩的取得与全室人员的努力是分不开的。这里需要特别指出的是，新来的三位同志进步很快，已经成为研究室完成各项工作的重要生力军。

政策研究室作为四个局级单位之一，将配合院里工作的开展，提早行动，主动承担和配合两院院士大会的各项任务；学习贯彻落实全国科技大会精神；主动学习，努力增强为"三个服务"做出贡献的素质；努力探索，积极进取，将调研、宣传和出版工作做出新特色和水平。

综合办公楼基建工作总结

基建办在院领导的正确领导下，在院机关的关心和支持下，依据党组提出的"阳光、公平、公正、公开"和"安全、质量、预算、进度"的要求，在时间短、任务重、资金紧的情况下，坚持高标准、严要求，克服了重重困难，组织实施我院综合办公楼工程建设，基本完成了党组交给的基建任务。现将2005年工作的基本情况总结如下：

一、扎实做好基建各项工作

我院综合办公楼工程自2005年1月18日开工以来，于2005年3月28日完成土方开挖工程施工，2005年6月26日完成地面以下主体结构施工，2005年9月2日完成主体结构封顶，结构施工获得结构长城杯。已经完成二次分包工程中的降水护坡施工、电梯设备、玻璃幕墙工程、空调施工、空调设备（制冷机组、风机盘管、新风机组和冷却塔）、消防工程、弱电工程、精装修工程的招标工作，配电室工程、热力工程、室外工程（绿化）和新增加的天然气工程的招标前期准备工作也基本完成。

基建办的主要职责就是按照院领导的要求，全面负责工程建设的运作实施。其主要工作内容包括：各种施工手续的办理，建设费用的交纳，部分费用的减免，组织设计方案的论证和确定，工程安全和质量的监督，工程投资和进度的控制，建筑材料的考察选购及质量价格把关，各种经济合同的签订，多方关系协调以及对施工现场的综合管理等。一年来，同志们不辱使命，勤奋敬业，重点做了以下几方面的工作：

1. 组织招投标，精心选定设计方案。

我院综合办公楼工程的设计、施工及其配套设备的采购，都严格按照国家及上级主管部门的要求,进行了认真的招投标工作。为了保证工程建设的顺利进行,确保工程质量和施工工期,使其达到国家规范规定的质量等级和履行合同中约定的各项条款,我们在每次招标结束后,都与中标单位进行商务谈判,并形成会议纪要。

2005 年基建办直接组织招投标共 11 次。为我院节约建设资金达 338 万元。

施工设计方案的选定也是我们的一项重点工作。在广泛调查研究的基础上,组织专家反复论证,博采众长,力求细致入微,做到精益求精,选定出理想的施工设计方案。如室内精装修设计方案,曾先后两次以书面形式提交院常务会议讨论,同时征求主席团意见,并与总设计师多次磋商,完善设计方案。

2. 加强安全管理,严格控制工程质量。

树立质量第一、精品意识的思想,从今年年初开始,我们就紧紧抓住工程安全和质量这两个关键点,从项目立项到工程设计,从施工管理到工程验收,对工程的各个要素提出了相应的要求,并进行严格控制,具体表现在以下几个方面:

(1) 施工质量的控制。百年大计、质量第一,施工质量问题始终是我们全年工作的重点。在控制工程质量方面,我们采取了一系列行之有效的措施。一是严格标准和规范,以施工图纸、设计技术交底、施工操作规范和验收规范为依据,制定统一的质量考核标准;二是依据标准定期或不定期地组织工程技术人员和监理进行质量抽查;三是充分发挥监理人员的作用,除了周二监理例会外,每周必须进行一次质量抽查,发现问题,立即责令停工整改;四是细化目标责任,做到分工明确,责任到人,谁主管谁签字,使管理人员的事业心和责任感得到了加强,把施工中可能出现的质量问题消灭在萌芽之中。

(2) 施工进度的控制。工程施工进度和施工周期直接关系着工程建设投资效益,是基建施工现场管理的一项重点工作。影响施工进度的因素很多,在实际工作中,我们主要抓了三项工作:一是合理安排施工工期并制定了奖罚办法;二是监督各种材料供应及时到位;三是每周主持召开一次四方碰头会,及时解决存在问题,同时检查每周的任务完成情况。

(3) 安全施工与文明施工。施工中,我们坚持按照《北京市建筑安全生产管理规定》抓安全,严格落实安全措施和安全责任制,大力提倡文明施工,尽最大可能减少施工对周围环境的影响。今年年初,我们协助总包方平息了因晚上施工给周边居民带来不便的纠纷。今年共参加和落实市、区安全工作会议 5 次,纠正工地各种安全隐患 39 次,共 71 个问题。2005 年我们施工现场被评选为北京市西城区优秀"安全、文明施工工地"。

3. 保证质量,降低工程造价

主要有三个方面:一是为保证材料质量可靠,价格相对低廉,同志们不辞劳苦、不厌其烦,充分进行市场调研及考察工程样板,并在我院纪检监察部门的监督下,实行委托招标,公开竞标、竞价。二是我们通过多种渠道,争取支持,降低造价。在院领导的沟通下,电信工程和网络工程都由北京电信无偿捐助。三是对于施工方采购的材料,我们严格按照合同约定,把好质量和价格关,有效地防止了劣质高价材料进入工地。

4. 理顺关系,加强协调,保证工程顺利进行

我们主要突出做了三个方面的工作:协调与发改委、财政部的关系,争取支持,及时将工程款划拨到帐;协调几十个与各级行政主管部门的关系,办理工程建设繁琐的手续,交纳几十种费用;协调施工单位、监理单位、设计单位之间的工作联系,妥善地解决好出现的各种矛盾和问题。一年来,

现场施工管理秩序良好,做到了安全、文明施工。从未出现大的安全、质量事故和盗窃、纠纷、聚众闹事等治安事件。

二、加强自身思想作风建设,树立基建工作者的良好形象

我们主要做了以下四方面的工作:

1. 端正思想,增强工作责任感

基建工作涉及面广、头绪繁杂,专业技术性强,矛盾多,责任重,风险大。基建办成立之初,有的同志产生了畏难情绪,一是怕困难、怕风险,二是怕自己不能胜任工作,辜负了领导和同志们的厚望。但随着工作的迅速展开,领导的信任和关心,同志们的理解和支持,使我们增强了使命感和敢于负责的勇气,树立了干好工程的信心。大家思想统一,把搞好工程建设视为己任,把工地当战场,义无反顾地全力投身基建工作。

2. 强化学习,努力提高业务水平

基建工作是一门综合性的学科,要想真正成为本专业的行家里手,必须加强业务学习。一年来,经常利用例会时间或小讲座的形式,组织全办人员进行业务学习,不定期地请有经验的同志现场传授、辅导,从而使全办人员的业务水平和管理能力明显提高。同时鼓励工作人员自学自修与本专业相关的其他专业和学科,不断拓宽和更新自己的知识面和知识层次,为在基建工作中更好地发挥作用奠定了可靠的基础。

3. 同心协力,提高集体凝聚力

一个班子团结的好坏,是检验战斗力强不强的重要标志。一年来,基建办一班人能坚持"讲团结、顾大局",积极开展批评与自我批评,少说话,多做事,办实事,讲实效,生活上互相关心,工作上互相支持,上下团结一致,全身心投入基建工作,为圆满完成年度的建设任务起到了有力的保障作用。

4. 加强党性锻炼,切实做到一身正气

近些年来,工程建设日益成为人们关注的社会焦点问题。面对这样一个复杂的社会市场环境,基建办的同志抱定一个信念:就是大楼盖起来,形象树起来,只为工程院争光。我们始终以党员标准严格要求自己,保持清醒的头脑,自重、自省、自警、自励,高度抵制各种不正之风,按领导的要求,做到"三严、三不准",即:严守法律法规,严明规章制度,严格办事程序;不吃请,不收礼,不乱表态,坚持办事公开、公正,廉洁自律。两年多来,从未发生一起徇私舞弊事件。同志们以公道正气之风树立了基建工作者的良好形象,为我院赢得了良好的声誉。许多供货商和施工队不无感触地说:我们非常愿意跟工程院打交道,虽然利润少一些,但心里踏实、痛快。

基建办的同志没有双休日、节假日,市政污水管线的改线和施工用电的敷设,就是基建办的同志靠十几个昼夜抢出来的,有时甚至通宵达旦。长时间的超负荷运转,有些同志病倒了,如韩勇主任因在工地脚脖子被崴后患上丹毒至今未好,周云宗同志脚底长了一个瘤子至今没有时间做切割手术。但大家始终都无怨无悔,一边治疗,一边坚持工作,从不叫苦叫累。

三、工作体会

1. 领导的重视与支持是搞好基建工作的关键。领导的重视程度越高,基建工作就越有依靠,发挥的作用也就越大。我们在认真做好工作的同时,及时向上级组织和主管领导进行工作汇报和

请示，取得了领导对基建工作的高度重视和大力支持。

2. 公开招标和择优选择辨证统一。我们的招标工作必须遵循“阳光、公平、公正和公开”的原则，有些企业虽然牌子亮、规模大，但是具体到某个项目就未必能落实到优秀的团队。因此，业主在市场招标的同时，择优选择带有很大的机遇性。

总结过去一年来的基建工作，我们深切地感受到，基建工作所取得的每一点成绩，都是院领导正确决策、正确领导的结果；是广大干部职工齐心协力、共同关心支持的结果；是基建办人员顽强拼搏、共同努力的结果。在今后的工作中，我们要开拓创新，把我们的工作提高到一个新的水平。新世纪、新形势赋予了基建办新的历史重任，基建办愿奋力拼搏，锐意进取，与时俱进，通过不懈的努力为我院的综合楼建设添砖加瓦。

附　录

一、组织机构

主 席 团

名誉主席：宋　健　朱光亚

主席团成员　（按姓氏笔画）：

马国馨　王思敬　王淀佐　石玉林　朱高峰　邬贺铨　刘鸿亮　刘德培　关　桥
杜祥琬　李大东　李国杰　沈国舫　宋　健　张寿荣　张彦仲　陈厚群　陈毓川
陈肇元　金国藩　周　廉　赵　铠　侯云德　秦伯益　顾诵芬　顾健人　钱绍钧
徐匡迪　殷瑞钰　龚惠兴　傅志寰　管华诗　潘家铮

执行主席：徐匡迪

院 领 导

院　　长：徐匡迪

副 院 长：王淀佐　邬贺铨　刘德培　杜祥琬　沈国舫

副秘书长：白玉良　石立英(女)

学部常委会

1. **机械与运载工程学部**(15 人)

主　任：张彦仲

副主任：顾国彪　王兴治　杜善义

常　委：马伟明　王兴治　龙乐豪　刘友梅　杜善义　李　明　李椿萱　汪顺亭　张立同(女)
张彦仲　柳百成　钟群鹏　顾国彪　高金吉　黄先祥

2. **信息与电子工程学部**　(13 人)

主　任：李国杰

副主任：毛二可　陈良惠　李德毅

常　委：毛二可　叶尚福　许祖彦　孙　玉　孙家广　李幼平　李同保　李伯虎　李国杰
李德毅　沈昌祥　陈良惠　姜景山

3. 化工、冶金与材料工程学部(13人)

主　任：周　廉

副主任：干　勇　汪燮卿　薛群基

常　委：干　勇　才鸿年　王静康(女)　孙传尧　何季麟　邹　竞(女)　汪燮卿
陈立泉　欧阳平凯　周　廉　顾真安　黄伯云　薛群基

4. 能源与矿业工程学部　(15人)

主　任：陈毓川

副主任：何多慧　何继善　杨奇逊

常　委：孙玉发　何多慧　何继善　杨奇逊　苏义脑　陈毓川　胡思德　唐西生　顾心怿
曾恒一　蒋洪德　谢和平　韩英铎　潘自强　薛禹胜

5. 土木、水利与建筑工程学部　(15人)

主　任：陈肇元

副主任：宁津生　傅熹年　韩其为

常　委：马国馨　王梦恕　宁津生　江　亿　江欢成　何镜堂　张在明　张超然　陈肇元
项海帆　崔俊芝　韩其为　傅熹年　谢世楞　谢礼立

6. 农业、轻纺与环境工程学部　(15人)

主　任：石玉林

副主任：周国泰　魏复盛　戴景瑞

常　委：山　仑　石玉林　向仲怀　许健民　孙晋良　张　懿(女)　张齐生　张高勇
陈焕春　金翔龙　周国泰　唐启升　管华诗　魏复盛　戴景瑞

7. 医药卫生工程学部(13人)

主　任：赵　铠

副主任：桑国卫　顾玉东　高润霖

常　委：于德泉　王威琪　刘　耀　李连达　沈倍奋(女)　郝希山　赵　铠　闻玉梅(女)
高润霖　顾玉东　郑树森　桑国卫　樊代明

8. 工程管理学部(9人)

主　任：殷瑞钰

副主任：郭重庆　王礼恒

常　委：王礼恒　巴德年　刘　玠　刘人怀　李京文　何继善　陆佑楣　殷瑞钰　郭重庆

专门委员会

一、环境委员会
顾　　　问：卢良恕　刘鸿亮　钱　易（女）
主 任 委 员：沈国舫
副主任委员：石玉林　黄其励　金翔龙　魏复盛
委　　　员：沈国舫　石玉林　黄其励　金翔龙　魏复盛　姚福生　姜景山　邹　竞（女）
徐承恩　徐旭常　潘自强　江　亿　陈明致　许健民　何凤生（女）
陈冀胜　殷瑞钰

二、科学道德建设委员会
顾　　　问：潘家铮　胡启恒
主 任 委 员：杜祥琬
副主任委员：沈国舫
委　　　员：杜祥琬　沈国舫　柳百成　王　越　干　勇　朱建士　杨秀敏　张子仪　洪　涛

三、教育委员会
顾　　　问：张光斗　柯　俊　朱高峰　韦　钰（女）
主 任 委 员：徐匡迪
副主任委员：杜祥琬　翁史烈　左铁镛
委　　　员：徐匡迪　杜祥琬　翁史烈　左铁镛　陈先霖　周　济　陈俊亮　时铭显　樊明武
宁津生　沈世钊　汪懋华　钱　易（女）　王振义　程天民　王众托　曹湘洪
李　未　王　浒　庄　毅　刘宝英　沈士团　余寿文　洪绂曾　张尧学　昝云龙

四、咨询工作委员会
主 任 委 员：王淀佐
副主任委员：邬贺铨　范维唐　赵忠贤
委　　　员：王淀佐　邬贺铨　范维唐　赵忠贤　刘大响　徐滨士　吴　澄　陈良惠　汪旭光
汪燮卿　胡见义　潘自强　崔俊芝　傅熹年　戴景瑞　李泽椿　桑国卫　王澍寰
钱七虎　李京文　白玉良

五、学术与出版委员会
顾　　　问：侯云德
主 任 委 员：刘德培
副主任委员：邬贺铨　金国藩　汪旭光　柳百成
委　　　员：刘德培　邬贺铨　金国藩　汪旭光　柳百成　李椿萱　毛二可　沈德忠　陈毓川
张宗祜　梁应辰　张锦秋（女）　石玉林　金鉴明　王正国　肖培根　郭重庆

何继善　徐滨士　许祖彦　汪燮卿　阮可强　马国馨　许健民　沈倍奋(女)
刘志鹏

六、产业工程科技委员会
主 任 委 员：邬贺铨
副主任委员：王淀佐　殷瑞钰　姚福生
委　　　员：邬贺铨　王淀佐　殷瑞钰　姚福生　饶芳权　高金吉　刘　玠　童志鹏　周　廉
曹湘洪　范维唐　胡见义　黄其励　马国馨　王梦恕　吕志涛　张高勇　季国标
王永炎　安静娴(女)　沈家祥

七、院士增选政策委员会
顾　　　问：师昌绪　侯云德　陆元九　周干峙
主 任 委 员：沈国舫
副主任委员：杜祥琬
委　　　员：沈国舫　杜祥琬　顾国彪　沈昌祥　汪燮卿　朱建士　陈肇元　方智远　赵　铠
殷瑞钰　白玉良

院　机　关

办　公　厅
主　　　任：宋学敏(机关党委书记)
副　主　任：谢冰玉
内设：综合处　院长办公室　计划财务处　人事处　机关党委办公室

学部工作局
副　局　长：高中琪　李仁涵
副局级巡视员：王海荣
内设：综合处　机械与运载学部办公室　信息与电子学部办公室
化工、冶金与材料学部办公室　能源与矿业学部办公室　土木、水利与建筑学部办公室
农业、轻纺与环境学部办公室　医药卫生学部办公室　工程管理学部办公室

国际合作局
副　局　长：康金城　程家怡
内设：综合处　双边处　多边处　咨询调研处

政策研究室

副 主 任：董庆九

副局级巡视员：郗小林

内设：调研处 信息宣传处 出版处

二、全体院士名单(704 人)

1. 机械与运载工程学部(104 人)

丁衡高 于本水 马伟明 尹泽勇 王 浚 王永志 王玉明 王兴治 王哲荣 乐嘉陵
冯培德 卢秉恒 石 屏 艾 兴 龙乐豪 关 杰 关 桥 刘怡昕 刘人怀 刘大响
刘友梅 刘兴洲 孙敬良 朱英浩 朱能鸿 朵英贤 阮雪榆 闵桂荣 何友声 吴有生
宋文骢 张立同(女) 张彦仲 张炳炎 张贵田 张福泽 李 钊 李 明 李培根
李鸿志 李椿萱 李鹤林 杜庆华 杜善义 杨士莪 汪槱生 汪顺亭 沈志云 沈闻孙
苏哲子 陆元九 陈懋章 陈一坚 陈士橹 陈予恕 陈先霖 陈秉聪 周 济 周勤之
孟执中 屈梁生 林宗虎 林尚扬 范本尧 姚福生 柳百成 胡正寰 赵 煦 钟 掘(女)
钟志华 钟群鹏 饶芳权 唐任远 徐玉如 徐志磊 徐秉汉 徐滨士 徐德民 涂铭旌
郭孔辉 郭重庆 钱学森 钱清泉 顾国彪 顾诵芬 高伯龙 高金吉 屠基达 屠善澄
崔国良 戚发轫 梁晋才 黄文虎 黄先祥 黄旭华 黄崇祺 黄瑞松 曾广商 温俊峰
谢友柏 路甬祥 管 德 潘健生 潘镜芙

2. 信息与电子工程学部(108 人)

马远良 方家熊 方滨兴 毛二可 牛憨笨 王 选 王 越 王大珩 王子才 王小谟
王天然 王任享 韦 钰(女) 卢锡城 叶声华 叶尚福 叶铭汉 刘 玠 刘永坦
刘尚合 刘韵洁 孙 玉 孙优贤 孙忠良 孙家广 庄松林 朱高峰 许居衍 许祖彦
邬江兴 邬贺铨 何新贵 何德全 吴 澄 吴佑寿 吴祖垲 宋 健 张乃通 张光义
张明高 张直中 张钟华 张锡祥 张履谦 李三立 李乐民 李幼平 李同保 李伯虎
李国杰 李德仁 李德毅 杨士中 汪成为 沈昌祥 苏君红 陆建勋 陈 鲸 陈火旺
陈左宁(女) 陈良惠 陈俊亮 陈敬熊 陈德仁 周立伟 周仲义 周寿桓 周炯槃
林永年 林祥棣 罗沛霖 范滇元 郑南宁 金怡濂 金国藩 俞大光 贲 德 姚骏恩
姜文汉 姜景山 宫先仪 封锡盛 胡光镇 胡启恒(女) 赵梓森 赵伊君 钟 山
倪光南 凌永顺 徐元森 柴天佑 郭桂蓉 顾冠群 高 洁 梁骏吾 黄尚廉 黄培康
龚知本 龚惠兴 童志鹏 蔡吉人 蔡鹤皋 潘云鹤 潘君骅 薛鸣球 戴 浩 魏子卿

魏正耀

3. 化工、冶金与材料工程学部(94 人)

丁传贤 干 勇 才鸿年 毛炳权 王一德 王国栋 王泽山 王淀佐 王静康(女)
王震西 左铁镛 关兴亚 刘业翔 刘伯里 孙传尧 师昌绪 朱永赡 江东亮 严东生
闵恩泽 何季麟 余永富 吴以成 吴慰祖 张文海 张寿荣 张国成 张耀明 时铭显
李大东 李东英 李正名 李正邦 李龙土 李俊贤 李冠兴 李恒德 杨启业 杨锦宗
汪燮卿 汪旭光 沈寅初 沈德忠 邱竹贤 邱定蕃 邵象华 邹 竞(女) 陆钟武
陈 景 陈丙珍(女) 陈立泉 陈国良 陈清如 陈蕴博 周 廉 周光耀 欧阳平凯
武 胜 金 涌 侯祥麟 侯芙生 柯 伟 胡永康 胡壮麒 赵连城 赵振业 闻立时
唐明述 徐匡迪 徐更光 徐承恩 徐南平 徐端夫 徐德龙 桑凤亭 殷国茂 殷瑞钰
袁渭康 袁晴棠(女) 顾真安 高从堦 崔 崑 曹湘洪 黄伯云 黄培云 傅恒志
曾苏民 舒兴田 董海山 谢克昌 雷廷权 薛群基 戴永年 魏可镁

4. 能源与矿业工程学部(95 人)

于润沧 毛用泽 王仲奇 王思敬 王德民 古德生 叶奇蓁 乔登江 刘广志 刘广润
刘宝琛 多 吉 孙才新 孙玉发 孙承纬 安继刚 朱光亚 朱建士 衣宝廉 汤中立
汤德全 许绍燮 阮可强 何多慧 何继善 余贻鑫 张光斗 张宗祜 张信威 张勇传
张铁岗 李焯芬 李庆忠 杜祥琬 杨奇逊 杨裕生 沈国荣 沈忠厚 苏义脑 邱中建
邱爱慈(女) 陈毓川 陈念念 陈清泉 陈森玉 岑可法 周世宁 周永茂 周邦新
罗平亚 范维唐 范维澄 郑健超 郑绵平 金庆焕 洪伯潜 胡见义 胡思得 赵仁恺
赵文津 闻雪友 倪维斗 唐西生 徐大懋 徐旭常 秦裕琨 翁史烈 袁士义 钱绍钧
钱鸣高 钱皋韵 顾心怿 顾金才 常印佛 康玉柱 梁维燕 黄其励 傅依备 彭士禄
彭先觉 曾恒一 童晓光 蒋洪德 谢和平 韩大匡 韩英铎 韩德馨 雷清泉 翟光明
裴荣富 鲜学福 樊明武 潘 垣 潘自强 薛禹胜

5. 土木、水利与建筑工程学部(94 人)

马国馨 马洪琪 文伏波 方秦汉 王 浩 王光远 王家耀 王梦恕 王景全 王瑞珠
冯叔瑜 卢耀如 叶可明 宁津生 龙驭球 关肇邺 刘先林 刘建航 刘经南 刘济舟
吕志涛 孙 伟(女) 朱伯芳 江 亿 江欢成 许其凤 严 恺 何镜堂 吴中如
吴良镛 张 杰 张在明 张祖勋 张超然 张锦秋(女) 张蔚榛 李 玶 李猷嘉
李圭白 李道增 杨秀敏 沈世钊 沈祖炎 沙庆林 邹德慈 陈 新 陈吉余 陈志恺

陈明致 陈厚群 陈肇元 周　镜 周干峙 周丰峻 周君亮 周福霖 孟兆祯 林元培
林俊德 欧进萍 罗绍基 范立础 郑守仁 郑皆连 郑哲敏 郑颖人 茆　智 施仲衡
赵国藩 钟训正 项海帆 容柏生 徐乾清 钱七虎 钱正英(女) 崔俊芝 曹楚生
梁文灏 梁应辰 黄熙龄 傅熹年 曾庆元 程泰宁 葛修润 董石麟 谢世楞 谢礼立
谢鉴衡 韩其为 廖振鹏 谭靖夷 潘家铮 戴复东 魏敦山

6. 农业、轻纺与环境工程学部(97 人)

丁一汇 丁德文 山　仑 马建章 尹伟伦 方智远 王　涛(女) 王文兴 王明庥
冯宗炜 卢良恕 石元春 石玉林 任阵海 任继周 伦世仪 关君蔚 刘　筠 刘大钧
刘守仁 刘更另 刘秀梵 刘鸿亮 向仲怀 孙九林 孙晋良 孙铁珩 旭日干 朱英国
朱尊权 汤鸿霄 许健民 余松烈 吴明珠(女) 宋湛谦 张　懿(女) 张子仪
张齐生 张高勇 张福绥 李文华 李佩成 李泽椿 李振岐 束怀瑞 汪懋华 沈国舫
沈荣显 辛世文 陈克复 陈宗懋 陈俊愉 陈焕春 陈联寿 周　翔(女) 周开达
周国泰 季国标 官春云 林浩然 林　鹏 范云六(女) 郁铭芳 金翔龙 金鉴明
侯　锋 侯保荣 姚　穆 段镇基 荣廷昭 赵法箴 郝吉明 唐启升 唐孝炎(女)
夏咸柱 徐　洵(女) 袁业立 袁隆平 郭予元 钱　易(女) 顾夏声 梅自强
盖钧镒 傅廷栋 曾士迈 曾德超 程顺和 董玉琛(女) 蒋士成 蒋亦元 雷霁霖
熊远著 管华诗 蔡道基 潘德炉 戴景瑞 魏复盛

7. 医药卫生工程学部(101 人)

于维汉 于德泉 巴德年 王澍寰 王士雯(女) 王正国 王永炎 王红阳(女)
王忠诚 王威琪 王振义 王琳芳(女) 卢世璧 史轶蘩(女) 石学敏
刘　耀 刘玉清 刘彤华(女) 刘志红(女) 刘昌孝 刘耕陶 刘德培 孙　燕
安静娴(女) 庄　辉 朱晓东 池志强 汤钊猷 阮长耿 吴天一 吴阶平 吴咸中
吴德昌 张　运 张心湜 张伯礼 张金哲 张涤生 李兰娟(女) 李连达 李春岩
李载平 李瑞麟 杨胜利 沈倍奋(女) 沈家祥 沈渔邨(女) 肖培根 肖碧莲(女)
邱蔚六 陆道培 陈灏珠 陈亚珠(女) 陈君石 陈洪铎 陈赛娟(女) 陈冀胜
周后元 周宏灏 范上达 郑树森 侯云德 侯惠民 俞永新 俞梦孙 姚新生 洪　涛
胡之璧(女) 胡亚美(女) 赵　铠 郝希山 钟世镇 钟南山 闻玉梅(女)
项坤三 唐希灿 夏家辉 桑国卫 秦伯益 翁心植 郭应禄 顾玉东 顾健人 高守一
高润霖 曹雪涛 盛志勇 黄志强 黄翠芬(女) 彭司勋 曾溢滔 程莘农 程书钧
程天民 葛宝丰 谢立信 甄永苏 樊代明 黎介寿 黎磊石 戴尅戎

8. 工程管理学部(39 人)

巴德年	王礼恒	王众托	王基铭	卢良恕	叶可明	刘 玠	刘人怀	刘源张	刘德培
孙永福	朱晓东	朱高峰	何继善	张寿荣	李东英	李京文	杜祥琬	汪应洛	沈荣骏
陆佑楣	陈清泉	罗绍基	郑南宁	金鉴明	饶芳权	徐匡迪	徐寿波	徐滨士	殷瑞钰
袁晴棠(女)		郭重庆	郭桂蓉	钱七虎	傅志寰	程天民	蒋士成	翟光明	潘家铮

三、院士情况统计表

1. 院士学部分布图

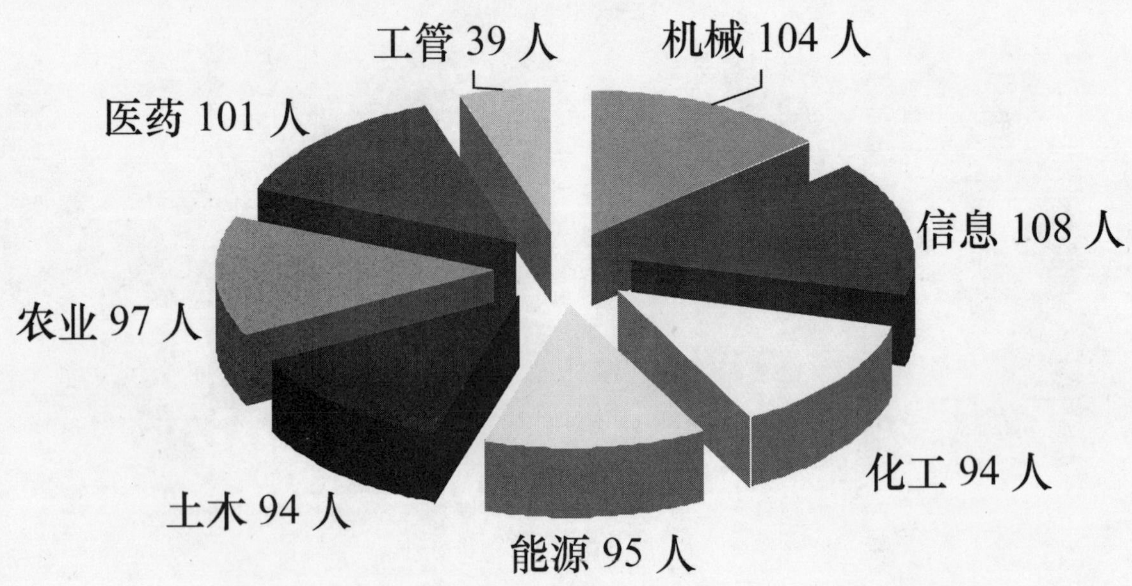

2. 院士性别分布图

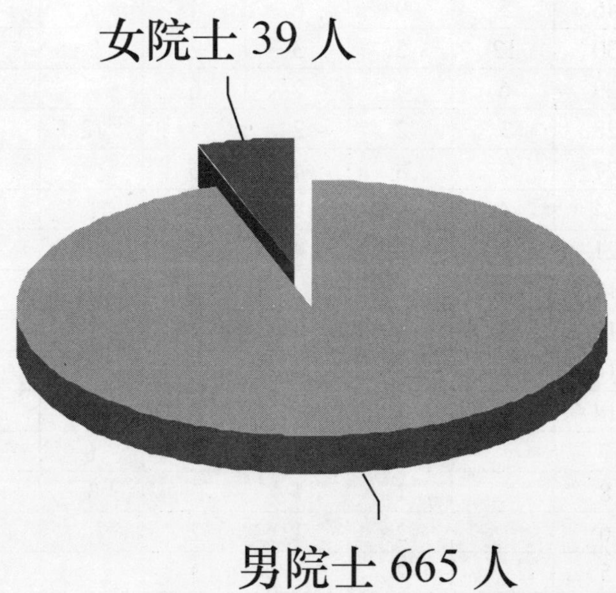

3. 院士单位所在地区分布一览表

序	地区	合计	机械	信息	能源	化工	土木	农业	医药	工管
1	北京	309	38	54	43	44	36	40	46	8
2	上海	66	14	6	6	3	10	3	24	
3	江苏	46	5	9	6	4	7	10	5	
4	陕西	30	12	5	3	2	2	4	1	1
5	黑龙江	29	6	4	2	6	7	3	1	
6	湖北	28	3	2	2	4	12	4		1
7	四川	27	7	8	4	6		2		
8	辽宁	24	4	4	9	2	1	1	2	1
9	湖南	21	5	2	4	3	2	3	2	
10	山东	17	3	1		1		10	2	
11	天津	17	2	1	2	2	3	1	6	
12	浙江	14	1	3	1	2	2	3	2	
13	广东	14	1	1		3	4	2	3	
14	重庆	9		2	1	2	1	1	2	
15	河南	8		1	1	2	3	1		
16	河北	6		2	1	2			1	
17	安徽	5		2		3				
18	香港	4				2		1	1	
19	甘肃	4			1		1	1	1	
20	云南	4		1	2		1			
21	福建	3			1			2		
22	新疆	3				1		2		
23	内蒙	3	1		1			1		
24	吉林	3	1				1	1		
25	山西	3			2			1		
26	江西	2	1		1					
27	西藏	1				1				
28	宁夏	1			1					
29	广西	1					1			
30	青海	1							1	
31	台湾	1							1	
总计		704	104	108	94	95	94	97	101	11

注：工程管理学部的跨学部院士统计在原学部。

4. 院士籍贯分布一览表

序	籍贯	合计	机械	信息	化工	能源	土木	农业	医药	工管
1	浙江	119	20	24	14	17	14	12	16	2
2	江苏	117	14	20	16	17	15	17	16	2
3	山东	46	6	4	6	1	3	15	11	
4	湖南	40	5	3	3	9	6	5	8	1
5	上海	39	5	9	5	3	8	3	6	
6	广东	37	7	3	2	6	5	5	9	
7	辽宁	35	8	1	5	5	2	9	4	1
8	福建	32	5	5	5	4	5	4	4	
9	湖北	32	5	4	2	4	6	9	2	
10	四川	30	3	8	5	6	5	2	1	
11	河北	28	5		3	4	6	3	7	
12	安徽	27	2	5	5	4	4	1	3	3
13	河南	19	1	2	5	4	5	1	1	
14	北京	17	1	4	4	3	3		2	
15	天津	14	2	2	1	2	1	1	5	
16	山西	13	2	3	1	2	2	1	2	
17	陕西	10	4	2	1		1	1		1
18	重庆	9	1	1		2		3	2	
19	江西	9	3	1	1		3	1		
20	吉林	7	1	2	2			1	1	
21	云南	5	1		4					
22	黑龙江	5	1	2	1	1				
23	广西	4	1	1	1					1
24	甘肃	3	1	1	1					
25	内蒙	2		1				1		
26	海南	2						2		
27	贵州	1			1					
28	新疆	1							1	
29	西藏	1				1				
合计		704	104	108	94	95	94	97	101	11

注：工程管理学部的跨学部院士统计在原学部。

5. 院士年龄分布一览表

院士年龄(岁)	人　数	院士年龄(岁)	人　数
41	1	70	45(44 +1)
43	1	71	47(42 +5)
44	1	72	35(34 +1)
45	2	73	59(58 +1)
46	1	74	29
47	1(0 +1)	75	28(26 +2)
48	1(0 +1)	76	30(27 +3)
49	2	77	18(17 +1)
52	5	78	14
53	6(5 +1)	79	15(14 +1)
54	1(0 +1)	80	17
55	2	81	18(17 +1)
56	3	82	10(7 +3)
57	2	83	6
58	3(2 +1)	84	12(11 +1)
59	8	85	6
60	12	86	5
61	4	87	3
62	11(10 +1)	88	5
63	25	89	1
64	18(17 +1)	90	2
65	28(27 +1)	91	1
66	33(32 +1)	92	2
67	46(43 +3)	93	3
68	35	94	1
69	40(33 +7)		
合计		704(665 +39)	
全体院士平均年龄		70.92	
非资深院士平均年龄		68.99	

注：统计截止日期为 2005 年 12 月 31 日。括号中的数字分别为男院士数和女院士数，数字后没有括号的为男院士数。

6. 院士年龄分布图

人数
200
150
100
50
0
年龄
45
50
55
60
65
70
75
80
85
90
95
3
7
12
18
70
182
215
105
63
20
9

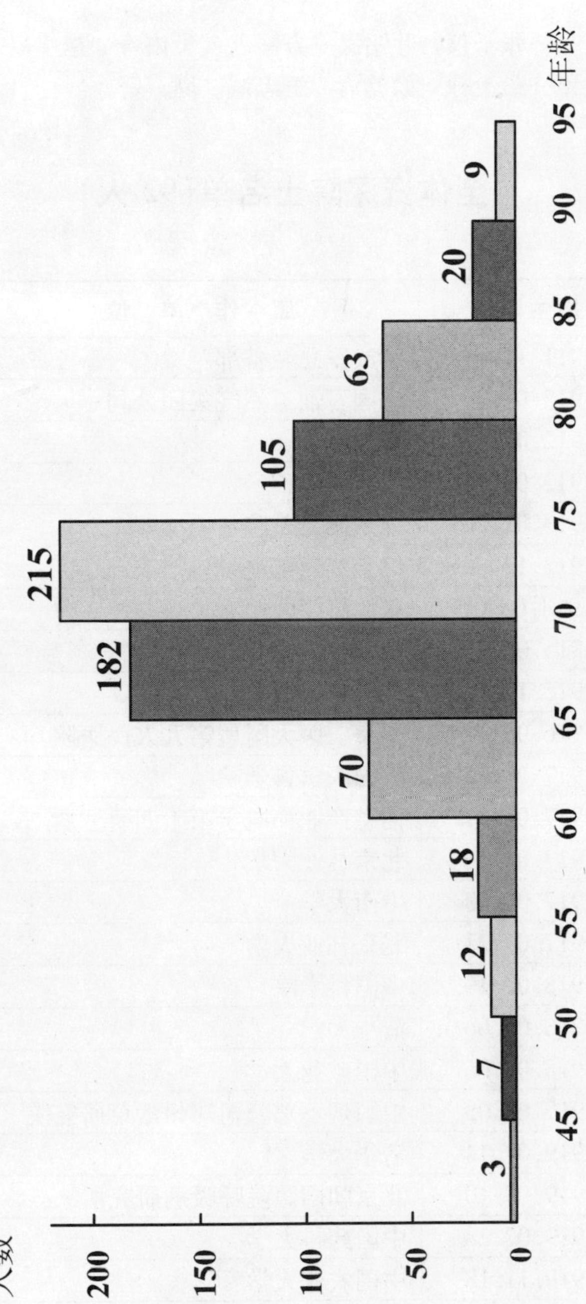

7. 2005 年度新增资深院士名单(17 人)

刘源张 谢鉴衡 周君亮 张子仪 叶铭汉 方秦汉 吴佑寿 崔 崑 文伏波 李载平
吴咸中 曾庆元 钟世镇 彭士禄 徐乾清 王忠诚 周 镜

附:

全体资深院士名单(92 人)

序 号	姓 名	出生日期	工 作 单 位	学 部
1	钱学森	1911.12.11	解放军总装备部	机械与运载
2	侯祥麟	1912.04.04	中国石油天然气集团公司	化工、冶金与材料
3	张光斗	1912.05.01	清华大学	能源与矿业
4	严 恺	1912.08.10	河海大学	土木、水利与建筑
5	邵象华	1913.02.22	钢铁研究总院	化工、冶金与材料
6	罗沛霖	1913.12.30	信息产业部电子科技委	信息与电子
7	吴祖垲	1914.03.01	彩虹集团公司	信息与电子
8	王大珩	1915.02.26	中国科学院	信息与电子
9	汤德全	1915.12.14	煤炭科学研究总院	能源与矿业
10	张涤生	1916.06.12	上海二医大附属第九人民医院	医药卫生
11	吴阶平	1917.01.22	中国医学科学院	医药卫生
12	张直中	1917.04.01	信息产业部电子第十四研究所	信息与电子
13	关君蔚	1917.05.23	北京林业大学	农业、轻纺与环境
14	黄培云	1917.08.23	中南大学	化工、冶金与材料
15	陈俊愉	1917.09.21	北京林业大学	农业、轻纺与环境
16	严东生	1918.02.10	中国科学院	化工、冶金与材料
17	顾夏声	1918.05.06	清华大学	农业、轻纺与环境
18	韩德馨	1918.09.06	中国矿业大学	能源与矿业
19	朱尊权	1919.02.03	中国烟草总公司郑州烟草研究院	农业、轻纺与环境
20	杜庆华	1919.04.14	清华大学	机械与运载
21	翁心植	1919.05.10	北京朝阳医院呼吸病研究所	医药卫生
22	彭司勋	1919.07.28	中国药科大学	医药卫生
23	曾德超	1919.11.18	中国农业大学	农业、轻纺与环境
24	陆元九	1920.01.09	中国航天科技集团公司	机械与运载
25	盛志勇	1920.07.01	解放军第 304 医院	医药卫生

（续表）

序 号	姓 名	出生日期	工 作 单 位	学 部
26	陈士橹	1920.09.24	西北工业大学	机械与运载
27	张金哲	1920.09.25	北京儿童医院	医药卫生
28	师昌绪	1920.11.15	国家自然科学基金委员会	化工、冶金与材料
29	李东英	1920.12.14	原国家有色金属工业局	化工、冶金与材料
30	周炯槃	1921.01.05	北京邮电大学	信息与电子
31	俞大光	1921.01.22	中国工程物理研究院	信息与电子
32	黄翠芬	1921.03.06	军事医学科学院	医药卫生
33	余松烈	1921.03.13	山东农业大学	农业、轻纺与环境
34	邱竹贤	1921.04.12	东北大学	化工、冶金与材料
35	李恒德	1921.06.30	清华大学	化工、冶金与材料
36	程莘农	1921.08.24	中国中医研究院针灸研究所	医药卫生
37	陈吉余	1921.09.17	华东师范大学	土木、水利与建筑
38	陈秉聪	1921.10.10	青岛大学	机械与运载
39	陈敬熊	1921.10.16	航天机电集团第二研究院	信息与电子
40	谭靖夷	1921.11.06	中国水利水电第八工程局	土木、水利与建筑
41	沈家祥	1921.11.11	北京市集才药物研究所	医药卫生
42	黄志强	1922.01.01	解放军总医院	医药卫生
43	于维汉	1922.01.28	哈尔滨医科大学克山病研究所	医药卫生
44	吴良镛	1922.05.07	清华大学	土木、水利与建筑
45	李振岐	1922.10.04	西北农林科技大学	农业、轻纺与环境
46	陈德仁	1922.10.22	中国航天科工集团公司	信息与电子
47	葛宝丰	1922.12.26	兰州军区总医院	医药卫生
48	沈荣显	1923.01.12	中国农科院哈尔滨兽医研究所	农业、轻纺与环境
49	赵仁恺	1923.02.16	中国核工业集团公司科技委	能源与矿业
50	刘广志	1923.03.11	国土资源部咨询研究中心	能源与矿业
51	刘玉清	1923.03.14	北京阜外心血管病医院	医药卫生
52	胡亚美	1923.04.27	北京儿童医院	医药卫生
53	钱正英	1923.07.04	水利部	土木、水利与建筑
54	屠善澄	1923.08.12	中国空间技术研究院	机械与运载
55	张蔚榛	1923.10.05	武汉大学	土木、水利与建筑
56	肖碧莲	1923.10.31	国家计生委科学技术研究所	医药卫生
57	侯芙生	1923.11.28	中国石油化工集团公司	化工、冶金与材料
58	闵恩泽	1924.02.04	中国石油化工集团公司	化工、冶金与材料
59	沈渔邨	1924.02.15	北京大学精神卫生研究所	医药卫生
60	李 玶	1924.03.20	中国地震局地质研究所	土木、水利与建筑

（续表）

序号	姓名	出生日期	工作单位	学部
61	王光远	1924.03.25	哈尔滨工业大学	土木、水利与建筑
62	冯叔瑜	1924.06.20	铁道部科学研究院	土木、水利与建筑
63	童志鹏	1924.08.12	信息产业部电子科学研究院	信息与电子
64	艾　兴	1924.08.24	山东大学机械工程学院	机械与运载
65	裴荣富	1924.08.24	地质科学研究院矿产资源研究所	能源与矿业
66	郑哲敏	1924.10.02	中国科学院力学研究所	土木、水利与建筑
67	黎介寿	1924.10.11	南京军区南京总医院	医药卫生
68	卢良恕	1924.11.03	中国农业科学院	农业、轻纺与环境
69	陈灏珠	1924.11.06	复旦大学附属中山医院	医药卫生
70	任继周	1924.11.07	甘肃省草原生态研究所	农业、轻纺与环境
71	池志强	1924.11.16	中科院上海药物研究所	医药卫生
72	王振义	1924.11.30	上海瑞金医院上海血液研究所	医药卫生
73	王澍寰	1924.12.12	北京积水潭医院	医药卫生
74	朱光亚	1924.12.25	解放军总装备部科技委	能源与矿业
75	赵国藩	1924.12.29	大连理工大学	土木、水利与建筑
76	刘源张	1925.01.01	中国科学院数学与系统科学研究院	工程管理
77	谢鉴衡	1925.01.03	武汉大学水利水电学院	土木、水利与建筑
78	周君亮	1925.02.22	江苏省水利厅	土木、水利与建筑
79	张子仪	1925.03.04	中国农业科学院畜牧研究所	农业、轻纺与环境
80	叶铭汉	1925.04.02	中国科学院高能物理研究所	信息与电子
81	方秦汉	1925.04.20	中铁大桥勘测设计院	土木、水利与建筑
82	吴佑寿	1925.07.14	清华大学	信息与电子
83	崔　崑	1925.07.20	华中科技大学	化工、冶金与材料
84	文伏波	1925.08.04	长江水利委员会	土木、水利与建筑
85	李载平	1925.08.17	中科院上海生物化学研究所	医药卫生
86	吴咸中	1925.08.28	天津医科大学	医药卫生
87	曾庆元	1925.09.20	中南大学铁道学院	土木、水利与建筑
88	钟世镇	1925.09.24	第一军医大学临床解剖研究所	医药卫生
89	彭士禄	1925.11.18	中国核工业集团公司	能源与矿业
90	徐乾清	1925.12.16	水利部	土木、水利与建筑
91	王忠诚	1925.12.20	北京天坛医院神北京神经外科所	医药卫生
92	周　镜	1925.12.21	铁道科学研究院	土木、水利与建筑

8. 2005 年逝世院士名单(4 人)

朱之悌　李国豪　童　铠　夏德全

附:

已故院士名单(46 人)

序　号	姓　名	逝世日期	出生日期	所属学部
1	戚元靖	1995.11.14	1929.04.29	化工、冶金与材料
2	楼之岑	1995.03.23	1920.01.28	医药卫生
3	江绍基	1995.05.16	1919.04.12	医药卫生
4	章基嘉	1995.10.05	1930.01.01	农业、轻纺与环境
5	汪菊渊	1996.01.28	1913.04.11	土木、水利与建筑
6	顾懋祥	1996.05.21	1923.01.25	机械与运载
7	李光博	1996.07.20	1922.06.16	农业、轻纺与环境
8	林　华	1997.03.11	1913.06.24	化工、冶金与材料
9	蒋新松	1997.03.30	1931.08.03	信息与电子
10	佘畯南	1998.07.29	1916.10.06	土木、水利与建筑
11	胡海涛	1998.10.31	1923.10.21	土木、水利与建筑
12	辛德惠	1999.05.27	1931.12.24	农业、轻纺与环境
13	黎　鳌	1999.08.21	1917.05.04	医药卫生
14	戚颖敏	1999.09.28	1929.11.04	能源与矿业
15	吴中伟	2000.02.04	1918.07.20	化工、冶金与材料
16	宋鸿钊	2000.02.17	1915.08.13	医药卫生
17	刘天泉	2000.03.28	1927.11.10	能源与矿业
18	殷　震	2000.07.18	1926.06.28	农业、轻纺与环境
19	陆孝彭	2000.10.16	1920.08.19	机械与运载
20	董建华	2001.01.26	1918.12.17	医药卫生
21	李绍珍(女)	2001.03.14	1932.09.16	医药卫生
22	孙俊人	2001.06.19	1915.11.15	信息与电子

（续表）

序　号	姓　名	逝世日期	出生日期	所属学部
23	于文虎	2001.08.28	1941.12.10	能源与矿业
24	姜泗长	2001.09.09	1913.09.15	医药卫生
25	张　维	2001.10.04	1913.05.22	土木、水利与建筑
26	姚绍福	2001.11.17	1932.10.13	机械与运载
27	许国志	2001.12.15	1919.04.20	信息与电子
28	陈力为	2001.12.26	1917.08.30	信息与电子
29	李鹗鼎	2001.12.30	1918.03.15	土木、水利与建筑
30	张启先	2002.05.25	1925.08.25	机械与运载
31	高鼎三	2002.06.13	1914.07.24	信息与电子
32	黄宗道	2003.04.26	1921.02.03	农业、轻纺与环境
33	梁春广	2003.05.27	1939.02.01	信息与电子
34	王三一	2003.08.05	1929.01.01	土木、水利与建筑
35	林华宝	2003.08.17	1931.05.29	机械与运载
36	莫伯治	2003.09.30	1915.03.02	土木、水利与建筑
37	侯德原	2003.10.17	1912.04.24	信息与电子
38	黄耀祥	2004.02.22	1916.08.17	农业、轻纺与环境
39	陈太一	2004.05.06	1921.12.29	信息与电子
40	马福邦	2004.05.30	1934.07.26	能源与矿业
41	许文思	2004.08.18	1925.03.05	医药卫生
42	何凤生	2004.11.16	1936.06.26	医药卫生
43	朱之悌	2005.01.22	1929.10.01	农业、轻纺与环境
44	李国豪	2005.02.23	1913.04.13	土木、水利与建筑
45	童　铠	2005.08.10	1931.09.12	信息与电子
46	夏德全	2005.09.08	1938.12.27	农业、轻纺与环境

四、全体外籍院士名单(32 人)

序 号	姓 名	国 籍	当选年
1	比施根斯	俄罗斯	1996 年
2	勃劳格	美国	1996 年
3	克劳夫	美国	1996 年
4	贝聿铭	美国	1996 年
5	厉鼎毅	美国	1996 年
6	不破祐	日本	1996 年
7	巴丘卡耶夫	俄罗斯	1998 年
8	施　敏	美国	1998 年
9	萨马桑达兰	美国	1998 年
10	迈克·盖尔	英国	1998 年
11	蒂奥莱	法国	1998 年
12	普赖斯	英国	2000 年
13	何毓琦	美国	2000 年
14	邓文中	美国	2000 年
15	罗依兹曼	美国	2000 年
16	京特·施普尔	德国	2001 年
17	托玛斯·贝尔	英国	2001 年
18	阿道尔夫·罗曼	德国	2001 年
19	黄煦涛	美国	2001 年
20	弗斯贝格	瑞典	2001 年
21	雅克·康	法国	2001 年
22	吴　瑞	美国	2001 年
23	乌克布拉托维奇	塞尔维亚和黑山	2003 年
24	藤岛昭	日本	2003 年
25	梁基谢夫	俄罗斯	2003 年
26	何大一	美国	2003 年
27	霍信斯基	波兰	2005 年
28	布鲁斯	英国	2005 年
29	沃尔夫	美国	2005 年
30	古里亚耶夫	俄罗斯	2005 年
31	刘锦川	美国	2005 年
32	大村智	日本	2005 年

附：

已故外籍院士名单(3 人)

序号	姓名	逝世日期	国籍	当选年
1	李天和	2001.02.04	美国	2000 年
2	田长霖	2002.10.29	美国	2000 年
3	哈尔布特	2004.11.06	美国	1996 年

五、2005年大事记

一月

1. 4日,中国工程院院士增选工作通报会在京召开,沈国舫、杜祥琬副院长出席会议并答记者问。

2. 4-5日,“我国城市化进程中的可持续发展战略研究”项目综合组会议在北京举行。项目总负责人徐匡迪院长主持会议,各课题组组长、院士、专家50余人参加会议。

3. 5日,“中国不同区域农业资源合理配置、环境综合治理和农业协调发展战略研究”咨询项目课题组长会议在北京召开。项目组副组长石玉林院士主持会议,卢良恕等院士参加。

4. 5-7日,沈国舫副院长赴瑞士出席中国环境与发展国际合作委员会专家组长会。

5. 6日,徐匡迪院长在京会见德国巴斯夫(中国)有限公司执行董事凯迈业先生一行。

6. 7日,党组书记徐匡迪召开党组扩大会议,学习贯彻胡锦涛总书记重要指示精神,发挥院士群体作用,实现工程科技跨越发展。

7. 7日,党组书记徐匡迪主持院党组第1次会议,传达胡锦涛同志的讲话和中央保持共产党员先进性教育活动工作会议精神,研究我院活动安排。

8. 10日,党组书记徐匡迪会见以田瑞璋同志为组长的中央保持共产党员先进性教育活动第49督导组的全体同志。

9. 13日,由工程院、科学院共同主办的两院院士评选的“振邦杯2004年中国和世界十大科技进展”在京揭晓。

10. 14日,党组副书记王淀佐受党组书记徐匡迪委托主持召开院党组第2次会议,学习胡锦涛同志《在新时期保持共产党员先进性专题报告会上的讲话》。

11. 14日,徐匡迪院长在全国政协会见瑞典驻华大使雍博瑞和沃尔沃公司高级顾问 Finn Adolfsson 先生等一行。

12. 14日,医药卫生学部主办的“精神活性物质依赖的生物学基础及防治”研讨会在京召开。秦伯益等院士和专家52人参加会议。

13. 15日,朱光亚、杜祥琬、赵仁恺、陈毓川、潘自强等院士出席中国核工业创建五十周年庆祝大会。赵仁恺院士作为老科学界代表在大会上讲话。

14. 17日,王淀佐副院长在京会见首次来华访问的美国工程院院士黄桑希兰女士。梁骏吾院士等参加会见。

15. 17日,院机关召开第三次党员大会,宋学敏同志代表第二届机关党委作工作报告,选举产生新一届机关党委。党组书记徐匡迪和中央国家机关工委副书记张成寅到会,张成寅副书记和王淀佐副院长分别讲话。

16. 18 日，邬贺铨副院长主持我院综合办公楼开工奠基仪式。国务委员陈至立，徐匡迪院长，副院长王淀佐、杜祥琬、沈国舫，北京市副市长范伯元，原副市长张百发，建设部部长汪光焘等出席奠基仪式。

17. 21 日，徐匡迪院长主持召开 2005 年第 1 次院常务会议，研究我院出席今年 CAETS 大会有关事宜；审定 2005 年院士新春茶话会等有关安排。

18. 21 日，我院召开保持共产党员先进性教育活动动员大会。党组副书记王淀佐主持，党组书记徐匡迪作动员讲话；中央督导组组长田瑞璋作重要讲话；党组成员杜祥琬传达中央有关文件精神。

19. 24 日，徐匡迪院长、王淀佐副院长会见瑞典工程院副院长 Per Starm 先生率领的代表团。

20. 24－26 日，机械与运载学部主任张彦仲院士出席联合国贸易和发展会议组织在日内瓦举办的“外国直接投资对发展中国家的影响”专家会议。

21. 25 日，中央军委主席胡锦涛签署命令，授予中国载人航天工程总设计师王永志院士“载人航天功勋科学家”荣誉称号。

22. 25 日，化工、冶金与材料学部与包头稀土高新区在北京举行 2005 年院士专家座谈会，周廉等 8 位院士、14 位专家参加座谈会。

23. 26 日，刘德培副院长在京会见外籍院士雅克康。

24. 26 日，“东北地区有关水土资源配置、生态与环境保护和可持续发展的若干战略问题研究”项目综合组会议在北京召开，到会院士、专家 60 余人，研究、讨论项目报告。

25. 27 日，刘德培副院长出席在法国文化中心举行的法中应用科学基金会资深会员俱乐部成立仪式并致贺辞。

26. 27 日，农业、轻纺与环境学部在京院士在中国农业大学召开新春座谈会。沈国舫副院长出席会议并致辞。

27. 28 日，中国工程院院士新春茶话会在京召开，京、津、冀三地院士和家人欢聚一堂，共度佳节。

28. 28 日，第 35 场工程科技论坛“2005 中国生物质工程论坛”在京举行。两院院士为来自政界、学术界和企业界的 180 多位代表报告国内外生物质科技发展现状和趋势。

二月

29. 2 日，党组成员邬贺铨为机关讲题为《新时期共产党员的先进性》的党课。

30. 4 日，徐匡迪院长主持召开第 2 次院常务会议，听取院士增选工作进展情况汇报等。

31. 5 日，党组书记徐匡迪主持召开院党组第 3 次会议，听取院机关先进性教育活动进展情况的汇报和对外招聘工作进展情况的汇报。

32. 18 日，医药卫生学部在京主持召开“临床医学高层次工程科技人才成长规律研究”课题座谈会。甄永苏等 4 位院士、专家及有关人员 18 人参加会议。

33. 22 日，党组成员杜祥琬主持召开院士先进事迹报告会，戚发轫院士来院作先进性事迹报告。中央督导组组长田瑞璋参加报告会。

34. 22 日，院机关组织第一阶段先进性教育学习交流会。党组成员杜祥琬、沈国舫和机关党员参加学习和交流。

35. 23 日,徐匡迪院长主持召开第 3 次院常务会议,听取"联合国贸易和发展组织专家会议"的有关情况及《中国工程科学》杂志社工作的汇报等。

36. 23 日,党组书记徐匡迪主持召开院党组第 4 次会议,研究有关人事工作。

37. 23 日,"三峡库区及其上游水污染防治战略咨询"项目座谈会在京召开。魏复盛院士主持会议,商议项目工作设想。

38. 24 日,刘德培副院长会见国际医学科学院组织代表团 IAMP 俩主席一行。

39. 25 – 26 日,"关于自主研制我国精密医疗仪器的研究"课题组在北京召开会议。王威琪院士主持会议,工程院、上海市科委、上海医疗器械行业协会等有关部门专家领导出席会议。

40. 27 日,由中国工程院出版委员会与人民交通出版社发起成立的中国土木、建筑与交通科技出版专家委员会成立大会暨第一次会议在京召开。汪旭光院士主持,刘德培副院长、周干峙等 11 位院士及有关人员参加会议。

三月

41. 2 日,院召开先进性教育第一阶段"回头看"会议。各支部书记汇报情况,党组副书记王淀佐、党组成员杜祥琬、中央督导组同志分别讲话。

42. 8 日,宋健院士率代表团一行 3 人赴秘鲁出席国际马铃薯中心(CIP)理事会会议。

43. 10 日,"东北地区有关水土资源配置、生态与环境保护和可持续发展的若干战略问题研究"项目组召开讨论会。钱正英院士主持,潘家铮等 20 余位院士及专家参加会议。

44. 14 日,院机关召开先进性教育活动转段动员大会。党组副书记王淀佐作分析评议阶段动员报告,党组成员杜祥琬作学习动员阶段工作总结。

45. 16 日,徐匡迪院长主持召开第 4 次院常务会议。听取"中国不同区域农业资源合理配置、环境综合治理和农业协调发展战略研究"等三个重大咨询项目研究的初步方案,审议中国工程院"工业研究院所研究生教育学术委员会"组织机构设想方案等。

46. 18 日,"中国农业机械化发展战略研究"咨询项目总体框架设计研讨会在中国农业大学召开。沈国舫副院长、汪懋华、张彦仲、蒋亦元等院士和来自全国 11 个省市自治区的 48 名专家出席会议。

47. 18 日,刘德培副院长主持召开 2005 年第 1 次院长办公会议,专题研究《中国工程院 2004 年年鉴》的编辑出版工作,审议《年鉴》的组稿内容并布置下阶段工作,研究确定出版社。

48. 18 日,院党组与国务院三峡办党组联合组织报告会,请当年带领群众修建红旗渠的原林县县委书记杨贵同志作报告。

49. 20 日,徐匡迪院长在钓鱼台会见米其林集团首席执行官爱德华·米其林先生。双方就轮胎产业、能源和能源的有效利用及可再生能源等问题交换意见。

50. 21 – 22 日,农业、轻纺与环境学部与中国科学院地学部共同主办的"郑和下西洋 600 周年纪念:回顾与思考"研讨会在深圳市举行。60 多位来自台湾、香港和大陆的专家学者出席研讨会。

51. 22 日,党组成员杜祥琬为机关讲题为"做民族的脊梁"的党课。

52. 22 – 25 日,土木、水利与建筑学部与清华大学建筑学院等共同主办的"首届清华大学建筑节能学术周"活动在清华大学举行,杜祥琬副院长、北京市范伯元副市长等有关领导出席开幕式并为我国首座“超低能耗示范楼”的落成剪彩。

53. 23 日，邬贺铨副院长会见美国加州大学尔湾分校工学院院长 Nicolas G. Alexopanles 教授。双方介绍专业领域的研究进展，探讨今后可能的合作领域。

54. 23－24 日，“中国不同区域农业资源合理配置、环境综合治理和农业协调发展战略研究”咨询项目课题组组长会议在北京召开。沈国舫副院长、石玉林院士分别主持会议，讨论各课题组计划和项目计划书。

55. 24 日，化工、冶金与材料学部与山东省科技厅共同主办的中国聚氨脂产业技术发展研讨会在北京召开。我院 7 位院士和 70 多位专家参加会议。

56. 25 日，徐匡迪执行主席主持召开第三届主席团第 13 次会议，通报工程院先进性教育情况，通报院士增选工作进展情况；审议中国工程院“工业研究院所研究生教育学术委员会”组织机构方案，审定《中国工程院 2005 年工作要点》等。

57. 28 日，黄伯云院士领导的课题组研究的“高性能炭/炭航空制动材料的制备技术”和张立同院士项目组完成的“耐高温长寿命抗氧化陶瓷基复合材料应用技术”获得连续六年空缺的国家技术发明一等奖。

58. 29 日，中国工程院与国家开发银行在钓鱼台国宾馆举行建立合作关系签字仪式。徐匡迪院长出席并致辞，王淀佐、杜祥琬副院长等参加签字仪式。

59. 29 日，第 36 场工程科技论坛“生态环境建设与水土保持”在北京林业大学召开。石玉林院士主持，沈国舫副院长、刘更另等院士出席并做学术报告，350 余人参加论坛。

60. 30 日，“我国城市化进程中可持续发展战略研究”项目综合组会议在北京举行。会议由项目组负责人徐匡迪院长主持，各课题组组长、副组长以及各课题组专家学者 30 余人出席。

61. 31 日－4 月 3 日，由医药卫生学部参与承办的 2005 年国际介入心脏病学研讨会在国际会议中心举行。医药卫生学部高润霖院士主持，1 500 位专家学者及相关企业代表出席会议。

四月

62. 4 日，党组书记徐匡迪主持院党组第 5 次会议，传达中央有关文件，听取有关工作汇报。

63. 4－5 日，第 3 次“工程前沿”研讨会“交通运输网络理论工程前沿”在北京香山饭店举行。邬贺铨副院长参加会议并讲话，20 余位院士、专家及学者出席。

64. 5 日，徐匡迪院长在京会见法国前总统、欧洲宪法委员会主席德斯坦先生，双方就中法企业间的合作、中法文化、知识产权等问题交换意见和看法。

65. 5 日，第十一届中法经济研讨会在京举行。杜祥琬副院长代表中国工程院出席开幕式。王越、倪维斗、张懿 3 位院士与会参加圆桌会议。

66. 5－6 日，由中国工程院、国际风险管理理事会科技委员会共同主办的“传染病与生物安全”国际研讨会在京召开。徐匡迪院长担任大会名誉主席，刘德培副院长、侯云德院士等担任执行主席并在开幕式上致辞。侯云德、钟南山等院士及外国专家 20 余人做学术报告，近 200 人出席会议。

67. 9 日，“反爆炸、生物、化学、核与辐射恐怖活动的科学技术问题和对策研究”咨询项目工作会议在京召开。项目负责人杜祥琬副院长主持会议，沈倍奋院士及项目组专家出席会议。

68. 11 日，徐匡迪院长主持召开第 5 次院常务会议。研究设立“预防煤矿瓦斯灾害”和“建立资源节约型社会”咨询项目事宜，通报上海通用公司委托咨询项目的进展情况，审议举办“研究和发展全球化与中国”高级论坛的组织方案等。

69. 11日，医药卫生学部朱晓东、李连达院士在京会见香港医学专科学院主席、香港大学邓惠琼教授一行6人。

70. 11-15日，刘德培副院长赴法国里昂出席“世界生命科学论坛生物远见论坛”。

71. 12日，徐匡迪院长会见前来访问的美国亚洲协会名誉会长卜励德先生。双方讨论中美非官方高层交往、非政府组织在中美关系中的作用、双边贸易、年轻一代的历史观教育等广泛话题。

72. 15日，由中国科协、科技部、中国工程院、中国科学院、中国物理学会共同主办“世界物理年纪念大会”在人民大会堂举行，国务委员陈至立到会并作重要讲话，朱光亚、杜祥琬出席。

73. 17日，院党组召开保持共产党员先进性教育活动专题民主生活会。党组书记徐匡迪主持。中央督导组全体同志，中组部等单位派人参加。

74. 18-20日，第37场工程科技论坛“中国稀土产业发展工程科技论坛”在包头召开。周廉等13位院士参加专家报告团。30余家稀土企业、科研院校等单位的负责人、技术人员及师生近200人参加论坛。

75. 19-21日，工程管理学部组织17位来自工程管理、水利工程及环境保护等领域的院士对三峡工程进行考察，沈国舫副院长参加。

76. 19-22日，工程院参与主办的“第十届职业性呼吸系统疾病国际会议”在北京召开。刘德培副院长作为大会指导委员会成员出席会议，钟南山院士作为学术委员会副主任参加会议。

77. 23日，钱正英、沈国舫、石玉林3位院士在京主持召开中国工程院“东北地区有关水土资源配置、生态与环境保护和可持续发展的若干战略问题研究””项目综合组会议。

78. 23-24日，土木、水利与建筑学部陈肇元、施仲衡、范立础3院士应邀赴重庆参观考察试运营中的轨道交通二号线工程，就轨道梁桥混凝土结构的耐久性等与重庆轨道交通总公司的领导及有关科研人员进行座谈交流。

79. 24-29日，王淀佐副院长及9位院士参加中组部会同我院等单位组织的“院士专家株洲行”活动。

80. 28日，刘德培主任主持召开出版委员会第一次全体会议。传达院常务会关于在出版委员会基础上组建学术与出版委员会的精神，围绕委员会职能，学术、出版工作的定位与管理进行讨论。12位顾问、委员及有关人员出席会议。

81. 29日，两院资深院士联谊会在京成立。王淀佐副院长出席大会并致辞。

82. 30日，王淀佐副院长主持召开第6次院常务会议，研究与中国科协共同主办“第八届西部论坛”事宜；研究发改委委托咨询项目；审定2005年外事计划；通报相关事项等。

五月

83. 8日，《徐匡迪文选——钢铁冶金卷》首发式在京举行。国家发改委、科技部、教育部、上海市政府、中科院、国家自然科学基金委、中国科协和我院有关领导、化工冶金界的院士和专家，有关高校和研究院所的代表，国内钢铁工业界的代表100余人参加首发式。

84. 8日，王淀佐副院长、张彦仲院士在京主持召开“建设节约型社会战略研究”项目组第一次会议。徐匡迪院长、宋健院士、钱正英院士，项目组成员，各子课题负责人及有关人员出席会议。

85. 9－10日，产业工程科技委员会设立的首批咨询项目"我国清洁燃料标准及生产技术"的研究——"中国清洁燃料标准研讨会"在京召开。袁晴棠、侯芙生、曹湘洪院士先后主持。李大东等8位院士和有关单位领导、专家出席研讨会。

86. 10日，沈国舫副院长主持召开院增选政策委员会第13次会议。通报2005年院士增选提名、遴选阶段有关情况，审议通过《院士增选评审、选举操作规程》等3个文件。

87. 10－13日，钱正英院士率队参加深圳河湾水污染水环境治理工作专家咨询会。钱易等7位院士参会。

88. 11－13日，由中国工程院、国家外国专家局与俄罗斯工程院、俄罗斯科学工程学会联合会等单位联合举办的"中俄工程科技研讨会"在北京召开。徐匡迪院长出席开幕式并讲话。

89. 12日，院机关组织先进性教育活动分析评议阶段"回头看"。党组副书记王淀佐主持会议并作重要讲话。

90. 13日，徐匡迪院长主持召开第7次院常务会议。审议《院士增选评审、选举操作规程(修定稿)》等4个与院士增选相关的办法、规定；审议2005年院士增选有效候选人名单；通报我院的重大咨询项目情况。

91. 13日，全国工程师制度改革协调小组第一次会议在人事部召开。人事部、工程院等18个成员单位出席会议。杜祥琬副院长任协调小组副组长。

92. 16日，院机关召开先进性教育活动分析评议阶段转入整改提高阶段动员大会。党组副书记王淀佐主持会议并作转段动员报告，党组成员杜祥琬作分析评议阶段工作总结。党组成员、督导组成员和机关全体同志出席会议。

93. 16日，"中国不同区域农业资源合理配置、环境综合治理和农业协调发展战略研究"咨询项目综合组在京召开第一次会议。成立项目综合组、顾问组；讨论项目计划书；研究下步工作。会议由项目组组长沈国舫副院长主持，院士、专家15人出席。

94. 17日，徐匡迪院长在钓鱼台国宾馆会见美国蒂默西·多纳休先生率领的代表团。

95. 17日，王淀佐副院长在工程院会见外籍院士萨马桑达兰教授。双方就哥伦比亚大学与中国大学的合作办学事宜进行探讨。

96. 18日，杜祥琬副院长会见古巴科技与环境部代部长费尔南多一行。

97. 18－21日，由我院主办的"2005(第五届)中国日用化学工业研讨会"在广州召开。沈国舫副院长出席并致欢迎辞，张高勇院士主持会议。

98. 23日，徐匡迪院长会见联合国亚太农业工程与机械中心(APCAEM)主任芮克博士。

99. 24日，杜祥琬副院长主持召开"中俄工程科技研讨会"总结会。

100. 25日，徐匡迪院长主持召开第8次院常务会议。审议院士候选人报送事宜；研究与山东省共同主办淄博国际新材料论坛事宜；审议《CAETS2006—2010年战略(草案)》回复意见等。

101. 25日，党组书记徐匡迪主持召开院党组第6次会议，研究党组整改方案等有关事项。

102. 25日，"我国城市化进程中的可持续发展战略研究"项目综合组会议在北京举行。会议由项目总负责人徐匡迪院长主持。

103. 25－26日，"三峡库区及其上游水污染防治战略咨询"项目实施方案研讨会在京举行。魏复盛院士主持会议，沈国舫副院长出席会议并介绍项目的总体情况。

104. 25－6月1日，土木、水利与建筑学部卢耀如、王梦恕、崔俊芝、叶可明和周丰峻5位院士应邀赴青藏铁路考察。

105. 27 日,第 38 场工程科技论坛“我国大型建筑工程设计的发展方向”在北京举行。200 多位院士、专家参加会议,10 位院士、专家作报告。

106. 27 –28 日,杜祥琬副院长、潘家铮等 8 位院士赴湖南出席“中国电力发展论坛”。

107. 30 –31 日,“中瑞可再生能源与环境合作项目研讨会”在京召开。两国科学家分别介绍在生物质能、风能、波浪能、太阳能及建筑节能等领域开展的研究和取得的成果。

108. 30 日 –6 月 1 日,徐匡迪院长率我院代表团应邀对墨西哥工程院进行访问。双方就进一步加强两国工程科技领域的合作,促进两国工程科技的共同进步,签署两院工程科技合作谅解备忘录。

109. 30 日 –6 月 3 日,沈国舫副院长率队参加浙江发展海洋经济院士行暨研讨会。农业、机械、化工、土木、工管等学部的 6 位院士及相关专家参加。

六月

110. 2 日,我院与水利部等单位联合举办的中国水土流失与生态安全综合科学考察专家咨询会在京召开。沈国舫副院长出席会议并作专题发言,钱正英等 6 位院士参加会议。

111. 3 –4 日,院办公厅举办新调入人员首批集中培训。有 14 位同志参加培训。邬贺铨副院长到会讲话,原党组成员、秘书长葛能全同志应邀做了“如何做好机关工作,全心全意为院士服务”的主题讲座。

112. 6 日,邬贺铨副院长率部分院士赴北京东郊铁道部科学研究院环形试验基地考察“中华之星”高速列车。

113. 6 日,王淀佐副院长在工程院会见瑞典皇家工程科学院院长 Lena Torell 女士。

114. 8 –11 日,刘德培副院长赴美国出席“太平洋卫生峰会”。

115. 10 日,杜祥琬副院长主持召开第三届科学道德建设委员会第六次扩大会议,邀请各学部主任一起座谈讨论科学道德与学风建设工作。

116. 11 –15 日,医药卫生学部唐希灿等 5 位院士参加由我院与中科院、社科院组织的“贵州院士行”活动。

117. 12 –21 日,钟群鹏院士率团访问德国,并参观法国航空展。

118. 16 –21 日,“东北地区有关水土资源配置、生态与环境保护和可持续发展的若干战略问题研究”项目组赴吉林省白城市进行综合调研,项目组长钱正英院士、副组长沈国舫副院长、石玉林院士等专家 10 余人参加此次调研活动。

119. 17 日,党组副书记王淀佐主持召开全体机关处以上干部、党员和群众代表、民主党派代表会议,公布《中国工程院党组保持共产党员先进性教育活动整改方案》和《中国工程院关于建立保持共产党员先进性长效机制的初步意见》,征求大家的意见,并对我院开展先进性教育活动情况进行“群众满意度测评”。

120. 22 日,院召开先进性教育活动总结大会。党组书记徐匡迪作题为“进一步推动中国工程院党的建设,永葆共产党员的先进性”的总结讲话,中央督导组组长田瑞璋同志到会并讲话。

121. 22 日,徐匡迪院长在全国政协会见美国科学促进会首席执行官 Alan Leshner 先生率领的美国科促会代表团。双方就工程教育、科技政策、能力建设、可持续发展、科技创新等广泛的议题进行交流。

122. 22－23日，邬贺铨副院长赴瑞士出席IPv6国际研讨会。

123. 23日，中国工程院工程研究院所研究生教育学术委员会召开成立大会。徐匡迪院长、杜祥琬副院长、教育部吴启迪副部长，首届委员和委员单位代表及有关人员出席会议。会议由杜祥琬副院长主持。

124. 23日，党组书记徐匡迪主持召开院党组第7次会议，研究天津市人民政府提出与我院合作事宜，研究有关人事工作。

125. 26日，徐匡迪院长主持召开第9次院常务会议。审议院士增选第一轮评审会议日程安排，审议院领导在评审会上的讲话要点，审议《咨询项目经费管理办法》等。

126. 26日，徐匡迪执行主席主持召开第三届主席团第14次会议，审议院士增选第一轮评审会议日程安排和院领导讲话稿。

127. 26日，"提高装备制造业自主创新问题"座谈会在京召开。徐匡迪院长、王淀佐、邬贺铨、杜祥琬副院长以及张彦仲等21位院士、专家参加座谈会。

128. 27日，徐匡迪院长会见新加坡淡马锡王文辉先生一行。

129. 27日－7月1日，2005年院士增选第一轮评审会议在京丰宾馆召开，会议从526名有效候选人中选出158名进入第二轮评审。

七月

130. 1日，中国工程院党组、中国科学院党组、中国石油天然气集团公司党组、中国石油化工集团公司党组联合发出《关于向侯祥麟同志学习的决定》。

131. 1日，徐匡迪执行主席主持召开第三届主席团第15次会议，听取各学部关于院士增选情况的汇报，审议进入第二轮评审的院士候选人名单。

132. 1日，世界知识产权组织专利合作协定办公室主任厄斯特林博士应邀为院士作题为"专利与专利合作协定"的报告。徐匡迪院长、杜祥琬副院长、沈国舫副院长及各学部院士100多人出席会议。

133. 2－4日，"中国可持续发展矿产资源战略研究"项目综合组会议在京丰宾馆召开。项目组长王淀佐院士主持会议，项目组顾问宋健、侯祥麟、师昌绪、欧阳自远院士以及各课题组院士、专家40多人出席会议。

134. 3日，由水利部、中科院、工程院联合发起的"中国水土流失与生态安全综合科学考察活动"启动仪式和专题考察组方案审查会在京召开。沈国舫副院长以及20多位两院院士出席启动仪式。

135. 8日，王淀佐副院长在工程院会见前来访问的纽约科技大学David Chang教授代表团。双方就工程教育的发展、中美两国工程教育的现状与合作等问题交换意见。

136. 9－14日，沈国舫副院长率我院代表团访问澳大利亚，出席国际工程与技术科学院理事会(CAETS)第16次大会，并代表我院与澳大利亚技术科学与工程院院长J. W. Zillman教授共同续签两院合作谅解备忘录。

137. 9－18日，"东北地区有关水土资源配置、生态与环境保护和可持续发展的若干战略问题研究"项目组赴黑龙江进行综合调研，项目组长钱正英等6位院士及各课题专家30余人参加此次调研活动。

138. 11－14日，邹德慈院士代表我院赴南非出席“第24届南部非洲交通年会”，并在会上介绍北京城市交通以及奥运交通规划情况。

139. 19日，沈国舫副院长在工程院会见英国克兰菲尔德大学校长福兰克·哈特里教授率领的代表团。双方就各自组织的职能、承担的工作等问题交换意见。

140. 19日，徐匡迪院长主持召开第10次院常务会议。研究综合楼建设的有关问题，听取2006年度咨询项目及经费预算情况汇报，研究共同举办两项学术活动等。

141. 19日，党组书记徐匡迪主持召开院党组第8次会议。学习《国务院关于加快发展循环经济的若干意见》，研究有关人事工作。

142. 20日，“中国农业机械化发展战略研究”项目课题负责人及部分特邀专家工作会议在中国农业大学召开。沈国舫副院长等6位院士及来自11个省市的40余位领导和专家出席会议。

143. 21日，“三峡库区及其上游水污染防治战略咨询”项目总体实施方案高层研讨会在工程院召开。沈国舫副院长主持，魏复盛院士对咨询项目的基本情况作简单介绍，国家环保局、国务院三峡办有关领导应邀到会。

144. 25日，经院党组研究并报中央国家机关工委批准，宋学敏同志任中国工程院机关党委书记。

145. 31日－8月6日，邬贺铨副院长率团一行8人赴法国出席国际互联网工程工作组第63届会议。

八月

146. 10日，“能源节约工程”课题组会议在石油化工科学研究院召开。项目组长汪燮卿院士主持会议，杨奇逊、范维唐、徐旭常院士及有关专家出席会议。

147. 11日，沈国舫副院长主持召开院增选政策委员会第14次会议，研究第二轮评审会议的有关工作及各学部的增选名额等。

148. 12日，全国工程师制度研究工作组第一次会议在科技会堂召开。工作组副组长杜祥琬副院长主持会议，会议通过研究工作方案、工作组成员名单。

149. 12日，“煤矿灾害防治的技术与战略对策研究”咨询项目在京召开咨询专家组会议。项目组长范维唐院士主持，项目顾问杜祥琬副院长出席会议并讲话。

150. 15－17日，由我院和中国科协联合主办的“第八届中国西部科技进步与经济社会发展专家论坛”在兰州召开。沈国舫副院长主持开幕式，陈毓川等10位院士出席。

151. 15－19日，机械与运载学部郭孔辉等6位院士赴安徽，开展“安徽汽车产业技术创新院士行”活动。

152. 16－18日，两院资深院士联谊会在北戴河召开“中国科技自主创新问题与对策”研讨会。

153. 17日，“特高压输电及示范工程建设”咨询项目第一次会议在北京召开。杨奇逊院士主持会议，杜祥琬副院长及机械与运载学部，能源与矿业学部，土木、水利与建筑学部和工程管理学部的20多位院士及有关方面专家出席会议。

154. 18－19日，化工、冶金与材料学部承办“中国—阿拉伯化肥有限公司院士、专家咨询研讨会”在秦皇岛召开。

155. 22－24日，我院与新疆医科大学、自治区卫生厅共同主办的“新疆重大疾病医药论坛”在新疆医科大学召开。医药卫生学部李连达等17位院士出席论坛，12位院士作学术报告。

156. 22－26日，《中国稀土产业发展战略研究》咨询项目中期研究成果交流会在内蒙古包头召开。周廉院士主持会议，项目组17位院士、专家和包头稀土高新区有关领导参加会议。

157. 25日，徐匡迪院长主持召开第11次院常务会议。审议我院2006年度经费预算，研究院士增选第二轮评审会议有关事宜，审议《学术与出版委员会章程》，听取我院参加CAETS会议有关情况汇报，研究有关学术活动等。

158. 25－27日，朱高峰院士率我院代表团一行3人出席在泰国召开的东盟工程技术院（AAET）成立大会暨第一次院士大会。

159. 26日，“我国城市化进程中的可持续发展战略研究”项目综合组会议在北京举行。徐匡迪院长主持会议，各位副院长，各课题组组长及两院院士、专家共50余人参加会议。

160. 26日，“建设节约型社会战略研究”咨询项目“4R工程”课题组在京召开“依靠高技术促进循环经济发展”研讨会。课题负责人左铁镛院士主持，袁晴棠院士等有关单位领导与专家出席会议。

161. 29日－9月8日，沈国舫副院长率“中国区域农业资源合理配置、生态环境综合治理和农业协调发展战略研究”项目考察组院士、专家一行，对山东菏泽、济宁、临沂、烟台和潍坊等地进行实地考察。

162. 30日，徐匡迪院长主持召开第12次院常务会议。听取关肇邺院士介绍清华工艺美术学院为我院办公楼设计的二次装修方案。

163. 30日，徐匡迪院长在工程院会见来访的瑞士工程院院长Rene Dandliker教授。双方就两院在能源消费模式、节能技术、中医药推广等领域可能的合作进行探讨。

164. 30日，农业、轻纺与环境学部与山东省农科院合作签字仪式在济南举行。沈国舫副院长、王军副省长、石玉林等6位院士及山东省发改委、科技厅和省农科院等十余所单位的领导参加签字仪式。

165. 30日－9月3日，应广西卫生厅之邀，医药卫生学部肖培根、王永炎等5位院士及有关专家赴广西南宁进行中草药资源实地考察，并就广西建设“世界级药用植物园”进行考察咨询。

166. 31日，我院通过人事部招考公务员，调剂选调4位干部来院工作。

九月

167. 2日，党组书记徐匡迪主持召开院党组第9次会议，听取参加人事部座谈会有关情况汇报。

168. 2－25日，机关党委组织职工参加中央国家机关第二届职工运动会，有两位同志获得个人单项比赛前八名，我院代表队获“优秀组织奖”和“体育道德风尚奖”。

169. 3日，中国工程院、上海市人民政府合作委员会第四次会议在沪召开。合作委员会主任杜祥琬副院长等有关负责同志出席会议。

170. 4－8日，以王淀佐副院长为团长的“院士专家宁夏行”服务团赴宁夏回族自治区开展咨询服务活动。

171. 5－10日，我院参与主办的“2005中国（淄博）新材料技术论坛暨院士淄博科技行”系列

活动在淄博举行。邬贺铨副院长出席开幕式并讲话

172. 5－10日，由化工、冶金与材料学部、国家自然科学基金委、大连理工大学联合主办的“第三届中国大连精细化工国际学术交流会”在大连召开。

173. 8日，院机关党委召开学习侯祥麟院士座谈会。杜祥琬副院长同志参加座谈。

174. 8日，“装备制造业自主创新战略研究”咨询项目启动会暨第一次会议在科技会堂召开，徐匡迪院长出席会议并做重要讲话，邬贺铨副院长等7位院士和10位专家参加。

175. 9日，邬贺铨、杜祥琬副院长出席“河南省第六届学术活动月开幕式暨院士报告会”。

176. 9－13日，由沈国舫副院长、汪懋华院士率领的“农业机械化发展战略研究”咨询项目课题组赴山东淄博、潍坊、高唐等地进行考察调研。

177. 12－14日，《院士通讯》特约通讯员座谈会在河南郑州召开。来自全国30个省区市的特约通讯员代表参加会议，刘德培副院长到会并讲话。会议评选出优秀特约通讯员6名，优秀特约通讯员工作站1个。

178. 11－13日，由中国工程院、深圳市政府共同主办的“第五届中国青年科技企业家管理论坛”在深圳举行。邬贺铨副院长等12位院士出席论坛。

179. 13－15日，钱正英、沈国舫、石玉林3位院士在京主持召开“东北地区有关水土资源配置、生态与环境保护和可持续发展的若干战略问题研究”项目综合组会议。就项目综合报告，进行充分讨论，并研究下一步工作安排。

180. 16日，侯祥麟同志先进事迹报告会在人民大会堂举行。温家宝总理出席报告会并亲切接见侯祥麟院士和报告团全体成员。

181. 16日，院机关党委书记宋学敏组织召开机关党委扩大会议，对开展先进性教育活动巩固和扩大整改成果工作进行“回头看”。

182. 16－20日，“全国第四届纳米材料和技术应用会议”在烟台召开。共有350多位材料科学家及有关代表出席会议。

183. 16－22日，邬贺铨副院长等6位院士赴重庆参加中组部组织的“院士专家西部行”活动。

184. 16－22日，医药卫生学部桑国卫等3位院士参加由我院与中科院、社科院组织的“广西院士行”活动。

185. 17日，徐匡迪院长在全国政协会见前来访问的美国农业部副部长 Joseph Jen 博士及其率领的代表团。

186. 18－24日，应我院邀请，法国工业与教育界研究协会（ARIEL）代表团访问我院。杜祥琬副院长会见代表团并进行工作会谈。

187. 19－21日，“三峡库区及其上游水污染防治战略咨询”项目研讨会在重庆召开。魏复盛院士主持，沈国舫副院长等6位院士出席。

188. 20日，由我院参与主办的“东北亚高新技术博览会”在沈阳举行。国务委员陈至立、原全国政协副主席宋健出席会议并讲话，王淀佐副院长等近40位院士出席此次博览会。

189. 20日，刘德培副院长会见卫生部副部长兼国家中医药管理局局长佘靖，就院士增选工作进行座谈。

190. 21－23日，由我院与国家知识产权局、山东省人民政府联合主办的第六届中国专利高新技术产品博览会在山东曲阜举行。邬贺铨副院长等9位院士出席开幕式。会议期间8位院士与部

分专家、教授深入企业进行技术对接,指导解决技术难题。

191. 22日,徐匡迪院长在科技会堂会见美国卡内基·梅隆大学 Granger Morgan 教授。

192. 22日,山东烟台市政府聘任沈国舫副院长为烟台市政府高级经济顾问并授予证书。

193. 23-27日,沈国舫副院长出席在山东烟台召开的"第七届国际果蔬·食品博览会"。来自韩国等30多个国家和地区以及国内28个省市自治区的有关政府机构、中介组织和果蔬食品企业参会参展。

194. 24-30日,朱高峰院士率我院代表团一行3人赴澳大利亚出席国际工程教育大会。

195. 25-27日,我院与科技部等7部委共同主办的"第二届中医药现代化国际科技大会"在四川成都国际会展中心召开。刘德培副院长应邀作题为"21世纪中医药发展机遇"的报告。医药卫生学部于德泉、李连达、肖培根、桑国卫等院士在大会上分别作主题报告。

196. 26日,徐匡迪院长和美国地球政策研究所所长布朗出席"CCTV新闻会客厅"节目,对话中国经济未来的发展。

197. 27日,王淀佐副院长在中国科技会堂会见澳大利亚必和必拓公司总裁 Chip Goodyear 先生及其率领的代表团。双方就国际资源工业的发展及资源的可持续利用等问题交换意见,并表示进一步加强在资源环境领域的合作。

198. 28日,第39场工程科技论坛——"科学发展观与工程哲学"在上海举行。徐匡迪院长出席论坛并发表主旨演讲,来自全国各地的专家学者共200余人与会。

199. 29-30日,土木、水利与建筑学部主办,天津大学承办的"新世纪水利工程科技前沿(院士)论坛"在天津召开。马洪琪等14位院士以及水利行业众多单位和相关院校代表共80余人参加论坛。

200. 30日,王淀佐副院长会见并宴请2005年"国家友谊奖"得主外籍院士梁基谢夫先生。

十月

201. 4日,医药卫生学部与北京儿童医院共同主办的"中印双边新生儿腹腔镜技术研讨会"在京召开。会议由张金哲院士主持,专家、学者50余人参加研讨会。

202. 11-13日,医药卫生学部与中华医学会医学病毒学会共同主办的"2005高级病毒学国际研讨会"在北京召开。刘德培副院长到会致辞,洪涛院士及14位中外专家到会作学术报告。

203. 11-14日,香山科学会议召开题为"再生医学"的第264次学术研讨会。会议由王正国、吴祖泽院士等担任执行主席,来自21个单位的41位专家学者参加研讨会。

204. 12日,徐匡迪院长主持召开第13次院常务会议,审议召开第16次主席团会议和2005年院士增选第二轮评审会议的有关事项,听取调查"中国管理科学院"的情况汇报。

205. 12日,党组书记徐匡迪主持召开院党组第10次会议,学习传达党的十六届五中全会精神,通报有关事项。

206. 13日,徐匡迪院长在京会见澳大利亚技术科学与工程院院长、本年度 CAETS 主席 Zillman 博士。

207. 13日,徐匡迪院长在钓鱼台会见来华参加中美日化工学术会议的美国代表团部分来宾。

208. 14日,何梁何利基金颁奖仪式在上海隆重召开。我院唐启升、向仲怀、池志强、顾国标、黄伯云、李德毅、魏可镁、徐滨士、杨士中、张立同、叶奇蓁、刘友梅等12位院士获奖。

209. 14 日,沈国舫副院长在中国科技会堂会见国际水稻研究所(IRRI)所长 Robert S. Zeigler 博士。

210. 17 日,刘德培副院长在中国医学科学院会见英国皇家协会副会长兼外事秘书 Julia Higgins 教授代表团。

211. 18 日,徐匡迪执行主席主持召开第三届主席团第 16 次会议。传达学习十六届五中全会精神;评审和选举外籍院士正式候选人;研究院士增选的各有关事项;审议关于设立中国工程院学术与出版委员会的决议等。

212. 19 日,邬贺铨副院长在京会见来访的诺贝尔奖获得者、前贝尔实验室首席科学家 Amo Penzias 教授。双方就电子通讯技术的最新发展、市场动态等交换意见。

213. 20 – 21 日,土木、水利与建筑学部、中国岩石力学与工程学会和地下物流国际常设论坛执行委员会主办的"第四届地下物流国际研讨会"在上海举行。来自美国、荷兰、英国、德国、日本、捷克和意大利等 7 国以及国内大专院校、科研设计、规划、市政和地铁等部门的 70 多位代表出席研讨会。

214. 23 日,党组书记徐匡迪主持召开院党组第 11 次会议。研究、通报换届的有关事项,研究有关人事工作。

215. 24 日,学术著作出版专项资助委员会召开会议,对提出申请的 6 位院士的专著进行评审。决定资助钟群鹏、邱定蕃、吴良镛、陈吉余、石玉林和刘鸿亮院士出版学术专著。

216. 24 日,应我院邀请,英国皇家学会科技部主任 Dr. Peter Collins 在我院举办的"科技政策咨询组织工作经验交流报告会"上作报告。

217. 24 – 29 日,2005 年院士增选第二轮评审会议在京举行。会议从 168 名进入第二轮评审的候选人中选出 50 名新院士和 6 名外籍院士。

218. 29 日,第 40 场工程科技论坛——"汽车节能技术及新能源汽车发展科技论坛"在京召开。杜祥琬副院长出席论坛开幕式并致辞。张彦仲等 20 多位院士出席,13 位专家作学术报告。

219. 30 日,"东北水资源"项目组在京召开项目综合组会议。就"东北地区有关水土资源配置、生态与环境保护和可持续发展的若干战略问题研究"进行讨论。

220. 31 日,"中国不同区域农业资源合理配置、环境综合治理和农业协调发展战略研究"咨询项目组组长会议在京召开。会议交流、讨论各课题组第三季度工作小结和第四季度工作安排。

221. 31 日 – 11 月 4 日,宋健名誉主席、王淀佐副院长率团赴韩国出席第 9 届中日韩(东亚)工程院圆桌会议。

十一月

222. 2 – 4 日,香山科学会议第 267 次学术讨论会——"生物节水技术及发展前景会议"在香山召开。会议执行主席石元春、山仑院士在会议上分别作学术报告。30 多位专家参加研讨会。

223. 3 日,第八届"中俄双边新材料新工艺研讨会"在广州召开。徐匡迪院长出席开幕式,来自俄方 28 个单位的 55 名代表和中方 40 多个单位的 150 名代表参加研讨会。

224. 4 日,向国家电网公司和国家发改委提交"关于我国特高压输电研究与工程建设的咨询意见",受国家电网公司委托的"特高压"项目,是由我院机械、能源、土木、工管学部共 27 位院士参与咨询研究工作。

225. 6日,徐匡迪院长会见德国弗劳恩霍夫应用研究促进会主席。

226. 6－12日,杜祥琬副院长率团赴瑞典参加"中瑞可再生能源与环境"合作项目第二次研讨会,并对瑞典可再生能源的发展进行实地考察和交流。

227. 7－9日,由国家发改委和我院共同主办的"江西(赣州)有色产业技术创新院士行"活动在赣州市隆重举行。王淀佐副院长带队,8名院士、11名有色行业专家参加此次活动。

228. 7－18日,我院"中国农业机械化发展战略研究"咨询项目组副组长汪懋华院士和姚福生院士及部分专家赴欧洲参观、访问,考察德国和意大利的农业机械制造业及农机化发展状况。

229. 8－10日,由院环境委员会主办的"环境污染与健康"国际研讨会在北京召开。沈国舫副院长、魏复盛院士以及国家环保总局、卫生部领导和专家80余人参加会议。

230. 13－16日,医药卫生学部杨胜利等4位院士一行赴顺德、广州两地7家制药企业进行生物制药产业发展的学术考察咨询。并对广州市"十一五"发展规划(生物医药)提出咨询意见和建议。

231. 14－25日,钱七虎院士率团赴俄罗斯访问并进行学术交流。

232. 16－19日,化工、冶金与材料学部,深圳院士活动中心和深圳大学联合举办的"深圳学术交流考察活动"在深圳举行。

233. 19－26日,邬贺铨副院长赴埃及考察信息通讯技术部和大型信息产业部门。

234. 20日,徐匡迪院长主持召开第14次院常务会议,研究院士增选的有关事宜,审议向国家开发银行推荐特聘专家等。

235. 20日,党组书记徐匡迪主持召开院党组第12次会议。研究关于APCAEM永久办公场所的有关问题,研究换届和人事工作的有关事项。

236. 20－27日,沈国舫副院长率团赴印度出席APCAEM理事会会议,并访问印度工程院。

237. 21日,徐匡迪院长、杜祥琬副院长接待中组部沈跃跃副部长来访,商议2006年院领导换届工作。

238. 21－28日,以邹德慈院士为团长,马国馨、钟训正院士组成的代表团赴俄罗斯建筑科学院访问、交流。

239. 23日,第41场工程科技论坛——"舰船装备技术进展"在京举行。杜祥琬副院长出席开幕式并致辞,潘镜芙、陆建勋院士分别主持论坛,国家发改委、国防科工委、海军等有关单位的专家、学者约100人参加论坛。

240. 25日,第43场工程科技论坛——"物理学与可持续发展(一)"在北京航空航天大学举办。论坛由刘德培副院长、物理学会理事长杨国桢院士主持,200多名师生参加论坛。

241. 第44场工程科技论坛——"长三角清洁能源论坛"在上海召开,杜祥琬等3位院士出席论坛并作报告,沪、浙、苏、赣、闽等省市的140余位专家学者参与论坛的研讨。

242. 26日,第42场工程科技论坛——"极低频探地工程技术进展"在北京召开。白玉良副秘书长出席论坛并致辞,信息与电子学部副主任毛二可院士主持论坛,11位院士以及有关单位和大学的75位专家学者参加论坛。

243. 28日,徐匡迪执行主席主持召开第三届主席团第17次院会议。审议批准50位新当选院士名单,研究院士增选中的若干问题。

244. 28－29日,医药卫生学部和山东省科技厅联合组织的"鲁南制药院士行"活动在山东临沂举行。刘昌孝等3位院士和国内制药界专家、学者参加此次活动。

245. 29日-12月1日,机械与运载学部张彦仲等8位院士赴南昌参加“江西航空、汽车企业技术创新院士行”活动。

十二月

246. 1日,宋健名誉主席、王淀佐和刘德培副院长在北京会见美国汤姆森集团 CEO Robter Cullen 一行。

247. 2日,邬贺铨副院长会见法国 GWIND 公司总裁 Partrick Conquet 先生一行。

248. 2日,第43场工程科技论坛——“物理学与可持续发展(二)”在北京理工大学举办。论坛由杜祥琬副院长、北京理工大学科协主席周立伟院士主持,300多名师生参加论坛。

249. 4-6日,徐匡迪院长率17名院士赴天津出席我院与天津市政府人才与项目合作签约仪式暨科技发展规划咨询座谈会,并到有关单位进行技术考察和咨询。

250. 5-6日,杜祥琬副院长代表我院在京参加“中德工程教育与认证合作前景研讨会”并致辞。

251. 8日,受北京市信息办委托,信息与电子学部在京召开咨询会,为北京市“十一五”时期国民经济与社会信息化发展规划提供咨询。邬贺铨副院长主持会议,信息与电子学部13位院士和有关专家参加会议。

252. 8-14日,由化工、冶金与材料学部主办的“建设资源节约型和环境友好型社会——化工、冶金与材料的发展战略”学部第五届学术年会在海南博鳌召开,参会学者约460人。

253. 8-16日,宋健名誉主席赴摩洛哥出席国际农业磋商组织会议。

254. 9日,“中国不同区域农业资源合理配置、环境综合治理和农业协调发展战略研究”咨询项目学术研讨会在京召开,沈国舫、石玉林院士分别主持会议,课题组分别汇报本年度工作进展,并讨论下一步工作安排。

255. 10-12日,由土木、水利与建筑学部和国家自然科学基金委员会工程与材料学部主办的第四届“混凝土结构耐久性工程科技论坛”在浙江大学举行。来自国内外研究院所及高等院校的科技人员130余人参加会议。

256. 11-15日,张高勇等4位院士及食品行业的14位专家赴豫开展“河南食品工业技术创新院士行”活动。

257. 13日,2005年院士增选新闻发布会在京召开,公布2005年新当选院士名单,徐匡迪院长和各位副院长出席会议并回答记者提问。

258. 15日,徐匡迪院长主持召开第15次院常务会议,听取关于综合办公楼基建进展情况汇报;审定综合办公楼通信系统的建设单位;研究“中国管理科学院”的有关问题;研究有关国际奖项和国际合作工作等。

259. 15日,党组书记徐匡迪主持召开院党组第13次会议。通报中组部关于我院领导班子换届的有关意见,通报全国组织部长会议精神。

260. 16日,侯祥麟同志先进事迹报告会在侯祥麟院士的家乡——广东省汕头市举行。

261. 16-18日,化工、冶金与材料学部在广东顺德主办“顺德科技创新院士专家行”活动。周廉等5位院士和15位专家参加活动。

262. 18 日,“中国农业机械化发展战略研究”年度汇报与工作研讨会在广州召开。汪懋华等 4 位院士及专家 40 余人参加会议。

263. 19 日,国务院副总理曾培炎主持会议,听取我院关于“建设大型矿业集团,实施矿产资源全球战略”的汇报,王淀佐副院长作汇报发言,徐匡迪院长出席会议。

264. 19－20 日,应山东省科技厅之邀,医药卫生学部侯惠民院士及有关药剂方面专家在山东鲁南制药厂进行药物制剂专题交流,并初步达成在鲁南建立国家药物制剂工程研究中心分中心的意向。

265. 19－20 日,“三峡库区及其上游水污染防治战略咨询”项目咨询意见研讨会在成都召开。会议由魏复盛院士支持,院士、专家 70 余人参加会议,讨论形成本项目第一阶段咨询意见。

266. 21－22 日,主题为“工程哲学”的第 4 次工程前沿研讨会在北京香山饭店举行。30 多位院士、专家出席。

267. 23 日,徐匡迪院长主持召开院领导务虚会,专题研究“院士制度”问题。

268. 27－31 日,“中国稀土产业发展战略研究”咨询项目起草组会议在京召开。周廉、张国成院士和 7 位专家参加会议。

269. 30 日,全国工程师制度研究工作组第 2 次会议在中国科技会堂召开。工作组组长杜祥琬副院长主持会议。4 个研究组进行交流,并确定下一段工作安排。

270. 30 日,魏复盛院士在京主持召开“环境污染与健康”建议稿研讨会,与会专家经过讨论形成建议终稿。

271. 本年度,朱之悌、李国豪、童铠、夏德全 4 位院士分别在 1 月 22 日、2 月 23 日、8 月 10 日、9 月 8 日逝世。

郑重声明